Pediatria

Instituto da Criança
Hospital das Clínicas

Editores da coleção

Benita G. Soares Schvartsman

Paulo Taufi Maluf Jr.

Magda Carneiro-Sampaio

Infectologia

2ª edição

Heloisa Helena de Sousa Marques
Pedro Takanori Sakane

EDITORES DA COLEÇÃO

Benita G. Soares Schvartsman

Doutora em Pediatria pela FMUSP. Médica Assistente da Unidade de Nefrologia do Instituto da Criança do HCFMUSP.

Paulo Taufi Maluf Jr.

Professor Livre-Docente em Pediatria pela FMUSP. Médico Assistente da Unidade de Onco-Hematologia do Instituto da Criança do HCFMUSP. Responsável pelo Serviço de Pediatria do Hospital Nove de Julho, São Paulo, SP.

Magda Carneiro-Sampaio

Pediatra Especialista em Imunoalergologia, Professora Titular do Departamento de Pediatria da Faculdade de Medicina da Universidade de São Paulo (FMUSP) e Presidente do Conselho Diretor do Instituto da Criança (ICr) do Hospital das Clínicas da FMUSP.

Infectologia

2ª edição

COORDENADORES

Heloisa Helena de Sousa Marques

Chefe da Unidade de Infectologia do Instituto da Criança do HCFMUSP. Doutora em Pediatria pela FMUSP.

Pedro Takanori Sakane

Diretor Técnico da Divisão de Saúde do Instituto da Criança do HCFMUSP.

Manole

Este livro contempla as regras do Acordo Ortográfico da Língua Portuguesa de 1990, que entrou em vigor no Brasil.

Editora gestora: Sônia Midori Fujiyoshi
Editora: Patrícia Alves Santana
Capa: Hélio de Almeida
Projeto gráfico: Departamento de Arte da Editora Manole
Editoração eletrônica: Luargraf Serviços Gráficos
Ilustrações: Mary Yamazaki Yorado e HiDesign Estúdio

Dados Internacionais de Catalogação na Publicação (CIP)
(Câmara Brasileira do Livro, SP, Brasil)

Infectologia / coordenadores Heloisa Helena de Sousa Marques, Pedro Takanori Sakane. -- 2. ed. -- Barueri, SP : Manole, 2017. -- (Coleção pediatria do ICr ; 18 / editores Benita G. Soares Schvartsman, Paulo Taufi Maluf Jr., Magda Carneiro-Sampaio)

Vários autores.
Bibliografia.
ISBN: 978-85-204-5147-2

1. Doenças transmissíveis 2. Infecções 3. Pediatria I. Marques, Heloisa Helena de Sousa. II. Sakane, Pedro Takanori. III. Schvartsman, Benita G. Soares. IV. Maluf Junior, Paulo Taufi. V. Série.

CDD-616.929
17-05060 NLM-WC 100

Índices para catálogo sistemático:
1. Infectologia pediátrica : Medicina 616.929
2. infectologia pediátrica : medicina WC-100

1ª edição – 2011
Reimpressão – 2013
2ª edição – 2017

Editora Manole Ltda.
Avenida Ceci, 672 – Tamboré
06460-120 – Barueri – SP – Brasil
Tel.: (11) 4196-6000
www.manole.com.br
info@manole.com.br

Impresso no Brasil
Printed in Brazil

Autores

Anna Carlota Mott Barrientos

Título de Infectologia Pediátrica pela Sociedade Brasileira de Pediatria (SBP). Infectologista Pediatra do Hospital Municipal Infantil Menino Jesus.

Anne Layze Galastri

Infectologista Pediátrica do Instituto da Criança (ICr) do Hospital das Clínicas da FMUSP. Título de Pediatria pela Sociedade Brasileira de Pediatria (SBP).

Camila de Almeida Silva

Médica Infectologista pelo Instituto de Infectologia Emílio Ribas. Complementação Especializada em Controle de Infecção Hospitalar pelo HCFMUSP. Médica do Controle de Infecção Hospitalar do Hospital e Maternidade Santa Joana.

Camila Sanson Yoshino de Paula

Especialista em Infectologia Pediátrica pelo Instituto da Criança (ICr) do Hospital das Clínicas da FMUSP. Pós-graduanda em Pediatria pela Universidade de São Paulo.

Constance Dell Santo Vieira Schuwartz

Médica Pediatra e Infectologista Pediátrica pela FMUSP.

Giovanna Gavros Palandri

Especialista em Infectologia Pediátrica pelo Instituto da Criança (ICr) do Hospital das Clínicas da FMUSP.

Giuliana Stravinskas Durigon

Doutora em Ciências pela Universidade de São Paulo. Mestre em Medicina pela Faculdade de Ciências Médicas da Santa Casa de São Paulo. Especialista em Infectologia Pediátrica pela Sociedade Brasileira de Pediatria (SBP). Médica Assistente da Unidade de Infectologia do Instituto da Criança (ICr) do Hospital das Clínicas da FMUSP.

Helena Keico Sato

Doutora em Pediatria pela FMUSP. Diretora técnica da Divisão de Imunização do Centro de Vigilância Epidemiológica "Professor Alexandre Vranjac" (CCD-SES/SP).

Heloisa Helena de Sousa Marques

Chefe da Unidade de Infectologia do Instituto da Criança do HCFMUSP. Doutora em Pediatria pela FMUSP.

Maria Esther Jurfest Rivero Ceccon

Professora Livre-Docente. Diretora de Ensino e Pesquisa, Disciplina de Neonatologia do Instituto da Criança (ICr) do Hospital das Clínicas da FMUSP.

Maria Fernanda Bádue Pereira

Mestre em Ciências da Saúde pela Faculdade de Ciências Médicas da Santa Casa de São Paulo. Médica Assistente da Infectologia Pediátrica do Instituto da Criança (ICr) do Hospital das Clínicas da FMUSP.

Maria Zilda de Aquino

Mestre e Doutora em Pediatria FMUSP. Infectologista Pediátrica do Grupo de Transplante de Medula Óssea do Hospital Sírio-Libanês de São Paulo. Coordenadora Médica do Pronto Atendimento e do Centro de Imunizações do Hospital Sírio-Libanês de São Paulo.

Meire Nagaiassu

Mestre em Pediatria pela FMUSP. Médica Assistente da Unidade de Cuidados Intensivos Neonatal Externa do Instituto da Criança (ICr) do Hospital das Clínicas da FMUSP. Médica do Pronto-atendimento do Hospital Israelita Albert Einstein, Unidade Alphaville.

Nadia Litvinov

Médica Assistente da Infectologia Pediátrica do Instituto da Criança (ICr) do Hospital das Clínicas da FMUSP.

Pedro Takanori Sakane

Diretor Técnico da Divisão de Saúde do Instituto da Criança do Hospital das Clínicas da FMUSP.

Samantha Brasil de Andrade

Ex-médica Assistente da Unidade de Infectologia e do Berçário Anexo à Maternidade da FMUSP.

Thaluama Saccochi Cardin

Título de Especialista em Pediatria pela Sociedade Brasileira de Pediatria (SBP). Complementação Especializada em Infectologia Pediátrica no Instituto da Criança (ICr) do Hospital das Clínicas da FMUSP.

Vera Lucia Moyses Borrelli

Médica Assistente da Unidade de Infectologia Pediátrica do Instituto da Criança (ICr) do Hospital das Clínicas da FMUSP. Título de Especialista em Pediatria pela Sociedade Brasileira de Pediatria (SBP). Título de Especialista em Neonatologia pela SBP.

Sumário

Seção II – Antibioticoterapia em pediatria

Seção III – Diagnóstico e tratamento de outras doenças infecciosas

Seção V – Imunizações

Prefácio

O Instituto da Criança do HCFMUSP tem se notabilizado, há muito, por padronizar condutas nas mais diferentes áreas e divulgá-las para estudantes e médicos com o objetivo de melhor atender o seu paciente.

Dentro da área de Infectologia, liderados por Heloisa Helena de Sousa Marques e Pedro Takanori Sakane, vários médicos e docentes têm se debruçado para manter a alta qualidade assistencial do Serviço e elaborar normas para atendimento das diferentes patologias.

Infectologia da Coleção Pediatria do Instituto da Criança vem preencher uma lacuna importante nas publicações médicas, uma vez que abrange em profundidade temas de Infectologia afeitos à Pediatria, não só os já tradicionais, que tratam de diagnóstico, tratamento e imunizações, mas também destacando procedimentos e conhecimentos de novas áreas, como a abordagem do abuso sexual, das infecções em imunodeprimidos, das doenças por contato com animais ou por atividades de lazer.

Estou convencido de que todos aqueles que tiverem acesso a este livro, seja para estudos ou para consultas, terão qualificadas respostas às suas dúvidas, fazendo do *Infectologia* da Coleção Pediatria do Instituto da Criança uma obra necessária para infectologistas, pediatras e estudantes da área da saúde.

A melhor apresentação é por meio da sua leitura.

Marcos Boulos
Professor de Moléstias Infecciosas e Parasitárias da FMUSP

Introdução

A Infectologia é um dos temas mais abrangentes da área de saúde. A presença ou não de uma infecção é sempre um desafio diagnóstico em inúmeras situações clínicas e cirúrgicas, especialmente em crianças. Ela permeia as diferentes especialidades médicas que hoje abarcam inúmeras patologias cujos hospedeiros podem ser acometidos com maior frequência por doenças causadas por patógenos intra e extracelulares. O aumento de intervenções como os transplantes em pediatria tem tornado necessária a organização do conhecimento das doenças infecciosas, com a elaboração de roteiros de orientação quanto à interpretação dos resultados dos métodos diagnósticos, além de detalhada e criteriosa prescrição quer seja na prevenção ou na terapêutica, tanto de antibióticos, antifúngicos e antivirais.

Os avanços na tecnologia vêm trazendo frequentes mudanças conceituais em relação às infecções, que vão do tempo do uso dos antimicrobianos aos postulados da microbiologia. O aprimoramento das técnicas de biologia molecular que levam a esclarecimentos da dinâmica da fisiopatogenia das infecções tem contribuído muito com a definição etiológica.

Novas vacinas, antimicrobianos, técnicas diagnósticas e também a aquisição de doenças infecciosas em viagens, atividades de lazer e no contato com os animais além de capítulos com a discussão dos principais quadros sindrômicos em pediatria com febre, hepatoesplenomegalia, adenomegalia são assuntos selecionados neste livro, além dos aspectos da infectologia mais clássicos.

A presente publicação se propõe a apresentar esses conteúdos de maneira prática e concisa e busca dar ao leitor um material atualizado e de fácil consulta. Boa leitura!

Heloisa Helena de Sousa Marques
Pedro Takanori Sakane

Seção I

Roteiros diagnósticos

1

Reações de fase aguda do soro e hemograma em doenças infecciosas

Heloisa Helena de Sousa Marques
Pedro Takanori Sakane

Após ler este capítulo, você estará apto a:

1. Reconhecer as funções biológicas das proteínas de fase aguda.
2. Interpretar as alterações das proteínas de fase aguda.
3. Descrever as características do hemograma nas doenças infecciosas.

INTRODUÇÃO

Diante da suspeita de diagnóstico de processo infeccioso, vários exames são solicitados, entre eles o hemograma e as provas de fase aguda do soro. Sua interpretação correta pode auxiliar no diagnóstico e na avaliação da gravidade e da resposta terapêutica.

A resposta sistêmica a uma infecção é muito ampla e inclui: febre; aumento rápido da síntese, no fígado, de proteínas conhecidas como de fase aguda; aumento do número de neutrófilos mais jovens; queda na concentração sérica de ferro e zinco; aumento da concentração de chumbo; equilíbrio negativo de nitrogênio; alterações no metabolismo de carboidratos e de lipídios; diminuição da concentração sérica de albumina, pré-albumina e transferrina; aumento da concentração de cortisol; e aumento das imunoglobulinas.

INFECÇÃO E REAÇÃO DE FASE AGUDA

Os agentes invasores desencadeiam uma resposta complexa mediada por macrófagos que, além de serem capazes de realizar fagocitose, secretam proteínas denominadas citocinas, que têm diversas ações biológicas. Algumas dessas citocinas, como o fator de necrose tumoral alfa (TNF-alfa) e as interleucinas 1 e 6 (IL-1 e IL-6), entre outras, têm ação predominante no desencadeamento do processo inflamatório[1] (Figura 1.1).

As proteínas de fase aguda são proteínas heterogêneas tanto estrutural quanto funcionalmente[2]. Algumas estão aumentadas durante o processo infeccioso, como proteína C-reativa (PCR), amiloide sérica A, alfa-1-glicoproteína ácida, alfa-1 antitripsina, haptoglobulina, ceruloplasmina e fibrinogênio, enquanto outras estão diminuídas, como albumina, pré-albumina, proteína ligadora de retinol, transferrina etc. De modo geral, essas proteínas agem como antiproteases, fatores coagulantes e cicatrizantes, com o objetivo principal de proteger os tecidos da ação destruidora do processo inflamatório (Tabela 1.1).

Alguns desses exames são mais comumente utilizados na rotina clínica, como a velocidade de hemossedimentação (VHS) e a PCR[3,4].

A VHS reflete alterações de várias proteínas séricas, principalmente as do fibrinogênio. Os valores normais dependem da idade e do sexo (os hormônios androgênicos diminuem a VHS): 10 a 20 mm/hora em crianças entre 1 mês e 12 anos; após os 12 anos: 15 mm/hora para o sexo masculino e 20 mm/hora para o sexo feminino. Depois da puberdade, o valor normal deve ser acrescido em 0,85 mm/hora a cada 5 anos adicionais na idade. Crianças com obesidade têm VHS maior que as crianças não obesas (20 contra 10 mm/hora entre 9 e 10 anos). Quando, na investigação de quadro infeccioso, VHS > 50 mm/hora, deve-se pensar no agravamento das seguintes doenças: infecções bacterianas localizadas, endocardite, infecção disseminada por *Bartonella henselae* ou *Mycobacterium tuberculosis*, ou, ainda, algumas infecções

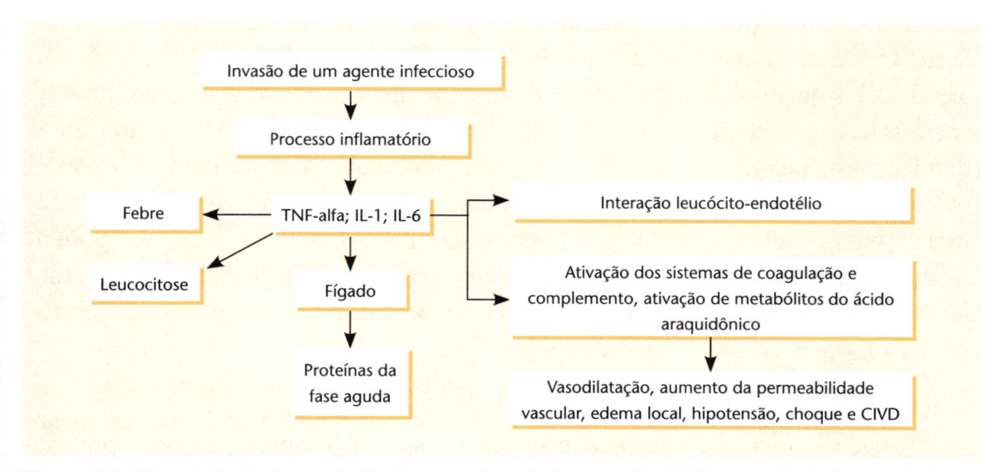

Figura 1.1 Fisiopatologia da produção das proteínas da fase aguda. CIVD: coagulação intravascular disseminada; IL-1: interleucina 1; IL-6: interleucina 6; TNF-alfa: fator de necrose tumoral alfa.

Tabela 1.1 Proteínas de fase aguda do soro e suas possíveis ações biológicas[5]

Proteína	Função biológica
Proteína C-reativa	Ativação de complemento, opsonização, fagocitose e citotoxicidade
Amiloide sérica A	Inibição de lipoproteína de alta densidade e da imunidade celular
Alfa-1-glicoproteína ácida	Transporte de proteínas
Ceruloplasmina	Inativação de radicais livres
Fibrinogênio	Coagulação
Alfa-1-antiquimiotripsina	Antiprotease e inibição de IL-1
Haptoglobina	Transporte de hemoglobina
Fibronectina	Adesão celular
Cininogênio plasmático	Precursor das cininas e efeito pró-inflamatório
Albumina	Transporte de proteínas
Pré-albumina	Transporte de T3 e de T4
Transferrina	Transporte de ferro

IL-1: interleucina 1; T3: tri-iodotironina; T4: tetraiodotironina.

fúngicas. Algumas doenças podem cursar com elevações extremas da VHS > 100 mm/hora: tuberculose miliar, linfadenite ou infecção visceral por *Bartonella henselae,* infecções de tecido celular subcutâneo causadas por *Streptococcus pyogenes,* pielonefrite, artrite bacteriana, apendicite com ruptura para a cavidade e endocardite[6].

A PCR eleva-se precocemente, nas primeiras 6 a 8 horas após a instalação de uma infecção, atingindo valores que variam de 10 a 1.000 vezes o normal, dependendo da intensidade do processo inflamatório. Tem meia-vida curta, o que permite monitorar mais rapidamente as alterações que estão acontecendo no soro, e apresenta comportamento regular nas diferentes formas de inflamação. Uma das técnicas mais utilizadas para medir a PCR é a nefelometria. Valores < 1 mg/dL são considerados normais. Em geral, valores de PCR entre 15 e 35 mg/dL estão presentes em infecção bacteriana invasiva, quando valores < 2 a 4 mg/dL estão presentes em infecções virais agudas. Valores > 10 mg/dL têm maior probabilidade de estarem associados com infecções bacterianas, entretanto, alguns quadros virais – como adenovírus, citomegalovírus (CMV), influenza, sarampo e caxumba – também podem causar aumento até esses níveis. Ensaios ultrassensíveis têm sido utilizados para a identificação de reações inflamatórias subclínicas e como marcadores de eventos vasculares, por exemplo, infarto do miocárdio[4].

Na Tabela 1.2, resumem-se as aplicações clínicas da PCR em pediatria.

A alfa-1-glicoproteína sérica aumenta nos processos inflamatórios, como na artrite reumatoide, no lúpus eritematoso disseminado, na ileíte de Crohn, em neoplasias, traumas e infecções. Está diminuída em desnutrição grave, hepatopatias e na gravidez.

Tabela 1.2 Aplicações da proteína C-reativa em pediatria[4]

Doença	Comentários
Sepse neonatal	Útil como instrumento de triagem e na monitoração do tratamento
Meningite	A dosagem no LCR não é mais útil que no sangue; não diferencia acuradamente a etiologia viral da bacteriana; é útil no acompanhamento de tratamento
Pneumonia	Se estiver aumentada e houver um infiltrado pulmonar, deve ser considerada etiologia bacteriana
Otite média	Não diferencia etiologia viral de bacteriana
Epiglotite	Está aumentada em 100% das crianças com bacteriemia e epiglotite
Amigdalite	Não é útil no diagnóstico diferencial
Gastroenterite	Poucos dados para tirar conclusões
Infecção de trato urinário	Medidas repetidas podem ser úteis para detecção de pielonefrite com tratamento ineficaz; não diferencia infecção alta da baixa
Infecções ósseas/articulares	É útil quando feita sequencialmente para controle de tratamento; aumento secundário permite supor que haja recrudescência da infecção
Artrite reumatoide	Correlaciona-se melhor que VHS com a intensidade da atividade da doença; útil para medir a inflamação, sua resolução e resposta ao tratamento
Lúpus eritematoso sistêmico	É mais útil para diagnosticar infecções secundárias e monitorar resposta inflamatória que para determinar atividade da doença
Febre reumática	Nível normal em geral não indica doença
Doença inflamatória intestinal	Não é bom parâmetro para o diagnóstico
Pré e pós-operatório	Persistentemente elevada aponta para uma infecção; acontece também quando existe necrose tecidual, sugerindo, portanto, ser um bom exame para acompanhamento e para detectar complicações
Queimaduras	Pode ser útil para acompanhamento do tratamento
Oncologia	Uso limitado, pois seus valores entre pacientes neutropênicos com infecção bacteriana e viral podem se sobrepor; útil no acompanhamento de tratamento de infecção
Transplante	Eleva-se tanto na infecção como na rejeição

LCR: líquido cefalorraquidiano; VHS: velocidade de hemossedimentação.

A magnitude da resposta dessas reações depende principalmente da extensão do processo inflamatório e do tecido envolvido. A Tabela 1.3 apresenta uma síntese das alterações observadas.

Outro marcador, a procalcitonina (PCT), tem sido mais recentemente avaliado para o uso clínico. É um hormônio precursor da calcitonina, normalmente secretado pela glândula tireoide em resposta à hipercalcemia. O nível sérico da PCT é muito baixo em pessoas sadias, sob condições normais (< 0,1 ng/mL), e aumenta rapidamente em resposta à presença de endotoxinas bacterianas. O aumento dos níveis é observado em infecções bacterianas graves (meningite bacteriana, choque séptico, bacteriemia e pielonefrite), mas permanece em níveis baixos nas infecções virais e nas doenças inflamatórias inespecíficas (nível de *cut-off* = 0,5 ng/mL). Na

Tabela 1.3 Síntese das alterações das proteínas da fase aguda do soro[7]

Proteína plasmática	Valores normais (g/L)	Início de alteração (h)	Pico de concentração (dias)	Magnitude da resposta
PCR	≤ 0,01	6 a 8	2 a 3	↑↑↑
Amiloide sérica A	± 0,01	6 a 8	Variável	↑↑↑
Alfa-1-glicoproteína ácida	≤ 1	24 a 48	4 a 5	↑↑
Fibrinogênio (VHS)	2 a 4	24 a 48	4 a 5	↑↑
Albumina	3 a 5	2 a 4	3 a 5	↓
Pré-albumina	0,2 a 0,3	2 a 4	3 a 5	↓
Transferrina	2 a 3	2 a 4	?	↓

PCR: proteína C-reativa; VHS: velocidade de hemossedimentação.

ocorrência de estímulo, existe a liberação extratireoidiana de procalcitonina, cujos níveis aumentam após 3 a 4 horas, atingem o pico em 6 horas e então declinam, podendo permanecer elevados por até 48 horas. A resposta é muito rápida e, aparentemente, tem eficácia melhor que a PCR para identificar possível sepse mesmo em crianças pequenas[8-10].

Outros marcadores de fase aguda e citocinas têm sido avaliados. Como as proteínas de fase aguda são produzidas a partir dos estímulos das citocinas, as dosagens de interleucina-1, interleucina-6, interleucina-8, receptor solúvel de interleucina-2 e TNF-alfa têm sido estudadas, apresentando boa sensibilidade. No entanto, como persistem circulando por curto período, nenhum desses marcadores, até o momento, têm ampla aplicação clínica.

A ferritina, uma proteína intracelular ubíqua que controla o metabolismo de ferro e oxigênio, tem sido utilizada como marcador de inflamação. Os níveis normais em adultos do sexo masculino são < 400 mcg/L e em mulheres, < 150 mcg/L. Seus níveis estão aumentados em processos inflamatórios, infecciosos e hipóxico-isquêmicos. Ferritina > 500 mcg/L tem sido utilizada como critério para a definição de síndrome hemofagocítica e síndrome de ativação macrofágica, cujos níveis, em geral, podem exceder 10.000 mcg/L. Níveis moderadamente elevados (ferritina > 500 mcg/L e mesmo > 1.000 mcg/L) também ocorrem em casos de sepse grave, dengue hemorrágica, linfoma, lúpus eritematoso e outras condições autoimunes, autoinflamatórias e proliferativas[6].

INFECÇÃO E ALTERAÇÕES HEMATOLÓGICAS

Durante a fase aguda de uma infecção bacteriana, é comum o aparecimento de anemia e alteração da série branca. Na prática, considera-se que leucocitose – principalmente acima de 15.000 células/mm³, com neutrofilia acima de 10.000 células/mm³ – seja mais indicativa de um processo bacteriano. Entretanto, na presença de endotoxinas, não é incomum a ocorrência de leucopenia, ainda que com neutrofilia e desvio à esquerda.

A presença de formas jovens fornece maior especificidade a essa interpretação, mormente no período neonatal, em que a relação entre células imaturas e o número de neutrófilos totais é um indicativo de infecção bacteriana. As plaquetas costumam estar aumentadas e ativadas durante a fase aguda do soro. A plaquetopenia, em geral, denota agressões mais graves[6].

Série Vermelha

A alteração mais comumente encontrada nas doenças infecciosas é a anemia, que pode ser microcítica, normocítica e, mais raramente, macrocítica.

Uma doença infecciosa pode acarretar anemia por diversas causas. As principais são:

1. Diminuição de ferro sérico, da ingestão ou do nível da ferritina, pela ação de citocinas inflamatórias.
2. Perda por hemorragias.
3. Decorrente de vasculites (síndrome hemolítico-urêmica) ou de coagulopatia de consumo.
4. Presença de hemólise por ação do próprio parasita, por toxinas ou por mecanismo autoimune. A síndrome hemolítico-urêmica tem sido descrita de modo crescente em infecção pneumocócica em crianças, especialmente em pneumonias com curso complicado[11].

Em geral, as infecções agudas levam à anemia normocítica, pois a perda de sangue ocorre por sangramento (coagulação intravascular disseminada – CIVD) ou por hemólise. Nas infecções crônicas, caracteristicamente observa-se anemia microcítica. A anemia megaloblástica aparece eventualmente na infecção por *Diphyllobothrium latum,* que absorve a vitamina B12 e o folato. A anemia pode ser identificada em doenças com curso subagudo ou crônico, como tuberculose, endocardite, infecção pelo vírus da imunodeficiência humana (HIV), hepatite C, malária e osteomielite crônica.

A presença de hemácias com formas alteradas deve ser considerada em caso de processo febril, pois muitas anemias hemolíticas familiares, na crise, podem ser acompanhadas de elevações de temperatura, podendo não se tratar de quadro infeccioso superajuntado. Entretanto, algumas anemias predispõem, por sua vez, a infecções (como a anemia falciforme), processos causados por pneumococo (e outros germes encapsulados) e osteomielite, inclusive por germes não habituais, como a salmonela. O encontro de hemácias bizarras, os chamados esquizócitos, ocorre em anemia hemolítica microangiopática, que acompanha doenças infecciosas como CIVD, doença hemolítico-urêmica (*Escherichia coli*) e valvulopatias (endocardite).

Obviamente, o encontro de parasitas dentro das hemácias, como acontece na malária e na babesiose, oferece diagnóstico etiológico da doença.

A hemoconcentração, provavelmente ocasionada pelo extravasamento de plasma em virtude do aumento da permeabilidade capilar (manifestada por hematócrito > 42% nas crianças ou se houver um aumento > 10% em relação ao hematócrito basal ou, para adultos, > 44% em homens ou > 40% em mulheres), é também característica de infecções muito graves – como síndrome pulmonar do hantavírus, dengue com complicação ou choque tóxico por clostrídio – e geralmente está relacionada com pior prognóstico[6,12].

Série Branca

Assim como nas hemácias, o número de leucócitos varia de acordo com a idade cronológica, como mostrado na Tabela 1.4.

Granulócitos

Os granulócitos são leucócitos que contêm grânulos no seu citoplasma e compreendem três tipos: neutrófilos, eosinófilos e basófilos.

Tabela 1.4 Valores médios do leucograma em crianças e adolescentes[13]

Idade	Leucócitos (média)	Neutrófilos (n e %)	Linfócitos (n e %)	Monócitos (n e %)	Eosinófilos (n e %)
1 dia	20	13 65%	5,6 28%	1,1 5%	0,5 2%
1 a 4 semanas	11,4	4,5 40%	5,5 49%	1 8%	0,4 3%
1 a 24 meses	11,2	3,7 33%	6,7 59%	0,6 5%	0,3 3%
2 a 6 anos	9,2	3,9 42%	4,6 50%	0,5 5%	0,3 3%
6 a 18 anos	8,2	4,4 53%	3,2 39%	0,4 5%	0,2 3%
> 21 anos	7,4	4,4 59%	2,5 34%	0,3 4%	0,2 3%

n: × 1.000.

Neutrófilos

São as primeiras células a responder em caso de processo inflamatório. Possuem várias propriedades, como a quimiotaxia, a fagocitose e a digestão de corpos estranhos pela oxirredução.

Os neutrófilos agem sobre as bactérias causando sua lise pela ação de várias enzimas lisossomais contidas nos grânulos, como as hidrolases ácidas, proteases, lisozimas, mieloperoxidades, defensinas e colagenases. Os granulócitos são produzidos na medula óssea, onde ficam armazenados após serem formados, prontos para serem mobilizados em caso de estímulo, quando ocorre, concomitantemente a liberação, aumento da proliferação e maturação dessas células[6].

Neutropenia

Nas fases iniciais de uma infecção ocorre neutrofilia decorrente da mobilização desses elementos da medula óssea e do aumento da produção. Entretanto, existem casos em que a doença é acompanhada de neutropenia, definida como contagem de neutrófilos < 1.500/mm^3, quando há grande demanda e a produção medular não consegue acompanhar o consumo e quando a ação de endotoxina bacteriana deprime a função medular. As infecções em que se observa mais neutropenia, mas com desvio à esquerda, são as causadas por germes Gram-negativos (classicamente *S. typhi*, *E. coli*, *Salmonella*, *Brucella*, *Shigella*) e também na sepse causada por *Pseudomonas* e nas infecções virais causadas pelos vírus do sarampo, da *influenza*, da hepatite A, da varicela, da febre amarela e citomegalovírus[6,14].

Infecções crônicas que cursam com hiperesplenismo causam diminuição dos leucócitos circulantes em virtude do aumento da destruição. A síndrome hemofagocítica, que ocorre em infecções graves, promove neutropenia por falta de produção[15].

Neutrofilia

É a alteração mais comumente encontrada em estados infecciosos bacterianos. Na fase inicial, o aumento do número dos granulócitos se deve à liberação das células pré-formadas e armazenadas na medula óssea. Na persistência da infecção, há aumento na sua produção e liberação, com leucocitose, neutrofilia e desvio à esquerda. Nas infecções virais, mais comumente se encontra leucocitose ausente ou pequena, com linfocitose relativa.

Outros quadros com processos inflamatórios podem estar acompanhados de neutrofilia, como colagenoses, intoxicações endógenas (uremia e acidose) ou exógenas, hemorragias, hemólise, neoplasias, doenças mieloproliferativas, traumas, infarto de miocárdio, pós-operatório, queimaduras, corticoterapia, estresse ou outras situações em que há liberação de adrenalina.

As granulações tóxicas são elementos estranhos encontrados no citoplasma de neutrófilos maduros. As granulações grosseiras, de cor mais escura, indicam processo tóxico ou infeccioso bacteriano; as pequenas, róseas e uniformes, indicam processo supurativo ou inflamatório. Os vacúolos citoplasmáticos também indicam processos infecciosos ou tóxicos graves, como septicemia e febre tifoide[16].

Normalmente, no sangue periférico, encontram-se apenas as formas maduras, como os segmentados e os bastonetes, sendo raros os metamielócitos. Quando existe estímulo suficiente, aparecem as formas mais jovens, o que ocorre em infecções agudas pela demanda repentina da medula óssea. Nas infecções crônicas poderá haver neutrofilia, mas não desvio à esquerda.

No período neonatal, a relação células imaturas/número de neutrófilos totais é um indicativo de infecção bacteriana. Manroe et al. consideram normal a relação inferior a 0,16 nas primeiras 24 horas de vida, diminuindo para 0,12 após o terceiro dia, mantendo-se neste valor até o fim do primeiro mês; quando maior que 0,2, seria indicativa de infecção[17].

Reação leucemoide pode ocorrer em algumas infecções graves, especialmente em crianças com idade inferior a 4 anos, e é definida como contagem de leucócitos > 50.000/mm³. Já foi descrita em casos de sepse, infecção focal grave necrotizante, shigelose, salmonelose, colite por *Clostridium difficile,* tuberculose miliar, candidíase e criptococose disseminada, malária, meningococemia, difteria e infecção na criança pequena com síndrome de Down ou portadora de defeito da adesão leucocitária (LAD)[6].

O hemograma seriado é importante no acompanhamento das doenças infecciosas. Assim, a piora de um desvio à esquerda preexistente pode significar piora da infecção ou aparecimento de complicação; leucocitose e aparecimento de desvio à esquerda em hemograma previamente normal ocorrem na complicação de um processo mais benigno. Quando uma infecção bacteriana evolui para a cura, o hemograma vai se modificando, passando para uma fase monocitária quando os leucócitos tendem a voltar ao normal, aparecem os eosinófilos e uma monocitose, chegando, finalmente, a uma fase linfocitária, de cura, com a contagem de leucócitos normal, neutropenia discreta, linfocitose e eosinofilia.

Eosinófilos

São células que apresentam grânulos que contêm grande quantidade de proteínas básicas, principalmente enzimas, como peroxidase, fosfatase ácida e aril--sulfatase. Os eosinófilos têm papel importante na mediação de processos alérgicos, mas também nos infecciosos, mormente nos parasitários[18,19]. Essas células aderem às larvas, liberam o conteúdo dos grânulos e, dessa forma, conseguem destruir algumas delas. A eosinofilia é subdividida em leve (contagem entre 500 e 1.500 células/mm³);

moderada (entre 1.500 e 5.000 células/mm^3); e extrema (> 5.000/ mm^3). As causas principais de eosinofilia em estados infecciosos são: infecções por protozoários, como toxoplasmose, amebíase, malária, *P. carinii;* e infecções por metazoários, como estrongiloidíase (principalmente nas superinfecções), toxocaríase, triquinose, cisticercose, ascaríase, ancilostomíase, esquistossomose, enterobiose, filariose e teníase. A fase larvária de helmintos configura a clássica síndrome de Löeffler. Outras doenças que podem evoluir com eosinofilia são escarlatina, mononucleose infecciosa, tuberculose, doença de Kawasaki e algumas infecções fúngicas, como histoplasmose, criptococose e aspergilose broncopulmonar alérgica[6,20].

Basófilos

Os basófilos são elementos do sangue que possuem grânulos com glicosaminoglicanos e histamina, degranulando em situações em que esteja envolvida a imunoglobulina E. Nas doenças infecciosas, a basofilia ocorre em parasitoses que evoluem com eosinofilia, algumas vezes em influenza, varicela e tuberculose. A presença persistente de basofilia deve levar à pesquisa de reações de hipersensibilidade e de processos neoplásicos[6].

Monócitos

Os monócitos são macrófagos que possuem enorme importância na defesa do hospedeiro, principalmente contra agentes intracelulares. Fazem parte da primeira linha de defesa do tecido lesado. A monocitose é definida como contagem de monócitos > 800/mm^3 em crianças e > 500/mm^3 em adultos[6], ocorrendo em vários processos infecciosos, como: brucelose; legionelose; listeriose; salmonelose; infecção por micobactérias, por fungos, histoplasmose e coccidioidomicose; clamídia; riquétsia; e vários protozoários, como *Leishmania*, tripanossomas e toxoplasma. É encontrada com frequência em crianças com sífilis congênita sintomática, na tuberculose miliar e na toxoplasmose congênita[21].

Linfócitos

Os linfócitos são células muito importantes na defesa contra as infecções, principalmente por sua atividade imunológica.

Em algumas infecções, pode-se notar linfopenia (como caxumba, poliomielite, varicela, HIV/aids), infecções fúngicas, histoplasmose, criptococose, micobacteriose não tratada e também na fase aguda de infecções bacterianas.

A linfocitose é comum em doenças virais, como na infecção por vírus Epstein-Barr (EBV), citomegalovírus, HIV, sarampo, varicela, hepatite, enteroviroses, adenovirose e caxumba. Outras situações em que há linfocitose são toxoplasmose, coqueluche, brucelose, tuberculose, febre tifoide e sífilis. Em algumas dessas infecções, a linfocitose se acompanha de formas atípicas. A doença que se acompanha de maior atipia é a mononucleose infecciosa (> 50%). Atipia moderada entre 10 e 50% pode ser observada na citomegalovirose, na toxoplasmose, nas hepatites A ou B e em quadros não infecciosos, como leucemias e linfomas. Atipias leves (10%) são encontradas em doenças como sarampo, caxumba, roséola infantil, varicela-zóster e viroses respiratórias e nas reações a drogas[22].

Na coqueluche pode ocorrer uma verdadeira reação leucemoide, com linfocitose exuberante, acima de 20 ou 50 mil linfócitos, característica do final da fase catarral e da fase paroxística da doença, podendo ser útil ao diagnóstico[23].

Na infecção pelo HIV, a linfocitose com a presença de atípicos ocorre na fase aguda da infecção; com a instalação da aids, em decorrência da destruição dos linfócitos CD4+ haverá progressiva linfopenia.

Plaquetas

Nas fases agudas de uma infecção, pela ação das citocinas e pela liberação de adrenalina, nota-se plaquetose.

Trombocitose ou plaquetose definida com contagem de plaquetas > 500.000/mm^3 é geralmente secundária ou reacional, relacionada em cerca de 25 a 35% com quadros infecciosos, como em infecções bacterianas causadas por germes comuns e mesmo quando não complicadas, na coqueluche, em infecções crônicas, por exemplo, brucelose e tuberculose, em infecção pelo HIV, nas hepatites crônicas e nas infecções fúngicas disseminadas. É importante lembrar também que na doença de Kawasaki, na segunda semana de evolução, há o surgimento de trombocitose. A trombocitose extrema, com contagem > 1.000.000/mm^3, pode ser encontrada em abscessos piogênicos[6,24,25].

A plaquetopenia é um achado mais preocupante, principalmente nas fases iniciais da doença, pois denota consumo exagerado, como pode acontecer quando existem processos vasculíticos (coagulopatia de consumo), destruição pela ação de patógenos ou de suas toxinas, bloqueio na sua formação (ação de toxinas na medula, pela invasão desses tecidos pelos parasitas ou pela síndrome hemofagocítica); na fase de convalescência, a plaquetopenia se deve a fenômenos imunológicos: sensibilização das células e posterior depuração pelo sistema reticuloendotelial[6].

Na Tabela 1.5, estão destacadas algumas alterações do hemograma em doenças infecciosas que podem cursar com febre de origem indeterminada (FOI) e devem ser analisadas cuidadosamente, sempre em conjunto com os dados epidemiológicos, clínicos e evolutivos individualizados para cada paciente.

Tabela 1.5 Alterações no hemograma em algumas doenças infecciosas que cursam com febre de origem indeterminada[26]

Doenças	Alterações no hemograma							
	Leucocitose	Leucopenia	Neutrofilia	Linfócitos atípicos	Eosinofilia	Monocitose	Plaquetose	Plaquetopenia
Bacterianas								
Abscessos	+	–	–	-	–	–	+	–
Brucelose	–	–	–	+	–	+	+	–
Endocardite	+	–	–	–	–	+	+	–
Febre tifoide	–	+	+	–	–	–	–	–
Leptospirose	+	–	–	–	–	–	–	+
TB miliar	–	+	–	–	–	+	–	+
TB pulmonar	–	–	–	–	–	+	+	–
Virais								
CMV	–	+	–	+	–	–	–	+
HIV	–	+	–	–	–	–	–	+
EBV	–	+	–	+	–	–	–	+
Parasitárias								
Calazar	–	+	–	–	–	–	–	+
Malária	–	+	–	+	–	+	–	+
Toxoplasmose	–	–	–	+	±	–	–	–
Fúngicas								
Coccidioidomicose	–	–	–	–	+	–	–	–
Histoplasma	–	+	–	–	±	–	+	+

+: geralmente presente; ±: pode estar presente; –: geralmente não presente; CMV: citomegalovírus; EBV: vírus Epstein-Barr; HIV: vírus da imunodeficiência humana; TB: tuberculose.

CONCLUSÕES

Os processos infecciosos desencadeiam uma série de alterações locais e sistêmicas, muitas das quais ainda não são bem compreendidas, denominadas reações de fase aguda do soro. As citocinas ocupam lugar de destaque nesses acontecimentos, algumas ativando a resposta inflamatória e outras inibindo-a, funcionando como "freios" para que os tecidos do hospedeiro não sejam intensamente afetados e para garantir o rápido retorno à homeostase. Quando o processo inflamatório não se restringe ao local da infecção, ocorre uma resposta sistêmica que, dependendo da magnitude, pode levar ao aparecimento da resposta inflamatória sistêmica. A dosagem dos fatores de resposta de fase aguda e algumas alterações nas células hematopoiéticas podem ajudar na interpretação do tipo de agente causal da inflamação, mas principalmente são úteis na monitoração da terapêutica e devem ser utilizadas de maneira criteriosa na prática médica.

REFERÊNCIAS BIBLIOGRÁFICAS

1. Baumann H, Gauldie J. The acute phase response. Immunol Today. 1994;15(2):74-80.
2. Gabay C, Kushner I. Acute-phase proteins and other systemic responses to inflammation. N Engl J Med. 1999;340(6):448-54.
3. Hansson LO, Lindquist L. C-reative proteins: its role in the diagnosis and follow-up of infectious diseases. Curr Op Infect Dis. 1997;10(3):196-201.
4. Jaye DL, Waites KB. Clinical applications of C-reactive protein in pediatrics. Pediatr Infect Dis J. 1997;16(8):735-47.
5. Voltarelli JC. Febre e inflamação. Medicina (Ribeirão Preto). 1994;27(1):7-48.
6. Long S. Laboratory manifestations of infectious diseases. In: Long S, Pickering LK, Prober CG. Principles and practice of pediatric infectious diseases. 4. ed. Philadelphia: Churchill Livingstone; 2012. p. 1400-12.
7. Saez-Llorens X, Lagrutta SF. The acute phase host reaction during bacterial infection and its clinical impact in children. Pediatr Infect Dis J. 1993;12(1):83-7.
8. Arkader R. Avaliação da procalcitonina como marcador de sepse e de choque séptico em pacientes pediátricos. [Dissertação]. São Paulo: Faculdade de Medicina da Universidade de São Paulo; 2005.
9. Fioretto JR, Borin FC, Bonatto RC, Ricchetti SM, Kurokawa CS, Moraes MA, et al. Procalcitonina em crianças com sepse e choque séptico. J Pediatr (Rio J). 2007;83(4):323-8.
10. Casado-Flores J, Blanco Quirós A, Asensio J, Arrant E, Garrote JA, Nieto M. Serum procalcitonin in children suspected sepsis: a comparison with C-reactive protein and neutrophil count. Pediatr Crit Care Med. 2003;4(2):264-6.
11. Waters AM, Kerecuk L, Luk D, Haq MR, Fitzpatrick MM, Gilbert RD, et al. Hemolytic uremic syndrome associated with invasive pneumococcal disease: the United Kingdom experience. J Pediatr. 2007;151(2):140-4.
12. Brasil. Ministério da Saúde. Secretaria de Vigilância em Saúde. Doenças infecciosas e parasitárias: guia de bolso. Brasília: Ministério da Saúde; 2008.
13. McMillan JA, Feigin RD, DeAngelis CD, editors. Oski's pediatrics. 4. ed. Philadelphia: Lippincott Williams & Wilkins; 2006. p. 2628.
14. Christensen RD, Rothstein G, Anstall HB, Bybee B. Granulocyte transfusions in neonates with bacterial infection, neutropenia, and depletion of mature marrow neutrophils. Pediatrics. 1982;70(1):1-6.

15. Fisman DN. Hemophagocytic syndromes and infection. Emerg Infect Dis. 2000;6(6):601-8.
16. van de Vyver A, Delport EF, Esterhuizen M, Pool R. The correlation between C-reactive protein and toxic granulation of neutrophils in the peripheral blood. S Afr Med J. 2010;100(7):442-4.
17. Manroe BL, Weinberg AG, Rosenfeld CR, Browne R. The neonatal blood count in health and disease. I. Reference values for neutrophilic cells. J Pediatr. 1979;95(1):89-98.
18. Nutman TB, Ottesen EA, Ieng S, Samuels J, Kimball E, Lutkoski M, et al. Eosinophilia in Southeast Asian refugees: evaluation at a referral center. J Infect Dis. 1987;155(2):309-13.
19. Nutman TB. Asymptomatic peripheral blood eosinophilia redux: common parasitic infections presenting frequently in refugees and immigrants. Clin Infect Dis. 2006;42(3):368.
20. Bergner RK, Bergner A. Marked peripheral eosinophilia: a clue to allergic bronchopulmonary aspergillosis in office practice. N Engl Reg Allergy Proc. 1985;6(4):367-73.
21. Dorfman DH, Glaser JH. Congenital syphilis presenting in infants after the newborn period. N Engl J Med. 1990;323(19):1299-302.
22. Tomkinson BE, Wagner DK, Nelson DL, Sullivan JL. Activated lymphocytes during acute Epstein--Barr virus infection. J Immunol. 1987;139(11):3802-7.
23. Secretaria de Estado da Saúde de São Paulo. Centro de Vigilância Epidemiológica. Coqueluche. Manual – Guia para a implantação do sistema sentinela. São Paulo: Secretaria de Estado da Saúde de São Paulo; 2000. Disponível em: ftp://ftp.cve.saude.sp.gov.br/doc_tec/resp/manu_coque.pdf. Acesso em: agosto de 2010.
24. Wolach B, Morag H, Drucker M, Sadan N. Thrombocytosis after pneumonia with empyema and other bacterial infections in children. Pediatr Infect Dis J. 1990;9(10):718-21.
25. Buss DH, Cashell AW, O'Connor ML, Richards F IInd, Case LD. Occurrence, etiology, and clinical significance of extreme thrombocytosis: a study of 280 cases. Am J Med. 1994;96(3):247-53.
26. Cunha BA. Fever of unknown origin: focused diagnostic approach based on clinical clues from the history, physical examination, and laboratory tests. Infect Dis Clin North Am. 2007;21(4):1137-87.

2 Febre sem sinais de localização

Constance Dell Santo Vieira Schuwartz
Maria Fernanda Bádue Pereira

Após ler este capítulo, você estará apto a:

1. Descrever a epidemiologia das infecções em crianças com febre sem sinais de localização (FSSL).
2. Orientar a indicação dos exames complementares na criança com FSSL nas diferentes faixas etárias.
3. Realizar o manejo das crianças com FSSL nas diferentes faixas etárias.

INTRODUÇÃO

A febre é uma das causas mais comuns de consulta pediátrica[1]. Em muitos casos, não é possível identificar seu foco, mesmo após obter história clínica completa e exame físico detalhado. Febre sem sinais de localização (FSSL) é a denominação da febre de início agudo e duração inferior a sete dias, sem causa definida[1,2].

A maioria das crianças com FSSL possui infecção de origem viral, benigna e autolimitada. O desafio em FSSL é distinguir as crianças com infecção benigna daquelas com bacteremia oculta ou doença bacteriana invasiva (DBI), como pneumonia, meningite, infecção do trato urinário e osteomielite, as quais podem ser fatais[1-3].

Bacteremia oculta refere-se à presença de bactéria em hemocultura em criança com FSSL e bom estado geral[1,2].

EPIDEMIOLOGIA

Nas últimas décadas, com a implantação das vacinas contra *Haemophilus influenzae* tipo B (Hib) e *Streptococcus pneumoniae*, a incidência de DBI e bacteremia oculta por esses agentes reduziu-se drasticamente. É descrita a diminuição de até 99% no risco de DBI, incluindo meningite por Hib[4,5] e de 69% na mortalidade por meningite pneumocócica[6], com declínio da doença invasiva pneumocócica mesmo em não vacinados ou parcialmente vacinados[7]. A taxa de bacteremia oculta em crianças com FSSL reduziu de 2,4 a 11,6% para menos de 1% no período pós-vacinação.[1,7] O impacto na redução de bacteremia oculta e DBI foi maior nas crianças entre 3 e 36 meses de vida[1,7].

O risco de bacteremia oculta e DBI reduz com o avanço da idade. Os lactentes jovens têm maior risco desses eventos pela imaturidade do sistema imune, sendo as capacidades de opsonização, atividade macrofágica e neutrofílica reduzidas nessa faixa etária[8]. Publicações recentes estimam que o risco de bacteremia oculta e DBI também está em redução nessa faixa etária, seja por efeito indireto de vacinação, seja por profilaxia no período neonatal para infecção por estreptococos do grupo B ou, ainda, melhores condições de assistência ao parto, sanitárias e higiênicas[1]. Em 1999, Baker et al. observaram 32 (12,6%) de 254 lactentes febris menores de 28 dias de idade com DBI[9]. Em estudo de revisão de hemoculturas de lactentes entre 3 semanas e 3 meses de vida, em 2001 a 2005, o patógeno foi encontrado em 92 (2,2%) de 4.255 hemoculturas[10]. Ainda assim, os lactentes jovens são o grupo etário de maior risco para DBI e bacteremia oculta[1,2,5].

MANEJO

O manejo da FSSL em crianças é baseado no risco para bacteremia oculta e DBI em cada faixa etária. Os limites precisos entre os grupos etários ainda permanecem em discussão[5].

A estratificação tradicional é a seguinte: neonatos (menores de 28 dias), lactentes jovens (29 a 90 dias) e lactentes e pré-escolares (3 a 36 meses)[1,2,5].

CRIANÇAS COM APARÊNCIA TOXÊMICA

Independentemente da idade, crianças com aparência toxêmica (Quadro 2.1) devem ser hospitalizadas e tratadas como possível sepse ou meningite, o que inclui coleta de exame de urina, cultura de sangue e urina, hemograma, além de radiografia e investigação do sistema nervoso central de acordo com os dados clínicos[1,2,11].

A avaliação de toxemia é baseada em alterações nos sinais vitais, presença de desidratação, mudança em cor e turgor de pele, má perfusão capilar, letargia ou irritabilidade[8,11] (Quadro 2.1). O exame físico deve ser realizado novamente após redução da temperatura corpórea, já que a febre pode causar taquicardia. Em crianças capazes de deambular, a observação da marcha pode fornecer dados sugestivos de

Quadro 2.1 Fatores preditores de doença grave
Convulsão
Dificuldade na alimentação
Rebaixamento do nível de consciência
Letargia
Cianose
Má perfusão capilar
Taquipneia
Gemência

Fonte: adaptada de Van den Bruel et al., 2010[11].

alterações neurológicas ou osteoarticulares[8]. Presença de petéquias em criança com algum sinal de toxemia sinaliza atenção para meningococemia[8].

EXAMES COMPLEMENTARES

A prevalência de infecção do trato urinário (ITU) em menores de 24 meses com febre varia de 5 a 7%[1]. Como a ITU é a DBI mais comum em lactentes, coleta de urina tipo I e urocultura por sondagem vesical aumentam a sensibilidade na detecção de crianças com DBI[12].

Radiografia de tórax não deve ser realizada de rotina, porém é indicada na criança com taquipneia ou com sinais de desconforto respiratório[20]. Nos lactentes menores de 3 meses de vida, além dos critérios anteriores, radiografar na presença de qualquer sintoma respiratório[8].

Aumento no número absoluto de leucócitos (> 15.000 por mm^3) tem sensibilidade de 50-69% e especificidade de 53 a 80% para prever DBI[1]. O valor preditivo positivo é de aproximadamente 11% para identificar DBI em crianças com mais de 3 meses de vida[5]. Nos menores de 1 mês de vida, o valor preditivo positivo para alteração no número de leucócitos (> 15.000 por mm^3 ou < 5.000 por mm^3) é de 44%; ao se adicionar aumento na contagem absoluta de neutrófilos (> 10.000 por mm^3), o valor preditivo positivo sobe para 71%[5].

Marcadores inflamatórios, como a proteína C-reativa e a procalcitonina, ainda não podem ser utilizados para confirmar ou afastar DBI. Ambas possuem sensibilidade semelhante, porém a procalcitonina eleva-se mais precocemente no curso da doença[21]. Os valores de corte não são totalmente estabelecidos. Revisão sistemática mostra especificidade maior que 90% e sensibilidade de 40 a 50% para proteína C-reativa acima de 80 mg/L ou procalcitonina acima de 2 ng/mL para confirmar DBI. Para afastar DBI, os valores propostos abaixo de 20 mg/L ou 0,5 ng/mL têm sensibilidade acima de 80% e especificidade de 70%[13].

A identificação de infecção viral auxilia na redução de coleta de exames e uso de antibiótico, já que a prevalência de DBI em crianças com infecção viral é baixa. Entretanto, nos lactentes jovens com infecção viral, a chance de DBI não parece reduzir. Estudo com 1.248 bebês com menos de 60 dias de vida não observou diferença significativa na prevalência de bacteremia e meningite nas crianças com ou sem vírus sincicial respiratório (1,1% *vs.* 2,3%; diferença de risco = 1,2% IC 95%: 0,4 a 2,7%)[1,14].

Dessa forma, quando a infecção viral é diagnosticada em lactentes jovens, deve-se prosseguir na investigação e manejo para DBI de acordo com a recomendação para a faixa etária[1,5].

NEONATOS

Os neonatos apresentam sinais inespecíficos de infecção, e a resposta imunológica é imatura nesse grupo. As taxas de bacteremia oculta nessa faixa etária são as mais altas e variam de 12 a 28%, mesmo após as estratégias de vacinação.

Etiologia

Apesar de os neonatos poderem adquirir infecções da comunidade, eles são de alto risco para as infecções causadas por bactérias de sepse neonatal tardia (estreptococos do grupo B, *Escherichia coli* e *Listeria monocytogenes*)[1,15].

Abordagem Diagnóstica

Em razão do maior risco para doença bacteriana, confirmando-se a febre, é indicada internação do lactente. Devem ser obtidas culturas de sangue, urina e liquor, e iniciada antibioticoterapia empírica. Além da cultura, o exame do liquor deve incluir celularidade, níveis de glicose e proteínas. Pesquisa de enterovírus e vírus herpes simples no liquor deve ser considerada, especialmente se o lactente apresentar sinal neurológico. Cultura de fezes e radiografia de tórax devem ser avaliadas a cada caso, de acordo com sintomas clínicos.

Abordagem Terapêutica

A terapia empírica deve ser ampicilina e cefotaxima ou ampicilina e gentamicina, esta última combinação apenas nos casos em que se excluiu meningite. Aciclovir deve ser incluído na suspeita de infecção por vírus herpes simples, como na presença de convulsão, hipotensão, elevação de transaminases, pleocitose em liquor ou história materna de herpes genital, especialmente no momento do parto[15].

Neonatos em bom estado geral, com exames iniciais normais, podem receber alta caso o resultado inicial de culturas seja negativo[1,11].

1 A 3 MESES DE IDADE

Nessa idade, a conduta diante de uma criança com FSSL gera controvérsias. As taxas de bacteremia oculta nessa fase são de 1 a 3%.

Etiologia

Os microrganismos a serem considerados incluem bactérias do período neonatal (*E. coli*, estreptococos do grupo B, *L. monocytogenes*) e as presentes nas faixas etárias maiores (*Salmonella enteritidis*, *Neisseria meningitidis*, *Streptococcus pneumoniae*, *H. influenzae* tipo B e *Staphylococcus aureus*). Pielonefrite é a DBI mais comum nessa faixa etária, com maior prevalência em meninos não circuncidados ou crianças com malformação de trato geniturinário[1,12,15].

Abordagem Diagnóstica

Diversos critérios de risco foram propostos para avaliar as crianças nessa faixa etária a fim de direcionar a conduta (Quadro 2.2). Os critérios de Philadelphia e Pittsburgh são os mais tradicionais, por incluírem coleta de liquor para classificar as crianças de alto ou baixo risco para DBI. Crianças de 1 a 3 meses com critérios de baixo risco podem ser acompanhadas ambulatorialmente, desde que o envolvimento dos pais e o acompanhamento sejam garantidos[15,16].

Abordagem Terapêutica

Caso a criança preencha critérios de risco para DBI e a conduta adotada seja hospitalização e antibioticoterapia endovenosa, deve-se coletar culturas de sangue, urina e liquor a fim de identificar o foco infeccioso e não mascarar síndromes clínicas[1,19].

Se o lactente for de baixo risco para DBI, o acompanhamento pode ser ambulatorial, com ou sem antibioticoterapia parenteral (intramuscular)[1,19].

No caso do uso de antibiótico, deve-se coletar culturas de sangue, urina e liquor. Na opção pelo acompanhamento ambulatorial sem intervenção com antibióticos, deve-se coletar apenas exame de urina tipo I e urocultura, já que a infecção do trato urinário é a infecção bacteriana mais frequente em FSSL[1,22].

Quadro 2.2 Critérios de baixo risco em crianças de 29 a 90 dias com FSSL

Rochester (Dagan, 1985)[16] – 0 a 90 dias de vida:

- Previamente hígida (nascida a termo, sem uso de antibióticos, sem complicações perinatais, sem comorbidades) e com exame físico normal
- Leucócitos entre 5.000 e 15.000/mm^3
- Formas jovens < 1.500/mm^3
- Sedimento urinário: < 10 leucócitos/campo
- Fezes: < 5 leucócitos/campo, se diarreia

Boston (Baskin, 1992)[17] – 30 a 90 dias de vida:

- Criança em bom estado geral, exame físico normal e com cuidador disponível ao telefone
- Leucócitos: < 20.000 células/mcL
- Urina: esterase leucocitária negativa
- Liquor: leucócitos < 10/mL
- Radiografia: sem infiltrado

Philadelphia (Baker, 1999)[18] – 30 a 60 dias de vida:

- Criança em bom estado geral e exame físico normal
- Leucócitos: < 15.000 células/mcL, bastões/total de neutrófilos < 0,2
- Urina com < 10 leucócitos por campo, sem bactéria na coloração de Gram
- Liquor com < 8 leucócitos/mcL, sem bactéria na coloração de Gram
- Radiografia de tórax sem infiltrado
- Fezes com poucos ou nenhum leucócito

Pittsburgh (Herr, 2001)[12] – 0 a 60 dias de vida

- Recém-nascido a termo, sem comorbidades, sem hospitalizações prévias ou uso de antibióticos no período perinatal ou nos últimos 7 dias, sem irmão com antecedente de infecção por estreptococos do grupo B
- Criança em bom estado geral e exame físico normal
- Sem infecção focal (exceto otite média)
- Leucócitos 5.000 a 15.000/mcL e número absoluto de bastonetes < 1.500/mcL
- Urina: 9 leucócitos/mcL e sem bactéria na coloração de Gram
- Liquor: 5 leucócitos/mcL e sem bactéria na coloração Gram
- Radiografia de tórax sem infiltrado em crianças com sinais e sintomas respiratórios
- Fezes: 5 leucócitos/campo em pacientes com diarreia

Quando necessário, o antibiótico recomendado é cefalosporina de terceira geração, ceftriaxona. Nos casos de meningite, usar a dose 100 mg/kg/dia; nos casos em que se excluiu meningite, 50 mg/kg/dia[1].

Na decisão do acompanhamento ambulatorial, a reavaliação clínica deve ser diária[1,19].

3 A 36 MESES DE IDADE

Nessa faixa etária, o risco de doença bacteriana invasiva é menor. Dados anteriores à vacinação apontavam incidência de doença pneumocócica invasiva de 3% em lactentes com temperatura maior ou igual a 39ºC. Em crianças vacinadas, esse número é inferior a 1%[7,8].

Em vista do muito baixo risco dessa população, nas crianças sem aparência toxêmica é aceitável observação clínica sem antibioticoterapia ou exames laboratoriais, desde que se garanta o seguimento da criança, com reavaliação a cada 24 horas[19]. Em caso de temperatura maior que 39°C, recomendam-se urinálise e urocultura em crianças de alto risco para infecção urinária (Quadro 2.3)[12,15].

Quadro 2.3 Indicação de urinálise e urocultura em crianças de 3 a 36 meses com FSSL[15]
Meninas
Meninos não circuncidados com idade inferior a 2 anos
Meninos circuncidados com idade inferior a 6 meses
Criança com antecedente de ITU

CONCLUSÕES

A conduta diante de um paciente com FSSL é assunto de grande discussão, principalmente na era pós-vacinal. Em resumo, assume-se que neonato com FSSL e crianças de qualquer faixa etária com sinais de toxemia devem ser abordados com enfoque completo para sepse até que seja excluída infecção grave. Crianças de 1 a 3 meses devem ter conduta individualizada, de acordo com os critérios de risco. Crianças maiores de 3 meses, em regiões com alta cobertura vacinal (> 80%), podem ter conduta expectante, desde que em bom estado geral.

REFERÊNCIAS BIBLIOGRÁFICAS

1. Arora R, Mahajan P. Evaluation of child with fever without source: review of literature and update. Pediatr Clin North Am. 2013;60(5):1049-62.
2. Baraff LJ, Bass JW, Fleisher GR, Klein JO, McCracken GH Jr, Powell KR, et al. Practice guideline for the management of infants and children 0 to 36 months of age with fever without source. Ann Emerg Med. 1993;22(9):1198-210.
3. Teach SJ, Fleisher GR. Efficacy of an observation scale in detecting bacteremia in febrile children three to thirty-six months of age, treated as outpatients. Occult Bacteremia Study Group. J Pediatr. 1995;126:877-81.
4. Simoes LLP, Andrade AL, Laval CA, Oliveira RM, Silva SA, Martelli CM, et al. Impacto da vacinação contra o *Haemophilus influenzae* B na redução de meningites. Rev Saúde Pública. 2004;38(5):664-70.

5. Hamilton JL, John SP. Evaluation of fever in infants and young children. Am Fam Physician. 2013;87(4):254-60.
6. Grando IM, Moraes CD, Flannery B, Ramalho WM, Horta MA, Pinho DL, et al. Impacto da vacina pneumocócica conjugada 10-valente na meningite pneumocócica em crianças com até dois anos de idade no Brasil. Cad Saúde Pública. 2015;31(2):276-84.
7. Stoll ML, Rubin LG. Incidence of occult bacteremia among highly febrile young children in the era of the pneumococcal conjugate vaccine: a study from a Children's Hospital Emergency Department and Urgent Care Center. Arch Pediatr Adolesc Med. 2004;158(7):671-5.
8. Baraff LJ. Management of infants and young children with fever without source. Pediatric Ann. 2008;37(10):673-9.
9. Baker MD, Bell LM. Unpredictability of serious bacterial illness in febrile infants from birth to 1 month of age. Arch Pediatric Adolesc Med. 1999;153(5):508-11.
10. Greenhow TL, Hung YY, Herz AM. Changing epidemiology of bacteremia in infants aged 1 week to 3 months. Pediatrics. 2012;129:e590-6.
11. Van Den Bruel A, Haj-Hassan T, Thompson M, Buntinx F, Mant D, European Research Network on Recognising Serious Infection Investigators. Diagnostic value of clinical features at presentation to identify serious infection in children in developed countries: a systematic review. Lancet. 2010;375(9717):834-45.
12. Herr SM, Wald ER, Pitetti RD, Choi SS. Enhanced urinalysis improves identification of febrile infants ages 60 days and younger at low risk for serious bacterial illness. Pediatrics. 2001;108(4):866-71.
13. Van den Bruel A, Thompson MJ, Mant D. Diagnostic value of laboratory tests in identifying serious infections in febrile children: systematic review. BMJ. 2011;342:d3082.
14. Levine DA, Platt SL, Kuppermann N. Risk of serious bacterial infection in young febrile infants with respiratory syncytial virus infections. Pediatrics. 2004;113(6):1728-34.
15. Nield LS, Kamat D. Fever without a focus. In: Kliegman RM, Stanton BF, St. Geme JW, Schor NF. Nelson textbook of pediatrics. 20. ed. Philadelphia: Elsevier; 2016. p. 1280-7.
16. Dagan R, Poell KR et al. Identification of infants unlikely to have serious bacterial infection although hospitalized for suspected sepsis. J Pediatr. 1985;107(6):855-60.
17. Baskin MN, O'Rourke EJ, Fleishe GR. Outpatient treatment of febrile infants 28 to 89 days of age with intramuscular administration of ceftriaxone. J Pediatr. 1992;120(1):22-7.
18. Baker MD, Bell LM, Avner JR. The efficacy of routine outpatient management without antibiotics of fever in selected infants. Pediatrics. 1999;103:627-31.
19. Shapiro E. Fever without localizing signs. In: Long S, Pickering LK, et al. Principles and practice of pediatric infectious diseases. 4. ed. Philadelphia, PA: Elsevier; 2012. p. 14-117.
20. Westra SJ, Karmazyn BK, Alazraki AL. ACR Appropriateness criteria fever without source or unknown origin-child. J Am Coll Radiol. 2016;13(8):922-30.
21. Mekitarian Filho E, de Carvalho WB. Current management of occult bacteremia in infants. J Pediatr (Rio J). 2015;91:S61-6.
22. Mintegi S, Gomez B, Martinez-Virumbrales L, Morientes O, Benito J. Outpatient management of selected young febrile infants without antibiotics. Arch Dis Child. 2017;102(3):244-9.

3 Febre de origem indeterminada e febre recorrente em pediatria

Heloisa Helena de Sousa Marques
Pedro Takanori Sakane

Após ler este capítulo, você estará apto a:

1. Definir febre de origem indeterminada e febre recorrente.
2. Reconhecer suas principais causas.
3. Ter disponível uma proposta de um roteiro diagnóstico.

INTRODUÇÃO

O diagnóstico e o manejo de crianças com febre prolongada ou recorrente geralmente requerem uma revisão extensa dos sintomas, do padrão febril, dos sinais associados e o conhecimento dos antecedentes pessoais e familiares. Definir os padrões do quadro febril e garantir uma detalhada avaliação dos dados clínicos das crianças com história de febre são elementos fundamentais para a organização da investigação para alcançar o diagnóstico.

FEBRE DE ORIGEM INDETERMINADA

A clássica conceituação de febre de origem indeterminada (FOI) proposta por Petersdorf e Beeson, em 1961[1], como a presença de febre por mais de três semanas, sem diagnóstico após uma semana de investigação sob regime de internação, foi utilizada durante décadas[1]. A proposta mais atual, sugerida por Durack e Street[2], tenta abranger tanto as crianças previamente saudáveis como aquelas com alguma condição de base e é subdividida em quatro categorias:

- FOI clássica: duração superior a três semanas, com investigação hospitalar por três dias ou três retornos ambulatoriais sem diagnóstico.

- FOI nosocomial: inclui os pacientes já hospitalizados, nos quais não se detectavam sinais de infecção ou existência de febre no ato da internação e apresentam febre em várias ocasiões, por três dias ou mais de investigação básica.
- FOI em neutropênicos: presença de febre em pacientes com contagem de neutrófilos abaixo de 500/mm³ ou naqueles em quem se espera uma queda para esses números dentro de 1 a 2 dias e depois de uma investigação de três dias.
- FOI associada à infecção pelo vírus da imunodeficiência humana (HIV): presença de febre registrada em várias ocasiões por um período superior a três dias durante a internação ou maior que quatro semanas em acompanhamento ambulatorial, em um paciente com infecção comprovada pelo HIV[2].

Há definições que consideram um tempo menor de febre: oito ou mais dias em uma criança que já tenha sido avaliada clínica e laboratorialmente sem que fosse identificada causa provável para o quadro febril[3].

Na Unidade de Infectologia do Instituto da Criança do HC-FMUSP, utiliza-se a definição que segue a tendência da maioria dos autores, apresentada no Quadro 3.1[4].

Etiologia

O número de publicações sobre FOI em pediatria é escasso. As infecções são as causas mais comuns em crianças, seguidas das doenças do colágeno e neoplasias. Mais recentemente, Chow e Robinson publicaram uma revisão sistemática avaliando a etiologia em várias séries, tanto em países desenvolvidos como em desenvolvimento, descrita na Tabela 3.1[5].

Em várias séries pediátricas os processos infecciosos mais comuns são viroses, principalmente EBV, citomegalovírus (CMV), vírus da hepatite B (HBV), vírus da hepatite C (HCV) e HIV, além de infecções crônicas de vias aéreas, como rinossinusite, otite crônica, mastoidite, infecção do trato urinário, abscessos profundos, osteomielite, endocardite bacteriana, doença da arranhadura do gato (DAG), infecções odontológicas, infecções causadas por micobactérias, toxoplasma, plasmódio,

Quadro 3.1 Definição de febre de origem indeterminada em crianças[4]
Temperatura axilar > 37,3°C em várias ocasiões
Duração superior a 2 semanas
Exame físico com achados inespecíficos
Confirmada em pelo menos 3 dias de internação
Exames de triagem inconclusivos ou sem alterações: hemograma, provas de fase aguda (VHS e proteína C-reativa), urina tipo I e urocultura, reação de Mantoux e radiografia de tórax

VHS: velocidade de hemossedimentação.

Tabela 3.1 Principais causas de febre de origem indeterminada (FOI) em crianças: uma revisão sistemática[5]

FOI em crianças	Países desenvolvidos	Países em desenvolvimento
Número de séries	8	10
Época	1972-1998	1990-2008
Total de casos	649	1.638
Infecção	275 (42%)	832 (51%)
Doença do colágeno	62 (10%)	150 (9%)
Miscelânea (não informado)	72 (11%)	179 (11%)
Neoplasias	38 (6%)	93 (6%)
Sem diagnóstico	202 (31%)	384 (23%)

leishmânia, salmonela, riquétsia, fungos, brucelose e esquistossomose aguda. Nas colagenoses, os destaques são a artrite rematoide juvenil, o lúpus eritematoso e a febre reumática, os quais tendem a ser mais frequentes em crianças em idade escolar. As neoplasias mais frequentes são as leucemias, o linfoma e o neuroblastoma, acometendo todas as idades, porém com algum predomínio entre 12 e 50 meses. No item miscelânea, os diagnósticos mais citados são: enterite regional, displasia ectodérmica, sarcoidose, doença de Kawasaki, febre por droga, corpo estranho (cateter), febre factícia e outras possíveis causas, como doenças proliferativas benignas (Kikuchi-Fujimoto), síndrome hemofagocítica, mastocitose, insuficiência adrenal e diabete insípido. Deve-se lembrar que, em 1 a 5% dos casos, a doença inflamatória intestinal tem sido a responsável por quadros febris prolongados[6-14]. A Tabela 3.2 destaca as principais causas de FOI em pediatria. Apesar de o prognóstico da FOI em crianças ser melhor que o dos adultos, a taxa de mortalidade situa-se entre 6 e 9% nas diferentes séries. Também é consenso que, com frequência, parte dos episódios febris acaba sendo autolimitada, sem que se defina um diagnóstico preciso[14].

Semiologia Clínica

Definida a existência da febre, apuram-se na história clínica as características referentes ao seu início, se abrupto ou insidioso, e o padrão da curva térmica, se contínuo, intermitente ou remitente. Deve-se observar também a presença de sinais e sintomas que acompanham a febre tanto no início como no final, por exemplo, calafrios, sudorese, gemência, alterações de consciência e de comportamento, entre outras queixas, como dores, alterações osteoarticulares, vômitos, diarreia, anorexia e emagrecimento. Os calafrios tendem a indicar presença de elementos estranhos na circulação, como bactérias, vírus e fungos. A presença ou não de sudorese no curso

Tabela 3.2 Principais causas de febre de origem indeterminada em crianças

Infecções	Colagenoses	Neoplasias	Miscelânea
Virais: CMV, EBV, HBV, HCV e HIV	Artrite reumatoide juvenil (idiopática)	Leucemias	Enterite regional
Infecções crônicas de vias aéreas: rinossinusite, otite crônica e mastoidite	Lúpus eritematoso	Linfomas	Doença inflamatória intestinal
Infecção do trato urinário	Febre reumática	Neuroblastoma	Displasia ectodérmica
Abcessos profundos		Sarcomas	Sarcoidose
Endocardite			Doença de Kawasaki
Osteomielite			Febre por drogas
Doença da arranhadura do gato			Diabete insípido
Outras infecções: tuberculose, toxoplasmose, brucelose e leishmaniose			Síndrome hemofagocítica

CMV: citomegalovírus; EBV: vírus Epstein-Barr; HBV: vírus da hepatite B; HCV: vírus da hepatite C; HIV: vírus da imunodeficiência humana.

de um aumento de temperatura pode ser uma pista diagnóstica para síndromes anidróticas. Alterações de comportamento e de consciência apontam comprometimento do sistema nervoso central (SNC). As queixas osteoarticulares são bastante frequentes nas doenças reumatológicas, especialmente se acompanhadas de exantemas. O emagrecimento denota doença consumptiva.

Os detalhes de viagens recentes e remotas, de exposição a pessoas doentes e animais, tanto domésticos como selvagens, picadas de insetos, uso de remédios, incluindo homeopáticos, fitoterápicos e "naturais", hábitos de ingerir alimentos malcozidos ou ricos em corantes e conservantes e o contato com inseticidas e agrotóxicos devem ser inquiridos ativamente. A procedência do paciente também merece registro, pois muitas moléstias em nosso país guardam relação regional, como leishmaniose visceral, malária, esquistossomose e doença de Chagas. Deve-se lembrar que algumas doenças endêmicas podem ter curso insidioso, por exemplo, a doença de Lyme e a brucelose, esta nas crianças que visitam sítios e tomam leite cru de vacas não controladas, ou curso mais rápido, como a febre maculosa brasileira. A exposição a pessoas doentes, com tosse crônica, é muito importante para avaliar a possibilidade de exposição à tuberculose. O contato com os animais é relevante para a suspeita de DAG com evolução atípica, toxocaríase ou mesmo toxoplasmose. As picadas de insetos ou a exposição a carrapatos são pistas para o diagnóstico de doenças não comuns, como hantaviroses, malária, doença de Chagas, doença de Lyme e riquetsioses (febre maculosa brasileira), entre outras.

O histórico vacinal deve ser confirmado de acordo com as anotações na carteira de imunização. Os antecedentes familiares têm a sua importância, como para as crianças portadoras de anemia falciforme, que têm risco aumentado de apresentar quadros de osteomielite.

Uma boa anamnese e um exame físico cuidadoso são fundamentais na análise de um processo febril, tanto nos agudos como nos prolongados, e, quando não definem o diagnóstico, quase sempre fornecem pistas para a solicitação dos exames laboratoriais.

A avaliação física de um paciente febril é iniciada pelo estado geral, que, além de dar uma ideia da gravidade do processo, define também a velocidade com que a investigação deve ser conduzida, incluindo para decidir se será ambulatorial ou na internação. Deve-se medir a temperatura, o pulso, as frequências respiratória e cardíaca, a pressão arterial, o peso e a altura. No exame de pele e subcutâneo deve-se pesquisar tanto as alterações de coloração, como a presença de palidez, icterícia e cianose, assim como de petéquias, púrpuras, exantemas e outras lesões, além de realizar palpação para a identificação de nódulos subcutâneos.

A pesquisa de adenomegalias deve contemplar a avaliação de todas as cadeias ganglionares, anotando-se o tamanho, a consistência, a mobilidade em relação aos planos e a presença de sinais flogísticos e de secreção.

O exame da orofaringe deve incluir análise do estado dos dentes, da presença de lesões da mucosa, do aspecto das amígdalas palatinas e da secreção na parede posterior da faringe. A otoscopia faz parte do exame rotineiro do pediatra.

A semiologia cardíaca e pulmonar deve ser bem detalhada para detectar alterações na ausculta e na percussão. Os sopros cardíacos devem ser bem pesquisados, pois a endocardite bacteriana é uma das doenças que podem cursar com FOI.

Quanto ao abdome, deve-se anotar o aspecto (globoso, escavado ou plano), a presença de circulação colateral, o timpanismo, os ruídos hidroaéreos, os sinais de ascite, a palpação do fígado e do baço ou a presença de massas e a localização de pontos álgicos.

O sistema locomotor também merece exame cuidadoso. A palpação de massas musculares e a análise das articulações procurando sinais flogísticos ou apenas pontos dolorosos não devem ser esquecidas.

As alterações do sistema nervoso devem ser analisadas com todos os detalhes: nível de consciência, sinais de localização e alterações dos reflexos. O fundo de olho deve ser sempre realizado, de preferência por oftalmologista experiente. Nunca é demais insistir que o exame físico sequenciado é muito importante e pode fornecer a informação que não foi detectada no início. Um acompanhamento cuidadoso é mais útil que a realização de muitos e onerosos exames complementares.

Semiologia Laboratorial e por Imagem

Como as infecções são responsáveis por cerca de 50% dos casos de FOI em pediatria, a pesquisa laboratorial, nos casos em que a clínica não fornece nenhum parâmetro, deve ser orientada primariamente para confirmar ou afastar processos infecciosos.

Os exames preliminares solicitados no Serviço de Infectologia do Instituto da Criança do HC-FMUSP são: hemograma completo com contagem de linfócitos atípicos, velocidade de hemossedimentação (VHS) ou dosagem de proteína C-reativa (PCR), reação de Mantoux, urina tipo I e urocultura, hemocultura para anaeróbio e aeróbio (pelo menos dois pares, obtidos em punções de locais diferentes), provas de função hepática e renal e radiografia de tórax. Dependendo do local de origem realiza-se também pesquisa em gota espessa para hematozoários (malária), punção de medula óssea (leishmaniose visceral) etc. (Quadro 3.2).

Apesar dos avanços alcançados na semiologia laboratorial nas últimas décadas, e da disponibilização de inúmeros métodos para diagnóstico de doenças infecciosas ou não, sua indicação sempre deve ser orientada de acordo com os achados clínicos, especialmente na população pediátrica, em que o tamanho das crianças é um óbice para a colheita de grandes quantidades de sangue, e também se deve ter cuidado redobrado quanto à exposição a elementos radioativos.

Se a febre persistir e esses exames não forem conclusivos, a criança deve ser internada e observada por pelo menos três dias para:

- Possibilitar registro real da febre, que deve ser medida sob vigilância no intuito de serem identificados os eventuais quadros de febre factícia, quando a mãe ou o responsável utiliza técnicas de aquecimento do termômetro, de modo dissimulado, tentando confundir a equipe de saúde.
- Anotar as possíveis alterações que acompanham a elevação da temperatura. Por exemplo, exantema tênue e evanescente pode acompanhar febre em doenças do colágeno e pode passar despercebido pela família. A frequência cardíaca pode não se elevar de acordo com o grau da temperatura (dissociação pulso-temperatura) e pode ocorrer em algumas doenças, como febre tifoide, infecções por riquétsias, leptospirose, brucelose e na febre por drogas.

Quadro 3.2 Investigação preliminar para crianças com febre de origem indeterminada
1. Hemograma completo
2. Reações de fase aguda (velocidade de hemossedimentação e proteína C-reativa)
3. Urina tipo I e urocultura
4. Hemoculturas
5. Radiografia de tórax
6. Reação de Mantoux
7. Provas de função hepática e renal

- Complementar a investigação com outros exames laboratoriais ou de imagem, caso esteja indicada a realização de exames invasivos ou que necessitem de sedação ou observação relacionada com o risco do procedimento.

Na fase sequencial, os exames têm como objetivo ampliar a investigação de outras doenças infecciosas, doenças reumatológicas ou inflamatórias e tumores e devem ser realizados de forma programada e sempre à luz de pistas clínicas que possam nortear melhor sua indicação. No Quadro 3.3 estão listados tais exames ou procedimentos.

Muitos desses exames poderão ser repetidos algumas vezes, principalmente aqueles que buscam detectar a presença de antígenos e anticorpos e também de bactérias ou outros patógenos. A variação sequencial de um hemograma pode revelar pista diagnóstica, como na toxoplasmose aguda, em que no início pode haver tendência para leucopenia e desvio à esquerda mimetizando infecção por germe Gram-negativo e na sequência apresentar linfocitose e presença de atipia.

Grande progresso tem sido feito no diagnóstico etiológico de processos infecciosos com o uso de biologia molecular, com métodos como a reação da cadeia de polimerase (PCR), a hibridização *in situ* de DNA em material de biópsia ou méto-

Quadro 3.3 Investigação sequencial para crianças com febre de origem indeterminada

1. Hemograma completo
2. Hemoculturas (3 pares de aeróbio, anaeróbio, fungos e micobactérias)
3. Urina I e urocultura
4. Sorologia e/ou método de biologia molecular (PCR) e/ou antigenemia para CMV, EBV, HIV, HBV, HCV, parvovírus B19, HHV-6, bartonelose (DAG), doença de Lyme, sífilis, toxocaríase, toxoplasmose etc.
5. Pesquisa de fator reumatoide, células LE, fator antinúcleo e ASLO
6. Eletroforese de proteínas
7. Avaliação da imunidade celular e humoral
8. Ultrassonografia de abdome
9. Ecocardiograma
10. Radiografia de seios da face e de mastoides
11. Radiografia de ossos longos
12. Mielograma com mielocultura
13. Lavado gástrico para pesquisa de BAAR
14. LCR quimiocitológico e análise microbiológica (conforme clínica)
15. Provas de fase aguda (repetir)
16. Considerar dosagem de DHL e ferritina

ASLO: antiestreptolisina O; BAAR: bacilo álcool-ácido resistente; CMV: citomegalovírus; DAG: doença da arranhadura do gato; DHL: desidrogenase láctica; EBV: vírus Epstein-Barr; HBV: vírus da hepatite B; HCV: vírus da hepatite C; HHV-6: herpesvírus-6; HIV: vírus da imunodeficiência humana; LE: lúpus eritematoso; PCR: reação em cadeia da polimerase.

dos como *shell vial*. Crianças com infecção pelo HIV e febre prolongada por CMV podem ter confirmação etiológica em menos de 24 horas pela PCR, e outras com infecção por EBV podem ter sua situação esclarecida pela hibridização em material de biópsia. Além disso, os isômeros radioativos contidos em material de cultura, método Bactec, possibilitam o diagnóstico de infecções causadas por *Mycobacterium tuberculosis* e micobatérias atípicas com maior rapidez. A infecção urinária, uma das principais causas de FOI em pediatria, deve ser exaustivamente investigada. Deve-se analisar sempre o sedimento para verificar leucocitúria e repetir a urocultura.

Os exames de imagem, como a radiografia de tórax e de seios da face, sempre compuseram o arsenal inicial para a investigação de casos de FOI, e atualmente também são indicadas com frequência as tomografias de tórax e de abdome. Entretanto, vários autores enfatizam que a utilidade desses exames é mais evidente quando houver indícios clínicos de acometimento desses órgãos ou sistemas. Picus et al.[15] verificaram alterações na tomografia de abdome em 86% das crianças com alguma suspeita clínica, todavia o exame não foi útil naquelas sem indícios de alteração abdominal. O mesmo foi observado por Steele et al.[16], quando indicaram na investigação os métodos com radioisótopos. O ecocardiograma é exame imprescindível para analisar alterações cardíacas como pericardites, cardiomiopatias e principalmente endocardites. Deve-se ressaltar que o ecocardiograma normal não descarta a hipótese de afecção valvar.

O uso de radioisótopos como o tecnécio, o gálio e o índio pode ter utilidade no rastreamento de processos infecciosos, inflamatórios ou neoplásicos, porém atualmente tem sido cada vez menos indicado. O gálio concentra-se em locais onde haja acúmulo de leucócitos, por isso o mapeamento de corpo inteiro usando-se esse material é útil para a detecção de abscessos e linfomas. O tecnécio, por sua vez, é muito utilizado para localizar lesões ósseas.

Vale ressaltar que esses métodos devem ser criteriosamente indicados, visto que resultados "normais" de imagem são incomuns, o que pode desencadear a investigação para achados "alterados", potencialmente falso-positivos, da radiologia, modificando o curso da investigação e retirando o foco para a definição do diagnóstico correto.

Os mesmos princípios aplicam-se às biópsias e a outros procedimentos invasivos. Quanto à indicação de mielograma, não há muita informação na literatura. Em uma das séries, o mielograma realizado em 16 oportunidades resultou em apenas uma alteração (leucemia), de criança com anemia aguda, e a indicação destinou-se mais para o estudo hematológico que para quadro febril. Em outro estudo, os autores concluíram que não haveria justificativa para a realização desse doloroso exame em crianças imunologicamente normais[17]. No entanto, a experiência do Serviço de Infectologia do Instituto da Criança do HC-FMUSP com mielograma e mielocultura tem sido mais animadora quanto à identificação de agente etiológico na investigação de febre prolongada em pacientes com doenças que cursam com imunodepressão, como aids, leucemias, linfomas, transplante de órgãos etc. A relativa positividade da pesquisa de BAAR e de fungos nesse grupo de pacientes justifica a introdução desse exame já em uma segunda fase de pesquisa.

Se ao fim dessa avaliação sequencial não for possível definir o diagnóstico e/ou ao longo da investigação houver alguma alteração laboratorial ou manifestação clínica que sugira a localização (fígado, linfonodo, pleura, pele etc.), pode-se indicar a realização de biópsias dirigidas que, apesar de serem procedimentos invasivos, podem ser bastante úteis nessas circunstâncias para a definição etiológica.

Por fim, caso não haja aparecimento de indícios clínicos, recomenda-se revisão da anamnese, exame físico evolutivo e continuidade da observação clínica cuidadosa dessa criança antes de dar prosseguimento à avaliação por imagem e laboratorial[10,14].

FEBRE RECORRENTE

Define-se febre recorrente quando ocorrem três ou mais episódios febris em um período de seis meses, com duração de sete dias, sem manifestações clínicas que justifiquem o aumento de temperatura. Esses episódios podem surgir em intervalos regulares ou irregulares. Constituem exemplos de febres recorrentes periódicas: síndrome PFAPA (*periodic fever, aphthous ulcers, pharingitis and adenopathy*) e neutropenia cíclica. Um outro grupo de doenças, denominadas autoinflamatórias, também evolui como febre recorrente, porém a intervalos variáveis, como a febre familiar do Mediterrâneo, síndrome de hiper-IgD e síndrome periódica associada ao receptor do fator de necrose tumoral (Traps)[18-20]. Uma breve descrição dos quadros mencionados será apresentada a seguir.

Síndrome *Periodic Fever, Aphthous Ulcers, Pharingitis and Adenopathy*

A síndrome PFAPA tem etiologia não conhecida, caracterizada por episódios de febre com duração de 3 a 6 dias, com intervalos de 21 a 28 dias sem febre. Durante o período febril, costumam aparecer lesões aftosas na mucosa oral (70%), faringite (72%) e adenopatia cervical (88%). Em geral são acometidas crianças menores de 5 anos de idade. A adenopatia limita-se aos gânglios cervicais, que raramente são maiores que 5 cm de diâmetro. A faringite não é exsudativa, e as aftas são em pequeno número, indolores ou pouco sintomáticas. Outros sintomas da doença são cefaleia, dor abdominal e náuseas. Os exames laboratoriais são inespecíficos, encontrando-se discreta leucocitose e aumento moderado de velocidade de hemossedimentação. Esses episódios podem persistir por meses ou anos, e não há prejuízo ao crescimento da criança. Os intervalos assintomáticos vão aumentando conforme a criança cresce e não ocorrem sequelas. Como regra, não há necessidade de tratamento, mas nos casos mais sintomáticos, o uso de prednisona na dose de 1 a 2 mg/kg resulta em melhora imediata, sendo necessário, em geral, apenas uma dose[20].

Neutropenia Cíclica

Doença caracterizada por episódios cíclicos de neutropenia, clinicamente expressa por crises de estomatite, gengivite, linfoadenopatia cervical e febre. Acomete também crianças menores de 5 anos, assemelhando-se à síndrome PFAPA, o que gera a necessidade de diferenciação diagnóstica. O diagnóstico pode ser suspeitado com leucograma seriado, 2 a 3 vezes por semana, durante seis semanas, período no qual deve aparecer ao menos um episódio febril. O número de neutrófilos deve ser menor que 200/mm^3. A confirmação é feita pelo mielograma, que revela parada na maturação da linhagem mieloide, e de modo definitivo pela identificação da mutação genética no cromossomo 19p13.3 (mutação *ELA2*)[21].

Febre Familiar do Mediterrâneo

Caracteriza-se pela presença de febre, polisserosite, artrite, mialgia e dores abdominais em decorrência da peritonite. Por vezes é acompanhada de exantema. É uma doença genética autossômica recessiva. A incidência é maior entre judeus, armênios, árabes e turcos. O início dos sintomas ocorre entre 4 e 5 anos de idade. A duração da febre varia entre 2 e 3 dias, com intervalos de 7 a 29 dias. Como complicação cita-se amiloidose renal[14,19].

Síndrome de HiperIg-D

Síndrome caracterizada por febre, adenomegalia, hepatoesplenomegalia, dor abdominal, vômitos e diarreia com duração de 3 a 7 dias e com intervalos de 4 a 8 semanas. Podem ocorrer artrite e exantema. É uma doença hereditária recessiva, cursando com a deficiência de mevalonato quinase. Acomete crianças a partir de 1 ano de idade. Predomina entre alemães, holandeses e populações originárias do Mediterrâneo. Os exames da fase aguda estão alterados, caracteristicamente com aumento persistente do IgD sérico (> 100 U/mL). O tratamento é sintomático, e o prognóstico é bom[14,19,20].

Síndrome Periódica Associada ao Receptor do Fator de Necrose Tumoral (Traps)

Os surtos de febre são acompanhados por crises de intensa dor localizada e contração de um grupo muscular, que é migratória, na maioria dos casos. Podem também cursar com exantema em placa, que simula celulite, nas extremidades, além de conjuntivite dolorosa e edema periorbital. Outros sinais e sintomas descritos são dor abdominal, artralgia, dor testicular e dor pleural. A duração da febre e dos sintomas geralmente é maior que uma semana. É descrita em irlandeses e escoceses e seus descendentes, mas também em pessoas de outras origens étnicas. O diagnóstico definitivo é feito pela identificação de mutação no gene *TNFRSF1A*[22]. O tratamento nas crises é feito com altas doses de prednisona[23]. Outro grupo, descrito mais recentemente, de doença autoinflamatória que pode cursar com febre recorrente, envolve as associadas às criopirinas, destacando-se[20]:

- Síndrome autoinflamatória familiar de alergia ao frio (FCUS): ocorre em crianças menores de 1 ano de idade, e seu curso clínico é composto por quadro febril com duração de 1 a 2 dias, periodicidade variável e exantema, conjuntivite, cefaleia e náuseas.
- Síndrome de Muckle-Wells (MWS): tem início em pacientes com menos de 20 anos, com episódios febris de periodicidade variável (duração de 2 a 3 dias), acompanhados de exantema, conjuntivite e surdez.
- Síndrome articular, cutânea, neurológica infantil crônica: se inicia nos menores de 1 ano de idade, com febre contínua, e cursa com exantema, meningite, artropatia, surdez, adenopatia, hepatomegalia e esplenomegalia.

Deve-se lembrar que outras afecções podem cursar com quadros de febres recorrentes a intervalos irregulares, e entre essas destacam-se as causas infecciosas, sendo as infecções virais de repetição as mais comuns, seguidas pelas infecções bacterianas de repetição: infecção do trato urinário, sinusopatias, infecção por *Borrelia* sp, micobacterioses, abscessos dentários e outras coleções fechadas. Quadros não infecciosos, como doenças inflamatórias, doença de Crohn, doença de Still, doença de Behçet e doenças neoplásicas, também podem ter esse modo de evolução[14,18,19].

CONCLUSÕES

A FOI é uma entidade não muito comum em pediatria, pois, na criança, a maioria dos processos febris é de causa infecciosa e, em geral, o diagnóstico pode ser alcançado rapidamente. Entretanto, se o caso se enquadra como de FOI, serão necessárias muita paciência e análise minuciosa de todas as pistas que a anamnese e o exame físico seriado podem oferecer para o planejamento da investigação. Deve-se lembrar também de diferenciar os quadros de FOI das febres recorrentes. É mais produtiva e menos agressiva para a criança a observação clínica evolutiva que a realização de inúmeros exames, quase sempre feitos sem critério, e/ou a tentativa de resolver o processo febril por meio de antibioticoterapia empírica de amplo espectro, situação ainda pior. É importante manter bom diálogo com os pais e a criança, virtude necessária não só nos casos de FOI, mas também em outros mais difíceis de resolver.

REFERÊNCIAS BIBLIOGRÁFICAS

1. Petersdorf R, Beeson PB. Fever of unexplained origin. Report of 100 cases. Medicine. 1961;40:1-30.
2. Durack D, Street A. Fever of unknown origin – reexamined and redefined. In: Remington JS, Swartz MN (eds.). Current clinical topics in infectious diseases. St. Louis: Mosby Year Book I; 1991. p.35.
3. Palazzi DL. Fever without source and fever of unknown origin. In: Feigin RD, Cherry J, Demmler G, Kaplan S. Textbook of pediatric infectious diseases. 7. ed. Philadelphia: W Saunders; 2014. p.837-48.
4. Marques HHS, Yamamoto M. Febre. In: Marcondes E, Leone C, Oselka GW, Corradini HB. Roteiros diagnósticos em pediatria. São Paulo: Sarvier; 1987. p.200-12.
5. Chow A, Robinson JL. Fever of unkwon origin in children: a systematic review. World J Pediatr. 2011;7:5-10.
6. Eid A, Carion W, Nystrom JS. Differential diagnoses of bone marrow granuloma. West J Med. 1996;164(6):510-4.
7. Brewis EG. Child care in general practice. Undiagnosed fever. Br Med J. 1965;1(5428):107-9.
8. McClung HJ. Prolonged fever of unknown origin. Am J Dis Child. 1972;124(4):544-50.
9. Pizzo PA, Lovejoy FH Jr, Smith DH. Prolonged fever in children: review of 100 cases. Pediatrics. 1975;55(4):468-73.
10. Feigin RD, Shearer WT. Fever of unknown origin in children. Curr Prob Pediatr. 1976;6(10):3-64.
11. Lohr JA, Hendley JO. Prolonged fever of unknown origin: a record of experiences with 54 childhood patients. Clin Pediatr. 1977;16(9):768-73.
12. Chantada G, Casak K, Plata JD, Pociecha J, Bologna R. Children with fever of unknown origin in Argentina. An analysis of 113 cases. Pediatr Infect Dis J. 1994;13(4):260-3.
13. Congulu O, Koturoglu G, Kurugol Z, Ozkinay F, Vardar F, Ozkinay C. Evaluation of 80 children with prolonged fever. Pediatr Int. 2003;45(5):564-9.
14. Long S, Edwards KM. Prolonged, recurrent and periodic fever syndromes. In: Long S. Principles and practice of pediatrics infectious diseases. 4. ed. New York: Churchill Livingstone; 2012. p.117-27.
15. Picus D, Siegel MJ, Bolfe DM. Abdominal computed tomography in children with unexplained prolonged fever. J Comput Assist Tomogr. 1984;8(5):851-6.
16. Steele RW, Jones SM, Lowe BA, Glasier CM. Usefulness of scanning procedures for diagnosis of fever of unknown origin. J Pediatr. 1991;119(4):526-30.
17. Hayani A, Mahoney DH, Frenbach DJ. Role of bone marrow examination in the child with prolonged fever. J Pediatr. 1990;116(6):919-20.
18. John CC, Gilsdorf JR. Recurrent fever in children. Pediatr Infec Dis J. 2002;21(11):1071-7.
19. Padeh S. Periodic fever syndromes. Pediatr Clin North Am. 2005;52(2):577-609.
20. Marshall GS. Prolonged and recurrent fevers in children. J Infection. 2015;68:583-93.
21. Dale DC, Bolyard AA, Aprikyan A. Cyclic neutropenia. Semin Hematol. 2002;39(2):89-94.
22. Masson C, Simon V, Hoppé E, Insalaco P, Cissé I, Audran M. Tumor necrosis factor receptor-associated periodic syndrome (TRAPS): definition, semiology, prognosis, pathogenesis, treatment, and place relative to other periodic joint diseases. Joint Bone Spine. 2004;71(4):284-90.
23. ter Haar NM, Oswald M, Jeyaratnam J, Anton J, Barron KS, Brogan PA. Recommendations for the management of autoinflammatory diseases. Ann Rheum Dis. 2015;74(9):1636-44.

4 Doenças exantemáticas

Heloisa Helena de Sousa Marques
Pedro Takanori Sakane

Após ler este capítulo, você estará apto a:

1. Diagnosticar as principais doenças exantemáticas, clínica e laboratorialmente.
2. Indicar conduta terapêutica para essas doenças.
3. Orientar a conduta nos comunicantes.

INTRODUÇÃO

Algumas moléstias infecciosas têm a erupção cutânea como característica dominante. A esse grupo se dá o nome de doenças exantemáticas. Essas doenças têm a idade pediátrica como principal alvo, e o diagnóstico diferencial nem sempre é fácil. Entretanto, a análise do tipo da lesão, dos sinais e sintomas concomitantes e a epidemiologia, em alguns casos, permitem inferir o diagnóstico etiológico, sem a necessidade de exames laboratoriais complementares, como no caso de sarampo, varicela e doença mão-pé-boca. Em outros casos, apenas os exames laboratoriais permitem confirmar a etiologia, como acontece com os quadros causados por enterovírus, adenovírus, vírus da rubéola etc. A maioria dessas doenças é autolimitada e benigna; porém, algumas podem ser expressões de moléstias mais graves, como uma doença meningocócica. Em outras ocasiões, o diagnóstico é importante para se tomar os devidos cuidados com os comunicantes, como diante do relato de uma criança com rubéola que teve contato com uma gestante suscetível.

Na Tabela 4.1, estão descritas as doenças segundo o tipo de exantema.

Tabela 4.1 Causas de doenças exantemáticas agudas na infância, segundo o tipo de erupção[1]

Virais	Não virais
Maculopapulares	
Sarampo	Escarlatina
Sarampo atípico	Síndrome do choque tóxico
Rubéola	Doença de Kawasaki
Eritema infeccioso	Febre maculosa brasileira
Exantema súbito	Reação medicamentosa
Mononucleose infecciosa	Toxoplasmose
Vírus *coxsackie*	
Echovírus	
Citomegalovírus	Miliária rubra
Vírus da imunodeficiência humana	
Petequiais	
Sarampo atípico	Febre maculosa brasileira
Vírus *coxsackie*	Meningococemia
Echovírus	Coagulopatias
Febres hemorrágicas	Escorbuto
Doença citomegálica	Reação medicamentosa
Rubéola congênita	Endocardite subaguda
Dengue	Toxoplasmose congênita
Zika vírus	
Chikungunya	Febre purpúrica brasileira
Papulares	
Síndrome de Gianotti-Crosti	
Verruga	
Moluscum contagiosum	
Vesiculares	
Varicela	Urticária papular
Herpes-zóster	Impetigo
Herpes simples	Picada de inseto
Eczema *herpeticum*	Reação medicamentosa
Vírus *coxsackie*	
Echovírus	Dermatite herpetiforme
Sarampo atípico	

PRINCIPAIS DOENÇAS EXANTEMÁTICAS VIRAIS NA INFÂNCIA

Exantema Maculopapular

Sarampo

O agente causal é um paramixovírus, conhecido como vírus do sarampo, transmitido pela inalação de gotículas respiratórias contaminadas. O período de incubação varia entre 10 e 14 dias e o período de transmissibilidade é de 4 a 5 dias antes do aparecimento do exantema, até quatro dias depois. No Brasil, a doença tem um bom controle em decorrência da ampla cobertura vacinal, o surto ocorrido no Nordeste nos anos 2013 e 2014 foi considerado controlado em 2015[1].

O pródromo varia de 1 a 6 dias, consistindo em febre, mal-estar, prostração, tosse e coriza. No final desse período, aparecem as manchas de Koplik, consideradas patognomônicas, que consistem em lesões puntiformes e esbranquiçadas na mucosa oral, na região jugal, e 1 a 3 dias depois surge o exantema maculopapular, que se inicia na região retroauricular e se estende craniocaudalmente nos 3 a 4 dias subsequentes, desaparecendo em seguida. Nesse período, os sintomas gerais se acentuam, a febre atinge o pico, a tosse se intensifica, a coriza torna-se purulenta, os olhos ficam avermelhados e com secreção, e a criança mostra-se profundamente toxemiada. A febre mantém-se por mais 1 a 3 dias e depois arrefece, quando o paciente se recupera rapidamente, nos casos não complicados, e é observada uma descamação furfurácea na pele[2].

Existem outras formas de sarampo menos frequentes, como o sarampo modificado – na criança que apresenta imunidade parcial, em quem a doença se mostra mais benigna – e o sarampo atípico – quadro mais grave, observado em crianças que haviam recebido uma vacina, não mais utilizada, de vírus inativado e depois tinham contato com o vírus selvagem[3].

A confirmação laboratorial do sarampo é feita pela sorologia, detectando-se anticorpos das classes IgM e IgG antissarampo no sangue. A IgM aparece já nos primeiros dias do exantema e pode permanecer elevada por 4 a 6 semanas. O aumento de quatro vezes do título de IgG entre as fases aguda e de convalescença também confirma a doença aguda. O tratamento é de suporte, embora haja indicação de vitamina A em regiões carentes desta, imunodeprimidos e casos graves[4,5].

O sarampo é uma das doenças que mais apresentam complicações, causadas tanto pelo vírus como por bactérias, sendo a otite e a pneumonia as mais comuns. Os germes responsáveis são os da comunidade. Otite média aguda e sinusite devem ser tratadas com amoxicilina; pneumonia, com penicilina; infecção de partes moles, com oxacilina ou cefalosporina de primeira geração. Nos pacientes imunodeprimidos, a evolução pode ser extremamente grave, com comprometimento pulmonar e do sistema nervoso central (SNC)[6]. Os comunicantes, desde que não tenham imunodepressão, devem tomar vacina, que pode ser aplicada até 72 horas após contato, em crianças acima de 12 meses, ou imunoglobulina humana a 16% por via intramuscular (IM) na dose de 0,25 mL/kg, máximo de 15 mL, dentro de 6 dias após a exposição, a dose para pessoas com imunodeficiência é de 0,5 mL/kg[7].

Rubéola

É causada por um togavírus, o vírus da rubéola. O período de incubação varia de 2 a 3 semanas, e o período de transmissão, de 5 a 7 dias antes do início do exantema e de 5 a 7 dias após. Não apresenta período prodrômico e, principalmente em crianças, o primeiro sinal é o exantema, que se inicia na região facial e progride rapidamente para o tronco e desaparece em poucos dias. No exame do palato, ocasionalmente notam-se pequenas lesões petequiais, denominadas manchas de Forchheimer. O encontro de linfonodomegalia retroauricular e cervical posterior é sugestivo da doença, assim como artralgias em mulheres jovens. O risco maior da rubéola é o acometimento de gestantes suscetíveis, pela possibilidade de a teratogênese do vírus causar a síndrome da rubéola congênita[8].

O diagnóstico é sorológico e deve ser sempre indicado em casos duvidosos ou, principalmente, quando houver a possibilidade de exposição de gestantes. Nos casos em que tanto a IgM como a IgG forem positivas, o teste de avidez de anticorpos poderá ser útil para diferenciação de infecção recente e antiga. Se os anticorpos apresentarem alta avidez, significa infecção antiga, e baixa, infecção recente. A reação em cadeia por polimerase reversa (RT-PCR) é utilizada para o diagnóstico de possível infecção congênita, podendo ser pesquisada em líquido amniótico[9].

Não há tratamento específico, e a prevenção se faz pela imunização ativa. Os comunicantes devem ficar apenas em observação, uma vez que a imunoglobulina humana normal não é efetiva para prevenir a doença após exposição.

Eritema infeccioso e outros exantemas causados por parvovírus humano B19

O agente etiológico é o parvovírus humano B19 ou eritrovírus. O tempo de incubação é de 4 a 15 dias, e, antes do aparecimento do exantema, ocasionalmente há um período prodrômico de febrícula, cefaleia, dor de garganta, mal-estar e artralgia. Como regra, quando aparece o exantema, não há mais transmissão viral[10].

As lesões do eritema infeccioso na face são constituídas por placas eritematosas confluentes que acometem as bochechas, poupando o nariz e a região periorbital, conferindo o aspecto da clássica "cara esbofeteada" ou de "palhaço". Após 1 a 4 dias, o exantema dissemina-se pelo tronco, com aspecto rendilhado, desaparecendo em 5 a 9 dias, podendo se exacerbar e retornar com exposição ao sol, exercício e alterações de temperatura. Em adolescentes e adultos, os sintomas gerais são mais proeminentes, com comprometimento articular que pode evoluir cronicamente.

O vírus infecta o eritroblasto do hospedeiro. Os pacientes apresentam anemia, que pode ser intensa em pessoas com hemoglobinopatia, chegando à crise aplásica[11]. Quando acomete gestantes, pode causar dano fetal, como aborto, parto prematuro e hidropsia.

A síndrome "luvas e meias" também é atribuída ao parvovírus. Essa apresentação incomum ocorre em crianças e em adultos jovens e é caracterizada por lesões purpúricas simétricas ou eritematosas indolores que ocorrem nas mãos e nos pés e, eventualmente, nas bochechas, nos cotovelos, nos joelhos e nas nádegas. A síndrome pode ser acompanhada de sintomas gerais, mas é autolimitada, melhorando em 1 a 2 semanas. A infecção pode ter caráter persistente ou recorrente[12].

Roséola infantil

Esta doença, muito comum na infância, é causada por dois vírus do grupo herpes: o herpes-vírus humano tipos 6 e 7[13].

O período de incubação é estimado entre 5 e 15 dias, e a doença predomina em crianças pequenas, abaixo dos 2 anos de idade. A transmissão ocorre durante o período febril da doença; após o aparecimento do exantema não há mais transmissão.

Inicia-se com febre súbita e alta, acompanhada de intensa irritabilidade, sintomas leves de infecção de vias aéreas e diarreia leve. Três dias após o início da febre, esta desaparece em crise e logo após aparece o exantema maculopapular, com duração de 1 a 3 dias. No período inicial pode ocorrer convulsão febril, na maioria das vezes benigna.

O diagnóstico é feito pela sorologia, ou método de biologia molecular, e o tratamento é apenas com sintomáticos.

Enterovírus

Os enterovírus são responsáveis por várias manifestações clínicas, como febre sem sinais localizatórios, doença mão-pé-boca, herpangina, pleurodínia, meningite e miocardite. São causa frequente de exantemas na infância, essas manifestações de pele podem ser de qualquer tipo, como maculopapular, vesicular, petequial e urticariforme[14]. Uma apresentação característica dessa virose é a doença mão-pé-boca, causada pelos coxsackie A16, A5, A7, A9, A10, B2, B3, B5 e pelo enterovírus 71. O exantema de Boston, causado pelo ECHO 16, caracteriza-se por lesões ulceradas nas amídalas e no palato mole semelhante às encontradas na herpangina.

O diagnóstico é feito pelo isolamento do vírus nas fezes ou nos líquidos dos locais afetados (p. ex., líquido cefalorraquidiano – LCR), sorologia e reação em cadeia da polimerase (PCR).

Síndrome da mononucleose

A síndrome da mononucleose caracteriza-se por apresentar no hemograma leucocitose e linfocitose, com presença de linfócitos atípicos. Clinicamente, pode-se observar linfonodomegalia cervical, hepatoesplenomegalia, tonsilofaringite exsudativa e exantema maculopapular.

Os agentes mais frequentemente envolvidos são o vírus Epstein-Barr (EBV), o citomegalovírus, o vírus da imunodeficiência adquirida (HIV) e o vírus da hepatite A. Entre os não virais, destaca-se o *Toxoplasma gondii*.

O diagnóstico etiológico é feito pela sorologia que detectará cada um dos agentes[15].

Exantema Vesicular

Varicela

Seu agente causador é o vírus herpes-zóster (VHZ); é uma doença de alta contagiosidade, com evolução relativamente benigna quando acomete crianças hígidas, mas que assume proporções catastróficas em pacientes imunodeprimidos e em gestantes. Mesmo nos adultos e nos adolescentes, a evolução pode ser mais tormentosa[16,17].

O tempo de incubação é de 10 a 14 dias, máximo de 21 dias, e o risco de transmissão começa 48 horas antes do aparecimento das vesículas e vai até a formação de crostas em todas as lesões (em média de 5 a 7 dias). As lesões iniciam-se como uma mácula que rapidamente se transforma em vesícula, pústula e crosta de aspecto pruriginoso. A febre aparece antes do surgimento de novas lesões, que podem acometer o couro cabeludo e as mucosas. A reativação do vírus em geral se manifesta como VHZ, mas são descritos casos de recorrência[18] ou mesmo de reinfecção em pacientes imunocompetentes[19].

Por ser doença de propagação por aerossóis, quando internado, o paciente deve ficar em quarto privativo, com cuidados respiratórios e de contato.

Nos pacientes que têm imunodepressão, o curso pode ser grave, com acometimento visceral, principalmente pulmonar, e evolução para óbito. Nesses casos, há indicação de aciclovir.

Nos comunicantes, em caso de paciente imunodeprimido ou gestante suscetível, indica-se imunoglobulina específica (VZIG), incluindo aqui também as crianças que tenham nascido de mães que desenvolveram varicela três dias antes do parto ou cinco depois[20].

O uso de aciclovir em comunicantes, como profilaxia, é discutível, mas em caso de indivíduo adulto talvez seja de interesse, pois nesse grupo etário a doença é mais sintomática e grave[21].

Herpes simples

A primoinfecção causada por este herpes-vírus humano, como regra, é a gengivoestomatite herpética. É uma moléstia que em geral acomete crianças, caracterizada por febre que, em 2 a 3 dias, evolui com o aparecimento de lesões orais, vesiculares, altamente dolorosas, por vezes acometendo lábios. As reativações apresentam-se como herpes labial. Entretanto, em pacientes com deficiência imunológica grave, as lesões podem ser disseminadas, lembrando varicela.

Exantema Papular

Síndrome de Gianotti-Crosti

A síndrome de Gianotti-Crosti é também conhecida como acrodermatite papular da infância e é uma erupção inespecífica primariamente associada à infecção pelo vírus da hepatite B[22]. Em geral, ocorre nas crianças entre 2 e 6 anos de idade, com aparecimento súbito de uma erupção eritematopapular, não pruriginosa, com pápulas de 1 a 5 mm de diâmetro, e que ocupam simetricamente face, nádegas e extremidades, com duração de 15 a 20 dias, seguidas por descamação. Linfonodomegalia axilar e inguinal e hepatomegalia podem perdurar por 2 a 3 meses. Nos casos relacionados com o vírus da hepatite B, as alterações de transaminases se iniciam 1 a 2 semanas após a dermatopatia. Outros agentes que podem causar síndrome semelhante são os enterovírus, particularmente coxsackie A 16, EBV, citomegalovírus, vírus da hepatite A, vírus da parainfluenza e estreptococo beta-hemolítico do grupo A. Quando a síndrome é causada por esses outros agentes, eventualmente as lesões podem ser pruriginosas e papulovesiculares e acompanhadas de sintomas gerais como febre e mal-estar[23].

Exantema Petequial

Febres hemorrágicas

Dentre os agentes causais estão os arbovírus, principalmente os da família Flaviviridae. No Brasil, a doença mais importante é a dengue[24]. Até o momento, são conhecidos quatro sorotipos do vírus, nomeados de 1 a 4. A transmissão ocorre pela picada do mosquito *Aedes aegypti*. O quadro clínico é muito variável e, nas crianças, as manifestações são menos exuberantes.

A dengue clássica inicia-se após um período de incubação de 4 a 7 dias, com febre alta, cefaleia intensa, com localização preferencial retro-orbitária, dores musculares e articulares, náuseas, vômitos, diarreia e dor abdominal. Ao exame físico podem-se notar linfonodomegalia e exantemas. O hemograma nessa fase mostra leucopenia, com linfocitose e leve trombocitemia. Fenômenos hemorrágicos, como epistaxe, são ocorrências ocasionais. Após a defervescência da febre, que dura em torno de 5 a 7 dias, em 30% dos casos surge outro exantema maculopapular que se inicia no tronco e se dissemina para as extremidades, acometendo palma da mão e planta do pé. Nos casos de evolução mais grave, a febre não cede, a plaquetopenia piora, há hemoconcentração, hipovolemia e choque, acompanhados de hemorragias. Na presença de exantema petequial, é mister que no diagnóstico diferencial sejam consideradas outras doenças graves, de etiologia bacteriana, como meningococemia, sepse por outras bactérias e febre maculosa brasileira[25].

PRINCIPAIS DOENÇAS EXANTEMÁTICAS BACTERIANAS NA INFÂNCIA

Escarlatina

É causada pela toxina pirogênica do *Streptococcus pyogenes*, em geral secundária à tonsilofaringite ou, menos comumente, à infecção de pele. A doença em si costuma ter uma evolução boa, mas as eventuais complicações tardias, como a febre reumática ou a glomerulonefrite difusa aguda, obrigam a realização de diagnóstico precoce e a indicação de tratamento adequado[26].

O contágio ocorre por contato com secreção de orofaringe ou da pele. Acomete, com mais frequência, crianças de 5 a 15 anos de idade. O tempo de incubação é de 2 a 5 dias, iniciando-se com febre, dor de garganta ou infecção de pele e, 1 a 2 (até 7) dias depois, o aparecimento do exantema.

O exantema da escarlatina é característico, iniciando-se em pescoço, axilas, virilha e depois se espalhando centrifugamente pelo corpo. É do tipo conhecido como "escarlatiniforme", por não deixar áreas de pele normal, áspero ao tato e acentuado nas pregas (sinal de Pastia), ao passo que, na região perioral, observa-se uma certa palidez (sinal de Filatov). Permanece por cerca de 7 dias e depois evanesce, seguido por uma descamação fina dias depois. Frequentemente o paciente queixa-se de prurido.

Observa-se enantema na orofaringe, petéquias no palato mole e língua em "framboesa". As tonsilas estarão acometidas quando for o foco de infecção e o encontro de linfonodomegalia cervical é frequente.

O diagnóstico é clínico e pode ser corroborado pela detecção do estreptococo por teste rápido, cultura do material da orofaringe ou da ferida e elevação posterior de antiestreptolisina A (ASLO). O hemograma mostra leucocitose, neutrofilia, desvio à direita e eosinofilia (até de 20%) na segunda semana de evolução.

O tratamento é feito com penicilina ou macrolídeos para os alérgicos a este fármaco. As crianças devem ficar afastadas da escola por 24 horas após o início do tratamento específico.

Vacinas contra infecção estreptocócica estão em estudo, e os comunicantes devem ficar apenas em observação. Entretanto, em surtos em escolas e outros grupos institucionalizados, comunicantes familiares com história prévia de febre reumática e comunicantes íntimos de pacientes com glomerulonefrite, a antibioticoprofilaxia tem a sua indicação. As drogas são as mesmas para o tratamento e o tempo de uso é de 10 dias[27].

Síndrome do Choque Tóxico

É uma síndrome causada por resposta inflamatória sistêmica, caracterizada por hipotensão, febre, eritema generalizado e mucosite, com envolvimento de múltiplos órgãos. Tem como etiologias as toxinas produzidas pelo *Streptococcus pyogenes* (exotoxina B) e pelo *Staphylococcus aureus* (TSST-1).

Na síndrome de choque tóxico estreptocócico, a doença é causada por ação de três exotoxinas (toxinas toxigênicas A, B e C), que funcionam como superantígenos e provocam dano endotelial com consequente aumento de permeabilidade capilar, hipercoagulabilidade sanguínea, hipotensão, coagulação intravascular disseminada (CIVD), choque e óbito. O quadro clínico e a definição de caso compreendem hipotensão ou choque, febre, exantema escarlatiniforme, vômitos e diarreia, disfunção hepática, insuficiência respiratória do tipo síndrome de angústia respiratória aguda (SARA), sufusões hemorrágicas, gangrena, fasciíte necrosante ou miosite (ou ambas) e o isolamento do estreptococo de uma região normalmente estéril. A varicela, entre as doenças virais, é a mais citada como fator predisponente. É um processo grave, com mortalidade entre 30 e 70% dos casos. O sucesso terapêutico depende de diagnóstico precoce, debridamento cirúrgico do local infectado e antibioticoterapia, incluindo-se sempre a clindamicina como droga única ou em combinação com betalactâmicos. A clindamicina não sofre efeito inóculo e tem ação antitoxigênica[28].

A síndrome do choque tóxico mais conhecida é a causada pelo estafilococo, descrita em 1978 por Todd em crianças de berçário e teve repercussão mundial quando foram relatados casos em mulheres usando tampão vaginal. O quadro clínico compreende: febre, hipotensão ou choque, eritrodermia ou exantema maculopapular com descamação tardia, hiperemia de mucosas, vômitos e/ou diarreia, confusão mental ou sonolência, disfunção/falência renal, SARA, disfunção hepática, mialgia com ou sem aumento de enzimas, plaquetopenia, linfopenia, hipocalcemia, hipofosfatemia e elevação de DHL (desidrogenase lática). O diagnóstico é essencialmente clínico e o tratamento é feito com a remoção do foco, com necessidade eventual de cirurgia, antibioticoterapia com o uso de drogas que inibam as sínteses de proteínas (clindamicina, macrolídeos, rifampicina, fluorquinolonas), com ou sem betalactâmicos. O item mais importante do tratamento é o de suporte – reposição hídrica e drogas vasoativas. Apesar da dramaticidade da apresentação clínica, tem mortalidade em torno de 3%[29].

Sífilis Secundária

Com a ampliação da faixa etária atendida por pediatras, estes são confrontados, hoje em dia, com doenças próprias de adolescentes, como doenças de transmissão sexual. Algumas delas evoluem com lesões de pele, como a sífilis ou lues, infecção por HPV (condiloma), HIV na sua forma mononucleose-símile e gonococemia. Entre estas, a lues ocupa lugar de destaque por estar em franco aumento de disseminação[30]. O agente causal é uma espiroqueta chamada *Treponema pallidum* e cursa em fases: primária, secundária, latente e terciária. Na primária, observa-se o cancro de inoculação e, na secundária, o exantema. O cancro aparece no local da inoculação, é indolor, tem as bordas enduradas, com fundo limpo, acompanhado de adenomegalia regional. Após um período de latência de 4 a 10 semanas, aparece o secundarismo luético, acompanhado de sintomas gerais, como febre, mal-estar, cefaleia, artralgia, mialgia e lesões maculopapulares, disseminadas, simétricas, acometendo palmas das mãos e plantas dos pés e mucosas. Nota-se também linfonodomegalia generalizada. Na evolução, ocorre descamação.

O diagnóstico é feito pela demonstração do agente (microscópio de campo escuro) e reações sorológicas, como *venereal disease research laboratory* (VDRL) ou *rapid plasma reagin* (RPR), os chamados testes não treponêmicos, e os treponêmicos, como *fluorescent treponemal antibody absorption* (FTA-Abs), *pallidum particle agglutination* (TP-PA), *enzyme immunoassay* (EIA), *microhemagglutination test for T. pallidum* (MHA-TP) e *polymerase chain reaction* (PCR).

O esquema de tratamento, segundo o Protocolo Clínico e Diretrizes Terapêuticas para Atenção Integral às Pessoas com Infecções Sexualmente Transmissíveis do Ministério de Saúde do Brasil, de 2015, está resumido a seguir:

- Sífilis primária, secundária e latente recente (com menos de 1 ano de evolução): penicilina G benzatina 2,4 milhões UI, IM, dose única (1,2 milhão UI em cada glúteo) ou doxiciclina 100 mg, a cada 12 horas, via oral (VO), por 15 dias.
- Sífilis latente tardia (com mais de um ano de evolução) ou latente com duração ignorada e sífilis terciária: penicilina G benzatina 2,4 milhões UI, IM, semanal, por 3 semanas. Dose total: 7,2 milhões UI, IM; doxiciclina 100 mg, a cada 12 horas, VO, por 30 dias.
- Neurossífilis: penicilina G cristalina, 18 a 24 milhões UI por dia, por via intravenosa (IV), administrada em doses de 3 a 4 milhões UI, a cada 4 horas ou por infusão contínua, por 14 dias; doxiciclina 100 mg, a cada 12 horas, VO, por 28 dias.

A sífilis congênita está descrita no capítulo de infecções congênitas.

Meningococemia, febre maculosa brasileira e febre purpúrica brasileira estão descritas no capítulo sobre febres hemorrágicas.

DOENÇAS EXANTEMÁTICAS DE OUTRAS ETIOLOGIAS NA INFÂNCIA

Doença de Kawasaki (DK)

É uma doença autoimune que cursa com uma panvasculite, curiosamente com preferência para as artérias coronárias, que afeta crianças em geral abaixo de 5 anos (80%) e predomina entre orientais. Apesar de ser uma doença exantemática autolimitada, em cerca de 25% dos casos pode apresentar coronariopatia, como sequela, com potencial de evoluir para trombose e infarto do miocárdio[21].

Até hoje não se conhece um agente etiológico desencadeante da doença, mas pela epidemiologia, quadro clínico e evolutivo, supõe-se que seja decorrente de um processo infeccioso.

Não existe um exame laboratorial que lhe seja diagnóstico e este baseia-se em critérios clínicos. Os sinais de um caso típico são:

1. Febre com duração superior a 5 dias.
2. Hiperemia conjuntival sem secreção.
3. Alterações de mucosa oral, como edema, hiperemia, secura, fissura e formação de crostas em lábios, língua em framboesa e enantema difuso.
4. Alterações de extremidades, divididas em duas fases:
   - Fase inicial: hiperemia palmoplantar, edema das mãos e dos pés, artrite dos metacarpos.
   - Fase tardia: descamação membranosa da ponta dos dedos.
5. Exantema polimorfo.
6. Adenomegalia cervical não supurativa > 1,5 cm de diâmetro.

Na presença de cinco destes seis critérios, ou quatro, quando existir alteração coronariana, realiza-se o diagnóstico presuntivo de DK, e é necessário que se afaste outras doenças que cursem com febre e exantema.

Outros sintomas e sinais que podem acompanhar: intensa irritabilidade; meningite asséptica; convulsões e paralisias, rinorreia hialina, tosse, pneumonia intersticial, otite média aguda; hipoacusia, anorexia, vômitos, diarreia, hepatite, hidropsia de vesícula biliar, leucocitúria estéril, artralgias e artrites (30%); a reativação da cicatriz de BCG é um sinal bastante sugestivo da DK e caracteriza-se por hiperemia e enduração ao redor da cicatriz da vacina BCG, quando esta for aplicada 6 a 12 meses antes do início da doença.

Agressão cardiovascular

A coronariopatia é a principal complicação da DK e responsável por ser a maior causa de óbito. As mortes ocorrem mais frequentemente entre a terceira e a quarta semana de evolução e são decorrentes de infarto do miocárdio por trombose das artérias coronárias acometidas.

Em pacientes não tratados, cerca de 30 a 50% dos casos evoluem com alguma lesão cardíaca, e 20 a 25%, com coronarite, a qual varia desde uma simples dilatação ou tortuosidade, até a formação de aneurismas. As coronárias são acometidas comumente entre o 10º e o 30º dia da doença. A evolução natural dessas lesões mostra que, após 5 a 18 meses há regressão destas, exceto no caso dos aneurismas gigantes (diâmetro interno ≥ 8 mm).

As outras alterações encontradas no coração são miocardite, quase sempre subclínica, encontrada em até 50% dos casos; pericardite, que ocorre em até 25% dos casos; e valvulite, pouco frequente, sendo a valva mitral a mais atingida.

A avaliação cardiológica é feita normalmente com o ecocardiograma bidimensional e a angiografia, sendo o mapeamento do miocárdio e as provas de esforço indicados quando necessários. A angiotomografia e a angiorressonância magnética das coronárias são exames que proporcionam melhores evidências da análise dos vasos, mas a carga ionizante da tomografia e a necessidade de sedação na ressonância magnética, além do custo, têm dificultado seu uso na prática diária.

Outros vasos

Outros vasos de médio calibre são afetados nesta doença, em cerca de 2% dos pacientes. As artérias mais comumente afetadas são as renais, paraovarianas ou paratesticulares, mesentéricas, pancreáticas, ilíacas, hepáticas, esplênicas e axilares.

Alterações laboratoriais

Os exames laboratoriais refletem o intenso processo inflamatório característico desta doença. Assim, o hemograma evidencia leucocitose que pode chegar a 30 mil células, com predomínio de neutrófilos e desvio à esquerda, e anemia normocrômica, normocítica, plaquetose na segunda semana de evolução; e a velocidade de hemossedimentação e proteína C-reativa sérica aumentadas. A piúria asséptica, de origem uretral, é notada em torno de um terço dos pacientes.

Quando existir lesão em algum órgão específico, os exames correspondentes estarão alterados. Portanto, na presença de hepatite, as transaminases aumentam, assim como a amilase na pancreatite e pleocitose no liquor no caso de meningite asséptica.

Doença de Kawasaki incompleta

Nem sempre a DK apresenta todos os critérios, mas pode ser acompanhado de aneurisma de coronárias e evoluir para infarto do miocárdio[32]. Estes casos são chamados de DK incompleta ou atípica. A DK deve ser considerada na presença de febres prolongadas, exantemas sem causa específica, hiperemia conjuntival sem secreção e acompanhada de febre e descamação de dedos sem etiologia esclarecida. Os exames laboratoriais dos casos chamados incompletos mostram alterações similares às dos casos típicos. Se houver dúvida, deve-se realizar um ecocardiograma, que, quando mostrar alterações típicas nas artérias coronárias, sugere altamente o diagnóstico de DK.

Diagnóstico diferencial

No diagnóstico diferencial, as seguintes doenças devem ser consideradas: enteroviroses, sarampo, escarlatina estreptocócica, síndromes de choque tóxico estreptocócico e estafilocócico, leptospirose, doença meningocócica, febre purpúrica brasileira, febres hemorrágicas virais (p. ex., dengue), reação a drogas, artrite reumatoide juvenil e síndrome de Stevens-Johnson.

Tratamento da fase aguda

Indica-se imunoglobulina humana, por via endovenosa, 2 g/kg em uma única dose, correndo em 8 a 12 horas, juntamente com ácido acetilsalicílico (AAS), na dose de 80 a 100 mg/kg/dia, dividida em quatro tomadas. Com este esquema, vários estudos têm demonstrado a redução da incidência da coronariopatia, de 25% para 4 a 7%.

O AAS é usado em doses altas nos primeiros 4 a 7 dias, reduzindo-se a partir de então para a dose antiplaquetária, que é de 3 a 5 mg/kg/dia em única tomada. Esta dose deve ser mantida enquanto persistirem as alterações na artéria coronária; nos casos em que não houver lesão, pode-se suspender após 2 a 3 meses de acompanhamento.

Aproximadamente 10% dos pacientes permanecem febris 48 horas após a infusão da imunoglobulina e representam um dilema terapêutico, pois não há estudos prospectivos avaliando a eficácia das diversas tentativas. Entretanto, a indicação de uma segunda dose da imunoglobulina é um consenso entre especialistas e, nos poucos casos em que há falha, inclusive desta segunda dose, alguns autores têm indicado pulsoterapia com corticosteroide (metilprednisolona 30 mg/kg/dia por 3 dias), infliximabe (inibidor de TNF-alfa), plasmaférese[33].

DOENÇAS EXANTEMÁTICAS DE INTERESSE NA ATUALIDADE: INFECÇÃO PELOS VÍRUS ZIKA E CHIKUNGUNYA

Zika Vírus

O vírus zika é um flavivírus, grupo de vírus que também causam dengue, febre amarela e encefalites virais. O principal mecanismo de transmissão é pela picada do mosquito *Aedes aegypti*, apesar de serem descritas outras maneiras de aquisição, como materno-fetal, sexual, por transfusão de sangue, transplante de órgãos e acidente em laboratório de pesquisa[34].

O tempo de incubação varia de 2 a 14 dias e inicia-se com febre, não muito alta, em geral não excedendo 38,5 °C, exantema maculopapular pruriginoso, artralgia, notadamente de mãos e pés, e hiperemia conjuntival. Podem ocorrer também cefaleia, mialgia, dor retro-orbital e astenia. A maioria das infecções é subclínica (80%), sendo extremamente raros casos graves e fatais. Os exames laboratoriais são inespecíficos, mas são descritos: leucopenia, trombocitopenia e ligeira elevação de desidrogenase láctica sérica, gamaglutamil transferase e de marcadores de atividade inflamatória[35].

Apesar da aparente benignidade do quadro, o neurotropismo do vírus tem sido alvo de atenção, pois diversas complicações têm sido atribuídas a ele, como microcefalia congênita, síndrome de Guillain-Barré, mielite e meningoencefalite[36].

Destas, a microcefalia congênita é a que tem chamado mais a atenção. O surto de infecção pelo vírus zika no Brasil começou no início de 2015 e em setembro do mesmo ano notou-se aumento de incidência de microcefalia em crianças nascidas de mães que tiveram a doença principalmente no primeiro trimestre de gravidez[37]. O Ministério da Saúde editou uma norma para atendimento desta complicação[38]. O diagnóstico é feito por soro através de *RT*-PCR, quando feito nos primeiros 5 dias de doença; na urina até cerca de 20 dias ou pela sorologia IgG e IgM, ainda não completamente validado.

Febre Chikungunya

O vírus chikungunya é do gênero *Alphavirus*, também transmitido pelo mosquito *Aedes aegypti* e pelo *A. albopictus*[39]. Na infecção durante a gravidez, 8,3% dos fetos podem ser afetados, com risco maior de abortos[40]. Os casos de transmissão vertical são descritos quando a parturiente encontra-se em plena fase virêmica, provocando infecção neonatal grave, caracterizada por febre, anorexia, crises de apneia, edema de extremidades, encefalopatia e trombocitopenia[41].

Chikungunya significa "homens que se dobram", em uma língua falada no sudeste da Tanzânia e no norte de Moçambique, e descreve a aparência característica de pessoas que sofrem com a artralgia e andam encurvados.

Ao contrário da febre por zika, a maioria das pessoas infectadas adoece (70%). Após um tempo de incubação de 2 a 4 dias, a doença se inicia com febre alta (40 °C), com duração de 3 a 5 dias, e poliartralgia, após 2 a 5 dias. As articulações mais atingidas são as das mãos, dos punhos e dos tornozelos e o acometimento costuma ser simétrico. O edema periarticular é um dado que pode ser notado em até 95% dos casos, mas a presença de sinais flogísticos como calor e rubor não é habitual. O exantema ocorre em 40 a 75% dos pacientes, iniciando-se de 3 a 5 dias após o início da febre, constituído por máculas ou maculopápulas, e permanece por 3 a 7 dias. Inicia-se nos membros e no tronco, disseminando-se para o resto do corpo. Prurido é relatado por metade dos pacientes[41,42].

A doença pode evoluir em três fases: aguda, subaguda e crônica. Na maioria dos casos, os sintomas desaparecem em 7 a 10 dias, caracterizando a fase aguda; na subaguda, os sintomas de artrite/artralgia de dedos, punhos e tornozelos podem persistir por até 3 meses; e quando duram mais que este tempo, seria a crônica que pode perdurar por anos e levar à incapacidade funcional. Complicações são raras, mas podem ocorrer, como: acometimento neurológico, choque, hipotensão, dispneia, descompensação da doença de base e sangramentos de mucosas.

O diagnóstico é feito pela sorologia, pesquisando anticorpos da classe IgM por teste imunoenzimático (ELISA), presente já nos primeiros 5 dias de história, persistindo por até 3 meses. O IgG mostra-se positivo na segunda semana de evolução. A PCR é outro exame laboratorial disponível.

O tratamento é feito apenas com o uso de sintomáticos, como acetaminofeno, dipirona e codeína. O uso de anti-inflamatórios não hormonais não é recomendado na fase aguda pelo risco de confusão com dengue. O uso de compressas frias nas articulações acometidas, a cada 4 horas, por 20 minutos, ajuda a aliviar a dor. O uso de corticosteroides não está indicado na fase aguda, mas nos casos subagudos e crônicos, com dor articular não responsiva a anti-inflamatórios não hormonais e analgésicos, é uma alternativa[43]. A Tabela 4.2 apresentada as manifestações de dengue, zika e chikungunya.

As Tabelas 4.3 a 4.5 apresentam resumos das principais doenças que acometem as crianças, segundo o agente etiológico, com uma síntese esquemática das principais características clínicas e do diagnóstico.

AVALIAÇÃO DE UMA CRIANÇA COM DOENÇA EXANTEMÁTICA

Como em qualquer outra doença, ao avaliar uma criança com doença exantemática, é necessário seguir o roteiro de anamnese própria para a infância. Muitas vezes, uma história bem detalhada pode fornecer um diagnóstico, evitando exames desnecessários.

Na identificação, a idade e a etnia podem fornecer pistas, pois a doença de Kawasaki, por exemplo, é mais comum em crianças de origem oriental de até 5 anos; o exantema súbito ocorre até os 6 anos de idade; na obtenção de dados sobre a febre, devem ser anotados o início, se súbito ou insidioso, características (alta, baixa, intermitente, remitente, contínua ou errática), duração entre o início e o aparecimento da erupção cutânea, sintomas e sinais que a acompanham (calafrios,

Tabela 4.2 Principais diferenças entre dengue, chikungunya e zika[34]

Sinais e sintomas	Dengue	Chikungunya	Zika
Febre	++++	+++	+
Mialgia/artralgia	+++	++++	++
Exantema maculopapular	++	+++	+++
Dor retro-orbital	++	+	++
Hiperemia conjuntival	–	+	+++
Linfadenopatia	++	++	+
Hepatomegalia	–	+++	–
Leucopenia/trombocitopenia	+++	+++	+
Hemorragia	+	–	–

–: ausente; +: 0 a 25%; ++: 26 a 50%; +++: 51 a 75%; ++++: 76 a 100%.

Tabela 4.3 Principais doenças virais exantemáticas da infância e suas características

Doença (etiologia)	Idade mais comum	Pródromo	Morfologia	Distribuição	Sinais associados	Diagnóstico
Sarampo (vírus do sarampo)	Lactentes até adultos	Febre, tosse, coriza e conjuntivite	EMP morbiliforme, tornam-se confluentes e descamam	Início atrás da orelha, evolui para o tronco e as extremidades	Manchas de Koplik, toxemia, fotofobia, tosse e febre	Clínico, sorologia: imunofluorescência de IgM específica e PCR
Rubéola (vírus da rubéola)	Crianças até adultos	Mal-estar e febre baixa	EMP morbiliforme e não confluente	Início na face, evolui para o tronco	Adenopatia retroauricular e occipital, artralgia	Pesquisa de IgM, elevação de IgG e PCR
Eritema infeccioso (parvovírus B19)	5 a 15 anos	Geralmente ausente	Eritema de bochechas, eritema rendilhado ou EMP	Áreas expostas: rosto, face e região extensora dos membros	Fotossensibilidade, artrite, cefaleia e mal-estar	Clínico, sorologia e PCR
Roséola (herpes-vírus 6 e 7)	6 meses a 3 anos	Febre alta por 3 a 4 dias	EMP, o início coincide com a queda da febre	Rosto, tronco; persiste de horas até 3 dias	Irritabilidade, convulsão e adenopatia cervical	Clínico, sorologia e PCR
Varicela (vírus da varicela-zóster)	1 a 14 anos	Incomum em crianças; sintomas gerais em adultos	Maculovesicular que evolui para crosta	Face, tronco, menor número nas extremidades; couro cabeludo e mucosas	Febre, prurido e adenomegalia	Clínico, microscopia eletrônica, sorologia e PCR
Enterovírus	Crianças pequenas	Febre e sintomas gerais	Variável: EMP, petequial e vesicular	Generalizada	Febre, miocardite, encefalite, pleurodínea, DMPB e herpangina	Cultura de vírus nas fezes, orofaringe, LCR + sorologia fase aguda/convalescente

(continua)

Tabela 4.3 Principais doenças virais exantemáticas da infância e suas características *(continuação)*

Doença (etiologia)	Idade mais comum	Pródromo	Morfologia	Distribuição	Sinais associados	Diagnóstico
Adenovírus	5 meses a 5 anos	Febre e sintomas de IVAS	Rubeoliforme ou morbiliforme Roseoliforme	Generalizada	Febre, tosse, faringite, conjuntivite, pneumonia	Pesquisa de vírus na secreção, nasofaringe, sorologia, PCR
Mononucleose (vírus Epstein-Barr)	Qualquer idade	Febre, dor de garganta e adenomegalia cervical	EMP	Tronco, extremidades, acentuação com uso de amoxicilina	Febre, adenomegalia cervical, HEM e dor de garganta	Sorologia de IgM para EBVCA e PCR
Dengue (vírus da dengue)	Qualquer idade	Febre e mialgia	Na 1ª exposição, EMP; na 2ª, petequial e purpúrico	Tronco generalizado	Febre, mialgia e artralgia (febre quebra-ossos)	NS1, sorologia e PCR

EMP: exantema maculopapular; HEM: hepatoesplenomegalia; EBVCA: Epstein-Barr vírus antígeno capsular; LCR: líquido cefalorraquidiano; DMPB: doença mão-pé-boca; PCR: reação de cadeia de polimerase; IVAS: infecção das vias aéreas superiores.

Tabela 4.4 Principais doenças bacterianas exantemáticas da infância e suas características

Doença (etiologia)	Idade mais comum	Pródromo	Morfologia	Distribuição	Sinais associados	Diagnóstico
Síndrome da pele escaldada (*S. aureus*)	Neonatos e lactentes	Nenhum	Eritemato bolhosas	Generalizada Descamação perioral	Febre, rinite e conjuntivite	Clínico e cultura de *S. aureus*
Síndrome de choque tóxico estafilocócico (*S. aureus*)	Adolescentes e adultos jovens	Nenhum	Eritematosa	Generalizada	Febre, hipotensão, mucosite, mialgia, diarreia, vômitos, queda do estado geral, alterações de função renal e hepática	Preenchimento de critérios
Síndrome de choque tóxico estreptocócico (*S. pyogenes*)	Adultos jovens	Lesões de partes moles	Eritematosa	Generalizada	Febre, hipotensão, alterações de função renal e hepática, coagulopatia e SARA	Clínico, isolamento de *S. pyogenes* e preenchimento de critério
Escarlatina (*S. pyogenes*)	Escolares	Febre e dor de garganta ou lesões de pele ou cirurgia	EMP escarlatiniforme	Generalizada; poupa região perioral, acentuação das pregas cutâneas e descamação lamelar	Faringoamigdalite, febre, petéquias no palato e língua em framboesa	Clínico, hemograma leucocitose, neutrofilia, eosinofilia e isolamento de *S. pyogenes*

(continua)

Tabela 4.4 Principais doenças bacterianas exantemáticas da infância e suas características (*continuação*)

Doença (etiologia)	Idade mais comum	Pródromo	Morfologia	Distribuição	Sinais associados	Diagnóstico
Meningococemia (*Neisseria meningitidis*)	Qualquer idade, principalmente < 5 anos	Febre, irritabilidade, vômitos e cefaleia	Petéquias e púrpuras	Tronco, extremidades e mucosa	Sinais de irritação meníngea, hipotensão, choque e CIVD	Hemocultura e exame de LCR
Arcanobacteriose (*Arcano bacterium haemolyticum*)	Escolares	Febre e dor de garganta	EMP escarlatiniforme	Face extensora dos membros	Febre, prostração e faringoamigdalite exsudativa	Cultura de orofaringe
Lues secundária (*Treponema pallidum*)	Adolescentes e adultos	Febre, mal-estar e adenomegalia	EMP ou pustular	Generalizada; compromete palmas das mãos e plantas dos pés	Febre, adenomegalia e HEM	Sorologia: VDRL e FTABS
Micoplasmose (*Mycoplasma pneumoniae*)	Qualquer idade	Febre e tosse	EMP	Generalizada	Febre, dor de garganta, tosse e pneumonite	Radiografia de tórax e sorologia
Febre purpúrica brasileira (*Haemophilus aegyptius*)	3 meses a 10 anos	Conjuntivite, febre, vômitos e dor abdominal	Petéquias, púrpuras e EMP	Generalizada	Hipotensão, estado geral grave, CIVD e choque	Isolamento do germe
Febre tifoide (*Salmonella typhi*)	Qualquer idade	Febre, cefaleia e alteração intestinal	EMP tênue (roséola tífica)	Tronco	HEM, febre e alteração do *sensorium*	Isolamento do germe e reação de Vidal

EMP: exantema maculopapular; HEM: hepatoesplenomegalia; CIVD: coagulação intravascular disseminada; SARA: síndrome da angústia respiratória do adulto; LCR: líquido cefalorraquidiano; VDRL: *venereal diseases research laboratory*; FTABS: *fluorescent treponemal antibody-absorption test*.

sudorese, mal-estar, mialgias, artralgias, alterações de *sensorium*), adenomegalias (anotar características, relação com o início do exantema). O exantema deve ser minuciosamente explorado: tipo, local de início, disseminação, comportamento da curva térmica, presença de outros sintomas e sinais associados, por exemplo, o desaparecimento da febre coincidindo com a erupção (roséola), acentuação dos sintomas catarrais e da temperatura com o início do exantema (sarampo), meningite linfomonocitária (enterovírus) etc.

Também é muito importante pesquisar os dados epidemiológicos, principalmente contato com pessoas doentes (tuberculose, sarampo), uso de medicamentos

Tabela 4.5 Outras doenças exantemáticas da infância e suas características

Doença (etiologia)	Idade mais comum	Pródromo	Morfologia	Distribuição	Sinais associados	Diagnóstico
Outros						
Febre maculosa brasileira (*Rickettsia rickettsii*)	Qualquer idade	Febre, mal-estar e cefaleia	EMP, petequial e purpúrica	Punhos, cotovelo, região palmoplantar e tronco	Alterações do SNC, pneumonite, miocardite e conjuntivite	Clínico-epidemiológico, biópsia de lesão e sorologia
Doença de Kawasaki	6 meses a 5 anos	Febre, irritabilidade e hiperemia conjuntival	Polimorfa	Generalizada, hiperemia, edema palmoplantar e acentuação perineal	Queilite, glossite, adenomegalia cervical e descamação da ponta dos dedos	Clínico e preenchimento de critérios
Síndrome de Gianotti-Crosti (vírus da hepatite B, EBV e enterovírus)	1 a 6 anos	Geralmente ausente	Papulovesicular	Face, braços, pernas, nádegas e poupa o dorso	Linfadenite cervical e hepatoesplenomegalia	Clínico e sorologia para cada etiologia

EBV: vírus Epstein-Barr; EMP: exantema maculopapular; SNC: sistema nervoso central.

(erupção por drogas) e inclusive viagens. O médico deve ter uma noção das principais doenças infecciosas que possam estar ocorrendo na região visitada; arguir também sobre o tipo de programa que realizou, como visitas a cavernas e banho em "lagoas de coceira", pois esses dados sugerem doenças como histoplasmose e esquistossomíase aguda. Picadas de insetos, contato com animais, domésticos ou não, e enchentes podem fornecer pistas importantes, como riquetsioses, doença de Lyme, malária, dengue, febre amarela e leptospirose. A exposição ao sol é um dado importante em pediatria, porque as crianças têm a pele mais sensível e "queimam-se" mais facilmente (eritema solar) ou podem apresentar alergia a protetor solar (eritema tóxico, por drogas) e, ainda, apresentar miliária rubra, ou o ressurgimento ou exacerbação do exantema no caso do eritema infeccioso.

A história vacinal deve ser obtida e, quando possível, confirmada por carteira de imunizações.

O exame físico deve ser cuidadoso e evolutivo, pois muitos sinais podem aparecer na evolução da doença, como a adenopatia em toxoplasmose e a erupção cutânea na febre tifoide. Durante a realização do exame físico é muito importante observar o estado geral do paciente, pois algumas doenças exantemáticas têm evolução extremamente rápida, como a meningococemia, a febre purpúrica brasileira e o choque infeccioso. Anotar o tipo de exantema e a presença de outros sinais, como adenomegalia, hepatoesplenomegalia e sinais flogísticos em articulações e em partes moles.

Quando a história, o exame físico e a epidemiologia não fornecerem o diagnóstico, devem ser solicitados os exames laboratoriais, cuja finalidade pode ser confirmar o diagnóstico ou detectar alguma complicação.

Entre os exames mais solicitados na análise de uma criança com exantema, está o hemograma, com contagem de linfócitos atípicos e de plaquetas. Nem sempre o hemograma oferece pistas, mas algumas vezes a alteração é considerada bastante "típica", como na síndrome da mononucleose, quando se observa leucocitose, linfocitose com presença de linfócitos atípicos; na febre tifoide, com leucopenia, neutrofilia, desvio à esquerda e anaeosinofilia; e na doença de Kawasaki, com anemia, leucocitose, neutrofilia, desvio à esquerda, eosinófilos presentes e plaquetose na segunda semana.

A pesquisa do agente etiológico deve ser feita apenas após um raciocínio clínico, baseado na história, no exame físico, nos dados epidemiológicos e pelo menos com um hemograma, e não deve ser solicitada a esmo. Deve ser lembrado que, na maioria dos casos, a sorologia na fase aguda apenas serve para comparação com a obtida na convalescência, pois poucas doenças apresentam anticorpos da classe IgG em títulos detectáveis no início da doença.

CONCLUSÕES

A infância é pródiga em apresentar doenças que evoluem com exantema, as quais podem ser divididas em três categorias:

- Aquelas cujo quadro clínico sugere doença grave, por isso necessitam de pronta internação, como a doença meningogócica.
- Aquelas cujo quadro clínico sugere doença viral ou bacteriana, facilmente reconhecíveis, e sem emergência terapêutica, como a varicela.
- Aquelas cujo quadro clínico não é suficiente para definir o diagnóstico.

O pediatra deve estar preparado para reconhecer estas modalidades, não hesitar na tomada de conduta na primeira categoria e não se perder em exames laboratoriais na terceira categoria.

O raciocínio clinicoepidemiológico, associado ao exame físico cuidadoso, é essencial para cuidar de uma doença com exantema.

REFERÊNCIAS BIBLIOGRÁFICAS

1. São Paulo. Secretaria de Estado da Saúde. Centro de Vigilância Epidemiológiva-SP. Alerta sarampo – Atualização epidemiológica. Estado de São Paulo; 2016.
2. Cherry JD. Measles virus. In: Feigin RD, Cherry JD, Demmler-Harrison GJ, Kaplan SL (eds.). Text-book of pediatric infectious diseases. 6. ed. Philadelphia: Saunders; 2009. p.2427.

3. Fey HM, Krugman S. Atypical measles syndrome: unusual hepatic, pulmonary and immunologic aspects. Am Med Sci. 1981;281(1):51-5.
4. Hussey GD, Klein M. A randomized, controlled trial of vitamin A in children with severe measles. N Engl J Med. 1990;323(3):160-4.
5. Chen SSP, Fennelly GJ. Measles. Emedicine. Updated: Jun 10, 2009
6. Kaplan LJ, Daum RS, Smaron M, McCarthy CA. Severe measles in immunocompromised patients. JAMA. 1992;267(9):1237-41.
7. Watson JC, Hadler SC, Dykewicz CA, Reef S, Phillips L. Measles, mumps, and rubella - vaccine use and strategies for elimination of measles, rubella, and congenital rubella syndrome and control of mumps: recommendations of the Advisory Committee on Immunization Practices (ACIP). MMWR Recomm Rep. 1998;47(RR-8):1-57.
8. Sato HK. Estudo dos efeitos da vacina contra rubéola sobre o produto da gestação de mulheres vacinadas durante campanha realizada no estado de São Paulo em 2001. [Tese]. São Paulo: Faculdade de Medicina da Universidade de São Paulo; 2005.
9. Revello MG, Sarasini A, Baldanti F, Percivalle E, Zella D, Gerna G. Use of reverse-transcription polymerase chain reaction for detection of rubella virus RNA in cell cultures inoculated with clinical samples. New Microbiol. 1997;20(3):197-206.
10. Anderson MJ, Higgins PG, Davis LR, Willman JS, Jones SE, Kidd IM, et al. Experimental parvoviral infection in humans. J Infect Dis. 1985;152(2):257-65.
11. Chorba T, Coccia P, Holman RC, Tattersall P, Anderson LJ, Sudman J, et al. The role of parvovirus B19 in aplastic crisis and erythema infectiosum (fifth disease). J Infect Dis. 1986;154(3):383-93.
12. Cassinotti P, Burtonboy G, Fopp M, Siegl G. Evidence for persistence of human parvovirus B19 DNA in bone marrow. J Med Virol. 1997;53(3):229-32.
13. Cherry, JD. Roseola infantum (Exanthem subitum). In: Feigin RD, Cherry JD, Demmler-Harrison GJ, Kaplan SL (eds.). Textbook of pediatric infectious diseases. 6. ed. Philadelphia: Saunders; 2009. p.780.
14. Lerner AM, Klein JO, Levin HS, Finland M. Infections due to Coxsackie virus group A, type 9, in Boston, 1959, with special reference to exanthems and pneumonia. N Engl J Med. 1960;263:1265.
15. Gulley ML. Molecular diagnosis of Epstein-Barr virus-related diseases. J Mol Diagn. 2001;3(1):1-10.
16. Gersohon AA. Varicella-zoster virus infection. Pediatr Rev. 2008;29(1):5-11.
17. Choo PW, Donahue JG, Manson JE, Platt R. The epidemiology of varicella and its complications. J Infect Dis. 1995;172(3):706-12.
18. Junker AK, Angus E, Thomas EE. Recurrent varicella-zoster virus infections in apparently immunocompetent children. Pediatr Infect Dis J. 1991;10(8):569-75.
19. Gershon AA, Steinberg SP, Gelb L. Clinical reinfection with varicella-zoster virus. J Infect Dis. 1984;149(2):137-42.
20. Prevention of varicella. Recommendations of the Advisory Committee on Immunization Practices. MMWR Recomm Rep. 2007;56(RR-4):1.
21. Kesson AM, Grimwood K, Burgess MA, Ferson MJ, Gilbert GL, Hogg G, et al. Acyclovir for the prevention and treatment of varicella zoster in children, adolescents and pregnancy. J Paediatr Child Health. 1996;32(3):211-7.
22. Brandt O, Abeck D, Gianotti R, Burgdorf W. Gianotti-Crosti syndrome. J Am Acad Dermatol. 2006;54(1):136-45.
23. Caputo R, Gelmetti C, Ermacora E, Gianni E, Silvestri A. Gianotti-Crosti syndrome: a retrospective analysis of 308 cases. J Am Acad Dermatol. 1992;26(2 Pt 1):207-10.
24. Brasil. Ministério da Saúde. Dengue: Diagnóstico e manejo clínico. Brasília: Ministério da Saúde; dezembro de 2002.
25. Secretaria de Estado da Saúde de São Paulo. Centro de Vigilância Epidemiológica. Febre maculosa brasileira. São Paulo: Secretaria de Estado da Saúde; setembro de 2002.

26. Cunningham MW. Pathogenesis of Group A Streptococcal Infections Microbiol Rev. 2000; 13(3):470-511.
27. Rossi Jr A, Sato HK. Marques HHSM. Conduta nos comunicantes de doenças infectocontagiosas. In: Infectologia pediátrica (Coleção Pediatria). Barueri: Manole; 2011. p.300-1.
28. Carapetis JR, Jacoby P, Carville K, Ang SJ, Curtis N, Andrews R Effectiveness of clindamycin and intravenous immunoglobulin, and risk of disease in contacts, in invasive group a streptococcal infections. Clin Infect Dis. 2014;59(3):358.
29. Chu VH. Staphylococcal toxic shock syndrome. 2016
30. Brasil. Ministério da Saúde. Boletim epidemiológico – Sífilis. Brasília: Ministério da Saúde; 2015.
31. Sundel S. Kawasaki disease: Clinical features and diagnosis. Disponível em: www.UpToDate.com. 2016.
32. Sundel S. Incomplete (atypical) Kawasaki disease. Disponível em: www.UpToDate.com. 2016.
33. Sundel S. Refractory Kawasaki disease. Disponível em: www. UpToDate.com. 2016.
34. Secretaria de Vigilância em Saúde. Ministério da Saúde. Febre pelo Zika: uma revisão narrativa sobre a doença. 2015;46(26).
35. Karimi O, Goorhuis A, Schinkel J, Codrington J, Vreden SG, Vermaat JS, et al. Thrombocytopenia and subcutaneous bleedings in a patient with Zika virus infection. Lancet. 2016;387(10022):939.
36. World Health Organization. Consensus on causal link between Zika and neurological disorders. April 11, 2016.
37. Posible *vínculo entre* la infección por el virus del Zika y la microcefalia. CDC Semanal. 2016;65(3):59-62.
38. Ministério da Saúde. Protocolo de atenção à saúde e resposta à ocorrência de microcefalia Brasília – DF. Plano Nacional de Enfrentamento à Microcefalia – versão 3. 2016.
39. Weaver SC, Lecuit M. Chikungunya virus and the global spread of a mosquito-borne disease. N Engl J Med. 2015;372:1231.
40. Simon F, Tolou H, Jeandel P. The unexpected chikungunya outbreak. Rev Med Interne. 2006;27:437-41.
41. Burt FJ, Rolph MS, Rulli NE, Mahalingam S, Heise MT. Chikungunya: a re-emerging virus. Lancet. 2012;379(9816):662-71. Epub 2011 Nov 17.
42. Passi GR, Khan YZ, Chitnis DS. Chikungunya infection in neonates. Indian Pediatr. 2008;45:240-2.
43. Lakshmi V, Neeraja M, Subbalaxmi MV, Parida MM, Dash PK, Santhosh SR, Rao PV. Clinical features and molecular diagnosis of Chikungunya fever from South India. Clin Infect Dis. 2008;46(9):1436.
44. Brasil. Ministério de Saúde. Secretaria de Vigilância em Saúde Departamento de Vigilância das Doenças Transmissíveis Febre de Chikungunya: Manejo Clínico. Brasília: Ministério da Saúde; 2015

5

Linfonodomegalias agudas e crônicas

Constance Dell Santo Vieira Schuwartz
Camila Sanson Yoshino de Paula
Giuliana Stravinskas Durigon

Após ler este capítulo, você estará apto a:

1. Identificar adenomegalia patológica.
2. Conhecer os principais agentes causadores de adenomegalias e o tratamento.

INTRODUÇÃO

O corpo humano possui mais de 600 linfonodos[1]. Com o baço, as tonsilas, a adenoide e as placas de Peyer, constituem o tecido linfoide, que tem o papel de filtrar os antígenos do fluido extracelular. Os linfonodos periféricos são aqueles localizados abaixo do tecido subcutâneo e podem ser palpados nos casos de aumento de tamanho em consequência de qualquer processo infeccioso ou inflamatório. Adenomegalia é o termo utilizado para as condições que levem a alterações no tamanho, na consistência ou no número de linfonodos[2].

Um linfonodo normal geralmente tem menos de 1 cm de diâmetro. Existem exceções, levando-se em conta a localização do linfonodo e a idade do paciente. Linfonodos inguinais e cervicais com até 1,5 cm e linfonodos epitrocleares com até 0,5 cm são considerados normais[3]. A frequência de linfonodos periféricos palpáveis em cada faixa etária está descrita na Tabela 5.1. De maneira geral, linfonodos no período neonatal e nas cadeias supraclavicular, epitroclear e poplítea merecem investigação adicional[4].

Os linfonodos podem aumentar de tamanho em resposta a infecção, distúrbio linfoproliferativo ou por infiltração de células malignas. A infecção é a causa mais

Tabela 5.1 Frequência e localização de linfonodos periféricos palpáveis em crianças saudáveis

Linfonodo	Neonato	Idade < 2 anos	Idade > 2 anos
Cervical	+	++	++
Retroauricular	–	+	–
Occipital	–	++	+
Submandibular	–	+	++
Supraclavicular	–	–	–
Axilar	+	+++	+++
Epitroclear	–	–	–
Inguinal	+	+++	+++
Poplíteo	–	–	–
Nenhum	++	++	++

+++: presente normalmente > 50% das crianças; ++: 25 a 50%; +: 5 a 25%; –: < 5%.
Fonte: modificada de Jackson e Chesney, 2012[2].

comum de adenomegalia[5]. Diagnósticos diferenciais não infecciosos estão listados no Quadro 5.1. Na prática geral, menos de 1% dos casos de adenomegalia são decorrentes de malignidade, porém esta hipótese diagnóstica permanece como motivo de grande preocupação[6].

É necessário obter uma história completa do paciente para determinar a etiologia da adenomegalia. Idade, tempo de evolução, duração dos sintomas e comorbidades são alguns pontos essenciais. Além disso, contato com animais, ingestão de certos medicamentos e alimentos, comportamentos de risco e história de infecção recorrente e imunodeficiência podem ajudar no diagnóstico[2].

Quadro 5.1 Diagnósticos diferenciais não infecciosos de adenomegalias[2]
Linfomas (Hodgkin e não Hodgkin) e outros distúrbios linfoproliferativos
Síndrome DRESS (*drug rash with eosinophilia and systemic symptoms*): síndrome da hipersensibilidade induzida por drogas
Sarcoidose
Distúrbios autoimunes
Doença granulomatosa crônica
Granulomatose de Wegener
Doença de Kawasaki
Lúpus eritematoso sistêmico
Outras

CLASSIFICAÇÃO

A adenomegalia pode ser classificada como localizada (quando envolve gânglios aumentados em uma única região) ou generalizada (quando há gânglios aumentados em duas ou mais regiões não adjacentes). Aproximadamente 75% das adenomegalias são localizadas, sendo mais de 50% em região de cabeça e pescoço[7].

Pode-se definir também a adenomegalia de acordo com seu tempo de evolução[8]:

- Aguda: se o tempo de evolução for inferior a 2 semanas, na maioria das vezes consequente a processo bacteriano ou viral.
- Crônica: se a duração for maior que 6 semanas, devendo-se pensar em microrganismos oportunistas, como fungos e micobactérias, além de malignidade.
- Subaguda: entre 2 e 6 semanas, com amplo diagnóstico diferencial.

A classificação da adenomegalia em relação a localização, tempo de evolução e características do linfonodo ao exame físico são importantes para a definição diagnóstica (Tabela 5.2).

DIAGNÓSTICO

Grande parte dos pacientes é diagnosticada após história clínica e exame físico detalhados, sem necessidade de testes laboratoriais. O hemograma pode ajudar a

Tabela 5.2 Características gerais das adenomegalias de acordo com a causa

Características	Causas de adenomegalias			
	Bacteriana aguda	Bacteriana crônica	Viral aguda	Malignidade
Aumento de tamanho	+++	+++	+	++/+++
Eritema	+++	++	–	–
Sensibilidade à dor	+++	++	+	++
Consistência	Fibroelástica/firme	Firme	Fibroelástica	Cartilaginosa/firme
Única	++	+++	+++	+++
Aderência	++	++	–	++
Fixa	+++	+	–	–
Flutuante	+++	+++	–	–
Associada à celulite	+++	+	–	–
Unilateral	+++	+++	–	+

+++: achados comuns; ++: achados menos comuns; + achados ocasionais; –: achados raros.
Fonte: modificada de Jackson e Chesney, 2012[2].

diagnosticar adenite bacteriana, que frequentemente é acompanhada de leucocitose com desvio à esquerda. Linfocitose atípica é proeminente na mononucleose infecciosa. Pancitopenia e blastos sugerem leucemia[9]. Exames específicos de acordo com a hipótese diagnóstica estão listados na Tabela 5.3.

A radiografia de tórax deve ser considerada em caso de adenopatia localizada crônica ou generalizada, sendo necessário avaliar a presença de adenomegalia mediastinal. Também é possível detectar adenomegalia hilar e calcificações, levando ao diagnóstico diferencial de tuberculose e histoplasmose[1].

Tabela 5.3 Diagnósticos diferenciais de adenomegalia aguda e crônica

Doença	Evolução	Agente etiológico	Métodos diagnósticos	Tratamento
Adenite cervical bacteriana: *S. aureus* + *S. pyogenes*: 40-80% das linfadenites cervicais unilaterais[2]	Aguda	▪ *Streptococcus* do grupo A (*S. pyogenes*): em maiores de 1 ano de idade (com predomínio na faixa etária de 5 a 18 anos) ▪ *Streptococcus* do grupo B: em menores de 1 ano (com predomínio em recém-nascidos) ▪ *S. aureus*: em todas as faixas etárias (com predomínio a partir de 2 meses de idade) ▪ Bactérias anaeróbias: em crianças mais velhas; geralmente associada a cáries dentárias, doenças periapicais ou periodontais[2]	▪ Hemocultura ▪ Punção aspirativa por agulha fina (bacterioscópico e cultura) ▪ Cultura de orofaringe (no caso de *S. pyogenes*)[2]	▪ Amoxicilina-clavulanato, cefalexina ou clindamicina por 10 dias (ou 5 dias a partir da resolução dos sintomas)[2,10,11] ▪ Penicilina cristalina ou ampicilina (para *Streptococcus* do grupo B) por 10 a 14 dias[2] ▪ Se houver necessidade de internação: cefazolina ou oxacilina (vancomicina ou clindamicina nos casos de MRSA)[2,10,11] ▪ Indicar drenagem cirúrgica em casos de formação de abscesso ou falha de tratamento[2,10,11]
Síndromes mono-*like*	Aguda	EBV, CVM, HIV, *Toxoplasma gondii* (subaguda/crônica[1])	Sorologias para EBV, CMV, HIV, toxoplasmose	▪ CMV, EBV e toxoplasmose: em imunocompetentes, acompanhamento clínico ▪ HIV: terapia antirretroviral
Doença da arranhadura do gato	Subaguda/ crônica	*Bartonella henselae*	Sorologia para *Bartonella henselae*	▪ Resolução espontânea na maioria dos casos; uso de antibióticos acelera a resolução[10,11] ▪ Antibiótico de escolha: azitromicina por 5 dias[2,10,11] ▪ Outras opções: claritromicina, rifampicina, ciprofloxacino, sulfametoxazol-trimetoprim, gentamicina[2,10-12]

(continua)

Tabela 5.3 Diagnósticos diferenciais de adenomegalia aguda e crônica *(continuação)*

Doença	Evolução	Agente etiológico	Métodos diagnósticos	Tratamento
Tuberculose	Subaguda/ crônica	*Mycobacterium tuberculosis*	▪ PPD ▪ Radiografia de tórax ▪ Aspirado/biópsia de linfonodo (BAAR, cultura para micobactéria, reação em cadeia da polimerase)[2,11]	▪ Para menores de 10 anos: associação de rifampicina, isoniazida e pirazinamida por 6 meses[13] ▪ Para maiores de 10 anos: associação de rifampicina, isoniazida, pirazinamida e etambutol por 6 meses[13]
Micobacteriose atípica	Subaguda/ crônica	*Mycobacterium* não *tuberculosis*	Biópsia de linfonodo (BAAR, cultura para micobactéria, PCR)[2,11]	Excisão cirúrgica e antibióticos antimicobacterianos[15]
Doenças fúngicas	Aguda/ subaguda	*Paracoccidioides brasiliensis, Histoplasma capsulatum*	▪ Radiografia de tórax ▪ Sorologias ▪ Culturas: sangue, medula óssea, escarro, material de biópsia[12]	▪ Paracoccidioidomicose: anfotericina B por 3 a 6 semanas em associação com itraconazol por via oral por 6 a 12 meses[12] ▪ Histoplasmose: para doenças leves e não complicadas, não há necessidade de tratamento; para casos graves, recomenda-se anfotericina B por 1 a 2 semanas em associação com itraconazol por via oral por 6 a 12 semanas[12]

BAAR: bacilo álcool-ácido resistente; EBV: vírus Epstein-Barr; HIV: vírus da imunodeficiência humana; CMV: citomegalovírus; MRSA: *S. aureus* resistente à oxacilina; PCR: reação em cadeia da polimerase; PPD: teste tuberculínico.

A ultrassonografia é um método não invasivo para visualizar linfonodos mais superficiais, como os cervicais. A tomografia computadorizada é útil para identificar linfadenopatia em tórax e cavidade abdominal[16].

Diagnóstico histológico por aspiração com agulha fina ou biópsia excisional são o padrão-ouro para avaliação da linfadenopatia. Porém, por serem procedimentos invasivos, são realizados apenas para indicações específicas (Quadro 5.3)[17].

Uma proposta de algoritmo diagnóstico é demonstrada na Figura 5.1[18].

TRATAMENTO

O tratamento da adenomegalia depende do diagnóstico (Tabela 5.3). O uso de glicocorticoides deve ser evitado até o diagnóstico definitivo, pois esta medicação pode mascarar e atrasar o diagnóstico de leucemias e linfomas[1].

Quadro 5.2 Indicações de biópsia de linfonodo

Tamanho
Maior que 2 cm
Aumento em 2 semanas
Sem redução em 4 semanas
Localização
Supraclavicular
Consistência
Endurecido
Aderido a planos profundos
Cartilaginoso
Fatores associados
Radiografia anormal
Febre
Perda ponderal
Hepatoesplenomegalia

Fonte: modificado de Sahai, 2013[1].

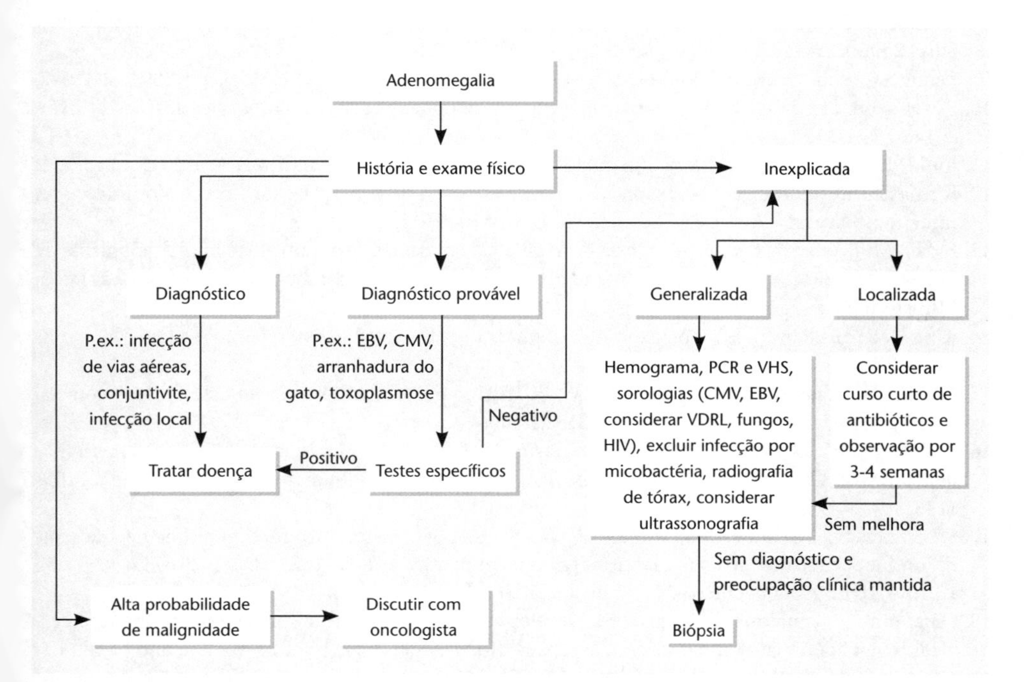

Figura 5.1 Algoritmo diagnóstico de adenomegalias. Adaptada de King et al., 2014[14].
CMV: citomegalovírus; EBV: vírus Epstein-Barr; HIV: vírus da imunodeficiência humana, PCR: proteína C-reativa; VHS: velocidade de hemossedimentação.

CONCLUSÕES

As adenomegalias em crianças resultam de processos infecciosos benignos na grande maioria dos casos. Se, por um lado, é importante reconhecer os sinais de doença infecciosa grave e malignidade, por outro, deve-se enfrentar este achado de uma maneira racional, a fim de evitar exames desnecessários.

REFERÊNCIAS BIBLIOGRÁFICAS

1. Sahai S. Lymphadenopathy. Pediatr Rev. 2013;34:216-27.
2. Jackson A, Chesney P. Lymphatic system and generalized lymphadenopathy. In: Long S, Pickering LK, Prober CG (eds.). Principles and practice of pediatric infectious diseases. 4. ed. Elsevier; 2012.
3. Morland B. Lymphadenopathy. Arch Dis Child. 1995;73(5):476-9.
4. Braga JA, Castro SL, Fernandes MZ. Linfonodomegalias. In: Campos Júnior D, Burns DAR, Lopez FA (orgs.). Tratado de pediatria. 3. ed. Barueri: Manole; 2014.
5. Peters TR, Edwards KM. Cervical lymphadenopathy and adenitis. Pediatr Rev. 2000;21(12):399-405.
6. Fijten GH, Blijham GH. Unexplained lymphadenopathy in family practice. An evaluation of the probability of malignant causes and the effectiveness of physicians' workup. J Fam Pract. 1988;27:373-6.
7. Richner S, Laifer G. Peripheral lymphadenopathy in immunocompetent adults. Swiss Med Wkly. 2010;140(7-8):98-104.
8. Gosche JR, Vick L. Acute, subacute, and chronic cervical lymphadenitis in children. Semin Pediatr Surg. 2006;15:99-106.
9. Leung AC, Robson WL. Childhood cervical lymphadenopathy. J Pediatr Healh Care. 2004;18(1):3-7.
10. Rosenberg TL, Nolder AR. Pediatric cervical lymphadenopathy. Otolaryngol Clin N Am. 2014;47:721-31.
11. Junior EBP, Goudy SL. Pediatric inflamatory adenopathy. Otolaryngol Clin N Am. 2015;48:137-51.
12. Kimberlin DW, Brady MT, Jackson MA, Long SS. Red Book: 2015 Report of the Committee on Infectious Diseases. American Academy of Pediatrics; 2015.
13. Brasil. Ministério da Saúde. Secretaria de Vigilância em Saúde. Programa Nacional de Controle da Tuberculose 2011. Manual de recomendações para o controle da tuberculose no Brasil. Brasília: Ministério da Saúde; 2011.
14. King D, Ramachandra J, Yeomanson D. Lymphadenopathy in children: refer or reassure? Arch Dis Child Educ Pract Ed. 2014;99:101-10.
15. Heraud D, Kraai T, Carr RD, Dehority W. Pediatric non-tuberculous mycobacterial cervicofacial adenitis: a systematic review. J Infect. 2015;71(1):9-18.
16. Ludwig BJ, Wang J, Nadgir RN, Saito N, Castro-Aragon I, Sakai O. Imaging of Cervical Lymphadenopathy in Children and Young Adults. American Journal of Roentgenology. 2012 199:5, 1105-1113.
17. Sher-Locketz C, Schubert PT, Moore SW, Wright CA. Successful introduction of fine needle aspiration biopsy for diagnosis of pediatric lymphadenopathy. Pediatr Infect Dis J. 2016 Dec 27. doi: 10.1097/INF.0000000000001521. [Epub ahead of print]
18. Chiappini E, Camaioni A, Benazzo M. Development of an algorithm for the management of cervical lymphadenopathy in children: consensus of the Italian Society of Preventive and Social Pediatrics, jointly with the Italian Society of Pediatric Infectious Diseases and the Italian Society of Pediatric Otorhinolaryngology. Expert Rev Anti Infect Ther. 2015;13(12):1557-67.

Hepatoesplenomegalias febris 6

Heloisa Helena de Sousa Marques
Pedro Takanori Sakane
Thaluama Saccochi Cardin

Após ler este capítulo, você estará apto a:

1. Realizar o diagnóstico diferencial das principais doenças que evoluem com hepatoesplenomegalia.
2. Determinar as condutas diagnóstica e terapêutica.
3. Orientar os pacientes sobre as medidas de prevenção.

INTRODUÇÃO

A estimativa confiável e precisa do tamanho do fígado por meio do exame físico é um aspecto importante da avaliação clínica de um paciente[1]. O achado de um fígado palpável no exame físico de uma criança não é incomum. É necessário, entretanto, saber se esse fígado está aumentado ou não. Considera-se normal um fígado palpável a 3,5 cm do rebordo costal direito em recém-nascidos e a 2 cm, em crianças maiores[2]. O baço é palpável abaixo do rebordo costal esquerdo em 1/3 dos recém-nascidos, em 10% das crianças normais e em 2% dos adolescentes, sendo considerado aumentado quando for palpado a mais de 2 cm do rebordo costal esquerdo[3-5].

Diferentes fatores podem causar o aumento do fígado e/ou do baço (Tabelas 6.1 e 6.2) e é necessário ter em mente um algoritmo de pesquisa, que se inicia obviamente por boa anamnese e exames físico e laboratoriais iniciais. Objetiva-se, em primeiro lugar, estabelecer a diferenciação entre processos infecciosos e não infecciosos.

Tabela 6.1 Principais causas de hepatomegalia em crianças[1]

Mecanismos	Doenças
Processos inflamatórios	Infecções Toxinas Drogas Hepatite neonatal Doenças autoimunes Hiperplasia de células de Kupffer
Presença de depósitos anormais	Glicogênio Lípides Metais Proteínas anômalas
Processos infiltrativos	Tumores – primários e metastáticos Cistos Síndrome hemofagocítica Hematopoiese extramedular
Congestão vascular	Insuficiência cardíaca Pericardite constritiva Síndrome de Budd-Chiari
Doença obstrutiva biliar	Colelitíase Cisto do colédoco Atresia de vias biliares Tumores

Tabela 6.2 Principais causas de esplenomegalia em crianças[4]

Mecanismos	Principais doenças
Congestivo	Cirrose hepática Insuficiência cardíaca congestiva Trombose da veia portal, hepática ou esplênica
Tumoral	Leucemias Linfomas agudos e crônicos Tumores esplênicos primários Tumores metastáticos
Infecções	Virais: vírus da mononucleose infecciosa, citomegalovírus, vírus das hepatites, HIV e rubéola Bacterianas: salmonelose, brucelose, tuberculose e endocardite bacteriana Parasitas: malária, esquistossomíase, tripanossomíase, toxoplasmose, leishmaniose e babesiose Doenças fúngicas
Processos inflamatórios	Sarcoidose Lúpus eritematoso Artrite idiopática (síndrome de Felty) Doença do soro
Processos infiltrativos	Doenças de Gaucher, de Niemann-Pick, amiloidose, glicogenose, linfo-histiocitose hemofagocítica, histiocitose de células de Langerhans e síndrome de Rosai-Dorfman
Doenças hematológicas	Anemias hemolíticas

HIV: vírus da imunodeficiência humana.

HEPATOMEGALIA

Os passos mostrados a seguir podem ser utilizados na investigação desta condição.

Anamnese

Em geral, a hepatomegalia é um achado de exame físico e não de queixa materna. Uma anamnese bem-feita pode, eventualmente, revelar uma pista diagnóstica. Assim, história de viagem a um país cujas condições sanitárias são inadequadas, acompanhada de febre e icterícia, pode sugerir hepatite A; presença de adenomegalia, esplenomegalia e exantema com edema palpebral pode sugerir infecção por vírus Epstein-Barr (VEB); uso de drogas ilícitas ou transfusão de sangue podem sugerir infecção pelo vírus da imunodeficiência humana (HIV), hepatite B ou C; e presença de cães doentes em áreas endêmicas pode sugerir leishmaniose[2].

Exame Físico

Percussão e palpação na linha hemiclavicular constituem a melhor técnica para determinar a extensão do fígado. Em um fígado adulto normal, a borda superior será no quinto espaço intercostal ou atrás da sexta costela, e a extensão menor será igual ou ligeiramente abaixo da margem costal direita[1]. Além de analisar as características do fígado (tamanho, consistência, bordos, sensibilidade), é importante procurar outros sinais de doença sistêmica (p. ex., esplenomegalia, adenomegalia, anemia, icterícia, febre, estado nutricional, edemas).

Investigação Laboratorial Inicial

Os exames laboratoriais devem ser solicitados após uma boa análise dos dados da anamnese e do exame físico, mas alguns deles fazem parte de uma avaliação geral. Assim, são solicitados inicialmente: hemograma; dosagens de transaminases ou aminotransferases: alanina aminotransferase (ALT) e transaminase glutâmico pirúvica (TGP); gama-glutamiltransferase (gama-GT); bilirrubinas séricas; coagulograma; e exame de urina.

No hemograma, deve-se notar a presença de anemia, linfócitos atípicos, células anômalas, plaquetopenia e reticulocitose. A anemia sugere a possibilidade de doença mais crônica ou hemolítica. A presença de atipia linfocitária remete à síndrome da mononucleose. A identificação de células anômalas no hemograma exige a pesquisa de leucemia ou linfoma. A plaquetopenia, em conjunto com a reticulose e associada à esplenomegalia, faz suspeitar de sequestro. Na análise de bilirrubinas, o aumento da fração direta, com aumento de gama-GT e fosfatase alcalina, faz pensar em colestase, e o aumento da bilirrubina indireta obriga a investigar causas de hemólise. O aumento das aminotransferases em associação com lesão hepatocelular pode significar infecção, viral ou não, ou exposição a substâncias tóxicas. O nível de albumina e o coagulograma são bons testes para monitorar a função hepática, incluindo a resposta terapêutica[2].

Outros Exames Complementares

Dependerão essencialmente dos exames iniciais e da suspeição clínica. Em se tratando de processos infecciosos, os principais exames são os capazes de identificar infecções virais, como as hepatites A, B, C, D e E; vírus Epstein-Barr, citomegalovírus e HIV; infecções bacterianas: septicemia, endocardite bacteriana, brucelose, leptospirose, infecção por *Bartonella henselae*, tuberculose, babesiose, febre tifoide e abscesso hepático; e outras possíveis doenças, como riquetsiose, toxoplasmose, malária, esquistossomose, toxocaríase e doenças causadas por fungos, histoplasmose e paracoccidioidomicose.

Estudos de Imagem

A ultrassonografia de abdome com Doppler é um exame que permite ver a circulação hepática; calcular o tamanho, a consistência e a presença de nódulos e de abscessos no fígado; e analisar a árvore biliar, principalmente a vesícula biliar, o fluxo das veias porta e cava e a presença de cirrose.

A tomografia computadorizada e a ressonância magnética do abdome podem revelar lesões menores, como cistos, abscessos e tumores. Podem também definir a textura do tecido hepático.

A colangiografia permite analisar as vias biliares intra e extra-hepáticas[2].

Biópsia Hepática

É indicada quando os exames complementares não forem elucidativos. O estudo anatomopatológico, aliado a técnicas modernas de identificação de patógenos, também é valioso para o diagnóstico.

ESPLENOMEGALIA

O baço é um órgão hematopoiético e funciona como tecido linfoide, sendo solicitado em doenças hematológicas e naquelas em que existe participação de processos imunológicos, como as infecções[6].

Em crianças, as causas mais comuns de esplenomegalia incluem infecção (p. ex., vírus Epstein-Barr ou citomegalovírus), distúrbios imunológicos ou destruição anormal das hemácias. A infiltração com células neoplásicas ou doenças de depósito, fluxo sanguíneo anormal, como na hipertensão portal e lesões ocupando espaço porta, também deve ser considerada[6,7].

Anamnese

Na presença de história compatível com infecção, como presença de febre e mal-estar, os diagnósticos a serem considerados são: síndrome da mononucleose, hepatites virais, febre tifoide e endocardite bacteriana. Dependendo da epidemiologia – malária, leishmaniose, esquistossomose, doenças fúngicas e tuberculose –, essas doenças devem ser investigadas. Quando a queixa é mais insidiosa, acompanhada de febre, anemia, perda de peso e adinamia, doenças como linfoma, lúpus eritematoso disseminado e sarcoidose são possibilidades. Em caso de história familiar, presença de icterícia, colúria e anemia, deve-se pensar em anemias hemolíticas[6].

Exame Físico

As esplenomegalias muito grandes são sugestivas de leucemia linfoide ou mieloide, linfoma, talassemia maior, histiocitose de Langerhans, síndrome linfoproliferativa, doença de Castleman, doença de Gaucher, Calazar, malária hiper-reativa (esplenomegalia tropical), infecção por micobactérias do complexo *avium-intracellulare* em pacientes com aids e leishmaniose[8,9].

Investigação Laboratorial, Estudos de Imagem e Biópsias

A presença de neutrofilia com aumento de células jovens sugere presença de infecção, assim como neutropenia, desvio à esquerda e anaeosinofilia (febre tifoide). Linfocitose com presença de células atípicas é característica da síndrome da mononucleose. A presença de anemia intensa pode ser indicativa de doenças hematológicas e, quando são identificadas células anômalas, deve-se suspeitar de neoplasias. Por vezes, o organismo agressor pode ser identificado no exame de sangue, como no caso de malária, babesiose e erliquiose. Os exames de função hepática alterados ocorrem quando existe acometimento concomitante do fígado, assim como alterações no exame de urina podem denunciar infecção urinária. Exames de imagem são úteis para analisar o tamanho exato do baço e a presença de abscessos e tumores. Biópsias de medula, de fígado ou de baço devem ser realizadas por pessoas experientes, quando houver necessidade de aprofundar a investigação[10].

CONCLUSÕES

Entre as causas mais comuns de hepatoesplenomegalia em crianças, destacam-se as infecções virais, como as incluídas na síndrome da mononucleose infecciosa causadas por VEB, citomegalovírus, vírus das hepatites, da rubéola, HIV; as infecções bacterianas, como endocardite bacteriana, tuberculose e brucelose; os quadros causados por protozoários e helmintos, como toxoplasmose, malária, doença de Chagas aguda, leishmaniose visceral e esquistossomose; e doenças causadas por fungos, cujos aspectos epidemiológicos, características clínicas e investigação laboratorial estão detalhados nos respectivos capítulos deste livro.

REFERÊNCIAS BIBLIOGRÁFICAS

1. Gupta K, Dhawan A, Abel C, Talley N, Attia J. A re-evaluation of the scratch test for locating the liver edge. BMC Gastroenterol. 2013;13:35.
2. Wolf AD, Lavine JE. Hepatomegaly in neonates and children. Pediatr Rev. 2000;21(9):303-10.
3. Rosenberg HK, Markowitz RI, Kolberg H, Park C, Hubbard A, Bellah RD. Normal splenic size in infants and children: sonographic measurements. Am J Roentgenol. 1991;157(1):119-21.
4. Krumbhaar EB, Lippincott SW. The postmortem weight of the "normal" spleen at different ages. Am J Med Sci. 1939;197:344-57.
5. Brown NF, Marks DJ, Smith PJ, Bloom SL. Splenomegaly. Br J Hosp Med (Lond). 2011;72(11):M166-9.
6. McClain KL, Landaw SA. Approach to the child with an enlarged spleen. Update. Last literature review – version 18.1: Janeiro 2010. Disponível em: www.uptodate.com.
7. Ali N, Anwar M, Ayyub M, Nadeem M, Ejaz A, Qureshi AH, et al. Hematological evaluation of splenomegaly. J Coll Physicians Surg Pak. 2004;14:404.
8. Swaroop J, O'Reilly RA. Splenomegaly at a university hospital compared to a nearby county hospital in 317 patients. Acta Haematol. 1999;102(2):83-8.
9. Parez N, Bader-Meunier B, Roy CC, Dommergues JP. Paediatric Castleman disease: report of seven cases and review of the literature. Eur J Pediatr. 1999;158(8):631-7.
10. Pastorino AC, Jacob CMA, Oselka GW, Carneiro-Sampaio MMS. Leishmaniose visceral: aspectos clínicos e laboratoriais. J Pediatr (Rio J). 2002;78(2):120-7.

Síndromes febris hemorrágicas 7

Thaluama Saccochi Cardin
Nadia Litvinov

Após ler este capítulo, você estará apto a:

1. Diferenciar e reconhecer as principais doenças que causam febre hemorrágica.
2. Determinar as condutas diagnóstica e terapêutica.
3. Descrever a epidemiologia das principais doenças descritas.

INTRODUÇÃO

As doenças febris hemorrágicas são síndromes febris agudas cuja manifestação clínica caracteriza-se por fenômenos hemorrágicos, produzidos por uma variedade de agentes infecciosos, com destaque para as bactérias e os vírus.

As febres hemorrágicas (FH) de origem viral ocorrem em praticamente todo o mundo e são causadas por vírus RNA pertencentes a quatro famílias: *Flaviviridae* (dengue hemorrágica e febre amarela), *Bunyaviridae* (síndrome pulmonar e cardiovascular por hantavírus), *Arenaviridae* (febres hemorrágicas do vírus Sabiá na América do Sul) e *Filoviridae* (febres hemorrágicas dos vírus Marburg e Ebola). São doenças potencialmente graves e de alta letalidade, que produzem distúrbios hemorrágicos, síndromes do extravasamento de fluidos, com ou sem dano capilar, e podem acometer também fígado, rins e sistema nervoso central[1].

As FH por vírus são zoonoses cujo principal reservatório são os animais silvestres, como primatas, roedores e, possivelmente, morcegos. A transmissão viral para o homem se dá pela picada de artrópodo infectado ou inalação de partículas da excreta de roedores infectados. Os vírus causadores mantêm-se na natureza em ciclos zoonóticos complexos e mostram-se adaptáveis a novas situações. Alguns desses vírus passaram a incluir também o homem como reservatório, como o vírus da dengue, que evoluiu para um ciclo urbano no qual o homem virêmico infecta o mosquito *Aedes aegypti*, que transmite o vírus a outros seres humanos[2].

Em relação às FH de outras etiologias destacam-se as causadas por bactérias Gram-negativas (*H. influenzae* – biogrupo *aegyptius*, *N. meningitidis*), as riquétsias (*Rickettsia rickettsii*, *R. typhi*), as leptospiras (*L. interrogans*) e o *Plasmodium falciparum*, dentre outras. Entre as bactérias, a transmissão se dá de pessoa a pessoa através das vias respiratórias por gotículas infectadas de secreções de oro/nasofaringe ou por fômites[3].

As principais características das FH virais e não virais são descritas resumidamente nas Tabelas 7.1 e 7.2.

FEBRE AMARELA

A febre amarela (FA) é uma arbovirose causada por um vírus RNA, da família Flaviviridae, do gênero Flavivírus, transmitida ao homem pela picada de mosquitos infectados. A FA silvestre é transmitida pelos mosquitos dos gêneros *Hemagogus* e *Sabethes*. Os primatas não humanos são os principais reservatórios (o homem é hospedeiro acidental). A FA urbana tem como principal transmissor o *Aedes* sp., e o homem é o único reservatório e hospedeiro vertebrado. O último caso de FA urbana foi notificado em 1942 no Brasil[4].

A febre amarela ocorre em regiões tropicais da África Subsaariana e na América do Sul. A febre amarela silvestre (FAS) tem expressão endêmica nas regiões Norte e Centro-Oeste e no Estado do Maranhão, no Nordeste. As áreas de transição, com circulação esporádica do vírus, compreendem Minas Gerais, parte do Piauí, Bahia, São Paulo, Paraná, Santa Catarina e Rio do Grande do Sul[5].

O vírus da febre amarela apresenta duas características clínicas importantes: viscerotropismo (infecta e lesa órgãos como fígado, baço, coração e rins) e neurotropismo (infecta e lesa o parênquima cerebral e pode causar encefalite). O espectro clínico da infecção varia de quadros assintomáticos, que ocorrem na metade dos infectados, a formas leves ou moderadas, com doença febril não específica ou mesmo acompanhada de icterícia (em cerca de 30% dos casos) e formas ictéricas graves (em cerca de 20% das infecções). Dentre estas últimas, observam-se formas malignas e de alta letalidade (superior a 50%) com icterícia, disfunção de múltiplos órgãos e hemorragias. O quadro típico ocorre após incubação de 3 a 6 dias, com início abrupto de febre, calafrios, cefaleia intensa, dor lombossacral, mialgia generalizada, anorexia, náuseas, vômitos, bradicardia, hemorragia gengival e/ou epistaxe. Esse período de infecção dura aproximadamente três dias e cursa com viremia. Pode

Tabela 7.1 Diagnóstico diferencial das principais febres hemorrágicas virais[3]

Doença	Epidemiologia	Patologia/patogenia	Clínica	Exames complementares	Exames específicos
Febre amarela (FA)	▪ Ciclo urbano (*A. aegypti* e homem) ▪ Ciclo silvestre (*Haemagogus, Sabethes* e primatas não humanos)	▪ Principal alvo: hepatócitos ▪ Pode acometer rins, baço e linfonodos	▪ PI: 3 a 6 dias ▪ Forma maligna: sintomas clássicos intensos, hemorragia profusa em múltiplos órgãos, encefalopatia	▪ Leucopenia, com neutropenia e linfocitose, plaquetopenia ▪ Aumento de transaminase, FA, BT, Ur e Cr	▪ Isolamento viral e PCR-RT sangue ou tecidos ▪ IgM: ELISA e IH pareadas ▪ HE e IHQ
Febre hemorrágica da dengue	▪ Ciclo urbano (*A. aegypti* e homem)	▪ Necrose nos hepatócitos, congestão e aumento da permeabilidade vascular	▪ PI: 4 a 10 dias ▪ Manifestações hemorrágicas, perda plasmática, sinais de insuficiência circulatória, choque hipovolêmico	▪ Leucopenia, plaquetopenia e aumento do HT ▪ Prova do laço positiva	▪ Isolamento viral e PCR-RT sangue, fragmentos de vísceras ▪ IgM: ELISA e IH pareadas ▪ HE e IHQ
Febre por arenavírus (FH do Brasil – vírus Sabiá, FH da Argentina – vírus Junin, FH da Bolívia – vírus Machupo, FH da Venezuela – vírus Guanarito)	▪ Vírus presentes em urina, sangue e garganta de roedores ▪ Transmissão: ingestão de alimentos, inalação de aerossóis, contato da pele e mucosas com secreções (urina e saliva) de roedores	▪ Extravasamento capilar e alterações hemorrágicas por mecanismo imunopatológico pouco conhecido, levando a hemorragia de múltiplos órgãos	▪ PI: 6 a 17 dias ▪ Congestão conjuntival, extravasamento vascular, petéquias (face, pescoço, tórax e axilas), dor abdominal, oligúria, disfunção de múltiplos órgãos, choque, encefalopatia	▪ Leucopenia (até 1.000 céls./mm³), plaquetopenia (20-80.000/mm³)	▪ Isolamento viral sangue, urina, saliva e fragmentos de vísceras ▪ PCR-RT ▪ IgM: ELISA e IH (amostras pareadas) ▪ HE e IHQ
Síndrome pulmonar e cardiovascular por hantavírus (SPCVH)	▪ Vírus presentes em urina, fezes e saliva: roedores ▪ Modo de transmissão: inalação de aerossóis infectados com excretas desses roedores	▪ Extravasamento de líquidos do compartimento intravascular para o interstício pulmonar, causando edema pulmonar	▪ PI: 1 a 6 semanas ▪ Clínica: febre, calafrios, cefaleia, mialgias dos ombros, região lombar inferior e coxas, náuseas, vômitos, diarreia, tontura e tosse ▪ Edema pulmonar e hipoxemia grave, disfunção miocárdica	▪ Leucocitose com desvio à esquerda, plaquetopenia, elevação das enzimas hepáticas e Cr sérica, alterações no coagulograma	▪ Isolamento viral ▪ PCR-RT ▪ IgM – ELISA ▪ Teste de neutralização em placas ▪ Imunofluorescência ▪ HE e IHQ

(continua)

Tabela 7.1 Diagnóstico diferencial das principais febres hemorrágicas virais[3] *(continuação)*

Doença	Epidemiologia	Patologia/patogenia	Clínica	Exames complementares	Exames específicos
Hepatites virais	▪ Transmissão: ▪ Via parenteral: VHB, VHC e VHD ▪ Via sexual e vertical: VHB ▪ Fecal-oral: VHA, VHE	▪ Aspectos patogênicos e patológicos são variados, dependendo do agente causador e da evolução	▪ Forma fulminante: alterações do comportamento, letargia, sangramento (hematêmese), sinais de falência hepática aguda, encefalopatia hepática	▪ Elevação de TGP (até 3 vezes, podendo atingir mais de 2.000 UI/L), TGO, bilirrubinas, FA e GGT ▪ Tempo de protrombina pode estar diminuído (< 50% > gravidade)	▪ PCR ▪ Testes sorológicos
Ebola – vírus da família *Filoviridae*, gênero *Ebolavirus*	▪ Patógenos zoonóticos carreados por morcegos frugívoros (presentes na África Central e Subsaariana) ▪ Transmissão por contato com fluidos corporais: sangue, urina, fezes, vômito, saliva, suor, leite materno, secreções e esperma	▪ Principais alvos da infecção: células endoteliais, fagócitos mononucleares e hepatócitos	▪ Início abrupto com febre, calafrios, mal-estar e mialgias ▪ Manifestações hemorrágicas surgem com o pico da doença	▪ Leucopenia precoce com linfopenia e subsequente neutrofilia com desvio à esquerda e linfócitos atípicos, trombocitopenia ▪ TP e TTPPA alargados	▪ ELISA: IgM (detectada dois dias após o início dos sintomas) ▪ PCR (detectada 3 a 16 dias após o início dos sintomas) ▪ Isolamento viral

Fonte: adaptada de Freire et al., 2008[3].

Tabela 7.2 Diagnóstico diferencial das principais febres hemorrágicas não virais

Doença	Agente etiológico/ reservatório e transmissão	Clínica	Exames	Tratamento de escolha
Febre purpúrica brasileira	▪ *H. influenzae* – biogrupo *aegyptus* ▪ Homem (fonte de infecção) ▪ Transmissão: contato direto com pessoas infectadas ou indireto (toalhas, insetos, mãos)	▪ PI: 7 a 16 dias ▪ História de conjuntivite há 3 semanas, febre alta, taquicardia, hipotensão, exantema macular difuso, petéquias, púrpuras e sufusões hemorrágicas, diarreia e sinais de IRA ▪ Quadro grave e fulminante (1 a 3 dias), alta letalidade (40 a 90%)	▪ Hemograma, função renal, gasometria e coagulograma ▪ Culturas (sangue, conjuntiva, LCR, *swab* lesão de pele) ▪ CIE: soro, LCR	▪ Ampicilina ▪ Amoxicilina ▪ Cloranfenicol (associado) ▪ Hidrocortisona
Febre maculosa brasileira	▪ *Rickettsia rickettsii* ▪ Carrapatos: *Amblyomma* (*A. cajennense*) ▪ Transmissão: picada de carrapato infectado (adesão à pele: 6 a 10 h)	▪ PI: 2 a 14 dias (7 dias) ▪ Início abrupto com febre (2 a 3 semanas), cefaleia e/ou mialgia intensa, diarreia, dor abdominal difusa, exantema palmoplantar, petéquias, equimoses e necrose ▪ Complicações: SNC, pulmões (SARA) e rins	▪ Anemia e trombocitopenia, hiponatremia, elevação DHL e CPK ▪ Cultura (sangue e tecidos) ▪ Sorologias: IFI (≥ 1/64), HI, aglutinação látex, FC ▪ PCR, imuno-histoquímica	▪ Doxiciclina (droga de escolha) ▪ Cloranfenicol (alternativa) ▪ Correção de sódio e restrição hídrica ▪ Corticosteroides (uso controverso)
Leptospirose	▪ *Leptospira interrogans* ▪ Reservatório: rato ▪ Transmissão: direta (sangue, tecidos, órgãos, urina de animais infectados) ou indireta (exposição ao meio ambiente contaminado)	▪ PI: 1 a 30 dias (7 a 15 dias) ▪ Clínica: assintomática ou sintomas como febre, mialgia (panturrilha), vômitos, calafrios, oligúria, hiperemia de conjuntiva, icterícia, manifestações hemorrágicas, meningite asséptica ▪ 10% quadros graves: síndrome de Weil	▪ Forma ictérica (síndrome de Weil): leucocitose, plaquetopenia, DHL, CPK, Ur e Cr elevados, coagulograma alterado ▪ Sorologia (soroaglutinação microscópica – MAT), ELISA (teste rápido IgM)	▪ Casos leves: doxiciclina ▪ Casos graves: ampicilina, penicilina cristalina, ceftriaxona, suporte ventilatório e hemodinâmico, diálise

Febre tifoide	▪ *Salmonella* (sorotipos *paratyphi* A, B, C e *typhi*)
	▪ Transmissão fecal-oral (água e alimentos)
	▪ Portador assintomático da doença
		▪ PI: 8 a 14 dias (3 a 60 dias)
		▪ Evolução insidiosa, temperatura aumenta gradativamente (40°C)
		▪ 1ª semana: febre, mialgia, queda do estado geral, hiporexia, exantema
		▪ Hepatoesplenomegalia (50 a 60%)
		▪ Podem ocorrer hemorragias digestivas (5 a 10%)
			▪ Anemia, leucopenia, neutropenia, plaquetopenia
			▪ Específicos:
			  ▪ hemoculturas, coproculturas, mielocultura
			  ▪ ELISA/CIE
				▪ Antibiótico oral: ciprofloxacina por 7 a 10 dias
				▪ Alternativas: ceftriaxona, azitromicina e cloranfenicol

(continua)

Tabela 7.2 Diagnóstico diferencial das principais febres hemorrágicas não virais *(continuação)*

Doença	Agente etiológico/ reservatório e transmissão	Clínica	Exames	Tratamento de escolha
Malária	▪ *Plasmodium* (*P. vivax* e *P. falciparum*) ▪ Homem – único reservatório ▪ Transmissão: mosquito do gênero *Anopheles*	▪ PI: 7 a 14 dias ▪ Febre irregular, cefaleia, calafrios, sudorese, lombalgia, diarreia e vômitos ▪ Hepatoesplenomegalia, icterícia (sinal de alerta)	▪ Gota espessa (padrão-ouro) ▪ PCR ▪ Sorológicos (IFI, ELISA)	▪ Cloroquina (base) ▪ Primaquina ▪ Sulfato de quinina e doxiciclina ▪ Merfloquina ▪ Derivados de artemisinina
Doença meningocócica	▪ *Neisseria meningitidis* ▪ Reservatório: homem ▪ Adolescentes e adultos jovens – 10% portadores assintomáticos ▪ Transmissão direta: via respiratória (gotículas de nasofaringe)	▪ PI: 1 a 10 dias (3 a 4 dias) ▪ Doença meningocócica septicêmica aguda (10% casos), quadro abrupto: febre alta, calafrios, mialgias, cefaleia, vômitos e erupção petequial ou equimose, ausência de sinais meníngeos ▪ Formas fulminantes: hipotensão, choque, CIVD e falência de múltiplos órgãos, óbito em 12 a 48 h após o início do quadro	▪ Anemia, leucocitose com desvio, plaquetopenia, alteração do coagulograma ▪ Isolamento bacteriano: exame bacteriológico direto, CIE, aglutinação, látex, ELISA, PCR	▪ Suporte clínico e hemodinâmico ▪ Antibioticoterapia ▪ Penicilina G cristalina ou ceftriaxona

seguir-se um período de remissão em que os sintomas melhoram por cerca de 20 horas. Então, nos quadros graves, reaparece a febre com vômitos mais frequentes, epigastralgia, prostração e icterícia, caracterizando o período de intoxicação, fase em que a viremia já não é detectada e surgem os anticorpos neutralizantes. Acompanha o quadro de diátese hemorrágica com hematêmese (vômito negro), melena, metrorragia, petéquias, equimoses e sangramento de mucosas. A desidratação deve-se aos vômitos e às perdas insensíveis aumentadas[6].

O diagnóstico laboratorial pode ser feito por sorologia, detecção do genoma viral pela reação em cadeia da polimerase (PCR), pelo isolamento viral ou histopatologia e imuno-histoquímica em tecidos. A detecção de anticorpos do tipo IgM pela técnica de Mac-ELISA em indivíduos não vacinados ou com aumento de quatro vezes ou mais nos títulos de anticorpos do tipo IgG, pela técnica de inibição da hemaglutinação (IH) ou IgG-ELISA, fornece um diagnóstico presuntivo. A confirmação é feita pelo aumento de título entre amostras da fase aguda e de convalescência. O teste de neutralização é mais específico que o ELISA, porém requer laboratório especializado[7].

Não há tratamento específico para FA. O tratamento consiste em terapia de suporte. A vacina viva atenuada foi desenvolvida em 1936 (vírus atenuado da febre amarela vacinal 17DD). Após receber uma dose da vacina, a imunidade protetora ocorre em 90% dos indivíduos dentro de 10 dias e em cerca de 100% dos indivíduos dentro de 3 a 4 semanas após a vacinação[8].

O Brasil vive o maior surto de febre amarela observado em muitos anos, envolvendo principalmente os estados da região Sudeste, em particular Minas Gerais e Espírito Santo. Embora o número de casos humanos de febre amarela confirmados seja maior que o observado em surtos anteriores, ressalta-se que todos esses casos são de residentes em zonas rurais ou que tiveram contato com áreas silvestres por motivos de trabalho ou de lazer.

No período de dezembro de 2016 até 17 de março de 2017, foram notificados ao Ministério da Saúde 1.561 casos suspeitos de febre amarela silvestre, desses, 850 (54,8%) casos permanecem em investigação, 448 (28,7%) casos foram confirmados e 263 (16,9%) foram descartados.

Atualmente, a rede de referência para diagnóstico laboratorial da febre amarela para casos humanos se organiza da seguinte forma: Instituto Evandro Chagas (IEC-PA), localizado no Pará; Fundação e Instituto Oswaldo Cruz (Fiocruz-RJ), situado no Rio de Janeiro, Instituto Adolfo Lutz (IAL-SP), situado em São Paulo; e Laboratório Central de Saúde Pública do Distrito Federal (LACEN-DF)[36].

A partir de abril de 2017, o Brasil passou a seguir a orientação da Organização Mundial da Saúde (OMS) adotando dose única da vacina contra febre amarela nas áreas em que a imunização é recomendada.

VÍRUS EBOLA

A doença pelo vírus ebola (DVE) – da família *Filoviridae* – foi identificada pela primeira vez em seres humanos em 1976, em dois surtos simultâneos ocorridos em Nzara, no Sudão, e em uma aldeia de Yambuku, na República Democrática do Congo, nas proximidades do rio Ebola, do qual deriva o nome do vírus. Desde então, tem produzido vários surtos no continente africano[9]. Nenhum caso de DVE foi confirmado no Brasil e não há circulação natural do vírus em animais silvestres no país.

O Ebola é causado por um vírus do gênero *Ebolavirus*. Foram identificadas até o momento cinco subespécies: Zaire, Sudão, Taï Forest, Bundibugyo e Reston (casos registrados apenas em primatas não humanos). Dessas espécies, a Zaire apresenta maior agressividade, sendo sua taxa de letalidade em torno de 90%. Clinicamente, a doença é caracterizada como uma febre hemorrágica, cuja letalidade pode variar de 60 a 90%. Por isso, os surtos produzidos pelo vírus ebola são graves, ainda que, geralmente, autolimitados[10]. Associado à variante Zaire, que atingiu a África Ocidental, em especial Libéria, Guiné e Serra Leoa, a epidemia matou quase cinco mil pessoas entre março e outubro de 2014, e registrou, até 10 de junho de 2016, 28.616 infectados, dos quais 11.310 foram a óbito. A OMS estima a letalidade desse surto de DVE em 46%[11].

A DVE é uma zoonose cujo reservatório mais provável é o morcego. Quatro dos cinco subtipos ocorrem em hospedeiro animal nativo da África. Acredita-se que o vírus foi transmitido para seres humanos a partir de contato direto com sangue, órgãos ou fluidos corporais de animais infectados, como chimpanzés, gorilas, morcegos-gigantes, antílopes e porcos-espinhos. Os cadáveres dos pacientes que morrem da doença são altamente infectantes em razão da presença de elevada carga viral. Portanto, a realização de enterros de uma maneira segura e digna é crucial para interromper a transmissão da doença[12,13].

Após a infecção, as glicoproteínas virais são sintetizadas e secretadas através das membranas e ligam-se preferencialmente às células endoteliais, aos fagócitos mononucleares e aos hepatócitos, gerando intenso quadro inflamatório cujos níveis de citocinas proinflamatórias, como IFN-g, IL-2, IL-10, TNF-alfa, aumentam a ponto de desencadear disfunção vascular, e são responsáveis pelas manifestações hemorrágicas fatais da DVE. Os sintomas incluem febre, dor de cabeça e mialgia, evoluindo, posteriormente, para vômitos e diarreia[14]. A fase inicial é inespecífica, porém após uma semana os pacientes podem evoluir rapidamente para a forma hemorrágica grave, com sangramentos nas mucosas, intestinos, útero e eventual falência múltipla dos órgãos, que frequentemente é fatal[15].

O diagnóstico inicial dessa síndrome é baseado na avaliação clínica. A infecção pelo ebola pode ser suspeitada diante da investigação de quadros febris agudos e com história de viagem a uma área endêmica. Segundo os Centers for Disease Control and Prevention (CDC), o diagnóstico de Ebola deve der considerado em pacientes com febre acima de 38,5°C e sintomas adicionais, como cefaleia intensa, mialgias, vômitos, diarreia e dor abdominal, com antecedente epidemiológico positivo. O diagnóstico laboratorial pode ser feito por meio de testes rápidos, como PCR-RT em sangue ou outros líquidos corporais, e detecção de antígenos por ELISA. A PCR-RT pode ser positiva desde um dia antes de os sintomas aparecerem, e a antigenemia do terceiro dia até 7 a 16 dias após o início dos sintomas. A sorologia IgM é positiva a partir do segundo dia, e o IgG começa a ser detectado entre o 6° e o 18° dia após o início da infecção, podendo persistir por muitos anos. A presença de anticorpos IgM ou títulos crescentes de IgG é forte indício para o diagnóstico presuntivo de Ebola. A diminuição dos títulos de IgM, o aumento dos títulos de IgG (quatro vezes), ou ambos, em sucessivas amostras pareadas, são altamente sugestivos de infecção recente[14-16].

Não há tratamento específico para DVE. O tratamento é fundamentalmente de suporte. Os pacientes requerem suporte intensivo, realizado em hospitais de referência que tratam de doenças infecciosas. Esforços coordenados pela Organização Mundial da Saúde (OMS), cientistas e indústrias farmacêuticas têm sido direcionados para desenvolver, testar, licenciar e introduzir as primeiras vacinas contra o vírus, além de terapias e exames de diagnóstico de uso remoto e descentralizados[15,16].

LEPTOSPIROSE

A leptospirose é uma zoonose causada por microrganismo do gênero *Leptospira*, um espiroqueta aeróbico obrigatório, de ampla distribuição mundial. Atualmente, a classificação molecular divide as leptospiras em 20 gêneros, sendo nove patogênicos, cinco intermediários e seis saprófitas ou não patogênicos. De acordo com dados do Sistema de Informação de Agravos de Notificação (Sinan), no período de 2010 a 2014 foram confirmados no Brasil 20.810 casos de leptospirose, representando uma média anual de 4.162 casos confirmados. O número de óbitos foi de 1.694, representando uma média de 339 óbitos por ano[17].

O ciclo de transmissão é iniciado e mantido por meio da eliminação prolongada de leptospiras na urina de reservatórios animais, sendo o rato o principal, além de outros animais, como cães, bovinos e suínos. Em ambiente com condições adequadas, a leptospira pode permanecer infectante durante semanas. Nos países tropicais, é uma doença de caráter endêmico, e os surtos ocorrem durante a estação chuvosa, coincidindo com áreas inundadas[18,19].

A infecção se dá através da pele lesada (e pele íntegra quando a exposição é prolongada), mucosa e ingestão de água ou alimentos contaminados por *Leptospira*.

Profissionais como veterinários, açougueiros, agricultores e pescadores são considerados de risco para aquisição da leptospirose[3,4,8].

O período de incubação é de 5 a 14 dias, com variação de 2 a 30 dias[8]. A apresentação clínica pode variar desde casos assintomáticos e oligossintomáticos até formas graves e fatais. Dentre os sintomáticos, cerca de 90% apresentarão a forma anictérica da doença, e 10%, a forma ictérica, considerada mais grave.

A doença é classicamente descrita como bifásica, sendo que a primeira fase (fase septicêmica) tem duração de 4 a 7 dias e é caracterizada pelo aparecimento súbito de febre alta, calafrios, mialgia intensa (principalmente nas panturrilhas), cefaleia, dor retro-orbitária, dor abdominal, artralgia, diarreia, hemorragias subconjuntivais, faringite e tosse. A segunda fase (fase imune) tipicamente se inicia após a primeira semana de doença, surge em aproximadamente 20% dos pacientes e tem duração entre 10 a 30 dias. Caracteriza-se pelo aparecimento de meningite asséptica (com bom prognóstico), encefalite e convulsões. Também podem surgir febre, exantema violáceo, dor muscular, adenopatia e uveíte[4,8].

Na forma grave, a leptospirose se comporta como uma vasculite infecciosa, e os pacientes podem desenvolver alterações hemodinâmicas secundárias à hipovolemia em virtude da desidratação e dos efeitos diretos das toxinas que lesam o endotélio vascular e aumentam a permeabilidade. A doença de Weil é a forma mais grave da leptospirose. Essa síndrome apresenta, basicamente, icterícia com tom amarelo-avermelhado (icterícia rubínica), falência renal e hemorragia pulmonar com curso clínico variável. A taxa de letalidade é alta, variando de 5 a 15%[8,20].

O hemograma, em geral, apresenta leucocitose com neutrofilia e desvio à esquerda, além de plaquetopenia e anemia. A velocidade de hemossedimentação é elevada, contrastando com a febre amarela, que cursa com valores baixos. Há aumento de escórias nitrogenadas (U, Cr) nas formas ictéricas, e o potássio costuma ser normal ou baixo, sendo característica singular (mas não exclusiva) da leptospirose. O diagnóstico sorológico pode ser por testes de microaglutinação (MAT – padrão-ouro) ou ELISA (teste rápido IgM). A sorologia deve ser coletada no final da primeira semana da doença (os anticorpos podem positivar em 5 a 7 dias do início dos sintomas) e repetida após 15 dias; o aumento de quatro vezes o valor inicial confirma o diagnóstico de infecção. Cultura de sangue, liquor ou urina pode ser realizada durante a primeira semana da doença (em meio de Fletcher ou Stuart), mas tem baixa sensibilidade e pode necessitar de até 16 semanas de incubação. A reação em cadeia da polimerase (PCR) é um método de detecção precoce e sensível, mas ainda com pouca aplicação clínica[4,8].

Na doença aguda e de curso moderado, é recomendado o uso de doxiciclina, ampicilina ou amoxicilina. Já na doença avançada e grave, além das medidas de suporte, o uso de penicilina G ou ampicilina por sete dias é o mais recomendado. Ceftriaxona também pode ser utilizada[8].

FEBRE TIFOIDE

O agente etiológico da febre tifoide é um bacilo Gram-negativo, a salmonela entérica sorotipo *Typhi*, da família Enterobacteriaceae. A doença está associada a baixos níveis socioeconômicos, relacionando-se, principalmente, com precárias condições de saneamento e de higiene pessoal e ambiental[21].

É uma doença de veiculação hídrica e alimentar, cuja transmissão pode ocorrer por forma direta (contato com as mãos do doente ou portadores) ou, principalmente, de forma indireta, através de água e alimentos contaminados com fezes ou urina de paciente ou portador crônico. Sabe-se que cerca de 10% dos pacientes continuam eliminando bacilos por até três meses após o início da doença e que 2 a 5% (geralmente mulheres adultas) transformam-se em portadores crônicos após a cura[22].

Após a ingestão, o bacilo tífico alcança o intestino grosso, rapidamente penetra na mucosa do epitélio via enterócitos e, na lâmina própria, é fagocitado por macrófagos. Alguns bacilos permanecem no tecido linfoide do intestino grosso e outros são drenados para os linfonodos mesentéricos. Após essa bacteremia primária, o patógeno permanece intracelular em todos os órgãos do sistema monocítico macrofágico (baço, fígado, medula óssea etc.), onde fica incubado por 1 a 3 semanas[23]. A hiperplasia das placas de Peyer, com acometimento da mucosa subjacente (ulcerações), é responsável pelas manifestações intestinais, como dor abdominal, diarreia, sangramento ou perfuração intestinal[22].

O período de incubação é comumente de 7 a 14 dias (variando de 3 a 60 dias)[8]. A sintomatologia clínica clássica caracteriza-se por febre alta, cefaleia, mal-estar geral, dor abdominal, falta de apetite, bradicardia relativa (dissociação pulso-temperatura), esplenomegalia, manchas rosadas no tronco (roséolas tíficas), obstipação intestinal ou diarreia e tosse seca. Atualmente, o quadro clínico completo é de observação rara, sendo mais frequente um quadro em que a febre é a manifestação mais expressiva, acompanhada por alguns dos demais sinais e sintomas citados. Nas crianças, o quadro clínico é menos grave que nos adultos, e a diarreia é mais frequente[21]. A principal complicação é a hemorragia intestinal no estômago ou intestinal (10%) e, mais raramente, perfuração intestinal (3 a 10%)[22].

A hemocultura apresenta maior positividade (em torno de 60%) nas duas semanas iniciais da doença. A coprocultura é indicada a partir da segunda até a quinta semana da doença, assim como no estágio de convalescença e na pesquisa de portadores. A mielocultura possui elevada sensibilidade (90%), e a antibioticoterapia prévia não interfere em seu resultado. A urocultura possui valor diagnóstico limitado, e a positividade máxima ocorre na terceira semana de doença. A reação de Widal (baseada na detecção de anticorpos aglutinantes contra os antígenos O [somático] e H [flagelar] da bactéria), embora ainda muito utilizada no Brasil, carece de padronização, possibilitando diferentes resultados, dependendo das cepas de salmonela envolvidas e a possível interferência de vacinação[8,21].

O tratamento é quase sempre ambulatorial, reservando-se a internação para os casos mais graves. A droga de escolha para infecções por salmonela não adquiridas na Ásia é a ciprofloxacina por 7 a 10 dias. Regimes alternativos podem ser utilizados com cloranfenicol, azitromicina ou ceftriaxona[23].

DOENÇA MENINGOCÓCICA

A doença meningocócica é uma das mais graves emergências médicas, cujo prognóstico está relacionado ao diagnóstico e tratamento precoces. O agente etiológico é a bactéria *Neisseria meningitidis*, um diplococo Gram-negativo. O polissacarídeo capsular é o determinante antigênico mais importante, determinando o sorogrupo (existem pelo menos 12). Os principais sorogrupos são A, B, C, W135 e Y. No Brasil, a doença meningocócica é endêmica, com ocorrência periódica de surtos epidêmicos em vários municípios. Os coeficientes de incidência têm se mantido estáveis nos últimos anos, com aproximadamente 1,5 a 2 casos para cada 100 mil habitantes. Os sorogrupos B e C são responsáveis pela maioria dos surtos de meningococos relatados[24]. No entanto, esses sorogrupos não são os únicos que contribuem para os surtos.

A letalidade situa-se entre 9 e 12% em países desenvolvidos, sendo mais elevada em países em desenvolvimento. No Brasil, dados recentes apontaram letalidade média em torno de 20% acima do encontrado em outros países latino-americanos[25].

O modo de transmissão ocorre pelo contato íntimo de pessoa a pessoa (pessoas que residem no mesmo domicílio ou que compartilham o mesmo dormitório em internatos, quartéis, creches etc.), por meio de gotículas das secreções da nasofaringe. Cerca de 10% dos adolescentes e adultos são portadores assintomáticos da bactéria[26].

O quadro costuma evoluir rapidamente com mal-estar súbito, febre alta, calafrios, prostração acompanhada de manifestações hemorrágicas na pele (petéquias e equimoses), isquemia de membros, coagulopatia e edema pulmonar. O curso clínico é seguido por instabilidade hemodinâmica, hipotensão e falência de múltiplos órgãos, podendo levar a óbito[3,8].

O quadro clínico da septicemia meningocócica é causado por quatro alterações básicas:

1. Extravasamento capilar: aumento maciço da permeabilidade vascular, com perda de albumina e outras proteínas plasmáticas, o que resulta em hipovolemia, entre o segundo e o quarto dia. A hipótese mais provável é que o meningococo e os

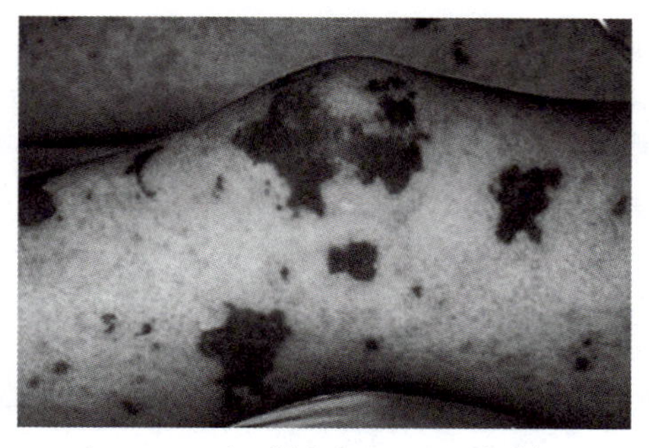

Figura 7.1 Sepse grave por meningococemia. (Veja imagem colorida no encarte.)

neutrófilos causem a perda da carga negativa de moléculas de glicosaminoglicanos, presentes no endotélio vascular, o que causaria a diminuição da rejeição endotelial à albumina, pela carga negativa desta, permitindo seu escape.

2. Coagulopatia: o comprometimento da coagulação se dá por lesão endotelial e agregação plaquetária, que, com a vasoconstrição, iniciam o processo de trombose intravascular. Proteína C em baixos níveis causa púrpura fulminante, função reduzida do sistema fibrinolítico pela diminuição de plasminogênio e aumento dos níveis do inibidor do ativador de plasminogênio.
3. Distúrbios metabólicos: acidose metabólica profunda, hipocalemia, hipocalcemia, hipomagnesemia e hipofosfatemia, hiperglicemia.
4. Falência do miocárdio: a lesão miocárdica é identificada pela redução da fração de ejeção e níveis plasmáticos elevados de troponina. O quadro clínico apresenta ritmo de galope, pressão venosa central elevada e hepatomegalia[27].

O período de incubação varia de 1 a 10 dias, geralmente durando menos de quatro dias[8].

A suspeita diagnóstica é principalmente clínica, e a coleta de exames não deve retardar o início do tratamento. A positividade das hemoculturas é em torno de 50 a 60%; na cultura de líquido cefalorraquidiano, a positividade é de 80 a 90%, mesmo em pacientes sem sinais meníngeos evidentes[27]. A contraimunoeletroforese (CIE) é reagente, a bacterioscopia evidencia a presença de diplococos Gram-negativos, e a cultura evidencia o crescimento de *N. meningitidis*. O raspado das lesões de pele pode ser cultivado para identificação do agente. Outros exames que podem ser utilizados para identificação do meningococo são pesquisa de antígenos no liquor, fixação do látex, ELISA ou radioimunoensaio. A PCR para o diagnóstico tem sido utilizada, apresentando elevadas sensibilidade e especificidade[21].

O tratamento deve ser com medidas de suporte e uso precoce do antimicrobiano adequado. A meningite meningocócica é bem tratada com penicilina G, se o isolado for suscetível à penicilina. Esta pode ser usada se o isolado tem concentração de penicilina inibitória mínima (MIC) de < 0,1 mcg/mL. Para isolados com MIC de penicilina de 0,1 a 1,0 mcg/mL, o tratamento com doses elevadas de penicilina é eficaz, mas uma cefalosporina de terceira geração (ceftriaxona, 100 mg/kg/dia) é preferida e pode ser introduzida empiricamente até o resultado do agente isolado[28,29].

É uma doença de notificação compulsória e investigação imediata. Deve ser feita a quimioprofilaxia com rifampicina, na dose de 600 mg, VO, a cada 12 horas, durante dois dias para adultos e crianças de 1 mês até 10 anos; administrar 10 mg/kg/dose em quatro tomadas, com intervalos a cada 12 horas[21]. Para mais informações, consultar o Capítulo 22, Conduta em comunicantes de doenças infectocontagiosas.

FEBRE MACULOSA BRASILEIRA

A febre maculosa brasileira (FMB) é uma doença infecciosa febril aguda, de gravidade variável, podendo cursar desde formas assintomáticas até formas graves, com elevada taxa de letalidade. É causada pela *Rickettsia rickettsii*, uma proteobactéria Gram-negativa. A maior concentração de casos é verificada nas regiões Sudeste e Sul, onde, de maneira geral, ocorre de forma esporádica, tendo sido registrada em áreas rurais e urbanas do Brasil. A doença acomete a população economicamente ativa (20 a 49 anos), principalmente homens que relataram exposição a carrapatos, animais domésticos e/ou silvestres ou frequentaram ambiente de mata, rio ou cachoeira. Cabe destacar que 10% dos registros da doença são em crianças menores de 9 anos de idade. Quanto à sazonalidade, verifica-se que o período de maior incidência é em outubro, período no qual se observa maior densidade de ninfas de carrapato, podendo variar de região para região[30]. A FMB é um agravo de notificação compulsória.

Os vetores conhecidos para o agente etiológico da FMB são os carrapatos das espécies *Amblyomma cajennense* (principal espécie, conhecido como carrapato-estrela), *Amblyomma aureolatum* e *Amblyomma dubitatum*[31]. Hematófagos obrigatórios, infectam-se ao sugar animais silvestres, como boi, cavalo ou capivara[8].

A transmissão da protobactéria ao homem ocorre pela picada do carrapato, que, ao final de sua alimentação, elimina grande quantidade de secreções digestivas infectadas. Estima-se que sejam necessárias 6 a 10 horas de parasitismo para que ocorra inoculação do agente. Pode ocorrer também a infecção através de lesões na pele ocasionadas pelo esmagamento do carrapato ao tentar retirá-lo. Não há transmissão homem a homem[8,30].

A partir da picada do carrapato infectado, a riquétsia se dissemina no organismo pelos vasos linfáticos e vasos sanguíneos, atingindo pele, cérebro, pulmões, coração, fígado, baço, pâncreas e trato gastrointestinal. Os sintomas iniciais são inespecíficos, com aparecimento de febre alta, cefaleia, mialgias, mal-estar generalizado e hiperemia das conjuntivas. Os sintomas gastrointestinais aparecem em número significativo de pacientes. O quadro inclui vômitos, diarreia e dor abdominal, podendo ser confundido com abdome agudo, e pode haver hepatoesplenomegalia. O aparecimento do exantema nas palmas das mãos e plantas dos pés é considerado sinal muito característico da febre maculosa. Com o aumento da permeabilidade vascular, ocorrem desidratação, hipovolemia, insuficiência pré-renal e grande perda proteica, explicando os quadros de edema generalizado. O acometimento renal e pulmonar é indicativo de pior prognóstico[32].

As alterações laboratoriais mais comuns são anemia e plaquetopenia, aumento de creatinoquinase (CK), desidrogenase lática (LDH), aminotransferases (ALT e AST) e bilirrubinas. A reação de imunofluorescência indireta (IFI) é o método sorológico mais utilizado. Em geral, os anticorpos são detectados entre o sétimo e o décimo dia da doença. Títulos de anticorpos superiores ou iguais a 1:64 em uma única amostra ou a diferença de quatro vezes no título de anticorpos observada em duas amostras de soro, coletadas com diferença de 2 a 4 semanas, são os requisitos para confirmação diagnóstica através da sorologia. Esse teste está disponível na Fundação Oswaldo Cruz (no Rio de Janeiro), no Instituto Adolfo Lutz (em São Paulo) e na Fundação Ezequiel Dias (em Minas Gerais)[33]. Pode ser realizada pesquisa direta da riquétsia por meio de histopatologia/imuno-histoquímica e, recentemente, por técnicas de biologia molecular (PCR) no sangue ou em tecidos infectados.

A única droga comprovadamente eficaz para o tratamento das infecções causadas por riquétsias é a doxiciclina. O cloranfenicol também é citado como alternativa, mas apresenta piores resultados e aumento do risco de morte quando comparado ao uso da doxiciclina, a qual é recomendada pelo CDC e pela American Academy of Pediatrics para todas as crianças com suspeita de febre maculosa, inclusive as menores de 8 anos de idade[8].

MALÁRIA

O agente etiológico da malária é um parasito do gênero *Plasmodium*. As espécies associadas à malária humana são: *Plasmodium falciparum*, *P. vivax*, *P. malariae* e *P. ovale*. No Brasil, somente os três primeiros estão presentes, sendo o *P. vivax* e o *P. falciparum* as espécies predominantes. A transmissão natural da doença se dá pela picada de mosquitos do gênero *Anopheles* infectados com o *Plasmodium*. O período de incubação da malária varia de 7 a 14 dias[34]. O Brasil é o país que concentra o maior número de casos no continente americano, estimando-se a ocorrência de mais de 300 mil casos anuais. A maioria dos casos de malária se concentra na Região

Amazônica (Acre, Amapá, Amazonas, Maranhão, Mato Grosso, Pará, Rondônia, Roraima e Tocantins), área endêmica para a doença. Nas demais regiões, apesar das poucas notificações, a doença não pode ser negligenciada, pois se observa letalidade mais elevada que na região endêmica. É uma doença de notificação compulsória[34,35]. A descrição mais detalhada acerca da doença, manifestações e tratamento pode ser encontrada no Capítulo 16, "Doenças causadas por protozoários na criança".

CONCLUSÕES

As doenças febris hemorrágicas são doenças graves que induzem extravasamento capilar e alterações de coagulação evidenciáveis por elevação do hematócrito e plaquetopenia.

É importante que o pediatra saiba identificar e reconhecer os diagnósticos diferencias possíveis. A suspeita clínica precoce seguida de medidas de suporte adequadas é fundamental à sobrevida dos pacientes.

REFERÊNCIAS BIBLIOGRÁFICAS

1. Figueiredo LTM. Viral hemorrhagic fevers in Brazil. Rev Soc Bras Med Trop. 2006;2:203-10.
2. Fonseca BAL, Figueiredo LTM. Dengue. In: Focaccia R (ed.). Tratado de infectologia. 2. ed. São Paulo: Atheneu; 2006. p. 343-56.
3. Freire LMS. Diagnóstico diferencial em pediatria. Rio de Janeiro: Guanabara Koogan; 2008. p. 571-9.
4. Sato HK, Marques SR. Atualidades em doenças infecciosas: manejo e prevenção. São Paulo Atheneu; 2009. p.155-77.
5. Melo AB, Silva MP, Magalhães M, Gonzalez Gil LH, Freese De Carvalho EM, Braga-Neto UM, et al. Description of a prospective 17DD yellow fever vaccine cohort in Recife, Brazil. Am J Trop Med Hyg. 2011;85:739.
6. Vasconcelos PFC. Febre amarela. Rev Soc Bras Med Trop. 2003;36:275-93.
7. Berry GP, Kitchen SF. Yellow fever accidentally contracted in the laboratory: A study of seven cases. Am J Trop Med Hyg. 1931;11:365.
8. Committee on Infectious Diseases, American Academy of Pediatrics, Kimberlin DW, Brady MT, Jackson MA, Long SS. Red Book: 2015 Report of the Committee on Infectious Diseases. 30th ed. Elk Groove Village: American Academy of Pediatrics; 2015.
9. WHO Ebola Response Team. Ebola virus disease in West Africa – the first 9 months of the epidemic and forward projections. N Engl J Med. 2014;371:1481.
10. Organização Mundial da Saúde. Ebola outbreak. Genebra: OMS; 2016. Disponível em: <http://www.who.int/csr/disease/ebola/en>. Acesso em: 1º ago. 2016.
11. Feldmann H, Geisbert TW. Ebola haemorrhagic fever. Lancet. Elsevier, 2011;377(9768):849-62.
12. Soeiro D, Santos M. Luta contra o Ebola importa para todos nós. Radis. 2015;(150):1.
13. Centers for Disease Control and Prevention (CDC). Ebola hemorrhagic fever diagnosis. Disponível em: <http://www.cdc.gov/vhf/ebola/diagnosis>. Acesso em: 10 jul. 2016.
14. Sampaio JR, Cavalcante, Schütz GE. The 2014 Ebola virus disease epidemic: the International Health Regulations in the perspective of the Universal Declaration of Human Rights. Cad Saúde Coletiva. 2016;242-7.

15. Bray M, Hirsch MS, Mitty J. Diagnosis and treatment of ebola and marburg virus disease. UpToDate; 2014.
16. Ministério da Saúde. Casos confirmados de leptospirose. Brasil, grandes regiões e unidades federadas. 2000 a 2016. Disponível em: <http://portalsaude.saude.gov.br/index.php/situacao-epidemiologica-dados>. Acesso em: 31 ago. 2016.
17. Adler B, Peña Moctezuma A. Leptospira and leptospirosis. Vet Microbiol. 2010;140:287-96.
18. Ko AI, Galvão Reis M, Ribeiro Dourado CM, Johnson Jr WD, Riley LW. Urban epidemic of severe leptospirosis in Brazil. Salvador Leptospirosis Study Group. Lancet. 1999;354:820-5.
19. Daher EF, Zanetta DMT, Cavalcante, Abdulkader RC. Risk factors for death and changing patterns in acute renal failure of leptospirosis. Am J Trop Med Hyg. 1999;61:630-4.
20. Ministério da Saúde. Secretaria de Vigilância em Saúde. Departamento de Vigilância Epidemiológica. Manual integrado de vigilância e controle da febre tifoide. Brasília: Ministério da Saúde; 2010.
21. Ministério da Saúde. Secretaria de Vigilância em Saúde. Departamento de Vigilância Epidemiológica. Doenças infecciosas e parasitárias: guia de bolso. 8. ed. Brasília: Ministério da Saúde; 2010.
22. World Health Organization. Background document: The diagnosis, treatment and prevention of typhoid fever. Communicable Disease Surveillance and Response Vaccines and Biologicals. Switzerland: WHO; 2003.
23. Sanford JP, Gilbert DN. The Sanford Guide to Antimicrobial Therapy: 2014. Antimicrobial Therapy; 2014.
24. Sáfadi MAP, Berezin EN, Oselka GW. Análise crítica das recomendações do uso das vacinas meningocócicas conjugadas. J Pediatr (Rio J). 2012;88.3:195-202.
25. Sáfadi MAP, González-Ayala S, Jäkel A, Wieffer H, Moreno C, Vyse A. The epidemiology of meningococcal disease in Latin America 1945-2010: an unpredictable and changing landscape. Epidemiol Infect. 2013;141:447-58.
26. Weisberg SS. Meningococcal disease. Dis Mon. 2007;53:10.
27. Faust S, Cathie K. Meningococcal infections. Disponível em: <www.emedicine.com>. Acesso em: 1º jul. 2016.
28. Durand ML, Calderwood SB, Weber DJ, Miller SI, Southwick FS, Caviness VS Jr. Acute bacterial meningitis in adults. A review of 493 episodes. N Engl J Med. 1993;328:21.
29. Tunkel AR, Hartman BJ, Kaplan S, Kaufman BA, Roos KL, Scheld WM, Withey RJ. Practice guidelines for the management of bacterial meningitis. Clin Infect Dis. 2004;39:1267.
30. Secretaria de Estado da Saúde. Manual de orientação para vigilância epidemiológica: febre maculosa brasileira. São Paulo: 1996.
31. Secretaria de Estado da Saúde de São Paulo. Centro de Vigilância Epidemiológica Prof. Alexandre Vranjac. Febre maculosa. Informe técnico II 2004. Disponível em: <ftp://ftp.cve.saude.sp.gov.br/doc_tec/ZOO/IF_FMB2.pdf>. Acesso em: 11 jul. 2016.
32. Del Fiol FS, Junqueira FM, Rocha MCP, Toledo MI, Berberato Filho S. A febre maculosa no Brasil. Rev Panam Salud Publica. 2010; 27(6):461-466.
33. Tavares W, Marinho LAC. Rotinas de diagnóstico e tratamento das doenças infecciosas e parasitárias. 2. ed. São Paulo: Atheneu; 2007.
34. Brasil. Ministério da Saúde. Secretaria de Vigilância em Saúde. Departamento de Vigilância Epidemiológica. Guia prático de tratamento da malária no Brasil. Brasília: Ministério da Saúde; 2010.
35. Oliveira-Ferreira J, Lacerda MV, Brasil P, Ladislau JL, Tauil PL, Daniel-Ribeiro CT. Malaria in Brazil: an overview. Malar J. 2010;9:115.
36. Ministério da Saúde. Secretaria de Vigilância em Saúde. INFORME ESPECIAL FEBRE AMARELA NO BRASIL Nº 01/2017. Disponível em http://portalarquivos.saude.gov.br/images/pdf/2017/marco/18/Informe-especial-COES-FA.pdf.

8 Infecções congênitas e perinatais

Heloisa Helena de Sousa Marques
Samantha Brasil de Andrade
Meire Nagaiassu
Maria Esther Jurfest Rivero Ceccon
Anne Layze Galastri

Após ler este capítulo, você estará apto a:

1. Reconhecer as principais infecções congênitas, sua apresentação clínica e os exames laboratoriais mais adequados.
2. Interpretar os testes sorológicos e, se indicado, iniciar a terapêutica, evitando muitas vezes as sequelas causadas por essas doenças.

INTRODUÇÃO

A transmissão de uma infecção da mãe para o filho pode se dar no útero (congênita), durante o parto, um pouco antes (perinatal) ou após o nascimento (pelo leite materno, p. ex.). As infecções maternas se transmitem ao embrião e ao feto por via ascendente pelo colo do útero, que infecta o líquido amniótico, ou por via hematogênica. Quando as infecções são transmitidas pela via ascendente, os microrganismos frequentemente podem causar infecção do cordão umbilical e alterações de tipo inflamatório no âmnio e cório (corioamnionite) e provocar ruptura prematura de membranas e parto prematuro[1].

As infecções maternas durante a gestação podem causar repercussões graves ao feto. Em muitos casos, são assintomáticas, por isso o diagnóstico dependerá de métodos efetivos de rastreamento. O problema é que nem sempre isso está disponível. As infecções durante a gravidez são uma das causas mais importantes de morbidade e mortalidade fetal e neonatal[1].

As principais afecções que podem ocorrer nesse período são: sífilis, HIV, toxoplasmose, citomegalovírus (CMV), hepatite C, hepatite B, herpes vírus simples, rubéola, Chagas, HTLV e o recente zika vírus.

INFECÇÕES ADQUIRIDAS NO ÚTERO

A via mais frequente pela qual o feto se infecta é a hematogênica transplacentária, sendo o caso das infecções congênitas. No primeiro trimestre gestacional, as infecções congênitas acometem os fetos em menor porcentagem, porém com maior gravidade. Isso porque ainda há um processo de formação dos órgãos, podendo ocorrer morte ou sequelas gravíssimas para o feto. A partir da 20ª semana gestacional (no segundo trimestre), há aumento de trocas maternofetais pela placenta, permitindo tanto a passagem de microrganismos quanto de IgG materna. Estes elevam a quantidade de infecções ao feto quanto mais próximo estiver do parto, porém com maiores taxas de infecção assintomática ou latente[1].

INFECÇÕES ADQUIRIDAS DURANTE O PARTO E NO PERÍODO PÓS-NATAL

As infecções adquiridas durante o trabalho de parto e até três semanas pós-natais são denominadas infecções perinatais. A transmissão pode se dar durante o trabalho de parto, por transfusão maternofetal, por ascensão direta de microrganismos, aspiração de líquido amniótico ou mesmo contato com secreções infectantes[1].

A principal fonte de infecções pós-natais do recém-nascido (RN) é a mãe. As principais infecções são: HIV, HTLV, CMV, herpes simples, varicela, micobacterioses etc. A depender das características patogênicas de cada microrganismo, podem causar doença sistêmica aguda, infecção persistente, autolimitada ou assintomática no RN[1].

Epidemiologia

As infecções perinatais afetam 0,5 a 2,5% de todos os nascimentos[1]. Dados epidemiológicos são pouco conhecidos na população brasileira e mundial, porque nem todas as doenças congênitas são de notificação compulsória, e grande parte das afecções é assintomática, dificultando seu conhecimento. Alguns dados conhecidos são:

- As Américas, em 2015, receberam o certificado de eliminação da rubéola congênita. No mundo há uma estimativa de que 1 a 10 crianças a cada 10 mil nascidos vivos sejam infectadas por *Toxoplasma gondii*[2,3].
- A sífilis congênita foi responsável, em 2013, por acometer 4,7 RN em cada mil nascidos vivos, segundo o Sistema de Informação de Agravos de Notificação (Sinan)[4], com maiores incidências nas regiões Norte e Nordeste.
- A transmissão vertical do HIV ocorreu em 1% dos infectados por HIV em 2015, acometendo 2,9 a cada 100 mil habitantes entre os menores de 5 anos[5].

- O zika vírus foi recentemente associado a infecções congênitas cujos dados ainda são preliminares. Há o relato no Brasil, até junho de 2016, de que 224 pacientes tiveram confirmação por critério laboratorial específico para o vírus zika entre 1.551 casos de microcefalia e outras alterações do sistema nervoso[6].
- O CMV é a causa mais frequente de infecção congênita e de surdez não hereditária, e a segunda causa mais frequente de retardo motor depois da síndrome de Down[7].

Diagnóstico

Na maioria das vezes, a mãe não apresenta história evidente de infecção na gestação. Os achados laboratoriais orientam a suspeita de infecção congênita ou perinatal. Quando há sintomas, na gestante ou no RN, muitas vezes são inespecíficos, sendo o diagnóstico confirmatório dependente de exames complementares[8]. As principais alterações clínicas sugestivas de cada infecção congênita podem ser vistas na Tabela 8.1.

Tabela 8.1 Sinais clínicos de suspeição para infecções congênitas em recém-nascidos[9]

Sintomas	Infecções								
	Toxo	CMV	Rubéola	Herpes	Zika	HIV	Sífilis	TB	HTLV
Distúrbios hematológicos	++	++++	++++	+++	–/+	+	+++	+	+
Hepatoesplenomegalia	+++	++++	++++	+++	–/+	+++	+++	++	+
Microcefalia	++++	++++	++++	++	+++	–	–	–	–
Sufusões hemorrágicas	+++	++++	++++	+++	–/+	+++	+++	+	–
Miocardite/pericardite	+++	+++	++++	++	–/+	+	–	++	–
RCIU/PIG	++++	++++	++++	++	+++	++++	+++	++	+
Coriorretinite	+++	++++	++++	++	+++	+	+	–	–
Alteração auditiva	++++	++++	++++	+	+++	–	++	–	–
Abortamento espontâneo	+++	+++	++++	+++	++	++	+++	–	–

Porcentagem estimada com base em diversas publicações (++++: > 80%; +++: 50-80%; ++: 20-50%; +: < 20%; –: raro ou ausente).
CMV: citomegalovírus; HIV: vírus da imunodeficiência humana; HTLV: vírus linfotrópico de células T humanas; RCIU/PIG: retardo do crescimento intrauterino/pequeno para a idade gestacional; TB: tuberculose; Toxo: toxoplasma; Zika: vírus Zika.

Atualmente, são obrigatórios no pré-natal os testes sorológicos de triagem para HIV, hepatites B e C, toxoplasmose, rubéola e sífilis, sendo repetidos nos três trimestres da gestação, quando necessário.

Os anticorpos imunoglobulina G (IgG) maternos passam ativamente pela placenta a partir da segunda metade da gestação. Os níveis máximos são atingidos na época do nascimento, declinando para níveis indetectáveis após período variável de tempo. De modo geral, em seis meses não há mais anticorpos efetivos no lactente[2], A imunoglobulina M (IgM), por sua vez, por não ultrapassar a barreira placentária indica infecção aguda; se negativa, não exclui infecção congênita ou perinatal. O método definitivo é o isolamento do agente patogênico em algum material biológico[1,8].

VÍRUS DA HEPATITE B

A infecção pelo vírus da hepatite B (VHB) continua sendo um problema de saúde pública, mesmo com a disponibilidade de vacina segura e eficaz para sua prevenção desde 1982. Segundo a Organização Mundial da Saúde, mais de 2 milhões de pessoas já foram infectadas pelo VHB em algum momento de sua vida. Desse total, cerca de 350 milhões permanecem infectadas cronicamente e tornam-se portadoras do vírus. Todos os anos há mais de quatro milhões de casos clínicos agudos de HBV, e cerca de 25% dos portadores, ou um milhão de pessoas por ano, morrem de hepatite crônica ativa, cirrose ou câncer primário de fígado. Na América Latina, a Região Amazônica é a que apresenta a prevalência mais alta de infecção crônica de VHB (mais de 8% de HBsAG positivos)[7].

As infecções em crianças e bebês são habitualmente assintomáticas, mas com HBsAg positivo durante períodos prolongados, bem como exames de função hepática persistentemente elevados. Alterações em biópsia hepática aparecem em 5%. Somente a metade dos novos casos de crianças e adultos é de sintomáticos. Aproximadamente 1% dos casos registrados evoluem para insuficiência hepática aguda e morte imediata. O risco de infecção crônica é inversamente proporcional à idade em que se dá a infecção. Aproximadamente 90% dos novos casos de crianças evoluem para infecção crônica, comparados com 2 a 6% dos novos casos em adultos[10].

Transmissão Vertical do Vírus da Hepatite B

A transmissão mãe-filho acontece, na maioria das vezes, durante o parto (95% dos casos). A infecção intrauterina é rara. O risco de transmissão do VHB é determinado pelo nível de vírus circulante no sangue materno e é indicado pela presença do HBeAg ou de DNA do VHB. Até 40% das crianças cuja mãe é HBsAg positiva e não foi infectada durante o parto podem ser infectadas até os 4 anos de idade[9].

Prevenção da Transmissão Mãe-Filho do Vírus da Hepatite B

A vacinação contra a hepatite B é a medida mais efetiva para prevenir a infecção por VHB e suas consequências. Antes da imunização infantil universal, até dois terços das infecções crônicas ocorriam em crianças cuja mãe era negativa para HBsAg[10]. O uso combinado de imunoglobulina humana (IGHB) e da vacina confere eficácia protetora de 85 a 95%, mesmo quando a mãe é portadora de AgHBe.

Medidas para o Recém-Nascido Exposto ao Vírus da Hepatite B e para o Acompanhamento da Criança

Logo após o nascimento, as secreções devem ser cuidadosamente removidas pelo banho assim que o RN estiver estável. O aleitamento materno não é contraindicado, no entanto deve ser oferecido somente após o RN receber a vacina de hepatite B e a imunoglobulina hiperimune para hepatite B (IGHB). Esta deve ser realizada, prioritariamente, nas primeiras 12 horas de vida[11].

Idealmente, RN de mãe infectada pelo VHB (HBsAg+) deve ser submetido ao esquema exposto no Quadro 8.1.

Quadro 8.1 Profilaxia para hepatite B de transmissão perinatal: medicações e doses
1. Imunoglobulina hiperimune para hepatite B (IGHB): 0,5 mL, IM, preferencialmente até 12 h de vida
2. Vacina para hepatite B: 0,5 mL, IM, preferencialmente até 12 h de vida, e diferente da IGHB; repetir de acordo com calendário vacinal.

Fonte: Ministério da Saúde, 2014[11].

VÍRUS DA IMUNODEFICIÊNCIA HUMANA

A transmissão vertical do HIV pode ocorrer intraútero, intraparto e pós-parto. Apesar de a contribuição relativa de cada momento não estar totalmente esclarecida, dados clínicos, imunológicos e virológicos demonstram que a maior parte da transmissão (até 90%) ocorre durante o trabalho de parto. No entanto, o principal fator de risco é a carga viral materna[12].

Estima-se que a taxa de transmissão pelo aleitamento materno seja de 29%, quando a infecção materna é aguda durante o aleitamento, e de 14%, quando a infecção materna é preestabelecida. Além disso, o aleitamento materno prolongado foi associado com risco crescente de infecção, e este é duas vezes maior quando o período de aleitamento é superior a 12 a 15 meses de idade[1].

Medidas Efetivas

Em estudo multicêntrico, na década de 1990, consagrou-se que o uso da zidovudina (AZT) na gestante, no parto (EV – dose de ataque de 2 mg/kg, infusão contínua de 1 mg/kg a cada hora até o parto) e no RN (xarope – VO, 4 mg/kg a cada 12 horas, nas quatro primeiras semanas) reduziu o risco de transmissão de 22% para 0,3 a 2%. O PACTG 1043 foi um ensaio randomizado aberto e multicêntrico de fase III que mostrou redução ainda maior na infecção vertical em uso associado de nevirapina (NVP)[11]. Recomenda-se que o esquema profilático completo seja utilizado de acordo com a carga viral materna, uso de terapia antirretroviral (TARV) durante a gestação e condições de nascimento do RN (Tabela 8.2).

Tabela 8.2 Indicações de profilaxia ao recém-nascido segundo condições de uso de TARV, carga viral materna no terceiro trimestre da gestação de mãe infectada pelo HIV

Gestante	Medicação	Dose
Uso de TARV no pré-natal e periparto com CV < 1.000 cópias/mL no 3º trimestre	AZT (VO) por 4 semanas	> 35 sem: 4 mg/kg/dose 12/12 h 30-35 sem: 2 mg/kg/dose 12/12 h por 14 dias, seguidos de 3 mg/kg/dose 12/12 h < 30 sem: 2 mg/kg/dose 12/12 h
Não uso de TARV na gestação ou carga viral desconhecida ou > 1.000 cópias/mL no 3º trimestre	AZT (VO) por 4 semanas + NVP (VO) 3 doses (1ª nas primeiras 48 h de vida, 2ª após 48 h da dose inical e 3ª 96 h da dose inicial)	> 2 kg: 12 mg/dose 1,5-2 kg: 8 mg/dose < 1,5 kg: não usam NVP

Fonte: adaptada de Brasil, 2014[12].

O paciente exposto ao HIV deve fazer uso de sulfametoxazol-trimetoprim (SMX-TMP) a partir de 4 a 6 semanas de idade, enquanto está sob investigação, até que tenha duas cargas virais indetectáveis. A dose preconizada é 750 mg/m²/dia a cada 12 horas, três vezes na semana, como profilaxia contra o *Pneumocystis jirovecii*.

Diagnóstico

O diagnóstico deve ser feito nos primeiros meses de nascimento, com exames laboratoriais. Coleta de carga viral (CV) deve ser feita com quatro semanas de vida e repetida em seguida, se estiver positiva. Se negativa, a repetição deve ocorrer após os quatro meses de vida. A presença de duas cargas virais negativas (abaixo do nível de detecção) exclui a infecção vertical no RN[12]. Não é efetiva a coleta de outros exames diagnósticos no HIV de transmissão vertical, pois até seis meses a presença dos anticorpos é reflexo, mesmo que em parte, dos anticorpos maternos. Após os 18 meses, o diagnóstico assemelha-se ao do adulto, pela realização de testes sorológicos[12]. Ver mais detalhes sobre a infecção pelo HIV no Capítulo 21, Infecção pelo HIV/aids em crianças e adolescentes.

TOXOPLASMOSE CONGÊNITA

Estima-se que haja 1 a 10 crianças infectadas pelo *Toxoplasma gondii* para cada 10 mil nascidos vivos em todo o mundo[1]. A infecção no hospedeiro imunocompetente frequentemente é assintomática ou benigna, mas, quando adquirida intraútero, pode causar lesões graves e até fatais. O diagnóstico precoce das gestantes infectadas e seu tratamento adequado – principalmente o acompanhamento das que forem suscetíveis – visa à orientação para que não adquiram a infecção. A gravidade da infecção intrauterina ocorre de modo inversamente proporcional à idade gestacional: as lesões fetais são mais graves quanto mais precocemente o feto for atingido; contudo, o risco de transmissão é maior no terceiro trimestre, e as manifestações clínicas nas crianças sintomáticas serão mais localizadas[1].

A infecção congênita ocorre por via transplacentária na infecção primária; nas gestantes com algum grau de imunodeficiência pode ocorrer a reativação. O *T. gondii* pode ser ativo até seis meses após a primoinfecção. A transmissão materna pode ou não causar infecção fetal. Se causar, o risco de crianças infectadas com quadro clínico ao nascimento é de, aproximadamente, 20%[1].

Quando a criança é sintomática, pode apresentar hepatoesplenomegalia, icterícia, anemia, plaquetopenia, pneumonite intersticial, miocardite, pericardite, endocardite, restrição de crescimento intrauterino, morte fetal. Os acometimentos neurológicos e oftalmológicos são mais frequentes e mais graves. As lesões oculares primárias da toxoplasmose congênita são localizadas na retina e na coroide, as quais podem estar associadas a outras lesões secundárias, como catarata, glaucoma, estrabismo, nistagmo e descolamento da retina. A retinocoroidite é a lesão ocular clássica mais frequentemente observada na toxoplasmose congênita e, quando presente, é bilateral em cerca de 60 a 80% dos casos[1].

São achados frequentes quando há acometimento do sistema nervoso central: calcificações intracranianas, microcefalia e hidrocefalia[1,8].

Diagnóstico

Na gestante

O mais importante é a prevenção das lesões intraútero pelo diagnóstico e pela terapêutica precoce na gestante. A sorologia na gestante, por vezes, é de difícil interpretação e está relacionada ao momento da infecção.

A IgM para toxoplasmose geralmente aparece positiva na primeira semana e pode permanecer assim até o sexto mês. A IgG eleva-se após 2 a 4 semanas da infecção e permanece positiva por toda a vida[1].

Se a paciente tem IgG positiva e IgM negativa, isso indica infecção pregressa. Não se recomenda o rastreamento de pacientes pela detecção de IgM de mulheres assintomáticas durante as consultas pré-concepcionais e pré-natais porque não é um bom marcador de infecção recente, uma vez que pode mostrar resultados falsos-positivos; níveis baixos de IgM podem persistir por longos períodos após a infecção primária[7]. Se a sorologia de toxoplasmose apresentar IgG positiva, sem conhecimento de sorologia prévia, deve-se realizar o teste de avidez para IgG. Este se baseia no princípio de que a IgG torna-se mais específica contra o antígeno com o decorrer da infecção, tendo maior força nas ligações iônicas entre Ag-Ac. Assim, em infecções pregressas, o anticorpo tem maior avidez pelo antígeno, principalmente após 16 semanas da infecção[1,2]. Gestantes com algum grau de imunodeficiência celular primária ou secundária precisam ser monitoradas com testes não sorológicos, como a detecção por métodos de biologia molecular (PCR), pois pode haver reativação de focos latentes do toxoplasma[1,2].

No recém-nascido

A toxoplasmose no RN geralmente é diagnosticada pela detecção de anticorpos IgM específicos para o *T. gondii*, os quais estão presentes em somente 40% dos RN infectados cuja mãe contraiu a infecção no primeiro ou no segundo trimestre, e em 70% dos RN infectados cuja mãe contraiu a infecção no terceiro trimestre. Nos casos suspeitos, esse exame deve ser repetido de 1 a 2 meses após o nascimento[1].

A comparação dos valores de anticorpos da classe IgG maternos e do RN ajuda no diagnóstico e na condução do caso de maneira adequada. Outro teste diagnóstico é a PCR, a qual pode ser utilizada no sangue, no líquido cefalorraquidiano, no tecido placentário e no líquido amniótico[1,7].

Assim, são consideradas com toxoplasmose congênita comprovada:

- Crianças com IgM antitoxoplasma positiva entre 2 dias e 6 meses de idade.
- Crianças que, durante o acompanhamento, apresentem persistência de positividade de IgG após 12 meses de vida, independentemente da presença de sinais ou sintomas da doença.
- Crianças com sinais e/ou sintomas sugestivos de toxoplasmose congênita, filhas de mãe com IgG positiva para toxoplasmose, após exclusão de outras TORCHs (toxoplasmose, rubéola, citomegalovírus e herpes simples).
- Crianças cuja mãe apresentou PCR positiva para toxoplasmose no líquido amniótico[13].

O roteiro para solicitação de avaliação clínica completa e de alguns exames necessários para diagnóstico e acompanhamento dessas crianças está no Quadro 8.2.

Quadro 8.2 Roteiro para avaliação clínica e laboratorial de criança com suspeita de toxoplasmose congênita

Avaliação clínica e laboratorial do lactente exposto à toxoplasmose
Avaliação oftalmológica (fundoscopia ocular)
Avaliação neurológica
Avaliação auditiva
Ultrassonografia transfontanelar ou tomografia computadorizada de crânio (sem contraste)
Hemograma completo
Análise de líquido cefalorraquidiano (bioquímica e celularidade)
Sorologia para toxoplasmose (IgG e IgM) da mãe e da criança
Em crianças sintomáticas: avaliar função hepática e descartar outras infecções congênitas

Fonte: adaptado de Ministério da Saúde, 2012[3,7].

O acompanhamento seriado de sorologia de toxoplasmose auxilia não só na confirmação, mas também na exclusão do diagnóstico porque, nas crianças não infectadas, o título dos anticorpos IgG diminui gradativamente até que ocorra negativação[13].

Tratamento

O início precoce da terapêutica antiparasitária na gestante tem como resultado a diminuição da transmissão intraútero, assim como da gravidade das lesões no período neonatal. Recomenda-se a administração de terapêutica antiparasitária até o final da gestação, quando de soroconversão da gestante ou resultado de perfil sorológico de infecção recente[2].

O tratamento do RN deve ser iniciado assim que for confirmada a infecção e mantido até 1 ano de idade (Tabela 8.3).

Tabela 8.3 Tratamento da toxoplasmose congênita: medicações e doses

Terapêutica da toxoplasmose congênita	Dosagem
Pirimetamina por 1 ano	Dose de ataque: 2 mg/kg/dia, a cada 12 h, por 2 dias Dose de manutenção: 1 mg/kg/dia, 1 x/dia
Sulfadiazina por 1 ano	100 mg/kg/dia a cada 12 h
Ácido folínico associado à pirimetamina e por 1 sem após suspensão dela	10-20 mg/dia, 3 x/semana
Corticosteroide (prednisona ou prednisolona) (usado apenas quando a proteína no LCR é ≥ 1 g/dL e na coriorretinite ativa). Manter até redução da proteinorraquia ou resolução da coriorretinite	1 mg/kg/dia a cada 12 h

Fonte: adaptada de Ministério da Saúde[13].

SÍFILIS CONGÊNITA

A sífilis é uma doença infecciosa causada pelo *Treponema pallidum*. As mulheres grávidas infectadas pela sífilis podem transmitir a infecção ao feto, causando sífilis congênita, com consequências graves para a gravidez em 80% dos casos[14]. Segundo a OMS, anualmente dois milhões de casos de gravidez são afetados, com ¼ deles resultando em natimortos ou abortos espontâneos e outros 25% de RN com baixo peso ao nascimento ou infecção grave[14]. Dados de 2013 do Ministério da Saúde mostram taxa de 4,7 casos por mil nascidos vivos no Brasil, e aumento progressivo na incidência dessa afecção nos últimos 10 anos. Em 2004, a taxa era de 1,7 caso para cada mil nascidos vivos[4]. Isso se deve a falhas nos cuidados relacionados à saúde, uma vez que é uma doença sexualmente transmissível, com prevenção e tratamento disponíveis e eficazes.

A transmissão pode ocorrer em qualquer fase da gravidez, sendo mais grave quanto mais no início da formação do feto. O treponema pode ser transmitido ao feto, principalmente, na fase recente da infecção materna (sífilis recente) através dos vasos placentários. Isso se dá, normalmente, entre 16 a 28 semanas gestacionais[14,15].

Uma parte dos RN é assintomática ao nascimento, por isso é fundamental que, nas consultas após o nascimento, o pediatra verifique o cartão de pré-natal materno, os dados do berçário e se assegure de que houve a pesquisa da infecção. Caso contrário, sobretudo nos assintomáticos, o diagnóstico laboratorial deve ser indicado sempre.

Classificação

A sífilis congênita pode ser classificada em recente e tardia.

Recente

Ocorre quando os sintomas surgem durante os dois primeiros anos de vida, sendo mais evidentes do primeiro ao terceiro mês. As principais alterações nessa fase são: hepatomegalia com ou sem esplenomegalia, lesões cutâneas (p. ex., pênfigo palmoplantar, condiloma plano), periostite, osteíte ou osteocondrite, pseudoparalisia dos membros, sofrimento respiratório com ou sem pneumonia, rinite serossanguinolenta, icterícia, anemia e linfadenopatia generalizada (principalmente epitroclear). Outras características clínicas incluem petéquias, púrpura, fissura peribucal, síndrome nefrótica, hidropisia, edema, convulsão e meningite. Entre as alterações laboratoriais, incluem-se: anemia, trombocitopenia, leucocitose (podem ocorrer reações leucemoide, linfocitose e monocitose) ou leucopenia[16].

Tardia

Quando os sintomas surgem a partir dos dois anos de vida, com alterações ósseas (tíbia em sabre, articulações de Clutton, fronte olímpica, deformações de dentes – incisivos de Hutchinson e molares em formato de amoras –, nariz em sela, mandíbula curta, arco palatino elevado), rágades periorais, oculares, principalmente ceratite intersticial, surdez neurossensitiva e atraso no desenvolvimento neuropsicomotor[14].

Diagnóstico

Para o diagnóstico da sífilis congênita, deve-se avaliar a história clínico-epidemiológica da mãe, o exame físico da criança e os resultados dos testes laboratoriais e radiológicos. Estes devem ser feitos em todo RN de mãe com diagnóstico de sífilis na gestação ou no parto; na suspeita clínica de sífilis congênita, deve-se realizar a investigação para a doença – mesmo naquelas adequadamente tratadas, uma vez que há possibilidade de a infecção fetal ter ocorrido antes do tratamento da gestante, o que é visto em até 14% dos casos[8,14]. Já para o RN com mãe adequadamente tratada, realizar VDRL em amostra sanguínea. Em caso de reagente com titulação maior que a materna e/ou na presença de alterações clínicas, realizar hemograma, radiografia de ossos longos e análise do LCR.

Considera-se tratamento materno adequado, segundo o Ministério da Saúde:

- Tratamento realizado com penicilina.
- Tratamento completo e com término até 30 dias antes do parto.
- Tratamento de parceiro sexual simultaneamente.
- Queda de títulos de VDRL materno em dois valores comprovados[4,14,16].

O diagnóstico laboratorial de sífilis em adultos baseia-se na utilização inicial de um teste de detecção não treponêmico. Exemplos incluem o teste de laboratório de investigação de doenças venéreas (VDRL) e o teste reagínico sorológico rápido (RPR). Quando um teste de detecção dá resultado positivo, o soro é novamente submetido a teste treponêmico de confirmação utilizando um antígeno de *T. pallidum*. Exemplos incluem o teste de hemaglutinação do *T. pallidum* (TPHA) e o teste de aglutinação de partículas de *T. pallidum* (TPPA)[14]. A utilização de testes sorológicos para diagnóstico de sífilis congênita em lactentes com menos de 15 meses de idade é problemática por causa da transmissão placentária passiva da IgG materna para o feto. Assim, não se recomenda o uso de testes treponêmicos em lactente nascido de mãe infectada[14]. É considerado diagnóstico o teste não treponêmico reagente na amostra do RN que apresente um título quatro vezes maior que o título na amostra da mãe (confirmado em uma segunda coleta na criança). A ausência dessa diferença de títulos não exclui a sífilis congênita[17].

O teste treponêmico IgM no RN confirma o diagnóstico, mas tem baixa sensibilidade nos testes disponíveis atualmente (FTA-Abs, 64% de sensibilidade)[8,14].

A pesquisa direta em campo escuro pode ser realizada em material coletado de lesão cutaneomucosa e de mucosa nasal, sendo útil para diagnosticar a infecção[16]. A pesquisa em campo escuro só pode ser feita na possibilidade de treponemas móveis quando a bactéria está viva. Em amostras de biópsias no formol ou necrópsia, o treponema pode estar morto. Entretanto, podem ser usadas colorações especiais ou imuno-histoquímica para identificação do espiroqueta[15].

A investigação complementar deve incluir hemograma, perfil hepático e eletrólitos, punção liquórica com celularidade, proteinorraquia, testes não treponêmicos (VDRL), radiografia de ossos longos e avaliações oftalmológica, audiológica e neurológica[16]. Os parâmetros liquóricos estão na Tabela 8.4.

Tratamento

Todo RN, mesmo que não apresentando sintomas, nascido de mãe com sífilis inadequadamente tratada, deve receber ao nascimento dose única profilática de penicilina benzatina quando garantido o acompanhamento em serviço de saúde. Os RN apresentando qualquer sinal clínico de sífilis congênita devem ser tratados com penicilina cristalina ou procaína durante 10 dias ou quando não se tenha garantido o seguimento futuro. Se for identificada a presença de neurossífilis, o tratamento deve ser todo realizado com penicilina cristalina (Tabela 8.5)[14].

Se o RN for assintomático e o VDRL for não reagente, proceder apenas ao acompanhamento clinicolaboratorial. Na impossibilidade de garantir o acompanhamento, deve-se proceder ao tratamento do RN com dose única de penicilina benzatina[7].

Na total falta de penicilina cristalina e procaína, ou para os RN sem massa muscular para receber medicação por via intramuscular, pode-se utilizar ceftriaxona, na dose de ataque de 100 mg/kg, seguida de 80 mg/kg a cada 24 horas, via intravenosa,

Tabela 8.4 Alterações liquóricas compatíveis com neurossífilis de acordo com a idade

Parâmetros bioquímicos	Até 28 dias de vida	Após 28 dias de vida
VDRL	Positivo	Positivo
Celularidade	> 25 células/mm³	> 5 células/mm³
Proteinorraquia	> 150 mg/dL	> 40 mg/dL

Fonte: American Academy of Pediatrics; The American College of Obstetrician and Gynecologists, 2012[2].

Tabela 8.5 Tratamento de escolha para recém-nascidos expostos à sífilis segundo o quadro clínico e laboratorial

Quadro clínico e laboratorial	Conduta
Alterações clínicas e/ou sorológicas e/ou radiológicas e/ou hematológicas	Penicilina G cristalina, 50.000 UI/kg/dose, EV, a cada 12 h (nos primeiros 7 dias de vida) e a cada 8 h (após 7 dias de vida), durante 10 dias, ou penicilina G procaína 50.000 UI/kg, dose única diária, IM, durante 10 dias
Alteração liquórica*	Penicilina G cristalina, 50.000 UI/kg/dose, EV, a cada 12 h (nos primeiros 7 dias de vida) e a cada 8 h (após 7 dias de vida), durante 10 dias
Ausência de alterações clínicas, radiológicas, hematológicas e/ou liquóricas e sorologia negativa	Penicilina G benzatina, com dose única de 50.000 UI/kg, IM. O acompanhamento é obrigatório, incluindo o seguimento com VDRL sérico após conclusão do tratamento. Sendo impossível garantir o acompanhamento, o RN deverá ser tratado como portador de sífilis sem acometimento de sistema nervoso central

* Na falta de penicilina cristalina, pode ser utilizada de forma segura a penicilina procaína para tratamento de sífilis com alterações liquóricas em crianças menores de 1 mês de vida, pois ela atinge concentração no SNC; mesmo em menores taxas, não foram observadas falhas de tratamento de neurossífilis[15].
Fonte: adaptada do Ministério da Saúde, 2012[13].

durante 10-14 dias. Essa orientação está recomendada por causa da indisponibilidade de penicilina em muitos serviços de saúde brasileiros. A droga está contraindicada para RN com hiperbilirrubinemia[16].

Acompanhamento Pós-tratamento

Deve ser realizado exame clínico mensal até 6 meses de vida, bimestral de 6 a 12 meses e semestral até 24 meses; realizar teste não treponêmico (VDRL), com titulação, com 1, 3, 6, 12, 18 e 24 meses de vida, bem como avaliações oftalmológica, neurológica e audiológica.

Não é necessário fazer coleta seriada de VDRL com dois exames consecutivos não reagentes. Após os 18 meses de vida, todos devem realizar teste treponêmico (TPHA ou FTA-Abs).

Na presença de neurossífilis, repetir o exame de liquor a cada seis meses, até a normalização bioquímica, citológica e negativação de VDRL no liquor[7,8,14,15].

Prevenção

Deve ser realizada para todas as grávidas: no primeiro e terceiro trimestres, sorologia para sífilis associada ao tratamento da gestante e do parceiro ao diagnóstico. O tratamento da gestante é considerado adequado quando o casal é tratado, realizando-se 30 dias antes do parto, com queda do nível de VDRL e realizado com penicilina[15].

CITOMEGALIA CONGÊNITA

A infecção por CMV é a infecção viral congênita mais comum e pode afetar até 1% dos nascidos vivos. Muitos RN com infecção congênita parecem normais, porém aproximadamente 10% serão sintomáticos ao nascimento. De maneira geral, a prevalência de anticorpos anti-CMV na população varia de 40 a 60% nos países desenvolvidos a 70 a 100% nos países em desenvolvimento. A infecção por CMV raramente causa sintomas em pessoas com sistema imunológico íntegro. No entanto, pode causar doenças graves em pessoas imunodeprimidas. A primoinfecção durante a gravidez se dá em 1 a 4% das mulheres, e a reativação ou reinfecção durante a gravidez produz contágio do feto em menos de 1% dos casos[7]. A prevalência varia de 0,3 a 2,4% dos RN e é uma das principais causas de sequelas neurológicas e de surdez neurossensorial de etiologia infecciosa[1].

A transmissão do CMV ocorre, geralmente, por contato íntimo com secreções de pessoas infectadas ou acidentalmente, por meio de transfusão de sangue. O vírus pode ser isolado em urina, sangue, líquido cefalorraquidiano (LCR), sêmen, secreções da cérvix uterina, saliva e leite materno, e esses elementos constituem fontes de contágio[1].

O CMV é um vírus da família *Herpesviridae*, capaz de produzir infecções latentes no homem. A transmissão maternofetal pode ocorrer em presença de viremia materna, por infecção primária ou reativação de infecção latente[2].

Manifestações Clínicas

A infecção em bebês sintomáticos varia de doença leve a doença disseminada grave com risco à vida, sendo responsável por até 20% da mortalidade perinatal. Mais de 80% dos RN sintomáticos poderão apresentar sequelas, como atraso do desenvolvimento neuropsicomotor, encefalopatia crônica não progressiva, epilepsia e perda auditiva neurossensorial. Aproximadamente 90% dos bebês são assintomáticos ao nascimento, e 8 a 15% desses bebês apresentarão complicações, principalmente perdas auditivas[7].

A síndrome completa, com manifestações clínicas evidentes, ocorre em menos de 1:3.000 nascimentos, sendo acompanhada por envolvimento de múltiplos órgãos, particularmente os sistemas reticuloendotelial e nervoso central. No quadro clínico, pode-se constatar hepatomegalia, icterícia, anemia, petéquias, microcefalia com ou sem calcificações intracranianas periventriculares, retinocoroidite, crescimento intrauterino retardado e prematuridade. Também podem ser observados plaquetopenia, atipia linfocitária e aumento de enzimas hepáticas. O LCR mostra pleocitose à custa de células linfomonocitárias e hiperproteinorraquia[7,8].

A excreção viral nessas crianças é prolongada, caracterizando a cronicidade da doença.

Diagnóstico

O diagnóstico da infecção congênita pelo CMV na urina, na saliva e na nasofaringe deve ser feito até a terceira semana de vida, pois a excreção viral após esse período pode representar infecção perinatal (adquirida no canal de parto, pelo leite materno e/ou por transfusão sanguínea). A excreção prolongada do vírus no RN infectado poderá ocorrer mesmo na presença de títulos altos de anticorpos circulantes. O diagnóstico pode ser também realizado por:

- Sorologia: IgM anti-CMV positiva.
- Reação em cadeia da polimerase (PCR).
- Isolamento viral *in vivo* ou *in vitro*, pouco utilizado pelo alto custo.
- Imuno-histoquímica e imunocitologia.

A ausência do vírus na saliva e/ou na urina, do nascimento até 2 a 3 semanas de vida, exclui o diagnóstico de infecção congênita. A detecção do vírus a partir da quarta até a 12ª semana de vida indica infecção adquirida no período perinatal ou pós-natal precoce[13]. Alguns exames são necessários para melhor conduta do caso (Quadro 8.3).

Quadro 8.3 Exames complementares para investigação de crianças com suspeita de CMV congênito

1.	Avaliação clínica
2.	Fundoscopia ocular: ao nascimento e com 12 e 60 meses
3.	Avaliação auditiva – BERA: ao nascimento, com 3, 6, 12, 18, 24, 30 e 36 meses
4.	Exames de imagem do SNC: USG transfontanela ou tomografia computadorizada de crânio ao nascimento e, se alterada, repetir de acordo com a necessidade clínica
5.	Hemograma completo
6.	Bilirrubina total e frações e transaminases séricas
7.	Exame liquórico: celularidade, proteinorraquia, glicorraquia e pesquisa do DNA do CMV

BERA: *brain evoked response audiometry*; CMV: citomegalovírus; DNA: ácido desoxirribonucleico; SNC: sistema nervoso central; USG: ultrassonografia.
Fonte: adaptado de Ministério da Saúde, 2012[13].

Tratamento

Atualmente, existem quatro drogas licenciadas para o tratamento sistêmico da infecção pelo CMV: ganciclovir, valganciclovir, cidofovir e foscarnet. O ganciclovir foi o primeiro agente específico para infecção pelo CMV grave e o único disponível no Brasil para CMV congênito. O valganciclovir causa menos mielossupressão que o ganciclovir, no entanto ainda não está liberado no Brasil para uso pediátrico. O foscarnet é utilizado em casos de resistência às outras duas drogas, o que é raríssimo[7].

O uso de ganciclovir tem contraindicações: neutropenia, plaquetopenia, anemias graves, sepse, insuficiências hepática e renal. Quando usado, a dose deve ser de 5 a 7,5 mg/kg/dose a cada 12 horas durante seis semanas[1,17].

Controles semanais durante a terapêutica devem ser feitos com hemograma com plaquetas e, em caso de neutropenia, suspender o antiviral e indicar o uso de fator estimulador de colônias, filgrastina, nos RN que estiverem incluídos nos seguintes grupos: com peso ao nascimento < 1.500 g e número de neutrófilos $\leq 1.750/mm^3$; peso ao nascimento > 1.500 g e número de neutrófilos $\leq 1.000/mm^3$[3,16].

A droga a ser usada é o Granulokine® (filgrastina), na dose de 5 mcg/kg/dia, uma vez ao dia, subcutânea. Sempre fazer controle de hemograma 24 horas após a administração. Reiniciar o ganciclovir quando houver normalização do número de neutrófilos (número de neutrófilos $\geq 3.000/mm^3$)[2].

RUBÉOLA CONGÊNITA

A rubéola é uma doença benigna; no entanto, quando ocorre na gestante, dependendo da época da gestação, o feto pode apresentar comprometimento de vários órgãos (síndrome da rubéola congênita – SRC)[1].

Transmissão

O vírus da rubéola é transmitido por contato direto com indivíduos infectados, por meio de gotículas de secreções da nasofaringe, e a infecção pode ser transmitida 5 dias antes e até uma semana após o início do exantema. O período de incubação é de 12 a 23 dias, com média de 17 dias.

Sua transmissão para o feto ocorre por via transplacentária, e as crianças podem eliminar o vírus principalmente nos primeiros meses de vida, persistindo até 1 ano de idade[1].

Epidemiologia

A SRC foi erradicada em 2015 nas Américas graças a um programa vacinal eficaz em adolescentes e adultos jovens[2].

Patogênese

A infecção fetal ocorre por via transplacentária e pode causar abortamento precoce ou tardio, embriopatia, restrição do crescimento intrauterino, parto prematuro, óbito intrauterino ou neonatal e malformações congênitas com repercussões a longo prazo.

O vírus da rubéola tem efeito teratogênico e efeito inibidor da mitose, aumentando o número de fragmentos de cromossomos em cultura de tecido embrionário e deixando os órgãos hipoplásicos[1].

Exames Complementares

A infecção fetal deve sempre ser suspeitada quando existe história de infecção primária aguda materna confirmada. A confirmação da infecção fetal pode ser feita pela dosagem de IgM específica no sangue fetal, após 22 semanas, ou pela técnica de PCR no líquido amniótico ou no vilo corial. A amniocentese deve ser feita após 8 semanas do surgimento da sintomatologia materna, e a detecção de RNA viral no líquido amniótico, pela técnica de PCR-RT, que tem sensibilidade entre 87 e 100%[1,18].

Tratamento

Não existe tratamento específico.

ZIKA VÍRUS

Zika é uma doença causada por um arbovírus, cujo principal modo de transmissão ao homem é pela picada do mosquito *Aedes* infectado. Os sintomas mais comuns de zika são febre, erupção cutânea, dor nas articulações e conjuntivite; no entanto, estima-se que até 80% dos casos sejam assintomáticos. A infecção pelo vírus zika durante a gravidez está relacionada a malformações fetais e no RN, entre elas: microcefalia, ventriculomegalia, alterações visuais e oculares[19-22].

Epidemiologia

O vírus zika foi descoberto em 1947, e o seu nome remete ao seu local de origem, a Floresta Zika, em Uganda. Em 1952, os primeiros casos humanos de zika foram detectados e, desde então, os surtos de zika foram relatados na África tropical, no Sudeste Asiático e nas ilhas do Pacífico. Em maio de 2015, a Organização Panamericana de Saúde (Opas) emitiu um alerta sobre a primeira infecção pelo vírus zika confirmada no Brasil. Em 1º de fevereiro de 2016, a Organização Mundial da Saúde (OMS) declarou o vírus zika uma emergência de saúde pública de importância internacional[21].

Patogênese

O vírus zika pertence ao gênero *Flavivirus* da família Flaviviridae, e a transmissão se dá por picadas do mosquito *Aedes* spp.; a transmissão a uma gestante provavelmente se dá pelo mosquito Culex. Pode ou não ter sintomas, no entanto faz viremia, o que permite a transmissão ao feto pela via placentária. Não se sabe muito até o momento, mas é possível que as primeiras células infectadas sejam as neuronais. Estudos recentes mostram que o zika vírus é um vírus neurotrópico. A associação espaçotemporal dos casos de microcefalia com o surto de vírus zika e as provas emergindo de relatos de casos e estudos epidemiológicos levaram ao forte consenso científico de que o vírus zika está implicado em anomalias congênitas[22].

Quadro Clínico

As alterações mais identificadas da zika congênita são: microcefalia, espasticidade, convulsões, irritabilidade e disfunção do tronco cerebral, disfagia, alterações oculares, calcificações intracranianas, distúrbios corticais e ventriculomegalia. Dados preliminares da Colômbia e do Panamá também sugerem que os sistemas geniturinário, osteoarticular, cardíaco e digestivo podem ser afetados (Pilar Ramon-Pardo, dados não publicados)[20,21].

Diagnóstico

Ainda não há um protocolo formal, pois estudos estão em andamento. No momento, os casos congênitos são pesquisados a partir de microcefalia. A OMS assim padronizou, em março de 2016[20]:

- Microcefalia: RN com perímetro cefálico inferior a -2 desvios-padrão, ou seja, mais de 2 desvios-padrão abaixo da média para a idade gestacional e o sexo.
- Microcefalia grave: RN com perímetro cefálico inferior a -3 desvios-padrão, ou seja, mais de 3 desvios-padrão abaixo da média para a idade gestacional e o sexo[21].

Os casos de microcefalia são investigados, e a infecção por zika será definida como confirmada ou sugestiva de infecção congênita de acordo com a seguinte classificação do Ministério da Saúde[19]:

- Caso confirmado como sugestivo de infecção congênita pelo vírus zika: serão todos os casos notificados que apresentarem resultado laboratorial específico para vírus zika a partir de amostras de sangue ou urina da gestante ou de tecido do feto, de material de aborto ou do RN, quando disponível.
- Caso confirmado como sugestivo de infecção congênita por critério clínico-radiológico: será todo caso notificado em que não foi descartada a infecção por zika e excluídas as demais infecções congênitas possíveis[19].

O diagnóstico laboratorial específico de vírus zika baseia-se, principalmente, na detecção de RNA viral a partir de espécimes clínicos. O período virêmico ainda não está completamente estabelecido, mas acredita-se que seja de curta duração (menor que 7 dias) para a infecção aguda pós-natal. Recomenda-se a coleta de exames até o quinto dia após o nascimento[20,23].

No Brasil, o exame preconizado para confirmação de vírus zika é o PCR *real time*. Existem também os testes sorológicos, cuja sensibilidade e especificidade dos *kits* disponíveis e com registro na Anvisa estão em torno de 96,8 a 100% e 96,6 a 100%, respectivamente[23].

Deve-se enfatizar que, na investigação de possível infecção pelo zika vírus, deve-se descartar outras TORCHS e avaliar minuciosamente a epidemiologia materna[19-21].

Tratamento

Não existe tratamento conhecido até o momento, devendo-se investir na reabilitação dos pacientes, com equipe multidisciplinar composta por terapeuta ocupacional, fisioterapeuta, neurologista, pediatra e fonoaudiólogo[20].

Ainda não se sabe o prognóstico desses pacientes, no entanto as alterações vistas até o momento não são animadoras quanto às sequelas permanentes, principalmente do SNC.

CONCLUSÕES

Os testes de triagem para as infecções congênitas mais prevalentes são de grande importância na prevenção da transmissão vertical desses patógenos e de vital importância no acompanhamento de pré-natal. A intervenção precoce e o tratamento adequado podem minimizar o impacto dessas doenças na vida do feto e do RN.

REFERÊNCIAS BIBLIOGRÁFICAS

1. Schleiss MR, Patterson JC. Avery's diseases of the newborn. 9. ed. Philadelphia: Saunders; 2012. p. 468-537.
2. The American Academy of Pediatrics; The American College of Obstetrician and Gynecologists. Guidelines for perinatal care. 7. ed. Washington: American Academy of Pediatrics; American College of Obstetrician and Gynecologists; 2012. p. 383-438.
3. McLeod R, Boyer K, Harrison T, Kasza K, Swisher C, Roizen N, et al. Outcome of treatment for congenital toxoplasmosis, 1981-2004: the National Collaborative Chicago-Based, Congenital Toxoplasmosis Study. Clin Infect Dis. 2006;42:1383-94.
4. Brasil. Ministério da Saúde. Secretaria de Vigilância em Saúde. Departamento de DST, Aids e Hepatites Virais. Boletim epidemiológico – sífilis. 2013;IV(1).
5. Brasil. Ministério da Saúde. Secretaria de Vigilância em Saúde. Departamento de DST, Aids e Hepatites Virais. Boletim epidemiológico – aids e DST. 2014/2015;IV(1).
6. Organização Mundial de Saúde. Situation report Zika virus microcephaly Guillain-Barré syndrome, 2016. Disponível em: <http://apps.who.int/iris/bitstream/10665/208877/1/zikasitrep_9Jun2016_eng.pdf?ua=1>. Acesso em: 15 jun. 2016.
7. Centro Latino-Americano de Perinatologia/Saúde da Mulher e Reprodutiva; Organização Pan-Americana de Saúde; Organização Mundial da Saúde. Infecções perinatais transmitidas de mãe para filho – material educativo para a equipe de saúde. Fundação March of Dimes; 2010.
8. Remington JS, Klein JO, Wilson CB, Baker CJ (eds.). Infectious diseases of the fetus and newborn. 8. ed. Philadelphia: WB Saunders; 2016.
9. Andrade SB, Naguiassu M, Ceccon MEJ. Infecções congênitas e perinatais. In: Marques HHS, Sakane PT, Baldacci ER. Infectologia, Barueri: Manole; 2011. p.81-99.
10. Organização Mundial da Saúde. Departament of Comunicable Diseases Surveillance and Response. Hepatitis B. 2002, p. 36-9.
11. Brasil. Ministério da Saúde. Secretaria de Vigilância em Saúde. Departamento de Vigilância das Doenças Transmissíveis. Manual dos centros de referência para imunobiológicos especiais. 4. ed. Brasília: Ministério da Saúde; 2014.
12. Brasil. Ministério da Saúde. Secretaria de Vigilância em Saúde. Departamento de DST, Aids e Hepatites Virais. Protocolo clínico e diretrizes terapêuticas para manejo da infecção pelo HIV em crianças e adolescentes. Brasília: Ministério da Saúde; 2014. p. 31-51.
13. Brasil. Ministério da Saúde. Secretaria de Atenção à Saúde. Departamento de Ações Programáticas e Estratégicas. Atenção à saúde do recém-nascido: guia para os profissionais de saúde. Brasília: Ministério da Saúde; 2011. p.95-192.
14. Organização Mundial da Saúde. Eliminação mundial da sífilis congênita: fundamento lógico e estratégia para ação. Genebra: Organização Mundial de Saúde; 2008.
15. Kwak J, Lamprecht C. A review of the guidelines for the evaluation and treatment of congenital syphilis. Pediatr Ann. 2015 May; 44(5):e108-14.

16. Coordenadoria de Controle de Doenças; Centro de Referência e Treinamento DST/Aids - Programa Estadual de DST/Aids; Área Técnica de Saúde da Criança - CRS/SES-SP; Sociedade de Pediatria de São Paulo; Sociedade Brasileira de Infectologia - SBI. Nota técnica conjunta n. 001/2016. Tratamento de sífilis congênita no estado de São Paulo. São Paulo: Diário Oficial do Poder Executivo, 20 de julho de 2016, seção I, 126 (134).
17. Nassetta L, Kimberlin D, Whitley R. Treatment of congenital cytomegalovirus infection: implications for future therapeutic strategies. J Antimicrob Chemother. 2009;63(5):862-7.
18. Ministério da Saúde. Departamento de IST, Aids e Hepatites Virais. Secretaria de Vigilância em Saúde; Protocolo clínico e diretrizes terapêuticas (PCDT). Atenção integral às pessoas com infecções sexualmente transmissíveis (IST). Comissão Nacional de Incorporação de Tecnologias no SUS. Ministério da Saúde, abril de 2015.
19. Ministério da Saúde. Secretaria de Vigilância em Saúde. Departamento de Vigilância das Doenças Transmissíveis. Protocolo de vigilância e resposta à ocorrência de microcefalia e/ou alterações do sistema nervoso central (SNC). Versão 2. Brasília: Ministério da Saúde, 10 de março de 2016.
20. Costello A, Dua T, Duran P, Gülmezoglu M, Oladapo OT, Perea W, et al. Defining the syndrome associated with congenital Zika virus infection. Bull World Health Organ. 2016;94:406-406a.
21. Simeone RM, Shapiro-Mendoza CK, Meaney-Delman D, Petersen EE, Galang RR, Oduyebo T et al. Possible Zika virus infection among pregnant women — United States and Territories, May 2016. MMWR Morb Mortal Wkly Rep. 2016;65.
22. Lazear HM, Govero J, Smith AM, Platt DJ, Fernandez E, Miner JJ, et al. A Mouse model of Zika virus pathogenesis. Cell Host & Microbe. 2016;19(5):720-30.
23. Sociedade Brasileira de Patologia Clínica - Medicina Laboratorial. Posicionamento oficial da Sociedade Brasileira de Patologia Clínica/Medicina Laboratorial referente ao diagnóstico laboratorial do Zika vírus. Rio de Janeiro: Associação Brasileira de Medicina; 15 de fevereiro de 2016.

Seção II

Antibioticoterapia em pediatria

9 Classificação e mecanismos de ação e de resistência dos antimicrobianos

Heloisa Helena de Sousa Marques
Pedro Takanori Sakane

Após ler este capítulo, você estará apto a:

1. Identificar o mecanismo de ação de cada grupo ou classe de antimicrobianos.
2. Identificar os principais mecanismos de resistência aos antimicrobianos.
3. Utilizar esse conhecimento para realizar as melhores escolhas terapêuticas.

INTRODUÇÃO

Os termos "antimicrobiano" e "antibiótico" referem-se a uma grande variedade de agentes farmacêuticos que incluem as drogas antibacterianas, antivirais, antifúngicas e antiparasitárias; destas, as drogas antibacterianas são as mais utilizadas na prática pediátrica. O termo "antimicrobiano" é usado para definir qualquer substância de origem natural, semissintética ou sintética, que causa a morte ou inibe o crescimento de microrganismos. "Antibiótico" refere-se às substâncias produzidas por microrganismos que agem contra outros microrganismos[1,2].

Neste capítulo, são descritas apenas as características dos antibacterianos. Para as drogas contra outros patógenos, consultar os capítulos correspondentes.

A seguir, são apresentadas as seções sobre a fisiologia da criança, a classificação dos antimicrobianos e os mecanismos de resistência.

ASPECTOS FISIOLÓGICOS DA CRIANÇA EM DIFERENTES ESTÁGIOS DO CRESCIMENTO

A absorção, a distribuição e a eliminação das drogas em crianças são relacionadas com a idade e o desenvolvimento delas, variando desde os prematuros de baixo peso até os adolescentes, o que faz com que o estudo da farmacocinética e da farmacodinâmica na pediatria seja um campo muito amplo. A Tabela 9.1 descreve a evolução dos principais parâmetros a partir dos recém-nascidos até que atinja os níveis do adulto. Assim, compreende-se como a relativa ineficiência de algumas enzimas hepáticas, como a glicuroniltransferase, influi na escolha do antimicrobiano, pois algumas drogas, como a ceftriaxona e as sulfonamidas, diminuem a ligação da bilirrubina com a albumina, elevando o teor de fração não conjugada e, eventualmente, o risco de encefalopatia bilirrubínica. O rim, por sua vez, tem menor capacidade de filtração glomerular e de secreção tubular, o que leva a alterações no *clearance* de alguns antibióticos, como betalactâmicos, vancomicina, cotrimexazol e aminoglicosídeos.

Por outro lado, algumas drogas, como as tetraciclinas, têm seu uso restrito em pediatria, em crianças menores de 8 anos de idade, por causarem descoloração dentária, em razão de sua intensa ligação com o cálcio. Apesar de também ser dito o mesmo para a doxiciclina, esse evento não é observado; a ligação com o cálcio tem menor avidez e, se indicado, por exemplo, na febre maculosa, a droga deve ser prescrita[4]. O uso de outras drogas, como as fluoroquinolonas, que podem apresentar efeitos colaterais potencialmente graves, ainda não está bem estabelecido nesse grupo etário, e sua indicação deve ser reservada para situações muito específicas. Finalmente, deve-se ficar atento à dosagem das drogas nas diferentes faixas etárias e, se possível, nos quadros mais graves, monitorar seu nível sérico.

Tabela 9.1 Alterações fisiológicas em crianças que afetam as características farmacocinéticas das drogas*

Parâmetros	Recém-nascidos	Idade aproximada para atingir nível de adulto
Absorção		
pH gástrico	↑	3 meses
Esvaziamento gástrico	↓	6 a 8 meses
Função pancreática	↓	9 meses
Distribuição		
Água corpórea*	↑	Adolescência
Ligação proteica	↓	12 meses
Metabolismo		
Metabolização hepática	↓	Adolescência
Eliminação		
Função renal	↓	Filtração glomerular, 3 a 5 meses
		Secreção tubular, 8 a 9 meses

Fonte: modificada de Bradley e Long, 2012[3].

* A distribuição da água corpórea depende da idade: no recém-nascido, é de cerca de 75% do peso corporal, com 50% no intracelular (IC) e 50% no extracelular (EC). Na puberdade, atinge valores de adulto: 60 a 60% do peso corpóreo total, sendo 33% IC e 66% EC.

CLASSIFICAÇÃO DE AGENTES BACTERIANOS

Os antimicrobianos podem ser classificados de várias maneiras: segundo o espectro de atividade, o efeito na bactéria, o modo de ação e os eventos adversos.

Quanto ao Espectro de Atividade

Podem ser subdivididos naqueles com amplo espectro, geralmente com atividade contra bactérias Gram-positivas e Gram-negativas, e de espectro mais restrito, em que as drogas têm atividade limitada contra determinados microrganismos. Por exemplo, os glicopeptídeos são mais eficazes contra bactérias Gram-positivas, ao passo que as polimixinas têm mais eficácia contra as Gram-negativas. Os aminoglicosídeos e as sulfonamidas somente têm atividade contra germes aeróbios, enquanto os nitroimidazóis geralmente são eficazes apenas contra as bactérias anaeróbias.

Efeito/Ação na Bactéria

Os antibióticos podem apresentar duas funções distintas: a inibição do crescimento bacteriano pela ação bacteriostática e a destruição de uma população bacteriana pela ação bactericida. As drogas bactericidas são as que causam morte por ruptura da parede celular bacteriana e incluem as drogas que atuam na parede celular, como os betalactâmicos; na membrana celular, como a daptomicina; e no DNA bacteriano, como as fluoroquinolonas. Os agentes bacteriostáticos inibem a replicação bacteriana sem que ocorra morte celular, em geral atuando na síntese proteica, incluindo sulfonamidas, tetraciclinas e macrolídeos. Essa diferença não é absoluta – a droga pode ser bactericida contra certo microrganismo e bacteriostática contra outros e vice-versa[2,4].

Além desses aspectos, a ação pode ser subdividida em: a) tempo dependente, no qual a intensidade do efeito é determinada pelo tempo que a fração livre do antibiótico se mantém em concentrações acima da concentração inibitória mínima (MIC, do inglês *minimal inhibitory concentration*) no sítio de infecção – fazem parte desse grupo os betalactâmicos, os glicopeptídeos e as oxazolidinonas; b) concentração dependente, em que a relação entre o pico de concentração atingido e a MIC será o fator determinante do sucesso terapêutico – os aminoglicosídeos, as quinolonas e a daptomicina pertencem a esse grupo.[2,4]

De Acordo com a Solubilidade

Os antimicrobianos hidrofílicos têm seu volume de distribuição limitado ao espaço extracelular, e sua concentração plasmática e intersticial pode ser reduzida por extravasamento de fluido. Não são ativos contra germes intracelulares e têm eliminação renal. Os betalactâmicos, glicopeptídeos e aminoglicosídeos pertencem a esse grupo. Os antimicrobianos lipofílicos têm maior volume de distribuição e são ativos contra germes intracelulares. Seu metabolismo é predominantemente hepático. Macrolídeos, quinolonas, tetraciclinas, oxazolidinonas, rifampicina e cloranfenicol fazem parte do grupo[1-3].

CLASSIFICAÇÃO DOS ANTIMICROBIANOS CONFORME O MECANISMO DE AÇÃO

Sua atividade está relacionada com o local de ação e os efeitos antibacterianos segundo sua farmacodinâmica. Uma síntese dessas atividades é apresentada na Tabela 9.2 e na Figura 9.1.

A seguir, são apresentadas as principais características dos diferentes grupos de antibióticos, com seu espectro de ação e principais efeitos adversos.

Antibióticos que Interferem na Síntese da Parede Celular

A parede celular das bactérias é responsável pela manutenção da forma do microrganismo e sua viabilidade. Apesar de a parede celular ter constituição diferente entre os germes Gram-positivos e Gram-negativos, ambos possuem uma camada constituída por peptidoglicano. Este é composto de aminoaçúcares e peptídeos, sintetizados no citoplasma bacteriano, e seu rearranjo é feito pela ação de várias enzimas: a transcriptase, a carboxipeptidase e a endopeptidase. Essas enzimas, que são também conhecidas como *proteínas ligadoras de penicilina* (PLP ou PBP do inglês *penicillin-binding proteins*)[2], são o alvo dos antibióticos betalactâmicos, como as penicilinas e as cefalosporinas.

Neste grupo, serão descritas as características dos antibióticos betalactâmicos, que são compostos por quatro subgrupos: a penicilina e seus derivados, as cefalosporinas, os monobactâmicos e os carbapenens; em seguida, as características dos glicopeptídeos vancomicina e teicoplanina.

Penicilina e seus derivados

As penicilinas naturais (penicilina G, penicilina G benzatina, penicilina G procaína e penicilina V) são drogas ainda muito utilizadas em infecções adquiridas na comunidade, como as causadas pelos *Streptococcus pyogenes* e *S. agalactiae*, os quais persistem muito sensíveis a essas drogas em doses habituais. Outro patógeno comum, o *S. pneumoniae*, tem apresentado redução de sua suscetibilidade. Os níveis séricos das preparações de uso intramuscular (penicilina G procaína e benzatina)

Tabela 9.2 Alvo primário conforme a classe do antibiótico, características farmacodinâmicas e atividade intracelular

Alvo primário	Classe do antibiótico	Farmacodinâmica	Atividade intracelular
Parede celular	Betalactâmicos Penicilinas Cefalosporinas Monobactâmicos Carbapenens	▪ Bactericida ▪ Tempo-dependente ▪ EPA somente contra bactérias Gram-positivas ▪ Carbapenens tem EPA tanto em Gram-positivos como em Gram-negativos	Geralmente não efetiva
	Glicopeptídeos Vancomicina Teicoplanina		
Membrana celular	Lipopetídeos (daptomicina) Polimixinas (polimixina B, colistina)	▪ Bactericida ▪ Concentração-dependente ▪ Longo EPA ▪ Daptomicina ▪ EPA (polimixinas)	Não conhecida
Ribossomas (inibição da síntese proteica)	Aminoglicosídeos	▪ Bactericida ▪ Concentração-dependente ▪ EPA	Geralmente não efetiva
	Tetraciclinas, glicilciclinas	▪ Bacteriostático ▪ Tempo-dependente ▪ Longo EPA	Sim
	Cloranfenicol	▪ Bacteriostático ou bactericida	Sim
	Lincosaminas (clindamicina)	▪ Bacteriostático ou bactericida ▪ Tempo-dependente ▪ EPA	Sim
	Macrolídeos	▪ Bacteriostático ou bactericida ▪ Tempo e concentração-dependente ▪ Longo EPA	Sim
	Oxazolidinonas (linezolida)	▪ Bacteriostático (exceto contra *S. pneumoniae*) ▪ Tempo-dependente ▪ EPA	Geralmente não efetiva
	Estreptograminas	▪ Bactericida (exceto contra *Enterococcus faecium*) ▪ Concentração-dependente ▪ EPA	Sim
Ácido nucleico	Rifamicinas	▪ Bactericida ▪ Longo EPA	Sim
	Fluoroquinolonas	▪ Bactericida ▪ Concentração-dependente ▪ Longo EPA	Sim
Ácido fólico	Metronidazol	▪ Bactericida ▪ Concentração-dependente ▪ EPA	Sim
	Sulfametoxazol-trimetoprim	▪ Bactericida ▪ Concentração-dependente	Sim

Fonte: modificada de Bradley e Long[3].
EPA: efeito pós-antibiótico.

Figura 9.1 Locais de ação e mecanismos de resistência bacteriana aos antimicrobianos.

são mais baixos que os das apresentações de uso intravenoso (IV). A penicilina G benzatina tem meia-vida longa, de 3 semanas ou mais, e é indicada no tratamento de infecções causadas por germes muito sensíveis a esse agente (como *S. pyogenes*) ou para esquemas de profilaxia (p. ex., em pacientes portadores de febre reumática)[2].

As aminopenicilinas (ampicilina e amoxicilina) foram produzidas com o intuito de ampliar o espectro da penicilina e possuem boa atividade contra bacilos Gram-negativos, prevalentes em pediatria, como *H. influenzae*, *E. coli*, *P. mirabilis*, *Salmonella* e *Shigella*. Destaca-se, ainda, sua eficácia contra *Listeria monocytogenes*, *Actinomyces*, *Neisseria meningitidis*, enterococos, *Clostridium* sp. e *Corynebacterium diphtheriae*. Permanecem como drogas de primeira linha no tratamento de infecções de vias aéreas superiores causadas por pneumococos sensíveis[2].

A oxacilina é o representante do grupo das penicilinas penicilinase-resistentes, e persiste como a droga de escolha para tratamento de infecções de origem comunitária causadas por estafilococos, também possuindo ação contra os estreptococos; contudo, sua potência é menor que a da penicilina. Em ambientes hospitalares, muitos estafilococos, principalmente os coagulase-negativa, hoje já não são sensíveis à oxacilina. Mais recentemente, tem aumentado a preocupação com estafilococos adquiridos na comunidade com resistência à meticilina (ou à oxacilina)[5].

As penicilinas de espectro expandido são derivados semissintéticos da ampicilina, com grande afinidade pelas PBP das bactérias, sendo mais resistentes à ação das penicilinases e penetrando com maior facilidade pelos poros da parede celular.

Os produtos mais utilizados deste grupo eram a piperacilina e a ticarcilina, porém não são mais indicadas isoladamente, assim como a carbenicilina, decorrente da emergência de resistência, principalmente por causa da produção de betalactamases. Uma estratégia adotada que possibilitou o resgate de sua atividade foi sua associação com os inibidores de betalactamases. Os inibidores das betalactamases, como ácido clavulânico, sulbactam e tazobactam, são antibióticos betalactâmicos que apresentam fraca atividade antibacteriana. Entretanto, possuem grande avidez pelas enzimas betalactamases, com as quais se ligam de maneira irreversível, tornando-as inativas. Sua associação com outros antibióticos betalactâmicos pode restabelecer sua atividade original contra as bactérias que se tornaram resistentes em virtude da produção de betalactamases. Em nosso meio, as associações disponíveis para uso oral são a amoxicilina-ácido clavulânico e a ampicilina-sulbactam, que resgatam o espectro de ação desses antibióticos em relação aos Gram-negativos, como *H. influenzae* e *M. catarrhalis*, produtores de betalactamases. Para uso parenteral, ticarcilina-ácido clavulânico e piperacilina-tazobactam constituem opções terapêuticas de largo espectro, para infecções graves, incluindo aquelas causadas por flora mista, e apresentam atividade contra *S. aureus*, enterobactérias produtoras de betalactamases, além de *P. aeruginosa* e anaeróbios[2].

Cefalosporinas

São antibióticos betalactâmicos cujo anel é mais resistente à ação das betalactamases que o das penicilinas. Como característica geral do grupo podemos dizer que as cefalosporinas, principalmente as de geração mais recente, têm espectro de ação bastante amplo, com boa distribuição tecidual, várias com penetração adequada no líquido cefalorraquiano (LCR) e relativa baixa toxicidade. Não têm boa ação contra os estafilococos oxacilinorresistentes, enterococos e *L. monocytogenes*; podem induzir à produção de betalactamases e à superinfecção por fungos. Possuem formulações orais e parenterais, e são subdivididas em cinco gerações, segundo o espectro de ação e as propriedades farmacológicas. As apresentações mais comumente utilizadas estão listadas na Tabela 9.3.

As cefalosporinas de primeira geração são efetivas contra cocos Gram-positivos, incluindo estafilococos produtores de penicilinase, pneumococo e estreptococo, e contra alguns germes Gram-negativos, como *E. coli*, *P. mirabilis*, *K. pneumoniae*. Não têm boa ação contra *H. influenzae*. Entre os preparados parenterais, a cefalotina é indicada somente por via intravenosa, não tendo boa penetração no LCR; geralmente deve ser aplicada a cada 6 horas. A cefazolina pode ser administrada em doses menores por atingir concentrações séricas mais elevadas, com intervalo de 8 a 12 horas, e além do uso intravenoso também pode ser utilizada por via intramuscular. Tem menor estabilidade que a cefalotina comparada à betalactamase

Tabela 9.3 Principais cefalosporinas de uso pediátrico

Cefalosporinas	Via parenteral	Via oral
Primeira geração	Cefalotina Cefazolina	Cefalexina Cefadroxila
Segunda geração	Cefuroxima Cefoxitina	Cefaclor Axetil cefuroxima Cefprozil
Terceira geração	Cefotaxima Ceftriaxona Ceftazidima Cefodizima	Cefixima Proxetil cefopodoxima Pivoxil ceftamet
Quarta geração	Cefepima Cefpiroma	
Quinta geração	Ceftarolina	

estafilocócica. Atualmente, tem sido indicada como de primeira geração de escolha para profilaxia de infecção de ferida cirúrgica. Para o uso por via oral estão disponíveis também duas apresentações: a cefalexina e o cefadroxil.

As cefalosporinas de segunda geração, quando comparadas às de primeira geração, têm atividade menor contra os germes Gram-positivos, porém maior atividade contra as bactérias Gram-negativas, incluindo *H. influenzae* e *M. catarrhalis.* Entre as cefalosporinas de segunda geração de uso parenteral, em geral é citada uma cefamicina, a cefoxitina. Esse antimicrobiano tem espectro melhor contra os germes Gram-negativos que as verdadeiras cefalosporinas: de segunda geração, mas age menos contra os cocos Gram-positivos e tem ação contra o *Bacteroides fragilis.* Por ser um potente indutor de betalactamases, tem seu uso praticamente restrito à profilaxia em cirurgias, por curtíssimos períodos. A cefuroxima tem ação ligeiramente inferior contra os estafilococos quando comparada às cefalosporinas de primeira geração, mas melhor contra os pneumococos e estreptococos, sendo também ativa contra várias enterobactérias. Em situações em que exista dúvida entre *H. influenzae* e *S. aureus* como causadores de determinada infecção (celulite periorbitária, pioartrite), pode ser usada como monoterapia. A axetil cefuroxima é o preparado para administração por via oral dessa droga. A presença de alimento aumenta a absorção da droga, o que facilita o uso pediátrico. É indicada como droga de segunda escolha, em situações de falha terapêutica com amoxicilina, como em sinusopatia e otite média aguda. Também pode ser utilizada em infecção urinária, infecção de partes moles e de vias respiratórias, causadas por germes suscetíveis. O cefprozil tem estrutura similar à do cefadroxil e espectro de ação semelhante ao da axetil cefuroxima, com melhor palatabilidade. Tem meia-vida longa, permitindo seu uso em duas tomadas diárias, e as indicações clínicas são semelhantes às da axetil cefuroxima.

As cefalosporinas de terceira geração têm papel importante na prescrição pediátrica. Possuem um espectro de ação que inclui os principais patógenos causadores de infecções comunitárias e hospitalares na criança e atingem concentrações terapêuticas adequadas em diversos tecidos, inclusive no LCR. Há preocupação crescente pelo fato de seu uso excessivo estar contribuindo para o rápido surgimento de germes resistentes e de superinfecção por fungos, já que essas drogas atingem grande parte das bactérias que formam a flora indígena intestinal, permitindo o supercrescimento das leveduras.

A cefotaxima é muito utilizada em berçários, e tem ação contra estreptococos do grupo A, pneumococo, *H. influenzae*, *N. meningitidis*, *N. gonorrhoeae* e enterobactérias. Não tem ação contra *P. aeruginosa* e não é segura contra estreptococo do grupo B. É metabolizada no fígado, mas excretada pelos rins. É indicada para tratamento de infecções graves de vias respiratórias, vias urinárias, de corrente sanguínea, abdominais, sistema osteoarticular e sistema nervoso central (SNC), causadas por germes sensíveis, sendo de uso intravenoso.

A ceftriaxona tem espectro de ação similar ao da cefotaxima, maior ligação proteica e meia-vida longa, o que permite espaçamento maior entre as doses, podendo ser aplicada uma vez a cada 24 horas, tanto por via intravenosa quanto intramuscular. Essa propriedade permite o tratamento ambulatorial de muitas infecções causadas por germes resistentes aos antimicrobianos por via oral. Também é muito útil para o tratamento de infecções em locais de acesso mais difícil, como o SNC. Sua grande taxa de ligação proteica, entretanto, faz com que haja o deslocamento da bilirrubina conjugada à proteína, com possível piora de icterícia no recém-nascido, o que restringe seu uso em berçários. A ceftriaxona é excretada pelo fígado e se concentra na vesícula biliar, podendo produzir um "barro biliar" que é notado ao exame ultrassonográfico do abdome e que em raras ocasiões produz sintomas semelhantes aos de uma colecistite calculosa.

A ceftazidima é uma cefalosporina de uso parenteral com espectro de ação diferenciado das outras cefalosporinas de terceira geração por ser ativa contra *P. aeruginosa*. É um dos antibióticos com maior potencial de indução de resistência no ambiente hospitalar, motivo pelo qual deve ter suas indicações discutidas cuidadosamente diante desse cenário preocupante da resistência hospitalar.

Neste momento, não há cefalosporinas de terceira geração para uso oral em nosso país.

A cefepima e a cefpiroma são consideradas cefalosporinas de quarta geração. O principal diferencial desse grupo em relação à geração anterior é o resgate da atividade contra germes Gram-positivos, incluindo *S. aureus* e estafilococos coagulase-negativa sensíveis à oxacilina, mantendo atividade contra as enterobactérias e *P. aeruginosa*. Adicionalmente, esse grupo de drogas apresenta maior estabilidade à ação das betalactamases e parece induzir menos a produção dessas enzimas. Tais drogas devem ser utilizadas por via parenteral, constituindo armas importantes para tratamento de infecções em hospitais com altas taxas de resistência bacteriana. Outros usos potenciais desses agentes são a terapêutica empírica inicial em neutropênicos febris e o tratamento de exacerbações pulmonares em pacientes com fibrose cística colonizados por *S. aureus* e *P. aeruginosa*. Por apresentarem amplo espectro de ação, exercem pressão seletiva sobre a flora intestinal, podendo também facilitar o aparecimento de infecções fúngicas[2].

A ceftarolina é uma cefalosporina de quinta geração ainda não disponível em nosso serviço, tendo boa atividade contra *S. aureus* (incluindo MRSA quando usada para infecções de pele e subcutâneo), *S. pyogenes*, *S. agalactiae*, *E. coli*, *Klebsiella pneumoniae*, *Klebsiella oxytoca* e *H. influenzae*[6].

Monobactâmicos

O aztreonam é o representante desse grupo de antibióticos, cujo espectro de ação se restringe aos germes aeróbios Gram-negativos. Tem biodisponibilidade praticamente nula após administração oral, e somente deve ser utilizado por via parenteral. É droga com baixa toxicidade, podendo constituir uma alternativa aos aminoglicosídeos, mediante avaliação do antibiograma em pacientes com insuficiência renal[2].

Carbapenens

Os carbapenens são antibióticos betalactâmicos de amplo espectro, com ação contra grande número de germes, tanto Gram-positivos quanto Gram-negativos, incluindo anaeróbios, e apenas três espécies bacterianas são consideradas naturalmente resistentes a essa classe de antimicrobianos: *Stenotrophomonas maltophilia*, *Enterococcus faecium* e *Burkolderia cepacia*. O imipenem foi o primeiro representante desse grupo a ser utilizado na prática clínica. Apresenta a característica de ser rapidamente hidrolisado no túbulo renal pela enzima deidropeptidase 1 (DHP-1), de forma que necessita ser associado à cilastatina, um inibidor dessa enzima, para que possa ser utilizado na clínica. É em geral bem tolerado, exceto em doenças e situações clínicas em que o paciente tem baixos limiares para convulsões, quando a droga facilita seu desenvolvimento (p. ex., no tratamento de meningites bacterianas nos neonatos). O meropenem, o outro carbapenem utilizado na prática, tem praticamente o mesmo espectro de ação do imipenem, sendo mais potente contra os germes Gram-negativos (em especial, *P. aeruginosa*). O meropenem, por ser mais estável contra a DHP-1, não necessita da associação com a cilastatina. O risco do desenvolvimento de convulsões durante o uso do medicamento é menor quando comparado ao imipenem, possibilitando a substituição entre as drogas nas situações de risco ou de desenvolvimento de convulsões.

Glicopeptídeos

Também têm como alvo primário a parede da bactéria. A vancomicina e a teicoplanina são os representantes desse importante grupo de antibióticos.

A vancomicina tem história antiga, tendo sido liberada para uso clínico em 1956. Entretanto, sua alta toxicidade e o advento de outros antibióticos com ação contra o estafilococo penicilinorresistente fizeram com que por muitas décadas fosse pouco utilizada, principalmente em crianças. Com o surgimento de bactérias com elevado grau de resistência a outros antibióticos — como o estafilococo, o enterococo e o pneumococo —, o aprimoramento de sua preparação, tornando o produto mais depurado e menos tóxico, tornou seu uso cada vez mais frequente, principalmente em infecções intra-hospitalares[2].

Sua atividade está restrita a germes Gram-positivos, como o pneumococo, o estreptococo, o estafilococo, o enterococo, o *Corynebacterium* sp. e o *C. difficile*.

Os efeitos colaterais não são infrequentes, e os mais comuns são: o "homem do pescoço vermelho", fenômeno que ocorre quando a infusão da droga é feita de forma muito rápida e se manifesta como um eritema que compromete o pescoço, o rosto e a parte superior do tronco, podendo se acompanhar de prurido; a nefrotoxicidade, hoje não muito frequente, mas especialmente importante em pacientes que recebem outra droga nefrotóxica concomitante ou nos portadores de doença renal prévia; neutropenia; trombocitopenia; exantema e febre. De uso exclusivamente intravenoso e com farmacocinética instável nas situações em que for necessário garantir altas concentrações séricas ou teciduais da droga, quando doses maiores ou intervalos menores que os habituais forem utilizados ou quando houver risco aumentado de toxicidade renal, é desejável que os níveis séricos sejam monitorados. Níveis séricos entre 25 e 40 mcg/mL obtidos logo após a administração de uma dose da medicação por via parenteral (pico) e entre 5 e 15 mcg/mL obtidos no momento imediatamente anterior à próxima dose são considerados adequados[2,7].

A teicoplanina é outro glicopeptídeo cuja ação é semelhante à da vancomicina. Apresenta menor toxicidade e farmacocinética mais estável e previsível, podendo ser aplicada por via tanto intramuscular quanto intravenosa. Por apresentar meia-vida excepcionalmente longa, pode ser administrada apenas uma vez ao dia. Para que seja atingido o ponto de equilíbrio, é preciso que sejam administradas doses de ataque mais elevadas e a intervalos menores durante 2 a 3 dias antes que se possa utilizar as doses de manutenção. Pacientes neutropênicos devem receber doses maiores que as habituais, tanto durante a fase de ataque quanto na de manutenção[2,7].

Antibióticos que Agem na Membrana Citoplasmática

A membrana citoplasmática envolve as células e é essencial para sua sobrevida, pois sua permeabilidade é seletiva, permitindo a passagem apenas de determinados elementos.

As polimixinas agem como um detergente catiônico da membrana citoplasmática de bactérias Gram-negativas, promovendo alterações funcionais que aumentam sua permeabilidade. Existem dois preparados utilizados na prática humana: a polimixina B e a polimixina E (colistina ou colimicina). São potentes antibióticos, mas sua toxicidade, principalmente para os sistemas renal e neurológico, reservou seu uso por décadas para situações muito restritas. Entretanto, recentemente, com o aparecimento de germes Gram-negativos multirresistentes aos antimicrobianos e com a diminuição dos seus efeitos colaterais, pela evolução da técnica de preparo, as polimixinas têm sido mais utilizadas. O espectro de ação das polimixinas compreende somente germes Gram-negativos, incluindo *Pseudomonas* spp. São disponíveis preparações para uso tópico, em pomadas e colírios, sempre em associação com outros antibióticos que forneçam cobertura contra germes Gram-positivos e preparações para uso parenteral que devem ser reservadas para o tratamento de infecções nosocomiais causadas por agentes resistentes a tratamentos convencionais, com cuidadosa monitoração das funções renal e neurológica[2].

A daptomicina, um lipopeptídeo, exerce sua ação desorganizando a membrana de bactérias Gram-positivas, disponível apenas para uso intravenoso, e deve ser liberada para crianças somente em situações excepcionais, quando não houver outra alternativa terapêutica[8].

Antibióticos que Interferem na Síntese de Proteínas Bacterianas

Este grupo de drogas causa alteração na síntese proteica por sua atividade/inibição nos ribossomas 30s (aminoglicosídeos, tetraciclinas) e 50s (cloranfenicol, macrolídeos, clindamicina), e no RNAt (linezolida). Sua ação é predominantemente bacteriostática[2,9].

O cloranfenicol é um produto com amplo espectro de ação, tendo sido muito utilizado em pediatria por apresentar ação bactericida na presença de algumas bactérias, como *H. influenza*, *S. pneumoniae* e *N. meningitidis*, e ter excelente penetração no LCR; entretanto, o surgimento de novos medicamentos com melhor perfil de toxicidade fez com que seu uso fosse bastante diminuído nas últimas décadas. Mais recentemente, a falta de opções terapêuticas para germes multirresistentes e a emergência de patógenos não usuais ocasionaram a retomada de seu uso e indicações. A principal toxicidade é a depressão medular, dose-dependente, reversível, visto que sua atividade de inibição da síntese proteica não se restringe apenas a bactérias – as células humanas também sofrem seu efeito. É necessário controle hematológico quando o uso é prolongado[9].

A clindamicina tem boa atividade contra as espécies de estafilococos e estreptococos, bem como contra anaeróbios, o que a torna uma boa escolha para infecções mistas da cavidade oral e também em infecções complicadas de pele e partes moles. A lincomicina tem ação predominantemente bacteriostática e excelente concentração no tecido ósseo, razão pela qual sua principal indicação é a osteomielite causada por estafilococos[10].

Os macrolídeos mais utilizados atualmente são eritromicina, claritromicina e azitromicina. Eles têm amplo espectro de atividade contra bactérias Gram-positivas e Gram-negativas e, pelo fato de apresentarem boa concentração em fagócitos, têm aceitável penetração tecidual e constituem adequadas opções para vários patógenos intracelulares. Para patógenos que não possuem parede bem estruturada, como micoplasma e ureaplasma, e que não são suscetíveis aos antibióticos betalactâmicos, os macrolídeos mantêm boa atividade terapêutica.

A droga-padrão entre os macrolídeos é a eritromicina, tendo atividade contra *S. pyogenes*, *S. pneumoniae*, *S. aureus*, *Actinomyces israelii*, *Bacillus anthracis*, *B. pertussis*, *Borrelia burgdorferi*, *Campylobacter jejuni*, *C. diphtheriae*, *Coxiella burnetii*, *Chlamydia pneumoniae*, *C. trachomatis*, *C. tetani*, *Eiknella corrodens*, *Legionella* sp., *Listeria monocytogenes*, *Moraxella catarrhalis*, *Mycoplasma pneumoniae*, *N. gonorrhoeae*, *N. meningitidis*, *Haemophilus ducreyi*, *Propionibacterium acnes*, *T. pallidum*, *Ureaplasma urealyticum* e *Entamoeba histolytica*. Entretanto, sua ampla utilização nas últimas décadas teve como consequência o aumento de resistência. Aliado às altas taxas de efeitos adversos gastrointestinais – inclusive a descrição de estenose hipertrófica de piloro em recém-nascidos –, tornou-se uma opção menos interessante em pediatria. Durante esse período foram desenvolvidas várias modificações em sua estrutura visando melhorar a farmacocinética e o espectro de atividade, e surgiram drogas com maiores tolerância gastrointestinal e comodidade posológica, chamados de novos macrolídeos (claritromicina), azalídeos (azitromicina) e quetolídeos (teletromicina)[11].

O derivado metabólico da claritromicina, a 14-hidroxiclaritromicina, é mais ativo contra o *H. influenzae* e a *M. catarrhalis*, o que a torna uma possível segunda escolha para o tratamento de bronquite bacteriana, faringite, sinusite aguda, otite média aguda, pneumonias causadas por pneumococo, micoplasma e clamídia. Possui também eficácia contra diversos germes intracelulares, como *T. gondii*, *M. leprae* e o complexo *M. avium-intracellulare*[11].

A azitromicina tem farmacocinética bastante peculiar, com alta concentração dentro dos fagócitos e posterior liberação no foco infeccioso. Esse mecanismo permite que sua concentração no foco infeccioso seja muito alta, mesmo quando os níveis séricos são baixos. Em pediatria, é indicada como droga de segunda escolha para tratamento de faringite aguda estreptocócica, sinusite bacteriana e otite média aguda, nos pacientes que têm alergia a betalactâmicos ou persistência da otite após o primeiro tratamento. Outras indicações são o tratamento e a profilaxia de pertússis em crianças menores de um mês de idade; a partir dessa idade, as três drogas podem ser indicadas. Também tem atividade contra *Mycobacterium avium-intracellulare*, *Campylobacter* e várias outras enterobactérias. É a única droga até o momento que foi avaliada prospectivamente para o tratamento de linfadenite na doença da arranhadura do gato, com boa resposta terapêutica[11].

A espiramicina tem espectro de ação semelhante ao da eritromicina, e sua indicação principal é para o tratamento de *Toxoplasma gondii*, principalmente durante a gravidez e nas infecções congênitas[2].

Os efeitos colaterais mais comuns desse grupo de antibióticos são a intolerância gastrointestinal, mais observada com os macrolídeos mais antigos, e a hepatite colestática, mais comum com o estolato de eritromicina[11].

As várias tetraciclinas foram muito utilizadas em pediatria no passado, porém, a partir da identificação da toxicidade para o tecido dentário, tiveram suas indicações restritas na faixa etária infantil. As drogas dessa classe são predominantemente bacteriostáticas e têm espectro de atividade similar, bastante amplo[12].

A tetraciclina e a doxiciclina são as drogas do grupo de maior utilidade em pediatria. A tetraciclina, quando usada em crianças menores de 8 anos, causou descoloração dentária em 23 a 93% dos casos por sua forte ligação com o cálcio. As tetraciclinas são drogas de primeira escolha, para crianças maiores e adultos, para infecções causadas por riquétsia, Ehrlichia, anaplasma, e também no tratamento de tularemia, brucelose (em associação com rifampicina), cólera e doença de Lyme. Outra droga disponível, mas ainda com pouco uso em pediatria e que possui um espectro que inclui, além desses patógenos, germes multirresistentes, é a tigeciclina. Já a doxiciclina liga-se com menor avidez ao cálcio e, apesar de não haver relato de casos de descoloração após o uso por 7 a 10 dias em crianças, sua prescrição tem sido restrita. Segundo uma revisão recente, a doxiciclina é a droga de escolha, e deve ser usada o mais precocemente possível diante da suspeita de riquetsioses potencialmente graves em crianças e para as outras possíveis indicações de uso em pediatria, como profilaxia pós-exposição a antrax, brucelose, bartonelose, leptospirose e alguns casos de cólera[3,12].

A linezolida é o primeiro representante disponível da nova classe das oxazolidinonas. O espectro de ação dessa droga se restringe às bactérias Gram-positivas, como *S. aureus* e *S. epidermidis* (sensíveis ou resistentes à meticilina), pneumococos (em particular os resistentes a penicilina e cefalosporinas) e *Enterococcus faecium* e

E. faecalis (sensíveis ou resistentes à vancomicina). Embora esteja disponível para uso oral, não deve ser utilizada para infecções comunitárias em ambulatórios de pediatria. Sua prescrição deve ser reservada para o tratamento de infecções graves, causadas por bactérias resistentes a outras opções terapêuticas.

Os aminoglicosídeos são indicados, principalmente, para tratamento de infecções causadas por germes Gram-negativos, embora alguns, como *Stenotrophomonas malthophilia* e *Burkholderia cepacia*, sejam intrinsecamente resistentes, e alguns Gram-positivos sejam sensíveis, como os estafilococos oxacilinossensíveis, porém seu papel nas infecções causadas por Gram-positivos parece ser aumentar a capacidade dos antibióticos que atuam em parede de induzir a morte bacteriana, em infecções graves, principalmente nos primeiros dias de tratamento. No tratamento de infecções sistêmicas causadas por enterococos, *S. viridans* e *S. aureus*, essa associação tem sido utilizada, apesar de não haver documentação científica definitiva. A amicacina e a gentamicina são os mais utilizados em crianças, tanto no uso isolado como em associação aos betalactâmicos. Adicionalmente, os novos conhecimentos de farmacodinâmica permitiram a alteração em sua posologia para uma única tomada diária, trazendo maior eficácia e menor toxicidade[2,12].

Antibióticos que Interferem na Síntese de Ácidos Nucleicos

Os ácidos nucleicos – DNA e RNA –, por sua atuação nos ribossomas, são os responsáveis pela produção de proteínas essenciais para a célula, tanto para sua sobrevida quanto para sua multiplicação. Os antibióticos podem agir na síntese tanto do DNA quanto do RNA[13].

As rifamicinas (rifampicina, rifabutina e rifapentina) têm amplo espectro de atividade, que inclui *Staphylococcus* spp., *S. pyogenes*, *Neisseria* spp., *H. influenzae*, *Campylobacter jejuni*, *H. pylori*, *C. trachomatis*, *Mycobacterium* spp., tanto as tuberculosas como as não tuberculosas, *Aspergillus* spp., *Naegleria fowleri* e *Toxoplasma gondii*. Elas atingem elevadas concentrações intracelulares, 5 a 20 vezes maior que as do extracelular, o que justifica sua eficácia contra as infecções causadas por micobactérias. Apesar de serem mais utilizadas no tratamento dessas infecções, podem ser úteis em outras doenças, mas sempre em associação. A rifampicina tem amplo espectro de ação, porém seu uso na prática médica tem sido restrito pela rápida emergência de cepas resistentes em uso isolado. Suas indicações mais importantes são no tratamento da tuberculose e outras micobacterioses, e, em associação com oxacilina ou vancomicina, na terapêutica de doença estafilocócica grave relacionada a cateter, em associação com vancomicina em infecção causada por pneumococo multirresistente, e na profilaxia de doença meningocócica e meningite por *H. influenzae*[11].

As quinolonas mais antigas, principalmente o ácido nalidíxico, foram amplamente utilizadas na pediatria pela sua ação contra os germes Gram-negativos quando estes causavam infecção urinária ou intestinal. Infelizmente, a concentração da droga nos tecidos e no sangue é baixa, o que, aliado ao desenvolvimento progressivo de resistência bacteriana, tem restringido bastante sua aplicabilidade clínica. O aparecimento das fluoroquinolonas resgatou o uso clínico dessa classe de antibióticos, mas o possível efeito tóxico em cartilagens de crescimento, fenômeno constatado em animais de experimentação, tem inibido sua utilização em pediatria, sendo reservadas para controle de infecções e exacerbações pulmonares por *Pseudomonas* spp. em pacientes com fibrose cística, infecções urinárias complicadas em pacientes com instrumentação do trato urinário, infecções crônicas supurativas de ouvido, infecções entéricas, no tratamento de tuberculose resistente e como continuação de tratamento ambulatorial de infecções por germes resistentes a outros antibióticos de uso oral ou neutropênicos febris (Tabela 9.4)[13,14].

Antibióticos que Inibem Processos Metabólicos Bacterianos

Estes antibióticos bloqueiam a síntese de ácido fólico, o que em última instância inibe a síntese de DNA.

As sulfonamidas (sulfizoxazol, sulfametoxazol e sulfadiazina) são utilizadas em associação com o trimetoprim para tratamento ou profilaxia de infecções. A sulfadiazina, em combinação com a pirimetamina, é o tratamento recomendado para toxoplasmoses.

Tabela 9.4 Possíveis indicações* para uso clínico das quinolonas em pediatria[13,14]

	Ciprofloxacina	Levofloxacina	Moxifloxacina
Infecção/patógenos	Infecção do trato urinário *Escherichia coli* *Pseudomonas aeruginosa* *Enterobacter* *Citrobacter* *Serratia* Gastroenterite *Salmonella* *Shigella*	Otite média aguda *S. pneumoniae* *Haemophilus influenzae* Pneumonia *S. pneumoniae* *Mycoplasma* TB-MDR	TB-MDR
Dose			
Oral	20 a 40 mg/kg/dia, a cada 12 h (máximo: 750 mg/dose)	• 6 meses a 5 anos: 15 a 20 mg/kg/dia, a cada 12 h • > 5 anos: 10 mg/kg/dia, uma vez ao dia	10 mg/kg/dia, uma vez ao dia
Parenteral	20 a 30 mg/kg/dia, a cada 12 h (máximo: 400 mg/dose)	A mesma que a oral	-

* Somente devem ser usadas em situações especiais ou diante de isolados multirresistentes.
TB-MDR: tuberculose multirresistente.

A associação sulfametoxazol-trimetoprim (SMX-TMP) é um composto em que os dois quimioterápicos atuam sequencialmente no metabolismo do ácido fólico das bactérias. Apesar do amplo espectro de ação, seu uso intenso fez com que sua utilidade clínica fosse reduzida ao longo dos anos em decorrência do surgimento de resistência bacteriana. Atualmente, tem sido usada, principalmente, no tratamento e na profilaxia de infecções por *Pneumocystis jirovecii*, embora haja interesse crescente em sua eficácia contra estafilococos, sobretudo contra o estafilococo meticilinorresistente adquirido na comunidade (CA-MRSA), pois sua suscetibilidade *in vitro* é quase universal. Também tem sido usada em infecções hospitalares causadas por Gram-negativos multirresistentes, como *Enterobacter*, *Klebsiella* e *Stenotrophomonas maltophilia*, que se mantêm ainda suscetíveis ao TMP-SMX. Para algumas infecções parasitárias do trato gastrointestinal causadas por *Cyclospora* e *Cystoisospora*, o TMP-SMX continua sendo a droga de escolha e persiste eficaz no tratamento de brucelose e nocardiose[6,11].

PRINCIPAIS MECANISMOS DE RESISTÊNCIA AOS ANTIMICROBIANOS

A descoberta dos antibióticos foi uma das maiores conquistas na história da medicina. A disseminação global da resistência aos antibióticos é preocupante porque, em algumas situações, parece que se está voltando à era pré-antibiótica[15]. A resistência tem alcançado enormes proporções, incluindo a emergência de novos mecanismos, como as carbapenemases, tanto pelo uso exagerado de antibióticos nos cuidados de sáude, dentro do hospital ou domiciliar, como em outras indicações, como na pecuária e agricultura[5,6,15].

As bactérias podem ser naturalmente resistentes a determinada droga (resistência intrínseca) ou adquirir algum mecanismo que as tornem menos suscetíveis a ela (resistência adquirida).

A resistência adquirida é diretamente relacionada ao uso de antimicrobianos. Um germe, originalmente sensível a certo antibiótico, pode adquirir a capacidade de ficar resistente a ele como mecanismo adaptativo ou de defesa[16]. Os principais mecanismos de resistência estão resumidos na Tabela 9.5 e na Figura 9.1.

O principal mecanismo de resistência em Gram-negativos é a produção de betalactamases, as quais hidrolisam os antibióticos betalactâmicos. Os genes que codificam a produção dessas enzimas podem ser constitucionais, como é o caso de algumas betalactamases produzidas por *Pseudomonas* spp. Embora a informação genética esteja presente, na maioria das vezes é necessário haver um estímulo ou indução para a produção dessas enzimas, o que, com frequência, é feito pela exposição a cefalosporinas de segunda e terceira gerações[5,16].

Em outras situações, o material genético é extracromossômico e disseminado através dos plasmídios, podendo ser transferido entre bactérias da mesma espécie

Tabela 9.5 Mecanismos de resistência aos antimicrobianos

Mecanismo de resistência	Exemplos
Aumento do efluxo	Tetraciclinas Quinolonas
Diminuição da permeabilidade da membrana externa	Betalactâmicos Quinolonas
Diminuição do transporte da membrana citoplasmática	Aminoglicosídeos
Inativação da droga (produção de enzimas)	Betalactâmicos Aminoglicosídeos Cloranfenicol
Modificação do sítio de ação	Quinolonas Rifampicina Betalactâmicos Macrolídeos
Desvio do local de ação do antibiótico	Glicopeptídeos Cotrimexazol

Fonte: modificada de Kaye et al.[16].

ou mesmo entre espécies diferentes, carregando consigo a informação necessária para a produção de betalactamases[5,16].

As betalactamases classicamente conhecidas determinam a resistência a um ou alguns dos antibióticos betalactâmicos, ou seja, penicilinas, cefalosporinas, monobactâmicos e carbapenens, porém, a partir de 1983, passaram a ser descritas as chamadas betalactamases de espectro expandido ou estendido (ESBL). São betalactamases plasmidiais, capazes de inativar as penicilinas, as cefalosporinas de primeira, segunda e terceira gerações, além dos monobactâmicos. O uso de antibióticos é o principal indutor para a produção dessas enzimas, em particular com o uso de cefalosporinas, cefamicinas e carbapenens. Desde sua descrição, tem-se observado aumento explosivo em sua ocorrência, havendo descrição de casos em todos os continentes. As duas espécies bacterianas que mais frequentemente são reconhecidas como produtoras de ESBL são *Klebsiella pneumoniae* e *E. coli*[17].

As alternativas terapêuticas para essas situações seriam os aminoglicosídeos, os carbapenens, as cefalosporinas de quarta geração, as quinolonas, as polimixinas e as associações de penicilinas com inibidores de betalactamases, como ticarcilina-ácido clavulânico, piperacilina-tazobactam, ampicilina-sulbactam[17].

A coexistência de diferentes mecanismos de resistência em uma mesma espécie bacteriana é um fenômeno comum, levando à condição conhecida como multirresistência, ou seja, resistência simultânea a vários antimicrobianos. Relatos de surtos de infecção hospitalar causados por bactérias resistentes a praticamente todas as opções terapêuticas disponíveis têm sido frequentes, tanto relacionados a bactérias

Gram-negativas (*Acinetobacter* spp., *P. aeruginosa*, *Enterobacter* spp.) quanto Gram--positivas (*Enterococcus* spp.)[6,15,16].

Apesar de o problema estar mais localizado em hospitais de atenção terciária, onde a complexidade dos casos leva a longos períodos de hospitalização e à maciça utilização de antibióticos, atualmente esse fenômeno também está sendo observado na comunidade. As cepas de *S. aureus* resistentes à oxacilina (MRSA) são uma realidade em todos os níveis de assistência hospitalar, e em algumas situações as altas taxas de resistência observadas obrigam ao uso intensivo de glicopeptídeos (vancomicina e teicoplanina). O fato mais alarmante é a emergência de estafilococos resistentes à oxacilina também na comunidade, o que vem sendo descrito em diversos países e certamente será um desafio terapêutico nas próximas décadas[5,15,17].

Os enterococos também se firmaram nas últimas duas décadas como patógenos importantes em ambientes hospitalares. A utilização de diferentes antibióticos está associada à emergência de enterococos resistentes aos glicopeptídeos (VRE). Os antibióticos para os quais esse risco é máximo seriam a vancomicina e as cefalosporinas de terceira geração, bem como a associação destas[18].

A literatura e a comunidade científica são unânimes em afirmar que as únicas formas atualmente reconhecidas para enfrentar esse desafio são o uso criterioso de antibióticos, tanto em medicina como em outras áreas, como pecuária e agricultura, e as medidas para controle das infecções cruzadas.

REFERÊNCIAS BIBLIOGRÁFICAS

1. Leeka S, Terrell CL, Edson RS. General principles of antimicrobial therapy. Mayo Clin Proc. 2011;86:156-67.
2. Lorian V. Antibiotics in laboratory medicine. Philadelphia: Lippincott Williams & Wilkins; 2005.
3. Bradley JS, Long SS. Principles of anti-infective therapy. In: Principles and practice of pediatric infectious diseases. Philadelphia: Elsevier; 2012. p. 1412-52.
4. Long SS. Optimizing antimicrobial therapy in children. J Infect. 2016;72:S91-S97.
5. Van Duim D, Paterson DL. Multidrug-resistant bacteria in the community. Infect Dis Chin NA. 2016;30:377-90.
6. Schleiss MR. Principles of antibacterial therapy. Nelson textbook of pediatrics. 20. ed. Philadelphia: Elsevier; 2016. p. 1298-315.
7. Woodford N, Livermore DM. Infections caused by Gram-positive bacteria: a review of the global challenge. J Infect. 2009;59:S4-1.
8. Ardura MI, Mejias A, Katz KS, Revell P, McCracken GH Jr, Sánches PJ. Daptomycin therapy for invasive Gram-positive bacterial infections in children. Pediatr Infect Dis J. 2007;26:1128.
9. Balbi HJ. Chloramphenicol. Pediatr Rev. 2004;25:284-8.
10. Jaroslav S, Jitka N, Tomás R. Lincosamides: chemical structure, biosynthesis, mechanism of action, resistance, and applications. Adv Appl Microbiol. 2004;56:121-54.
11. Bradley JS, Sauberan JB. Antimicrobial agents. In: Principles and practice of pediatric infectious diseases. Philadelphia: Elsevier; 2012. p. 1453-84.

12. Matthai E. Tetracycline group in children. Second Meeting of the Subcommittee of the Expert Committee on the Selection and Use of Essential Medicines. World Health Organization; 2008.
13. Schaad UB. Fluoroquinolones antibiotics in infants and children. Infect Dis Clin N Am. 2005;19:617-28.
14. Principi N, Esposito S. Appropriate use of fluoroquinolones in children. Intern J Antimicrobiol Ag. 2015;45:341-6.
15. Watkins RR, Bonomo RA. Overview; global and local impact of antibiotic resistance. Infect Dis Clin N Am. 2016;30:313-22.
16. Kaye KS, Engemann JJ, Fraimow HS, Abrutyn E. Pathogens resistant to antimicrobial agents: epidemiology, molecular mechanisms, and clinical management. Infect Dis Clin N Am. 2004;18:467-511.
17. Falagas ME, Karageorgopoulos DE. Extended-spectrum beta-lactamase-producing organisms. J Hosp Infect. 2009;73(4):345-54.
18. Woodford N, Livermore DM. Infections caused by Gram-positive bacteria: a review of the global challenge. J Infect. 2009;59:S4-1.

10

Indicação de antibioticoterapia de acordo com o sítio de infecção

Pedro Takanori Sakane
Heloisa Helena de Sousa Marques

Após ler este capítulo, você estará apto a:

1. Reconhecer os principais agentes infecciosos para cada sítio de infecção.
2. Escolher o antibiótico cujas características estejam mais dirigidas à infecção do paciente, de acordo com a faixa etária.

INTRODUÇÃO

Os antibióticos estão entre os medicamentos mais prescritos em pediatria e muitas vezes são usados de maneira inadequada, aumentando o risco de aparecimento de cepas bacterianas multirresistentes e de efeitos adversos.

Algumas considerações devem ser feitas antes do início da antibioticoterapia[1]:

- Obter um diagnóstico da doença infecciosa, clínica ou laboratorialmente.
- Analisar os possíveis agentes etiológicos, levando em consideração: idade, eventuais doenças de base (principalmente as imunodepressoras), epidemiologia (doenças sazonais, viagens recentes, contato com animais), esquema vacinal.
- Ter noção da suscetibilidade aos antimicrobianos dos germes em questão.
- Ter noções da farmacocinética e farmacodinâmica das drogas a serem utilizadas.
- Trocar, após o resultado dos exames, para um antibiótico de menor espectro e/ou de uso oral, considerando sempre a relação custo/eficácia.

- Levar em consideração os efeitos colaterais das drogas (monitorar funções hepática e renal), usando-as pelo menor tempo possível.
- Saber das interações com outras drogas que porventura a criança esteja tomando.

A situação ideal para a escolha de um antibiótico é aquela em que são disponíveis resultados de cultura com conhecimento do agente causador da infecção e seu perfil de suscetibilidade. A coleta de espécimes para os exames pertinentes é importante em todos os casos. Nos pacientes críticos, como aqueles em choque séptico, neutropênicos febris, com meningite bacteriana ou pioartrite, a introdução imediata do tratamento torna-se crucial[2]. Nos casos mais estáveis, o início da terapia pode ser retardado até que tenham sido coletados os materiais para o laboratório. Exemplos são endocardite bacteriana, osteomielite, abscessos profundos, quando repetidas culturas, às vezes colhidas com intervenção cirúrgica, são necessárias para obter positividade.

O antibiótico ideal a ser prescrito de forma empírica para determinada indicação deve ser o mais dirigido possível, ou seja, ter boa atividade contra os mais prováveis agentes causadores da doença e não comprometer o equilíbrio da flora normal do paciente (Quadro 10.1). Os padrões microbiológicos locais para cada tipo de infecção devem ser conhecidos e levados em consideração para cada escolha. Assim, para cada tipo de infecção relacionada neste capítulo há uma proposta terapêutica de primeira linha e opções alternativas, que servem para contemplar particularidades microbiológicas locais, bem como necessidades especiais de cada paciente.

Neste capítulo estão relacionadas, basicamente, infecções adquiridas na comunidade, agrupadas por sistemas. Para informações sobre infecções hospitalares, procure o capítulo específico.

As doses propostas neste capítulo estão expressas em um intervalo considerado seguro para cada indicação. O médico deve escolher uma dose entre a mínima e a máxima, de acordo com a gravidade da infecção, o tipo de metabolismo esperado no paciente e a farmacodinâmica esperada da droga.

Quadro 10.1 Características importantes para escolha de um antibiótico
Espectro de ação
Farmacocinética e farmacodinâmica
Eficácia
Segurança e efeitos adversos
Interação com outros medicamentos
Potencial de indução de resistência
Disponibilidade
Custo

INFECÇÕES DE VIAS AÉREAS SUPERIORES

As infecções respiratórias altas são a causa mais frequente para a prescrição de antibióticos em pediatria. Parcela considerável dessas prescrições é inadequada, uma vez que os agentes causais mais comuns dessas infecções são os vírus.

O uso abusivo de antibióticos em ambulatórios e consultórios de pediatria é um dos fatores contribuintes para o aumento de resistência bacteriana, de forma que é importante uma avaliação bastante criteriosa da necessidade de antibióticos quando se avalia uma criança com infecção de vias aéreas superiores (IVAS).

A maior parte das faringites agudas em pediatria é causada por vírus. Por outro lado, nos casos de infecção bacteriana por *Streptococcus pyogenes*, é muito importante o tratamento com antibióticos, principalmente com o objetivo de evitar as complicações não supurativas, como a febre reumática.

A confirmação etiológica das faringites agudas pelo teste rápido para pesquisa de antígenos estreptocócicos e da cultura de orofaringe é o meio mais adequado para definir a indicação de antibioticoterapia.

A droga de primeira escolha para tratamento da faringite estreptocócica é a penicilina. Pode se optar pela penicilina V, 25 a 50 mg/kg/dia VO, em 2 a 3 tomadas por 10 dias ou pela penicilina G benzatina, 600.000 UI/dose IM para crianças com até 30 kg e 1.200.000 UI para aquelas com mais de 30 kg. A amoxicilina tem tido a preferência dos pediatras em virtude de sua melhor palatabilidade e facilidade posológica, podendo ser prescrita, no caso de faringite, na dose de 40 a 50 mg/kg/dia divididos em 1 a 3 tomadas por dia[3].

Os pacientes alérgicos à penicilina podem receber eritromicina, 20 a 40 mg/kg/dia, divididos em 2 a 3 tomadas; cefalexina, 30 a 40 mg/kg/dia, em duas tomadas diárias (exceto os alérgicos à penicilina mediados por IgE); claritromicina, 15 mg/kg/dia em duas tomadas/dia. A duração do tratamento com esses medicamentos é de 10 dias. Tempo mais curto de tratamento pode ser feito com a azitromicina, 10 mg/kg/dia, por 3 a 5 dias[4].

Em otite média aguda (OMA) e sinusite bacteriana aguda, o agente etiológico mais comumente envolvido é o pneumococo. Portanto, as escolhas iniciais devem visar esse agente[5], como a amoxicilina (Tabela 10.1).

A observação e o acompanhamento, sem antibioticoterapia, em crianças maiores com otite média aguda não complicada é uma opção reconhecida, com altas taxas de resolução espontânea[6].

Quando houver falha terapêutica com os antibióticos de primeira escolha após 72 horas de tratamento, deve-se cogitar a possibilidade de infecção por *Haemophilus influenzae* não tipáveis, *Moraxella catarrhalis* ou pneumococos com menor suscetibilidade à penicilina (relativamente resistente ou RR).

Tabela 10.1 Antibioticoterapia empírica em otite média aguda (OMA) e sinusite bacteriana aguda

Antibiótico	Dose, via e dose máxima
Droga de primeira escolha	
Amoxicilina	50 a 90 mg/kg/dia em duas tomadas, VO (máx. 3 g/dia em amoxicilina)
Amoxicilina-ácido clavulânico	50 a 90 mg/kg/dia em duas tomadas, VO (máx. 3 g/dia em amoxicilina)
Alternativas	
Cefuroxima, suspensão	30 mg/kg por dia em duas doses (máx. 1 g/dia VO)
Ceftriaxona	50 mg/kg por dia (máx. 1 g/dia IM ou IV)
Crianças com alergia grave a betalactâmicos	
Azitromicina	10 mg/kg/dia no primeiro dia e depois 5 mg/kg/dia em uma tomada entre o segundo e o quinto dia (máx. 1,5 g VO)
Claritromicina	15 mg/kg/dia 12/12 h (máx. 1 g/dia VO)
Clindamicina	10 a 25 mg/kg por dia em 2 a 3 tomadas (máx. 1,8 g/dia VO)

IM: intramuscular; IV: intravenoso; máx.: dose máxima diária; VO: via oral.

Obs.:

- A dose de 90 mg/kg/dia deve ser utilizada quando se suspeitar de infecção por pneumococos com menor suscetibilidade à penicilina (RR), em crianças com uso prévio recente de antibióticos, institucionalizadas ou em locais com alta prevalência desse agente.
- Quando for utilizada a dose de 90 mg/kg/dia de amoxicilina/clavulanato, deve-se utilizar a formulação com menor proporção de clavulanato para minimizar a ocorrência de diarreia. O tempo de tratamento é de 5-7 dias para OMA não complicada, para crianças maiores de 2 anos, e de 10 dias para as menores ou casos complicados[7].
- O tempo para tratamento de sinusite é de 10 dias[8]. O tempo de tratamento para as drogas de segunda escolha é o mesmo das drogas de primeira escolha.
- O cefaclor não é considerado boa escolha terapêutica para essas infecções por sua baixa penetração no ouvido médio e seios da face, alta suscetibilidade a betalactamases e baixa atividade contra pneumococo RR.
- O uso de ceftriaxona (50 mg/kg/dia por 3 dias) deve ser reservado para pacientes que não respondem às drogas de segunda linha.
- A amoxicilina em doses habituais pode ser prescrita apenas uma vez ao dia em pacientes hígidos[9].
- A clindamicina em infecções graves pode ser dada na dose de 30-40 mg/kg por dia em três tomadas.

PNEUMONIAS AGUDAS COMUNITÁRIAS

As pneumonias agudas são causa extremamente importante de morbidade e mortalidade infantil em nosso país. A demora em identificar a doença e introduzir o tratamento adequado responde por grande parte das complicações e óbitos, de forma que todos os esforços devem ser empregados para orientar e treinar os profissionais de saúde na identificação e correto manejo dessa condição.

A situação terapêutica ideal seria conhecer a etiologia e depois escolher o antibiótico, porém, na prática, por causa das dificuldades em isolar o agente causador, utiliza-se um tratamento antimicrobiano empírico. De todo modo, sempre que possível deve-se colher material para tentativa de isolamento do agente etiológico nas pneumonias que necessitam de internação. Uma vez conhecida a etiologia, o esquema antibiótico pode ser revisto e modificado se for necessário[10].

Os agentes causadores mais comuns na faixa etária pediátrica estão relacionados na Tabela 10.2, e as escolhas terapêuticas, na Tabela 10.3.

Tabela 10.2 Agentes etiológicos mais prováveis de pneumonia comunitária por faixa etária[10]

Idade e agente	Aspecto clínico relevante
0 a 20 dias	
Estreptococo do grupo B	Sepse precoce; pneumonia grave, bilateral, difusa
Enterobactérias (como *E. coli*, *Klebsiella* sp., *Proteus* sp.)	Infecção nosocomial, geralmente após 7 dias de vida
Citomegalovírus	Outros sinais de infecção congênita
Listeria monocytogenes	Sepse precoce
3 semanas a 3 meses	
Chlamydia trachomatis	Infecção genital materna, afebril, subaguda, infiltrado intersticial
Vírus sincicial respiratório	Pico de incidência entre 2 e 7 meses, rinorreia profusa, sibilância, predomínio no inverno e na primavera
Parainfluenza	Quadro semelhante ao do vírus sincicial respiratório, afetando crianças maiores
Streptococcus pneumoniae	Provavelmente a causa mais comum de pneumonia bacteriana
Bordetella pertussis	Pneumonia ocorre em casos graves
Staphylococcus aureus	Doença grave, frequentemente complicada (pneumatoceles, abscessos, derrame pleural)
4 meses a 4 anos	
Vírus sincicial respiratório, parainfluenza, influenza, adenovírus, rinovírus	Frequentemente causam pneumonia entre as crianças mais jovens desse grupo etário
Streptococcus pneumoniae	Causa mais provável de pneumonia lobar ou segmentar, mas também pode causar outras formas, inclusive derrame pleural
Haemophilus influenzae tipo b	Em desaparecimento pelo uso da vacina conjugada em larga escala; outros tipos e não tipáveis também causam pneumonia
Staphylococcus aureus	Pneumonias graves, presença de porta de entrada
Mycoplasma pneumoniae	Crianças mais velhas desse grupo etário
Mycobacaterium tuberculosis	Exposição a paciente bacilífero, ausência de resposta ao tratamento para os agentes comuns
5 a 15 anos	
Mycoplasma pneumoniae	Causa frequente nesse grupo de pacientes, apresentação radiológica variável
Chlamydia pneumoniae	Causa controversa entre os indivíduos mais velhos desse grupo
Streptococcus pneumoniae	Causa mais frequente de pneumonia lobar, mas também cursa com outras apresentações radiológicas
Mycobacterium tuberculosis	Frequência aumentada no início da puberdade e na gravidez

Tabela 10.3 Tratamento ambulatorial

Idade	Tratamento empírico	Dose
Crianças < 3 meses	Internação é recomendada	
3 meses a 5 anos		
Bactérias típicas (pneumococo, principalmente, *H. influenzae*, estafilococo)	Amoxicilina* ou	40 a 90 mg/kg/dia em 2 a 3 tomadas, máx. 4 g/dia
	Amoxicilina-ácido clavulânico	40 a 90 mg/kg/dia em 2 a 3 tomadas, máx. 4 g/dia (em amoxicilina)
	Para pacientes alérgicos à penicilina, não do tipo 1 axetil cefuroxima	30 mg/kg/dia em 2 tomadas, máx. 500 mg/dia
	Para pacientes alérgicos à penicilina do tipo 1	16 a 20 mg/kg por dia em 1 tomada, máx. 750 mg/dia
	Levofloxacina** ou Clindamicina	30 a 40 mg/kg por dia em 3 a 4 tomadas, máx. 1,8 g/dia)
Bactérias atípicas (*Mycoplasma pneumoniae* ou *Chlamydophila pneumoniae*)	Eritromicina ou	30 a 50 mg/kg por dia em 4 tomadas, máx. 2 g/dia
	Azitromicina ou	10 mg/kg dia 1, depois 5 mg/kg/dia por mais 4 dias (máx. 500 mg no dia 1 e 250 mg após)
	Claritromicina	15 mg/kg por dia em 2 tomadas (máx. 1 g/dia)

* Valem as mesmas recomendações da Tabela 10.2.

** As fluoroquinolonas não estão liberadas para uso em crianças pequenas. Para os maiores de 18 anos, pode-se utilizar moxilactam.

Tratamento

Considere internar uma criança com pneumonia quando for menor de 3 meses de idade ou apresentar quadro de insuficiência respiratória moderada a grave, caracterizada por frequência respiratória maior que 70/minuto em lactentes ou maior que 50 em crianças maiores, retrações esternais e intercostais importantes, gemido, batimento de asa de nariz, respiração curta e apneia. Idade < 2 meses: tiragem subcostal, convulsões, sonolência, estridor em repouso, desnutrição grave, ausência de ingestão de líquidos, sinais de hipoxemia, doença de base debilitante (p. ex., cardiopatia, pneumopatia crônica, doença falcêmica), derrame pleural, abscesso pulmonar, pneumatocele, falha de terapêutica ambulatorial, problema social.

Para sugestão de tratamento, ver Tabela 10.4.

INFECÇÃO DO TRATO URINÁRIO

A infecção do trato urinário (ITU) caracteriza-se pela invasão e multiplicação bacteriana em qualquer segmento do aparelho urinário, sendo mais frequente no sexo feminino, e uma das principais causas de nefropatia crônica em pediatria. O diagnóstico precoce e o tratamento adequado são essenciais para evitar as sequelas tardias.

Tabela 10.4 Tratamento hospitalar

Idade e agentes mais prováveis	Droga	Dose
0 a 20 dias		
Estreptococo do grupo B Enterobactérias (como *E. coli*, *Klebsiella* sp., *Proteus* sp.) *Listeria monocytogenes*, *Chlamydia trachomatis*, *Streptococcus pneumoniae*, *Staphylococcus aureus*	Ampicilina + gentamicina ou cefotaxima ou ceftriaxona	Ampicilina, 100 a 150 mg/kg/dia IV 6/6 h; gentamicina, 7,5 mg/kg/dia ou amicacina, 15 mg/kg/dia 1 x/dia 150 mg/kg/dia IV 8/8 h ou 6/6 h 50 a 75 mg/kg/dia IV ou IM 1 x/dia
3 semanas a 3 meses		
Bacteriana (exceto *Chlamydia trachomatis* ou *Staphylococcus aureus* MRSA) *Chlamydia trachomatis* ou *Bordetella pertussis* *S. aureus* MRSA	Ceftriaxona ou	50 a 100 mg/kg por dia em 1 a 2 doses IM/IV
	cefotaxima	150 mg/kg por dia em 3 a 4 doses IM
	azitromicina ou	10 mg/kg 1 x/ao dia VO
	eritromicina	50 mg/kg por dia VO em 4 tomadas
	Vancomicina ou teicoplanina	Vancomicina: 40 mg/kg em 3 a 4 tomadas IV Teicoplanina: 20 mg/ kg em 2 doses (primeiras 3 doses); a seguir 10 mg/kg, 1 dose diária
> 6 meses		
Não complicada (exceto *Mycoplasma pneumoniae*, *Chlamydophila pneumoniae* ou *S. aureus*) Nos casos de *Mycoplasma pneumoniae*, *Chlamydophila pneumoniae*	Ampicilina ou penicilina G ou cefotaxima ou ceftriaxona eritromicina ou azitromicina ou claritromicina	150 a 200 mg/kg por dia IV em 4 doses (máx. 12 g/dia), 200.000 a 250.000 unid/kg/dia em 4 ou 6 doses IV 150 mg/kg por dia em 3 doses (máx. 8 g/dia) IV 50 a 100 mg/kg por dia em 1 a 2 doses (máx. 2 g/dia)

MRSA: *S. aureus* meticilinorresistente.
Fonte: modificada de Bradley et al., 2011[11].

Diagnóstico

Deve-se suspeitar de ITU[12]:

- Em crianças entre 0 e 2 meses de idade, sem sintomas localizados no trato urinário, com diagnóstico geralmente feito durante pesquisa de foco infeccioso.
- Entre 2 meses e 2 anos de idade, pesquisar diante de quadro de febre sem sinais localizatórios com duração maior que três dias. Outros sintomas podem ser irritabilidade, anorexia, queixas relacionadas com a micção.
- Entre 2 e 6 anos de idade ou mais, incluindo adolescentes, coexistem sintomas sistêmicos, como febre, perda de apetite, irritabilidade, dores abdominais ou nos flancos e queixas relacionadas à micção. Nos casos de simples cistite, como regra, não há febre e as queixas urinárias (disúria, polaciúria, incontinência) são indicativas da doença.

O diagnóstico se baseia, fundamentalmente, na cultura de urina adequadamente colhida, como jato médio após boa assepsia, sondagem vesical ou punção suprapúbica. O resultado com o uso do saco coletor deve ser analisado com cuidado pelo risco de falsos-positivos; no entanto, crescimento de < 10.000 unidades formadoras de colônia ou negativo falam fortemente contra ITU.

A presença de nitritos e de estearase leucocitária aumenta significativamente o valor preditivo positivo da urinálise[13].

Tratamento

O tratamento inicial deve ser empírico, visando aos principais agentes etiológicos, até o resultado dos exames, adaptando-se depois o antimicrobiano. Os germes mais importantes são os Gram-negativos, sobretudo *E. coli* e outros, como *Proteus* spp. e *Klebsiella* spp. Após manipulação do trato urinário, considerar *Pseudomonas aeruginosa* e, nas adolescentes com vida sexual ativa, *Staphylococcus saprophyticus*.

Os antimicrobianos parenterais sugeridos estão na Tabela 10.5[14], e os antimicrobianos orais sugeridos estão na Tabela 10.6.

Na necessidade de terapia supressiva, são sugeridas as drogas mostradas na Tabela 10.7.

INFECÇÕES DO SISTEMA NERVOSO CENTRAL

Meningite Bacteriana

Meningite é uma inflamação das leptomeninges, tecido que cobre o cérebro e a medula espinhal. É uma emergência clínica, e o tratamento deve ser instituído rapidamente, pois a demora pode implicar sequelas ou morte[15].

Tabela 10.5 Drogas para o tratamento parenteral de infecção do trato urinário

Droga	Dosagem e via	Comentários
Ceftriaxona	50 a 75 mg/kg/dia IV/IM dose única diária ou divididos em 2 aplicações	Evitar em RN pelo risco do deslocamento da bilirrubina da albumina
Cefotaxima	150 mg/kg/dia IV/IM divididos em 3 a 4 aplicações	Indicada em RN
Ampicilina	100 mg/kg/dia IV/IM divididos em 2 a 3 aplicações	Em RN < 2 semanas de vida, usar com aminoglicosídeo e em infecções por enterococo
Gentamicina	RNPT 2,5 mg/kg/dose a cada 12 ou 24 h; RN termo < 7 dias: 3,5 a 5 mg/kg/dose IV cada 24 h; crianças < 5 anos: 5 a 7,5 mg/kg/dose IV/IM 1 x/dia; > 5 anos: 5 a 7,5 mg/kg;dose 1 x/dia	Monitorar função renal e nível sérico quando possível
Amicacina	RNPT 7,5 a 10 mg/kg/dia 1 x/dia; crianças, 15 mg/kg/dia 1 x/dia	

Tabela 10.6 Drogas para o tratamento oral de infecção do trato urinário

Droga	Dose	Contraindicações
Nitrofurantoína	3 mg/kg/dia divididos em 6/6 h ou 8/8 h	Hipersensibilidade Insuficiência renal
Ácido nalidíxico	30 a 50 mg/kg/dia, 6/6 h ou 8/8 h	Hipersensibilidade Insuficiência renal
Sulfametoxazol-trimetoprim (SMX-TMP)	8 a 10 mg de TMP/kg/dia, 12/12 h	Deficiência de G6PD Porfiria Anemia megaloblástica
Cefalosporinas de primeira geração		
Ciprofloxacina	20 a 30 mg/kg/dia, 12/12 h (máx. 500 mg/dose)	Usar nas ITU complicadas, como aquelas por *Pseudomonas* sp. em bexiga neurogênica

Tabela 10.7 Drogas para tratamento supressivo de infecção do trato urinário

Agente	Dose diária
Nitrofurantoína	1 a 2 mg/kg PO
Sulfametoxazol-trimetoprim (SMX-TMP)	1 a 2 mg/kg TMP, 5 a 10 mg/kg SMX PO

Quadro clínico

A maioria dos pacientes apresenta febre e sinais de inflamação meníngea: náusea, vômito, irritabilidade, toxemia, cefaleia, confusão mental, convulsões, rigidez de nuca. Crianças menores podem não apresentar a tríade clássica – febre, alterações do estado mental e rigidez de nuca – e se justifica realizar exames ao suspeitar da doença.

Exames laboratoriais

São de interesse o hemograma completo, a dosagem de glicose sérica (para analisar a relação glicemia/glicorraquia), eletrólitos, creatinina, ureia, coagulograma e hemoculturas. O exame mais importante, entretanto, é a análise do líquido cefalorraquidiano (LCR), que deve ser indicada sempre que houver suspeita clínica de meningite e antes da primeira dose do antibiótico. Existem, entretanto, casos em que há necessidade de realizar tomografia computadorizada (TC) do crânio antes, como em situações de trauma e sinais de hipertensão intracraniana. Nesses casos, o antibiótico deve ser administrado logo após a coleta de hemoculturas. A pesquisa do agente, com exceção do meningococo, poderá ser positiva, mesmo várias horas depois, embora prejudicada[16].

A Tabela 10.8 apresenta o resumo dos principais achados nesse exame.

Na meningite infecciosa, além da quimiocitologia, é preciso considerar a bacterioscopia corada pelo Gram e a realização de testes rápidos para detectar antíge-

Tabela 10.8 Diagnóstico diferencial das meningites – quadro do liquor de acordo com o agente

LCR lombar	Normal	Bacteriano	Tuberculose	Fungo	Vírus
Número de células	0-4	> 500	< 500	< 500	≤ 500
PMN	–	> 2/3 (80%)	1/2	1/2	1/2
Linfócitos	100%	< 1/3	1/2 ou 2/3	1/2	> 2/3
Glicose	2/3 sérica	< 2/3	< 2/3	Normal	Normal
Proteínas	40 mg%	>> 40	>> 40 mg%	> 40 mg%	Normal

nos bacterianos. Na suspeita de neurotuberculose, coloração pelo Ziehl-Neelsen, e, quando de fungo, tinta da China, assim como as respectivas culturas.

Tratamento

A escolha do antimicrobiano depende da idade da criança e da doença eventualmente subjacente.

Na Tabela 10.9 estão os agentes mais importantes.

Existem dois pré-requisitos para a escolha dos antimicrobianos para o tratamento da meningite:

- As drogas devem ser bactericidas contra os agentes infectantes[17].
- Drogas com boa penetração no LCR.

Tabela 10.9 Agentes mais comuns de meningite bacteriana

Organismo	Porta de entrada	Idade	Fatores predisponentes
Neisseria meningitidis	Nasofaringe	Todas	Normalmente sem fatores, raramente com deficiência de complemento
Streptococcus pneumoniae	Nasofaringe, extensão direta de fratura de crânio, via hematogênica	Todas	Em geral sem fatores, imunodeficiência humoral, fístula liquórica, trauma
Listeria monocytogenes	Trato gastrointestinal, placenta	Idosos, neonatos	Defeitos da imunidade mediada por célula, gravidez, doença hepática, alcoolismo, câncer
Staphylococcus coagulase-negativos	Pele ou corpo estranho	Todas	Neurocirurgia ou corpo estranho (derivações), imunodeficiência, recém-natos
Staphylococcus aureus	Bacteremia, pele, corpo estranho	Todas	Endocardite, neurocirurgia, corpo estranho (derivações)
Bacilos Gram-negativos	Bacteremia, trato gastrointestinal, trato urinário	Idosos, recém-nascidos	Imunodeficiência, idosos, neonatos, neurocirurgia
Haemophilus influenzae	Nasofaringe, bacteremia	Crianças sem vacinas de 2 meses a 5 anos	Deficiência da imunidade humoral

Na Tabela 10.10 está uma sugestão para a escolha do antimicrobiano, dependendo principalmente do padrão de suscetibilidade bacteriana regional.

Prevenção

Ver Capítulo 22, Conduta em comunicantes de doenças infectocontagiosas.

Meningite Viral

Os vírus podem causar tanto meningite quanto encefalite, com prognósticos diferentes, uma vez que a última costuma ser mais sombria que a primeira. O quadro clínico varia de acordo com o agente etiológico, mas como denominador comum as crianças apresentam febre, cefaleia, náuseas, vômitos, alteração do sensório, convulsões e rigidez de nuca.

Na Tabela 10.11 estão os principais agentes.

Tabela 10.10 Escolha do antibiótico nas meningites bacterianas

Fatores predisponentes	Patógenos comuns	Antimicrobiano
Idade		
< 1 mês	*Streptococcus agalactiae, Escherichia coli, Listeria monocytogenes, Klebsiella* spp.	Ampicilina mais cefotaxima ou ampicilina mais um aminoglicosídeo
1 a 23 meses	*Streptococcus pneumoniae, Neisseria meningitidis, S. agalactiae, Haemophilus influenzae, E. coli*	Cefalosporina de terceira geração, vancomicina*
2 a 50 anos	*N. meningitidis, S. pneumoniae*	Penicilina, ampicilina, cefalosporina de terceira geração, vancomicina*
> 50 anos	*S. pneumoniae, N. meningitidis, L. monocytogenes*, bacilos aeróbicos Gram-negativos	Ampicilina mais uma cefalosporina de terceira geração ou vancomicina*
Trauma craniano		
Fratura basilar	*S. pneumoniae, H. influenzae*, estreptococo grupo A	Cefalosporina de terceira geração, vancomicina*
Trauma penetrante	*Staphylococcus aureus*, estafilocococo coagulase-negativa, bacilos aeróbicos Gram-negativos (incluindo *Pseudomonas aeruginosa*)	Vancomicina mais cefepima ou ceftadizima ou meropenem
Pós-neurocirurgia	Bacilos Gram-negativos (incluindo *P. aeruginosa*), *S. aureus*, estafilococo coagulase-negativa	Vancomicina mais cefepima ou cefatadizima ou meropenem
Imunocomprometidos	*S. pneumoniae, N. meningitidis, L. monocytogenes*, bacilos Gram-negativos aeróbicos (incluindo *P. aeruginosa*)	Meropenem ou ampicilina mais cefepima, mais vancomicina*

* Nas regiões onde o pneumococo seja resistente à penicilina.
Dexametasona: recomenda-se terapia adjunta com dexametasona, com 0,15 mg/kg por dose a cada 6 horas, por 2 dias, iniciando com o antibiótico ou até, no máximo, 1 hora depois[18].

Tabela 10.11 Agentes mais comuns de meningite viral

Etiologia	Frequência de meningite *versus* encefalite		Achados clínicos associados
	Meningite	Encefalite	
Enteroviroses			
Vírus Coxsackie A e B	Comum	Rara	Herpangina, doença mão-pé-boca, conjuntivite, pleurodinia, miocardite, exantema
Echovirus	Comum	Rara	Exantema
Poliovírus	Comum	Rara	Paralisia flácida
Arbovírus			
Vírus do oeste do Nilo	Infrequente	Comum	Exantema, exposição a mosquito
Vírus de encefalite de St. Louis	Comum	Comum	Exposição a mosquito
Vírus da encefalite da Califórnia (La Crosse)	Comum	Comum	Exposição a mosquito
Vírus da encefalite equina do leste	Rara	Comum	Exposição a mosquito
Vírus da encefalite equina do oeste	Comum	Comum	Exposição a mosquito
Herpesvírus			
Herpes simples 1	Rara	Comum	Lesões orais
Herpes simples 2	Comum	Rara	Lesões genitais
Citomegalovírus	Infrequente	Comum	Hospedeiro imunodeprimido
Vírus da varicela-zóster	Comum	Infrequente	Exantema vesicular, herpes
Vírus Epstein-Barr	Infrequente	Comum	Síndrome da mononucleose
Outros vírus			
HIV	Comum	Comum	Drogadição, comportamento sexual de risco
Virus da raiva	Rara	Comum	Exposição a animais
Vírus da coriomeningite linfocítica	Comum	Infrequente	Exposição a animais
Vírus da influenza	Rara	Comum	Influenza
Vírus da caxumba	Comum	Infrequente	Exposição a animais
Vírus do sarampo	Comum	Rara	Conjuntivite, coriza, tosse, exantema

Tratamento

Como regra, não há tratamento específico para as meningites virais, mas os casos de encefalite grave causada por vírus herpes simples, citomegalovírus e varicela-zóster (VZV) têm indicação de intervenção. O diagnóstico etiológico é difícil, mas se faz com o uso de PCR no liquor. Quando não há disponibilidade desse exame, tratamento empírico para o vírus de herpes simples deve ser instituído, uma vez que é o agente mais comum (Tabela 10.12)[19].

Infecção do Trato Gastrointestinal

Gastroenterite é uma síndrome clínica causada por vários agentes, como vírus, bactérias e parasitas enteropatogênicos, e tem como mecanismos lise de enterócitos, alteração do epitélio intestinal levando à síndrome de má absorção, estimulação do ciclo de adenosina monofostato (AMPc) e má absorção de carboidratos. O principal mecanismo fisiopatológico que ocorre nas infecções bacterianas envolve a elaboração de toxinas e a invasão do patógeno, promovendo processo inflamatório.

É bastante difícil fazer o diagnóstico diferencial entre as várias entidades. A consistência das fezes, a cor, o volume e a frequência podem determinar se o problema está mais localizado no intestino delgado ou grosso. Na Tabela 10.13 está um resumo dos principais achados que possam sugerir o agente[20].

Diarreia aguda aquosa sugere rotavírus, norovírus, cólera, *E. coli* enterotoxigênica, *Cryptosporidium*.

A presença de sangue indica infecção por *Shigella*, salmonela não tífica, *Campylobacter*, *E. coli* enteroinvasiva, *E. coli* êntero-hemorrágica.

Tratamento

De modo geral, em crianças hígidas não se recomenda tratamento antimicrobiano, uma vez que, na absoluta maioria das vezes, é um processo autolimitado. A correção hidroeletrolítica, oral ou parenteral, em geral, é o único tratamento necessário, e as drogas que diminuem a motilidade intestinal são contraindicadas.

Tabela 10.12 Tratamento da encefalite causada por herpesvírus

Agente	Droga	Dose
Herpes simples e varicela-zóster	Aciclovir	Recém-nascidos: 60 mg/kg/dia IV divididos de 8/8 h por 21 dias Crianças de 3 meses a 11 anos, 30 a 45 mg/kg/dia, IV divididos de 8/8 h por 14 a 21 dias Para ≥ 12 anos de idade, 30 mg/kg/dia, IV divididos de 8/8 h por 14 a 21 dias
Citomegalovírus	Ganciclovir	30 mg/kg/dia em 3 aplicações IV por 14 a 21 dias (terapia supressora por tempo indeterminado nos imunocomprometidos)

Tabela 10.13 Infecção intestinal – agente e características

Organismo	Incubação	Duração	Vômitos	Febre	Dores abdominais
Aeromonas spp.	Não	0 a 2 semanas	+/-	+/-	Não
Bacillus spp.	1 a 16 h	1 a 2 dias	Sim	Não	Sim
Campylobacter spp.	2 a 4 dias	5 a 7 dias	Não	Sim	Sim
C. difficile	Variável	Variável	Não	Pouca	Poucas
C. perfringens	0 a 1 dia	1 dia	Leve	Não	Sim
E. coli êntero-hemorrágica	1 a 8 dias	3 a 6 dias	Não	+/-	Sim
E. coli enterotoxigênica	1 a 3 dias	3 a 5 dias	Sim	Baixa	Sim
Listeria spp.	20 h	2 dias	Pouca	Sim	+/-
Plesiomonas spp.	Não	0 a 2 semanas	+/-	+/-	+/-
Salmonella spp.	0 a 3 dias	2 a 7 dias	Sim	Sim	Sim
Shigella spp.	0 a 2 dias	2 a 7 dias	Não	Alta	Sim
S. aureus	2 a 6 h	1 dia	Sim	Não	Sim
Vibrio spp.	0 a 1 dia	5 a 7 dias	Sim	Não	Sim
Y. enterocolitica	0 a 6 dias	1 a 46 dias	Sim	Alta	Sim

Estudos mais recentes têm indicado reposição de zinco, em uma tentativa de diminuir a gravidade e a duração dos sintomas e eventuais episódios subsequentes[21].

Antibioticoterapia específica é reservada para os casos de diarreia aguda em neonatos, lactentes jovens, crianças com imunodepressão, formas muito graves em que se suspeita de disseminação e, eventualmente, para diminuir o tempo de contágio. A escolha da droga deve ser baseada na cultura das fezes. Na Tabela 10.14 estão sugestões para tratamento empírico das diarreias agudas na criança.

Tabela 10.14 Tratamento de infecção gastrointestinal[20,22]

Patógeno	Alternativa terapêutica
Cólera	SMX-TMP 5 mg/kg TMP 2 x/dia por 3 dias Azitromicina 10 mg/kg/dia por 3 dias Doxicilina 4 a 6 mg/kg dose única Ciprofloxacina 20 mg/kg dose única
Shigella spp.	SMX-TMP 5 mg/kg TMP 2 x/dia por 3 dias Azitromicina 10 mg/kg/dia por 3 dias Ceftriaxona 50 mg/kg 1 x/dia por 2 a 5 dias IM Ciprofloxacina 20 mg/kg/dia em 2 doses por 5 dias
Salmonela não tífica	Tratar apenas casos graves, pessoas com imunodeficiência Escolher pelo antibiograma Ciprofloxacina 20 mg/kg/dia em 2 doses por 5 dias
E. coli êntero-hemorrágica	Não usar antibióticos. Eventual risco maior de síndrome hemolítico-urêmica[22]
Campylobacter spp.	Azitromicina 5 mg/kg/dia por 5 dias Ciprofloxacina 20 mg/kg/dia em 2 doses por 5 dias
Yersinia spp.	Sem evidência de benefícios

INFECÇÃO DE PARTES MOLES

Infecção de partes moles varia de uma simples piodermite até infecções profundas. Os fatores predisponentes e microrganismos envolvidos são bem variados.

As infecções podem ser classificadas como celulite, erisipela, impetigo, abscesso, foliculite, furúnculo e carbúnculo[23].

A celulite é um processo que engloba a pele e o subcutâneo, e se apresenta como lesão mal delimitada de eritema, edema, calor e dor. Os agentes etiológicos são o estreptococo e o estafilococo. Podem ocorrer complicações, como linfangite, necrose tecidual ou gangrena. A erisipela é uma lesão mais superficial, apresentando área de pele eritematosa, bem delimitada, edematosa, às vezes com linfangite. Na presença de bolha suspeita-se de estafilococo, e na "pele de laranja", de estreptococo. O impetigo é a lesão que se localiza no epitélio, cursando com exsudato pustuloso que evolui para formação de crosta, causada por estreptococo.

Um abscesso é uma coleção de pus localizada na derme, exteriorizando-se como área eritematosa com flutuação. O estafilococo e o estreptococo são as causas mais frequentes, mas em locais próximos à mucosa pode haver associação com anaeróbios. Localizações mais profundas podem ser mais graves, como acontece na miosite necrosante ou fasciíte, as quais têm possibilidade de evoluírem com síndrome de choque tóxico. Nos pacientes com abscesso com menos de 5 cm de diâmetro, a simples drenagem pode ser curativa.

Foliculite é definida como lesão purulenta restrita à epiderme, englobando as glândulas sudoríparas. O agente mais comum é o estafilococo.

Um furúnculo é uma infecção do folículo piloso que se estende até o tecido subcutâneo. Quando as lesões coalescem, são chamadas de carbúnculo. O agente mais importante é o *S. aureus*.

Tratamento

- Celulites e abscessos não complicados – agentes: estreptococo do grupo A e *S. aureus*. Na terapia ambulatorial, administrar cefalexina ou cefadroxil; amoxicilina-ácido clavulânico, clindamicina, macrolídeo. No paciente internado, administrar cefazolina, clindamicina, claritromicina IV.
- Infecção pós-mordida de cachorro ou gato – agentes: *Pasteurella multocida*, *Capnocytophaga canimorsus* (só cães), *S. aureus*, *S. pyogenes*, anaeróbios. Na terapia ambulatorial, amoxicilina-ácido clavulânico são as drogas de escolha. As fluoroquilononas e o trimetoprim-sulfametoxazol são drogas alternativas para a *Pasteurella*. Este germe costuma ser resistente a dicloxacilina, vancomicina, cefalexina, cefaclor, cefadroxil, eritromicina, clindamicina e aminoglicosídeo, o que

frequentemente obriga ao uso de combinação de antibióticos, como clindamicina ou metronidazol + cefuroxima ou sulfametoxazol-trimetoprim. A azitromicina e a claritromicina retêm suscetibilidade *in vitro*[24].
Na terapia hospitalar, administrar amoxicilina-ácido clavulânico IV, cefalosporina de terceira geração (ceftriaxona) + metronidazol, ampicilina-tazobactam, carbapenem.

- Infecção em ambiente aquático (rio, mar, piscina) – agentes: *Aeromonas hydrophila*, *Pseudomonas* spp., *Plesiomonas* spp., *Vibrio* spp., *Erysipelotrix rhusiopathiae*, *Mycobacterium marinum*. *Aeromonas* e *Vibrio vulnificus* podem causar infecção progressiva e quadro de sepse. *Vibrio* é suscetível a doxicilina, cefalosporinas de terceira geração e imipenem, e *Aeromonas* a cloranfenicol, doxiciclina, sulfonamidas e fluorquinolona.

Em infecção profunda evoluindo com hipotensão, pelo risco de síndrome de choque tóxico, é necessário intervenção cirúrgica urgente (drenagem) e antibioticoterapia com betalactâmico (penicilina) mais clindamicina. Ver Capítulo 4 – "Doenças exantemáticas".

ENDOCARDITE BACTERIANA

Endocardite bacteriana é uma infecção da superfície do endocárdio causada por bactérias, e pode ser dividida em aguda e subaguda. A forma aguda pode ter evolução agressiva e é causada principalmente por *S. aureus* e estreptococo do grupo B; já a forma subaguda tem um curso mais indolente, e os agentes causadores são o estreptococo alfa-hemolítico ou enterococo e, como regra, agride o coração com valvulopatia prévia. Os fungos também têm evolução subaguda[25].

Clínica

Febre (em mais de 90%) e calafrios são as queixas mais frequentes, e anorexia, perda de peso, mal-estar, cefaleia, mialgia, sudorese noturna, dispneia, tosse e artralgia também são comuns. Sintomas e sinais de insuficiência cardíaca congestiva podem estar presentes por causa da insuficiência cardíaca congestiva.

Exame Físico

Sopro cardíaco ou alteração dele, se preexistente, ocorre em 85% dos pacientes. Em metade dos casos, encontram-se sinais característicos de endocardite, como nódulos de Osler – lesões pequenas e dolorosas, que se localizam nas polpas dos dedos das mãos e dos pés; manchas de Janeway – máculas hemorrágicas, indolores nas palmas das mãos e plantas dos pés, esplenomegalia. A mancha de Roth – lesão localizada na retina, decorrente de embolismo, vista no fundo de olho como lesão ovalada, esbranquiçada, rodeada por halo hemorrágico (exsudato em flocos de algodão) – é rara, observada em apenas 5% dos pacientes. Fenômenos tromboembólicos podem ser vistos em até 40% dos casos, comprometendo o SNC, os pulmões e até o coração quando a infecção está localizada no lado direito.

Etiologia

Aproximadamente 70% dos casos são causados pelo grupo *Streptococcus*, incluindo *Streptococcus viridans*, *Streptococcus bovis* e enterococo. Os estafilococos são responsáveis por 25% dos casos, a doença tem curso mais agressivo e pode lesar o coração saudável. Em caso de endocardite com hemocultura negativa, deve ser pensado no grupo HACEK-grupo *Haemophilus* (*H. parainfluenzae*, *H. aphrophilus*, *H. paraphrophilus*), *Actinobacillus actinomycetemcomitans*/*Cardiobacterium hominis*/*Eikenella corrodens*/*Kingella kingae*); *Chlamydia*, *Coxiella* e *Bartonella*[26].

Diagnóstico

Os critérios de Duke são os mais utilizados hoje em dia para fazer o diagnóstico de endocardite infeciosa. São divididos em critérios maiores e menores[27].

Critérios maiores

Isolamento dos agentes comuns de endocardite, em duas hemoculturas distintas, sem foco primário; aparecimento de sopro ou mudança de sopro preexistente ecocardiografia (vegetações, abscessos, deiscência valvar, regurgitação valvular).

Critérios menores

- Fatores predisponentes (valvulopatia, uso de drogas injetáveis, tratamento dentário, cateterização vascular).
- Febre.
- Fenômenos vasculares (embolismo arterial, infarto pulmonar séptico, aneurism micótico, hemorragia intracraniana), manchas de Janeway.
- Fenômenos imunológicos (glomerulonefrite, nódulos de Osler, manchas de Roth
- Achados ecocardiográficos compatíveis com endocardite, mas sem preencher c citados nos critérios maiores.

É considerado caso confirmado da doença o paciente com dois critérios maiores ou um critério maior e três menores ou cinco menores.

Tratamento

O tratamento empírico inicial deve ser dirigido para os germes mais prováveis. As infecções em válvula nativa têm sido tratadas tradicionalmente com penicilina G e gentamicina. Paciente com história prévia de uso de drogas intravenosas ou infecção de partes moles leva à suspeita de participação de estafilococo, quando deve ser indicada oxacilina mais aminoglicosídeo. Nos caso de infecção de válvula prostética devem ser considerados *Staphylococcus aureus* meticilinorresistentes ou estafilococos coagulase-negativas, sendo a associação vancomicina mais aminoglicosídeo a mais indicada. O uso concomitante de rifampicina pode ser interessante nos casos de infecção por estafilococo pela sua capacidade de penetrar no biofilme (Tabela 10.15)[28].

Profilaxia

A Associação Americana de Cardiologia recomenda profilaxia apenas para pacientes que tenham[29]:

- Válvula prostética.
- História pregressa de endocardite.
- Cardiopatia congênita (casos de cardiopatia congênita cianótica não corrigida, cardiopatia congênita corrigida com uso de material prostético até seis meses após o procedimento, cardiopatia congênita corrigida, mas parcialmente).
- Transplante cardíaco.

A dose é única, aplicada 1 hora antes (VO) ou 30 minutos antes (parenteral).

A Tabela 10.16 resume o esquema preconizado pela Associação Americana de Cardiologia[29].

Apesar de não ser indicada a profilaxia nos procedimentos gastrointestinais e urinários, quando existir infecção local, é aconselhável prescrever: ampicilina

Tabela 10.15 Esquema terapêutico recomendado

Agente	Antibiótico	Alérgicos	Duração
Estreptococo (*viridans, bovis*), enterococo	Penicilina cristalina 200.000 U/kg/dia ou ceftriaxona 100 mg/kg/dia mais gentamicina 3 mg/kg/dia	Vancomicina 40 mg/kg/dia	4 a 6 semanas
Estafilococos	Oxacilina 200 mg/kg/dia mais gentamicina Meticilinorresistentes Vancomicina	Cefazolina 100 mg/kg/dia mais gentamicina ou vancomicina	4 a 6 semanas
Gram-negativos	Ceftriaxona ou ampicina mais gentamicina		

Tabela 10.16 Profilaxia antibiótica para prevenção de endocardite bacteriana

Situação		Antibiótico	Dose pediátrica	Dose máx. adulto
Procedimento dentário e aparelho respiratório, incluindo amigdalectomia ou adenoidectomia	Padrão VO Impossibilidade da VO	Amoxicilina Ampicilina ou cefazolina/ceftriaxona	50 mg/kg 50 mg/kg, IV/IM 50 mg/kg, IV/IM	2 g 2 g 1 g
	Alérgico à penicilina	Clindamicina Axetil cefuroxima Azitromicina/claritromicina	20 mg/kg, VO 40 mg/kg, VO 15 mg/kg, VO	600 mg 1 g 500 mg, VO
	Alérgico à penicilina, impossibilidade da VO	Clindamicina	20 mg/kg, IV	600 mg, IV
Pele e tecido subcutâneo	Na presença de infecção	Clindamicina Cefalosporina 1ª geração	20 mg/kg, VO/IV 50 mg/kg, VO/IV	600 mg 2 g
	Estafilococo Oxa-R	Vancomicina	20 mg/kg, EV	1 g
Gastrointestinal e geniturinário	Sem indicação de profilaxia			

IM/IV: intramuscular/intravenosa; VO: via oral; 1ª geração: cefalotina, cefazolina, cefalexina, cefadroxila.

(50 mg/kg) IV mais gentamicina (1,5 mg/kg), 1 hora antes, repetindo ampicilina 6 horas depois; para os alérgicos à penicilina: vancomicina (20 mg/kg) mais gentamicina[30].

SISTEMA OSTEOARTICULAR

Artrite Bacteriana

A artrite bacteriana, conhecida também como pioartrite ou artrite séptica, uma infecção de articulações cuja evolução depende, em grande parte, do reconhecimento precoce, intervenção rápida e antibioticoterapia correta. De fato, o atraso na instituição da terapêutica poderá levar a sequelas irreparáveis, com comprometimento na qualidade de vida do indivíduo.

Classicamente, a apresentação clínica de uma pioartrite é de história aguda de febre (2-5 dias), dor articular ativa ou passiva, edema, calor e limitação do movimento da articulação comprometida, com algumas características dependendo do agente (Tabela 10.17).

O diagnóstico é confirmado pela punção da articulação e análises bioquímica bacteriológica do fluido. As hemoculturas são importantes, principalmente em recém-nascidos e lactentes jovens. Além desses exames, devem ser solicitados hemograma proteína C-reativa (PCR), a qual será útil no acompanhamento, provas de função ren

Tabela 10.17 Características clínicas de artrite séptica

Gram-positivos	Apresentação clínica
Staphylococcus aureus	Agente mais comum em qualquer idade, pode causar poliartrite, frequente achado de porta de entrada, como lesões de pele e cateteres. MRSA causa, eventualmente, tromboembolismo pulmonar
Estafilococos coagulase-negativas	Causa mais comum associada com prótese articular
Estreptococos do grupo A (*S. pyogenes*)	Infecção concorrente com varicela-zóster
Streptococcus pneumoniae	Crianças menores de 2 anos de idade e aquelas com doença de base, como anemia falciforme, imunodeficiência
Estreptococos do grupo B (*S. agalactiae*)	Lactentes < 3 meses de idade
Gram-negativos	
Kingella kingae	Crianças < 36 meses. Início insidioso
Haemophilus influenzae tipo b (Hib)	Crianças com vacinação incompleta
Neisseria gonorrhoeae	Recém-nascidos e jovens sexualmente ativos
Neisseria meningitidis	Associado a quadro de doença meningocócica
Salmonella species	Crianças com anemia falciforme
Gram-negativos não *Salmonella*	Recém-nascidos, manipulação do trato digestivo ou urinário
Pseudomonas aeruginosa	Pacientes imunossuprimidos, usuários de drogas injetáveis
Streptococcus moniliformis (doença da mordedura de rato)	Mordida de rato; exantema
Borrelia burgdorferi, doenca de Lyme	Picada de carrapato, eritema *migrans*
Micobactéria (tuberculose e espécies atípicas)	Artrite monoarticular com uma reação
Pasteurella multocida	Mordida de gato

Fonte: modificada de Krogstad[32].

e hepática (úteis para monitorar efeitos adversos do tratamento). Os exames de imagem são importantes, principalmente em articulações mais profundas, como do quadril e da vértebra. O ultrassom é útil para pesquisar a presença de efusão na articulação, principalmente quando profunda, mas não diferencia líquido purulento do estéril[32].

O tratamento é baseado na descompressão da articulação e antibioticoterapia. A descompressão é feita por meio de punções de alívio ou drenagem cirúgica. Esta é fortemente recomendada nas afecções de quadril quando não há melhora após 48 horas de tratamento conservador e quando existem muitos debris (Tabela 10.18)[33].

A antibioticoterapia deve ser feita o mais precocemente possível, sendo cobertos os germes mais prováveis.

Após a recuperação do germe, o antibiótico deve ser revisto.

Os antibióticos e as doses preconizadas estão na Tabela 10.19.

A duração do tratamento classicamente é de duas semanas para *S. pneumoniae* *N. gonorrhoeae*, e de três semanas para *S. aureus*, sendo mais prolongado quando

Tabela 10.18 Antibioticoterapia empírica inicial

Faixa etária	Agentes prevalentes	Antibióticos de primeira escolha	Alternativa
0 a 3 meses	Estafilococo Estreptococos do grupo B Bacilos Gram-negativos *Kingella kingae**	Oxacilina + gentamicina ou cefotaxima	Vancomicina (casos de MRSA)
> 3 meses	Estafilococo Estreptococo do grupo A Pneumococo	Oxacilina	Cefalotina/cefazolina Clindamicina Vancomicina (casos de MRSA) Cefalosporinas de 2ª ou 3ª geração
Adolescentes	Estafilococo Estreptococo do grupo A Gonococo	Oxacilina	Cefalotina/cefazolina Clindamicina Vancomicina (casos de MRSA) Cefalosporinas de 2ª ou 3ª geração

MRSA: estafilococo meticilinorresistente.
* É sensível à oxacilina.

Tabela 10.19 Principais antibióticos utilizados em pioartrite

Droga endovenosa	Dose para crianças > 1 mês de idade
Ampicilina	200 a 400 mg/kg/dia, em 4 doses, máx. 12 g/dia
Cefalotina	100 a 150 mg/kg/dia, em 4 doses, máx. 4 g/dia
Cefazolina	100 mg/kg/dia, em 3 doses, máx. 6 g/dia
Cefotaxima	150 a 200 mg/kg/dia, em 3 a 4 doses, máx. 12 g/dia
Cefepima	100 a 150 mg/kg/dia, em 3 doses, máx. 6 g/dia
Ceftazidima	125 a 150 mg/kg/dia, em 3 doses, máx. 6 g /dia
Ceftriaxona	80 a 100 mg/kg/dia, em 1 a 2 doses, máx. 4 g/dia
Clindamicina	25 a 40 mg/kg/dia, em 3 a 4 doses, máx. 2,7 g/dia
Gentamicina	7,5 mg/kg/dia, em dose única diária
Oxacilina	150 a 200 mg/kg /dia, em 4 a 6 doses, máx. 12 g/dia
Penicilina	250.000 a 400.000 U/kg/dia, em 4 a 6 doses, máx. 24 milhões/U por dia
Vancomicina	40 a 60 mg/kg /dia, em 3 doses, máx. 4 g/dia

Fonte: modificada de Krogstad[32].

for de quadril ou causada por germes Gram-negativos. Tratamentos mais curtos de 10 dias, têm mostrado resultados semelhantes aos de maior duração. Entretanto ainda não se dispõem de estudos mais convincentes e, assim, recomenda-se que seja mantido o tempo habitual[34].

O início do tratamento deve ser sempre parenteral, via a ser mantida em recém-nascidos, mas se o paciente estiver afebril por 48 a 72 horas, com melhora ou desaparecimento dos sinais e sintomas focais, com o hemograma normal, pode-se passar para a via oral. Quando há recuperação do germe e sua respectiva sensibilidade ao antimicrobianos, a escolha da droga oral deve ser pautada no exame; entretanto, quando isso não acontece, o espectro de ação do antibiótico que esteja sendo eficaz deve ser mantido. Assim, se o paciente estiver recebendo oxacilina ou cefalotina, a alta deve ser dada com cefalexina ou cefadroxila, clindamicina IV para VO, drogas para germes Gram-negativos, ciprofloxacina para crianças maiores. Ao trocar de via, o acompanhamento com PCR é muito útil. Como seus valores diminuem rapidamente diante de um tratamento eficaz, é de se esperar que estejam em franca queda quando se faz a troca de via; se houver ascensão dos títulos, é bom rever a terapia. Essa conduta é particularmente interessante quando se tratar de osteomielite, quando o tempo de tratamento for muito prolongado. A VHS (velocidade de hemossedimentação) é útil para considerar o encerramento da antibioticoterapia.

Osteomielite Bacteriana Aguda

As bactérias podem atingir o osso por três vias: hematogênica, por inoculação direta (trauma ou cirurgia) ou contiguidade. Em pediatria, a via hematogênica é a mais comum, mormente em recém-nascidos.

O diagnóstico é aventado quando, ao lado dos sintomas constitucionais, como febre, irritabilidade, anorexia e hipoatividade, observam-se sinais de inflamação localizada (edema, calor, rubor e dor).

Os exames hematológicos e os inflamatórios estarão alterados.

Os diversos tipos de exame de imagem utilizados para o diagnóstico são[35]:

- Radiografia: apesar de ser amplamente utilizada, tem muitas limitações porque, para observar uma reação periosteal ou elevação, são precisos 10 a 20 dias de história, e para a lise óssea, um mês ou mais.
- Ressonância magnética: é o melhor método da atualidade, com sensibilidade/especificidade de 82-100%/75-96%, oferecendo diagnóstico desde fases iniciais da doença, análise espacial, extensão do comprometimento e sem carga radioativa; entretanto, é dispendiosa e, em pediatria, frequentemente necessita de sedação. Um exame de ressonância normal deixa o diagnóstico de osteomielite muito improvável.
- Tomografia computadorizada: apresenta como principais defeitos a radiação e a menor sensibilidade/especificidade (50-67%).

Uma vez feita a hipótese diagnóstica, devem ser colhidos os exames habituais, iguais aos da pioartrite, não se esquecendo da hemocultura e da cultura do material obtido pela punção do local, introduzindo antibiótico, empiricamente no início, e ajustando-o após o resultado dos exames.

A escolha da droga deve estar de acordo com a faixa etária e a doença subjacente, sendo igual à da pioartrite (Tabelas 10.16 e 10.17). Lembrar, também, de traumas fechados, que levam a infecção por *S. aureus* acompanhada por quadro séptico grave, salmonelose não tífica em crianças com anemia falciforme, *Pasteurella multocida* em mordidas de gato (Tabela 10.15).

O monitoramento do tratamento deve ser feito com base na evolução dos sintomas gerais e locais, na evolução de PCR e VHS. Os pacientes com boa evolução devem mostrar sinais de melhora após 3 a 4 dias; por volta do 10º dia de tratamento são candidatos a alta hospitalar com manutenção do tratamento ambulatorial, desde que estejam afebris por, pelo menos, 48 horas, com melhora dos sinais locais e sintomas gerais, com o leucograma normal e diminuição de 20% para o VHS e de 50% para a PCR.

O tratamento sequencial é feito com drogas por via oral e, em geral, com doses maiores que as habituais (Tabela 10.20)[36].

Monitorar os pacientes a cada 1 a 2 semanas, clínica e laboratorialmente (leucograma, PCR e VHS). A duração total do tratamento não é bem definida, mas considera-se segura em tempo mínimo de 4 a 6 semanas.

Nos casos de não resposta adequada, considerar entre possíveis causas o desenvolvimento de alguma complicação, como abscesso e tromboembolismo, ou a falha do antimicrobiano, como dose insuficiente, agentes resistentes, infecção polimicrobiana, e outros, como erro diagnóstico e febre por antibiótico.

Tabela 10.20 Tratamento sequencial

Droga	Dose
Amoxicilina	100 mg/kg por dia divididos em 4 doses
Cefalexina	150 mg/kg por dia divididos em 4 doses, máx. 4 g/dia
Clindamicina	25 a 40 mg/kg por dia divididos em 3 doses, máx. 2,7 g/dia
Linezolida	< 12 anos: 30 mg/kg por dia divididos em 3 doses, máx. 1,8 g/dia ≥ 12 anos: 600 mg 2 x/dia

CONCLUSÕES

O avanço nos conhecimentos acerca dos mecanismos de ação, farmacocinétic e farmacodinâmica dos antimicrobianos, nas últimas décadas, aliado aos melhore recursos laboratoriais para o diagnóstico e acompanhamento, têm permitido apri morar os esquemas terapêuticos para as diferentes infecções.

O tempo de tratamento ideal para cada infecção vem sendo bastante discutid e revisto. Os períodos fixos utilizados no passado, como 7, 14 e 21 dias, que nã tenham sustentação científica, atualmente devem ser abandonados, cedendo lugar esquemas individualizados para cada caso.

O princípio que norteia as modificações nos esquemas terapêuticos é a redução do tempo de tratamento ao mínimo período possível para obter maior eficácia clínica, propiciando menor indução de resistência bacteriana, menos efeitos adversos e menores custos. Esses conhecimentos são bastante dinâmicos e provavelmente haverá modificações nos esquemas aqui descritos com frequência, por isso a proposta foi apresentar o racional utilizado para as indicações do tratamento das principais síndromes infecciosas em pediatria.

REFERÊNCIAS BIBLIOGRÁFICAS

1. Leekha S, Terrell CL, Edson RS. General principles of antimicrobial therapy. Mayo Clin Proc. 2011;86(2):156-67.
2. Ibrahim EH, Sherman G, Ward S, Fraser VJ, Kollef MH. The influence of inadequate antimicrobial treatment of bloodstream infections on patient outcomes in the ICU setting. Chest. 2000;118(1):146-55.
3. Armengol CE, Hendley JO. Occurrence of group A β-hemolytic streptococcal pharyngitis in the four months after treatment of an index episode with amoxicillin once-daily or twice-daily or with cephalexin. Pediatr Infect Dis J. 2012;31(11):1124-27.
4. O'Doherty B. Azithromycin versus penicillin V in the treatment of paediatric patients with acute streptococcal pharyngitis/tonsillitis. Paediatric Azithromycin Study Group. Eur J Clin Microbiol Infect Dis. 1996;15(9):718-24.
5. American Academy of Pediatrics. Report of the Committee on Infectious Diseases. 28. ed. Elk Grove Village: American Academy of Pediatrics; 2009.
6. Low DE, Pichichero ME, Schaad UB. Optimizing antibacterial therapy for community-acquired respiratory tract infections in children in an era of bacterial resistance. Clin Pediatr. 2004;43(2):135-51.
7. Donaldson JD. Acute otitis media treatment & management. Emedicine, Updated: May 26, 2016.
8. Kozyrskyj A, Klassen TP, Moffatt M, Harvey K. Short-course antibiotics for acute otitis media. PubMed. Cochrane Database Syst Rev; 2010.
9. Wald ER. Sinusitis. In: Principles and practice of pediatric infectious diseases. 4. ed. Edinburgh: Elsevier Saunders; 2012. p. 227.
10. Thanaviratananich S, Laopaiboon M, Vatanasapt P. Once or twice daily versus three times daily amoxicillin with or without clavulanate for the treatment of acute otitis media. Cochrane Database Syst Rev. 2008;(4):CD004975.
11. Nascimento-Carvalho CM, Souza-Marques HH. Recomendação da Sociedade Brasileira de Pediatria para antibioticoterapia em crianças e adolescentes com pneumonia comunitária. Rev Panam Salud Publica. 2004;15(6):380-87.
12. Bradley JS, Byington CL, Shah SS, Alvderson B, Carter ER, Harrison C, et al. The management of community-acquired pneumonia in infants and children older than 3 months of age: Clinical practice guidelines by the Pediatric Infectious Diseases Society and the Infectious Diseases Society of America. Clin Infect Dis. 2011;53:e25.
13. Shaikh N, Morone NE, Lopez J, Chianese J, Sangvai S, D'Amico F, et al. Does this child have a urinary tract infection? JAMA. 2007;26; 298(24):2895-904.
14. Gorelick MH, Shaw KN. Screening tests for urinary tract infection in children: a meta-analysis. Pediatrics. 1999;104(5):e54.
15. Fisher DJ. Urinary tract infection. Emedicine. Updated: May 25, 2010.
16. Kanegaye JT, Soliemanzadeh P, Bradley JS. Community-acquired purulent meningitis: a review of 1,316 cases during the antibiotic era, 1954-1976. pretreatment. Pediatrics. 2001;108(5):1169-74.

17. Geiseler PJ, Nelson KE, Levin S, Reddi KT, Moses VK. Lumbar puncture in pediatric bacterial meningitis: defining the time interval for recovery of cerebrospinal fluid pathogens after parenteral antibiotic. Rev Infect Dis. 1980;2(5):725-45.
18. Finberg RW, Moellering RC, Tally FP, Craig WA, Pankey GA, Dellinger EP, et al. The importance of bactericidal drugs: future directions in infectious disease. Clin Infect Dis. 2004;39(9):1314-20.
19. Pickering LK (ed.). Haemophilus influenzae infections. In: Red Book: 2009 Report of the Committee on Infectious Diseases, 28. ed. Elk Grove Village, IL: American Academy of Pediatrics; 2009. p. 324; 524.
20. Kneen M, Menson E, Meht B, Easton A, Hemingway C, Klapper PE, et al. Management of suspected viral encephalitis in children. Association of British Neurologists and British Paediatric Allergy Immunology and Infection Group National Guidelines on behalf of the National Encephalitis Guidelines. J Infect. 2012;64:449-e477.
21. Bonheur JL, Arya M, Frye RE, Tamer MA. Gastroenteritis. Bacterial Updated. Feb 19, 2009.
22. Lazzerini M, Ronfani L. Oral zinc for treating diarrhoea in children. Cochrane Database Syst Rev. 2012.
23. Wong CS, Mooney JC, Brandt JR, Staples AO, Jelacic S, Boster DR, et al. Risk factors for the hemolytic uremic syndrome in children infected with Escherichia coli O157:H7: a multivariable analysis. Clin Infect Dis. 2012;55(1):33.
24. Bree JO. Skin and soft tissue infections in immunocompetent patients. Am Fam Physician. 2010;81(7):893-9.
25. Lacasse A, Gelfand M, Lafeber T, Cantey JR. Pasteurella multocida. Infection: Treatment & medication. Emedicine Updated. Jan 21, 2009.
26. Murdoch DR, Corey GR, Hoen B, Mir JM, Fowler Jr VG, Bayer AS, et al. Clinical presentation, etiology, and outcome of infective endocarditis in the 21st century: the International Collaboration on Endocarditis-Prospective Cohort Study. International Collaboration on Endocarditis-Prospective Cohort Study (ICE-PCS) Investigators. Arch Intern Med. 2009;169(5):463-73.
27. Morpeth S, Murdoch D, Cabell CH, Karchmer AW, Pappas P, Levine D, et al. Non-HACEK gram--negative bacillus endocarditis. Ann Intern Med. 2007;147(12):829-35.
28. Durack DT, Lukes AS, Bright DK. New criteria for diagnosis of infective endocarditis utilization of specific echocardiographic findings. Duke Endocarditis Service. Am J Med. 1994;96:200-9.
29. Riedel DJ, Weekes E, Graeme N. Addition of rifampin to standard therapy for treatment of native valve Staphylococcus aureus infective endocarditis. Forrest Antimicrob. Agents Chemother. 2008.
30. Windle ML, Peter K. Antibiotic prophylactic regimens for endocarditis AMA recommendations. Medscape. Mar 17, 2016.
31. Horstkotte D, Follath F, Gutschik E, Lengyel M, Oto A, Pavie A, Soler-Soler J, et al. Guidelines on prevention diagnosis, and treatment of infective endocarditis. The European Society of Cardiology. Eur Heart J. 2004;25(3):267-76.
32. Krogstad P. Bacterial arthritis: treatment and outcome in infants and children. Uptodate, 2016.
33. Miralles M, Gonzalez G, Pulpeiro JR, Millán JM, Gordillo I, Serrano C, et al. Sonography of the painful hip in children: 500 consecutive cases. AJR Am J Roentgenol. 1989;152(3):579.
34. Gutierrez K. Infectious and inflammatory arthritis. In: Long SS, Pickering LK, Prober CG (eds.). Principles and practice of pediatric infectious diseases. 4. ed. Edinburgh: Elsevier Saunders; 2012. p. 477.
35. Peltola H, Pääkkönen M, Kallio P, Kallio MJ, Osteomyelitis-Septic Arthritis (OM-SA) Study Group. Prospective, randomized trial of 10 days versus 30 days of antimicrobial treatment, including a short-term course of parenteral therapy, for childhood septic arthritis. Clin Infect Dis. 2009;48(9):1201.
36. Pineda C, Espinosa R, Pena A. Radiographic imaging in osteomyelitis: the role of plain radiography, computed tomography, ultrasonography, magnetic resonance imaging, and scintigraphy. Semin Plast Surg. 2009;23(2):80-9.
37. Lazzarini L, Lipsky BA, Mader JT. Antibiotic treatment of osteomyelitis: what have we learned from 30 years of clinical trials? Int J Infect Dis. 2005;9(3):127-38.

11 Infecções hospitalares por bactérias multirresistentes

Camila de Almeida Silva

Após ler este capítulo, você estará apto a:

1. Identificar os principais agentes responsáveis pelas infecções hospitalares e as principais opções terapêuticas disponíveis.
2. Descrever fatores de risco, manejo, tratamento e estratégias de prevenção para as infecções de corrente sanguínea associadas a cateter venoso central.

INTRODUÇÃO

Atualmente, a resistência bacteriana é um grave problema mundial, ocorrendo tanto em adultos como em crianças hospitalizadas. Infecções por agentes multirresistentes (MR) levam a aumento da mortalidade, a internações mais prolongadas e a aumento de custos com o tratamento[1]. A incidência de MR é amplamente conhecida em adultos, no entanto poucos dados estão disponíveis quanto a crianças hospitalizadas. O principal reservatório dessas cepas são os pacientes colonizados ou infectados que possuem essas bactérias em baixo número (colonização primária endógena) e que, por meio da seleção decorrente do uso de antimicrobianos, passam a fazer parte da flora dominante. Posteriormente, a colonização de outros pacientes ocorre como resultado da transmissão cruzada (paciente para paciente) pelas mãos dos profissionais de saúde ou de equipamentos contaminados. A colonização ou infecção por esses agentes pode ser usada como indicador de falha das boas práticas, como a baixa adesão à higiene das mãos[2].

São considerados fatores de risco para infecção por bactérias MR: internação em unidade de terapia intensiva (UTI), uso de antimicrobianos (principalmente vancomicina e cefalosporinas de terceira geração), presença de dispositivos invasivos (cateter venoso central, sonda vesical e ventilação mecânica) e imunossupressão, entre outros. Estudo retrospectivo realizado em UTI pediátrica brasileira encontrou como fatores predisponentes à aquisição de MR uso prévio de antibióticos, presença de solução de continuidade da pele e cateter vascular central (CVC)[3].

Em relação ao tratamento desses patógenos enfrentam-se dificuldades, em razão da resistência à maioria das opções terapêuticas disponíveis. Esse problema torna-se ainda maior na pediatria e na neonatologia, já que, além de escassos, alguns antimicrobianos não são liberados para uso na população infantil.

BACTÉRIAS GRAM-POSITIVAS MULTIRRESISTENTES

Staphylococcus aureus

Os *S. aureus* meticilinorresistentes (MRSA) surgiram como patógenos nosocomiais na década de 1960. As cepas de MRSA hospitalares são resistentes à oxacilina e a todas as outras penicilinas, e podem ser resistentes também a outras classes de drogas (clindamicina, eritromicina, sulfametoxazol/trimetoprim), permanecendo sensíveis aos glicopeptídios, como vancomicina e teicoplanina. Existem dois mecanismos básicos responsáveis pela resistência aos betalactâmicos[4]: produção de penicilinases denominadas betalactamases e alteração em enzimas localizadas na parede celular – proteínas fixadoras de penicilina (PBP) que representam o local de ação dos betalactâmicos.

Os pontos de corte definidos para a detecção de resistência[5], com base na concentração inibitória mínima (MIC), são descritos no Quadro 11.1.

A droga de escolha para o tratamento das cepas resistentes à oxacilina é a vancomicina. Atualmente existem no mercado duas novas cefalosporinas consideradas boa opção para o tratamento das cepas hospitalares de MRSA: ceftarolina e ceftobiprole, com espectro de ação para as cepas de MRSA, além da cobertura de Gram-negativos[6].

Os *S. aureus* com sensibilidade intermediária ou resistência aos glicopeptídios foram raramente relatados em crianças até o momento. As alternativas terapêuticas para as cepas *S. aureus* com sensibilidade intermediária à vancomicina

Quadro 11.1 Pontos de corte para definição de resistência do *S. aureus*[5]

MRSA	MIC para oxacilina ≥ 4 mcg/mL
VISA	MIC para vancomicina 4-8 mcg/mL
VRSA	MIC para vancomicina ≥ 16 mcg/mL

MIC: concentração inibitória mínima; MRSA: *S. aureus* resistente à oxacilina (meticilina); VISA: *S. aureus* com sensibilidade intermediária à vancomicina; VRSA: *S. aureus* resistente à vancomicina.

(VISA) ou *S. aureus* resistente à vancomicina (VRSA) são quinupristina/dalfopristina, linezolida, daptomicina e ceftarolina.

Os *Staphylococcus* coagulase-negativa (SCN) formam um grupo que inclui várias espécies, como *S. haemolyticus*, *S. warneri*, *S. hyicus*, *S. capitis*, *S. hominis*, *S. lugdunensis* e *S. saprophyticus*, entre outros. As mesmas considerações feitas para o *S. aureus* resistente à oxacilina em relação à resistência são válidas para os coagulase-negativa.

Nos últimos anos, as infecções causadas por MRSA adquiridas na comunidade têm sido documentadas de modo crescente. Essas cepas, denominadas "associadas à comunidade" ou "adquiridas na comunidade" (CA-MRSA), não são epidemiologicamente relacionadas às cepas MRSA adquiridas em hospitais[7]. O CA-MRSA é resistente à oxacilina, porém sensível a uma variedade de antibióticos não betalactâmicos. Os antimicrobianos potencialmente utilizáveis são clindamicina, doxiciclina, sulfametoxazol/trimetoprim, quinolonas (questionáveis) e rifampicina (sempre em associação)[8].

Enterococos

Os enterococos possuem resistência intrínseca a uma série de antimicrobianos, como as cefalosporinas. A resistência à ampicilina deve-se à produção de betalactamases mediadas por plasmídeos transferíveis. Também são descritas cepas resistentes por modificações das proteínas ligadoras de penicilinas (PBP), sobretudo no *E. faecium*[9]. A preocupação atual ocorre em relação aos enterococos resistentes à vancomicina (VRE), droga tradicionalmente empregada para o tratamento de infecções por cepas resistentes à penicilina/ampicilina. Fator de risco identificado para colonização por VRE em crianças é o uso de quimioterápicos e de antimicrobianos (cefotaxima, vancomicina e ceftazidima)[10]. Crianças com câncer apresentam risco para colonização/infecção por VRE. Provavelmente, as crianças pequenas com colonização do trato gastrointestinal por VRE sem sinais infecciosos são os grandes reservatórios dessa bactéria[11]. Os Quadros 11.2 e 11.3 relacionam as opções terapêuticas para infecções por germes Gram-positivos multirresistentes.

BACTÉRIAS GRAM-NEGATIVAS MULTIRRESISTENTES

Bacilos Gram-Negativos Não Fermentadores de Glicose

São representados, principalmente, por cepas de *Pseudomonas aeruginosa* e *Acinetobacter* sp. Apresentam múltiplos mecanismos de resistência, restringindo as opções terapêuticas. Conceitualmente, são definidas como multirresistentes as cepas de *A. baumannii*, que são suscetíveis a carbapenêmicos, amicacina, sulbactam e minociclina, e, como pan-resistentes, as resistentes inclusive aos carbapenêmicos

Quadro 11.2 Principais opções terapêuticas para as infecções causadas por Gram-positivos multirresistentes

Vancomicina

- Droga de escolha para o tratamento de infecções causadas por MRSA e enterococos resistentes à ampicilina/penicilina
- Boas concentrações em líquidos e tecidos orgânicos, porém tem baixa penetração mesmo em meninges inflamadas
- O principal efeito colateral é a nefrotoxicidade

Teicoplanina

- Mesmo espectro de ação que a vancomicina
- Vantagens: administração em dose única diária e possibilidade de uso intramuscular; menos nefrotóxica que a vancomicina; opção terapêutica se houver alteração da função renal
- Desvantagens: maior custo que a vancomicina; não atravessa a barreira hematoencefálica

Linezolida

- Ativa contra muitas cepas resistentes de Gram-positivos: VRE, MRSA, VISA, GISA
- Opção para alérgicos aos glicopeptídios
- Não é nefrotóxica
- Possibilidade de administração por via oral
- Alterações hematológicas (trombocitopenia) com terapia prolongada
- Alto custo comparado aos glicopeptídios

Daptomicina

- Não aprovada até o momento para pediatria
- Ativa contra muitas cepas resistentes de Gram-positivos: VRE, MRSA, VISA, GISA
- Opção para alérgicos aos glicopeptídios
- Atividade inibida pelo surfactante pulmonar (não usar para pneumonia)

Quinupristina-dalfopristina

- Ativa contra muitas cepas resistentes de Gram-positivos: MRSA, VISA, GISA, *E. faecium*, pouca atividade pelo *E. faecalis*
- Não comercializada no Brasil

Ceftaroline/ceftopiprole

- Ativa contra cepas de MRSA,VISA, GISA
- Sem nefrotoxicidade
- Ação contra Gram-negativos

GISA: *S. aureus* resistente intermediário aos glicopeptídios; MRSA: *S. aureus* resistente à oxacilina (meticilina); VISA: *S. aureus* com sensibilidade intermediária à vancomicina; VRE: enterococo resistente à vancomicina.

e, usualmente, sensíveis às polimixinas, como a colistina. No entanto, já podem ser encontrados relatos sobre resistência a esta última[12].

P. aeruginosa permanece sendo um dos mais prevalentes agentes de infecções hospitalares em todo o mundo. São antibióticos potencialmente disponíveis para seu tratamento: aminoglicosídeos, piperacilina, aztreonam, ceftazidima, cefepima, imipenem e meropenem, ciprofloxacina e levofloxacina, e as polimixinas B e E. O padrão brasileiro de sensibilidade da *P. aeruginosa* aos antibióticos, documentado pela Rede Nacional de Monitoramento de Resistência Microbiana, entre julho de 2006 e junho de 2008, mostra que a sensibilidade à gentamicina é de 47%, à levofloxacina, de 48%, à ciprofloxacina e à ceftazidima, de 53%, à cefepima, de 54%, ao

Quadro 11.3 Terapêutica recomendada para Gram-positivos multirresistentes

S. aureus coagulase-negativa		
Agente	**1ª opção**	**2ª opção**
MRSA	Vancomicina	Teicoplanina (insuficiência renal, necessidade de terapia IM) Linezolida (farmacodermia com glicopeptídios, necessidade de terapia por via oral)
VISA/VRSA	Linezolida	Daptomicina – não aprovada para pediatria
Enterococos resistentes à vancomicina (VRE)		
Sensível à ampicilina e a aminoglicosídeos	Ampicilina + aminoglicosídeo	Linezolida
Resistente à ampicilina	Linezolida	Tigeciclina – não aprovada para pediatria
Resistente à ampicilina – infecção do trato urinário	Linezolida	(ITU não bacterêmica) Nitrofurantoína Cloranfenicol

IM: intramuscular; ITU: infecção do trato urinário; MRSA: *S. aureus* resistente à oxacilina (meticilina); VISA: *S. aureus* com sensibilidade intermediária à vancomicina; VRSA: *S. aureus* resistente à vancomicina.

imipenem, de 58%, à amicacina, de 59%, ao meropenem, de 62%, e ao mais eficaz *in vitro*, piperacilina/tazobactam, de 74%[12]. Dados de infecção de corrente sanguínea associada à CVC em pacientes pediátricos internados em UTI em 2014 demonstram percentual de resistência de *Pseudomonas* aos carbapenêmicos de 40,2%[13]. Os principais mecanismos de resistência estão relacionados à produção de enzimas, em particular as betalactamases, que conferem resistência a cefalosporinas e a penicilinas. Um subgrupo particular de betalactamases, as metalobetalactamases, produzidas principalmente por *Pseudomonas* e *Acinetobacter*, confere resistência aos carbapenêmicos. Outros mecanismos de resistência estão associados à perda de porinas da parede bacteriana, ao mecanismo de efluxo a partir do ambiente intracelular e à modificação do sítio de ligação dos antibióticos. Felizmente, as taxas de resistência à polimixina ainda são muito baixas[14].

Stenotrophomonas maltophylia e *Burkholderia cepacea* também são bactérias não fermentadoras de glicose, embora sua importância como agentes de infecções em UTI seja menor. A *S. maltophylia* é um microrganismo resistente aos antimicrobianos clássicos, incluindo betalactâmicos e aminoglicosídeos. A escolha no tratamento das infecções por *S. maltophilia* é a associação entre o sulfametoxazol e o trimetoprim, porém outras combinações mostraram-se satisfatórias nos testes *in vitro*, como ticarcilina/ácido clavulânico, ceftazidima, levofloxacina, moxifloxacina e colistina[15]. *B. cepacea* é um agente conhecido como colonizante das vias aéreas de pacientes com fibrose cística e doenças granulomatosas crônicas, porém existem descrições de surtos em UTI neonatais por esse agente. Sulfametoxazol/trimetoprim são consideradas drogas de escolha, porém ceftazidima e meropenem são consideradas opções terapêuticas[16].

Bacilos Gram-negativos Fermentadores de Glicose (Família Enterobacteriaceae)

Têm particular importância os agentes que produzem betalactamases de espectro ampliado, da sigla em inglês ESBL (*extended-spectrum beta-lactamases*), principalmente as cepas de *Klebsiella* sp. e *E. coli* sp. Essas enzimas hidrolisam todos os betalactâmicos, à exceção dos carbapenêmicos. Portanto, o relato de ESBL pelo laboratório representa, na prática clínica, a impossibilidade de utilização de quaisquer betalactâmicos, à exceção dos carbapenêmicos, para o tratamento de infecções graves causadas por esses microrganismos. Outras classes de antimicrobianos não betalactâmicos, como aminoglicosídeos e fluoroquinolonas, não sofrem hidrólise por essa enzima e podem ser alternativas terapêuticas, principalmente em infecções do trato urinário. Entretanto, como amostras produtoras de ESBL, também podem carrear outros mecanismos de resistência, sendo geralmente resistentes a essas outras classes de antimicrobianos[17].

Pertencente à classe das enterobactérias, merece destaque o grupo CESP (*Citrobacter* sp., *Enterobacter* sp., *Serratia* sp., *Proteus vulgaris*) e ainda *Morganella*, que são reconhecidamente produtores de betalactamases AMPc. Essas enzimas são codificadas pelo gene *AmpC*, e sua produção pode ser induzida durante terapia com betalactâmicos. A hiperprodução dessa enzima pode acarretar hidrólise de cefalosporinas de terceira geração, ocasionando falência terapêutica durante tratamento com esses agentes. As cefalosporinas de quarta geração e os carbapenêmicos são mais estáveis à hidrólise pela AMPc, devendo ser considerados como opção terapêutica, principalmente em terapias prolongadas[18].

Atualmente, a *Klebsiella pneumoniae carbapenemase* (KPC) constitui importante mecanismo de resistência no contexto hospitalar mundial. A enzima KPC já foi documentada em diferentes bactérias por meio de estudos moleculares, como em isolados de *Klebsiella, Salmonella* e *Enterobacter*. A KPC é uma enzima que confere resistência aos carbapenêmicos, além de inativar penicilinas, cefalosporinas e monobactâmicos, restando como opções terapêuticas colistina e tigeciclina (não aprovada para menores de 18 anos). Essas bactérias levam a altos índices de morbidade e mortalidade pela dificuldade terapêutica[19], e ainda existem poucos casos documentados em crianças. Entre 2012 e 2014 observou-se aumento gradativo de *K. pneumoniae* resistente a cefalosporinas de 3ª e 4ª gerações, e a carbapenens (34,8%), notificado como agente de infecção de corrente sanguínea em UTI pediátrica[13]. Outros mecanismos de resistência podem impedir a ação dos carbapenens, surgindo da combinação de impermeabilidade da membrana com betalactamases cromossômicas (AMPc) ou de amplo espectro (ESBL). O Quadro 11.4 e a Tabela 11.1 descrevem opções terapêuticas para infecções por Gram-negativos multirresistentes.

Quadro 11.4 Principais opções terapêuticas para as infecções causadas por Gram-negativos multirresistentes

- Carbapenêmicos (imipenem, meropenem, ertapenem, doripenem)

Boa atividade para Gram-negativos hospitalares (incluindo *Acinetobacter* e *Pseudomonas*), anaeróbios e Gram-positivos, com exceção de *Enterococcus* sp. e MRSA

- Imipenem e meropenem têm basicamente o mesmo espectro de ação
- Ertapenem – aprovado para maiores de 3 meses de idade, não possui eficácia contra as cepas de *Acinetobacter* e *Pseudomonas*. Possibilidade de aplicação intramuscular
- Doripenem – em fase de aprovação para pediatria, mesmo espectro de ação que imipenem e meropenem, com maior atividade *in vitro* para *Pseudomonas*

Polimixinas

- Disponíveis: polimixina B e polimixina E (colistina)
- Principais opções terapêuticas para bactérias MR resistentes aos carbapenêmicos
- Ambas possuem excelente atividade sobre diversos Gram-negativos. Algumas enterobactérias são resistentes: *Proteus mirabilis, Flavobacterium* sp., *S. maltophilia, B. cepacea, Providencia* spp. e *Serratia marcescens*; sem atividade para Gram-positivos
- Principal efeito colateral – nefrotoxicidade

Tigeciclina

- Além de cobertura para os Gram-negativos resistentes aos carbapenêmicos e anaeróbios, tem boa atividade para Gram-positivos MR – MSSA, MRSA, *E. faecalis, E. faecium*, VRE
- Inativa contra as cepas de *Pseudomonas aeruginosa*
- É contraindicada para uso em menores de 18 anos de idade (derivada da tetraciclina)

MR: multirresistentes; MSSA: *S. aureus* sensível à oxacilina (meticilina); MRSA: *S. aureus* resistente à oxacilina (meticilina); VRE: vancomicina.

Tabela 11.1 Terapêutica recomendada para Gram-negativos multirresistentes

Bactérias produtoras de betalactamase de espectro estendido (ESBL)		
Sítio de infecção	**1ª opção**	**2ª opção**
Infecção do trato urinário	Aminoglicosídeo	Ciprofloxacina; piperacilina-azobactam; carbapenêmico
Pneumonia Bacteremia	Imipenem Meropenem	Ertapenem
Infecções intra-abdominais	Ciprofloxacina + aminoglicosídeo + droga anaerobicida	Piperacilina-tazobactam; carbapenêmico
Bactérias resistentes a carbapenêmicos (KPC)		
	Polimixina + aminoglicosídeo ou tigeciclina	Polimixina + carbapenêmico
***Acinetobacter* resistente a carbapenêmicos**		
Sensível a ampicilina-sulbactam	Ampicilina-sulbactam	Polimixina
Resistente a ampicilina-sulbactam	Polimixina	Tigeciclina (não aprovada para pediatria)
Pseudomonas resistentes a carbapenêmicos		
Sensível a piperacilina-tazobactam	Piperacilina-tazobactam	Polimixina
Resistente a piperacilina-tazobactam	Polimixina	–

Infecção de Corrente Sanguínea Associada a Cateter Venoso Central

Atualmente, os CVC são fundamentais para a terapia de suporte de crianças criticamente enfermas. O uso de CVC vem crescendo na população pediátrica e, por isso, as complicações infecciosas relacionadas à permanência desse dispositivo representam uma causa importante de morbidade e mortalidade[20]. O manejo das infecções de corrente sanguínea associadas a cateter venoso central (ICS-CVC) em crianças e neonatos é difícil, pois existem poucos estudos nessa população, na maioria das vezes aplicando critérios de diagnóstico e tratamento definidos para adultos.

As infecções de corrente sanguínea (ICS) são multifatoriais e apresentam fisiopatologia, critérios diagnósticos, implicações terapêuticas, prognósticas e preventivas distintas. Particularmente do ponto de vista de diagnóstico e tratamento, a presença de acesso vascular e o tipo de acesso são importantes para definir a conduta a ser tomada[21] (Tabela 11.2).

Epidemiologia

Dados norte-americanos estimam que a incidência de infecção relacionada a CVC em UTI pediátrica (UTIP) seja de 1,3:1.000 CVC-dia[22]. Dados divulgados pelo Sistema de Vigilância das Infecções Hospitalares do Estado de São Paulo, de 2015, referem incidência de 4,65/1.000 CVC/dia, no percentil 50, chegando a 12,63/1.000 CVC/dia, no percentil 90[23].

Tabela 11.2 Principais cateteres utilizados em pediatria e neonatologia

Tipo de cateter	Local de inserção	Comentários
Cateter venoso periférico	Geralmente inserido em veias do antebraço ou da mão	Flebite com uso prolongado; raramente associado à ICS
Cateter venoso central percutâneo, não tunelizado (*intracath*)	Inserido percutaneamente em veias centrais (subclávias, jugulares internas ou femorais)	Responsável pela maioria das ICS; rápida colonização extra/intraluminal
Cateter venoso central inserido perifericamente (PICC)	Inserido em veias basílicas, cefálicas ou braquiais; entra na veia cava superior	Menores taxas de infecção, pode ser mantido por longo tempo
Cateter venoso central tunelizado (cateter de Hickman, Broviac)	Implantado nas veias subclávias, jugulares internas ou femorais	O *cuff* inibe a migração de organismos para dentro do lúmen do cateter; taxa menor de infecção que CVC não tunelizado
Totalmente implantável (*port-a-cath*)	Tunelizado abaixo da pele, possui porta subcutânea acessada por uma agulha; implantado na veia subclávia ou jugular interna	O mais baixo risco de ICS; cirurgia necessária para a inserção e retirada do cateter; túnel impede a migração de microrganismos
Cateteres umbilicais	Inseridos na veia umbilical ou na artéria umbilical	Risco de ICS similar ao de cateteres inseridos em veia umbilical *versus* artéria umbilical

CVC: cateter venoso central; ICS: infecção de corrente sanguínea.

Nas UTI neonatais (UTIN), a incidência varia conforme o peso de nascimento do recém-nascido (RN)[24], sendo de 3,9:1.000 CVC/dia em < 750 g a 1,9:1.000 CVC/dia em > 2.500 g. Segundo dados dos Centers for Disease Control and Prevention (CDC), a unidade hospitalar com maior risco de aquisição de ICS associada a CVC é a UTIN na faixa de peso abaixo de 1.000 g, quando comparada com qualquer outra unidade hospitalar, incluindo UTI de queimados e cirúrgica. Estudo realizado em sete UTIN do Brasil revela os seguintes índices de ICS associada aos CVC: < 1.000 g, 34,9:1.000 CVC/dia a 18,1:1.000 CVC/dia em > 2.500 g[25].

Fatores de risco

Os fatores de risco para aquisição de ICS na pediatria não diferem muito dos fatores encontrados na população adulta, sendo os principais descritos no Quadro 11.5[26].

Além dos fatores descritos, idade menor que 2 anos e gravidade da doença de base também influenciam no risco de adquirir infecção[27]. Um fator fortemente associado ao risco de ICS-CVC é o tempo de permanência do CVC. Foi demonstrado por estudos em pacientes pediátricos que, quanto maior o tempo de permanência, maior o risco de infecção[28]. O tipo de cateter também pode influenciar no risco de infecção. Os cateteres percutâneos são os mais utilizados em crianças em estado crítico, pois podem ser inseridos rapidamente à beira do leito. Esses cateteres oferecem maior risco de infecção quando comparados aos tunelizados ou implantados, possivelmente porque são inseridos através da pele em situações emergenciais, tendo maior risco de colonização, além de não contarem com a proteção do *cuff*[29]. Para crianças com necessidade de acesso por mais de três meses, os cateteres totalmente implantados são recomendados e, geralmente, apresentam baixo risco de infecção. Um estudo demonstrou que não há diferença relevante de infecção entre os cateteres tunelizados e os totalmente implantados[30].

Em neonatos, a cateterização do vaso umbilical é frequentemente utilizada para acesso vascular, embora o coto torne-se muito colonizado após o nascimento. As incidências de colonização e ICS-CVC são similares para cateteres de veia umbilical e cateteres arteriais umbilicais. Em diversos estudos, uma porcentagem estimada de 40 a 55% dos cateteres arteriais umbilicais foi colonizada, 5% resultaram em ICS. Os cateteres de veias umbilicais foram associados à colonização em

Quadro 11.5 Fatores de risco para aquisição de infecção de corrente sanguínea[24]

Internação em UTI	Estar sob ventilação mecânica
Neutropenia	Presença de CVC
Baixo peso ao nascimento	Uso de nutrição parenteral total

CVC: cateter venoso central; UTI: unidade de terapia intensiva.

22 a 59%, com ICS em 3 a 8% dos casos[30,31]. Outro cateter muito utilizado na UTIN é o cateter central de inserção periférica (PICC), o mais seguro quando comparado a outros tipos de acesso central. O risco de ICS relacionada ao CVC quando se usa PICC em comparação com o uso de flebotomia é seis vezes menor[32]. Esses cateteres são indicados quando existe necessidade de acesso venoso por período maior que sete dias, também podendo permanecer por longos períodos. Apesar de não ser mais recomendada em nenhum tipo de paciente, a flebotomia ainda é largamente utilizada na população pediátrica, em razão da dificuldade de outro tipo de acesso. De maneira geral, as flebotomias só devem ser indicadas se realmente se esgotarem todas as outras possibilidades. Uma variação na pediatria em relação à população de adultos é que os cateteres inseridos por flebotomia podem permanecer pelo tempo necessário, sem necessidade de trocas rotineiras[20].

Agentes etiológicos

O padrão etiológico das ICS-CVC apresenta diferenças quando se comparam hospitais de ensino e hospitais exclusivamente assistenciais. Predominantemente, os agentes são os da flora da pele do paciente e das mãos dos profissionais de saúde. O pediatra deve conhecer a flora predominante de seu hospital para iniciar a terapia empírica e posteriormente ajustá-la de acordo com o agente isolado na hemocultura.

Existem poucos estudos descrevendo os agentes etiológicos causadores das ICS-CVC na pediatria. O SCN é o principal microrganismo associado às ICS-CVC, reportado em 34% dos casos, seguido do *Staphylococcus aureus* (25%). Há outros agentes menos comuns, como *Candida* sp., enterococos e os bacilos Gram-negativos[33]. Entre os bacilos Gram-negativos, atualmente destacam-se as cepas de *Klebsiella*, *Escherichia coli*, *Pseudomonas*, *Acinetobacter* sp. e *Enterobacter* sp.[34]

Patogenia

Basicamente, para que ocorra ICS-CVC, o cateter torna-se colonizado, desprendendo bactérias posteriormente para a corrente sanguínea. Os mecanismos de colonização são descritos a seguir[34-36]:

- Superfície externa do cateter, túnel subcutâneo e pele circunvizinha podem ser colonizados por meio da microbiota própria da pele, das mãos dos profissionais.
- Superfície interna: a propagação de bactérias pela superfície interna do cateter pode ocorrer por dois mecanismos principais:
  - Manipulação inadequada do canhão do cateter, também chamado de *hub* (higiene das mãos inadequada, ausência de desinfecção do *hub*).
  - Contaminação das soluções de infusão por manipulação durante o preparo ou o processo de fabricação industrial da solução.

Ocasionalmente, os cateteres podem se tornar colonizados a partir de outro foco de infecção que leve a bacteremia e adesão na superfície intraluminal. A colonização da porção extraluminal do cateter a partir dos germes da pele do paciente ocorre geralmente em cateteres inseridos há até duas semanas, ao passo que, nos cateteres inseridos por período acima de duas semanas, predomina a contaminação do canhão, progredindo pela sua porção intraluminal[37] (Figura 11.1).

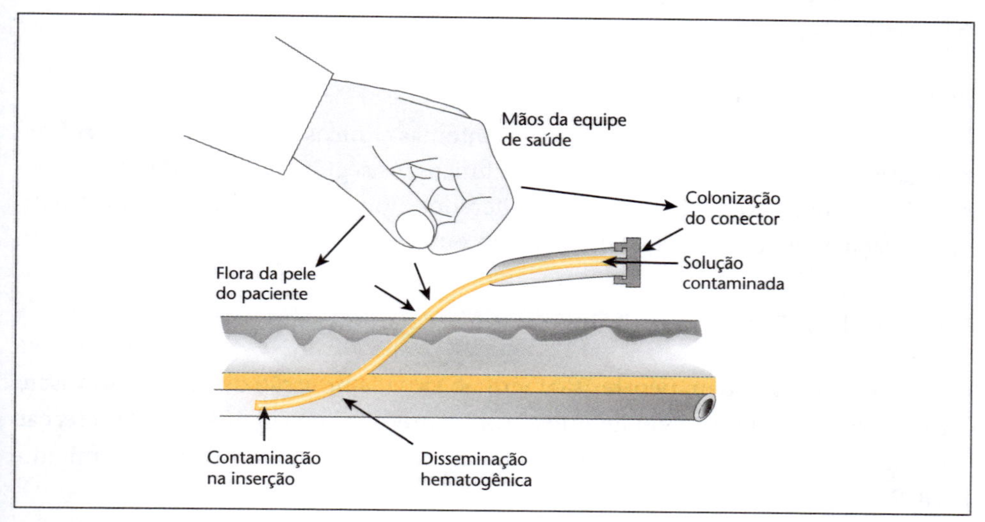

Figura 11.1 Vias de acesso para contaminação de um dispositivo vascular.

Diagnóstico das complicações infecciosas relacionadas aos cateteres vasculares

Para fins de vigilância epidemiológica, existem conceitos definidos pelo CDC[38]. É importante que o médico assistente tenha noções básicas desses conceitos, para facilitar a classificação e a conduta.

Infecção secundária da corrente sanguínea

A infecção secundária da corrente sanguínea (ISCS) é aquela em que a hemocultura é positiva, sendo possível identificar um foco infeccioso cuja origem não é a presença do cateter. Por exemplo, bacteremia secundária a foco urinário ou pneumonia[39].

Infecção primária da corrente sanguínea

A infecção primária da corrente sanguínea (IPCS) é aquela em que a criança apresenta sinais de infecção sistêmica, bacteremia ou sepse, sem possibilidade de se identificar o foco infeccioso responsável. A maioria dessas infecções ocorre na presença de acesso vascular central. As IPCS ainda podem ser classificadas como clínicas e laboratoriais, segundo a positividade da hemocultura[37].

IPCS laboratorial

É aquela em que a hemocultura é positiva e podemos identificar o agente. Para agentes contaminantes de pele (difteroides, *Proprionebacterium* sp., *Bacillus* sp., estafilococos coagulase-negativa ou micrococos), é necessário a presença de duas hemoculturas positivas.

IPCS clínica (sepse clínica)

É aquela em que a criança apresenta sintomas clínicos de sepse e a hemocultura é negativa. Contudo, além dos sintomas clínicos, os seguintes critérios são necessários: hemograma com três parâmetros alterados e/ou proteína C-reativa quantitativa alterada e sem evidência de infecção em outro sítio.

Infecção do Sítio de Inserção do Acesso Vascular

As infecções podem ocorrer também no sítio de inserção de um acesso vascular central ou periférico. São definidas com a presença de sinais locais de infecção (secreção purulenta ou hiperemia) e podem ou não ter diagnóstico concomitante de ICS.

Diagnóstico clínico

Os sinais clínicos isoladamente são pouco confiáveis para a confirmação de infecção associada ao cateter vascular em razão das baixas sensibilidade e especificidade. É importante a exclusão de foco infeccioso que justifique os sintomas. Febre é um marcador sensível, porém pouco específico, principalmente em pacientes de UTI. Sinais clínicos de bacteremia após infusão no CVC devem chamar a atenção. Em RNs, os sinais e sintomas são ainda mais inespecíficos, podendo estar relacionados a etiologias não infecciosas. Pus na inserção do cateter em criança com bacteremia é um bom indicativo de que o cateter é o foco infeccioso[20].

Diagnóstico microbiológico

Na população adulta, a remoção e a cultura da ponta do acesso vascular sempre foram consideradas o melhor padrão para o diagnóstico de infecção, principalmente nos de curta permanência[20]. Na população pediátrica, e principalmente na neonatal, a remoção do CVC é uma limitação, pela dificuldade de acesso nessa população e pelo medo da retirada desnecessária. Do ponto de vista prático para o diagnóstico, podemos considerar técnicas conservadoras (sem remoção) e com a remoção do CVC.

Técnicas que exigem a remoção do cateter vascular central

Cultura da ponta do CVC: técnica quantitativa (sonicação) ou semiquantitativa (rolamento do segmento do cateter em placa – técnica de Maki), que é a mais utilizada. Considera-se que crescimento maior que 15 unidades formadoras de colônia na ponta do CVC e identificação do mesmo agente em hemocultura periférica são indicativos de infecção relacionada ao cateter. Deve-se solicitar esta técnica somente quando existem sintomas clínicos de infecção, pois o resultado isolado da cultura em pacientes assintomáticos pode refletir somente colonização do CVC através da pele[39,40].

Técnicas que não exigem a remoção do cateter vascular central – conservadoras

Hemocultura periférica e central pareadas

A coleta de hemocultura pareada do CVC e periférica é um método diagnóstico muito utilizado em pediatria e neonatologia. O valor preditivo negativo de hemocultura colhida do CVC é de 99% em alguns trabalhos, podendo praticamente descartar o CVC como foco de infecção, se a hemocultura periférica for positiva e a do CVC, negativa. Contudo, se a hemocultura do CVC for positiva e a periférica for negativa, a interpretação deve ser cautelosa, pois em quase 90% dos casos pode se tratar de contaminação do lúmen ou do *hub*, refletindo colonização do cateter, e não infecção. No caso de hemocultura central e periférica positivas, a possibilidade de ICS relacionada ao CVC é grande e sua retirada deve ser discutida. O mesmo volume de sangue deve ser inoculado em cada frasco, e os frascos devem ser rotulados de modo a refletir os locais em que as culturas foram obtidas. Nunca coletar hemocultura isolada do CVC[41].

Diferença de tempo de positividade

A diferença de tempo de positividade (DTP) consiste na coleta de hemocultura central e periférica pareadas. Para que possamos assumir que o CVC é a fonte da infecção, deve ocorrer o crescimento do mesmo microrganismo na amostra central com diferença de tempo de positividade maior que 2 horas (crescimento mais precoce) que na amostra periférica. Este método só pode ser realizado quando forem utilizados métodos automatizados para hemocultura (devendo as amostras ser incubadas ao mesmo tempo). A DTP está validada somente para cateteres de longa permanência (*port-a-cath*) até o momento, e existem poucos trabalhos em pediatria. Outro problema é quando somente uma das hemoculturas tem resultado positivo, não se podendo fazer avaliação[42,43].

Hemoculturas quantitativas

Têm boa especificidade e valor preditivo positivo elevado. Acredita-se que, quando a fonte da infecção é o CVC, a quantidade de microrganismos é alta, pois há recuperação de bactérias do lúmen. Resultados maiores que 10^3 são indicativos de associação do CVC. Caso sejam colhidas hemoculturas pareadas, a hemocultura do CVC com crescimento três vezes maior que o periférico também indica envolvimento do CVC. Na prática, a maioria dos laboratórios não realiza esta técnica[40].

Manejo e tratamento da infecção de corrente sanguínea associada ao cateter vascular

O primeiro passo para o tratamento da infecção de corrente sanguínea associada a cateter requer a decisão de trocar, remover ou manter o CVC suspeito. Existem situações em que o CVC deve ser removido prontamente, pois sua manutenção pode levar ao agravamento do estado da criança. São condições em que a remoção do CVC é sempre recomendada: sepse grave, instabilidade hemodinâmica, evidência de endocardite ou infecção metastática, sinais de tromboflebite séptica, bacteremia persistente após 72 horas de terapia adequada para agente isolado e secreção purulenta no óstio de inserção do CVC[44]. Caso não exista necessidade da remoção imediata do CVC, as culturas devem ser colhidas e iniciada terapia empírica. O pediatra deve conhecer os agentes etiológicos mais prevalentes em sua unidade para definir o esquema empírico a ser introduzido. De maneira geral, essa terapia deve incluir cobertura para os agentes Gram-positivos e Gram-negativos hospitalares. Deve-se ter em mente que outros focos infecciosos precisam ser excluídos.

Nos casos em que não seja possível a coleta de mais de uma amostra de hemocultura, deve-se dar preferência à coleta de hemocultura periférica. Após o resultado das hemoculturas, a terapia antimicrobiana deve ser direcionada ao agente isolado de acordo com seu perfil de sensibilidade, e a permanência do CVC deve ser novamente discutida em virtude da virulência e da capacidade de formação de biofilme de algumas bactérias.

Sugere-se o algoritmo adaptado apresentado na Figura 11.2 para o manejo das ICS-CVC[44].

Manejo das complicações infecciosas relacionadas aos cateteres vasculares

Infecção do óstio do CVC

Cateter de curta permanência (*intracath*, flebotomias, PICC)

Avaliação: presença de secreção purulenta no óstio do CVC ou celulite no local.

O que fazer? Retirar CVC, enviar ponta para cultura e coletar hemocultura de sangue periférico. Em seguida, se for necessária a presença de CVC, instalar em outro sítio.

Resultados:

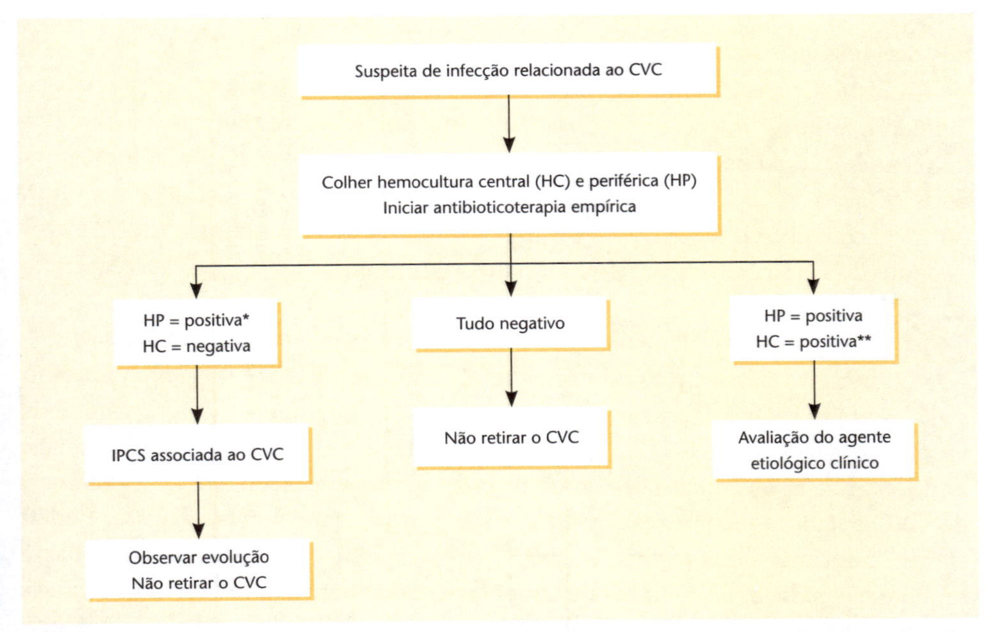

Figura 11.2 Algoritmo para manejo das infecções de corrente sanguínea associadas a cateter venoso central.

* Nos casos de crescimento de *Candida* sp., *S. aureus* e bacilos Gram-negativos mesmo com apenas a HP positiva, está indicada a remoção do CVC. Em caso de *Candida* sp., realizar ecocardiograma (ECO), fundo de olho, ultrassonografia de abdome e coleta de liquor nos recém-nascidos.

** Nos casos em que a opção for pela manutenção do CVC, deve-se colher HP de controle 48 horas após o início do tratamento adequado. Caso ela permaneça positiva, o CVC deve ser removido, avaliando-se a realização do ecocardiograma.

CVC: cateter venoso central; IPCS: infecção primária de corrente sanguínea.

- Ponta de CVC positiva (considerar positiva cultura de ponta de CVC com crescimento de agente único, acima de 15 UFC) e hemocultura negativa: infecção no sítio de inserção, sem infecção de corrente sanguínea. Conduta: pacientes sem sinais de infecção sistêmica – não tratar e observar evolução após retirada do CVC; pacientes com sinais de infecção sistêmica, sem outro foco – tratar por sete dias com antimicrobiano baseado no agente identificado.
- Ponta de CVC positiva (considerar positiva cultura de ponta de CVC com crescimento de agente único, acima de 15 UFC) e hemocultura positiva: infecção de corrente sanguínea relacionada ao CVC. Conduta: ver tratamento de infecção de corrente sanguínea de acordo com o agente isolado[44].

Cateter de longa permanência (*port-a-cath*, Hickman, Broviac, *permcath*)

Avaliação: presença de secreção purulenta no óstio do CVC ou celulite no local.

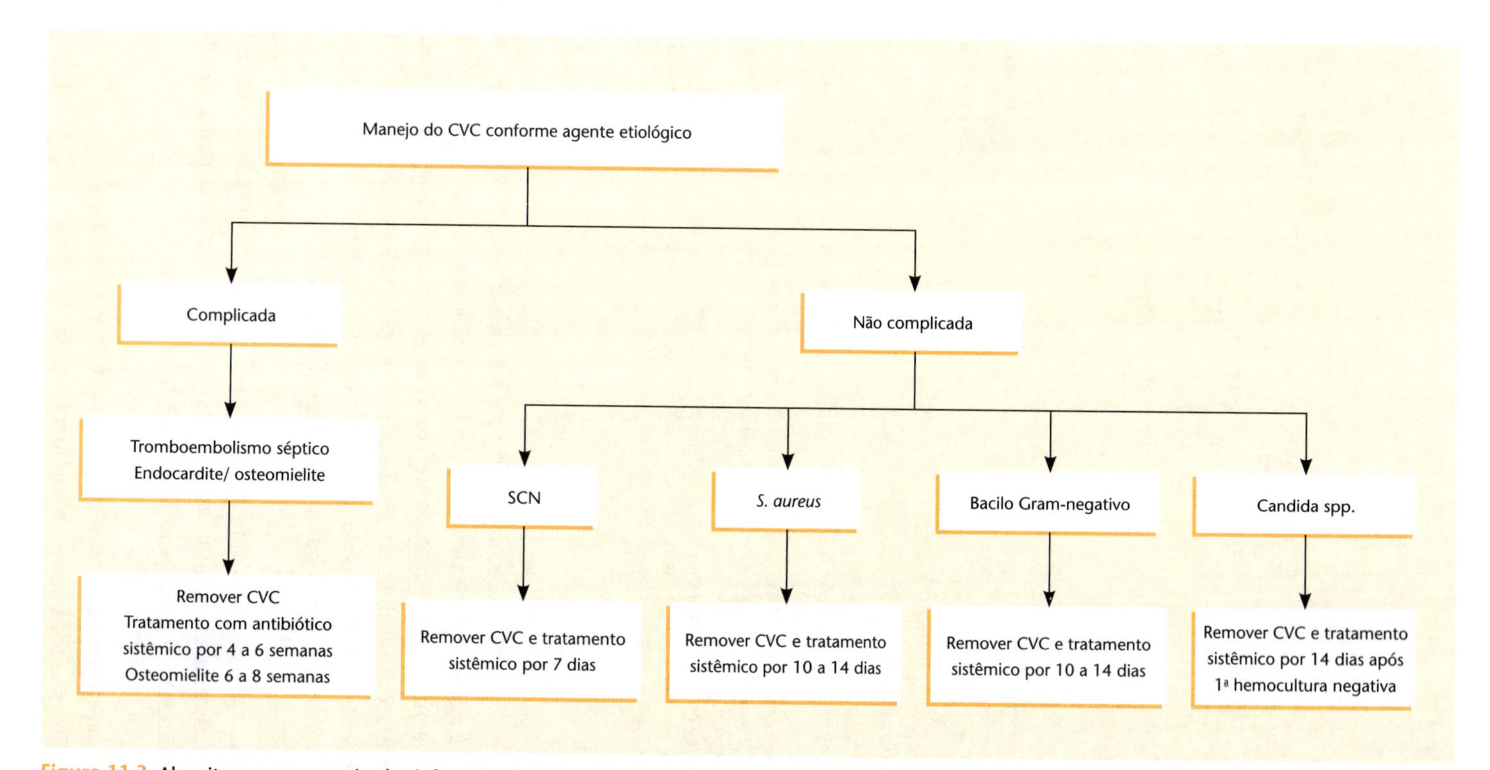

Figura 11.3 Algoritmo para manejo das infecções de corrente sanguínea associadas a cateter venoso central.
CVC: cateter venoso central.

O que fazer? Não retirar CVC, coletar hemocultura de sangue periférico e secreção peri-CVC por meio de *swab*. Nesses casos, não coletar hemocultura do CVC. Iniciar tratamento empírico com vancomicina. Em caso de sinais infecciosos com extensão de mais de 2 cm no túnel a partir do óstio do CVC, este deve ser removido.

Resultados:

- Cultura peri-CVC positiva e hemocultura negativa: completar sete dias de antimicrobiano sistêmico baseado no agente isolado.
- Hemocultura positiva: infecção de corrente sanguínea relacionada ao CVC. Conduta: ver tratamento de infecção de corrente sanguínea de acordo com o agente isolado.

Indicações de envio de ponta de cateteres para cultura

Identificação de secreção purulenta na inserção do cateter. Cateter suspeito de estar relacionado à infecção, retirado de criança ou RN sem outro foco infeccioso aparente. Não enviar ponta de cateter para cultura de crianças sem suspeita de infecção no momento da retirada.

Indicações de Troca de Cateteres

Cateteres periféricos:

- A troca deve ser realizada se houver sinais de infecção na inserção.
- Não existe tempo determinado para troca na pediatria[20].

Cateteres centrais e PICC:

- Não há indicação de troca rotineira pré-programada.
- Se houver saída de secreção purulenta no local de inserção, passar um novo cateter em outro local.
- Mau funcionamento do CVC[20].

MEDIDAS GERAIS DE PREVENÇÃO DE INFECÇÃO RELACIONADA A CATETER

A seguir, as principais medidas preventivas para pacientes pediátricos e neonatais, com níveis de evidência para cada recomendação[20].

- IA: fortemente recomendado, embasado em estudos bem desenhados, experimentais, clínicos ou epidemiológicos.

- IB: fortemente recomendado, embasado em alguns estudos experimentais, clínicos ou epidemiológicos.
- IC: indicado por regulamentos estaduais e/ou federais.
- II: sugerido implementar, embasado em estudos clínicos ou epidemiológicos ou racional teórico.
- NR: não resolvido.
  - O uso de luvas não dispensa a adequada higienização das mãos, antes e após a manipulação do acesso vascular (IA).
  - Usar luvas estéreis para inserção de cateter vascular central (IA).
  - Usar luvas estéreis ou limpas nas trocas de curativos (IC).
  - Não usar a inserção por flebotomia de rotina (IA).
  - Usar solução antisséptica para inserção do CVC – dar preferência às soluções de clorexidina (IA).
  - Antes da inserção do cateter, aguardar a ação e permanência mínima do antisséptico ou até que tenha secado por completo (tempo mínimo de 2 minutos) (IB).
  - Usar curativo estéril de gaze ou transparente para cobrir o local de inserção (IA).
  - Se o paciente apresentar sangramento, dar preferência ao curativo com gaze (II).
  - Trocar o curativo sempre que o local estiver sujo, solto ou úmido (IB).
  - Troca do curativo a cada dois dias, se curativo com gaze, ou a cada sete dias, para os curativos transparentes. Se o risco de deslocamento do CVC for maior que o eventual benefício da troca do curativo, manter o curativo por período mais prolongado (IB).
  - Não usar pomadas ou cremes de antimicrobiano no local de inserção – aumenta o risco de colonização e infecção fúngica, e a resistência (IA).
  - Não trocar o CVC rotineiramente, somente com o objetivo de reduzir o risco de infecção (IA).
  - Manter cateter periférico pelo tempo que for possível, sem troca programada, exceto se ocorrer alguma complicação (IB).
  - Trocar o *set* de infusão, incluindo os outros dispositivos acoplados ao sistema, não mais frequentemente que o intervalo de 96 horas, exceto em caso de suspeita ou comprovação de bacteremia relacionada à CVC (IA).
  - Trocar o sistema de infusão em 24 horas, em caso de infusão de sangue ou derivados ou solução lipídica (II).
  - Trocar o dispositivo do tipo *needleless* no mínimo com a mesma frequência do resto do sistema de infusão (II).
  - Não usar de rotina filtros intravasculares com o objetivo de minimizar o risco de infecção (IA).

- Constituir grupo específico de cateter para inserção e manutenção dos CVC (IB).
- Evitar uso de agulhas de metal (aço) para inserção periférica, pelo risco maior de necrose se ocorrer extravasamento de fluidos e medicamentos (IA).
- Usar cateter *midline* ou PICC sempre que estiver programada infusão endovenosa por período maior que seis dias (IB).
- Não existe recomendação sobre o uso de cateter impregnado com antisséptico em crianças (NR).
- Usar precaução de barreira máxima, com luva, máscara, avental e campos grandes estéreis, tanto na inserção do cateter quanto nas trocas com fio-guia (IA).
- Não remover o CVC apenas por causa de febre. Usar o julgamento clínico para descartar a possibilidade de infecção em outro sítio (II).
- Designar um lúmen exclusivo para nutrição parenteral (II).
- Não há recomendação sobre o uso de curativo impregnado com clorexidina com o objetivo de reduzir a infecção (NR).
- Adicionar baixas doses de heparina (0,5 a 1 U/mL TPN, 5.000 U a cada 6 ou 12 horas) ao fluido infundido por meio do cateter umbilical arterial (IB).
- Remover o cateter umbilical arterial assim que não for necessário ou a qualquer sinal ou sintoma de insuficiência vascular de membros inferiores. Idealmente, evitar manter o cateter umbilical arterial por mais de cinco dias (II).
- Remover o cateter umbilical venoso assim que possível, podendo ser mantido no local até o máximo de 14 dias, desde que de forma asséptica (II).

CONCLUSÕES

A resistência aos carbapenêmicos é o problema que emerge com maior preocupação no tratamento das infecções hospitalares. O controle do uso indiscriminado dos antimicrobianos envolvidos no surgimento de cepas MR deve ser rigoroso dentro dos hospitais. Pacientes colonizados/infectados por essas bactérias devem ser mantidos em precauções de contato, e medidas simples, como higienização das mãos após o cuidado, são fundamentais para evitar a disseminação cruzada[44].

As infecções da corrente sanguínea são multifatoriais e apresentam fisiopatologia, critérios diagnósticos, implicações terapêuticas, prognósticas e preventivas distintas. Particularmente do ponto de vista do tratamento, são importantes a presença ou ausência de hemocultura positiva, sinais sistêmicos de infecção, presença ou ausência de foco primário de origem, presença ou ausência de acesso vascular, tipo do acesso, envolvimento e possibilidade de remoção e sinais locais de infecção do cateter. As medidas preventivas são fundamentais para evitar a ocorrência da colonização e infecção relacionada ao cateter central. Os componentes mais importantes são: higienização das mãos, precauções máximas de barreira na passagem do cateter, antissepsia do local com clorexidina e reavaliação diária da necessidade de manutenção do cateter, com pronta remoção dos desnecessários.

REFERÊNCIAS BIBLIOGRÁFICAS

1. Jarvis WR. Selected aspects of the socioeconomic impact of nosocomial infections: morbidity, mortality, cost, and prevention. Infect Control Hosp Epidemiol. 1996;17(8):99-104.
2. Mermel LA, Allon M, Bouza E, Craven DE, Flynn P, O'Grady NP, et al. Clinical practice guidelines for the diagnosis and management of intravascular catheter-related infection: 2009 Update by the Infectious Diseases Society of America. Clin Infect Dis. 2009;49(1):1-45.
3. Tresoldi AT, Barison EM, Pereira RM, Padoveze MC, Trabasso P. Fatores de risco relacionados à aquisição de bactérias multirresistentes em unidade de internação pediátrica. J Pediatr (Rio J). 2000;76(4):275-80.
4. Mulligan ME, Murray-Leisure KA, Ribner BS, Standiford HC, John JF, Korvick JA, et al. Methicillin-resistant Staphylococcus aureus: a consensus review of microbiology, pathogenesis and epidemiology with implication for prevention and management. Am J Med. 1993;94(3):313-28.
5. Wayne PA, Clinical and Laboratory Standards Institute (CLSI)/National Committee for Clinical Laboratory Standards (NCCLS). Performance standards for antimicrobial susceptibility testing; sixteenth informational supplement. NCCLS document M100-S16. National Committee for Clinical Laboratory Standards; 2006.
6. Chan LC, Basuino L, Diep B, Hamilton S, Chatterjee SS, Chambers HF. Ceftobiprole- and ceftaroline-resistant methicillin-resistant Staphylococcus aureus. Antimicrob Agents Chemother. 2015;59(5):2960-3.
7. Lopes HV. CA-MRSA: a new problem for the infectologist. Rev Panam Infectol. 2005;7(3):34-6.
8. Blumer J. Treatment of pediatric Gram-positive multidrug-resistant infections. J Infect. 2009;59(Suppl 1):S51-8.
9. Rhinehart E, Smith NE, Wennersten C, Gorss E, Freeman J, Eliopoulos GM, et al. Rapid dissemination of b-lactamase producing aminoglycoside-resistant Enterococcus faecalis among patients and staff on an infant-toddler surgical ward. N Engl J Med. 1990;323(26):1814-7.
10. Singh-Naz N, Sleemi A, Pikis A, Patel KM, Campos JM. Vancomycin-resistant Enterococcus faecium colonization in children. J Clin Microbiol. 1999;37(2):413-6.
11. Dunkel J, Kosack A, Riedel E. Vancomycin-resistant enterococcus (VRE) in pediatric oncology patients: An analysis of potential consequences of colonization and infection. J Clin Oncol. 2007;25(18S-20S):9537.
12. Cisneros JM, Rodríguez-Bano J. Nosocomial bacteremia due to Acinetobacter baumannii: epidemiology, clinical features and treatment. Clin Microbiol Infect. 2002;8(11):687-93.
13. Boletim informativo da Rede Nacional de Monitoramento da Resistência Microbiana em Serviços de Saúde – Rede RM (2014). Dezembro 2015.
14. Gaynes R, Edwards JR. Overview of nosocomial infections caused by Gram-negative bacilli. Clin Infect Dis. 2005;41(6):848-54.
15. Betriu C, Sánchez A, Palau ML, Gómez M, Picazo JJ. Antibiotic resistance surveillance of Stenotrophomonas maltophilia, 1993-1999. J Antimicrob Chemother. 2001;48(1):152-4.
16. Lee JKF. Two outbreaks of Burkholderia cepacia nosocomial infection in a neonatal intensive care unit. J Paediatr Child Health. 2008;44(1-2):62-6.
17. Bradford PA. Extended-spectrum beta-lactamases in the 21st century: characterization, epidemiology, and detection of this important resistance threat. Clin Microbiol Rev. 2001;(4):933-51.

18. Philippon A, Arlet G, Jacoby GA. Plasmid-determined AmpC type-lactamases. Antimicrob Agents Chemother. 2002;46(1):1-11.
19. Yigit H, Queenan AM, Anderson GJ, Domenech-Sanchez A, Biddle JW, Steward CD, et al. Novel carbapenem-hydrolyzing betalactamase, KPC-1, from a carbapenem-resistant strain of Klebsiella pneumoniae. Antimicrob Agents Chemother. 2001;45(4):1151-61.
20. Newman CD. Catheter-related bloodstream infections in the pediatric intensive care unit. Semin Pediatr Infect Dis. 2006;17(1):20-4.
21. O'Grady NP. Centers for Disease Control and Prevention. Guidelines for the prevention of intravascular catheter-related infections. MMWR Recomm Rep. 2002;51(RR-10):1-29.
22. Edwards JR, Peterson KD, Mu Y, Banerjee S, Allen-Bridson K, Morrell G, et al. National Healthcare Safety Network (NHSN) report: Data summary for 2006 through 2008, issued December 2009. Am J Infect Control. 2009;37(10):783-805.
23. Análise dos dados de infecção hospitalar do Estado de São Paulo 2015. Disponível em: <http://portal.saude.sp.gov.br/cve-centro-de-vigilancia-epidemiologica-prof.-alexandre-vranjac/areas--de-vigilancia/infeccao-hospitalar/sistema-de-vigilancia-epidemiologica>.
24. Pessoa-Silva CL, Richtmann R, Calil R, Santos R, Costa MLM, Frota ACC, et al. Healthcare-associated infections among neonates in neonatal units in Brazil. Infect Control Hosp Epidemiol. 2004;25(9):772-7.
25. Garcia-Teresa MA, Casado-Flores J, Delgado Dominguez MA, Roqueta-Mas J, Cambra-Losaosa F, Concha-Torre A, et al. Infectious complications of percutaneous central venous catheterization in pediatric patients: a Spanish multicenter study. Intensive Care Med. 2007;33(3):466-76.
26. Shaul DB, Scheer B, Rokhsar S, Jones VA, Chan LS, Boody BA, et al. Risk factors for early infection of central venous catheters in pediatric patients. J Am Coll Surg. 1998;186(6):654-8.
27. Dato VM, Dajani AS. Candidemia in children with central venous catheters: role of removal and anphotericin B therapy. Pediatr Infect Dis J. 1990;9(5):309-14.
28. Henneberg SW, Jungersen D, Hole P. Durability of central venous catheters. A randomized trial in children with malignant disease. Pediatr Anaesth. 1996;6(6):449-51.
29. Simon A, Fleischhack G, Hasan C, Bode U, Engelhart S, Kramer MH. Surveillance for nosocomial and central line-related infection among pediatric hematology-oncology patients. Infect Control Hosp Epidemiol. 2000;21(9):592-96.
30. Landers S, Moise AA, Fraley JK, Smith EO, Baker CJ. Factors associated with umbilical catheter--related sepsis in neonates. Am J Dis Child. 1991;145(6):675-80.
31. Balagtas RC, Bell CE, Edwards LD, Levin S. Risk of local and systemic infections associated with umbilical vein catheterization: a prospective study in 86 newborn patients. Pediatrics. 1971;48(3):359-67.
32. Von Dolinger de Brito D, Almeida Silva H, Oliveira EJ, Arantes A, Abdallah VO, Tannus Jorge M, et al. Effect of neonatal intensive care unit enviroment on the incidence of hospital-acquired infection in neonates. J Hosp Infect. 2007;65(4):314-8.
33. Jarvis WR, Edwards JR, Culver DH, Hughes JM, Horan T, Emori TG, et al. Nosocomial infection rates in adult and pediatric intensive care units in the United States. National Nosocomial Infections Surveillance System. Am J Med. 1991;91(3B):185S-91S.
34. Arnoni MV, Berezin EN, Martino MDV. Risk factors for nosocomial bloodstream infection caused by multidrug resistant Gram-negative bacilli in pediatrics. Braz J Infect Dis. 2007;11(2):267-71.
35. Maki DG, Weise CE, Sarafin HW. A semiquantitative culture method for identifying intravenous--catheter-related infection. N Engl J Med. 1977;296(23):1305-9.
36. Mermel LA, McCormick RD, Springman SR, Maki DG. The pathogenesis and epidemiology of catheter-related infection with pulmonary artery Swan-Ganz catheters: a prospective study utilizing molecular subtyping. Am J Med. 1991;91(suppl):S197-S205.
37. Raad II, Costerton W, Sabharwal U, Sacilowski M, Anaissie E, Bodey GP. Ultrastructural analysis of indwelling vascular catheters: a quantitative relationship between luminal colonization and duration of placement. J Infect Dis. 1993;168(6):400-7.

38. Shuford JA, Rouse MS, Piper KE, Steckelberg JM, Patel R. Evaluation of caspofungin and amphotericin B deoxycholate against Candida albicans biofilms in an experimental intravascular catheter infection model. J Infect Dis. 2006;194(5):710-3.
39. Beekmann SE, Henderson Dk. Infectious caused by percutaneous intravascular devices. In: Mendell GL (ed.) Principles and pratices of infectious disease. 6. ed. Philadelphia: Churchill-Livingstone; 2005. p. 3347-62. v. 2.
40. Safdar N, Fine JP, Maki DG. Meta-analysis: methods for diagnosing intravascular device-related bloodstream infection. Ann Intern Med. 2005;142(6):451.
41. Cleri DJ, Corrado ML, Seligman SJ. Quantitative culture of intravenous catheters and other intravascular inserts. J Infect Dis. 1980;141(6):781.
42. Blot F, Nitenberg G, Chachaty E, Raynard B, Germann N, Antoun S, et al. Diagnosis of catheter--related bacteraemia: a prospective comparison of the time to positivity of hub-blood versus peripheral-blood cultures. Lancet. 1999;354(9184):1071.
43. Raad I, Hanna HA, Alakech B, Chatzinikolaou I, Johnson MM, Tarrand J. Differential time to positivity: a useful method for diagnosing catheter-related bloodstream infections. Ann Intern Med. 2004;140(1):18-25.
44. Gaur AH, Flynn PM, Heine DJ, Giannini MA, Shenep JL, Hayden RT. Diagnosis of catheter-related bloodstream infections among pediatric oncology patients lacking a peripheral culture, using differential time to detection. Pediatr Infect Dis J. 2005;24(5):445-9.
45. Mundy LM. Contamination, acquisition, and transmission of pathogens: implications for research and practice of infection control. Infect Control Hosp Epidemiol. 2008;29(7):590-2.
46. Siegel JD, Rhinehart E, Jackson M, Chiarello L; Health Care Infection Control Practices Advisory Committee. 2007 Guideline for Isolation Precautions: Preventing Transmission of Infectious Agents in Health Care Settings. Am J Infect Control. 2007;35(10 Suppl 2):S65-164.

Seção III

Diagnóstico e tratamento de outras doenças infecciosas

12

Infecção por vírus do grupo herpes

Giovanna Gavros Palandri
Giuliana Stravinskas Durigon

Após ler este capítulo, você estará apto a:

1. Identificar os principais vírus do grupo herpes.
2. Definir os métodos diagnósticos e tratamento, quando houver.

INTRODUÇÃO

O grupo herpes é composto por oito vírus que apresentam entre si algumas características em comum: são DNA-vírus, promovem primoinfecção seguida de latência e podem reativar durante a vida do hospedeiro[1]. A família *Herpesviridae* é dividida em três subfamílias, tendo cada uma delas características diferentes com relação a ciclo reprodutivo, local de latência e comportamento em cultura de células (Tabela 12.1).

EPIDEMIOLOGIA

Os herpes-vírus têm distribuição ubíqua e o homem é o único reservatório[2,3]. Existe correlação inversa entre a incidência desses vírus e o nível socioeconômico, sendo mais comuns em locais mais pobres e em indivíduos de menor faixa etária[3].

FISIOPATOGENIA

Do ponto de vista patogênico, após a invasão do agente infeccioso no organismo (cuja forma varia de acordo com cada vírus), o grupo se comporta de forma

Tabela 12.1 Família *Herpesviridae* e subfamílias

Subfamília	Características	Gênero	Membro
Alphaherpesvirinae	Ciclo reprodutivo curto Destruição eficiente de células infectadas Crescimento rápido em cultura Latência no gânglio sensitivo	*Simplexvirus* *Varicellovirus*	Herpes simples 1 Herpes simples 2 Varicela-zóster
Betaherpesvirinae	Ciclo reprodutivo longo Crescimento lento em cultura Alargamento da célula infectada Sítios de latência múltiplos e não ganglionares	*Cytomegalovirus* *Roseolovirus*	Citomegalovírus Herpes-vírus humano 6 Herpes-vírus humano 7
Gammaherpesvirinae	Replicação em células linfoblásticas Latência em tecido linfoide Monócitos e linfócitos B	*Lymphocryptovirus* *Rhadinovirus*	Epstein-Barr Herpes-vírus humano 8

Fonte: modificada de Long et al., 2012[1].

semelhante, com replicação viral e disseminação para outras células, alcançando os nervos sensoriais e seus gânglios, onde se dá o estado de latência. A reativação viral pode ocorrer, com reinício de replicação e disseminação do vírus, com ou sem sintomas, podendo a recorrência ser desencadeada por diversos eventos, entre eles situações de imunossupressão[3].

QUADRO CLÍNICO

A primoinfecção costuma se apresentar com mais sintomas que as recidivas[3]. Em indivíduos imunodeprimidos e em neonatos, a morbidade e mortalidade costumam ser maiores. Cada um dos herpes-vírus desencadeia quadros clínicos diferentes. Por essa razão, a seguir serão descritos mais detalhadamente cada um dos componentes desse grupo.

VÍRUS HERPES SIMPLES

Existem dois tipos de vírus herpes simples (HSV): o herpes simples tipo 1 (HSV-1) e o herpes simples tipo 2 (HSV-2). A primoinfecção pelo HSV-1 em geral ocorre na infância e se manifesta como gengivoestomatite herpética, com recidivas na forma de herpes labial, enquanto a aquisição do HSV-2 em geral ocorre após o início da vida sexual[1], manifestando-se como herpes genital. O período de transmissibilidade para ambos é de 7 dias, e o tempo de incubação para o HSV tipos 1 e 2 é de 2 a 12 dias e 2 a 20 dias, respectivamente[3]. A transmissão ocorre a partir do contato mucocutâneo entre um indivíduo suscetível e um indivíduo que esteja excretando vírus durante a primoinfecção ou a reativação viral[1,2]. A maioria das infecções é assintomática ou inespecífica, e a latência ocorre em gânglios sensitivos – no herpes labial, o gânglio trigeminal; no herpes genital, a raiz dorsal do gânglio sacral[1]. A aquisição do vírus pode ocorrer no período neonatal (infecção intrauterina, durante o trabalho de parto ou pós-natal), na infância ou na vida adulta.

Por vezes, o herpes labial pode ser causado pelo HSV-2, bem como o herpes genital pelo HSV-1. Nesse contexto, o número de recidivas costuma ser menor[1]. Na infância, o quadro genital pelo vírus do tipo 1 pode ocorrer por autoinoculação[2]. Contudo, a evidência de infecção genital pelo HSV-2 na faixa etária pediátrica deve alertar para a possibilidade de abuso sexual[2].

Quanto às apresentações clínicas causadas pelo HSV-1, a gengivoestomatite herpética é bastante comum na primoinfecção da infância. Ela cursa com sintomas como febre alta, irritabilidade, aumento de linfonodos cervicais, erupções mucocutâneas, tendo período de incubação habitual de 3 a 4 dias[1]. Tanto em pacientes pediátricos quanto em adultos, esse mesmo vírus é também responsável por herpes labial recidivante[3]. A faringite pelo herpes é uma possível apresentação da primoinfecção em crianças maiores e adultos, sendo indistinguível de outras causas de faringite do ponto de vista clínico[1]. Já o HSV-2 costuma estar mais relacionado ao herpes genital, que se apresenta com lesões vesiculares na região genital, podendo estar associado a sintomas constitucionais em até 40% dos homens e 70% das mulheres acometidas[1].

Outros quadros clínicos podem surgir em decorrência da infecção pelos herpes-vírus tipos 1 e 2, como a ceratoconjuntivite herpética, as infecções cutâneas fora de área perioral e genital (infecção em dedo, em membros ou cabeça – p. ex.: *herpes gladiatorum*)[1], e a encefalite herpética. Em qualquer dessas situações, a gravidade do quadro poderá ser maior se houver contexto de imunodepressão, inclusive com possibilidade de comprometimento visceral[3].

A encefalite herpética é, por si só, quadro de elevadas morbidade e mortalidade. Cursa com sintomas gerais, como febre, cefaleia e queda do estado geral, comumente associados a sintomas neurológicos, como alteração de comportamento, sonolência, sinais focais e liberação esfincteriana, podendo culminar em edema, hemorragia cerebral e morte[3].

Quadros mais graves também são comuns no período neonatal. A infecção pelos herpes-vírus tipos 1 e 2 nessa idade costuma levar a significativo comprometimento sistêmico e alta mortalidade[3]. A aquisição do vírus ocorre mais comumente durante o parto (trato genital materno com infecção), mas também pode ocorrer intraútero (via ascendente) ou ainda no período pós-natal (infecção não genital, por boca ou mãos de cuidadores)[2].

O diagnóstico de infecção herpética, em geral, é clínico. Em quadros mais graves, pode ser necessária investigação laboratorial, incluindo exames como a reação em cadeia da polimerase (PCR) específica para herpes – que detecta DNA viral –, sorologias[3] e cultura de vírus (maior especificidade)[1]. Na encefalopatia herpética, exames complementares como o líquido cefalorraquidiano (LCR) e exames de imagem (tomografia computadorizada, ressonância nuclear magnética do crânio e eletroencefalograma) têm bastante utilidade. O LCR costuma se apresentar com aumento da celularidade e da proteinorraquia, com queda da glicorraquia[3]. No período neonatal, é sugerida a coleta de "culturas de superfície" (boca, nasofaringe, conjuntiva e ânus, preferencialmente 12 a 24 horas após o nascimento), amostras de vesículas cutâneas (se possível) para PCR, amostras de LCR e sangue para realização de PCR e alanina aminotransferase (ALT) sérica para avaliar acometimento hepático[2]. Avaliações oftalmológica e do SNC são recomendadas nessa faixa etária[2].

O tratamento do herpes simples é indicado em algumas situações, como herpes genital primário, encefalite herpética, herpes em pacientes imunodeprimidos e herpes neonatal. A droga de escolha para a maioria dos quadros é o aciclovir (via oral ou endovenoso em casos graves). Nos quadros de herpes genital, existem outras opções terapêuticas, como o fanciclovir e o valaciclovir, com a vantagem de terem melhor posologia. No herpes mucocutâneo (não genital) em pacientes imunocompetentes, não é recomendado o uso de nenhum antiviral de rotina[2,3]. O aciclovir tópico se mostrou inefetivo no tratamento de herpes labial, também não sendo recomendado[2]. Quadros mucocutâneos e genitais muito recidivantes podem ter indicação de uso de antivirais via oral por meses com o intuito de diminuir a frequência dos episódios, chegando até a um ano de tratamento[2]. Na Tabela 12.2, são apresentadas as opções de antivirais, doses e tempo de tratamento para cada uma das infecções pelo HSV descritas.

Tabela 12.2 Drogas antivirais para tratamento das infecções pelos vírus herpes simples (HSV) tipos 1 e 2

Droga	Indicação	Via	Idade	Dose usualmente recomendada
Aciclovir	HSV neonatal	EV	0 a 3 meses	▪ Tratamento: 60 mg/kg/dia divididos em 3 doses, por 14 a 21 dias
		VO	2 semanas a 8 meses	▪ Dose supressora: 300 mg/m^2, 3 x/dia, por 6 meses (após tratamento supracitado)
	Encefalite por HSV	EV	≥ 3 meses a 12 anos	▪ 30-45 mg/kg/dia divididos em 3 doses, por 14 a 21 dias ▪ 60 mg/kg/dia divididos em 3 doses, mas nefrotoxicidade pode estar aumentada nessa dose
		EV	≥ 12 anos	▪ 30 mg/kg/dia divididos em 3 doses, por 14 a 21 dias

(continua)

Tabela 12.2 Drogas antivirais para tratamento das infecções pelos vírus herpes simples (HSV) tipos 1 e 2 *(continuação)*

Droga	Indicação	Via	Idade	Dose usualmente recomendada
Aciclovir	HSV em imunodeprimidos (localizado, progressivo ou disseminado)	EV	Todas	▪ 30 mg/kg/dia divididos em 3 doses, por 7 a 14 dias
		VO	≥ 2 anos	▪ 1.000 mg/dia divididos em 3 a 5 doses, por 7 a 14 dias
	Profilaxia em imunodeprimidos com sorologia positiva (HSV)	VO	≥ 2 anos	▪ 600 a 1.000 mg/dia divididos em 3 a 5 dias, durante período de risco
		EV	Todas	▪ 15 mg/kg/dia divididos em 3 doses, durante período de risco
	HSV genital (1º episódio)	VO	Crianças	▪ 40 a 80 mg/kg/dia divididos em 3 a 4 doses, por 5 a 10 dias (máximo: 1 g/dia)
		VO	≥ 12 anos	▪ 1.000 a 1.200 mg/dia divididos em 3 a 5 doses, por 7 a 10 dias
		EV	≥12 anos	▪ 15 mg/kg/dia divididos em 3 doses, por 5 a 7 dias
	HSV genital recorrente (no episódio)	VO	≥ 12 anos	▪ 1.000 mg divididos em 5 doses, por 5 dias ou ▪ 1.600 mg divididos em 2 doses, por 5 dias ou ▪ 2.400 mg divididos em 3 doses, por 2 dias
	Terapia supressora crônica para HSV genital ou ocular recorrentes	VO	≥ 12 anos	▪ 800 mg/dia divididos em 2 doses, por 12 meses
Fanciclovir (Penvir®)	HSV genital	VO	Adultos	▪ 750 mg/dia divididos em 3 doses, por 7 a 10 dias
	HSV genital recorrente (no episódio)	VO	Adultos	▪ Imunocompetentes: 2.000 mg/dia divididos em 2 doses, por 1 dia ▪ HIV: 1.000 mg/dia divididos em 2 doses, por 7 dias
	Terapia supressora diária	VO	Adultos	▪ Imunocompetente: 500 mg/dia divididos em 2 doses, por 12 meses
	HSV labial recorrente (no episódio)	VO	Adultos	▪ Imunocompetente: 1.500 mg, dose única ▪ HIV: 1.000 mg/dia divididos em 2 doses, por 7 dias
Foscarnet (Foscavir®)	HSV resistente ao aciclovir em imunodeprimido	EV	Adultos	▪ 80 a 120 mg/kg/dia divididos em 2 a 3 doses, até resolução da infecção
Valaciclovir (Valtrex®)	HSV genital (1º episódio)	VO	Adultos	▪ 2 g/dia divididos em 2 doses, por 10 dias
	HSV genital recorrente (no episódio)	VO	Adultos	▪ 1 g/dia dividido em 2 doses, por 3 dias
	Terapia supressora diária para HSV genital recorrente	VO	Adultos	▪ 1 g/dia uma vez ao dia, por 12 meses
	HSV labial recorrente (no episódio)	VO	> 12 anos	▪ 4 g/dia divididos em 2 doses, por 1 dia

EV: endovenosa; VO: via oral.

Fonte: modificada de American Academy of Pediatrics, 2015[2].

VÍRUS VARICELA-ZÓSTER

O vírus varicela-zóster (VVZ), também conhecido como herpes-vírus humano 3[2], é altamente contagioso e, diferentemente dos demais membros da família *Herpesviridae*, tem a habilidade de liberar vírus infectantes através de gotículas expelidas na respiração[1]. A infecção primária leva ao quadro de varicela, em que a excreção viral pela via respiratória é bem mais pronunciada[3]. Após a primoinfecção, o vírus fica em estado de latência, predominante ou exclusivamente em neurônios[1]. A reativação do VVZ leva ao quadro de herpes-zóster, com acometimento localizado no dermátomo correspondente ao nervo sensitivo em que ocorreu a latência[1]. Nesse contexto, a transmissão se dá mais facilmente pelo contato direto com as vesículas do local acometido e não é comum haver excreção viral pela via respiratória[1].

A varicela tem período de incubação de 10 a 21 dias. Classicamente, cursa com exantema maculopapulovesicular difuso com polimorfismo regional[3], ou seja, lesões em diversas fases de evolução de forma concomitante – pápula, vesícula, crosta etc. Até metade das crianças costuma apresentar sintomas prodrômicos[1], como febre, mal-estar, cefaleia, anorexia e mialgia[3]. Em indivíduos previamente hígidos, lesões novas costumam surgir até 3 a 6 dias após o início do quadro[1]. A transmissão pessoa a pessoa se inicia 2 dias antes do surgimento das lesões e dura até que todas elas evoluam para crostas[2].

A gravidade e a evolução com complicações estão relacionadas à competência imune do indivíduo, bem como à idade na aquisição da doença; sabe-se que, em geral, os adultos tendem a ter evolução mais grave que as crianças[1]. Os recém-nascidos também estão sujeitos a pior evolução clínica, sendo esse risco maior se a mãe adquirir varicela entre 5 dias antes e 2 dias após o parto[2]. Nos portadores de imunodeficiências com disfunção da imunidade celular (p. ex.: imunodeficiência combinada grave – SCID, HIV), bem como em usuários crônicos de corticosteroides sistêmicos, a gravidade tende a ser maior[2], com possibilidade de visceralização. Em crianças sem comorbidades, as infecções bacterianas secundárias compõem a principal causa de complicação – principalmente de foco cutâneo e pulmonar –, sendo o *Staphylococcus aureus* e o *Streptococcus pyogenes* patógenos bastante usuais nesse contexto[1]. Já as complicações neurológicas e hemorrágicas são menos comuns.

O herpes-zóster apresenta quadro clínico semelhante ao da varicela, contudo a distribuição das lesões se dá ao longo de um ou mais dermátomos. É mais comum em adultos e imunodeprimidos. Crianças que foram infectadas pelo VVZ intraútero podem apresentar herpes-zóster muito precocemente, mesmo nunca tendo cursado com varicela na vida extrauterina[2]. O acometimento de mais de um dermátomo não é comum, devendo servir de alerta para a possibilidade de quadro de imunodeficiência. A principal complicação do herpes-zóster é a neuralgia pós-herpética[3].

Na maioria das situações, o diagnóstico da varicela é clínico, sendo dispensável a confirmação laboratorial. Quando necessário, os exames disponíveis são a sorologia, a PCR e o isolamento viral do material das vesículas[3].

Em crianças previamente hígidas, não é recomendado o uso rotineiro de antivirais para o tratamento da varicela sem complicações[2], sendo necessárias apenas medidas de suporte[3]. Em imunossuprimidos, é indicado o uso de terapia antiviral endovenosa[2]. Em quadros graves e de varicela neonatal, o tratamento também é indicado. Em adultos com herpes-zóster, fanciclovir e valaciclovir são possibilidades terapêuticas[3]. Na Tabela 12.3 estão apresentadas as drogas e doses indicadas em cada situação.

A respeito de profilaxias, a vacina contra varicela está disponível no Sistema Único de Saúde (SUS) e faz parte da rotina de vacinas da infância dentro do Programa Nacional de Imunizações[4]. Além disso, para situações específicas, além da

Tabela 12.3 Drogas antivirais para tratamento das infecções pelos vírus varicela-zóster

Droga	Indicação	Via	Idade	Dose usualmente recomendada
Aciclovir	Varicela em imunocompetentes	VO	≥ 2 anos	▪ ≤ 40 kg: 80 mg/kg/dia divididos em 4 doses, por 5 dias (máximo: 3.200 mg/dia) ▪ > 40 kg: 3.200 mg divididos em 4 doses, por 5 dias
	Varicela em imunocompetentes hospitalizados	EV	≥ 2 anos	▪ 30 mg/kg/dia, por 7 a 10 dias ou ▪ 1.500 mg/m^2/dia divididos em 3 doses, por 7 a 10 dias
	Varicela em imunodeprimidos	EV	< 1 ano	▪ 30 mg/kg/dia divididos em 3 doses, por 7 a 10 dias
		EV	≥ 1 ano	▪ 1.500 mg/m^2/dia divididos em 3 doses, por 7 a 10 dias
	Herpes-zóster em imunocompetentes	EV	Todas	▪ Igual ao tratamento de varicela em imunodeprimidos ▪ Deve ser usado em hospitalizados
		VO	≥ 12 anos	▪ 4.000 mg/dia divididos em 5 doses, por 5 a 7 dias
	Herpes-zóster em imunodeprimidos	EV	< 12 anos	▪ 30 mg/kg/dia divididos em 3 doses, por 7a 10 dias
		EV	≥ 12 anos	▪ 30 mg/kg/dia divididos em 3 doses, por 7 a 10 dias
Fanciclovir (Penvir®)	Herpes-zóster	VO	Adultos	▪ 1.500 mg/dia divididos em 3 doses, por 7 dias
Foscarnet (Foscavir®)	Varicela-zóster resistente ao aciclovir	EV	Adultos	▪ 120 mg/kg/dia divididos a cada 8 h, por até 3 semanas
Valaciclovir (Valtrex®)	Varicela	VO	2 a < 18 anos	▪ 20 mg/kg, 3 x/dia, por 5 dias (não exceder 1 g/dose 3 x/dia)
	Herpes-zóster	VO	Adultos	▪ 3 g/dia divididos em 3 doses, por 7 dias

Fonte: modificada de American Academy of Pediatrics, 2015[2].

vacina, está disponível a imunoglobulina humana antivaricela-zóster. Em relação ao herpes-zóster, já existe vacina licenciada, porém ainda não está disponível no SUS. Mais detalhes podem ser obtidos no Capítulo 27, "Imunização".

VÍRUS EPSTEIN-BARR

A principal apresentação clínica associada à infecção pelo vírus Epstein-Barr (EBV) é a mononucleose infecciosa[2] (MI). Também conhecido como herpes-vírus humano 4, o EBV geralmente faz latência nos linfócitos B e tem como característica a habilidade de inibir a apoptose destes em cultura de células, processo conhecido como imortalização[1]. A MI é uma doença de baixa infectividade, e sua transmissão é maior em áreas de pior situação socioeconômica – nos países em desenvolvimento, até 90% das crianças de 8 anos já tiveram contato com o vírus, enquanto em países com melhor condição social 30 a 75% dos adolescentes permanecem soronegativos[1].

A MI é mais prevalente em crianças e adultos jovens, sendo a nasofaringe a principal porta de entrada. A transmissão pode se dar de diversas formas: por saliva (beijo), difusão por meio de objetos (copos, xícaras etc.), via respiratória, sexual, transplacentária e transfusional[3]. O período de incubação varia de 10 a 60 dias[3]. O espectro de sintomas é bem amplo, variando desde quadros assintomáticos até evolução com óbito[2]. Em indivíduos sem comorbidades, as manifestações clínicas mais comuns são febre, faringite com ou sem exsudato amigdaliano, hepatoesplenomegalia, *rash* cutâneo, adenomegalia, fadiga. O quadro costuma durar, em média, 2 a 3 semanas, sendo a hepatoesplenomegalia, a adenomegalia e a fadiga os sintomas que mais demoram a se resolver, podendo durar meses[3].

O quadro clínico descrito anteriormente caracteriza a conhecida síndrome mononucleose-símile, que engloba em seus diagnósticos diferenciais outras causas infecciosas, algumas oncológicas e reumatológicas. Dentre outros agentes infecciosos que podem evoluir com essa apresentação, os mais relacionados são o citomegalovírus, o HIV e o toxoplasma.

Quando evolui de forma grave, o EBV pode acometer alguns órgãos específicos – como o sistema nervoso central (com meningite asséptica, mielite, neurite óptica, síndrome de Guillain-Barré etc.), o fígado (com hepatite, promovendo até quadros fulminantes), o coração (com miocardite) –, como também pode desencadear quadros sistêmicos, como a síndrome hemofagocítica[2]. Além disso, é sabido que esse vírus se associa a quadros proliferativos e até mesmo oncogênicos, como o linfoma de Burkitt, o carcinoma nasofaríngeo e a doença linfoproliferativa pós-transplante[2].

A avaliação laboratorial pode ser feita inicialmente com exames gerais – hemograma e transaminases – e, posteriormente, exames específicos. O EBV costuma cursar com leucocitose à custa de linfocitose com atipia[3], algumas vezes podendo levar a uma reação leucemoide. Não é comum a alteração das demais séries do hemograma. Do ponto de vista hepático, quase 80% dos casos cursam com alguma alteração laboratorial[3]. Para confirmação do diagnóstico etiológico, estão disponíveis testes sorológicos – anticorpos heterófilos, anticorpos contra antígenos do EBV (p. ex.: anti-VCA IgG e IgM) – e testes moleculares – PCR quali/quantitativo[3]. O isolamento viral, em geral, é feito em âmbito de pesquisa[3], não fazendo parte da rotina de investigação da maioria dos serviços.

A respeito do tratamento, não existem drogas antivirais efetivas contra o EBV, sendo realizada terapia de suporte. Em algumas situações, como obstrução de vias aéreas superiores, anemia hemolítica e plaquetopenia grave, o uso de corticosteroides está indicado[3].

CITOMEGALOVÍRUS

O citomegalovírus (CMV), ou herpes-vírus humano 5, é um agente infeccioso de alta contagiosidade. No indivíduo infectado, ele está presente em quase todas as secreções e líquidos orgânicos, o que explica as diversas formas de transmissão pessoa a pessoa: por saliva, via sexual, congênita, perinatal etc[3]. Outras formas de adquirir o vírus são através de transfusões sanguíneas e transplante de órgãos sólidos[3]. Na transmissão horizontal, o período de incubação é desconhecido[2].

O quadro clínico varia de acordo com a idade de aquisição do vírus e a competência imune do hospedeiro[2]. Em crianças imunocompetentes e fora do período neonatal, a infecção é assintomática na maioria dos casos[3]. Quando apresenta sintomas, pode cursar com síndrome mononucleose-símile, principalmente em crianças maiores e adolescentes, comumente com febre arrastada e hepatite leve[2]. Quando em condições imunossupressoras – como tratamento de neoplasias, portador do HIV, uso de medicações após transplante de órgãos sólidos – os pacientes tendem a desenvolver quadros mais invasivos, com acometimento de órgãos-alvo pelo CMV, levando a pneumonite, colite, retinite, febre com leucopenia e plaquetopenia ou hepatite leve[2].

Com relação à infecção pelo CMV no recém-nascido, é importante ressaltar que a aquisição do vírus pode ocorrer tanto intraútero (infecção congênita) quanto no período perinatal (durante ou após o parto), levando a apresentações clínicas diferentes. No CMV congênito, apenas 10% dos casos apresentam sinais clínicos evidentes ao nascimento[2,3]. Entre os achados mais relevantes, destacam-se: restrição de crescimento intrauterino, microcefalia, hepatoesplenomegalia, icterícia, calcificações intracerebrais e coriorretinite[2]. A perda auditiva neurossensorial é a complicação mais comum, acometendo até 50% dos recém-nascidos sintomáticos ao nascimento e até 15% dos assintomáticos[2]. Em relação ao CMV perinatal, a aquisição do vírus pode ocorrer no intraparto (canal vaginal materno) ou no pós-parto (leite materno, transfusão sanguínea)[2]. Nos bebês de termo, comumente não há evolução para a doença. Já nos prematuros, há risco de doença sistêmica, com acometimento de órgãos-alvo, podendo inclusive levar a uma síndrome de sepse viral[2].

Nos exames laboratoriais, é comum a presença de linfocitose com atipia ao hemograma, bem como alteração de provas hepáticas[3]. Para confirmação etiológica, os testes disponíveis são a sorologia para CMV com detecção de IgG e IgM, a PCR quali/quantitativa, o isolamento em cultura de tecidos e o *shell vial* (cultura com uso de anticorpos monoclonais contra antígenos celulares para identificar as células infectadas após 24 horas de incubação)[1]. Os métodos mais utilizados na prática são a sorologia e a PCR. Vale ressaltar que, em CMV congênito, além da sorologia para o diagnóstico é recomendada detecção do vírus em amostras de fluidos corporais do recém-nascido (saliva, urina) nas primeiras 3 semanas de vida[1].

Quanto ao tratamento, não é indicado o uso rotineiro de antivirais em pacientes sem comorbidades[3]. Nos pacientes imunodeprimidos, o uso dessas drogas é indicado, e a duração do esquema pode variar, a depender do quadro clínico em questão (p. ex., órgão-alvo acometido). A droga de primeira escolha é o ganciclovir[2]. O tratamento do CMV congênito sintomático tem duração mais longa que o tratamento em outros contextos. O detalhamento sobre as drogas, as vias de administração e as doses está na Tabela 12.4.

Tabela 12.4 Drogas antivirais para tratamento das infecções pelo citomegalovírus (CMV)

Droga	Indicação	Via	Idade	Dose usualmente recomendada
Ciclofovir	Retinite por CMV	EV	Adulto	▪ Indução: 5 mg/kg semanal, 2 doses com probenecida e hidratação ▪ Manutenção: 5 mg/kg quinzenal, com probenecida e hidratação
Foscarnet (Foscavir®)	Retinite por CMV em aids com suspeita de resistência ao ganciclovir	EV	Adulto	▪ 180 mg/kg/dia divididos em 2-3 doses, por 14 a 21 dias ▪ Manutenção: 90 a 120 mg/kg, 1 x/dia
	CMV em imunodeprimidos	EV	Todas	▪ Indução: 60 mg/kg a cada 8 h ou 90 a 100 mg/kg, a cada 12 h, por 14 a 21 dias ▪ Manutenção: 120 mg/kg, 1 x/dia, 5 a 7 dias por semana
Ganciclovir	CMV congênito sintomático	EV	Nascimento até 1 mês	▪ 12 mg/kg/dia, a cada 12 h, por 6 semanas[5]
	Retinite por CMV em imunodeprimido	EV	Todas	▪ Tratamento: 10 mg/kg/dia divididos em 2 doses, por 14 a 21 dias ▪ Supressão em longo prazo: 5 mg/kg/dia, 7 dias por semana ou 6 mg/kg/dia, por 5 dias por semana

(continua)

Tabela 12.4 Drogas antivirais para tratamento das infecções pelo citomegalovírus (CMV) *(continuação)*

Droga	Indicação	Via	Idade	Dose usualmente recomendada
Ganciclovir	Profilaxia em hospedeiro de alto risco	EV	Todas	▪ 10 mg/kg/dia divididos em 2 doses, por 1 a 2 semanas, depois 5 mg/kg/dia em 1 dose por 100 dias ou 6 mg/kg/dia por 5 dias na semana
Valganciclovir	CMV congênito sintomático	VO	Nascimento até 2 meses	▪ 32 mg/kg/dia divididos em 2 doses, por 6 meses[2,5]
	Retinite por CMV em imunodeprimido	VO	Adulto	▪ Tratamento: 900 mg, 2 x/dia, por 3 semanas ▪ Supressão em longo prazo: 900 mg, ▪ 1 x/dia

Fonte: modificada de American Academy of Pediatrics, 2015[2] e Harrison, 2015[5].

HERPES-VÍRUS TIPOS 6 E 7

O herpes-vírus humano 6 (HHV-6) e o herpes-vírus humano 7 (HHV-7) estão relacionados ao quadro clínico de exantema súbito, ou *roseola infantum*, na infância. A primoinfecção pelo HHV-6 costuma evoluir com essa apresentação clínica em 20% dos casos, enquanto 80% das crianças evoluem com febre sem sinais localizatórios[2]. Em geral, o curso da doença é benigno e acomete majoritariamente a faixa etária de 6 meses a 3 anos[3]. Já a primoinfecção pelo HHV-7 costuma ser oligossintomática, e acredita-se que esse vírus tenha papel maior em casos subsequentes e recorrentes de roséola – alguns autores sugerem até uma eventual habilidade do HHV-7 de reativar o HHV-6 latente, justificando o quadro clínico[2]. Ambos os vírus ficam latentes e podem reativar em algumas situações[2].

O período de incubação varia de 9 a 10 dias, e a transmissão se dá através de secreções orais e saliva[3]. A infecção pode ser assintomática. Classicamente, a roséola é caracterizada por quadro febril agudo com temperaturas de até 39,5°C, que dura de 3 a 5 dias, acompanhado de irritabilidade e linfadenopatia cervical posterior, podendo haver sintomas gastrointestinais ou respiratórios, com inflamação de membranas timpânicas[2]. Após o desaparecimento da febre, tem-se o aparecimento de *rash* maculopapular. De 10 a 15% das primoinfecções por HHV-6 podem evoluir com convulsão febril[2].

Na prática, os exames laboratoriais são pouco úteis, com achados inespecíficos ao hemograma. Em quadros que evoluíram para convulsão, se houver dúvida da etiologia a coleta do liquor pode estar indicada[3]. Exames específicos para a identificação do vírus não são realizados na rotina. Quando necessário, são disponíveis exames sorológicos, de PCR e de isolamento viral, sabendo-se que algumas dessas técnicas têm valor limitado no diagnóstico da infecção pelo HHV-6 e HHV-7[2].

Em pacientes imunocompetentes, o tratamento é de suporte[3]. Em contexto de imunodepressão, presença de encefalite ou casos graves, o uso de antivirais pode ser benéfico, sendo relatado em alguns estudos o uso de ganciclovir, valganciclovir ou foscarnet[2].

HERPES-VÍRUS TIPO 8

Diferentemente dos demais componentes da família *Herpesviridae*, o herpes-vírus humano 8 (HHV-8) não apresenta distribuição universal[3]. Ele é o agente etiológico associado ao sarcoma de Kaposi (SK) e também se relaciona com outras doenças, como doença de Castleman, alguns tipos de linfoma, quadros sistêmicos como KICS (síndrome por citocinas inflamatórias associada ao herpes-vírus do sarcoma de Kaposi) e síndrome hemofagocítica[2]. O HHV-8 é mais prevalente em países do continente africano, principalmente da África Subsaariana, onde o SK também é mais prevalente[1].

A transmissão do HHV-8 pode ser horizontal, de forma não sexual (p. ex., saliva) ou sexual, transmissão vertical, transfusão sanguínea ou transplante de órgãos sólidos[1]. Em locais com alta endemicidade, a transmissão não sexual é a mais comum e costuma ocorrer na infância[1]. Em locais de baixa endemicidade, a transmissão sexual ganha importância, principalmente em adolescentes e homens que fazem sexo com homens. Nesse contexto, a soroprevalência é ainda maior se o indivíduo for portador do HIV[1].

Em crianças imunocompetentes, a primoinfecção pode ser assintomática, como também pode cursar com febre, *rash* maculopapular, sendo comuns os sintomas do trato respiratório alto[2,3]. Em indivíduos imunossuprimidos, o quadro tende a ser mais grave, com febre, adenomegalia, esplenomegalia, pancitopenia, diarreia, *rash*, doença disseminada e SK[2].

O diagnóstico etiológico pode ser feito com testes sorológicos (ensaios com imunofluorescência, ensaios imunoenzimáticos, *Western blot*), bem como PCR[2].

Em relação ao tratamento, o uso de antivirais não é muito bem estabelecido, mesmo em pacientes imunodeprimidos[2]. Alguns estudos citam a possível diminuição da replicação viral com o uso do ganciclovir, outros com a associação de ganciclovir e zidovudina, cidofovir e foscarnet[2]. É relatada resistência do HHV-8 ao aciclovir[3]. Com relação aos quadros neoplásicos associados ao HHV-8, o tratamento é feito com radioterapia e quimioterapia[2].

REFERÊNCIAS BIBLIOGRÁFICAS

1. Long SS, Pickering LK, Prober CG. Long: principles and pratices of pediatric infectious diseases. 4. ed. Philadelphia: Elsevier; 2012.

2. American Academy of Pediatrics. Red Book: 2015. Report of the Committee on Infectious Diseases. 29. ed. Elk Grove Village: American Academy of Pediatrics; 2015.
3. Marques HHS, Sakane PT, Baldacci ER (coord.). Infectologia. Barueri: Manole; 2011.
4. Brasil. Ministério da Saúde. Secretaria de Vigilância em Saúde. Departamento de Vigilância das Doenças Transmissíveis. Manual dos centros de referência para imunobiológicos especiais. 4. ed. Brasília: Ministério da Saúde; 2014.
5. Harrison JG. Current controversies in diagnosis, management, and prevention of congenital cytomegalovirus: updates for the pediatric practioner. Pediatr Ann. 2015; 44(5):e115-e125.
6. Ebell MH, Call M, Shinholser J, Gardner J. Does this patient have infectious mononucleosis?: the rational clinical examination systematic review. JAMA. 2016;315(14):1502-9.
7. Bolis V, Karadedos C, Chiotis I, Chaliasos N, Tsabouri S. Atypical manifestations of Epstein-Barr virus in children: a diagnostic challenge. J Pediatr (Rio J). 2016;92(2):113-21.
8. Naviglio S, Abate MV, Chinello M, Ventura A. Splenic Infarction in Acute Infectious Mononucleosis. J Emerg Med. 2016;50(1):e11-3.
9. Rezk E, Nofal YH, Hamzeh A, Aboujaib MF, AlKheder MA, Al Hammad MF. Steroids for symptom control in infectious mononucleosis. Cochrane Database Syst Rev. 2015;(11):CD004402.
10. Jiang SY, Yang JW, Shao JB, Liao XL, Lu ZH, Jiang H. Real-time polymerase chain reaction for diagnosing infectious mononucleosis in pediatric patients: a systematic review and meta-analysis. J Med Virol. 2016;88(5):871-6.

Hepatites virais 13

Giovanna Gavros Palandri
Giuliana Stravinskas Durigon

Após ler este capítulo, você estará apto a:

1. Conhecer os principais vírus que causam hepatites.
2. Definir os métodos diagnósticos e o tratamento, quando houver.

INTRODUÇÃO

As hepatites virais são doenças causadas por agentes virais diversos que têm em comum o tropismo primário pelo tecido hepático[1]. São cinco os vírus envolvidos: hepatite A (HAV), hepatite B (HBV), hepatite C (HCV), hepatite D (HDV) e hepatite E (HEV)[1].

A apresentação clínica é bastante diversa entre elas, variando desde quadros assintomáticos até insuficiência hepática aguda grave. Na avaliação laboratorial inicial, a depender da presença de sintomas, podem estar presentes algumas alterações: o hemograma pode ter leucograma normal, leucocitose ou leucopenia; as transaminases podem estar aumentadas (em geral, ALT ou TGP superior a AST ou TGO), bem como as enzimas canaliculares (gama GT e fosfatase alcalina) e as bilirrubinas, principalmente nas formas ictéricas[2]; coagulograma e albumina costumam se alterar apenas nos quadros mais graves[2].

A despeito de ter distribuição universal, existe grande variação na prevalência de cada hepatite nas diferentes regiões do território nacional[1]. No Brasil, as hepatites B e C são doenças de notificação compulsória regular, ou seja, os casos suspeitos com algum marcador sorológico reagente devem ser notificados em até 7 dias[1].

A seguir, serão descritas as particularidades de cada doença causada pelos vírus das hepatites A, B, C, D e E[3].

HEPATITE A

Etiologia

O HAV é um RNA-vírus de fita simples, membro da família *Picornaviridae*[2-4], com grande estabilidade nas elevações de temperatura e em pH baixo[2]. Essas características conferem ao agente infeccioso a capacidade de passar pelo estômago e de se replicar no trato gastrointestinal, com posterior passagem pelos enterócitos, acessando as vias mesentéricas, sistema portal e, por fim, o hepatócito[1].

Epidemiologia

A distribuição do HAV é universal, havendo diferenças na endemicidade – alta, intermediária ou baixa – a depender do nível socioeconômico e das condições sanitárias do país[2]. O modo de transmissão mais comum é o fecal-oral (pessoa a pessoa, água ou alimentos contaminados[2]), o que explica o maior número de casos e a maior precocidade da aquisição do vírus em áreas com pior saneamento básico – nesses locais, a maior parte da população é infectada antes dos 10 anos de idade[4]. Diferentemente dos adultos, a maioria das crianças mais jovens cursa com infecção assintomática[2], sendo importante o papel delas na epidemiologia da doença, uma vez que, comumente, servem de fonte de infecção para os demais indivíduos[3]. O Brasil é um país com alta endemicidade para a doença, porém, a partir de 2005, o número de casos vem caindo de forma importante, provavelmente por causa da melhoria das condições sanitárias do país[5].

Fisiopatogenia

Após aquisição via oral, passagem pelo estômago até o intestino, enterócitos, via mesentérica e sistema porta, o vírus atinge os hepatócitos, onde se replica[1,2] e promove ativação de células *natural killer* e linfócitos T CD8[4]. Esses são os componentes do sistema imune que estão envolvidos no processo de lesão das células hepáticas. No fígado ocorre a replicação do vírus, que é, em seguida, excretado pelas vias biliares com a bile e, posteriormente, eliminado nas fezes[1]. Na maioria dos casos, a restauração hepática se dá em 8 a 12 semanas, exceção feita aos quadros fulminantes, que costumam evoluir com necrose tecidual[2]. O HAV é órgão-específico, ou seja, a despeito de haver possibilidade de replicação extra-hepática, a doença se restringe ao fígado[1].

Quadro Clínico

O período de incubação da doença é de 15 a 50 dias, com média de 28 dias[2-4]. A transmissibilidade ocorre entre 2 semanas antes do início dos sintomas até 1 a 2 semanas após o fim do quadro, podendo ser maior em crianças e pacientes imunodeprimidos, chegando até a 6 meses de excreção viral nas fezes[2]. Os sintomas variam a depender da faixa etária e das condições de saúde do hospedeiro. Crianças com idade abaixo de 6 anos apresentam, na maioria das vezes, a forma assintomática[2-4]. Nessa faixa etária, apenas 30% dos indivíduos evoluem com sintomas[4] e menos de 10% das crianças infectadas apresentam icterícia[3]. Em crianças mais velhas e adultos, 76 a 97% dos doentes apresentam sintomas e, destes, 40 a 70% desenvolvem icterícia[3]. Sintomas constitucionais, como febre baixa, prostração, mialgia, náusea e alterações gastrointestinais, podem ou não vir associados a sinais e sintomas mais específicos, como colúria, acolia fecal, dor em hipocôndrio direito, hepatomegalia e esplenomegalia[3]. O quadro clínico dura comumente cerca de 2 meses, podendo em algumas situações se estender até 6 meses[3,4]. Menos de 1% dos infectados evolui com hepatite fulminante, um quadro raro e de alta letalidade[2,4], que é mais comum em pacientes com hepatopatia prévia ou em indivíduos acima de 65 anos[2,4]. Não há relatos de quadro crônico pelo HAV[4].

Diagnóstico Laboratorial Específico

A sorologia é o exame mais utilizado na prática clínica. Faz-se a dosagem dos anticorpos totais anti-HAV (IgG e IgM), bem como dosagem da IgM anti-HAV isoladamente.

A IgM costuma positivar entre 5 e 10 dias após o início dos sintomas, com queda até níveis indetectáveis, em média, após seis meses do quadro[1,4]. Esse exame, quando positivo, indica infecção aguda (atual ou recente) pelo HAV. Ele tem sensibilidade de 100%, especificidade de 99% e valor preditivo positivo de 88%[1]. Existem algumas situações, entretanto, que podem levar a resultado falso-positivo desse teste, como vacinação para hepatite A nas 2 semanas que o antecedem[4].

A dosagem dos anticorpos totais anti-HAV (IgG e IgM) – levando em conta o aumento da IgG – tende a se alterar logo após o aumento da IgM[4]. Uma dosagem de anticorpos totais anti-HAV positivos com IgM anti-HAV negativo indica imunidade prévia, que pode ter sido induzida por vacinação ou hepatite A já resolvida[4]. A positividade dos anticorpos totais costuma durar a vida toda[1].

Exames com técnicas moleculares – como a reação em cadeia de polimerase (PCR) – estão disponíveis[4], mas não são muito utilizados na rotina diagnóstica do HAV.

No *Manual técnico para o diagnóstico das hepatites virais*[1], documento produzido pelo Ministério da Saúde e publicado em 2015, estão disponíveis mais informações sobre os testes para investigação da hepatite A.

Tratamento

Não existe terapia antiviral específica para o HAV, sendo feito apenas tratamento de suporte[2,4]. Como orientações gerais aos pacientes, recomenda-se repouso relativo, evitar o consumo de bebidas alcoólicas (se possível, por 6 meses) e a não utilização de medicamentos potencialmente hepatotóxicos, como o paracetamol[2].

Prevenção

As medidas preventivas mais eficazes são a melhoria das condições de saneamento básico e dos hábitos de higiene pessoal, e a vacinação contra a hepatite A[4]. Essa vacina faz parte do Programa Nacional de Imunizações[6] do Brasil e é recomendada pela Sociedade Brasileira de Pediatria.

HEPATITE B

Etiologia

O HBV é um vírus DNA de fita parcialmente duplicada pertencente à família *Hepadnaviridae*[1-4]. Ele é classificado de duas formas: de acordo com os subtipos sorológicos e os genótipos[2,3]. São nove os subtipos sorológicos (*adrq+*, *adrq-*, *ayr*, *ayw1*, *ayw2*, *ayw3*, *ayw4*, *adw2*, *adw4*), que variam de acordo com a heterogeneidade do HBsAg, e oito genótipos diferentes (A a H)[2,3], que têm variação de até 8% da sequência dos nucleotídeos[3]. Essas classificações se correlacionam com prognóstico, resposta ao tratamento e carcinogênese[3]. A distribuição entre os genótipos varia geograficamente[1,3], com predomínio no Brasil dos genótipos A, D e F[1]. O HBV é bastante estável, podendo resistir por até 7 dias no ambiente[2].

Epidemiologia

Cerca de um terço da população mundial tem alguma evidência sorológica de infecção anterior ou atual pelo HBV[7]. Globalmente, 350 a 400 milhões de pessoas mantêm o antígeno de superfície (HBsAg) positivo de forma crônica[7]. No Brasil, a despeito da disponibilização da vacina contra o HBV no Programa Nacional de Imunizações, ainda existem áreas de alta endemicidade, como a Amazônia[2].

A transmissão do HBV se dá pelo contato com sangue e fluidos corporais infectados[4]. Apesar da detecção do vírus em diversos fluidos, como leite materno, saliva e lágrimas, aqueles mais associados à transmissão do patógeno são: sangue, sêmen, soro, secreção vaginal, liquor, derrames cavitários (pleural, pericárdico), ascite, líquido sinovial e líquido amniótico[4]. Diante disso, são as principais formas de transmissão: percutânea (compartilhamento de seringas, acidente perfurocortante, contaminação de material de manicure, compartilhamento de escovas de dente etc.), sexual e perinatal.

Fisiopatogenia

Os hepatócitos infectados sofrem lesão celular imunomediada, tendo como principal leucócito envolvido o linfócito T CD8[2]. O desfecho da infecção aguda dependerá da interação entre o vírus e o hospedeiro. Com relação ao vírus, alguns genótipos podem estar mais associados à cronificação. Quanto ao hospedeiro, tudo dependerá da forma como a resposta imune será deflagrada – a infecção é controlada e resolvida se houver ativação de linfócitos T CD8, com produção de interferona e fator de necrose tumoral[2]. Caso a resposta seja insuficiente, o quadro evolui para cronicidade. Caso haja exacerbação desse processo, há risco de evolução para hepatite fulminante, que corresponde a menos de 1% dos quadros[2].

Outro fator do hospedeiro que interfere no risco de cronificação é a idade em que se deu a aquisição do vírus. Quanto mais novo o hospedeiro, maior esse risco: ele é de até 90% na aquisição perinatal, 25 a 50% em crianças de 1 a 5 anos, e 5 a 10% em crianças maiores e adultos[2-4].

Quadro Clínico

O período de incubação varia de 30 a 180 dias, com média de 60 a 90 dias[2]. Na forma aguda sintomática, a transmissão ocorre 2 a 3 semanas antes do início dos sintomas, com duração durante todo o curso clínico[2]. Todo portador de HBsAg pode transmitir a doença, inclusive os pacientes que evoluíram para a forma crônica[2].

A presença de sintomas na infecção aguda pelo HBV dependerá de alguns fatores, como a idade do hospedeiro[3,4]. As infecções perinatais são comumente subclínicas[4]. Os sintomas estão presentes em cerca de 1% das crianças com idade abaixo de 1 ano, 5 a 15% dos pacientes entre 1 e 5 anos de idade, 30 a 50% das crianças maiores, adolescentes e adultos[3,4]. À semelhança da infecção pelo HAV, os sintomas podem ser tanto inespecíficos (febre, prostração, náusea etc.) quanto compatíveis com hepatite clínica (icterícia, dor abdominal, acolia fecal, colúria, hepatomegalia e esplenomegalia), podendo até evoluir para quadros fulminantes[3,4]. Sintomas extra-hepáticos, como artralgia, poliarterite nodosa e *rash* macular, também são descritos[4].

A maior parte das crianças portadoras de hepatite B crônica de aquisição perinatal evolui com quadro assintomático nos primeiros anos de vida[2,4]. Déficit no ganho ponderoestatural, anorexia e fadiga crônica são sintomas por vezes apresentados[2]. Quando a aquisição do vírus é mais tardia – na infância ou adolescência –, a doença hepática costuma ser mais ativa, inclusive com maior aumento de transaminases[4]. Na vida adulta, esses pacientes costumam evoluir com complicações secundárias à lesão hepática crônica, como perda de peso, icterícia, hemorragia digestiva alta e cirrose hepática. Na ausência de tratamento, até 25% das crianças com hepatite B crônica terão morte precoce secundária à cirrose e ao carcinoma hepatocelular[4].

Diagnóstico Laboratorial Específico

Os testes laboratoriais disponíveis para o diagnóstico de hepatite B envolvem técnicas de imunocromatografia (teste rápido), imunoensaios com detecção de antígenos e anticorpos (sorologias de execução laboratorial) e exames moleculares (PCR em tempo real). Para fins de otimização de recursos, é recomendada a utilização de testes que detectem o HBsAg (antígeno de superfície viral) e o anti-HBc (anticorpo contra o nucleocapsídeo proteico)[1,8]. O diagnóstico e o seguimento do paciente filho de mãe com hepatite B serão detalhados separadamente ainda neste capítulo.

Na infecção pelo HBV, ocorre a produção intensa de HBsAg, que pode ser detectado aproximadamente um mês após a infecção[1]. A cronificação da hepatite B é definida, laboratorialmente, pela presença de HBsAg por pelo menos 6 meses[1]. O teste rápido é capaz de identificar apenas o HBsAg[8]. Para a detecção do anti-HBc, é necessária a realização de sorologia[8]. Os demais testes sorológicos são úteis para a identificação da fase de infecção pelo HBV[8].

Na Tabela 13.1, estão expostas as fases da doença. Na Tabela 13.2, apresenta-se o significado de cada teste da sorologia. Na Tabela 13.3 está a interpretação da sorologia nas situações mais comumente encontradas.

A PCR em tempo real é um exame útil, principalmente, nos casos de infecção oculta pelo HBV, ou seja, quando o HBsAg não consegue ser detectado, apesar de se estar em vigência de infecção[1]. É um teste com altíssima especificidade (acima de 99%) e que permite a detecção mais precoce do vírus. Ele também é utilizado para auxiliar na definição da fase da doença em que o paciente se encontra.

No *Manual técnico para o diagnóstico das hepatites virais*[1], documento produzido pelo Ministério da Saúde e publicado em 2015, estão disponíveis os fluxogramas de investigação da hepatite B em diferentes contextos.

Tabela 13.1 Fases da infecção pelo HBV

Fase da infecção	Características
Fase imunotolerante	▪ Sem evidência de lesão hepatocelular, pouca fibrose ▪ Transaminases normais ou próximas do normal ▪ HBeAg+ e HBV-DNA alto (alta replicação viral > 20.000 UI/mL) ▪ Maior transmissibilidade ▪ A fase é mais longa na transmissão vertical
Fase imunorreativa	▪ Esgotamento da tolerância imunológica ▪ Inflamação hepática moderada a grave, fibrose em progressão ▪ Flutuações nos valores de transaminases ▪ HBeAg+ e HBV-DNA menor ▪ Dura semanas a anos, é mais rápida quando a aquisição ocorre na vida adulta ▪ Encerra-se na soroconversão para anti-HBe
Estado de portador inativo	▪ Sistema imune consegue reprimir a replicação viral ▪ Menor risco de cirrose e neoplasia, bom prognóstico ▪ HBV-DNA baixo ou indetectável e anti-HBe+ ▪ Transaminases normalizando ▪ Manter monitoração clínica e laboratorial
Fase de reativação	▪ Mutação na região *pré-core* ou *core promoter* – replicação com HBeAg– ▪ Inflamação hepática e fibrose persistem ▪ Baixas taxas de remissão e altas taxas de complicação ▪ Necessidade de acompanhamento regular
Fase HBsAg– (não reagente)	▪ Resposta imune com eliminação do HBsAg ▪ Níveis baixos de replicação viral (HBV-DNA baixo ou zero) ▪ Anti-HBc+ ▪ Poucas informações sobre infecção oculta persistente ▪ Reativação pode ocorrer, independetemente de anti-HBs ▪ Imunossupressão pode induzir reativação ▪ Acompanhamento é necessário

Fonte: modificada de Ministério da Saúde, 2016[8].

Tratamento

O tratamento de pacientes portadores de hepatite B, quando indicado, tem como objetivo diminuir riscos de progressão da hepatopatia, de desenvolvimento de cirrose, de evolução para carcinoma hepatocelular e de óbito[8]. Neste acompanhamento, tem-se como parâmetros o HBV-DNA, a dosagem de aminotransferases, bem como o acompanhamento da sorologia do HBV[8]. Sorologicamente, o alvo ideal é a perda do HBsAg, com surgimento ou não de anti-HBs. Quando não é possível atingir este resultado, recomenda-se buscar desfechos alternativos, como conversão para anti-HBe, normalização de ALT e/ou redução de carga viral do HBV[8].

Diante de paciente com hepatite B crônica (HBsAg persistentemente positivo por mais de 6 meses), recomenda-se encaminhamento a um serviço de infectologia ou hepatologia de referência para avaliação de indicação de terapia.

Dentre as indicações listadas pelo Ministério da Saúde, em adultos, tem-se[8]:

Tabela 13.2 Testes sorológicos disponíveis e significado

Teste sorológico	Antígeno ou anticorpo	Uso na prática
HBsAg	Antígeno de superfície da hepatite B	▪ Detecção de indivíduos infectados aguda ou cronicamente (> 6 meses com esse teste positivo) ▪ Antígeno da vacina ▪ Pode ser detectado até 1 mês após a vacina
Anti-HBs	Anticorpo contra o HBsAg	▪ Identificação de pessoas com infecção resolvida pelo HBV (cura da infecção)[2] ▪ Definição de imunidade após vacinação
HBeAg	Antígeno e do HBV	▪ Identificação dos indivíduos infectados com maior risco de transmissão (replicação viral)[2]
Anti-HBe	Anticorpo contra o HBeAg	▪ Identificação de indivíduos infectados com menor risco de transmissão (fim da fase replicativa)[2]
Anti-HBc (total)	Anticorpo contra HBcAg	▪ Identificação de infecção anterior resolvida, vigência de infecção aguda ou crônica ▪ Não positiva após imunização ▪ Tem janela imunológica de 45 dias após o surgimento do HBsAg[1] ▪ Transferido ao feto, filho de mãe HBsAg positivo, por via transplacentária podendo ser detectável no lactente até 24 meses de vida
IgM anti-HBc	Anticorpo IgM contra o HBcAg	▪ Identificação de indivíduos com infecção aguda ou recente pelo HBV (incluindo aqueles com HBsAg– durante a "janela imunológica") ▪ Não é recomendado para o diagnóstico de infecção perinatal

HBV: vírus da hepatite B; IgM: imunoglobulina M.
Fonte: modificada deAmerican Academy of Pediatrics, 2015[4].

Tabela 13.3 Interpretação dos resultados de sorologia de hepatite B

Testes sorológicos	Resultados	Interpretação
HBsAg Anti-HBc total Anti-HBs	Não reagente Não reagente Não reagente	Ausência de contato prévio com o HBV Suscetível a infecção pelo HBV
HBsAg Anti-HBc total Anti-HBs	Não reagente Reagente Reagente	Imune após infecção pelo HBV
HBsAg Anti-HBc total Anti-HBs	Não reagente Não reagente Reagente	Imune após vacinação contra o HBV
HBsAg Anti-HBc total Anti-HBs	Reagente Reagente Não reagente	Infecção pelo HBV

HBV: vírus da hepatite B.
Fonte: modificada de Ministério da Saúde, 2015[1].

- Paciente com HBeAg reagente com elevação de ALT > 2 vezes o limite superior de normalidade.
- Adulto com idade superior a 30 anos com HBeAg reagente.
- HBeAg não reagente, porém carga viral (HBV-DNA) > 2.000 UI/mL e ALT > 2 vezes o limite superior de normalidade.

Existem critérios de tratamento que independem do resultado do HBeAg, dos valores de carga viral ou de ALT, entre eles: manifestações extra-hepáticas (artrites, poliarterite nodosa, vasculites etc.), história familiar de carcinoma hepatocelular, hepatite aguda grave, reativação de hepatite B crônica, coinfecção HBV-HIV e/ou HBV-HCV, prevenção de reativação viral em pacientes que serão submetidos a terapia imunossupressora, biópsia hepática com METAVIR ≥ A2F2 ou elastografia hepática > 7,0 kPa, cirrose e insuficiência hepática[8].

Em 2017, o Ministério da Saúde publicou a edição mais atualizada do *Protocolo clínico e diretrizes terapêuticas para hepatite B e coinfecções*. Nessa publicação, houve mudanças no arsenal terapêutico de primeira linha para o tratamento da hepatite B, que agora inclui o tenofovir, o entecavir e a alfapeguinterferona. Foram retiradas deste arsenal a alfainterferona, o adefovir e a lamivudina. Com relação ao uso pediátrico das drogas de escolha, apenas foi citado que o tenofovir e o entecavir não apresentam contraindicação por faixa etária, mas que a eficácia, a segurança e os demais efeitos ainda não estão completamente estabelecidos em menores de 18 e 16 anos de idade, respectivamente[8]. Até o momento, não houve nenhuma nova orientação quanto ao tratamento de crianças.

Prevenção

Medidas individuais, como o uso de preservativos nas relações sexuais, o não compartilhamento de itens de uso íntimo (escovas de dente, lâmina de barbear ou de depilar) e o não compartilhamento de materiais de manicure e materiais perfurocortantes (como seringas), são as primeiras medidas para a prevenção da aquisição do HBV.

Com relação à imunização, o Ministério da Saúde disponibiliza a vacina contra a hepatite B para crianças, adolescentes e adultos até 49 anos. O esquema inicial preconizado é a tomada da primeira dose preferencialmente ao nascimento (até as primeiras 12 horas), seguida de mais três doses (aos 2, 4 e 6 meses de vida, cujo componente da hepatite B está incluso na vacina pentavalente)[10]. Em crianças maiores e adultos, a vacina contra hepatite B é realizada em três doses. Indicações da imunoglobulina humana anti-hepatite B (HBIg) serão discutidas com mais detalhes em outros capítulos deste livro.

Nos pacientes infectados pelo HBV, é muito importante garantir a imunização contra o HAV, e, nesse contexto, a vacina é disponibilizada gratuitamente pelo Sistema Único de Saúde[6]. Essa medida visa prevenir a aquisição da hepatite A, levando em conta a maior gravidade dos quadros hepáticos com coinfecção HAV-HBV.

Acompanhamento da Criança Exposta Verticalmente ao Vírus da Hepatite B

Quanto à transmissão vertical da hepatite B, é sabido que o momento de maior risco de aquisição pelo recém-nascido (RN) é no trabalho de parto, por conta da ingestão de secreções pelo concepto e do contato com sangue materno[2,10]. A transmissão intraútero é rara[2,10]. Quanto ao aleitamento materno, a Organização Mundial da Saúde não contraindica, mesmo nos não imunizados; em nosso meio, o Ministério da Saúde orienta que os RNs que receberam imunoprofilaxia sejam amamentados[10]. Quanto ao tipo de parto, apesar de haver tendência de realizar mais cesáreas, o Ministério da Saúde não recomenda uma via de parto específica[10].

Em filhos de mãe com hepatite B com HBsAg+ (independentemente do *status* do HBeAg), os cuidados a serem tomados na sala de parto são:

- Realizar limpeza com compressas macias de todo sangue e secreções visíveis.
- Imediatamente após o parto, realizar o banho do RN.
- Realizar aspiração gástrica para remoção de secreção infectada.
- Aplicar a vacina ainda na sala de parto ou, no máximo, em 12 horas.
- Administrar HBIg (imunoglobulina específica para hepatite B) ao neonato (0,5 mL, IM, em local diferente do da vacina), de preferência na sala de parto ou, no máximo, em 12 horas, não sendo recomendável postergar até o sétimo dia do nascimento (eficácia comprovada até 48 horas).

Com relação ao acompanhamento ambulatorial da criança exposta ao HBV, deve-se proceder à vacinação de acordo com o preconizado pelo Programa Nacional de Imunizações, sem diferenças em relação aos não expostos. Em relação aos que receberam a imunoprofilaxia completa (HBIg e 4 doses de vacina), deve-se realizar a pesquisa dos marcadores HBsAg e anti-HBs entre 9 e 18 meses de idade[10]. Não se recomenda pesquisar o anti-HBc, uma vez que ele ultrapassa a barreira transplacentária[10]. Os vacinados que tiverem o anti-HBs > 10 mUI/mL realizaram a soroconversão adequadamente; já aqueles com anti-HBs abaixo desse corte devem ser revacinados com mais três doses, e o anticorpo deve ser retestado de 1 a 2 meses após a última dose. Caso continuem negativos, não serão recomendadas novas doses[10].

As crianças que, a despeito de todos os cuidados prestados, evoluírem com HBsAg+ devem ser consideradas portadoras de infecção crônica pelo HBV, devendo ser encaminhadas a um centro de referência[10].

HEPATITE C

Etiologia

A hepatite C é causada pelo HCV, que é um RNA-vírus de fita simples, membro da família *Flaviviridae*[2,3]. Ele tem grande variabilidade genética (30-35%), sendo, por esse motivo, classificado em sete genótipos diferentes, numerados de 1 a 7[1]. Cada genótipo possui subtipos identificados por letras (a, b, c...), somando 67 subtipos já bem definidos e mais 20 prováveis[1]. A resposta às terapias existentes varia de um genótipo para o outro, sendo importante identificá-lo diante de paciente portador do HCV[1].

Epidemiologia

A infecção pelo HCV é uma das principais causas de hepatopatia crônica no mundo[11], sendo atualmente considerada a maior responsável por cirrose e transplante hepático no Ocidente[1]. Estima-se que globalmente existam cerca de 160 milhões de indivíduos infectados, mas a maioria deles desconhece sua condição[11]. No Brasil, a estimativa é de que exista de 1,4 a 1,7 milhão de portadores de hepatite C, 86% dos casos notificados encontram-se nas regiões Sul e Sudeste[12].

Com relação à variabilidade genética, no Brasil são encontrados os genótipos 1, 2, 3, 4 e 5, nas frequências de 64,9, 4,6, 30,2, 0,2 e 0,1%, respectivamente[1]. É sabido que a resposta ao tratamento com interferon-alfa, ribavirina e os inibidores de protease costuma ser melhor nos indivíduos infectados com HCV do genótipo 1 que naqueles com genótipo 2 ou 3[1].

Quanto à transmissão do HCV, a via parenteral é a forma mais importante[1,2]. Nesse contexto, são considerados de risco indivíduos que receberam hemoderivados antes de 1993, que usam drogas injetáveis, inaladas (cocaína) ou pipadas (*crack*), que compartilham materiais cortantes (manicure), que realizaram tatuagens, *piercings*, procedimentos médicos ou odontológicos em locais que não obedecem às normas de biossegurança[1,2]. A transmissão sexual é menos frequente (cerca de 1%), sendo mais pronunciada em indivíduos com múltiplos parceiros ou que tenham outra doença sexualmente transmissível associada (p. ex., HIV)[1]. Quando comparada à hepatite B, a transmissão vertical do HCV é rara[1]. Vale lembrar que não é infrequente deparar com indivíduo portador da hepatite C com forma de transmissão desconhecida[4].

Fisiopatogenia

A célula-alvo do HCV é o hepatócito, local em que é instaurado processo inflamatório imunomediado, que culmina em achados histopatológicos como necrose focal, degeneração celular e apoptose hepatocelular[2,3]. Acredita-se que a alta prevalência de evolução para quadros crônicos nos adultos seja justificada por possível ineficiência dos anticorpos anti-HCV na neutralização do vírus, inclusive permitindo reinfecções[2,3].

Quadro Clínico

O período de incubação da hepatite C vai de 2 semanas a 6 meses, sendo mais frequente de 6 a 9 semanas[2]. A transmissibilidade se inicia 1 semana antes do surgimento dos sintomas (nos sintomáticos) e pode persistir indefinidamente nos pacientes crônicos (maioria dos casos)[2].

Cerca de 20 a 30% das crianças maiores e dos adultos que adquirem o HCV apresentam sintomas na fase aguda, que são comumente leves e clinicamente indistinguíveis dos sintomas das outras hepatites virais[3], cursando com alterações de transaminases menos pronunciadas que na infecção pelo HBV[4]. A icterícia está presente em menos de 20% dos casos[4]. Existem relatos de hepatite fulminante pelo HCV, porém isso é bastante raro[3].

A maioria dos quadros, tanto os agudos quanto os crônicos, cursa de forma assintomática[2,12]. A evolução para cronificação ocorre em 70 a 85% dos indivíduos[1,2] (na infecção perinatal e na vida adulta), podendo ser menos importante nas crianças com aquisição pós-transfusão sanguínea – até 55% destas conseguem clarear o vírus[3]. A progressão da hepatite C adquirida na infância parece ter curso bem mais lento quando comparada à infecção adquirida na vida adulta[3,4]. A chance de fibrose aumenta com a idade e quadros de hepatopatia grave raramente são vistos em período menor que 20 anos após a infecção[3]. Crianças com genótipo 1 têm maior chance de evoluir com quadro hepático grave quando comparadas àquelas com genótipo 3[3]. Indivíduos com aquisição perinatal do HCV costumam evoluir com cirrose mais precocemente que aqueles que adquiriram pós-transfusional na infância (sem doença de base)[3], mas a chance de cirrose é de 2 a 5% para cada grupo, respectivamente[3]. O desenvolvimento de hepatocarcinoma é raro em crianças com HCV[3].

Diagnóstico Laboratorial Específico

Os testes laboratoriais disponíveis para o diagnóstico de hepatite C envolvem técnicas de imunocromatografia (teste rápido), imunoensaios com detecção de antígeno e anticorpo (sorologias de execução laboratorial) e exames moleculares (detecção do HCV-RNA por PCR)[1,12]. O diagnóstico e o acompanhamento do paciente filho de mãe com hepatite C serão abordados separadamente ainda neste capítulo.

Para adultos e crianças com idade acima de 18 meses, a triagem inicial pode ser realizada com teste rápido ou sorologia (processada em ambiente laboratorial), que detectam a presença do anticorpo anti-HCV[1,12]. A positividade de cada um desses testes sugere apenas contato prévio com o vírus, sendo necessária a coleta de novos exames para a confirmação de infecção ativa[1,12]. Para isso, pode-se dosar o antígeno *core* do HCV (por imunoensaio) ou realizar a detecção do vírus por teste molecular (PCR)[1]. Vale lembrar que, em pacientes imunodeprimidos, a sorologia pode vir negativa (por possível deficiência da imunidade humoral)[12], sendo mais adequada a utilização de testes para detecção do vírus ou do antígeno. O teste molecular quantitativo ("carga viral") é recomendado nas seguintes situações[12]:

- Confirmação do diagnóstico de hepatite C.
- Diagnóstico de transmissão vertical.
- Acidentes com materiais biológicos.
- Quantificação do HCV-RNA com propósito de avaliar o tratamento.

A definição de hepatite C crônica, do ponto de vista laboratorial, é a presença de sorologia anti-HCV reagente por mais de 6 meses e a confirmação diagnóstica com HCV-RNA detectável (teste molecular, PCR)[12].

A genotipagem é um exame por técnica molecular muito útil no momento em que o diagnóstico já esteja estabelecido, considerando que os diferentes genótipos respondem de forma diferente aos esquemas terapêuticos[12].

No *Manual técnico para o diagnóstico das hepatites virais*[1], estão disponíveis os fluxogramas de investigação da hepatite C em diferentes contextos.

Tratamento

A criança portadora do HCV deve ser encaminhada a um hepatologista ou infectologista para acompanhamento e tratamento.

Nos quadros agudos por hepatite C, em adultos, há indicação de tratamento em algumas situações, com esquema de interferon-alfa convencional isoladamente ou interferon-alfa convencional associado à ribavirina, em tempo total de 24 semanas[12]. Ainda não é indicado o uso de peguinterferon-alfa ou outras drogas utilizadas na hepatite C crônica para o tratamento dos quadros agudos[12]. Nesse contexto, existem poucos trabalhos com pacientes pediátricos[3] e não há recomendação específica por faixa etária nos documentos do Ministério da Saúde[12].

Com relação aos quadros crônicos pelo HCV em crianças, a decisão de iniciar o tratamento dependerá da idade, da gravidade da doença e da eficácia do esquema proposto, bem como de seus efeitos adversos[3]. Em pacientes com idade inferior a 3 anos, atualmente o tratamento não é liberado, pois até essa idade existe a possibilidade de clareamento viral espontâneo[3]. Entre 3 e 18 anos de idade, o esquema de escolha atual é a associação de interferon-alfa com ribavirina, com duração da terapia diferente (24 ou 48 semanas), dependendo do genótipo do HCV[2,13]. Para pacientes que não toleram o interferon convencional ou os coinfectados com o HIV, o Ministério da Saúde recomenda utilizar peguinterferon-alfa associado à ribavirina[13]. Com o advento de drogas mais específicas para o vírus C, como inibidores de protease, já utilizados com segurança e eficácia nos adultos, é possível que haja mudanças futuras no manejo e no tratamento das crianças infectadas ou expostas ao HCV.

No Brasil, em pacientes adultos, as recomendações para o tratamento da hepatite C foram atualizadas em 2015[12], sendo introduzidas no arsenal terapêutico as drogas sofosbuvir, daclatasvir e simeprevir. São drogas mais bem toleradas e que promovem resposta virológica sustentada de forma mais eficaz, em 12 a 24 semanas[12]. A escolha do esquema, mais uma vez, depende do genótipo do paciente. No Brasil, essas drogas ainda não estão liberadas para uso pediátrico[12]. Para mais detalhes, acessar o *Protocolo clínico e diretrizes terapêuticas para hepatite C e coinfecções*, do Ministério da Saúde[12].

Prevenção

Assim como na prevenção da aquisição do HBV, as recomendações para prevenir a hepatite C abordam práticas sexuais seguras (uso de preservativo) e o não compartilhamento de itens de uso íntimo e perfurocortantes (lâminas de barbear, materiais de manicure, seringas etc.). Para profissionais da área da saúde, realizar as atividades de trabalho com atenção e dentro das normas de segurança preconizadas, a fim de evitar acidentes de trabalho.

Com relação à imunização, os pacientes com hepatite C devem receber vacina contra hepatites A e B, desde que não tenham sido previamente expostos, conforme esquema já citado neste capítulo (em prevenção da hepatite B).

Acompanhamento da Criança Exposta Verticalmente ao Vírus da Hepatite C

A principal fonte de transmissão em pediatria é a vertical, mas muito raramente a aquisição ocorre intraútero[10]. A taxa de transmissão varia de 1 a 19,4%, a depender de alguns fatores, como gravidade da doença, carga viral materna, coinfecção com HIV, entre outros[10]. O tratamento para a hepatite C é atualmente contraindicado durante a gestação por causa do potencial teratogênico das drogas disponíveis[10]. Não há evidência científica que dê suporte para recomendar uma via de parto preferencial, contudo é sabido que se deve evitar procedimentos invasivos, tempo de ruptura de membranas superior a 6 horas e parto muito laborioso, com o intuito de minimizar o risco de transmissão vertical[10]. Não há contraindicação formal ao aleitamento materno.

Para descartar o diagnóstico do lactente exposto verticalmente ao HCV, é preconizada a realização da detecção do HCV-RNA por PCR, a partir de 3 meses de vida, com duas coletas com intervalo de 6 a 12 meses, no primeiro ano de vida[10]. A coleta da sorologia é recomendada a partir dos 18 meses de vida, uma vez que o IgG materno ultrapassa a barreira transplacentária[10], havendo risco de positividade do teste em criança não infectada se for realizado precocemente. Diante dos exames anteriores negativos, está excluída a infecção do lactente. Caso contrário, a criança deverá ser encaminhada para acompanhamento com especialista.

HEPATITE D

O HDV é um RNA-vírus de fita simples, membro da família *Deltaviridae*, que contém em sua porção mais externa três formas do HBsAg[1]. Ele só consegue infectar e se replicar no ser humano na presença do HBV[1,2,4]. Existem até o momento oito genótipos identificados, e o 1 é o mais presente no mundo[1].

O quadro clínico depende de como foi o contato inicial com o vírus. Quando a infecção pelo HBV e HDV ocorrem simultaneamente, tem-se a chamada coinfecção[1,3,4], que em geral leva a um quadro agudo e autolimitado, de 3 a 7 dias após a infecção (o período de incubação pode variar de acordo com o inóculo), com sintomas constitucionais (fadiga, anorexia, náuseas), icterícia, aumento de transaminases[1]. Menos de 5% das pessoas coinfectadas evoluem para doença crônica[1].

Já quando o HDV infecta um portador crônico do HBV, tem-se a chamada superinfecção, com período de incubação de 2 a 8 semanas[2,4], que pode evoluir com quadro de hepatite aguda grave, por vezes hepatite fulminante, com chance de cronificação da hepatite D em até 80% dos casos[1]. Quando cronifica, a progressão para cirrose e mortalidade tende a ser muito mais pronunciada que na infecção isolada pelo HBV[1,4].

O diagnóstico pode ser feito com técnicas sorológicas (detecção de anticorpo e antígeno) e técnicas moleculares (detecção do HDV-RNA)[1,4].

Para mais detalhes sobre o tratamento da coinfecção HBV-HDV, consulte o *Protocolo Clínico e Diretrizes Terapêuticas para Hepatite B e Coinfecções*, do Ministério da Saúde, publicado em 2017[8].

HEPATITE E

O HEV é um RNA-vírus de fita simples, pertencente à família *Herpeviridae*[1,4]. Ele possui um sorotipo, que por sua vez se subdivide em quatro genótipos[1]. O ser humano comumente o adquire pela via fecal-oral (p. ex.: reservatórios de água contaminada), não sendo comum a transmissão pessoa a pessoa[1]. Além disso, é possível a aquisição pelo consumo de carne mal cozida, tanto de alguns animais selvagens (como javali e cervo) quanto domésticos (como galinha e porco)[1], por transmissão parenteral (sangue) e transmissão vertical (de mãe para o filho, não tão infrequente).[1,4] Existem indícios de que a hepatite E seja uma zoonose[1,2]. Essa forma de hepatite viral é mais comum na África e na Ásia[1].

Na maioria das vezes, o quadro é autolimitado, com período de incubação que varia de 15 a 50 dias, com sintomas em apenas 20% dos infectados, podendo, contudo, evoluir com maior gravidade, principalmente em gestantes[1,4]. Raramente, o HEV pode evoluir com cronicidade – em geral, em hospedeiros imunossuprimidos graves ou após transplante de órgão sólido[4]. O tratamento é de suporte[3] e os sintomas tendem a regredir em 1 mês[1].

O diagnóstico é feito por meio de exames sorológicos (IgM e IgG anti-HEV, sendo IgM marcador de infecção aguda e IgG, de infecção prévia), bem como detecção da viremia nas fezes (por PCR) nos casos agudos[1]. A PCR no soro pode ser realizada e costuma detectar HEV RNA duas semanas após o início da doença[1]. Em áreas não endêmicas, a suspeita diagnóstica deve se basear na exclusão dos agentes das hepatites A, B e C, bem como de Epstein-Barr e citomegalovírus[1]. Como medidas de controle da doença deve-se atentar para a qualidade da água de consumo humano[3]. Existe uma vacina recombinante contra o HEV, com estudos clínicos em fase III, que por enquanto só teve o uso aprovado na China[4].

REFERÊNCIAS BIBLIOGRÁFICAS

1. Brasil. Ministério da Saúde. Secretaria de Vigilância em Saúde. Departamento de DST, Aids e Hepatites Virais. Manual técnico para o diagnóstico das hepatites virais. Brasília: Ministério da Saúde; 2015.
2. Marques HHS, Sakane PT, Baldacci ER (coord.). Infectologia. Barueri: Manole; 2011.
3. Long SS, Pickering LK, Prober CG. Long: Principles and pratices of pediatric infectious diseases. 4. ed. Philadelphia: Elsevier; 2012.
4. American Academy of Pediatrics. Red Book: 2015 Report of the Committee on Infectious Diseases. 29. ed. Elk Grove Village: American Academy of Pediatrics; 2015.
5. Brasil. Ministério da Saúde. Secretaria de Vigilância em Saúde. Departamento de DST, Aids e Hepatites Virais. Boletim epidemiológico – hepatites virais, ano IV, n. 1. Brasília: Ministério da Saúde; 2015.
6. Brasil. Ministério da Saúde. Secretaria de Vigilância em Saúde. Departamento de Vigilância das Doenças Transmissíveis. Manual dos centros de referência para imunobiológicos especiais. 4. ed. Brasília: Ministério da Saúde; 2014.

7. European Association for the Study of the Liver. EASL clinical practice guidelines: management of chronic hepatitis B virus infection. J Hepatol. 2012;57(1):167-85.
8. Brasil. Ministério da Saúde. Secretaria de Vigilância em Saúde. Departamento de DST, Aids e Hepatites Virais. Protocolo Clínico e Diretrizes Terapêuticas para Hepatite B e Coinfecções. Brasília: Ministério da Saúde; 2017.
9. Brasil. Ministério da Saúde. Secretaria de Vigilância em Saúde. Departamento de DST, Aids e Hepatites Virais. Protocolo clínico e diretrizes terapêuticas para o tratamento da hepatite viral crônica B e coinfecções. Brasília: Ministério da Saúde; 2011.
10. Brasil. Ministério da Saúde. Secretaria de Vigilância em Saúde. Departamento de DST, Aids e Hepatites Virais. Diretrizes terapêuticas para prevenção da transmissão vertical de HIV, sífilis e hepatites virais. Brasília: Ministério da Saúde; 2015.
11. European Association for the Study of the Liver. EASL recommendations on treatment of hepatitis C 2015. J Hepatol. 2015;63(1):199-236.
12. Brasil. Ministério da Saúde. Secretaria de Vigilância em Saúde. Departamento de DST, Aids e Hepatites Virais. Protocolo clínico e diretrizes terapêuticas para hepatite C e coinfecções. Brasília: Ministério da Saúde; 2015.
13. Brasil. Ministério da Saúde. Secretaria de Vigilância em Saúde. Departamento de DST, Aids e Hepatites Virais. Protocolo clínico e diretrizes terapêuticas para hepatite C e coinfecções. Brasília: Ministério da Saúde; 2011.

14

Infecções virais em pediatria: vírus respiratórios, enteroviroses e vírus causadores de gastroenterites

Giuliana Stravinskas Durigon

Após ler este capítulo, você estará apto a:

1. Relacionar os principais vírus que interessam ao pediatra.
2. Identificar as doenças causadas por vírus.
3. Definir os métodos diagnósticos e tratamento, quando houver.

INTRODUÇÃO

Os vírus são os principais causadores de infecção na faixa etária pediátrica. Podem acometer todos os órgãos e sistemas, os vírus respiratórios e os entéricos são os mais comuns nas crianças sem comorbidades. O avanço nas técnicas laboratoriais para diagnóstico desses microrganismos permitiu o aprofundamento do conhecimento das viroses que acometem os seres humanos.

Foram selecionadas as doenças mais prevalentes da infância causadas por vírus para serem abordadas de forma sintética neste capítulo: vírus respiratórios, enteroviroses e vírus causadores de gastroenterites.

VÍRUS RESPIRATÓRIOS

Crianças, principalmente lactentes, são altamente suscetíveis à ação dos vírus respiratórios. Apesar de a grande maioria das doenças causadas pelos vírus respiratórios ser autolimitada e restrita ao trato respiratório superior (ITRS), complicações e infecções do trato respiratório inferior (ITRI), como bronquiolite, pneumonia e sibilância, são causas de internações na infância[1]. Ademais, algumas infecções respiratórias agudas adquiridas precocemente podem levar à sibilância recorrente e à asma em indivíduos predispostos e com doença pulmonar crônica[2].

Atualmente, são considerados causadores de doença respiratória aguda em crianças os seguintes vírus respiratórios: vírus sincicial respiratório (VSR), vírus parainfluenza tipos 1, 2 e 3 (HPIV1, HPIV2, HPIV3), vírus influenza A e B (FLUA e FLUB), adenovírus (ADV), coronavírus OC43 e 229E, rinovírus humano, alguns subtipos de enterovírus (enterovírus D68) e, mais recentemente, metapneumovírus humano (HMPV), bocavírus humano (HBoV), vírus parainfluenza tipo 4, vírus influenza C, coronavírus NL63 e HKU1, e os poliomavírus WU e KI. Contudo, alguns vírus apresentam elevadas taxas de codetecção, como é o caso dos rinovírus, enterovírus, bocavírus humano, coronavírus e poliomavírus, sendo questionada sua importância na etiologia dessas infecções[3,4]. A Tabela 14.1 descreve as principais manifestações clínicas relacionadas com os vírus respiratórios.

A seguir são abordados os vírus respiratórios de maior importância clínica e suas características.

Vírus Sincicial Respiratório Humano

Mundialmente, o vírus sincicial respiratório é responsável por 3,4 milhões de episódios por ano de hospitalização em crianças menores de 5 anos. Estima-se que a taxa de mortalidade pelo VSR varie de 0,3 a 2,1%, sendo as maiores taxas nos países em desenvolvimento[6].

O VSR pertence à família *Paramyxoviridae*, gênero *Pneumovirus*. É um vírus envelopado, de RNA fita simples e apresenta dois subgrupos, A e B. As proteínas de superfície G (adesão) e F (fusão) são de especial importância clínica, com implicações diagnósticas e terapêuticas[7].

Tabela 14.1 Doenças do trato respiratório relacionadas com vírus respiratórios

Vírus respiratórios	Resfriado	Tonsilite	Laringite	Bronquiolite	Pneumonia
Adenovírus	+	+++	+	+	++
Bocavírus	+	–	–	++	++
Coronavírus	++	–	+	+	+
Influenza	++	+	++	++	+++
Parainfluenza	+	+	+++	++	++
Metapneumovírus	+	+	+	+++	+++
VSR	+	+	+	+++	+++
Rinovírus	+++	–	+	++	++

Fonte: adaptada de Marques et al., 2011[5]. VSR: vírus sincicial respiratório.

A imunidade induzida pela primoinfecção é limitada e pouco efetiva, sendo frequentes as reinfecções. A gravidade da doença geralmente reduz após a terceira infecção em pacientes imunocompetentes, limitando-se a sintomas do trato respiratório superior[8].

A transmissão do VSR é através de contato, com inoculação viral no nariz e nos olhos. Dessa forma, a transmissão no ambiente hospitalar é comum, devendo ser controlada com isolamento de contato, uso de óculos, máscaras e luvas, além da lavagem adequada das mãos[9].

A sazonalidade do vírus sincicial respiratório é bem marcada nos climas temperados, e a estação de VSR geralmente ocorre nos meses de outono e inverno, estando praticamente ausente nos meses de verão[2].

No Brasil, há relatos referentes à sazonalidade das infecções pelo VSR em vários estados, evidenciando diferenças no padrão de circulação do vírus nas principais regiões do país, com maior circulação do vírus nos meses de abril e maio nas regiões Sudeste, Nordeste e Centro-Oeste[10-14]. No Sul, o pico de VSR ocorre mais tardiamente, entre junho e julho, concomitante com a estação do vírus influenza[15].

O tratamento padrão do VSR ainda é de suporte clínico, com hidratação, nebulização das vias aéreas e oxigenoterapia. Até 3% dos menores de um ano de idade com bronquiolite necessitam de hospitalização[16].

A identificação de grupos de risco para doença mais grave permite maior atenção e instituição de medidas profiláticas, visando a menores morbidade e mortalidade nesses lactentes. São considerados fatores de risco para hospitalização por VSR: idade abaixo de 12 semanas de vida; prematuridade ou baixo peso ao nascer; doença pulmonar crônica; cardiopatia congênita com repercussão hemodinâmica; doenças neuromusculares; anomalias das vias aéreas; imunocomprometidos; e baixa ingestão alimentar[17].

A suplementação de oxigênio é uma das principais formas de manejo da bronquiolite aguda causada pelo vírus sincicial respiratório. Em 2014, a Academia Americana de Pediatria (AAP) publicou recomendações sobre o diagnóstico e o manejo da bronquiolite, em que a suplementação de oxigênio é indicada quando a saturação persiste abaixo de 90% em ar ambiente em lactente sem comorbidades[18].

Novas drogas têm sido estudadas para o tratamento de VSR, visando algumas proteínas virais estruturais. Anticorpos monoclonais específicos anti-F e anti-G, com propriedades de inibição de fusão e adesão, respectivamente, estão em fase pré-clínica[19]. Também promissores são os RNA de interferência (siRNA), que interferem com RNA mensageiro específico, resultando em degradação e modulação. Modelos animais com administração intranasal dos siRNA resultaram em redução da carga viral, melhora do padrão respiratório e menor dano pulmonar[20].

A prevenção do VSR pode ser feita por meio de imunização passiva com anticorpos monoclonais específicos. O palivizumabe é um anticorpo monoclonal do tipo IgG1 humanizado, direcionado para a proteína F do VSR. Apresenta atividade neutralizante e inibitória de fusão contra o VSR, inibindo a replicação viral. A dose é de 15 mg/kg, com aplicações intramusculares mensais durante a estação do VSR[21].

As recomendações para o uso do palivizumabe foram revistas pela AAP em 2014 e levam em consideração fatores de risco para maior gravidade na evolução da doença por VSR, contemplando lactentes de alto risco com antecedentes de prematuridade extrema, doença pulmonar crônica, cardiopatias com repercussão hemodinâmica, entre outras comorbidades[21]. A eficácia do palivizumabe é em torno de 50% na redução de hospitalizações relacionadas ao VSR.

O Brasil incorporou o uso do palivizumabe em 2013 em todo o território nacional. São beneficiadas crianças menores de 1 ano de idade nascidas com idade gestacional ≤ 28 semanas e crianças menores de 2 anos de idade portadoras de cardiopatia congênita com repercussão hemodinâmica ou doença pulmonar crônica da prematuridade, que necessitaram de tratamento nos seis meses que antecederam o período de circulação do VSR. São aplicadas cinco doses mensais nos meses de maior circulação do vírus[22].

Metapneumovírus Humano

O metapneumovírus humano (hMPV) é um vírus RNA fita simples pertencente à família Paramyxoviridae, gênero *Metapneumovirus*. É subdividido em dois grupos principais, A e B, e quatro subgrupos (A1, A2, B1 e B2)[23].

Estudos de soroprevalência indicam que praticamente todas as crianças são infectadas até os 5 a 10 anos de idade, e os menores de 2 anos estão mais suscetíveis aos quadros graves[24]. É responsável por 5 a 10% das hospitalizações por infecção respiratória aguda em lactentes, sendo encontrado na mesma proporção que os vírus influenza e parainfluenza 3 nessa faixa etária[25].

Sua circulação nos países de clima temperado ocorre durante os meses de inverno e início da primavera, porém em regiões tropicais pode apresentar picos durante a primavera e o início do verão. Frequentemente, tem sido observada maior incidência nos meses de pico do VSR ou subsequente aos meses de maior circulação do vírus sincicial respiratório humano[26].

No Brasil, dados publicados demonstram prevalência ao redor de 12% nas crianças menores de 5 anos com doença respiratória aguda. No Sudeste do país, apresenta maior circulação nos meses de outono e inverno[27,28].

O tratamento atualmente é sintomático. Novas drogas, como inibidores de fusão e RNA de interferência (siRNA), têm mostrado resultados promissores *in vitro*. Vacinas combinadas ou não ao vírus parainfluenza 3 e VSR estão em fase experimental[26].

Vírus Parainfluenza

O vírus parainfluenza humano (PIV) pertence à família *Paramyxoviridae*, gêneros *Respirovirus* (PIV1 e PIV3) e *Rubulavirus* (PIV2 e PIV4)[29].

Os vírus parainfluenza 1 e parainfluenza 2 geralmente circulam mais durante o outono, causando epidemias bianuais em anos ímpares nas crianças entre 2 e 5 anos, sendo o PIV-1 mais prevalente. O parainfluenza 3 infecta crianças menores, com 50 a 67% delas sendo acometidas antes do primeiro ano de vida. É endêmico ao longo do ano, com maior circulação na primavera[30].

O quadro clínico mais frequente é a laringotraqueobronquite, ou crupe, sendo causa também de bronquiolite, pneumonia e infecção do trato respiratório superior. Estudos demonstram que o vírus parainfluenza causa, em crianças pré-escolares, 65% de crupe, 20 a 40% de infecções do trato respiratório inferior e 20% de infecções do trato respiratório superior[30].

O tratamento da infecção causada pelo vírus parainfluenza é sintomático. Atualmente, não há nenhuma vacina disponível para prevenir a infecção.

Vírus Influenza

O vírus influenza pertence à família *Orthomyxoviridae*, e apresenta três tipos, A, B e C. São vírus envelopados, compostos de RNA de fita simples. O vírus influenza A pode ser subclassificado com base nas diferenças antigênicas das duas principais proteínas de superfície, a hemaglutinina (HA) e a neuroaminidase (NA). Atualmente são descritos 16 tipos de HA e nove de NA, no entanto, nos seres humanos, são mais frequentemente isolados três tipos de HA (H1, H2 e H3) e dois de NA (N1 e N2)[31].

Apresenta distribuição mundial, sendo as principais cepas circulantes subtipos de influenza A, H1N1 e H3N2, e influenza B. Sua maior circulação ocorre durante os meses de inverno em climas temperados, causando surtos epidêmicos anuais. Alterações antigênicas menores do tipo *drift*, com mutações pontuais no segmento genético que codificam HA e NA, causam variações antigênicas responsáveis por surtos epidêmicos sazonais que garantem a circulação viral ao longo das décadas. Já mutações antigênicas maiores do tipo *shift*, com aquisição de novos segmentos genéticos, inclusive de outras espécies animais, ocorrem mais raramente e estão associadas às pandemias em populações totalmente suscetíveis, fenômeno observado em 2009, com o vírus H1N1 pandêmico, que apresentou rearranjo triplo, composto por RNA de linhagens de vírus que circulavam em humanos, suínos e aves[32,33].

Uma vez iniciada a estação de influenza, a circulação viral geralmente ocorre durante 5 a 8 semanas. A transmissão é respiratória, de pessoa para pessoa, através de tosse ou espirros, mas também por fômites em superfícies contaminadas. Em geral, os surtos comunitários primeiro atingem crianças em idade escolar, disseminando para adultos e outros membros da família[34].

No mundo todo, cerca de 7% das crianças menores de 5 anos de idade com influenza apresentam quadros graves ou são hospitalizadas, e as taxas variam de acordo com a região, com os menores valores (em média, 1%) nos países desenvolvidos[35]. Dentre as crianças internadas com vírus influenza confirmado, até 15% necessitam de terapia intensiva e 3% são submetidas a ventilação mecânica. A mortalidade em crianças com influenza sazonal é, em média, de 0,6%[36].

A manifestação clínica principal é febre de início súbito, com calafrios, tosse não produtiva, cefaleia, adinamia e mialgia difusa, caracterizando quadro gripal típico. Outros sintomas, como congestão e obstrução nasal, coriza, odinofagia, exantema, dor abdominal, náuseas, vômitos, diarreia e conjuntivite, estão relacionados com influenza. Lactentes não costumam apresentar sintomas típicos de gripe. Nessa faixa etária, os sintomas são inespecíficos do trato respiratório ou apresentam-se como febre sem sinais de localização, sendo diagnóstico diferencial de bacteremia oculta. Otite média, pneumonia, bronquiolite e crupe podem ser manifestações do vírus influenza nessa faixa etária[34].

O vírus influenza A H1N1 pandêmico, que surgiu em 2009, continua circulando no Brasil e no mundo. Sua prevalência tem variado nas diferentes regiões ao longo dos anos desde sua introdução. Segundo informações disponibilizadas pelo Grupo Técnico de Influenza da Secretaria de Vigilância em Saúde do Ministério da Saúde (GT-Influenza/SVS/MS), em 2016 o comportamento do vírus permanecia inalterado, com maior proporção de casos de óbito nos adultos (25 a 60 anos), a maioria com comorbidades e não previamente vacinados. Na faixa etária pediátrica, são mais acometidos os menores de 5 anos, em especial as crianças entre 6 meses e 1 ano.

O tratamento do vírus influenza pode ser realizado com medicação sintomática e antivirais específicos. Estão disponíveis, atualmente, os inibidores da neuroaminidase (NA), oseltamivir (oral) e zanamivir (inalatório), e os inibidores da M2 (adamantanes), amantadina e rimantadina. Os inibidores da neuroaminidase são preferidos por causa da alta resistência dos adamantanes, com até 80% de resistência durante a terapia antiviral. Peramivir, um inibidor da neuroaminidase de uso parenteral, já foi aprovado para uso em alguns países asiáticos, sendo uma possibilidade terapêutica nos casos mais graves. Profilaxia pós-exposição com oseltamivir ou zanamivir, quando iniciados até 48 horas do diagnóstico do caso índice, apresenta eficácia em torno de 70%[37].

O uso de drogas antivirais é recomendado para o tratamento de crianças de alto risco (crianças abaixo de 5 anos, doença pulmonar ou cardíaca preexistente, imunodeficientes, hemoglobinopatias, renal crônico, diabete melito e outros distúrbios metabólicos crônicos, doenças neuromusculares e uso crônico de ácido acetilsalicílico) e crianças saudáveis com sintomas moderados ou graves. A profilaxia está indicada em crianças de alto risco durante duas semanas após a vacinação de influenza ou quando esta é contraindicada e para contatos domiciliares de caso confirmado[36].

A prevenção pode ser realizada com vacinas. Existem dois tipos de vacinas atualmente licenciadas: uma vacina inativada e uma vacina intranasal com vírus vivo atenuado (LAIV). A vacina inativada é constituída por dois subtipos de influenza A (H1N1 e H3N2) e um ou dois tipos de influenza B, que são atualizados anualmente de acordo com estudos de vigilância das cepas circulantes. Está aprovada para crianças acima de 6 meses de vida, com doses anuais. Crianças de até 9 anos de idade devem receber duas doses da vacina, com intervalo de quatro semanas entre as doses, na primeira vacinação. A eficácia da vacina em crianças varia conforme o tipo de vacina utilizada, a faixa etária e a cepa circulante, com média de 50 a 70%. Os efeitos colaterais mais frequentes são reações locais e febre, ambos bem tolerados[38].

A Sociedade Brasileira de Pediatria recomenda a vacinação contra influenza para todas as crianças maiores de 6 meses de idade. O Ministério da Saúde fornece a vacina gratuitamente para os grupos de alto risco e todas as crianças entre 6 meses e 5 anos de idade.

Adenovírus

O adenovírus pertence à família *Adenoviridae* e apresenta sete subgrupos: A a G, com 57 sorotipos distintos que são infectantes para os seres humanos[39].

São causadores de doença respiratória, gastrointestinal e conjuntivites, sendo os tipos mais frequentes: respiratórios (1-7 e 21), gastrointestinais (40 e 41) e oculares (8, 19 e 37). Surtos de sorotipos respiratórios são mais comuns no inverno e na primavera[40].

A faixa etária mais acometida é a de crianças até 5 anos de idade, estimando-se que até o primeiro ano de vida 33% delas já foram infectadas com pelo menos um sorotipo e metade das crianças em idade pré-escolar apresenta anticorpos contra os subtipos entéricos[40].

Os adenovírus são transmitidos por via respiratória, contato, fômites, fecal-oral e água contaminada. O período de incubação é longo, variando de 2 a 15 dias, com média de 10 dias. A replicação viral ocorre geralmente nos tratos respiratório e gastrointestinal, e o vírus pode ser excretado nas secreções respiratórias por 5 a 10 dias e nas fezes por semanas ou meses. Alguns estudos recentes apontam para a persistência do adenovírus na forma de infecção latente nos linfócitos das mucosas respiratórias e do trato digestivo, podendo ser reativado em situações clínicas específicas, como nas imunossupressões[41-43].

As manifestações clínicas principais em crianças abaixo de 5 anos são infecções do trato respiratório superior com febre. Os diagnósticos mais frequentes são tonsilites, otites, laringites, pneumonias, bronquiolites e febre sem sinais de localização. A infecção por adenovírus muitas vezes mimetiza infecções bacterianas, com comprometimento do estado geral, alteração laboratorial com leucocitose, aumento de provas de atividade inflamatória e quadros disseminados com sepse e óbito[44,45].

As pneumonias causadas por adenovírus correspondem a 10 a 20% das pneumonias na infância. Os achados radiológicos variam desde quadros intersticiais não alveolares a consolidações com derrame pleural. Os sorotipos 3, 7 e 21 estão mais frequentemente associados e podem deixar lesão pulmonar permanente com bronquiectasias e quadros de bronquiolite obliterante[46].

Uma vez que a via de transmissão é ampla e a excreção é longa, o adenovírus é causador de surtos em unidades fechadas (creches, orfanatos) e hospitais. O isolamento respiratório e de contato do paciente internado com adenovírus é de grande importância na prevenção de surtos nosocomiais, em especial nas unidades de terapia intensiva e neonatal, onde as infecções podem ser mais graves e letais[44].

O tratamento é sintomático e de suporte clínico. Pacientes de alto risco para disseminação do vírus, como os submetidos a transplante de células hematopoiéticas, devem receber drogas antivirais, de acordo com as recomendações dos protocolos de tratamento. Foi demonstrada eficácia com o uso de ribavirina e cidofovir, e este último apresentou os melhores resultados e é atualmente considerado a terapia de escolha[47].

Diagnóstico Laboratorial dos Vírus Respiratórios

A detecção de antígenos virais na amostra respiratória por ensaios imunoenzimáticos (EIA) ou por técnicas de imunofluorescência (IFA) tem sido amplamente utilizada, desde a década de 1970, no diagnóstico etiológico das infecções respiratórias agudas. A melhora das técnicas empregadas, com desenvolvimento de placas com capacidade para detecção de múltiplos vírus (multiplex), aumentou a sensibilidade do método e permitiu o diagnóstico de coinfecções[48].

Na mesma linha de detecção antigênica estão os testes rápidos, que são métodos de fácil execução e não necessitam de ambiente hospitalar para sua realização. Fornecem um diagnóstico em 15 a 30 minutos, e são de grande importância no auxílio diagnóstico e terapêutico. Suas desvantagens são: o número limitado de agentes que dispõem de teste rápido (atualmente disponível para vírus influenza, vírus sincicial respiratório humano e adenovírus); a possibilidade de detecção de apenas um tipo de vírus por amostra coletada; a sensibilidade, que muitas vezes é baixa (até 50% para alguns tipos de influenza), permitindo que o teste seja utilizado apenas em épocas de maior circulação viral; e o custo, ainda elevado[49].

A amplificação do ácido nucleico através da reação em cadeia da polimerase (PCR), podendo ser realizada quando necessário após a transcrição reversa (RT-PCR), permitiu o diagnóstico de quase a totalidade das infecções causadas tanto por vírus RNA como DNA, de forma rápida (em até 4 horas em alguns ensaios) e altamente sensível e específica[50]. Associado ao surgimento de equipamentos cada vez menores e mais portáteis, e a protocolos de fácil execução, o diagnóstico molecular vem se tornando uma opção custo-efetiva e sendo preferido aos demais métodos.

ENTEROVIROSES

Os enterovírus são vírus RNA que pertencem ao gênero *Picornavirus*. São didaticamente divididos em poliovírus e não poliovírus. Neste tópico são abordados apenas os não poliovírus.

Até o momento foram identificados mais de 100 tipos distintos de enterovírus. Atualmente são classificados em quatro espécies: enterovírus (EV) A, B, C e D com base na similaridade genética, e os poliovírus (sorotipos 1-3) pertencem ao grupo de EV-C (Tabela 14.2)[51].

Epidemiologia

Os enterovírus são encontrados em todo o mundo e são transmitidos, principalmente, de pessoa para pessoa pelo contato fecal-oral. As enteroviroses ocorrem

Tabela 14.2 Classificação do enterovírus[51]

Espécie de enterovírus	Sorotipos
Enterovírus A (EV-A)	Coxsackievírus (CV): CV-A2-8; CV-A10; CV-A12; CV-A14; CV-A16; enterovírus (EV): EV-A71; EV-A76; EV-A89; EV-A90-91; EV-A114; EV-A119-121
Enterovírus B (EV-B)	Coxsackievírus (CV): CV-B1-5; CV-A9; Ecovírus (E): E-1-9; E-11-21; E-24-27; E-29-33; enterovírus (EV): EV-B69; EV-B73-75; EV-B77-88; EV-B93; EV-B97-98; EV-B100-101; EV-B106-107
Enterovírus C (EV-C)	Poliovírus 1-3; Coxsackievírus (CV): CV-A1; CV-A11, CV-A13; CV-A17; CV-A19-22; CV-A24; enterovírus (EV): EV-C95; EV-C96; EV-C99; EV-C102; EV-C104; EV-C105; EV-C109; EV-C113; EV-C116-118
Enterovírus D (EV-D)	EV-D68; EV-D70; EV-D94; EV-D111

em todos os grupos etários, mas são mais frequentes nos lactentes menores de 1 ano de idade[52].

A transmissão ocorre por contato direto com fezes, por exemplo, em atividades como a mudança de fralda. Transmissão indireta por más condições sanitárias pode ocorrer por água contaminada, alimentos e fômites. Transmissão de vários enterovírus tem sido descrita entre viajantes, natação em água do mar contaminado de esgotos. No entanto, o Coxsackievírus A21 é transmitido, principalmente, por secreções respiratórias, e o enterovírus D70 é eliminado nas lágrimas e se dissemina também através das mãos e fômites[52,53].

A infecção por enterovírus ocorre durante todo o ano, com aumento no verão e no outono. Cerca de 30 a 80% dos adultos possuem anticorpos para os sorotipos de enterovírus mais comuns: Coxsackievírus grupo B 1-5 e alguns Ecovírus. Surtos epidêmicos foram detectados por Ecovírus 9, 11 e 30. Houve uma pandemia mundial de conjuntivite hemorrágica aguda por enterovírus 70 em 1969, dentre outras descrições de surtos[54,55].

O enterovírus A71 (EV-A71) é considerado um sorotipo emergente em Taiwan, com relato de milhares de casos da síndrome mão-pé-boca ou herpangina; tem maior gravidade em menores de 5 anos de idade. O Coxsackievírus B1 (CV-B1) surgiu como importante fonte de doença neonatal, com miocardite, hepatite e coagulopatia[56,57].

O enterovírus D68 (EV-D68) foi primeiro identificado em 1962 na Califórnia, Estados Unidos, e desde então tem sido associado a episódios graves de infecção respiratória aguda em crianças. Em 2014 houve um surto de EV-D68 nos Estados Unidos, com 1.153 casos confirmados laboratorialmente, sendo a maioria crianças. Houve 14 óbitos. Na ocasião foram relatados também 94 casos pediátricos de paralisia flácida, apesar de a maioria não ter confirmação etiológica[58].

Patogênese

A infecção se inicia pela ligação nos receptores específicos da membrana celular para os enterovírus que são determinantes da suscetibilidade da célula hospedeira. Cada célula infectada produz aproximadamente 10^4 a 10^5 vírions, embora apenas 0,1 a 10% dessas partículas sejam infectantes[59].

Inicialmente há replicação viral na faringe e no íleo terminal, com viremia transitória, *minor*, por via hematogênica para tecidos linfoides em todo o corpo. Pode haver alguns dias de melhora relativa ou passar direto para o período de estado, caracterizado por replicação intensa, produzindo grande viremia, *major*, que coincide com o aparecimento dos sintomas e resulta na propagação do vírus aos órgãos-alvo, como o sistema nervoso central. Os vírus podem ser isolados no trato respiratório superior por 1 a 3 semanas e nas fezes por 3 a 8 semanas, com transmissibilidade máxima nas primeiras duas semanas após a infecção. O período de incubação é difícil de determinar, sendo em média de 3 a 5 dias. A imunidade à infecção por enterovírus é sorotipo-específica. Embora ocorra reinfecção com o mesmo sorotipo de enterovírus, é quase sempre assintomática[52].

Quadro Clínico

Mais de 90% das infecções por enterovírus não pólio são assintomáticas ou se manifestam apenas como doença febril indiferenciada. O quadro clínico varia com a idade, o sexo e o estado imune do hospedeiro.

As manifestações cutâneas são apresentadas com seus respectivos agentes etiológicos na Tabela 14.3.

Infecções do sistema nervoso central são infecções agudas, que ocorrem em todas as idades. A meningite asséptica é a manifestação mais comum, ocorrendo com maior frequência em lactentes. Os sinais e sintomas são incaracterísticos, sendo os mais encontrados a febre e a irritabilidade. Na prática, a meningite asséptica é frequentemente diagnosticada durante a avaliação clínica do lactente febril sem sinais de localização. Em crianças e adultos, meningite asséptica cursa com febre de até 40°C, dor de cabeça, meningismo, náuseas e vômitos. O quadro evolui com encefalite em cerca de 5 a 10% dos pacientes com rebaixamento de consciência[5]. Na Tabela 14.4 estão destacados aspectos clínicos e os enterovírus relacionados.

Tabela 14.3 Manifestações cutâneas dos enterovírus não pólio

Manifestação/síndrome	Vírus	Clínica
Exantemas e enantemas	Coxsackievírus e Ecovírus	Exantemas de aspectos variados, que podem ser acompanhados de enantema
Erupção maculopapular	Ecovírus, geralmente	Máculas de coloração rosa de salmão e pápulas de cerca de 1 cm de diâmetro sobre o rosto e a região superior do tórax, praticamente indolores, não pruriginosas, durando 24 a 36 horas
Síndrome mão-pé-boca	Coxsackievírus A (geralmente) e enterovírus A71 com infecção do SNC concomitante	Febre, vesículas orais pequenas na mucosa bucal e na língua, distribuídas perifericamente, lesões cutâneas nas mãos, pés, nádegas e (menos comumente) genitália, que se resolvem em 2 a 3 dias
Herpangina	Coxsackievírus A	Enantema vesiculoso da orofaringe e palato que afeta principalmente crianças de 3 a 10 anos de idade
Petéquias e púrpura	Ecovírus 9 e Coxsackievírus A9	*Rash* com componente hemorrágico facilmente confundido com doença meningocócica, Coxsackievírus, podendo apresentar-se com urticária

Fonte: adaptada de Marques et al., 2011[5].

Tabela 14.4 Infecções do sistema nervoso central e principais enterovírus envolvidos

Meningite (asséptica) viral	Ocorre em todas as idades, mas é comum em lactentes < 1 ano: mais de 90% dos casos em lactentes, a maioria por Coxsackievírus B e Ecovírus. Recuperação é a regra, dentro de 3 a 7 dias, mas os sintomas persistem por mais tempo em adultos
Encefalite generalizada	11 a 12% das encefalites por vírus: Coxsackievírus tipos A9, B2 e B5, e Ecovírus tipos 6 e 9 são os sorotipos mais frequentes
Encefalite localizada	Poliovírus e enterovírus A71 têm alvo preferencialmente nos núcleos motores e células de corno anterior do cérebro e da medula, causando paresia aguda de nervos cranianos e espinais
Poliomielite	Poliomielite é uma doença febril aguda caracterizada por meningite asséptica e fraqueza ou paralisia de uma ou mais extremidades

Fonte: adaptada Marques et al., 2011[5].

Infecções oculares são muito contagiosas. Apresentam-se com dor, edema e hemorragia subconjuntival, em geral autolimitada. Houve pandemias mundiais por enterovírus D70 e Coxsackie A24. O pico de sintomas ocorre em 2 a 3 dias, com resolução em 10 dias[52,60].

A pleurodinia manifesta-se com febre e espasmos paroxísticos do tórax e da musculatura abdominal. A maioria dos casos ocorre em adolescentes e adultos. São vários os vírus potencialmente relacionados: Coxsackievírus B, Ecovírus 1, 6, 9, 16 e 19 e Coxsackievírus A 4, 6, 9 e 10[52,60].

Quadros de miopericardite também são descritos. Podem predominar os sinais de miocardite ou pericardite desde assintomática até fulminante, com morte. Coxsackievírus B é o agente etiológico mais frequente[60-62].

Estudos epidemiológicos, clínicos e observações experimentais apontam o possível envolvimento do Coxsackievírus grupo B no aparecimento do diabetes tipo 1, associado com a predisposição genética, HLA classe II, lócus 5 do gene de insulina[63,64].

Os Coxsackievírus B sorotipos 2-5 e Ecovírus 11 são os enterovírus mais frequentes na infecção neonatal sistêmica. Aproximadamente 60 a 70% das mulheres com lactentes infectados têm história de doença febril na última semana de gravidez[60,65].

Os enterovírus causam infecções persistentes em pacientes imunodeprimidos, por vezes fatais, especialmente em pacientes com defeitos hereditários ou adquiridos na função de linfócitos B, mais relatados em crianças com agamaglobulinemia ligada ao X e adultos com imunodeficiência comum variável. Essas pessoas possuem risco consideravelmente maior de desenvolver doença associada à vacina oral da poliomielite (VOP) ou por contato com vacinados. Em caso bem documentado, a infecção pelo VOP foi estimada ter persistido por aproximadamente 14 anos[66].

Os enterovírus não pólio também causam infecções persistentes do SNC em imunodeprimidos, além de uma síndrome semelhante à dermatomiosite e hepatite crônica. A maioria dos casos é causada pelos Ecovírus; raros casos, por Coxsackievírus A4, 11 e 15, e pelo grupo B2 e 3. No sistema nervoso, as manifestações podem ser ausentes ou haver rigidez de nuca, dor de cabeça, letargia, papiledema, diminuição da força, tremores e ataxia. Essas anormalidades neurológicas variáveis na gravidade podem desaparecer ou permanecer como sequelas. Podem ser repetidamente recuperados no liquor durante período de meses a anos e se disseminar por outros órgãos, incluindo pulmões, fígado, baço, rins e miocárdio, entre outros[67].

Diagnóstico Laboratorial

É realizado pelo isolamento e identificação do vírus em cultura de células, pela detecção do RNA por reação em cadeia da polimerase (PCR) ou, retrospectivamente, por sorologia. Cada método tem vantagens e desvantagens. Os enterovírus são identificados por produzir um efeito citopático característico em células cultivadas, confirmado por imunofluorescência indireta usando anticorpo monoclonal específico. A cultura celular é trabalhosa e cara. Os métodos moleculares de PCR têm sensibilidade superior (até 86%) em relação à cultura de células (30%) para a identificação de enterovírus. A sensibilidade de PCR a partir de amostras do trato respiratório e do soro é boa, embora em amostras de urina possa ser superior[5,68].

Tratamento

A maioria das infecções por enterovírus é autolimitada e não requer terapia específica. Exceções podem incluir miocardite e meningite virais agudas, que podem ser fatais principalmente em neonatos, em geral transmitidas pela mãe infectada no período perinatal. Além disso, enterovírus podem causar infecções persistentes em pacientes com defeitos hereditários ou adquiridos na função de linfócitos B e outras imunossupressões[5].

As opções terapêuticas para infecções mais graves são limitadas, e nenhuma foi submetida a avaliação adequada por ensaios clínicos. A imunoglobulina humana por via intravenosa (IGIV) foi administrada aos pacientes com deficiência de células B com meningoencefalite persistente, com resultados variados. IGIV foi dada para neonatos e crianças com miocardite. Em estudos com 21 crianças com miocardite tratadas com IGIV (2 g/kg durante 24 h), foi observada boa recuperação da função ventricular esquerda em relação às crianças que receberam somente terapia cardíaca[60,69].

Embora não exista nenhuma terapia aprovada, agentes antivirais e imunomoduladores mostram atividade contra enterovírus *in vitro*, em modelos animais e nos primeiros ensaios clínicos, principalmente quando atuam no capsídeo viral, dificultando a fixação e o desencapsulamento viral[5].

Um desses compostos, o pleconaril, é uma droga administrada por via oral com perfil favorável de farmacocinética e toxicidade. Ele inibe a replicação de vários enterovírus, em concentrações de < 0,1 mcg/mL *in vitro* e atinge concentrações mais elevadas no sistema nervoso central que no soro. No entanto, em um estudo randomizado com 79 pacientes com meningite por enterovírus que receberam pleconaril ou placebo, no grupo de tratamento houve modesto benefício. O pleconaril não está atualmente disponível para uso clínico[70].

Prevenção

Medidas simples de higiene, como a lavagem das mãos, são importantes para evitar a propagação das enteroviroses. Aventais, máscaras ou isolamento do paciente não são indicados, exceto em berçário. Mulheres no final da gravidez devem evitar contato com infectados. A administração pré-exposição de imunoglobulina reduz o risco de paralisia por poliomielite. É muito provável que a imunoglobulina também possa prevenir a doença pelo enterovírus não pólio, mas essa estratégia é raramente aplicável à prática clínica. Está sendo estudada uma vacina para Coxsackievírus B3[71].

OUTROS VÍRUS CAUSADORES DE GASTROENTERITES

Introdução

Doença diarreica aguda ou gastroenterites agudas vêm apresentando queda de morbidade e mortalidade pela melhora no saneamento básico, difusão da terapia de reidratação oral e aplicação de vacina contra rotavírus por alguns países[5]. Apesar disso, ela ainda causa alta mortalidade em crianças menores de 5 anos em todo o mundo, sendo estimada pela Organização Mundial da Saúde ao redor de 760 mil mortes/ano[72].

Epidemiologia

Os principais vírus causadores de gastroenterites agudas e suas características são descritos na Tabela 14.5[5,51].

Patogênese

De modo geral, o processo patológico dos vírus que causam gastroenterites agudas é semelhante, iniciando com a invasão viral às células maduras do intestino

Tabela 14.5 Vírus causadores de gastroenterites[51]

Vírus	Características epidemiológicas	Modo de transmissão	Período de incubação e de transmissibilidade	Duração e características clínicas
Rotavírus Vírus RNA 7 grupos (A-G): principalmente grupo A Classificados de acordo com as proteínas G e P; os grupos B e C também podem causar doença em humanos	Principal causa de hospitalização por diarreia aguda no mundo em menores de 5 anos (principalmente de 6 meses a 2 anos)	Oral-fecal (principalmente), contato com objetos contaminados, nosocomial e por contaminação da água (raro)	Período de incubação: 24 a 72 horas Período de transmissibilidade: durante a doença aguda, normalmente até 8 dias de infecção. Pode ser maior em imunodeprimidos	5 a 7 dias Febre e vômitos (1 a 3 dias) de início abrupto e diarreia liquida abundante (8 a 20 perdas/dia), que pode ser leve a grave
Adenovírus entéricos Vírus DNA não envelopado Sorotipos 40, 41 do subgrupo F	Crianças < 4 anos Não apresenta sazonalidade (ocorre durante todo o ano) e pode apresentar-se em forma de surto	Oral-fecal	Período de incubação: 3 a 10 dias Período de transmissibilidade durante a doença aguda até semanas após a resolução do quadro	1 a 2 semanas Quadro semelhante ao rotavírus, porém costuma ser mais prolongado e apresentar mais vômitos. Pode estar associado a adenite mesentérica, apendicite e intussuscepção
Norovírus e outros calicivírus Vírus RNA não envelopados Norovírus: 6 genogrupos, sendo 3 de importância em humanos (I, II, IV)	Distribuição universal, principal causa de surto de diarreia no mundo. Atinge todas as faixas etárias (mais comum em crianças maiores e adultos). Surtos em navios e cruzeiros	Oral-fecal (principalmente), contato e por contaminação da água ou alimentos (frutos do mar)	Período de incubação: 12 a 48 horas Período de transmissibilidade: durante a fase aguda até 2 dias após o fim da diarreia	1 a 3 dias. Início abrupto Náusea, vômitos, diarreia, dor epigástrica e abdominal. Manifestações extraintestinais podem ocorrer
Astrovírus Vírus RNA não envelopado 8 tipos antigênicos mais frequentes em humanos	Distribuição mundial Crianças de até 4 anos, idosos e imunodeprimidos	Oral-fecal (principalmente), contato e por contaminação da água ou alimentos	Período de incubação: 3 a 4 dias Período de transmissibilidade: 3 a 5 dias	5 a 6 dias Diarreia líquida leve, podendo estar associada a febre, anorexia, dor abdominal e, menos frequentemente, vômito

Fonte: adaptada de Marques et al., 2011[5].

delgado, onde ocorre multiplicação, lise celular, invasão de novas células epiteliais mais internas e assim sucessivamente, até a atrofia do epitélio. A repopulação das vilosidades com células imaturas e a hiperplasia das criptas compensatórias levam ao comprometimento da absorção do epitélio e à diminuição da atividade das dissacaridases, induzindo o desenvolvimento da diarreia mal absortiva e/ou osmótica[73].

No caso do rotavírus, outros dois mecanismos estão envolvidos: a estimulação viral ao sistema nervoso entérico, gerando diarreia líquida com secreção de eletrólitos, e o efeito enterotoxigênico da proteína NSP4, também responsável pela produção da resposta imunológica celular[73-75].

Manifestações Clínicas

O espectro clínico das gastroenterites virais varia desde infecção assintomática até quadro grave de desidratação com altas morbidade e mortalidade, em especial em pacientes desnutridos. Tipicamente, trata-se de quadro autolimitado, com febre baixa ou moderada por 1 a 3 dias, vômitos (podem ser importantes nos primeiros dias, mas melhoram gradativamente), dor abdominal e diarreia líquida não sanguinolenta, podendo conter resíduos alimentares, com duração usual de 3 a 10 dias[5]. As crianças normalmente apresentam mal-estar e anorexia associados[74,76]. O grau de desidratação pode ser avaliado pela porcentagem de peso perdido ou pelos sinais clínicos. Há descrição de manifestações extraintestinais pelo rotavírus, como encefalite, paralisia e miosite aguda[74,76].

Diagnóstico e Exames Complementares

O diagnóstico é clínico, na grande maioria, deixando a identificação etiológica reservada para os casos que evoluem desfavoravelmente, em casos de surto ou em pacientes imunodeprimidos[74,77]. Testes rápidos que utilizam métodos imunocromatográficos para identificação de rotavírus e adenovírus estão cada vez mais disponíveis nos serviços de saúde e podem auxiliar na condução da doença.

- Exames inespecíficos: nos casos de diarreia com desidratação grave, deve-se considerar a dosagem de eletrólitos, gasometria venosa e função renal, com o intuito de corrigir possíveis distúrbios hidroeletrolíticos e acidose metabólica. O rotavírus pode apresentar aumento transitório das transaminases em duas vezes o valor normal[74,77].
- Métodos específicos: sorologia, teste rápido por método imunocromatográfico (para rotavírus e adenovírus entérico) e PCR nas fezes[74,77].

Tratamento

Não há tratamento específico para as gastroenterites virais. O manejo clínico vai depender do estado de hidratação, variando de terapia de reposição oral até hidratação parenteral[78].

O uso de antiespasmódicos e adstringentes é contraindicado. O uso inadvertido de antibiótico nas gastroenterites agudas virais pode levar à piora clínica e à diarreia persistente[5]. Estudos mostram resultados conflitantes no benefício dos probióticos no tratamento da diarreia aguda. Alguns deles mostraram redução da sintomatologia de um dia em crianças com diarreia por rotavírus[79].

O uso de zinco na dose de 10 a 20 mg/dia durante 10 a 14 dias para crianças entre 6 meses e 5 anos com diarreia aguda é uma recomendação da OMS, uma vez que estudos demonstram redução da duração e da gravidade da doença, em especial em populações mal nutridas[80].

Alguns estudos com nitazoxanida em diarreia aguda por rotavírus e norovírus demonstraram redução significativa na duração dos sintomas em comparação com placebo[81-83]. Não há, atualmente, recomendação formal para o uso rotineiro dessa medicação.

A complicação mais frequente é a desidratação. Rotavírus, norovírus e saporovírus podem causar diarreia persistente em crianças imunocompetentes. O prognóstico é bom pelo curso autolimitado, sendo comprometido em crianças desnutridas e em regiões com baixo recurso de saneamento básico e em assistência à saúde[5].

Prevenção

As principais medidas de prevenção são melhora do saneamento básico, medidas de higiene como lavagem das mãos, estímulo ao aleitamento materno e vacinação contra rotavírus[5]. As vacinas contra rotavírus mostraram redução em até 74% das mortes e mais de 50% das hospitalizações[84].

CONCLUSÕES

Os vírus são os patógenos que mais causam infecções nas crianças, podendo acometer diversos órgãos e sistemas. O diagnóstico confirmatório por intermédio de técnicas laboratoriais permite instituir tratamento antiviral quando possível e evitar o uso desnecessário de antibióticos.

REFERÊNCIAS BIBLIOGRÁFICAS

1. Ruuskanen O, Lahti E, Jennings LC, Murdoch DR. Viral pneumonia. Lancet. 2011;377(9773):1264-75.
2. Langley GF, Anderson LJ. Epidemiology and prevention of respiratory syncytial virus infections among infants and young children. Pediatr Infect Dis J. 2011;30(6):510-7.
3. Pavia AT. Viral infections of the lower respiratory tract: old viruses, new viruses, and the role of diagnosis. Clin Infect Dis. 2011;52(4 Suppl):S284-9.
4. Peng D, Zhao D, Liu J, Wang X, Yang K, Xicheng H, et al. Multipathogen infections in hospitalized children with acute respiratory infections. Virol J. 2009;6(1):155-61.

5. Marques HHS, Sakane PT, Baldaci ER. Infectologia. Barueri: Manole; 2011.
6. Nair H, Nokes J, Gessner BD, Dherani M, Madhi SA, Singleton RJ, et al. Global burden of acute lower respiratory infections due to respiratory syncytial virus in young children: a systematic review and meta-analysis. Lancet. 2010;375(9725):1545-55.
7. Wertz GW, Moudy RM. Antigenic and genetic variation in human respiratory syncytial virus. Pediatr Infect Dis J. 2004;23(1 Suppl):S19-24.
8. Ogra PL. Respiratory syncytial virus: the virus, the disease and the immune response. Paediatr Resp Rev. 2004;5 Suppl A:S119-26.
9. Mejías A, Chávez-Bueno S, Jafri HS, Ramilo O. Respiratory syncytial virus infections: old challenges and new opportunities. Pediatr Infect Dis J. 2005;24(11 Suppl):S189-96, discussion S196-7.
10. Pecchini R, Berezin EN, Felício MCC, Passos SD, Souza MCO, Lima LRAV, et al. Incidence and clinical characteristics of the infection by the respiratory syncytial virus in children admitted in Santa Casa de São Paulo Hospital. Braz J Infect Dis. 2008;12(6):476-9.
11. Thomazelli LM, Vieira S, Leal AL, Sousa TS, Oliveira DBL, Golono MA, et al. Surveillance of eight respiratory viruses in clinical samples of pediatric patients in Southeast Brazil. J Pediatr (Rio J). 2007;83:422-8.
12. Moura FEA, Nunes IFS, Silva GB, Siqueira MM. Respiratory syncytial virus infections in northeastern Brazil: seasonal trends and general aspects. Am J Trop Med Hyg. 2006;74(1):165-7.
13. Bezerra PGM, Britto MCA, Correia JB, Duarte MDCMB, Fonceca AM, Rose K, et al. Viral and atypical bacterial detection in acute respiratory infection in children under five years. PLoS One. 2011;6(4):e18928.
14. Oliveira T, Freitas G, Ribeiro L, Yokosawa J, Siqueira M, Portes S, et al. Prevalence and clinical aspects of respiratory syncytial virus A and B groups in children seen at Hospital de Clínicas of Uberlândia, MG, Brazil. Mem Inst Oswaldo Cruz. 2008;103(5):417-22.
15. Pilger DA, Cantarelli VV, Amantea SL, Leistner-Segal S. Detection of human bocavirus and human metapneumovirus by real-time PCR from patients with respiratory symptoms in Southern Brazil. Mem Inst Oswaldo Cruz. 2011;106(1):56-60.
16. Shay DK, Holman RC, Newman RD, Liu LL, Stout JW, Anderson LJ. Bronchiolitis-associated hospitalizations among US children, 1980-1996. JAMA. 1999;282(15):1440-6.
17. Yanney M, Vyas H. The treatment of bronchiolitis. Arch. Dis. Child. 2008;93(9):793-8.
18. Ralston SL, Lieberthal AS, Meissner HC, Alverson BK, Baley JE, Gadomski AM, et al. Clinical practice guideline: the diagnosis, management and prevention of bronchiolitis. Pediatrics. 2014;134: e1474-e1502.
19. Empey KM, Peebles Jr RS, Kolls JK. Pharmacologic advances in the treatment and prevention of respiratory syncytial virus. Clin Infect Dis. 2010;50(9):1258-67.
20. Zhang W, Yang H, Kong X, Mohapatra S, San Juan-Vergara H, Hellermann G, et al. Inhibition of respiratory syncytial virus infection with intranasal siRNA nanoparticles targeting the viral NS1 gene. Nat Med. 2005;11(1):56-62.
21. Committee on Infectious Diseases and Bronchiolitis Guidance Committee. Updated guidance for palivizumab prophylaxis among infants and young children at increased risk of hospitalization for respiratory syncytial virus infection. Pediatrics. 2014;134:415-20.
22. Ministério da Saúde. Secretaria de Ciência, Tecnologia e Insumos Estratégicos. Comissão de Incorporação de Tecnologias para o SUS – Conitec. Palivizumabe para prevenção da infecção pelo vírus sincicial respiratório. Dezembro de 2012. 32 p. Disponível em: <http://portal.saude.gov.br/portal/arquivos/pdf/Palivizumabe_Virussincicial_final.pdf>.
23. Hermos CR, Vargas SO, McAdam AJ. Human metapneumovirus. Clin Lab Med. 2010;30(1):131-48.
24. Hamelin ME, Boivin G. Human metapneumovirus. Pediatr Infect Dis J. 2005;24(Supplement):S-203-S207.

25. Williams JV, Edwards KM, Weinberg GA, Griffin MR, Hall CB, Zhu Y, et al. Population based incidence of human metapneumovirus infection among hospitalized children. J Infect Dis. 2010;201(12):1890-8.
26. Kroll J, Weinberg A. Human metapneumovirus. Semin Respir Crit Care Med. 2011;32(04):447-53.
27. Oliveira DBL, Durigon EL, Carvalho ACL, Leal AL, Souza TS, Thomazelli LM, et al. Epidemiology and genetic variability of human metapneumovirus during a 4-year-long study in Southeastern Brazil. J Med Virol. 2009;81(5):915-21.
28. Carneiro BM, Yokosawa J, Arbiza J, Costa LF, Mirazo S, Nepomuceno LL, et al. Detection of all four human metapneumovirus subtypes in nasopharyngeal specimens from children with respiratory disease in Uberlândia, Brazil. J Med Virol. 2009;81(10):1814-8.
29. Henrickson KJ. Parainfluenza viruses. Clin Microbiol Rev. 2003; 16(2):242-64.
30. Weinberg GA. Parainfluenza viruses. Pediatr Infect Dis J. 2006;25(5):447-8.
31. Palese P. Influenza: old and new threats. Nat Med. 2004;10(12s):S82-7.
32. Medina RA, García-Sastre A. Influenza A viruses: new research developments. Nat Rev Microbiol. 2011;9(8):590-603.
33. Centers for Disease Control and Prevention (CDC). Update: infections with a swine-origin influenza A (H1N1) virus – United States and other countries, April 28, 2009. MMWR Morb Mortal. Wkly Rep. 2009;58(16):431-3.
34. Clark N, Lynch J. Influenza: epidemiology, clinical features, therapy, and prevention. Semin Respir Crit Care Med. 2011;32(04):373-92.
35. Nair H, Brooks WA, Katz M, Roca A, Berkley JA, Madhi SA, et al. Global burden of respiratory infections due to seasonal influenza in young children: a systematic review and meta-analysis. Lancet. 2011;378(9807):1917-30.
36. American Academy of Pediatrics Committee on Infectious Diseases. Prevention of influenza: recommendations for influenza immunization of children, 2007-2008. Pediatrics. 2008;121(4):e1016-31.
37. Pizzorno A, Abed Y, Boivin G. Influenza Drug Resistance. Semin Respir Crit Care Med. 2011;32(04):409-22.
38. Eisenberg KW, Szilagyi PG, Fairbrother G, Griffin MR, Staat M, Shone LP, et al. Vaccine effectiveness against laboratory-confirmed influenza in children 6 to 59 months of age during the 2003-2004 and 2004-2005 influenza seasons. Pediatrics. 2008;122(5):911-9.
39. Smith JG, Wiethoff CM, Stewart PL, Nemerow GR. Adenovirus. Johnson JE (ed.). Curr Top Microbiol Immunol. Curr Top Microbiol Immunol. 2010;343:195-224.
40. Moura PO, Roberto AF, Hein N, Baldacci E, Vieira SE, Ejzenberg B, et al. Molecular epidemiology of human adenovirus isolated from children hospitalized with acute respiratory infection in São Paulo, Brazil. J Med Virol. 2007;79(2):174-81.
41. Garnett CT, Talekar G, Mahr JA, Huang W, Zhang Y, Ornelles DA, et al. Latent species C adenoviruses in human tonsil tissues. J Virol. 2009;83(6):2417-28.
42. Kalu SU, Loeffelholz M, Beck E, Patel JA, Revai K, Fan J, et al. Persistence of adenovirus nucleic acids in nasopharyngeal secretions. Pediatr Infect Dis J. 2010;29(8):746-50.
43. Roy S, Calcedo R, Medina-Jaszek A, Keough M, Peng H, Wilson JM. In: Kremer EJ (ed.). Adenoviruses in lymphocytes of the human gastro-intestinal tract. PLoS One. 2011;6(9):e24859.
44. Lynch J, Fishbein M, Echavarria M. Adenovirus. Semin Respir Crit Care Med. 2011;32(04):494-511.
45. Kunz AN, Ottolini M. The role of adenovirus in respiratory tract infections. Curr Infect Dis Rep. 2010;12(2):81-7.
46. Moonnumakal SP, Fan LL. Bronchiolitis obliterans in children. Curr Opin Pediatr. 2008; 20:272-8.
47. Lindemans CA, Leen AM, Boelens JJ. How I treat adenovirus in hematopoietic stem cell transplant recipients. Blood. 2010;116(25):5476-85.
48. Murdoch DR, Jennings LC, Bhat N, Anderson TP. Emerging advances in rapid diagnostics of respiratory infections. Infect Dis Clin North Am. 2010;24(3):791-807.

49. Yan Y, Zhang S, Tang Y-W. Molecular assays for the detection and characterization of respiratory viruses. Semin Respir Crit Care Med. 2011;32(04):512-26.
50. Henrickson KJ. Advances in the laboratory diagnosis of viral respiratory disease. Pediatr Infect Dis J. 2004;23(1):S6-10.
51. American Academy of Pediatrics. Red Book: 2015 Report of the Committee on Infectious Diseases. 29. ed. Elk Grove Village, IL: American Academy of Pediatrics; 2015.
52. Melnick JL. The discovery of the enteroviruses and the classification of poliovirus among them. Biologicals. 1993;21:305-9.
53. Centers for Disease Control and Prevention (CDC). Enterovirus surveillance – United States, 2002-2004. MMWR 2006;55:153-6.
54. Uchio E, Yamazaki K, Ishikawa H, Matsunaga I, Asato Y, Aoki K, Ohno S. An epidemic of acute haemorrhagic conjunctivitis caused by enterovirus 70 in Okinawa, Japan, in 1994. Graefes Arch Clin Exp Ophthalmol. 1999;237:568-72.
55. Bern C, Pallanscj MA, Gary Jr HE, Alexander JP, Torok TJ, Glass RI, et al. Acute hemorrhagic conjunctivitis due to Enterovirus 70 in American Samoa: Serum-neutralizing antibodies and sex-specific protection. Am J Epidemiol. 1992;136:1502-6.
56. Lee TC, Guo HR, Su HJ, Yang YC, Chang HL, Chen KT. Diseases caused by enterovirus 71 infection. Pediatr Infect Dis J. 2009 Oct;28(10):904-10.
57. Wikswo ME, Khetsuriani N, Fowlkes AL, Zheng X, Peñaranda S, Verma N, et al. Increased activity of Coxsackievirus B1 strains associated with severe disease among young infants in the United States, 2007-2008. Clin Infect Dis. 2009;49:e44-51.
58. CDC. Enterovirus. Disponível em: <https://www.cdc.gov/non-polio-enterovirus/about/ev-d68.html>. Acesso em: 04 set. 2016.
59. Israelsson S, Gullberg M, Jonsson N, Roivainen M, Edman K, Lindberg AM. Studies of Echovirus 5 interactions with the cell surface: Heparan sulfate mediates attachment to the host cell. Virus Res. 2010;151(2):170-6.
60. Velazquez A, Wallace MR, SinhaS, Kapila R, Schwartz RA, Dua P. Enterovirus. Disponível em: <http://emedicine.medscape.com/article/217146-overview>. Acesso em: 05 set. 2010.
61. Andréoletti L, Lévêque N, Boulagnon C, Brasselet C, Fornes P. Viral causes of human myocarditis. Arch Cardiovasc Dis. 2009;102:559-68.
62. Freund MW, Kleinveld G, Krediet TG, Van Loon AM, Verboon-Maciolek MA. Prognosis for neonates with enterovirus myocarditis. Arch Dis Child Fetal Neonatal Ed. 2010;95:F206-12.
63. Tracy S, Drescher KM, Jackson JD, Kim K, Kono K. Enteroviruses, type 1 diabetes and hygiene: a complex relationship. Rev Med Virol. 2010;20:106-16.
64. Jaïdane H, Sané F, Gharbi J, Aouni M, Romond MB, Hober D. Coxsackievirus B4 and type 1 diabetes pathogenesis: contribution of animal models. Diabetes Metab Res Rev. 2009;25:591-603.
65. Johansson ME, Holmström S, Abebe A, Jacobsson B, Ekman G, Samuelson A, et al. Intrauterine fetal death due to echovirus 11. Scand J Infect Dis. 1992;24:381-5.
66. Shahmahmoodi S, Parvaneh N, Burns C, Asghar H, Mamishi S, Tabatabaie H, et al. Isolation of a type 3 vaccine-derived poliovirus (VDPV) from an Iranian child with X-linked agammaglobulinemia. Virus Res. 2008;137:168-72.
67. Centers for Disease Control and Prevention (CDC). Prolonged poliovirus excretion in an immunodeficient person with vaccine-associated paralytic poliomyelitis. MMWR. 1997;46(28):641-3.
68. Piqueur MA, Verstrepen WA, Bruynseels P, Mertens AH. Improvement of a real-time RT-PCR assay for the detection of enterovirus RNA. Virol J. 2009;6:95.
69. Drucker NA, Colan SD, Lewis AB, Beiser AS, Wessel DL, Takahashi M, et al. g-Globulin treatment of acute myocarditis in the pediatric population. Circulation. 1994;89:252-7.
70. Pevear DC, Tull TM, Seipel ME, Groarke JM. Activity of pleconaril against enteroviruses. Antimicrob Agents Chemother. 1999;43:2109-15.

71. Kim DS, Nam JH. Characterization of attenuated coxsackievirus B3 strains and prospects of their application as live-attenuated vaccines. Expert Opin Biol Ther. 2010;10:179-90.
72. World Health Organization (WHO). Diarrhoea. Disponível em: <http://www.who.int/mediacentre/factsheets/fs330/en/>. Acesso em: 04 set. 2016.
73. Davidson G, Barnes G, Bass D, Cohen M, Fasano A, Fontaine O, Guadalini S. Infectious diarrohea in children: working group report of the first world congress of pediatric gastroenterology, hepatology and nutrition. J Pediatr Gastroenterol Nutr. 2002;3(Suppl 2):143-50.
74. Clark B, McKendrick M. A review of viral gastroenteritis. Curr Opin Infect Dis. 2004;17: 461-9.
75. Wilhelmi I, Roman E, Sánchez-Fauquier A. Viruses causing gastroenteritis. Clin Microbiol Infect. 2003;9:247-62.
76. Pawlowski SW, Warren CA, Guerrant R. Diagnosis and treatment of acute or persistent diarrhea. Gastroenterology. 2009;136:1874-86.
77. Long SS, Pickering LK, Prober CG. Long: Principles and pratices of pediatric infectious diseases. 4. ed. Philadelphia: Elsevier; 2012.
78. Ministério da Saúde. Secretaria de Vigilância em Saúde. Guia de vigilância epidemiológica, caderno 5. Doenças diarreicas agudas. Disponível em: <http://portal.saude.gov.br/portal/arquivos/pdf/gve_7ed_web_atual_dda.pdf>.
79. Morais MB, Jacob CMA. O papel dos probióticos e prebióticos na prática pediátrica. J Pediatr (Rio J). 2006;82(5 Suppl):S189-97.
80. World Health Organization. The treatment of diarrhoea: a manual for physicians and other senior health workers. 4. ed. 2005.
81. Rossignol JF et al. Effect of nitazoxanide for treatment of severe rotavirus diarrhoea: randomised double-blind placebo-controlled trial. Lancet. 2006;368(Issue 9530):124-9.
82. Teran CG, Teran-Escalera CN, Villarroel P. Nitazoxanide vs. probiotics for the treatment of acute rotavirus diarrhea in children: a randomized, single-blind, controlled trial in Bolivian children. Int J Infect Dis. 2009;13(Issue 4):518-23.
83. Rossignol JF. Nitazoxanide: A first-in-class broad-spectrum antiviral agent. Antiviral Res. 2014;110:94-103.
84. Munos MK, Walker CLF, Black RE. The effect of rotavius vaccine on diarrhea mortality. Int J Epidemiol. 2010;39:56-62.

Infecções fúngicas em pediatria 15

Nadia Litvinov
Anna Carlota Mott Barrientos
Maria Zilda de Aquino

Após ler este capítulo, você estará apto a:

1. Entender a epidemiologia e os fatores de risco para as infecções fúngicas invasivas (IFI) em pediatria.
2. Utilizar novos métodos diagnósticos disponíveis para IFI.
3. Estabelecer terapêutica adequada para as principais IFI.

INTRODUÇÃO

Os fungos são células eucarióticas compostas por um núcleo com alguns cromossomos, membrana nuclear, membrana celular composta de esterol e parede celular. Salvo raras exceções, eles podem ser divididos morfologicamente em duas classes: leveduras e hifas.

A transmissão da infecção fúngica depende da espécie. Os fungos filamentosos estão presentes no meio ambiente e podem ser tanto agentes colonizadores transitórios, como ocorre com o *Aspergillus* no trato respiratório, quanto causar infecção superficial da pele. A infecção invasiva costuma ocorrer por disseminação após inoculação direta (pele), aspiração de esporos ou ingestão de alimentos contaminados. A espécie *Candida* sp. coloniza o trato gastrointestinal e a pele de pacientes, e também pode, por translocação, causar doença invasiva. Para a *Candida albicans*, é reconhecida a transmissão pelo contato com indivíduos e superfícies contaminadas.

Os principais fatores de risco para IFI são prematuridade, quebra de barreira mucocutânea, granulocitopenia, alteração da função dos granulócitos (imunodeficiências primárias), transplantes de órgãos sólidos e de células-tronco hematopoiéticas (TCTH), síndrome da imunodeficiência adquirida (aids) e uso prolongado de antibióticos de largo espectro[1-3].

Os nomes infecção fúngica invasiva (IFI) ou sistêmica ou profunda têm sido empregados para designar o envolvimento de órgãos habitualmente estéreis aos fungos associado a sinais e sintomas de infecção sistêmica. Ampla variedade de definições é utilizada, tomando-se como base os achados clínicos e laboratoriais (microbiológicos, sorológicos ou anatomopatológicos), não havendo uma definição universalmente aceita. Uma revisão das definições realizada em 2008 propõe que as infecções fúngicas sejam classificadas em comprovadas, prováveis ou possíveis. Na primeira categoria incluem-se todos os casos de pacientes que apresentem clínica sugestiva, além de comprovação histopatológica, cultura de material estéril ou sorologia. Para que se considere uma provável infecção fúngica, é necessário preencher critérios do hospedeiro, clínicos e microbiológicos. Quando estes últimos não estiverem presentes, considera-se infecção possível[1-3].

CANDIDÍASE INVASIVA

Apesar de existirem mais de 200 espécies de *Candida*, menos de 15 parecem provocar doença em crianças. Entre elas destacam-se: *C. albicans*, *C. parapsilosis*, *C. tropicalis*, *C. glabrata*, *C. krusei*, *C. lusitaniae*, *C. stellatoidea*, *C. kefyr*, *C. pseudotropicalis*, *C. dubliniensis*, *C. intermedia* e *C. guillermondi*.

Na última década houve aumento de 50% no número de infecções por *Candida*[3]. Ela representa um agente importante de infecção hospitalar, podendo ocupar o terceiro lugar em alguns serviços, e responde por 80% das infecções fúngicas intra-hospitalares[3].

É de grande significância em pacientes oncológicos, transplantados, em unidades críticas e em unidades neonatais, onde a mortalidade por esse agente é muito alta. A doença invasiva por *Candida* sp. pode ocorrer por translocação da flora intestinal e pele ou por transmissão do agente veiculado por profissionais de saúde (mais comum em unidades críticas). As características de cada espécie estão citadas na Tabela 15.1[2,3].

A doença invasiva é o resultado de uma interação entre os fatores de virulência das espécies de *Candida*, a carga de colonização e as funções imunológicas do hospedeiro.

A candidemia é definida como o isolamento de *Candida* em hemocultura. A expressão candidíase invasiva (CI) refere-se a todas as infecções profundas por *Candida*, ou seja, a candidemia e as infecções de quaisquer órgãos (fígado, pulmão, baço, ossos, sistema nervoso central – SNC). A CI é rara em crianças imunocompetentes e acomete, na maioria das vezes, pacientes prematuros extremos e imunodeprimidos

Tabela 15.1 Principais espécies de *Candida* causadoras de doença invasiva em crianças[4]

Espécie	Comentários
C. albicans	Causa de metade das infecções por *Candida* em pediatria. Alta virulência: associada a altas taxas de mortalidade e de lesão de órgãos-alvo
C. parapsilosis	Aumento da incidência em pacientes pediátricos, principalmente em recém-nascidos. Frequente colonizador da mão de profissionais de saúde
C. cruzei	Infecção invasiva é ocasional. Coloniza o trato gastrointestinal. É resistente ao fluconazol
C. glabrata	Frequente colonizador da pele e do trato gastrointestinal de pacientes que utilizam fluconazol como profilaxia
C. lusitaneae	Infecção invasiva ocasional. É resistente a vários antifúngicos, inclusive anfotericina B
C. tropicalis	É considerada a segunda espécie mais virulenta
C. dubliniensis	Encontrada em pacientes com infecção pelo HIV
C. guilliermondii	Encontrada em pacientes portadores de doenças oncológicas
C. kefyr	Pode provocar esofagite

HIV: vírus da imunodeficiência humana.

em razão de doença neoplásica hematológica, transplantes de órgãos ou outras condições de imunodeficiência. Os sinais e sintomas de candidíase são frequentemente inespecíficos, especialmente em recém-nascidos (RN), podendo incluir instabilidade da temperatura, letargia, apneia, hipotensão, dificuldade respiratória, distensão abdominal, hiperglicemia e intolerância alimentar. A candidemia não pode ser distinguida facilmente da bacteremia. Em pacientes imunocomprometidos pediátricos, a candidemia muitas vezes se manifesta como febre persistente, apesar da antibioticoterapia. A endoftalmite é uma complicação da candidemia; por isso é sugerido que todo paciente realize fundoscopia ainda na primeira semana após o diagnóstico[5].

Atualmente, a *Candida* representa a terceira maior causa de infecção de corrente sanguínea em unidades de terapia intensiva neonatais. A mortalidade varia de 25 a 60%, apresentando maior risco nas infecções tardias[2,4]. Em unidades de terapia intensiva neonatal, as espécies de *Candida* mais comumente isoladas nas infecções da corrente sanguínea são *C. albicans* (63%), *C. parapsilosis* (29%), *C. glabrata* (6%), *C. krusei* e outras cepas de *Candida* não identificadas (3%)[2,6]. Em razão do risco de disseminação, as crianças com candidemia devem realizar exame neurológico cuidadoso, ecocardiograma e exame oftalmológico. Em RN é prudente incluir ultrassonografia de crânio e do abdome e uma punção lombar.

Dentre as formas clínicas invasivas da candidíase, merece destaque a meningoencefalite, encontrada em cerca de 15% dos casos de candidemia, com a presença de granulomas, abscessos parenquimatosos e vasculites. Na candidíase renal podem ocorrer pielonefrite com alteração da creatinina, hipertensão arterial e presença de massa no flanco ou obstrução urinária aguda decorrente de micetoma. As complicações oftalmológicas podem se apresentar na forma de endoftalmite, coriorretinite ou, mais raramente, abscessos. A candidíase hepatoesplênica ocorre, principalmente, em pacientes com leucemia. As crianças podem apresentar náuseas e vômitos, dor no quadrante superior direito, hepatomegalia e/ou esplenomegalia. A endocardite é documentada em 5% ou menos dos casos de candidemia. Os cateteres vasculares centrais podem causar danos localizados no endocárdio e aumentar o risco para endocardite, especialmente em lactentes. A candidemia também pode resultar em infecções dos ossos e das articulações.

Diagnóstico Laboratorial

O diagnóstico laboratorial das infecções fúngicas é geralmente difícil, pois se baseia fundamentalmente no encontro do microrganismo, sendo consideradas padrão as culturas positivas. As sorologias são pouco sensíveis. Os novos testes antigênicos são promissores, bem como as provas moleculares (Tabela 15.2).

Tratamento

O tratamento de candidíase invasiva inclui, além dos antifúngicos, a retirada de qualquer cateter vascular ou peritoneal infectado e, se possível, postergar sua substituição apenas quando a infecção estiver controlada.

A maioria das espécies de *Candida* é sensível à anfotericina B, com exceção da *C. lusitaneae* e de algumas cepas de *C. glabrata* e *C. krusei*. Na Tabela 15.3 encontra-se resumidamente a sensibilidade das espécies de *Candida* aos diferentes antifúngicos.

Tabela 15.2 Diagnóstico laboratorial da candidíase invasiva

Exame laboratorial	Comentários
Hemocultura	Baixa sensibilidade (30 a 50%) Alta especificidade (próximo de 100%). Hemocultura positiva para *Candida* não deve ser considerada contaminação
Sorologia	Pouco usada. Baixa sensibilidade em imunodeprimidos. Pacientes colonizados podem ter resultados falsos-positivos
Teste antigênico: betaglucana	β-D-glucana é um componente da parede celular de espécies de *Candida*, *Aspergillus*, *Pneumocystis jirovecii* e vários outros fungos. A sensibilidade e a especificidade são próximas de 90% em adultos. Falso-positivo em pacientes com bacteremia e em hemodiálise. Atualmente, não está recomendado seu uso para orientar tratamento na pediatria
PCR-DNA	Altas sensibilidade e especificidade. A PCR apresenta vantagens em relação aos ensaios de β-D-glucana e sorologia, incluindo a capacidade para a identificação da espécie e a detecção de marcadores moleculares para resistência a drogas

PCR-DNA: reação em cadeia da polimerase.

Tabela 15.3 Sensibilidade das espécies de *Candida* aos diferentes antifúngicos[7]

Espécies de *Candida*	Antifúngicos disponíveis				
	Fluconazol	Itraconazol	Voriconazol	Anfotericina B	Equinocandinas
C. albicans	S	S	S	S	S
C. tropicalis	S	S	S	S	S
C. parapsilosis	S	S	S	S	S a I
C. krusei	S-DD a R	S-DD a R	S a I	S a I	S
C. glabrata	R	S-DD a R	S a I	S a I	S
C. lusitaniae	S	S	S	S a R	S

I: sensibilidade intermediária; R: resistente; S: suscetível; S-DD: suscetibilidade dose-dependente.

Atualmente, salvo algumas exceções, a primeira linha de tratamento para a *Candida* sp. são as equinocandinas (caspofungina, micafungina ou anidulafungina). Seu uso é altamente recomendado no tratamento empírico de pacientes com sinais de choque, instabilidade hemodinâmica ou suspeita de infecção por cepa resistente ao fluconazol. O uso das equinocandinas está recomendado como terapêutica inicial por sua custo-efetividade, assim como pelo menor efeito adverso quando comparado à anfotericina B. As equinocandinas apresentam ação fungicida para todas as espécies de *Candida* com importância clínica, salvo a *C. parapsilosis*, que apresenta concentração inibitória mínima intrinsecamente superior à das outras espécies de *Candida*[5,8,9].

A anfotericina em formulações lipídicas é uma boa opção terapêutica, desde que seja tolerada. O fluconazol pode ser usado como terapia inicial apenas em pacientes estáveis ou para descalonar o tratamento, caso seja identificada uma *Candida* sensível a essa medicação. O voriconazol também pode ser utilizado, porém não traz muitos benefícios em relação ao fluconazol[5].

Na infecção em RN, a droga de escolha é a anfotericina B deoxicolato. O fluconazol e a anfotericina lipossomal são drogas alternativas. As equinocandinas nesses pacientes devem ser usadas com precaução e apenas em caso de refratariedade a outros antifúngicos[5,6].

A duração do tratamento é variável, mas, de forma geral, deve ser mantido por duas semanas após a negativação das hemoculturas. Tratamentos mais curtos (7-10 dias) podem ser adotados em infecções relacionadas ao cateter se este for retirado precocemente e não houver evidência de infecção sistêmica[9].

Atualmente, muitos estudos e propostas direcionados a cada grupo de risco sobre profilaxia antifúngica estão sendo desenvolvidos. Alguns trabalhos mostram benefício para neonatos prematuros e de baixo peso[6]. Em pacientes onco-hematológicos, submetidos a TCTH e transplante de órgãos sólidos, a profilaxia é adotada durante o período mais crítico, no momento de maior imunossupressão e diante de outros fatores de risco, como mucosite e cateteres permanentes. O benefício da profilaxia em pacientes imunodeprimidos precisa sempre ser cotejado com a preocupação com o desenvolvimento de resistência aos antifúngicos.

ASPERGILOSE INVASIVA

A incidência das infecções invasivas por *Aspergillus* vem aumentando nos últimos anos e é responsável por altos índices de mortalidade. O gênero *Aspergillus* contém 185 espécies, das quais apenas 20 causam doenças no homem. A maioria das infecções é causada por *A. fumigatus*, *A. flavus*, *A. niger*, *A. terreus* e *A. nidulans* (Tabela 15.4). O *A. fumigatus* é responsável por aproximadamente 65% dos casos de aspergilose invasiva (AI)[10].

O *Aspergillus* é um fungo filamentoso (hialo-hifomicose), está presente no solo e cresce em detritos orgânicos no meio ambiente, sendo reconhecido como agente causador de surtos de aspergilose durante reformas e construções em hospitais. A principal porta de entrada para a infecção por *Aspergillus* é o trato respiratório (por aspiração de esporos), e são mais raras as infecções através do trato gastrointestinal e da pele. A doença está associada a largo espectro de distúrbios da imunidade. Os pacientes com risco para AI incluem aqueles com neutropenia prolongada, os receptores de TCTH ou transplantes de órgãos sólidos, pacientes com aids avançada e aqueles com doença granulomatosa crônica[11].

A AI é a principal causa de morte relacionada a infecção em pacientes com leucemia aguda e nos receptores de TCTH alogênicos[10,11]. Em pacientes onco-hematológicos, o grau e a duração da neutropenia estão intimamente relacionados ao risco de AI. Em receptores de TCTH alogênico, a doença por *Aspergillus* pode ocorrer tanto na primeira fase, em razão da neutropenia prolongada e profunda, quanto mais tardiamente, em pacientes que evoluem com doença do enxerto contra hospedeiro aguda ou crônica.

Os pacientes com doença granulomatosa crônica (DGC) são mais suscetíveis à infecção pelo *Aspergillus* em virtude de alterações na função oxidativa do sistema imu-

Tabela 15.4 Etiologia da aspergilose invasiva[10]

Etiologia	Características mais comuns
A. fumigatus	Causa de 65% das aspergiloses invasivas, principalmente doença pulmonar
A. flavus	Causa sinusopatia e infecção de pele (15% dos casos de aspergilose invasiva)
A. niger	Causa sinusite e otite externa, raramente provoca doença invasiva. Resistência à anfotericina B
A. terreus	Causa de doença invasiva
A. nidulans	Infecção em pacientes com doença granulomatosa crônica

nológico. A aspergilose pulmonar é uma das principais causas de morte nesses pacientes e pode ocorrer como primeira manifestação da DGC. Em pacientes portadores de aids, a aspergilose é mais frequente quando a contagem de CD4 é inferior a 200 células.

A epidemiologia em RN difere um pouco da apresentada em pacientes pediátricos. Nesse grupo, 25% das infecções são cutâneas primárias, 22% são pulmonares e 32% são disseminadas. Os principais fatores de risco são prematuridade e baixo peso ao nascer[10].

Durante os últimos anos, publicações mostram que a população de risco para AI pode ser expandida para pacientes com doença pulmonar obstrutiva crônica (DPOC) e fibrose cística, e possivelmente em pacientes não neutropênicos, mas que estão em cuidados intensivos[12].

A doença pulmonar por *Aspergillus* nos pacientes imunodeprimidos geralmente é inespecífica, podendo se apresentar de forma bilateral e difusa. A presença de febre persistente associada a outros sintomas pulmonares, como tosse seca, dispneia e, eventualmente, dor no peito, é comum. Pode ocorrer hemoptise quando há invasão vascular, e essa complicação pode ser fatal. A infecção pulmonar pode se estender para o mediastino e estruturas da parede torácica ou pode evoluir com disseminação hematogênica, levando ao comprometimento de órgãos profundos. Em pacientes com neutropenia, a febre persistente pode ser o único sinal da doença fúngica invasiva. A tomografia computadorizada (TC) de tórax é um exame fundamental para a detecção precoce de aspergilose pulmonar e deve ser realizada obrigatoriamente em pacientes oncológicos com mais de 10 dias de neutropenia e febre persistente ou recorrente de causa desconhecida ou que não responde à antibioticoterapia empírica[11].

O envolvimento do SNC é uma consequência devastadora da aspergilose disseminada e pode se apresentar na forma de convulsões ou sinais neurológicos focais decorrentes de acidente vascular cerebral (AVC) ou de efeito de massa.

Na sinusite por *Aspergillus*, o seio maxilar é o mais frequentemente acometido, e o paciente pode apresentar otalgia, cefaleia, assimetria facial, edema, epistaxe, isquemia do palato e até erosão óssea. A aspergilose cutânea pode ser primária, por inoculação direta, ou secundária à disseminação hematogênica. Em geral, vítimas de queimaduras, RN e receptores de transplante de órgãos sólidos apresentam infecção por inoculação direta do agente em lesões da pele. Por outro lado, receptores de TCTH frequentemente desenvolvem a doença em tecido subcutâneo secundária à disseminação hematogênica[10,11].

Diagnóstico

O diagnóstico de aspergilose é difícil, já que as manifestações clínicas da doença são inespecíficas; os achados radiológicos são sugestivos, porém não são patognomônicos, e o isolamento do fungo em culturas tem baixa sensibilidade. A identificação do agente em material estéril (p. ex., líquido pleural) confirma o diagnóstico. No entanto, na maioria das vezes, o diagnóstico provável de infecção por *Aspergillus* se faz pela associação de três fatores: os relacionados ao hospedeiro (p. ex., neutropenia prolongada), os achados radiológicos e os critérios micológicos[10].

Na tomografia, o sinal radiológico mais precoce de AI é um nódulo. O "sinal do halo", definido como nódulo rodeado por um perímetro de vidro fosco correspondente à hemorragia alveolar, e é muito sugestivo de AI. Entretanto, outros fungos filamentosos patogênicos e bactérias angioinvasivas podem produzir achado semelhante. Outras alterações radiológicas podem ser as consolidações, os infartos em forma de cunha e as cavitações[10,11].

Os critérios micológicos incluem o isolamento de espécies de *Aspergillus* do trato sinopulmonar ou em material estéril e/ou a positividade de testes antigênicos. Culturas do lavado broncoalveolar têm, na melhor das hipóteses, sensibilidade de 50%[11].

O diagnóstico antigênico consiste na detecção de galactomanana ou beta-D-glucana, dois constituintes da parede celular fúngica. A detecção da galactomanana é relativamente específica para a AI, enquanto o teste de beta-D-glucana também detecta outras doenças invasivas por fungos, incluindo candidíase, outros fungos filamentosos e *Pneumocystis jirovecii*. Os testes da galactomanana têm uso limitado em pediatria em razão da escassez de estudos nessa coorte. A especificidade e a sensibilidade do teste em adultos chegam a 90%, porém os poucos estudos realizados na população pediátrica mostraram que esses valores são mais baixos em crianças e que o teste apresenta altos índices de falsa positividade, chegando até a 44%[10,13,14].

O uso da galactomanana sérica em pacientes considerados de alto risco para AI (leucemias e TCTH alogênicos) está fortemente recomendado, devendo ser realizado semanalmente visando ao diagnóstico precoce, uma vez que sua positividade precede a apresentação clínica da AI[15]. A detecção do agente por métodos moleculares – reação em cadeia de polimerase (PCR) – parece ser um método promissor, com altas especificidade e sensibilidade, mas ainda não está disponível comercialmente no Brasil.

Tratamento

Na prática, o tratamento é iniciado mesmo com poucas evidências de infecção em virtude de altas morbidade e mortalidade da doença invasiva. A droga de escolha para tratamento de aspergilose é o voriconazol[10]. O itraconazol pode ser utilizado em casos menos graves, mas sua biodisponibilidade é errática e, por isso, recomenda-se monitorar o nível sérico da medicação durante o tratamento. Estudos recentes comprovaram a eficácia do posaconazol como droga profilática em pacientes com leucemia mieloide aguda (LMA), mielodisplasia e submetidos a

TCTH com doença enxerto contra hospedeiro (DECH) grave[11]. Faltam estudos que comprovem sua eficácia como terapia primária para infecções invasivas. As equinocandinas, caspofungina e micafungina são eficazes no tratamento para AI, mas não são recomendadas como monoterapia no tratamento inicial[15]. A anfotericina é um tratamento alternativo para pacientes com intolerância ao voriconazol ou com aspergilose refratária ao tratamento. As formulações lipídicas devem ser utilizadas em pacientes que evoluem com alterações renais.

OUTRAS INFECÇÕES FÚNGICAS INVASIVAS

A zigomicose, ou mucormicose, é uma infecção rara, mas emergente, que ocorre em pacientes imunodeprimidos. A mucormicose é geralmente adquirida pela inalação de esporos, portanto pulmões e seios da face são os locais mais comuns da infecção inicial. Mais raramente, a doença pode surgir após a ingestão de alimentos contaminados ou por inoculação direta da pele, que é uma importante via de transmissão nosocomial em RN. Existem várias apresentações clínicas, sendo as formas rinocerebral e pulmonar as mais frequentes. Surtos nosocomiais de zigomicose são menos comuns que por *Aspergillus*, mas tambem têm sido associados a reformas e construções, à contaminação do sistema de ar-condicionado e à utilização de dispositivos médicos contaminados. Nas últimas décadas nota-se aumento de casos de mucormicose disseminada em pacientes onco-hematológicos e submetidos a transplante de células-tronco hematopoiéticas, com mortalidade que pode chegar a 80%. A droga de escolha para o tratamento é a anfotericina B deoxicolato ou anfotericina formulação lipídica em altas doses (5 a 10 mg/kg/dia). Há relatos de associação da anfotericina com equinocandinas ou do uso do posaconazol, porém sem evidências suficientes para realizar uma recomendação terapêutica. O sucesso do tratamento depende da melhora das condições clínicas do paciente, do desbridamento cirúrgico da lesão e da administração rápida e agressiva de antifúngicos[16,17].

O grupo das hialo-hifomicoses é um grupo diverso de hifas levemente pigmentadas. Fazem parte desse grupo fungos como *Fusarium* sp., *Scedosporium apiospermum*, *Chrysosporium*, *Penicillium*, *Paecilomyces* e *Aspergillus*, já discutido anteriormente. O *Fusarium* spp. (*Fusarium solani* 60% e *oxysporum* 20%) e o *Scedosporium* spp. são fungos emergentes em pacientes com doenças onco-hematológicas, TCTH e transplante de pulmão. A mortalidade é alta, podendo chegar a 50-70% nas infecções por *Fusarium* spp. em pacientes com leucemias e TCTH[18]. Dentre as manifestações clínicas destacam-se a sinusite, a infecção pulmonar, abscessos localizados, a infecção cutânea e a infecção disseminada. Algumas dessas infecções, como as causadas por *Fusarium*, têm sido associadas à contaminação de fontes de água ou à disseminação por meio de infecção ungueal[16,17].

A resposta à anfotericina B é ruim, já que alguns desses microrganismos, como *S. apiospermum* e *Fusarium*, podem apresentar resistência. Entretanto, alguns bons resultados foram relatados com o uso das formulações lipídicas de anfotericina B. O voriconazol tem sido utilizado com sucesso no tratamento de *S. apiospermum* e *Fusarium*, e pode ser utilizado como terapia combinada com a anfotericina B em pacientes graves de alto risco[16,17,19].

PNEUMOCISTOSE

O fungo *Pneumocystis* é o agente causador de uma infecção essencialmente oportunista conhecida como pneumocistose, que acomete principalmente os pulmões de diversos animais e dos seres humanos. A espécie causadora de infecção no homem passou a ser denominada *P. jirovecii* na década de 1990; anteriormente era conhecida como *P. carinii*. Com a expansão da aids e com o aumento do número de crianças imunodeprimidas, houve aumento significativo da incidência de pneumocistose[20,21].

Tabela 15.5 Doses dos principais antifúngicos[17]

	Adulto	Crianças
Anfotericina B		
Convencional	1 a 1,5 mg/kg/dia, 1 x/dia EV	1 a 1,5 mg/kg/dia, 1 x/dia EV
Lipossomal*	3 a 5 mg/kg/dia 1 x/dia EV	3 a 5 mg/kg/dia, 1 x/dia EV
Lipídico	5 mg/kg/dia, 1 x/dia EV	5 mg/kg/dia, 1 x/dia EV
Azólicos		
Fluconazol	400-800 mg/dia em dose única, EV ou VO	6 a 12 mg/kg/dia, EV ou VO, em dose única
Voriconazol EV	Dose de ataque: 6 mg/kg 12/12 h, 1 x/dia e depois 4 mg/kg 12/12 h 3 mg/kg/dia para infeções por *Candida*	< 12 anos ou < 14 com menos de 50 kg: dose de ataque 9 mg/kg/dose 12/12 h no 1º dia e depois 4 a 8 mg/kg/dose de 12/12 h > 14 anos ou > 12 anos com mais de 50 kg: idem adultos
Voriconazol VO	> 40 kg: 400 mg 12/12 h 1º dia e 200 mg 12/12 h depois < 40 kg: 200 mg 12/12 h 1º dia e 100 mg 12/12 h depois	< 12 anos ou < 14 e menos 50 kg: 9 mg/kg/dose (máximo 350 mg) 12/12 h < 14 ou < 12 com mais de 50 kg: idem adultos
Itraconazol	200 a 600 mg/dia VO 1 ou 2 x/dia	5 a 10 mg/kg/dia 1 a 2 x/dia VO
Posaconazol VO	400 mg 12/12 h	Sem dose para < 13 anos
Equinocandinas		
Caspofungina	70 mg/dia 1 x/dia no 1º dia e depois 50 mg/dia 1 x/dia EV	70 mg/m² 1 x/dia no 1º dia e depois 50 mg/m² 1 x/dia EV (dose máx. 70 mg/dia)
Micafungina	100 a 150 mg 1 x/dia EV	2 a 4 mg/kg/dia 1 x/dia EV

EV: endovenoso; VO: via oral.

* A dose de anfotericina lipossomal pode chegar até 10 mg/kg/dia para tratamento de alguns fungos resistentes.

A exposição inicial ao *Pneumocystis* geralmente ocorre nos primeiros meses de vida; infecções subclínicas nas crianças imunocompetentes são comuns. A transmissão do *Pneumocystis* ocorre por via respiratória, de pessoa para pessoa. A pneumocistose pode ocorrer por infecção primária, reativação de doença latente ou reinfecção por uma cepa diferente. Os defeitos de imunidade celular são o principal fator de risco, em particular a infecção pelo HIV. Cerca de 60 a 90% dos indivíduos infectados pelo HIV apresentam infecção pelo *Pneumocystis* durante a evolução da doença[15]. Em outros grupos de imunodeprimidos, a incidência pode ocorrer em 40 a 50% dos portadores da síndrome da imunodeficiência combinada grave, em 12% das crianças com leucemia aguda e 6% dos transplantados de órgãos, se não estiverem em uso de profilaxia adequada[22].

Outro importante grupo de risco para essa infecção é formado por aqueles que apresentam comprometimento da imunidade celular, como os pacientes em uso de drogas imunossupressoras, a maioria associada ao uso de corticosteroides. Nesses pacientes, o quadro clínico tende a apresentar evolução mais rápida, com sintomas respiratórios mais intensos e mortalidade mais elevada[23].

A principal apresentação clínica é a pneumonia. Raramente, em indivíduos imunodeprimidos, a doença pode ser extrapulmonar. O *Pneumocystis* já foi identificado em pleura, linfonodos, fígado, baço, medula óssea, trato gastrointestinal, olhos, tireoide e outros. A infecção não confere imunidade protetora, podendo recorrer em até 50% dos casos tratados[20].

A pneumonia por *P. jirovecii*, nos pacientes infectados pelo HIV, geralmente se apresenta com evolução subaguda, instalação progressiva de dispneia, tosse não produtiva, mal-estar e febre baixa. Em crianças, os sintomas podem ser mais inespecíficos e/ou exuberantes, com dispneia, cianose e apneia. Nos pacientes imunodeprimidos não infectados pelo HIV, observa-se quadro mais agudo, progredindo em alguns dias para insuficiência respiratória aguda, febre e tosse não produtiva, sendo mais frequente a necessidade de ventilação mecânica. O exame físico pode mostrar sinais de taquidispneia, taquicardia e cianose. A ausculta pulmonar geralmente é pobre[21]. Entre os diagnósticos diferenciais encontram-se as infecções por *Toxoplasma gondii*, citomegalovírus, *M. tuberculosis*, *M. avium-intracellulare*, vírus Epstein-Barr (EBV), *Candida* sp., *Cryptococcus neoformans* e outros fungos menos frequentes.

Diagnóstico

O diagnóstico constitui um desafio, sendo muito difícil pela inespecificidade dos sinais e sintomas apresentados pelos pacientes e pela inabilidade técnica de isolar esse organismo em cultura. A identificação do *Pneumocystis* é necessária para o diagnóstico definitivo, que se baseia na visualização microscópica desse agente em material de escarro induzido, lavado broncoalveolar (LBA) ou material de biópsia.

Os métodos moleculares oferecem boas sensibilidade e especificidade para o diagnóstico[21]. Atualmente, tem-se utilizado PCR em tempo real, que é um método rápido com baixo risco de contaminação e maior especificidade em relação aos métodos de PCR prévios. Permite também a quantificação do DNA do *P. jirovecii*, sendo capaz de identificar portadores em indivíduos sem sintomas de pneumonia.

Existe interesse em encontrar marcadores séricos da infecção pelo *Pneumocystis*, principalmente para auxiliar o diagnóstico naqueles pacientes com baixa concentração de microrganismos e quadros respiratórios graves, que inviabilizam a realização de LBA. A desidrogenase lática (DHL) elevada é observada nos pacientes com pneumonia por *Pneumocystis* (PCP), no entanto reflete, principalmente, a inflamação pulmonar. O 1-3-beta-D-glucana, principal componente da parede celular da maioria dos fungos, tem sido usado como marcador sérico de candidíase e aspergilose, e, apesar de não ser específico para o *Pneumocystis*, já é utilizado para monitorar o tratamento da PCP. A velocidade de hemossedimentação (VHS) geralmente está elevada, e a gasometria arterial apresenta pO_2 progressivamente reduzida, de acordo com a intensidade do comprometimento pulmonar[21].

A alteração radiológica mais frequente é o infiltrado intersticial difuso bilateral, envolvendo as áreas peri-hilares. A tomografia computadorizada é mais sensível e pode apresentar alterações mesmo quando a radiografia mostra-se normal[21]. O diagnóstico presuntivo pode ser feito associando-se dados clínicos, radiológicos e hipoxemia acentuada.

São fatores de pior prognóstico: hipóxia ($paO_2 < 70$ mmHg); DHL sérica elevada; CD4 < 50; início tardio do tratamento ou profilaxia; quimioprofilaxia com pentamidina inalatória; coinfecção bacteriana e/ou fúngica e/ou viral; infiltrado intersticial denso; fibrose intersticial ou edema à biópsia; gravidade de marcadores de atividade da doença; estado nutricional ruim[24].

Tratamento

O tratamento precoce é benéfico, e a maior taxa de mortalidade encontra-se entre os pacientes oncológicos. Na insuficiência respiratória grave é necessário o suporte de O_2 e recomenda-se a utilização de corticoterapia. A letalidade é superior a 90% se não houver tratamento[21,24].

A droga de escolha é sulfametoxazol (SMX) + trimetoprim (TMP) (100 mg/kg/dia de sulfa), via endovenosa (EV), por 21 dias. Associa-se prednisona ou equivalente, 2 mg/kg/dia, via oral (VO), por 5 a 10 dias. Como alternativas pode-se usar:

dapsona, 2 mg/kg/dia, VO, 1 ×/dia + TMP, 20 mg/kg/dia, VO, 4 ×/dia, por 21 dias ou pentamidina, 4 mg/kg/dia, via intravenosa (IV), 1 ×/dia, por 21 dias[21].

Nos casos de intolerância ou de falha terapêutica, recomenda-se a pentamidina, apesar de sua toxicidade. Após início do tratamento efetivo contra o *Pneumocystis*, pode haver piora do quadro respiratório. Essa complicação pode ser evitada com o uso precoce de corticosteroides sistêmicos[24].

Profilaxia

A larga utilização de profilaxia reduziu significativamente a frequência de pneumocistose, que, no entanto, ainda é a principal doença definidora de aids. Dentre as crianças imunodeprimidas HIV-negativo, devem receber profilaxia aquelas submetidas a transplantes, as portadoras de doenças neoplásicas em tratamento quimioterápico, os RN com imunodeficiências, aquelas em uso de corticoterapia por mais de um mês ou portadoras de outras doenças imunossupressoras. A droga a ser usada é o SMX-TMP (750 mg de SMX/m^2/dia, 3 ×/semana ou todos os dias). As drogas alternativas são: dapsona (2 mg/kg/dia ou 4 mg/kg, 1 ×/semana), pentamidina aerossol (300 mg, 1 ×/mês) ou atovaquona (30 a 45 mg/kg, 1 ×/dia). Em caso de ocorrência da doença, a profilaxia secundária deve ser feita enquanto houver imunodepressão, nas mesmas doses já preconizadas[23,24].

As recomendações profiláticas para crianças e adolescentes infectados pelo HIV constam nos manuais e consensos amplamente difundidos e são citadas no Capítulo 21, Infecção pelo HIV/aids em crianças e adolescentes.

INFECÇÕES FÚNGICAS ENDÊMICAS

Paracoccidioidomicose

A paracoccidioidomicose (PCM) é uma micose sistêmica e endêmica causada por um fungo termodimórfico, o *Paracoccidioides brasiliensis*, que ocorre em áreas tropicais e subtropicais da América Latina. Também chamada de blastomicose sul-americana, foi descrita pela primeira vez por Adolfo Lutz em 1908. No adulto, a forma clínica predominante é a crônica, mas quando acomete crianças ou adolescentes apresenta-se na forma aguda ou subaguda, caracterizada por doença disseminada grave, com envolvimento rápido e progressivo dos órgãos linfáticos, aparelho digestivo e sistema osteomuscular.

O fungo encontra-se em sua forma esporulada à temperatura ambiente e tem como reservatórios e fontes de contaminação o solo, a madeira e a poeira. As portas de entrada aceitas para a infecção são a respiratória, a tegumentar e a digestiva, por meio da contaminação com propágulos infecciosos chamados conídeos. No Brasil, estimativas indicam incidência anual de 1 a 3 casos novos por 100 mil habitantes em áreas com alto índice de endemia, com coeficiente de mortalidade de 0,14 por 100 mil habitantes[25,26]. A doença é endêmica no Sul, Sudeste, Centro-Oeste do Brasil, parte da Região Norte e Bahia[27].

As manifestações clínicas e patológicas são muito variadas e dependem de fatores microbianos, ambientais e da relação do microrganismo com a resposta imune do hospedeiro.

O controle da doença depende da resposta imune celular, que é predominantemente de tipo 1, com ativação de macrófagos e linfócitos T-CD4 e T-CD8, resultando na formação de granulomas que permitem o controle da replicação do fungo, embora em seu interior possam persistir formas quiescentes que podem ser responsáveis por recidivas da doença. Além de desencadearem o quadro clínico da PCM, as alterações e deficiências imunológicas são responsáveis pela sua evolução progressiva e comprometimento sistêmico[28,29].

O melhor método para o diagnóstico de PCM é o encontro de elementos fúngicos sugestivos de *P. brasiliensis* em exame a fresco de escarro ou outro espécime clínico (raspado de lesão, aspirado de linfonodos) e/ou fragmento de biópsia de órgãos supostamente acometidos. O uso de imagens como tomografia e ressonância magnética também tem importância no diagnóstico e na evolução terapêutica. Dentre as técnicas sorológicas destacam-se a imunodifusão radial e dupla, a contraimunoeletroforese, a fixação do complemento, a técnica de *imunoblotting* e o teste de ELISA.

A imunodifusão (ID) é o teste sorológico mais utilizado, por ser altamente específico (> 90%). Possui, porém, baixa sensibilidade (> 80%), o que pode levar a resultados falso-negativos. Recomenda-se para ID ou qualquer outro teste utilizado no diagnóstico de PCM que os soros sejam titulados para melhor interpretação da resposta terapêutica, uma vez que os títulos de anticorpos diminuem progressivamente com o controle clínico da doença[26,27].

A classificação atual da PCM baseia-se na correlação dos dados clínicos com a história natural da doença: paracoccidioidomicose infecção; paracoccidioidomicose doença – forma aguda/subaguda ou forma crônica unifocal ou multifocal; forma residual ou sequelar[27].

Este capítulo atém-se apenas às formas aguda ou subaguda que acometem crianças e adolescentes.

A forma aguda ou subaguda da PCM, também chamada de forma juvenil, compromete crianças e adolescentes, podendo eventualmente acometer indivíduos até os 35 anos de idade. É responsável por 3 a 5% dos casos da doença e é distribuída igualmente nos gêneros masculino e feminino[28,29]. Caracteriza-se por evolução mais rápida, grave e disseminada, destacando-se a presença de linfadenomegalia, manifestações digestivas, hepatoesplenomegalia, envolvimento osteoarticular e lesões cutâneas como as principais formas de apresentação. Nessa forma clínica, o acometimento mucoso é pouco frequente, e o pulmonar é ainda menor. O trato intestinal quase sempre está alterado, com a presença de má absorção, decorrente de quadros inflamatórios, oclusões e fibroses, cuja via final comum é desnutrição, tão mais importante quanto maior o tempo de doença[29].

O *P. brasiliensis* é um fungo sensível à maioria das drogas antifúngicas disponíveis. Vários antifúngicos podem ser utilizados para o tratamento desses pacientes, como anfotericina B, sulfamídicos (sulfadiazina, associação SMX + TMP), azólicos (fluconazol, itraconazol, voriconazol) e terbinafina[27,30,31].

Nas formas moderadas a graves, o tratamento em crianças deve ser feito com sulfametoxazol-trimetropim endovenoso ou anfotericina B. Após a remissão inicial dos sintomas e queda dos níveis sorológicos, pode-se usar SMX + TMP, itraconazol ou sulfadiazina para manutenção, por períodos variáveis, dependendo da evolução de cada caso. As formas leves ou moderadas devem ser tratadas com itraconazol por 6 a 12 meses ou SMX+TMP por 12 a 24 meses[27,31,32].

Histoplasmose

A histoplasmose é a doença causada pelo *Histoplasma capsulatum*, fungo dimórfico, endêmico nas Américas do Norte, Central e do Sul, Ásia e África. Praticamente todo o Brasil é endêmico para a doença. A infecção ocorre pela inalação dos conídios (formas esporuladas do fungo) e provoca pneumonite. O tempo de incubação é variável, mas não costuma passar de algumas semanas. Apenas uma minoria dos pacientes apresentará sintomas e, destes, nem todos necessitarão de tratamento farmacológico.

Os adultos jovens são os mais acometidos, provavelmente pela exposição ambiental. As crianças infectadas são mais comumente assintomáticas ou apresentam quadros leves. Os fatores de risco para infecções graves ou disseminadas são: exposição a grande inóculo, imunodeficiência como HIV, uso de imunossupressores, desnutrição ou condições que alterem a função de linfócitos T, macrófagos ou monócitos[33,34].

Manifestações clínicas

Em áreas endêmicas, a maioria dos pacientes tem apresentação leve ou oligossintomática, com melhora espontânea. Os sintomas, quando aparecem, são inespecíficos, como febre, mal-estar e tosse. Os pacientes sintomáticos costumam ter queixas respiratórias, opacidades pulmonares, adenomegalia hilar e, eventualmente, hepatoesplenomegalia. Nos casos graves, a infecção disseminada pode evoluir com hemoptise, pericardite, insuficiência respiratória e morte.

As apresentações clínicas são muito variáveis. Podem ser pulmonares (histoplasmose pulmonar aguda, subaguda ou crônica), disseminada (histoplasmose disseminada aguda, progressiva e crônica), histoplasmose mediastinal (adenite, granuloma ou fibrose) e formas raras (epididimite, prostatite e osteoarticular).

Em pacientes pediátricos, as formas clínicas da histoplasmose variam de acordo com a faixa etária. Em lactentes, a forma disseminada aguda e progressiva predomina (80%). Em pré-escolares, a forma clínica mais comum é a doença pulmonar aguda, e em escolares e crianças mais velhas a apresentação clínica mais frequentemente observada é a pulmonar subaguda. Em crianças imunocompetentes, a histoplasmose geralmente é uma doença autolimitada, enquanto em imunocomprometidos as manifestações são frequentemente mais graves e disseminadas[35].

A histoplasmose pulmonar aguda é caracterizada por tosse, febre, tremores e dispneia. Pode ter dor torácica por compressão dos linfonodos hilares aumentados. Os achados radiológicos mostram opacidades difusas bilaterais e adenomegalia mediastinal. Costuma ter resolução espontânea em duas semanas.

Na apresentação pulmonar subaguda, o quadro é mais insidioso, podendo durar meses, e o aspecto radiológico costuma ser mais localizado. Também há presença de adenomegalia hilar.

A histoplasmose disseminada é mais comum em lactentes e pacientes imunodeprimidos. Cursa com febre, anorexia, hepatoesplenomegalia, adenomegalia generalizada e dispneia. Pode haver lesões orais e de pele, e o acometimento do SNC e meningite ocorrem em até 5 a 10% dos casos de histoplasmose disseminada. Pode evoluir com choque, coagulopatia, falência hepática e renal, e insuficiência respiratória. O padrão radiológico costuma ser miliar, reticulonodular difuso ou intersticial[33-35].

O diagnóstico pode ser feito de forma rápida, pela visualização direta do fungo em material de biópsia, escarro ou aspirado de medula nos quadros disseminados. A cultura é positiva em 50 a 85% dos casos de histoplasmose disseminada (cultura de medula) e em até 75% dos quadros pulmonares crônicos (escarro). Os testes sorológicos disponíveis são a imunodifusão, a fixação de complemento e o ensaio imunoenzimático (ELISA). Os anticorpos podem demorar de 4 a 8 semanas para positivarem, e títulos acima de 1:8 são considerados positivos; acima de 1:32 são sugestivos de doença ativa. O teste antigênico não tem bom desempenho em infecções pulmonares crônicas, mas tem até 80% de positividade em quadros disseminados e pulmonares agudos[33,34].

O tratamento da histoplasmose é com anfotericina B deoxicolato ou suas formulações lipídicas ou itraconazol. O tempo de tratamento depende da apresentação clínica e da gravidade do quadro. As formas pulmonares agudas com sintomas moderados a graves ou os pacientes imunodeprimidos, a doença pulmonar crônica e a doença disseminada sempre devem ser tratadas. Nas outras apresentações, o benefício do tratamento é incerto, e os pacientes podem ser apenas acompanhados clinicamente. O tratamento da forma pulmonar aguda consiste no uso de anfotericina por 1 a 2 semanas seguido de 12 semanas de itraconazol ou só o itraconazol nos quadros leves. O corticosteroide (metilprednisolona) deve ser associado por 1 a 2 semanas nos casos de hipoxemia e insuficiência respiratória. O tratamento da doença disseminada em crianças consiste no uso de anfotericina por 6 semanas ou anfotericina por 2 semanas seguido de itraconazol por 12 semanas. Tratamentos mais prolongados podem ser necessários em pacientes com apresentações graves, imunossuprimidos ou com imunodeficiência primária[36].

Criptococose

A criptococose é uma micose sistêmica e invasiva causada por *Cryptococcus neoformans* e *Cryptococcus gattii*. A infecção é adquirida por inalação de propágulos viáveis presentes no ambiente. O fungo coloniza primeiro o pulmão, mas muitas vezes dissemina-se para outros órgãos, principalmente o sistema nervoso central (SNC), causando meningoencefalite e criptococomas. Globalmente, a criptococose por *C. neoformans* é uma das principais causas de morbidade e mortalidade em indivíduos imunocomprometidos (pacientes infectados pelo HIV, doenças linfoproliferativas, uso de corticosteroides e pós-transplante de órgão). Em contraste, as infecções por *C. gattii* prevalecem em regiões com clima tropical e subtropical, e afetam predominantemente os hospedeiros imunocompetentes. No Brasil, a criptococose causada por *C. neoformans* ocorre em todas as regiões e é importante causa de micose sistêmica em pacientes com aids. Por outro lado, o *C. gattii* atua predominantemente como patógeno primário, atacando hospedeiros imunocompetentes, incluindo crianças e adultos jovens no Norte e Nordeste, e é, portanto, considerada uma micose endêmica nos estados do Amazonas, Pará, Roraima, Piauí, Pernambuco e Bahia. As regiões Sul e Sudeste apresentam infecções esporádicas por *C. gattii*[37].

A principal manifestação clínica da criptococose é a meningoencefalite. Os sintomas mais comuns são febre, cefaleia, vômitos, dor na nuca e rigidez nucal. Podem ocorrer alterações visuais, e os sintomas costumam iniciar de 2 a 4 semanas antes do diagnóstico. O pulmão é o segundo órgão mais acometido. Em crianças, a doença costuma incidir entre 6 e 12 anos e raramente acomete lactentes. Nestes, a meningoencefalite é o quadro mais comum, e a apresentação pulmonar sem disseminação é rara[38].

O diagnóstico é feito pela visualização direta, em geral pela coloração com tinta da China, e sua identificação, pela cultura no líquido cefalorraquidiano (LCR) em 75 a 90% dos casos. A detecção do antígeno pelo teste de aglutinação do látex pode ser feita em urina, LCR ou sangue, com ótima sensibilidade.

O tratamento consiste em uma fase de indução de 10 a 12 semanas ou até a esterilização do LCR, seguida de manutenção com fluconazol. A indução é realizada com anfotericina B, associada ou não à 5-flucitosina por duas semanas, seguida de fluconazol em altas doses (10 a 12 mg/kg ou 800 mg em adultos). A manutenção consiste no uso de fluconazol em doses baixas (6 mg/kg ou 200 mg) por tempo prolongado, até a melhora da imunosupressão[39].

CONCLUSÕES

As infecções fúngicas constituem um dos mais extensos e desafiadores tópicos da infectologia pediátrica. Sua importância e prevalência vêm crescendo, à medida que aumenta o número de pacientes imunodeprimidos. São, por definição, infecções oportunistas, e sua incidência também cresce atrelada ao número cada vez maior de procedimentos invasivos com quebra das barreiras mucocutâneas.

Paralelamente, seu diagnóstico é difícil, pois carecemos ainda de métodos sorológicos e moleculares confiáveis e de fácil manuseio. O tratamento, por sua vez, ainda repousa em drogas extremamente tóxicas, como a anfotericina B, embora os novos antifúngicos sejam bastante promissores.

Nosso propósito foi apresentar uma visão geral das principais infecções fúngicas sistêmicas que acometem a faixa etária pediátrica, chamando a atenção para os aspectos do diagnóstico e tratamento que mais interessam ao pediatra geral.

REFERÊNCIAS BIBLIOGRÁFICAS

1. De Pauw B, Walsh TJ, Donnelly JP, Stevens DA, Edwards JE, Calandra T, et al. Revised definitions of invasive fungal disease from the European Organization for Research and Treatment of Cancer/Invasive Fungal Infections Cooperative Group and the National Institute of Allergy and Infectious Diseases Mycoses Study Group (EORTC/MSG) Consensus Group. Clin Infect Dis. 2008;46(12):1813-21.
2. Conde-Rosa A, Amador R, Pérez-Torres D, Colón E, Sánchez-Rivera C, Nieves-Plaza M, et al. Candidemia distribution, associated risk factors, and attributed mortality at a university-based medical center. P R Health Sci J. 2010;29(1):26-9.
3. Zilberberg MD, Shorr AF, Kollef MH. Secular trends in candidemia-related hospitalization in the United States 2000-2005. Infec Control Hospital Epidemiol. 2008;29(10):978-80.
4. American Academy of Pediatrics, Pieckering LK, Baker CJ, Kimberlin DW, Long SS (eds.). Red book: 2015 report of the Committee on Infectious Diseases. 30. ed. Elk Grove Village, IL: American Academy of Pediatrics; 2015.
5. Pappas PG, Kauffman CA, Andes DR, Clancy CJ, Marr KA, Ostrosky-Zeichner L, et al. Clinical practice guideline for the management of candidiasis: 2016. Update by the Infectious Diseases Society of America. Clin Infect Dis. 2016;62(4):e1-50.
6. Castagnola E, Buratti S. Clinical aspects of invasive candidiasis in paediatric patients. Drugs. 2009;69(Suppl. 1):45-50.
7. Yeo SF, Wong B. Current status of nonculture methods for diagnosis of invasive fungal infections. Clin Microbiol Rev. 2002;15:465-84.

8. Lagunes L, Rello J. Invasive candidiasis: from mycobiome to infection, therapy, and prevention. Eur J Clin Microbiol Infect Dis. 2016;35(8):1221-6.
9. Pappas PG, Rex JH, Sobel JD, Filler SG, Dismukes WE, Walsh TJ, et al. Guidelines for treatment of candidiasis. Clin Infect Dis. 2004;38(2):161-89.
10. Steinbach WJ. Pediatric aspergillosis: disease and treatment differences in children. Pediatr Infect Dis J. 2005;24:358-64.
11. Segal BH. Aspergillosis. N Engl J Med. 2009;360:1870-84.
12. Vandewoude KH, Blot SI, Depuydt P, Benoit D, Temmerman W, Colardyn F, et al. Clinical relevance of Aspergillus isolation from respiratory tract samples in critically ill patients. Crit Care. 2006 Feb;10(1):R31.
13. Hayden R, Pounds S, Knapp K, Petraitiene R, Schaufele RL, Sein T, et al. Galactomannan antigenemia in pediatric oncology patients with invasive aspergillosis. Pediatr Infect Dis. 2008;27(9):815-9.
14. Mengoli C, Cruciani M, Barnes RA, Loeffler J, Donnelly JP. Use of PCR for diagnosis of invasive aspergillosis: systematic review and meta-analysis. Lancet Infect Dis. 2009;9(2):89-96.
15. Patterson TF, Thompson III GR, Denning DW, Fishman JA, Hadley S, Herbrecht R, et al. Practice guidelines for the diagnosis and management of aspergillosis: 2016. Update by the Infectious Diseases Society of America. Clin Infect Dis. 2016;63(4):e1-e60.
16. Perfect JR. Treatment of non-Aspergillus moulds in immunocompromised patients, with amphotericin B lipid complex. Clin Infect Dis. 2005;40(Suppl.6):S401-8.
17. Blyth CC, Gilroy NM, Guy SD, Chambers ST, Cheong EY, Gottlieb T, et al. Consensus guidelines for the treatment of invasive mould infections in haematological malignancy and haemopoietic stem cell transplantation, 2014. Inter Med J. 2014;44:1333-49.
18. Litvinov N, Silva MTN, Van der Heijden IM, Graça MG, Oliveira LM, Fu L, et al. An outbreak of invasive fusariosis in a children's cancer hospital. Clin Microbiol Infect. 2015;21:268.e1-268.e7.
19. Groll AH, Castagnola E, Cesaro S, Dalle JH, Engelhard D, Hope W, et al. Fourth European Conference on Infections in Leukaemia (ECIL-4): guidelines for diagnosis, prevention, and treatment of invasive fungal diseases in paediatric patients with cancer or allogeneic haemopoietic stem-cell transplantation. Lancet Oncol. 2014;15:327-40.
20. Hughes WT, Anderson DC. Pneumocystis carinii pneumonia. In: Feign RD, Cherry JD, Demmler GJ, et al. Textbook of pediatric infectious diseases. 6. ed. Philadelphia: WB Saunders CO; 2009. p. 2773-82. 2v.
21. Krajicek BJ, Thomas CF, Limper AH. Pneumocystis pneumonia: current concepts in pathogenesis, diagnosis and treatment. Clin Chest Med. 2009;30(2):265-78.
22. Gigliotii F, Wright TW. Pneumocystis jirovecii. In: Smith PB, Steinbach WJ. Long: Principles and practice of pediatric infectious diseases. 4. ed. Philadelphia: Elsevier; 2012. p. 1230-3.
23. Pyrgos V, Shoham S, Roilides E, Walsh TJ. Pneumocystis pneumonia in children. Pediatr Respir Rev. 2009;10(4):192-8.
24. Lacaz CS, Porto E, Martins JEC, Heins-Vaccari EM, Melo NT. Pneumocistose. In: Tratado de micologia médica. São Paulo: Sarvier; 2002. p. 745-54.
25. Lacaz CS, Porto E, Martins JEC, Heins-Vaccari EM, Melo NT. Paracoccidioidomicose. In: Tratado de micologia médica. São Paulo: Sarvier; 2002. p. 639-729.
26. Restrepo-Moreno A. Ecology of Paracoccidioides brasiliensis. In: Franco MF, Lacaz CS, Restrepo-Moreno A, Del Negro G (eds.). Paracoccidioidomycosis. CRC Press; 1994. p. 121-30.
27. Shikanai-Yasuda MA, Telles Filho FQ, Mendes RP, Colombo AL, Moretti ML, Grupo de Consultores do Consenso em Paracoccidioidomicose. Consenso em paracoccidioidomicose. Rev Soc Bras de Med Trop. 2006;39(3):297-310.
28. Benard G, Franco M. Paracoccidoidomycosis. In: Merz WG, Hay RJ (eds.). Medical mycology, Topley's and Wilson's microbiology and microbial infections. Hodder Arnold; 2005. p. 541-59.
29. Benard G, Duarte AJ. Paracoccidioidomycosis: a model for evaluation of the effects of human immunodeficiency virus infection on the natural history of endemic tropical diseases. Clin Infect Dis. 2000;31(4):1032-9.

30. Benard G, Orii NM, Marques HH, Mendonça M, Aquino MZ, Campeas AE, et al. Severe acute paracoccidioidomycosis in children. Pediatr Infect Dis Journal. 1994;13(6):510-5.
31. Shikanai-Yasuda MA. Paracoccidioidomycosis treatment. Rev Inst Med Trop. 2015;57(Suppl. 19):31-7.
32. Gonçalves AJR, Terra GMF, Passoni LF, Martire T, Stajnbok DCN, Engel DC, et al. Paracoccidioidomicose infantojuvenil. Relato de 10 pacientes recentemente observados na cidade do Rio de Janeiro. Revisão da Literatura. Rev Med do HSE. 2003;34(1):2-7.
33. Wheat LJ, Azar MM, Bahr NC, Spec A, Relich RF, Hage C. Histoplasmosis. Infect Dis Clin N Am. 2016;30:207-27.
34. Fischer GB, Mocelin H, Severo CB, Oliveira FM, Xavier MO, Severo LC. Histoplasmosis in children. Paediatr Respir Rev. 2009;10:172-7.
35. López LF, Valencia Y, Tobón AM, Velásquez O, Santa CD, Cáceres DH, et al. Childhood histoplasmosis in Colombia: Clinical and laboratory observations of 45 patients. Medical Mycology. 2016;54:677-83.
36. Wheat LJ, Freifeld AG, Kleiman MB, Baddley JW, McKinsey DS, Loyd JE, et al. Clinical practice guidelines for the management of patients with histoplasmosis: 2007. Update by the Infectious Diseases Society of America. Clin Infect Dis. 2007;45:807-25.
37. Soares Martins LM, Wanke B, Lazéra MS, Trilles L, Barbosa GG, Macedo RCL, et al. Genotypes of Cryptococcus neoformans and Cryptococcus gattii as agents of endemic cryptococcosis in Teresina, Piauí (northeastern Brazil). Mem Inst Oswaldo Cruz. 2011;106(6):725-30.
38. Severo BC, Xavier MO, Gazzoni AF, Severo LC. Cryptococcosis in children. Paediatr Respir Rev. 2009;10:166-71.
39. Pappalardo MCSM, Melhem MSC. Cryptococcosis: a review of the Brazilian experience for the disease. Rev Inst Med Trop. 2003;45(6):299-305.

Doenças causadas por protozoários na criança 16

Heloisa Helena de Sousa Marques
Pedro Takanori Sakane

Após ler este capítulo, você estará apto a:

1. Reconhecer as principais doenças causadas por protozoários na infância.
2. Reconhecer o quadro clínico e o diagnóstico dessas doenças.
3. Realizar o tratamento e a prevenção.

INTRODUÇÃO

As protozooses que acometem crianças podem ser divididas em intestinais e de sangue e tecidos.

As principais protozooses intestinais e os patógenos causadores estão listados a seguir:

- Amebíase (*Entamoeba histolytica*).
- Balantidíase (*Balantidium coli*).
- Blastocistose (*Blastocystis hominis*).
- Ciclosporidíase (*Cyclospora cayetanensis*).
- Criptosporidíase (*Cryptosporidium parvum*).
- Giardíase (*Giardia intestinalis*).
- Isosporíase (*Isospora belli*).
- Microsporidiose (*Encephalitozoon intestinalis, E. bieneusi*).

Entre as protozooses de sangue e tecidos, destacam-se:

- Babesiose (*Babesia microtis* e outras).
- Malária (*Plasmodium falciparum, P. vivax, P. ovale, P. malariae*).
- Leishmaniose cutânea (*Leishmania brasiliensis, L. guyanensis, L. peruviana, L. mexicana*).
- Leishmaniose visceral ou kalazar (*Leishmania chagasi*).
- Toxoplasmose (*Toxoplasma gondii*).
- Tripanossomíase americana ou doença de Chagas (*Trypanosoma cruzi*).

Algumas das doenças parasitárias são transmitidas por artrópodes. Os vetores e as doenças estão listados na Tabela 16.1. Nas Tabelas 16. 2 e 16. 3 estão detalhadas as condutas terapêuticas para cada uma das doenças que são descritas a seguir.

Tabela 16.1 Infecções parasitárias transmitidas ao homem por artrópodes

Infecção (doença)	Agente	
	Protozoários	Vetor
Malária	*Plasmodium*	Mosquitos, *Anopheles*
Leishmaniose	*Leishmania*	Flebotomídios
Doença de Chagas	*Trypanosoma cruzi*	Triatomídios
Tripanossomíase		
▪ Leste da África ▪ Oeste da África	*T. brucei rhodesiense* *T. brucei gambiense*	Moscas tsé-tsé

PROTOZOOSES INTESTINAIS

Amebíase

Estima-se que mais de 10% da população humana esteja infectada por *Entamoeba coli, E. dispar, E. hartmanni, E. moshkovskii* e *E. histolytica*, porém somente a última é patogênica[1]. As amebas apresentam-se sob duas formas: cistos e trofozoítos. O reservatório é o homem, que pode excretar cistos por até 1 ano e estes podem permanecer viáveis no ambiente por até 20 dias. A transmissão se dá pela água contaminada e via fecal-oral (homem a homem) por cistos amebianos maduros[2]. Os portadores assintomáticos que manipulam alimentos são importantes fontes de disseminação. O período de incubação varia entre 2 e 4 semanas. Uma vez instalados no trato gastrointestinal, os cistos liberam os trofozoítos que podem causar a invasão tecidual, originando as formas intestinal e extraintestinal da doença.

O quadro clínico pode ser leve e moderado, com características que vão de desconforto abdominal até presença de diarreia aguda intensa com sangue e/ou muco, acompanhada de febre e calafrios. Nos casos graves, as formas trofozoíticas disseminam-se pela corrente sanguínea, podendo causar abscessos no fígado (com maior frequência), nos pulmões ou no cérebro. As complicações incluem granulomas no intestino grosso, abscesso hepático, pulmonar ou cerebral, empiema, pericardite e colite com perfuração[1,3].

A identificação dos trofozoítos ou cistos nas fezes, em aspirados, raspados ou biópsias obtidas por endoscopia ou colonoscopia e aspirados de abscessos, é o método de escolha para o diagnóstico. A ultrassonografia e a tomografia axial computadorizada são úteis no diagnóstico de abscesso amebiano. A dosagem de anticorpos séricos pode, se disponível, auxiliar no diagnóstico.

O tratamento para as formas intestinais pode ser feito com secnidazol, metronidazol, tinidazol e nitazoxanida, e para as formas graves (amebíase intestinal intensa e amebíase extraintestinal) a primeira escolha é o metronidazol. No tratamento do abscesso hepático, poderá ser necessária a aspiração ou a drenagem cirúrgica aberta[4].

Balantidíase

Balantidium coli é um protozoário grande e ciliado. Os cistos são as formas responsáveis pela transmissão e podem ser adquiridos pela ingestão de alimentos ou água contaminados. Os trofozoítos colonizam o intestino grosso, podendo invadir sua parede. Os porcos são os principais reservatórios.

A maioria dos casos é assintomática. As manifestações, quando presentes, incluem diarreia persistente, ocasionalmente disenteria, dor abdominal e perda de peso. A doença pode ser mais grave em pessoas com imunodeficiência. O diagnóstico é baseado na detecção de trofozoítos em espécimes de fezes ou em tecido coletado durante endoscopia.

A droga de escolha é a tetraciclina; para a crianças menores de 8 anos, indica-se o metronidazol[5].

Blastocistíase

O ciclo de vida e a forma de transmissão, assim como a classificação taxonômica do *Blastocystis hominis*, continuam em investigação. Os cistos são excretados nas fezes. A via de infecção é a fecal-oral por alimentos e água contaminados[6].

O papel patogênico do *Blastocystis* ainda é controverso, mas aparentemente pode causar sintomas como diarreia aquosa, dor abdominal, prurido perianal e flatulência excessiva[7,8]. O diagnóstico é baseado na presença de cisto nas fezes.

Se houver indicação de tratamento, as drogas potencialmente eficazes são o metronidazol e o iodoquinol, e há relatos de eficácia com a nitaxozanida.

Criptosporidíase

O *Cryptosporidium parvum* é um protozoário que se instala nos tratos gastrointestinal, respiratório e biliar de vários mamíferos, incluindo homens, animais domesticados, gatos, cães, gado, porcos etc.[9]. Ocorre naturalmente em peixes, répteis, roedores, pássaros, primatas, cães e gatos.

O genótipo *C. hominis* atinge predominantemente o homem[10]. A transmissão ocorre por água e alimentos contaminados e pela via fecal-oral (homem a homem), o que contribui para a elevada prevalência de infecção e sua disseminação no mundo, sobretudo em pessoas que vivem em áreas com condições sanitárias precárias. Já a contaminação decorrente de fezes de animais de estimação (gatos, cães, roedores, répteis) é mais rara. Crianças e pacientes com infecção pelo vírus da imunodeficiência humana (HIV) são mais suscetíveis.

O período de incubação varia entre 2 e 14 dias, mas o de transmissibilidade pode durar semanas, a partir do início dos sintomas e enquanto houver eliminação dos oocistos nas fezes. Estes últimos podem permanecer infectantes em meio ambiente úmido por até 6 meses.

A principal manifestação é a diarreia aquosa. Em pessoas imunocompetentes, em geral o quadro é autolimitado, com duração média de 10 dias. No paciente com imunodepressão, especialmente com aids, o quadro de diarreia pode ser mais grave e com evolução crônica, de difícil tratamento, e determinar tanto desnutrição como o envolvimento de outros órgãos e até morte[11]. O diagnóstico é obtido pela identificação dos oocistos nos espécimes de fezes, por meio de colorações específicas. Também pode ser realizado pela detecção de antígeno nas fezes, por ensaio imunoenzimático (ELISA) ou por anticorpo monoclonal marcado com fluoresceína.

Além do tratamento de suporte, em casos graves e para os pacientes imunodeprimidos deve-se indicar tratamento medicamentoso. A utilização de drogas como a espiramicina não é acompanhada de bons resultados; o uso de paromomicina e/ou azitromicina parece beneficiar alguns pacientes. Estudos mais recentes têm demonstrado que a nitazoxanida reduz a carga parasitária e pode ser indicada tanto em pacientes imunocompetentes como naqueles com imunodepressão, infecção pelo HIV com quadro de diarreia[12].

Deve-se sempre orientar cuidado com a ingestão de água não tratada, como a de rios ou riachos; caso seja a única disponível, deve-se fervê-la por 1 minuto.

Ciclosporíase e isosporíase (cistoisosporíase)

São protozoários coccídeos que infectam o intestino delgado e causam doença em humanos[13]. São fontes comuns de diarreia do viajante, a *Cyclospora* é endêmica no Nepal, no Peru e no Haiti. A *Isospora belli* passou a ser denominada *Cystoisospora*.

O quadro clínico é de doença diarreica semelhante à criptosporidiose.

A droga indicada para as duas doenças é sulfametoxazol-trimetoprim (SMX-TMP) por 7 a 10 dias. A pirimetamina é opção terapêutica para os pacientes que não toleram SMX-TMP.

Giardíase

A giardíase é endêmica em muitos países, e sua prevalência na criança pode ser tão elevada quanto 30%.

A *Giardia lamblia* é um protozoário que infecta o trato gastrointestinal de muitas espécies animais, incluindo cães, gatos, cavalos, porcos, gado, carneiros, cabras, castores e muitos outros mamíferos, porém seu principal reservatório é o homem. Os animais de estimação são fontes potenciais de *Giardia* para o homem: a taxa de infecção em cães de rua pode alcançar até 35%, e a de gatos, 2,5%. A infecção é adquirida via fecal-oral, especialmente por água contaminada. Os pacientes com imunodeficiência celular, especialmente HIV, imunodepressão humoral e fibrose cística, têm risco aumentado de adquirir a infecção e de se tornar portadores.

A maioria das infecções é assintomática. Os pacientes podem apresentar diarreia aguda ou crônica, leve a grave, acompanhada por desconforto abdominal, cólicas, distensão e fadiga. O diagnóstico é feito pela identificação de cistos ou trofozoítos no exame direto de fezes ou identificação de trofozoítos no fluido ou biópsia duodenal, quando indicada.

O tratamento deve ser indicado nos casos de quadros sintomáticos e especialmente para crianças com imunodepressão. São várias as drogas disponíveis, como secnidazol, metronidazol, tinidazol, nitazoxanida e furazolidona. Pode ser necessária a repetição do tratamento[12,14].

Microsporidíase

O grupo causador desta doença é representado por cerca de 14 microrganismos. Os mais descritos são: *Encephalitozoon intestinalis* (antes denominado *Septata*), *Enterocytozoon bieneusi*, *Anncaliia*, *Pleistophora*, *Trachipleistophora* e *Nosema* spp.[15]

São ubíquos na natureza e infectam numerosos animais, incluindo o homem. Havia poucos relatos da doença no homem, antes do surgimento da epidemia de aids, mas têm sido cada vez mais descritos mesmo em pacientes imunocompetentes. A transmissão ocorre pela via fecal-oral, com destaque para a água contaminada, por meio da ingestão de esporos, que são disseminados para tecidos como fígado e rins.

As manifestações clínicas incluem diarreia, infecção na córnea, colecistite, hepatite, nefrite e peritonite, podendo evoluir para formas graves em pacientes com imunodepressão[12].

O tratamento em geral melhora os sintomas, mas nem sempre erradica os microrganismos. As drogas indicadas são albendazol e fumagilina, porém *E. bieneusi* não responde a albendazol.

Na Tabela 16.2 estão detalhadas as condutas terapêuticas.

Tabela 16.2 Tratamento das protozoonoses intestinais[16,17]

Etiologia/indicações	Tratamento de escolha	Outras opções
Amebíase		
Intestinal	▪ Secnidazol ▪ 30 mg/kg/dia, dose única (dose máxima de 2 g/dia) ▪ Evitar uso no 1º trimestre de gestação e durante a amamentação	▪ Metronidazol: 35 mg/kg/dia, a cada 8 h, por 5 dias ▪ Tinidazol: 50 mg/kg/dia, após refeição, por 2 dias ▪ Teclozam (quadros leves): 15 mg/kg/dia, a cada 8 h, 5 por dias
Formas graves intestinais ou extraintestinais (abscesso hepático)	Metronidazol: 50 mg/kg/dia, a cada 8 h, por 10 dias	Tinidazol: 50 mg/kg/dia, após refeição, por 3 dias
Balantidíase	▪ Crianças < 8 anos: metronidazol (35 a 50 mg/kg/dia, a cada 8 h, por 5 dias) ▪ Crianças > 8 anos: tetraciclina (40 mg/kg/dia, a cada 6 h, por 10 dias)	▪ Iodoquinol: 30-40 mg/kg/dia, via oral, dividido em 3 doses por 20 dias ▪ Nitazoxanida: ▪ Criança 1 a 3 anos: 100 mg, a cada 12 h, por 3 dias ▪ Criança 4 a 11 anos: 200 mg, a cada 12 h, por 3 dias ▪ Criança > 12 anos: 500 mg, a cada 12 h, por 3 dias
Blastocistose	Metronidazol: 35 a 50 mg/kg/dia, a cada 8 h, por 5 dias	▪ Sulfametoxazol-trimetoprim: SMX 40-50 mg/kg, TMP 8-10 mg/kg, a cada 12 h, por 7-10 dias ▪ Nitazoxanida (ver balantidíase)
Ciclosporíase	Sulfametoxazol-trimetoprim: SMX 40-50 mg/kg, TMP 8-10 mg/kg, a cada 12 h, por 7-10 dias	Pacientes com HIV/aids podem requerer terapia de manutenção a longo prazo

(continua)

Tabela 16.2 Tratamento das protozoonoses intestinais[16,17] (*continuação*)

Etiologia/indicações	Tratamento de escolha	Outras opções
Criptosporidíase	▪ Crianças imunocompetentes: nitazoxanida ▪ Crianças 1-3 anos: 100 mg, a cada 12 h, 3 dias ▪ Crianças 4-11 anos: 200 mg, a cada 12 h, 3 dias ▪ Criança > 12 anos: 500 mg, a cada 12 h, 3 dias	▪ Para crianças com HIV/aids e outras imunodeficiências como as receptoras de órgãos sólidos pode-se indicar nitazoxanida, mas por tempo mais longo (> 14 dias) ▪ Outro tratamento: paromomicina: 25 a 35 mg/kg/dia, a cada 8 h + azitromicina 10 mg/kg no 1º dia e 5 mg/kg do 2º ao 10º dia
Giardíase	▪ Secnidazol: 30 mg/kg/dia, após refeição, dose única ▪ Metronidazol: 15 mg/kg/dia, a cada 8 h, por 5 a 7 dias	▪ Nitazoxanida: (ver doses já descritas) ▪ Tinidazol: 50 mg/kg/dia, dose única ▪ Furazolidona: 6 mg/kg/dia, a cada 6 h, por 7 a 10 dias
Isosporíase	Sulfametoxazol-trimetoprim: SMX 40-50 mg/kg, TMP 8-10 mg/kg a cada 12 h, por 7-10 dias	Pirimetamina em associação com leucovorin
Microsporidíase	▪ *E. intestinalis*: albendazol: 15 mg/kg/dia, a cada 12 h, por 21 dias ▪ *E. bienuesi*: fumagilina: 20 mg, a cada 8 h, por 14 dias	▪ A dose de fumagilina é a indicada para adultos. Efeitos adversos: neutropenia e plaquetopenia

HIV: vírus da imunodeficiência humana.

PROTOZOOSES DE SANGUE E TECIDOS

Babesiose

A *Babesia* é transmitida pela mordida do carrapato *Ixodes scapularis*, que também é o principal vetor relacionado com a doença de Lyme. A espécie mais comum é *B. microti*. A doença tem distribuição universal e é encontrada frequentemente nos Estados Unidos e na Europa.

As manifestações variam de assintomáticas ou quadro leve, semelhante a um resfriado, até a ocorrência de quadros mais intensos constituídos por febre, mal-estar, sudorese noturna, cefaleia, hepatoesplenomegalia e anemia hemolítica[18]. O período de incubação é de 1 a 4 semanas. A doença em pacientes com imunodepressão, esplenectomia e nos idosos pode ter curso mais grave. O diagnóstico é feito por encontro dos protozoários em esfregaços de sangue, com coloração pelo método Giemsa. Outros métodos utilizados são a reação em cadeia de polimerase (PCR) e a sorologia (imunofluorescência indireta). À microscopia ótica esses microrganismos são bastante semelhantes ao *Plasmodium falciparum*, entretanto apresentam pleomorfismo e vacuolização.

Os tratamentos de escolha são a associação de quinina e clindamicina ou atovaquona em associação com azitromicina. Ambos os esquemas apresentam boa eficácia tanto na diminuição dos sintomas como da parasitemia[12,19].

DOENÇA DE CHAGAS (TRIPANOSSOMÍASE AMERICANA)

O *Trypanosoma cruzi* é um protozoário caracterizado pela presença de flagelo e uma única mitocôndria. Seus principais reservatórios são o homem e diversos mamíferos com convivência próxima, como gatos, cães, porcos e ratos. Os vetores responsáveis pela doença são triatomídios hematófagos conhecidos como barbeiros. No Brasil, as medidas de controle vetorial levaram à eliminação da principal espécie de vetor, o *Triatoma infestans*.

Os modos de transmissão identificados são:

- Vetorial: penetração do *T. cruzi* excretado pelos triatomídeos pela pele lesada ou mucosas.
- Transfusional ou por transplante: infecção por hemoderivados, órgãos ou tecidos de doadores infectados.
- Vertical: passagem da mãe para o filho durante gestação ou parto.
- Oral: ingestão de alimentos contaminados.
- Acidental: contato com material contaminado, geralmente durante a manipulação em laboratório sem equipamento adequado de biossegurança.

O período de incubação varia com a forma de transmissão:

- Vetorial: 5 a 15 dias.
- Transfusional e acidental: 30 a 40 dias.
- Vertical: pode ocorrer em qualquer período da gestação ou durante o parto.
- Oral: 3 a 22 dias.

A pessoa com doença de Chagas pode hospedar o *T. cruzi* por toda a vida.

A doença de Chagas adquirida pode ser identificada sob duas formas:

1. Doença de Chagas aguda, que cursa com quadro de febre prolongada e recorrente, cefaleia, mialgias, astenia, edema de face ou membros inferiores, linfadenopatia, hepatomegalia e esplenomegalia. Nesta fase, o quadro cardíaco compreende a presença de miocardite difusa com gravidade variável. As manifestações digestivas (diarreia, vômitos e epigastralgia) são comuns na forma de adquisição oral, além de icterícia, lesões na mucosa gástrica e hemorragia digestiva. Sinais na porta de entrada podem ocorrer, como o sinal de Romaña (edema bipalpebral unilateral) ou chagoma de inoculação.
2. Fase crônica, na qual ocorre redução da parasitemia, podendo evoluir para uma das seguintes formas:

- Indeterminada: é a mais frequente, pode durar por toda a vida ou, após cerca de dez anos, evoluir para outras formas.
- Cardíaca: insuficiência de vários graus.
- Digestiva: megaesôfago e megacólon.
- Forma mista: ocorrência de pelo menos duas formas, em geral cardíaca e digestiva, e outras.

Na doença de Chagas, em sua forma congênita, as manifestações incluem presença de prematuridade, baixo peso, hepatoesplenomegalia, icterícia, equimoses e convulsões por hipoglicemia; a meningoencefalite costuma ser letal.

O diagnóstico na fase aguda é determinado pela presença de um dos itens a seguir:

- Parasitas circulantes em exames diretos de sangue periférico (exame a fresco, esfregaço, gota espessa); se houver sintomas por mais de 30 dias, recomendam-se métodos de concentração, como micro-hematócrito, teste de Strout ou QBC®.
- Anticorpos IgM anti-*T. cruzi* no sangue. Na fase crônica: presença de IgG anti-*T. cruzi* detectados por dois métodos sorológicos de princípios distintos (hemaglutinação, imunofluorescência indireta ou ELISA). Outros métodos disponíveis para diagnóstico são: xenodiagnóstico, hemocultivo e PCR.

O tratamento deve ser realizado o mais precocemente possível nas formas aguda ou congênita e na forma crônica recente (crianças menores de 12 anos). A droga disponível no Brasil é o benzonidazol (comprimido de 100 mg), na dose de 5 mg/kg/dia (adultos) ou 5 a 10 mg/kg/dia (crianças) divididos em 2 ou 3 doses diárias por 60 dias. É contraindicado para gestantes[16].

LEISHMANIOSE CUTÂNEA (LEISHMANIOSE TEGUMENTAR AMERICANA)

É causada por protozoários do gênero *Leishmania*. As espécies mais importantes no Brasil são *Leishmania viannia braziliensis*, *Leishmania amazonensis* e *Leishmania viannia guyanensis*. Também é conhecida como úlcera de Bauru, nariz de tapir e botão do Oriente. É uma zoonose cujos reservatórios animais são marsupiais, roedores, preguiça, tamanduá, cão e equinos. No Brasil, tem caráter endêmico, distribuída em todos os estados. Até o início da década de 1980 predominava em adultos jovens do sexo masculino, relacionada com atividades de desmatamento ou extrativismo. Atualmente, identifica-se transmissão em periferias de áreas urbanas, em ambientes domiciliares ou peridomiciliares e passou a atingir mulheres e crianças. Sua transmissão se dá pela picada de insetos flebotomíneos, do gênero *Lutzom-*

ya. Não há transmissão homem a homem. O período de incubação é em média de 2 a 3 semanas, mas pode ser de até dois anos.

A forma cutânea inicia-se classicamente com pápulas que evoluem para úlceras com fundo granuloso e bordas infiltradas, e podem ser únicas ou múltiplas, mas indolores. Também pode ter padrão verrucoso em placa ou nodular. A forma mucosa caracteriza-se por infiltração, ulceração e destruição do septo nasal e/ou palato. A demonstração do parasita pode ser feita em exame direto de esfregaço de raspado da borda da lesão, ou *imprint* feito com o fragmento da biópsia, análise histopatológica ou isolamento em cultura e/ou intradermorreação de Montenegro positiva. A positividade da reação de imunofluorescência não deve ser usada como critério diagnóstico isolado.

O tratamento deve ser feito com o antimoniato de N-metilglucamina [estibogluconato (SB^{+5})]. As drogas alternativas são pentamidina e anfotericina B. Todos esses medicamentos podem estar relacionados com elevada toxicidade, sendo importante monitoração clínica e laboratorial rigorosa (após completar 1 g de pentamidina, indicar glicemia semanal e, para o controle geral, solicitar hemograma, dosagem de ureia, creatinina, enzimas hepáticas [TGO, TGP] e eletrocardiograma (ECG) no início, durante o acompanhamento e sempre que necessário)[16].

Leishmaniose Visceral

Seu agente etiológico é a *Leishmania chagasi*. Doença também conhecida como calazar, febre dundun ou doença de cachorro. Seus reservatórios animais são o cão, os marsupiais e a raposa. É uma zoonose, inicialmente considerada de transmissão silvestre, porém atualmente identifica-se transmissão em periferias de áreas urbanas, em ambientes domiciliares ou peridomiciliares. Sua transmissão se dá pela picada de insetos flebotomídios, do gênero *Lutzomyia longipalpis*. Não há transmissão pessoa a pessoa, nem animal a animal. O período de incubação varia de 10 dias a 24 meses, com média de 2 a 6 meses.

As manifestações clínicas podem ser divididas em três períodos:

1. Período inicial: inclui febre com duração inferior a 4 semanas, palidez mucocutânea e hepatoesplenomegalia. A reação sorológica em geral já se positivou, e o hemograma revela anemia moderada Hb $\geq$ 9 g/dL, provas de fase aguda alteradas, hipergamaglobulinemia. O aspirado de medula pode mostrar a presença de *Leishmania*.
2. Período de estado: persistem os sintomas por mais de 2 meses, a febre pode ser irregular, e o paciente evolui com emagrecimento progressivo e comprometimento do estado geral.

3. Período final: a febre é contínua, o estado geral está intensamente comprometido, com desnutrição, edema de membros inferiores, ascite, icterícia e hemorragias. O óbito é determinado por infecções bacterianas e/ou sangramentos.

No hemograma, verifica-se pancitopenia; outras alterações laboratoriais são hipergamaglobulinemia e alterações das provas de fase aguda. O diagnóstico parasitológico é feito por meio de sua visualização em aspirado de medula. A sorologia (métodos de imunofluorescência indireta – IFI – e ELISA) é o diagnóstico de detecção mais fácil; títulos > 1:80 da IFI são considerados positivos.

O fármaco mais utilizado é o antimonial pentavalente (antimoniato de N-metilglucamina), na apresentação de 1 mL = 81 mg de estibogluconato (SB^{+5}), na dose de 20 mg de estibogluconato (SB^{+5})/kg/dia, intravenoso lentamente ou intramuscular, por no mínimo 20 dias e no máximo 40 dias. Quando não houver melhora clínica, indica-se a anfotericina B ou a anfotericina lipossomal, a qual apresenta bons resultados terapêuticos, menor toxicidade e duração reduzida do tratamento. A pentamidina apresenta eficácia variável e é menos utilizada. É importante manter acompanhamento clínico e laboratorial rigoroso, solicitar hemograma, dosagem de ureia, creatinina, enzimas hepáticas (TGO, TGP) e ECG no início, durante o acompanhamento e sempre que necessário[16,18,20].

Malária

Doença também conhecida como paludismo, maleita e febre terçã. Estima-se que mais de 40% da população mundial esteja exposta ao risco de adquirir malária. No Brasil, são notificados mais de 400 mil casos por ano, sendo 99,7% na Amazônia Legal.

Causada por protozoário, no Brasil, são três as espécies envolvidas: *Plasmodium vivax, P. falciparum, P. malariae*. O homem é o único reservatório. É transmitida pela picada do mosquito da família *Culicidae*, gênero *Anopheles*. Esses mosquitos, ao picarem pessoas infectadas, ingerem as formas sexuadas do parasita – gametócitos –, que se reproduzem no hospedeiro invertebrado durante 8 a 35 dias, eliminando esporozoítos durante a picada. Os mosquitos, em geral, alimentam-se no entardecer ou amanhecer, contudo na Amazônia apresentam hábitos noturnos, picando durante toda a noite. Não há transmissão direta homem a homem. O período de incubação varia de acordo com a espécie de plasmódio: *P. falciparum*, de 8 a 12 dias; *P. vivax*, de 13 a 17 dias; *P. malariae*, de 18 a 30 dias. O período de transmissibilidade varia de um a mais de três anos, dependendo da espécie envolvida.

O quadro clínico é caracterizado por febre alta acompanhada de calafrios, sudorese e cefaleia, que ocorrem em padrão cíclico. O ataque paroxístico inicia-se com calafrios que duram de 15 a 60 minutos seguidos por febre de 41°C ou mais; a seguir, ocorre queda da temperatura, e o paciente passa a apresentar intensa sudorese e fraqueza. Depois da fase inicial, o episódio febril pode assumir padrão intermitente, na dependência da duração do ciclo eritrocitário de cada espécie de plasmódio: 48 horas para *P. falciparum* e *P. vivax* (malária terçã) e 72 horas para *P. malariae* (malária quartã). Nem sempre essa regularidade é encontrada. As formas leves da doença estão mais relacionadas com *P. malariae* e *P. vivax* e as mais graves, com *P. falciparum*, especialmente em adultos não imunes, crianças e gestantes. Pode evoluir para malária grave ou complicada, em que o paciente apresenta cefaleia intensa, hipertermia, vômitos, sonolência e convulsões (malária cerebral), insuficiência renal aguda, edema pulmonar agudo, hipoglicemia, disfunção hepática, hemoglobinúria em decorrência de hemólise intravascular aguda maciça e choque. O risco de óbito é de cerca de 10%. O diagnóstico de certeza é feito pela demonstração do parasita ou de antígenos. A gota espessa continua sendo o método oficialmente adotado no Brasil e baseia-se na visualização do parasita após coloração com azul de metileno ou Giemsa. Os testes rápidos realizados em fitas de nitrocelulose contendo anticorpos monoclonais apresentam sensibilidade superior a 95% e são úteis especialmente em regiões distantes ou onde não há condições de realizar o teste da gota espessa.

O tratamento deve ser selecionado, considerando-se os seguintes aspectos: idade do paciente, espécie de plasmódio, gravidade da doença, história de exposição anterior à infecção e suscetibilidade aos antimaláricos[16,21].

Plasmodium vivax

Esquema composto por cloroquina durante 3 dias e primaquina por 7 dias.

Plasmodium falciparum

No Brasil, o esquema recomendado é a associação de arteméter e lumefantrina (Coartem®: comprimido contendo 20 mg de artemeter e 120 mg de lumefantrina). Os esquemas são disponibilizados em cartelas individualizadas para cada paciente segundo seu peso e/ou idade para a duração de 3 dias. Não pode ser administrado em gestantes no primeiro trimestre de gravidez e crianças menores de 6 meses. Para essas situações está indicado o uso de quinina isolada ou em combinação com clindamicina. Para as crianças maiores de 8 anos pode-se usar a combinação de quinina e doxiciclina.

Toxoplasmose

O *Toxoplasma gondii* é um protozoário muito comum, podendo ser encontrado no mundo todo e em mais de 200 espécies de pássaros e mamíferos que são hospedeiros intermediários, tornando-se infectados em decorrência da ingestão de oocistos esporulados de gatos. Os únicos hospedeiros definitivos do *T. gondii* são os felinos. Os gatos hospedam os parasitas nos estágios sexuais no trato gastrointestinal e excretam oocistos infecciosos nas fezes.

A transmissão gato a gato é pela via fecal-oral: os oocistos são excretados em fezes, tornam-se infecciosos somente depois de esporular, o que requer de 1 a 3 dias. Os homens contaminam-se por via fecal-oral, por exemplo, após a limpeza de recipientes utilizados pelos gatos. A carne crua ou malcozida é outra fonte de infecção. Em um estudo europeu, mais de 50% das carnes de porcos, ovelhas e carneiros estavam contaminadas com esses parasitas. O homem pode se infectar ao ingerir qualquer tipo de carne contendo toxoplasma, particularmente as de cordeiro e porco. O período de incubação é de 7 dias.

O paciente imunocompetente, em geral, tem quadro subclínico ou assintomático. Os principais sintomas da forma adquirida são febre, linfonodomegalia, hepatomegalia e/ou esplenomegalia. A infecção na gravidez, durante o primeiro trimestre, resulta em infecção do feto em 50% ou mais dos casos, gerando doença grave em 10% (microcefalia, coriorretinite, hepatomegalia, esplenomegalia, icterícia etc.). Os pacientes imunodeprimidos apresentam formas graves, com envolvimento do sistema nervoso central e, mais raramente, sistêmico. O diagnóstico pode ser feito por métodos sorológicos como teste de ELISA para a detecção de anticorpos antitoxoplasma. Os anticorpos da classe IgG apresentam seu pico entre 1 e 2 meses após a infecção e permanecem indefinidamente; já os da classe IgM podem ser detectados 2 semanas após a infecção, com pico depois de 1 mês e se negativam entre 6 e 9 meses depois da infecção aguda. A PCR e os testes de avidez de anticorpos são outros métodos auxiliares.

A indicação de tratamento e sua duração são determinadas pela natureza, pela gravidade do quadro clínico e pelo estado imunitário do paciente infectado. Raramente indivíduos com infecção adquirida aguda e não portadores de condições relacionadas com imunodepressão apresentam lesões em órgãos vitais (miocardite e pericardite, meningite e encefalite, hepatite e coriorretinite). A infecção primária, com manifestações como linfadenopatia e febre que não afetam órgãos vitais, quase sempre se resolve sem tratamento em pessoas imunocompetentes. A associação de sulfadiazina e pirimetamina com suplementação de ácido folínico é o tratamento de escolha, indicado, em geral, para as formas graves. A maioria dos quadros adquiridos é leve e não requer terapia. Na gravidez, o tratamento visa a preservar o feto[12,22].

A prevenção da infecção primária é obtida por:

- Ingestão de carne bem cozida e frutas frescas e vegetais bem lavados.
- Práticas de boa higiene, especialmente depois de manipular terra, solo, tanques de areia etc.

- Limpeza muito cuidadosa de dejetos de gatos, devendo ser descartados todos os dias.

Os oocistos requerem 2 a 3 dias a 24°C para esporulação, portanto, se a limpeza for diária (a cada 24 horas), teoricamente há menor risco de contato com oocistos infectantes.

Na Tebela 16.3 são descritos os tratamentos de escolha e outras opções para essas doenças.

Tabela 16.3 Tratamento das protozoonoses de sangue e tecidos[16,17]

Etiologia/indicações	Tratamento de escolha	Outras opções
Babesiose	Clindamicina: ▪ 20 a 40 mg/kg/dia, a cada 8 h, 7 a 10 dias em associação com quinina ▪ 30 mg/kg/dia, a cada 8 h, 7 a 10 dias	Atovaquona 20 mg/kg/dia, a cada 12 h, por 7 a 10 dias em associação com azitromicina 12 mg/kg/dia, 1 x/dia, por 7 a 10 dias
Doença de Chagas – forma aguda, congênita e crônica recente	Benzonidazol: 5 a 10 mg/kg/dia, a cada 8 h ou a cada 12 h, por 60 dias	Apresentação em cpd de 100 mg: dose de 5 mg/kg/dia (adultos)
Leishmaniose cutâneo-mucosa	▪ Forma cutânea: antimoniato N-metiglucamina 15 mg de SB+5/kg/dia, IV lento ou IM, por 20 dias ▪ Forma mucosa: 20 mg de SB+5/kg/dia, IV lento ou IM, por 30 dias	▪ Pentamidina: 4 mg/kg/dia, IM, a cada 2 dias até dose total de 2 g ▪ Anfotericina B: 1 mg/kg/dia, EV (máx./dia: 50 mg). Dose total: 1 a 1,5 g (cutânea) e 2,5 a 3 g (mucosa)
Leishmaniose visceral (Calazar)	20 mg de SB+5 /kg/dia, IV lento ou IM, por 20 a 40 dias	▪ Se não houver melhora, indicar anfotericina B, 1 mg/kg/dia, EV, 14 a 20 dias ▪ Anfotericina lipossomal: boa resposta, menor toxicidade e duração do tratamento, dose 5 mg/kg/dia, EV, por 10 dias
Malária – *Plasmodium vivax*	Cloroquina + primaquina: ▪ Cloroquina (dose total de 25 mg de base/kg): dose inicial de 10 mg de base/kg; após 6 a 8 h + 5 mg de base/kg, e 5 mg de base/kg nos 2 dias a seguir ▪ Primaquina: 0,5 mg de base/kg/dia por 7 dias	
Malária – *Plasmodium falciparum*	No Brasil: associação artemeter 20 mg + lumefantrina 120 mg (Coartem® cpd). Em cartelas para cada paciente segundo peso e/ou idade, duração de 3 dias Crianças: ▪ 6 m a 2 anos: 1 cpd a cada 12 h ▪ 3 a 8 anos: 2 cpd a cada 12 h ▪ 9 a 14 anos: 3 cpd a cada 12 h ▪ > 14 anos: 4 cpd a cada 12 h	Não pode ser administrado em gestantes no 1º trimestre e crianças < 6 meses. Nesses casos: quinina (30 mg de sal/kg/dia, a cada 8 h, por 3 dias) isolada ou em associação com clindamicina (20 mg/kg/dia, a cada 6 h, por 5 dias). Para crianças > 8 anos, pode-se usar a combinação de quinina e doxiciclina (3,3 mg/kg/dia, a cada 12 h, por 5 dias)

(continua)

Tabela 16.3 Tratamento das protozoonoses de sangue e tecidos[16,17] *(continuação)*

Etiologia/indicações	Tratamento de escolha	Outras opções
Toxoplasmose adquirida	Sulfadiazina: ▪ 50 mg/kg/dose, a cada 12 h em associação com pirimetamina ▪ 2 mg/kg x 3 dias, após 1 mg/kg/dia em associação com ácido folínico 10 a 25 mg/dia ▪ Duração: 4 a 6 semanas	Na toxoplasmose congênita mesmo esquema, mas com duração de 12 meses

Antimonial pentavalente (antimoniato de N-metilglucamina), apresentação: 1 mL = 81 mg de stibogluconato (SB+5); IV: intravenoso; IM: intramuscular; cpd: comprimido.

CONCLUSÕES

As doenças parasitárias são em sua maioria zoonoses, podem ser adquiridas no ambiente e no contato com animais e causar doença em geral leve ou moderada em pessoas com boa condição imune, e mais grave nas imunodeprimidas. Algumas delas estão envolvidas com quadros de infecção congênita com repercussões a longo prazo para a saúde das crianças. Existem terapêuticas com boa efetividade, as quais são apresentadas neste capítulo de modo detalhado, com as doses pediátricas.

REFERÊNCIAS BIBLIOGRÁFICAS

1. Petri WA, Singh U. Enteric amebiasis. In: Guerrant R, Walker DH, Weller PF (eds.). Tropical infectious diseases: principles, pathogens, and practice. 2. ed. Philadelphia: Elsevier; 2006. p.967.
2. Salit IE, Khairnar K, Gough K, Pillai DR. A possible cluster of sexually transmitted Entamoeba histolytica: genetic analysis of a highly virulent strain. Clin Infect Dis. 2009;49(3):346-53.
3. Adams EB, MacLeod IN. Invasive amebiasis. I. Amebic dysentery and its complications. Medicine (Baltimore). 1977;56(4):315-23.
4. Rossignol JF, Kabil SM, El-Gohary Y, Younis AM. Nitazoxanide in the treatment of amoebiasis. Trans R Soc Trop Med Hyg. 2007;101(10):1025-31.
5. Schuster FL, Ramirez-Avila L. Current world status of Balantidium coli. Clin Microbiol Rev. 2008;21(4):626-38.
6. Zierdt CH. Studies of Blastocystis hominis. J Protozool. 1973;20(1):114-21.
7. Zierdt CH. Blastocystis hominis – past and future. Clin Microbiol Rev. 1991;4(1):61-79.
8. Qadri SM, al-Okaili GA, al-Dayel F. Clinical significance of Blastocystis hominis. J Clin Microbiol. 1989;27(11):2407-9.
9. Chen XM, Keithly JS, Paya CV, LaRusso NF. Cryptosporidiosis. N Engl J Med. 2002;346(22):1723-31.
10. Morgan-Ryan UM, Fall A, Ward LA, Hijjawi N, Sulaiman I, Fayer R, et al. Cryptosporidium hominis n. sp. (Apicomplexa: Cryptosporidiidae) from Homo sapiens. J Eukaryot Microbiol. 2002;49(6):433-40.
11. Gross TL, Wheat J, Bartlett M, O'Connor KW. AIDS and multiple system involvement with cryptosporidium. Am J Gastroenterol. 1986;81(6):456-8.
12. American Academy of Pediatrics. In: Pickering LK (ed.). Red Book: 2015 Report of the Committee on Infectious Diseases. 30. ed. Elk Grove Village: American Academy of Pediatrics; 2015. p.1151.

13. Ortega YR, Sterling CR, Gilman RH, Cama VA, Diaz F. Cyclospora species – a new protozoan pathogen of humans. N Engl J Med. 1993;328(18):1308-12.
14. Custodio H. Protozoan parasites. Ped Review. 2016;37:59-69.
15. Weber R, Bryan RT, Schwartz DA, Owen RL. Human microsporidial infections. Clin Microbiol Rev. 1994;7(4):426-61.
16. Brasil. Ministério da Saúde. Secretaria de Vigilância em Saúde. Doenças infecciosas e parasitárias: guia de bolso. 7. ed. Brasília: Ministério da Saúde; 2010. 449p.
17. Marques HH, Sakane PT. Infecções por protozoários na infância. Pediatr Mod. 2009;45(4):125-9.
18. Bern C, Adler-Moore J, Berenguer J, Boelaert M, den Boer M, Davidson RN, et al. Liposomal amphotericin B for the treatment of visceral leishmaniasis. Clin Infect Dis. 2006;43(7):917-24.
19. Wormser GP, Dattwyler RJ, Shapiro ED, Halperin JJ, Steere AC, Klempner MS, et al. The clinical assessment, treatment, and prevention of lyme disease, human granulocytic anaplasmosis, and babesiosis: clinical practice guidelines by the Infectious Diseases Society of America. Clin Infect Dis. 2006;43(9):1089-134.
20. Manual de Vigilância e Controle da Leishmaniose Visceral Americana do Estado de São Paulo. São Paulo: Secretaria de Saúde do Estado de São Paulo; 2006.
21. Brasil. Ministério da Saúde. Secretaria de Vigilância em Saúde. Guia prático de tratamento da malária no Brasil. Brasília: Ministério da Saúde; 2009.
22. Peyron F, Wallon M, Kieffer F, Garweg J. Toxoplasmosis. In: Remington JS, Klein J (eds.). Infectious disease of the fetus and newborn infant. 8. ed. Philadelphia: Elsevier-Saunders; 2016. p. 949-2042.

Doenças causadas por helmintos 17

Pedro Takanori Sakane
Heloisa Helena de Sousa Marques

Após ler este capítulo, você estará apto a:

1. Reconhecer a clínica e a epidemiologia das principais helmintíases.
2. Fazer o diagnóstico etiológico.
3. Atualizar os princípios do tratamento.

INTRODUÇÃO

As infecções parasitárias são ubíquas no mundo, e estima-se que mais de 4,5 bilhões de pessoas estejam sob risco de exposição a helmintos intestinais, cerca de 1,2 bilhão estejam infectadas por *Ascaris*, 800 milhões pelo *Trichiuris* e mais de 700 milhões por *Ancilostoma* e *Necator*. A intensidade das infecções está relacionada com a morbidade, ou seja, quando leves, causam quadro em geral assintomático, contudo, quando mais intensas, podem determinar desde deficiências de nutrientes até retardo no desenvolvimento físico e cognitivo. Deve-se lembrar, ainda, do risco de anemia por deficiência de ferro relacionada com a infecção por *Ancilostoma/Necator* e pelo *Trichiuris*[1]. Algumas das doenças parasitárias são transmitidas por artrópodes. Os vetores e as doenças estão listados na Tabela 17.1.

A seguir, serão descritas as principais características dessas doenças. Na Tabela 17.2, estão detalhadas as opções terapêuticas, com doses e esquemas de tratamento.

Tabela 17.1 Infecções por helmintos transmitidas ao homem por artrópodes

Doença	Agente	Vetor
Filariose	*Wuchereria brugia*	Mosquitos
Oncocercíase	*Onchocerca volvulus*	Moscas negras
Loíase	*Loa loa*	Moscas de veados
Infecção parasitária do cão	*Dipylidium caninum*	Pulgas de cães
Infecção parasitária do rato	*Hymenolepis diminuta*	Pulgas de ratos, insetos, besouros de grãos
Infecção parasitária anã	*Hymenolepis nana*	Ciclo humano, insetos de grãos (raro)

Tabela 17.2 Tratamento das helmintíases

Etiologia/indicações	Tratamento de escolha	Outras opções/observações
Ancilostomíase	Mebendazol: 100 mg, 2 vezes ao dia, por 3 dias	Albendazol: dose única (2 comprimidos de 200 mg ou 10 mL de suspensão oral, 5 mL = 200 mg)
Ascaridíase	Albendazol (crianças): 10 mg/kg, dose única, ou mebendazol, 100 mg, 2 vezes ao dia, por 3 dias; ou ivermectina 150 a 200 mcg/kg, dose única	Levamizol (dose única) Crianças < 8 anos: 40 mg Crianças > 8 anos: 80 mg Tratamento da obstrução intestinal por áscaris: piperazina, 100 mg/kg/dia + óleo mineral, 40 a 60 mL/dia + hidratação
Difilobotríase	Praziquantel: 5 a 10 mg/kg, dose única	Niclosamida: 50 mg/kg, dose única
Enterobíase	Pamoato de pirvínio: 10 mg/kg, dose única; recomenda-se repetir o tratamento após 2 semanas	Mebendazol 100 mg, 2 vezes ao dia, por 3 dias; albendazol 10 mg/kg/dia, dose única (dose máxima de 400 mg)
Equinococose ou cisto hidático	Albendazol (crianças): 10 a 15 mg/kg/dia (dose máxima diária de 800 mg), divididos em 2 doses diárias, por 1 a 6 meses	O tratamento de escolha é a remoção cirúrgica completa da massa parasitária. Depois da cirurgia, administrar anti-helmíntico para evitar recaída
Esquistossomose	Praziquantel: crianças > 2 anos: 60 mg/kg, dose única; adultos: 50 mg/kg, dose única	Oxaminiquina: crianças > 2 anos: 20 mg/kg, dose única; adultos: 15 mg/kg, dose única
Estrongiloidíase	Ivermectina: 200 mcg/kg, 1 a 2 dias Outras opções: Tiabendazol: 25 mg/kg/dia, por 5 a 7 dias; ou 50 mg/kg/dia, 2 vezes ao dia, por 2 dias Cambendazol: 5 mg/kg, dose única Albendazol, 400 mg, 2 vezes ao dia, por 2 dias	Para pacientes imunodeprimidos ou com doença disseminada, recomenda-se a associação de ivermectina, 200 mcg/kg/dia, por 2 dias, com albendazol, 400 mg, 2 vezes ao dia, durante 7 dias
Himenolepíase	Praziquantel: 25 mg/kg, dose única	Nitazoxanida: crianças de 1 a 3 anos: 100 mg, 2 vezes ao dia, po 3 dias; crianças 4 a 11 anos: 200 mg, 2 vezes ao dia, por 3 dias; adolescentes e adultos: 500 mg, 2 vezes ao dia, por 3 dias

(continua)

Tabela 17.2 Tratamento das helmintíases *(continuação)*

Etiologia/indicações	Tratamento de escolha	Outras opções/observações
Filariose	Dietilcarbamazina (DEC): 6 mg/kg em associação com ivermectina, 200 mcg/kg/dia	O tempo exato de tratamento não está estabelecido; utiliza-se uma dose única das drogas, anualmente, por 5 a 10 anos
Larva migrans cutânea	Tiabendazol (pomada): uso tópico, 2 a 3 vezes ao dia, por 5 a 10 dias	Albendazol: 400 mg/dia, 3 dias; ivermectina, 200 mcg/kg/dia, por 1 a 2 dias
Oncocercose	Ivermectina: 150 mcg/kg, dose única	Tratamento prolongado, repetir doses a cada 6 ou 12 meses, durante 10 anos
Teníase	Praziquantel: 5 a 10 mg/kg, dose única	Niclosamida, 50 mg/kg, dose única; ou albendazol, 400 mg/dia, por 3 dias
Neurocisticercose	Albendazol: 15 mg/kg, a cada 12 h, por 15 a 30 dias; ou praziquantel, 50 mg/kg/dia, por 21 a 30 dias	O tratamento da cisticercose, especialmente da neurocisticercose, deve ser feito com anti-helmíntico e corticosteroides (dexametasona), para reduzir a resposta inflamatória consequente à morte dos cisticercos
Toxocaríase ou larva migrans visceral	Albendazol: 400 mg, 2 vezes ao dia, por 5 dias; mebendazol, 100 mg, 2 vezes ao dia, por 3 dias	A duração não é estabelecida; algumas recomendações indicam 20 dias. Para quadros graves ou com envolvimento ocular, é indicado o uso concomitante de corticosteroides
Tricuríase	Albendazol: Quadro leve: 400 mg/dia, dose única Quadro moderado/grave: 400 mg/dia, durante 3 dias	Mebendazol: 100 mg, 2 vezes ao dia, por 3 dias

ANCILOSTOMÍASE

Também conhecida como amarelão e "doença do Jeca Tatu", tem distribuição mundial, predominando em áreas rurais.

Etiologia e Epidemiologia

Causada por nematoides da família *Ancylostomidae*: *A. duodenale* e *Necator americanus*. O reservatório é o homem. Os ovos contidos nas fezes são depositados no solo e, em condições favoráveis de umidade e temperatura, as larvas se desenvolvem, tornando-se infectantes em 7 a 10 dias. A partir desse momento, podem penetrar na pele do homem, geralmente pelos pés, passam pelos linfáticos e pela corrente sanguínea, e nos pulmões penetram nos alvéolos, de onde migram para a traqueia e a faringe, e então são deglutidas e chegam ao intestino delgado, local em que se fixam. Atingem a maturidade em 6 a 7 semanas e passam a produzir milhares de ovos por dia. No Brasil, a ancilostomíase predomina nas áreas rurais e está associada a áreas sem saneamento e às populações que têm o hábito de andar descalças[2,3].

Clínica e Diagnóstico

A infecção intestinal pode evoluir de forma assintomática ou com manifestações leves. Em crianças com parasitismo intenso, é causa de anemia ferropriva. A migração da larva pelos pulmões pode causar hemorragia e pneumonite. O diagnóstico laboratorial é feito pelo achado de ovos no exame parasitológico de fezes pelos métodos de Lutz, Willis ou Fausti e pode-se fazer sua contagem pelo método de Kato-Katz[2].

Tratamento

Recomenda-se mebendazol ou albendazol. O controle de cura é feito com exames parasitológicos sucessivos (7, 14 e 21 dias após o tratamento)[2].

ASCARIDÍASE

Doença parasitária do homem adquirida pela ingestão dos ovos infectantes do parasita, procedentes do solo, da água ou de alimentos contaminados com fezes humanas.

Etiologia e Epidemiologia

É causada pelo *Ascaris lumbricoides* e seu reservatório é o homem. Muito prevalente em locais com condições de saneamento precárias. Quando os ovos embrionados encontram um meio favorável, podem permanecer viáveis e infectantes durante anos.

Clínica e Diagnóstico

Em geral, não causa sintomatologia, mas pode manifestar-se por dor abdominal, diarreia, náuseas e anorexia. Quando há grande número de parasitas, pode ocorrer quadro de obstrução intestinal. Em virtude do ciclo pulmonar da larva, alguns pacientes apresentam manifestações pulmonares com broncoespasmo, hemoptise e pneumonite, caracterizando a síndrome de Loeffler, que cursa com eosinofilia importante. As fêmeas fecundadas no aparelho digestório podem produzir cerca de 200 mil ovos por dia. A duração média de vida dos parasitas adultos é de 12 meses. A confirmação do diagnóstico é feita pelo achado de ovos nos exames parasitológicos de fezes[2,4].

Tratamento

As drogas indicadas são albendazol ou mebendazol e, como alternativa, levamizol. Para o tratamento da obstrução intestinal por áscaris, recomenda-se piperazina, óleo mineral e hidratação[2,4-6].

DIFILOBOTRÍASE

Causada pelo *Diphyllobothrium latum*, entre outras espécies, considerado o maior helminto responsável por doença em humanos.

Etiologia e Epidemiologia

É um cestoide, uma tênia que pode chegar a até 10 m de comprimento, com 3 mil proglotes. Em seu ciclo de vida, os hospedeiros são dois intermediários (crustáceos e peixes de água doce) e definitivos (homem e outros mamíferos). Os humanos são infectados ao consumirem peixes de água doce crus ou malcozidos. Por esse motivo é chamada também de tênia do peixe. Em 2005, vários casos foram reportados no Brasil, apesar de não haver transmissão desse verme em nosso meio; possivelmente estavam relacionados com a ingestão de peixes importados[7,8].

Clínica e Diagnóstico

A maior parte dos indivíduos parasitados não apresenta sintomas. A infecção pode durar décadas, e as manifestações podem incluir diarreia recorrente, dor ou desconforto abdominal, perda de peso e outros sintomas inespecíficos como fraqueza, emagrecimento e vertigem. Quando a infecção persiste por mais de 3 a 4 anos, pode haver anemia megaloblástica. Infecções maciças podem resultar em obstrução intestinal. O diagnóstico é feito pela identificação dos ovos ou dos proglotes em fezes[7,8].

Tratamento

A droga de escolha é o praziquantel, e a alternativa é a niclosamida. A prevenção deve ser feita pela preservação adequada dos pescados e evitando-se a ingestão de peixes e frutos do mar sem cozimento[7,8].

EQUINOCOCOSE OU CISTO HIDÁTICO

A equinococose humana, também conhecida como hidatidose, é causada pelo estágio larvário de um cestódio do gênero *Echinococcus*. O *E. granulosus* causa a doença cística (cisto hidático), que é a forma clínica mais comumente encontrada. O *E. multilocularis* causa a equinococose alveolar, o *E. vogeli* causa quadro policístico e o *E. oligarthrus* raramente determina doença humana.

Etiologia e Epidemiologia

O verme adulto do *Echinococcus granulosus* (3 a 6 mm) reside no intestino delgado do hospedeiro definitivo, que pode ser o cão ou outros caninos. Os proglotes liberam ovos pelas fezes desses animais. *E. granulosus* tem distribuição universal e aparece com maior frequência em áreas rurais, onde coabitam os cães e os hospedeiros intermediários. O homem infecta-se pela ingestão de ovos. No intestino ocorre a liberação de oncosferas que penetram a parede intestinal e migram pelo sistema circulatório para vários órgãos, como fígado, pulmões e cérebro, e para os ossos, onde ocorre a formação de cistos[2,3].

Clínica e Diagnóstico

A doença pode permanecer assintomática e silenciosa durante anos antes que os cistos alcancem tamanho suficiente para causar sintomas, de acordo com o órgão acometido. No quadro hepático, as manifestações são dor abdominal, presença de massa em área hepática e obstrução biliar. As manifestações pulmonares são dor torácica, tosse e hemoptise. A ruptura dos cistos pode determinar o surgimento de febre, urticária, eosinofilia e choque anafilático, assim como a disseminação dos cistos. Outros órgãos, como cérebro e coração, e os ossos podem ser acometidos. O diagnóstico baseia-se nos achados de ultrassom ou outros métodos de imagem. Há sorologia disponível ou a identificação pode ser feita por análise de material de biópsia ou da exérese do cisto. Os métodos sorológicos disponíveis são reação de hemaglutinação indireta, imunofluorescência indireta e enzima imunoensaio (ELISA), cuja sensibilidade situa-se ao redor de 60 a 90%. Se a retirada cirúrgica do cisto for completa, os títulos de anticorpos caem e podem até se negativar[2,3,9].

Tratamento

A retirada cirúrgica com a remoção completa da massa parasitária é o tratamento de escolha, mas pode não ter eficácia de 100%. Depois da cirurgia, recomenda-se a administração de anti-helmíntico para evitar a recaída. A droga de escolha é o albendazol[2,4,6,9,10].

ENTEROBÍASE

É uma das helmintíases mais comuns na infância, inclusive em países desenvolvidos, e mais frequente na idade escolar. Geralmente afeta vários membros da mesma família.

Etiologia e Epidemiologia

Tem distribuição universal e afeta pessoas de todas as classes sociais. É causada por um nematódeo intestinal, *Enterobius vermicularis*, cujo reservatório é o homem. Pode ser transmitida por autoinfecção externa ou direta, pelos dedos, principalmente em crianças, e por via indireta, em decorrência da presença de ovos na poeira, em roupas de cama ou alimentos. As larvas contidas dentro dos ovos tornam-se infectantes em 4 a 6 horas sob condições favoráveis. O ciclo de vida do parasita dura de 2 a 6 semanas[2].

Clínica e Diagnóstico

Não é uma doença grave. Sua principal característica é o prurido retal, mais frequente no período noturno, causando irritabilidade, sono intranquilo e desassossego. As lesões causadas pelo ato de coçar podem resultar em infecções secundárias em torno do ânus e pontos hemorrágicos onde frequentemente se encontram fêmeas adultas e ovos. Outros sintomas, como dores abdominais, vômitos e tenesmo, podem ocorrer. As complicações são raras. O diagnóstico em geral é clínico. O diagnóstico laboratorial deve ser feito pelos métodos de Hall (*swab* anal) ou de Graham (fita gomada), com coleta na região anal e leitura em microscópio. Também pode ser pesquisado em material retirado de unhas de crianças infectadas com elevada positividade[2-4].

Tratamento

O tratamento é feito com pamoato de pirvínio, mebendazol ou albendazol. É recomendável a repetição do tratamento após duas semanas. Outros membros da família podem estar infectados e também devem ser tratados. A troca de roupas de cama, roupas íntimas e toalhas de banho deve ser feita diariamente para evitar a aquisição de novas infecções pelos ovos depositados nos tecidos. Deve-se manter as unhas aparadas, rentes aos dedos, evitar coçar a região anal e levar as mãos à boca. Recomenda-se lavar as mãos com frequência[2,4,5].

ESQUISTOSSOMOSE

Doença disseminada no mundo. Ocorre em mais de 50 países, na África, no leste do Mediterrâneo, na América do Sul e no Caribe. No Brasil, é considerada uma endemia, atingindo 19 estados, do Maranhão até Minas Gerais e com focos da doença nos estados do Pará, Piauí, Rio de Janeiro, São Paulo, Santa Catarina, Goiás e Rio Grande do Sul, além do Distrito Federal. Possui baixa letalidade; os óbitos estão relacionados às suas formas clínicas graves[2].

Etiologia e Epidemiologia

É causada por trematódeo da família Schistosomatidae, o *Schistosoma mansoni*. O homem é o principal reservatório. Roedores, primatas e marsupiais são potencialmente infectados. Os hospedeiros intermediários no Brasil são os caramujos do gênero *Biomphalaria*: *B. glabrata*, *B. tenagophila* e *B. straminea*. Os ovos do *S. mansoni* são eliminados pelas fezes do homem e eclodem na água, liberando uma larva ciliada denominada miracídio, que infecta o caramujo. Após 4 a 6 semanas, a larva abandona o caramujo, na forma de cercária, ficando livre nas águas naturais. O contato humano com as cercárias em águas infectadas, denominadas "lagoas de coceira", é a forma de aquisição da infecção humana. O período de incubação é em média de 2 a 6 semanas. O homem passa a eliminar os ovos nas fezes a partir de cinco semanas de infecção, e a eliminação pode perdurar por muitos anos. Os caramujos infectados eliminam cercárias durante toda a sua vida, que é de cerca de um ano[2-4].

Clínica e Diagnóstico

A fase aguda pode ser assintomática ou apresentar-se como dermatite urticariforme com erupção papular, eritema, edema e prurido até cinco dias após a exposição. Cerca de 3 a 7 semanas depois pode evoluir para a forma de esquistossomose aguda ou febre de Katayama, caracterizada por febre, anorexia, dor abdominal e cefaleia. Esses sintomas podem ser acompanhados por diarreia, náuseas ou vômitos, tosse seca e hepatomegalia. Nessa fase, o hemograma pode revelar intensa eosinofilia. Após seis meses de infecção, a doença pode evoluir para a fase crônica, segundo as seguintes formas clínicas:

- Intestinal: predomina a diarreia de repetição, com dor ou desconforto abdominal.
- Hepatointestinal: diarreia, hepatomegalia.
- Hepatoesplênica compensada: hepatoesplenomegalia, hipertensão portal com formação de varizes esofagianas.
- Hepatoesplênica descompensada: uma das formas mais graves, com fígado muito aumentado ou já retraído pela fibrose; esplenomegalia, ascite, varizes de esôfago, hematêmese, anemia, desnutrição e hiperesplenismo.

Além do quadro clinicoepidemiológico, o diagnóstico deve ser realizado pelo exame parasitológico de fezes, método de Kato-Katz[2,3,10].

Tratamento

Utilizar praziquantel como a droga de escolha. Outra opção é oxamniquina. A excreção de ovos pode demorar após o tratamento; recomenda-se realização, se possível, de parasitológico com contagem de ovos mensalmente nos primeiros seis meses para o controle de cura[2-4,6].

ESTRONGILOIDÍASE

A doença tem distribuição universal, sendo endêmica em regiões tropicais e subtropicais. Os hospedeiros naturais incluem homens, primatas e cães.

Epidemiologia e etiologia

A infecção primária causada pelo *Strongyloides stercoralis* ocorre pela penetração através da pele de larvas infectantes no estágio terciário presentes em solo contaminado. Depois da penetração, as larvas disseminam-se migrando pelos vasos sanguíneos para vasos pulmonares e peritônio; nos pulmões, atravessam os alvéolos, alcançam a árvore respiratória e são então deglutidas (engolidas). Depois de 2 a 3 semanas, as larvas alcançam o trato gastrointestinal, transformando-se em larvas adultas (maduras) fêmeas no intestino delgado, as quais reproduzem-se por partenogênese, produzem ovos e liberam no intestino as larvas de primeiro estágio nas fezes. Pode ocorrer autoinfecção do hospedeiro. O estrongiloide também é transmitido pela via fecal-oral, por alimentos e água contaminados, e pelas fezes, por meio de atividade sexual envolvendo relação anal[2,3].

Clínica e Diagnóstico

No local da penetração larvária, pode ser observada uma dermatite com prurido. Os sintomas são variáveis e incluem diarreia, dor epigástrica, náuseas, mal-estar, perda de peso e, quando há envolvimento pulmonar, tosse, estertores e infiltrado pulmonar transitório. Há casos de hiperinfecção muito graves com disseminação para vários órgãos, reação inflamatória local e formação de granulomas, especialmente em pacientes portadores de imunodepressão. O diagnóstico requer o encontro dos parasitas em estágios larvários em fezes e fluido duodenal[2-4].

Tratamento

A droga de escolha é a ivermectina. Outras opções terapêuticas incluem tiabendazol, cambendazol e albendazol. Em pacientes imunodeprimidos ou com doença disseminada, recomenda-se a associação de ivermectina e albendazol. As medidas preventivas devem incluir cuidados para evitar a contaminação ambiental com fezes e usar calçados em ambientes potencialmente contaminados[2,6,11].

FILARIOSE

Doença causada pelos parasitas *Wuchereria bancrofti, Brugia malayi* e *Brugia timori*; no Brasil, o mais prevalente é a *Wuchereria*.

Epidemiologia e Microbiologia

São nematoides parasitas de vasos linfáticos. Em seu ciclo de vida, a *W. bancrofti* atinge dois hospedeiros: o definitivo, que é o homem, e o intermediário, que são mosquitos. Os vermes adultos residem nos vasos linfáticos, onde depositam as microfilárias (estágio larvário), presentes na circulação sanguínea periférica, de onde são sugadas por um vetor que transmitirá a outro hospedeiro. Após a infecção, o verme amadurece em um período de 6 a 8 meses dentro dos linfáticos e então começa a liberar as microfilárias. Elas têm periodicidade para circular no sangue periférico, sendo mais detectadas à noite, entre 23 horas e 1 hora. Esse ciclo pode se manter por dez anos ou mais. A transmissão ocorre pela picada de insetos: *Culex, Aedes, Anopheles* e *Mansonia.* A doença é prevalente na Ásia, na África e na América do Sul. No Brasil, estima-se que 49 mil pessoas estejam infectadas pela *W. bancrofti*, residentes principalmente em três estados: Alagoas, Pará e Pernambuco[2-4].

Clínica e Diagnóstico

Podem ser definidas três fases clínicas:

1. Fase assintomática: fase de microfilaremia, em que o paciente não apresenta sintomas.
2. Fase inflamatória (aguda): os antígenos liberados pela fêmea adulta desencadeiam uma resposta inflamatória, cuja consequência é a obstrução dos vasos linfáticos, produzindo linfedema periférico, concomitante com a presença de febre, calafrios e linfonodomegalia dolorosa. Esta fase dura de 5 a 7 dias.
3. Fase obstrutiva (crônica): caracterizada por varizes dos vasos linfáticos, edema escrotal, quirulia (urina com linfa) e elefantíase.

O diagnóstico é feito pela pesquisa da microfilária no sangue obtido à noite, pelo método da gota espessa. Há testes de ELISA para detecção de antígenos circulantes[2,3].

Tratamento

Os medicamentos com boa atividade são dietilcarbamazina (DEC), ivermectina (efetiva contra microfilária; não atua em verme adulto) e albendazol. Na recomendação de tratamento do Ministério de Saúde, a droga de escolha é a DEC, 6 mg/kg/dia em dose única ou em esquemas mais longos de até duas semanas. A dose de ivermectina é de 200 mcg/kg/dia, em dose única. Recomenda-se também a associação de ambas, nessas doses, uma vez por ano. O regime combinado parece ser melhor que o uso das drogas isoladas para obtenção em longo prazo da redução da densidade e prevalência da microfilaremia. O tempo exato de tratamento não está estabelecido; estima-se que se deve administrar uma dose única das drogas, anualmente, por 5 a 10 anos[2,4,6,12].

HIMENOLEPÍASE

É causada por duas espécies de cestódios, *Hymenolepis nana* e *Hymenolepis diminuta*, que infectam humanos e roedores, (esta última raramente causa doença em humanos).

Etiologia e Epidemiologia

Os ovos de *H. nana* são infectantes quando excretados pelas fezes e podem sobreviver no ambiente por até dez dias. Quando ingeridos por insetos, hospedeiros intermediários transformam-se em cisticercoides e, ao infectarem homens e roedores por sua ingestão, instalam-se no intestino delgado, através dos escólex, cuja ligação com a mucosa intestinal propicia o desenvolvimento do verme adulto. Os vermes adultos produzem proglótides grávidas que liberam os ovos. Outro modo de infecção consiste na autoinfecção interna, em que os ovos penetram nas vilosidades da mucosa continuando seu ciclo infeccioso sem a passagem para o ambiente externo. A vida média do verme adulto é de 4 a 6 semanas, porém a autoinfecção interna permite que a infecção persista durante anos[3,4].

Clínica e Diagnóstico

A maioria dos casos é assintomática. Infecções mais intensas podem causar fraqueza, cefaleia, anorexia, dor abdominal e diarreia. O diagnóstico depende da demonstração dos ovos em espécimes de fezes. Técnicas de concentração e exames repetidos aumentam a chance do diagnóstico em quadros mais leves[3,13].

Tratamento

A droga de escolha é o praziquantel, 25 mg/kg, por via oral, em dose única. Como alternativa, pode-se indicar a nitazoxanida, para crianças entre 1 e 3 anos: 100 mg, 2 vezes por dia, por 3 dias; para crianças entre 4 e 11 anos, 200 mg, 2 vezes por dia, por 3 dias; e para adolescentes e adultos a dose é de 500 mg, 2 vezes ao dia, por 3 dias[3,5,7].

LARVA MIGRANS CUTÂNEA

O quadro também denominado "bicho geográfico" é de fácil identificação clínica.

Epidemiologia e Etiologia

As larvas infectantes de parasitas intestinais de gatos e cães, *Ancylostoma braziliense* e *Ancylostoma caninum*, contaminam o solo e podem penetrar em pés descalços ou na pele. É uma doença que acomete principalmente crianças, jardineiros e pessoas que tomam banhos de sol em locais infestados.

Clínica e Diagnóstico

Após a contaminação surgem ardor e pápulas vermelhas no local da penetração das larvas, que a seguir migram através da pele e avançam vários milímetros ou centímetros por dia, deixando um traçado serpiginoso e intenso prurido. Quando a infecção for causada por uma grande quantidade de larvas, pode ser acompanhada por pneumonite (síndrome de Loeffler) e miosite. O quadro pode durar semanas a meses e, eventualmente, ser autolimitado. Como as manifestações clínicas são muito características, raramente há necessidade de exames subsidiários. As larvas podem ser identificadas em escarro ou lavado gástrico em pacientes com pneumonite[3].

Tratamento

O uso de pomada de tiabendazol 95% (uso tópico, 2 a 3 vezes por dia, por 5 a 10 dias) é terapia que resolve na maioria das ocasiões. As opções para uso oral e também para quadros mais extensos ou refratários são ivermectina ou albendazol[3,14,15].

ONCOCERCOSE

Também conhecida como "mal do garimpeiro" e "cegueira dos rios", é causada por um nematódeo chamado *Onchocerca volvulus*.

Etiologia e Epidemiologia

É endêmica na África, no Iêmen e tem focos nas Américas Central e do Sul. No Brasil, a maioria dos casos advém dos estados de Roraima e Amazonas, com ocorrência nas reservas das populações Ianomâmi e Makititari. O homem é o reservatório da doença, e a transmissão se dá pela picada de *Simulium* spp. (borrachudos). Os vermes adultos contidos nos nódulos subcutâneos eliminam as microfilárias, que migram para outros locais, como os olhos, provocando desde alterações variadas até a cegueira. Nos casos não tratados, as filárias permanecem vivas no homem por 10 a 15 anos. Recentes estudos têm sugerido como um fator fisiopatológico importante a presença de *Wolbachia*, um germe Gram-negativo intracelular que seria o principal responsável pelas reações inflamatórias. Como esse germe é mais frequente nas microfilárias, isso explicaria a intensa reação inflamatória existente na presença delas e a notável ausência na infecção pelos vermes adultos[2].

Clínica e Diagnóstico

Causa principalmente afecções dermatológicas e oculares. O envolvimento da pele consiste tipicamente em lesões edematosas e pruriginosas, causadas pelos vermes adultos. Um sistema de graduação foi criado para categorizar os níveis de acometimento da pele:

- Dermatite papular: pápulas pruriginosas.
- Dermatite crônica papular: pápulas maiores, com hiperpigmentação.
- Dermatite liquenificada: pápulas e placas com edema, linfoadenopatia, prurido e frequentemente com infecção bacteriana secundária.
- Pele atrófica: perda de elasticidade, aspecto de pele de lagarto.
- Despigmentação: aparência de pele de leopardo, geralmente na face anterior da perna.

Os nódulos subcutâneos são fibrosos, residem sobre as superfícies ósseas em várias regiões, como ombros, membros inferiores, pelve e cabeça, e são indolores e móveis. Quanto ao envolvimento ocular, as microfilárias migram para a superfície da córnea e provocam uma ceratite *punctata*. Quando o processo inflamatório defervesce, as lesões melhoram, mas, se a infecção for crônica, evolui para uma ceratite esclerosante, provocando uma opacidade da córnea que pode levar à cegueira. O diagnóstico baseia-se nas manifestações clínicas e na história epidemiológica. O diagnóstico específico é feito pela identificação do verme adulto ou das microfilárias por biópsia do nódulo ou de pele, punção por agulha e aspiração do nódulo e exame oftalmológico do humor aquoso. Testes laboratoriais como imunofluorescência, ELISA e proteína C-reativa (PCR) podem auxiliar no diagnóstico[2].

Tratamento

A droga de escolha é a ivermectina, 150 mcg/kg, em dose única, com periodicidade semestral ou anual, durante 10 anos. A morte das microfilárias pode acarretar uma reação imunológica com prurido e adenopatia (reação de Mazzotti). Deve-se ter cuidado especial com exacerbação da lesão ocular, por meio de controle oftalmológico. Nesses casos, indicar corticosteroide[2,4,6,16].

TENÍASE E CISTICERCOSE

O complexo teníase/cisticercose é constituído por duas entidades mórbidas distintas, causadas pela mesma espécie de cestódio, em fases diferentes de seu ciclo de vida. A teníase é causada pela presença da forma adulta da *Taenia solium* ou da *Taenia saginata* no intestino delgado do homem. A cisticercose tem como agente causal a larva da *T. solium* nos tecidos.

Etiologia e Epidemiologia

Também conhecidas como solitárias ou lombrigas da cabeça, a *T. solium* é a tênia da carne de porco e a *T. saginata* é a da carne bovina. O homem é o único hospedeiro definitivo da forma adulta de ambas as tênias. O suíno doméstico ou o javali são os hospedeiros intermediários da *T. solium* (a forma larvária tecidual é o *Cysticercus cellulosae*) e o gado bovino é o hospedeiro intermediário da *T. saginata* (a forma larvária tecidual é o *Cysticercus bovis*). A teníase é adquirida pela ingestão de carne de boi ou de porco malcozida que contém as larvas. Quando o homem ingere acidentalmente os ovos de *T. solium*, adquire a cisticercose. O período de incubação da teníase é de cerca de três meses da ingestão da larva até o encontro do parasita adulto nas fezes, e o da cisticercose varia de 15 dias a anos após a infecção[2-4].

Clínica e Diagnóstico

A teníase pode causar náuseas, perda de peso, diarreia ou obstipação e dores abdominais. Quando o parasita permanece na luz intestinal, o parasitismo é considerado benigno, e a infestação pode ser percebida pela eliminação espontânea de proglotes do verme pelas fezes. Excepcionalmente, ocorre penetração no apêndice, colédoco ou ducto pancreático, em decorrência do crescimento exagerado do verme, e que requererá intervenção cirúrgica. As manifestações da cisticercose dependem da localização. As formas graves estão localizadas no sistema nervoso central, ocasionando sintomas neurológicos como convulsões, sinais neurológicos focais, hipertensão intracraniana e sintomas neuropsiquiátricos. O diagnóstico da teníase é em geral clínico e, se necessário, deve-se coletar material da região anal para diferenciação morfológica dos ovos de tênia com os dos demais parasitas. Para o diagnóstico de neurocisticercose, a suspeita clínica é avaliada por exames de imagem como tomografia computadorizada e ressonância magnética de crânio. A confirmação é obtida pela positividade da reação clássica de Weinberg (reação de fixação do complemento), mas também pelos métodos ELISA e de imunofluorescência feitos no liquor e no soro[2-4,17].

Tratamento

Para o tratamento da teníase, a droga preferida é o praziquantel, e como alternativas pode-se utilizar niclosamida ou albendazol. O tratamento da cisticercose, especialmente da neurocisticercose, deve ser feito com anti-helmíntico sempre acompanhado de corticosteroides, no caso a dexametasona, para reduzir a resposta inflamatória consequente à morte dos cisticercos. As drogas são o albendazol ou o praziquantel[2-4,6,17].

TOXOCARÍASE (LARVA MIGRANS VISCERAL)

Epidemiologia e Microbiologia

É a doença mais frequentemente transmitida do animal para o homem. Os animais envolvidos são principalmente os cães, e depois os gatos. A transmissão também pode ocorrer pela ingestão de alimentos contaminados (fígado pouco cozido ou outras carnes). A forma predominante de transmissão é a exposição a filhotes: ovos de *Toxocara canis* são recuperados em quintais das casas e parques por onde os filhotes rondam. A maioria dos filhotes está infectada ao nascimento – por transmissão transplacentária das larvas. Os ovos são liberados nas fezes dos filhotes de 5 a 6 semanas e contaminam o solo. O contato direto não causa a doença porque os ovos não são imediatamente infecciosos, porém eles se tornam infecciosos dentro de 2 a 3 semanas e podem permanecer viáveis por muitos meses no solo. Crianças pequenas brincando no jardim, parque ou quintal ou adultos trabalhando em canteiros de flores transferem estes ovos mecanicamente do solo pelas mãos para a boca e a seguir para o estômago. No interior do intestino, as larvas são liberadas e penetram na parede intestinal, de onde migram para outros órgãos. A maioria das larvas concentra-se no fígado, outras vão para pulmões, rins, cérebro, coluna espinal, olhos etc. A migração tecidual perdura por meses[3,18].

Clínica e Diagnóstico

Uma vez infectada, a maioria das crianças é assintomática. Algumas desenvolvem a forma ocular: unilateral, coriorretinite, podendo levar à cegueira. Quadros sistêmicos também podem ocorrer com comprometimento hepático, asma intratável e encefalite. O hemograma revela intensa hipereosinofilia e presença de hipergamaglobulinemia. Associada a títulos elevados de iso-hemaglutininas aos antígenos dos grupos sanguíneos A e B, são evidências para o diagnóstico presuntivo de toxocaríase. A sorologia pelo método ELISA com a detecção de títulos elevados de anticorpos anti-*Toxocara* também auxilia no diagnóstico[3,4,10,18].

Tratamento

As opções terapêuticas são albendazol ou mebendazol. Em caso de acometimento ocular, indica-se o uso de corticosteroide sistêmico. São medidas de prevenção necessárias[3,4,10,18]:

- Recolher rapidamente as fezes de cães e gatos.

- Limpar as caixas de areia com frequência.
- Eliminar causas de cacofagia.
- Tratar os filhotes com anti-helmínticos com 2, 4, 6 e 8 semanas de idade, pois, se convenientemente tratados, não transmitirão a doença.

TRICURÍASE

Encontrada com maior frequência em regiões tropicais. Na maioria das vezes determina quadros leves.

Etiologia e Epidemiologia

A infecção é adquirida pela ingestão de ovos embrionados de *Trichuris trichiura* encontrados no solo, em alimentos e mãos contaminados. Os ovos alcançam o intestino delgado, onde ocorrem a liberação larvária e a penetração das vilosidades. Permanecem por uma semana nesse local, e a seguir progridem em direção ao ceco e ao colo, onde se tornam maduros. Os vermes maduros criam túneis na mucosa colônica, desencadeando reação inflamatória. A carga parasitária e, portanto, a morbidade, são maiores em crianças[3,4].

Clínica e Diagnóstico

Há duas síndromes clínicas na criança com infecção extensa pelo *Trichuris*. A primeira é síndrome disentérica associada com diarreia grave com sangue e muco, presença de anemia e retardo do crescimento e desenvolvimento. A colite é uma manifestação crônica, caracterizada por doença inflamatória intestinal, semelhante à doença de Crohn ou colite ulcerativa. Crianças com esta forma podem apresentar desnutrição e baixa estatura. O diagnóstico é feito pela identificação dos ovos em exame parasitológico de fezes[3,4].

Tratamento

Mesmo se o quadro for leve, o tratamento está recomendado. As opções de tratamento são albendazol ou mebendazol[3,4,6,19].

CONCLUSÕES

As doenças causadas por helmintos têm diminuído nos grandes centros, mas continuam a ser um problema grave nos locais com má higiene pública. Existem também doenças raras, como as filarioses, que podem ser diagnosticadas nas fases iniciais apenas com uma boa anamnese epidemiológica.

REFERÊNCIAS BIBLIOGRÁFICAS

1. Keiser J, Utzinger J. Efficacy of current drugs against soil-transmitted helminth infections: Systematic review and meta-analysis. JAMA. 2008;299(16):1937-48.
2. Brasil. Ministério da Saúde. Secretaria de Vigilância em Saúde. Doenças infecciosas e parasitárias: guia de bolso. 8. ed. Brasília: Ministério da Saúde; 2010.
3. American Academy of Pediatrics. In: Pickering LK, Baker CJ, Long SS, McMillan JA (eds.). Red book: 2015 report of the Committee on Infectious Diseases. 30. ed. Illinois: Elk Grove Village: American Academy of Pediatrics; 2015.
4. Moon TD, Oberhelman RA. Antiparasitic therapy in children. Pediatr Clin North Am. 2005;52(3):917-48.
5. Organización Panamericana de la Salud. Guia para el tratamiento de las enfermedades infecciosas. Washington: OPS; 2004. p.157-80.
6. Van den Enden E. Pharmacotherapy of helminth infection. Expert Opin Pharmacother. 2009;10(3):435-51.
7. Ministério da Saúde. Secretaria de Vigilância em Saúde. Difilobotríase: alerta e recomendações, 2005. Disponível em: http://portal.saude.gov.br/portal/arquivos/pdf/difilo%5B1%5D.pdf. Acesso em: maio 2010.
8. Centers for Disease Control and Prevention. Laboratory identification of parasites of public health concern – DPD-x. Diphyllobpthriasis. Disponível em: http://www.dpd.cdc.gov/dpdx/HTML/diphyllobothriasis.htm. Acesso em: maio 2016.
9. Centers for Disease Control and Prevention. Laboratory identification of parasites of public health concern – DPD-x. Echinococcosis. Disponível em: http://www.dpd.cdc.gov/dpdx/HTML/Echinococcosis.htm. Acesso em: maio 2016.
10. Fischer GB, Sarria EE, Leite AJ, de Britto MC. Parasitic lung infection and the paediatric lung. Paediatr Respir Rev. 2008;9(1):57-66.
11. Lim S, Katz K, Krajden S, Fuksa M, Keystone JS, Kain KC. Complicated and fatal Strongyloides infection in Canadians: risk factors, diagnosis and management. CMAJ. 2004;171(5):479-84.
12. Dunyo SK, Nkrumah FK, Simonsen PE. Single-dose treatment of Wuchereria bancrofti infections with ivermectin and albendazole alone or in combination: evaluation of the potential for control at 12 months after treatment. Trans R Soc Trop Med Hyg. 2000;94(4):437-43.
13. Vila J, Alvarez-Martínez MJ, Buesa J, Castillo J. Microbiological diagnosis of gastrointestinal infections. Enferm Infecc Microbiol Clin. 2009;27(7):406-11.
14. Van den Enden E, Stevens A, Van Gompel A. Treatment of cutaneous larva migrans. N Engl J Med. 1998;339(17):1246-7.
15. Isaacs D. Evidence-based pediatric infectious diseases. Australia: BMJ Books, Blackwell Publishing; 2007.
16. Basáñez MG, Pion SD, Boakes E, Filipe JA, Churcher TS, Boussinesq M. Effect of single-dose ivermectin on Onchocerca volvulus: a systematic review and meta-analysis. Lancet Infect Dis. 2008;8(5):310-22.
17. Singhi P, Singhi S. Neurocysticercosis in children. Indian J Pediatr. 2009;76(5):537-45.
18. Rubinsky-Elefant G, Hirata CE, Yamamoto JH, Ferreira MU. Human toxocariasis: diagnosis, worldwide seroprevalences and clinical expression of the systemic and ocular forms. Ann Trop Med Parasitol. 2010;104(1):3-23.
19. Forrester JE, Bailar JC, Esrey SA, Jose MV, Castillejos BT, Ocampo G. Randomised trial of albendazole and pyrantel in symptomless trichuriasis in children. Lancet. 1998;352(9134):1103-8.

Tuberculose na criança e no adolescente 18

Camila Sanson Yoshino de Paula
Giovanna Gavros Palandri
Heloisa Helena de Sousa Marques

Após ler este capítulo, você estará apto a:

1. Compreender a fisiopatogenia da doença.
2. Diferenciar tuberculose doença e tuberculose latente.
3. Reconhecer manifestações clínicas, realizar diagnóstico e propor esquema terapêutico.

INTRODUÇÃO

A tuberculose (TB) é uma doença infecciosa ainda muito prevalente no Brasil e no mundo. Configura grave problema de saúde pública e tem íntima relação com pobreza, aglomerados populacionais, desnutrição e situações de pouco acesso aos serviços de saúde. Nesse contexto, o diagnóstico e o controle da doença muitas vezes constituem um verdadeiro desafio. Em pacientes pediátricos, o desafio é ainda maior, considerando a inespecificidade dos sintomas, a menor positividade dos exames laboratoriais (pesquisa direta do bacilo e cultura) e a possibilidade de quadros mais graves e disseminados, principalmente em crianças com menos de 5 anos[1]. Por tudo isso, cabe ao pediatra manter uma postura obstinada diante de uma criança com suspeita de TB.

EPIDEMIOLOGIA

No mundo, estima-se que 2 a 3 bilhões de pessoas estejam infectadas com o *Mycobacterium tuberculosis* na atualidade. Destas, uma proporção de apenas 5 a

15% irá desenvolver a doença durante a vida – sendo maior o risco de isso ocorrer em pacientes coinfectados com o vírus HIV[2]. Em 2015, a incidência global de TB ficou entre 9,1 e 10 milhões de casos por ano, segundo a Organização Mundial da Saúde (OMS). No Brasil, a incidência no mesmo ano foi de 63.189 casos[3] e, em 2014, o número de óbitos tendo TB como causa base foi de 4.374[3].

FISIOPATOGENIA

Assim como no adulto, a aquisição da TB pela criança ocorre majoritariamente (98%) por aspiração de gotículas aerossolizadas contendo bacilos do *M. tuberculosis* – também conhecidos como bacilos de Koch (BK) – expelidos por um indivíduo infectante durante fala, tosse, espirro ou canto[1]. Ao alcançar os alvéolos pulmonares, os bacilos são fagocitados e proliferam-se dentro dos macrófagos, gerando um processo inflamatório local, o chamado foco primário. A disseminação para linfonodos regionais, corrente sanguínea e demais órgãos pode ocorrer já no início do quadro. É denominado complexo primário o conjunto formado por foco primário, linfonodos regionais e linfonodos adjacentes acometidos[1].

A resposta imune celular aprimora-se entre 2 e 12 semanas após a primoinfecção, culminando com a formação de uma estrutura encapsulada, conhecida como granuloma ou tuberculoma. A partir desse processo, o quadro pode evoluir de três formas[1]:

- Resolução completa: com necrose caseosa, fibrose e resolução da infecção, com ou sem calcificação local.
- Resolução incompleta: com persistência de bacilos viáveis, com potencial de evolução para doença – TB latente.
- Evolução para TB doença: TB pulmonar primária e quadros extrapulmonares.

Do ponto de vista imunológico, o controle da TB depende, inicialmente, da resposta inata do indivíduo, seguindo-se de uma resposta celular competente – em sua maioria do tipo TH1, com recrutamento predominante dos linfócitos T CD4 (induzindo produção de interferon-gama) e T CD8. Na criança pequena, a função do macrófago e das células dendríticas pode se apresentar de forma deficitária[1], com predominância da resposta do tipo TH2, culminando muitas vezes em dificuldade de contenção dos bacilos no granuloma – sendo esta a justificativa mais provável para o maior risco de doença disseminada no grupo pediátrico quando comparado ao dos adultos.

TUBERCULOSE DOENÇA

Na faixa etária pediátrica, a apresentação clínica mais comum é a TB pulmonar, em cerca de 75% dos casos. As apresentações extrapulmonares são mais comuns na infância quando comparada aos adultos – 25 e 10% dos casos para cada grupo etário, respectivamente. Crianças com menos de 3 anos estão mais sujeitas a evoluir com quadros disseminados. Pacientes portadores de HIV, em qualquer faixa etária, também têm risco aumentado[4].

As manifestações clínicas de TB pulmonar na infância nem sempre são tão evidentes, sendo comum a dissociação clinicorradiológica. Entre as crianças com alterações importantes na radiografia de tórax, aproximadamente metade está assintomática ou oligossintomática[5]. As alterações raramente correspondem a cavitações (apenas em 6% dos casos), o que explica o fato de a maioria das crianças ser paucibacilar[4]. Os sintomas, quando presentes, costumam ser gerais, com ou sem queixas respiratórias, febre (moderada, por mais de 15 dias), perda ponderoestatural, hiporexia, hipoatividade, sudorese vespertina (ocasionalmente), tosse e sibilância[4,5]. Ao exame físico, o sistema respiratório comumente não apresenta alterações[5]. Deve-se atentar, contudo, para sinais de perda ponderal importante, o que não é raro. Em adolescentes, o quadro clínico assemelha-se mais à apresentação nos adultos.

Quanto à TB extrapulmonar, as formas mais comumente vistas na infância e na adolescência, por ordem de frequência em relação ao total de casos de TB, são[4]:

- Adenopatia (extratorácica): 13,3%.
- TB pleural: 3,1%.
- Em sistema nervoso central: 1,9%.
- Óssea: 1,2%.
- Miliar: 0,9%.
- Geniturinária: 0,8%.
- Abdominal: 0,3%.
- Pericárdica: < 0,1%.
- Cutânea: < 0,1%.

Algumas apresentações clínicas merecem maior detalhamento, por sua importância na faixa etária pediátrica, sendo descritas a seguir.

A adenopatia extratorácica corresponde a quase 50% dos quadros de TB extrapulmonar na infância[4]. A idade média ao diagnóstico é de 5 anos[4] e tem como característica o aumento linfonodal de grande volume, com crescimento lento (usualmente mais de 3 semanas), sem flogismo[6], com sintomas constitucionais na maioria dos casos[4]. As cadeias mais acometidas são as cervicais (anteriores, triângulo posterior e submandibulares) e supraclaviculares[4]. Até 40% das crianças apresentam radiografia de tórax anormal[4]. Laboratorialmente, a cultura de micobactérias e a reação em cadeia da polimerase (PCR) para *M. tuberculosis* costumam indicar resultado positivo, enquanto a pesquisa de bacilo álcool-ácido resistente (BAAR) em geral é negativa. O anatomopatológico costuma evidenciar granuloma (com ou sem necrose caseosa) e inflamação aguda[4].

A TB óssea pode atingir de 10 a 20% dos casos de TB extrapulmonar em pediatria, com idade média ao diagnóstico de 8 anos[4]. O quadro pode se manifestar como espondilite, osteomielite e/ou artrite. Em pacientes hígidos, a lesão costuma ser unifocal e axial, enquanto em pacientes imunodeprimidos pode haver lesões multifocais, axiais e apendiculares. O envolvimento vertebral é mais comum em crianças maiores e adolescentes. A espondilite corresponde a mais da metade dos quadros de TB óssea, sendo a coluna toracolombar o local mais comum. Quando ocorre acometimento da musculatura paravertebral, com coleção adjacente, tem-se o chamado abscesso de Pott. A osteomielite, por sua vez, corresponde a até 10% dos quadros de TB óssea, tendo como alvo preferencial pequenos ossos das mãos e dos pés, clavículas e costelas. A artrite por TB costuma ser monoarticular e acometer grandes articulações, como joelho e quadril. Pode ocorrer osteomielite adjacente à articulação acometida, por conta de disseminação por contiguidade. Laboratorialmente, o diagnóstico não é tão simples, uma vez que a baciloscopia costuma ser negativa e a PCR ainda não tem papel bem definido nessas amostras, contudo, a cultura para micobactérias pode auxiliar. O anatomopatológico pode se apresentar com granulomas caseosos em mais da metade dos casos[4].

O acometimento do sistema nervoso central (SNC) pode ocorrer em até 2% dos quadros de TB não tratada na infância, com idade média ao diagnóstico de 2 anos. Em 95% dos quadros do SNC há meningite associada e, destes, até 10% apresentam tuberculomas[4]. O quadro clínico costuma iniciar-se com sintomas constitucionais inespecíficos, como febre, evoluindo com sinais focais, sinais de irritação meníngea e aumento da pressão intracraniana, culminando em estado mental gravemente alterado. A análise laboratorial do liquor costuma apresentar celularidade normal ou aumentada, aumento da proteinorraquia e queda progressiva da glicorraquia. Nas amostras de liquor, a pesquisa de BAAR não costuma apresentar resultado positivo, a cultura para micobactérias chega a uma sensibilidade de até 33%, sendo o PCR para *M. tuberculosis* o exame de maior utilidade nesses casos, com sensibilidade superior a 75%[4]. A dosagem do ADA no liquor pode auxiliar (mais detalhes neste capítulo, no item "Diagnóstico"). Os achados de imagem em SNC (tomografia computadorizada com contraste ou ressonância magnética) são variados, mostrando desde hidrocefalia, realce basilar e lesões hiperdensas (tuberculomas) até sinais de vasculite. A radiografia de tórax pode mostrar alteração em até 90% dos casos de acometimento do SNC[4].

TUBERCULOSE LATENTE

Do ponto de vista imunológico, cada indivíduo pode responder diferentemente quando infectado pelo *M. tuberculosis* – 5% de todos os infectados adoecem logo após a primoinfecção, outros 5% desenvolvem imunidade parcial à doença, reativando posteriormente o foco infeccioso[7]. TB latente é a infecção pelo bacilo de Koch em um indivíduo sem achados de doença ativa – sem sintomas, sem alterações à radiografia de tórax e sem evidência microbiológica/biomolecular do bacilo. O contato com o bacilo é evidenciado pelo teste tuberculínico (PPD), que apresenta resultado alterado.

Algumas situações aumentam a possibilidade de evolução da TB latente para a doença: terapias imunossupressoras, desnutrição, infecção por TB nos últimos 2 anos, comorbidades (p. ex., insuficiência renal, insuficiência hepática, diabete melito, câncer), infecções virais como sarampo, coinfecção com HIV e idade abaixo de 4 anos[1]. Em pediatria, esse risco mostra-se bastante aumentado em relação aos adultos. Um adulto com TB latente tem risco entre 5 e 10% de desenvolver TB doença durante a vida (metade desse risco se dá nos primeiros 2 a 3 anos após a infecção)[1]. Já em crianças, quanto menor a faixa etária, maior o risco[1]:

- Abaixo de 1 ano: 43%.
- Entre 1 e 5 anos: 24%.
- Entre 11 e 15 anos: 15%.

Diante desse fato, o tratamento de TB latente na faixa etária pediátrica ganha bastante importância.

Na infância, o valor do PPD deve ser interpretado a depender da realização ou não da BCG (e o tempo depois), bem como situações clínicas associadas (mais detalhes neste capítulo, no item "Diagnóstico").

O Ministério da Saúde preconiza o tratamento de TB latente em crianças com isoniazida, que está associada a uma redução de 60 a 90% do risco de adoecimento[7]. A dose de isoniazida é de 5 a 10 mg/kg/dia (dose máxima de 300 mg/dia), por período mínimo de 6 meses[7]. Algumas situações clínicas especiais podem exigir tempo maior de tratamento ou utilização de outras drogas, como a rifampicina.

DIAGNÓSTICO

O diagnóstico de TB em crianças é baseado em critérios clínicos, epidemiológicos, radiológicos/laboratoriais e PPD.

Anamnese, Epidemiologia e Exame Físico

Deve ser realizada uma boa anamnese, com dados detalhados da história clínica (incluindo informações de presença de febre, emagrecimento ou não ganho de peso, desnutrição, presença de tosse, atraso do desenvolvimento e/ou outros sintomas) e da epidemiologia (contato com casos de TB ou com tossidores crônicos), seguidas de exame físico completo.

Exames de Imagem

Radiografia de tórax

É um dos principais exames em casos de suspeita de TB pulmonar. É importante a realização de duas incidências: anteroposterior e lateral (para avaliação das regiões hilar e mediastinal)[8]. Os achados mais comumente encontrados são: linfonodomegalias (geralmente hilar e/ou paratraqueal direita), foco pulmonar de evolução lenta e não responsiva à antibioticoterapia, imagens nodulares (com ou sem calcificação), infiltrado nodular difuso (miliar) e cavitações. Observar também a presença de derrame pleural[7].

Ultrassonografia

É um exame importante para confirmar presença de derrame pleural, derrame pericárdico, ascite e envolvimento de órgãos sólidos abdominais[8].

Tomografia computadorizada

Reservada para casos de doença pulmonar com complicação, suspeita de doença no SNC e osteomielite[8,7,6].

Ressonância magnética

Reservada para avaliação de partes moles e doença do SNC[7,8].

Teste tuberculínico

Consiste na inoculação intradérmica de tuberculina (um derivado proteico do *M. tuberculosis*) no terço médio da face anterior do antebraço esquerdo. A leitura deve ser realizada de 48 a 72 horas após a inoculação e o resultado é obtido pela medida (em milímetros) do maior diâmetro transverso da área do endurado palpável[4]. Não distingue infecção e TB doença.

A Tabela 18.1 apresenta situações sugestivas de infecção[7].

Tabela 18.1 Interpretação dos valores de teste tuberculínico (PPD) segundo situação clínica e vacinal

Valor do PPD	Situação clínica e vacinal
≥ 5 mm	Crianças não vacinadas com BCG, crianças vacinadas há mais de 2 anos ou qualquer condição imunossupressora
≥ 10 mm	Crianças vacinadas com BCG há menos de 2 anos

Diagnóstico Bacteriológico

Baciloscopia direta

É a pesquisa do BAAR, que pode ser realizada em escarro, lavado gástrico, lavado broncoalveolar, líquido pleural, urina, liquor, sangue, medula óssea e material de biópsia. Deve ser realizada em pelo menos duas amostras. Em crianças, geralmente apresenta resultado negativo, pois os pacientes dessa faixa etária são paucibacilares (sensibilidade de 10-15% em concentração bacilar menor que 5×10^3 bacilos/mL)[4].

Cultura para micobactéria

Deve ser solicitada em todas as amostras, por aumentar o diagnóstico bacteriológico em até 30%[7]. No Brasil, os métodos disponíveis utilizam o meio sólido Lowenstein-Jensen (resultado em até 42 dias de incubação) e o meio líquido (resultado em 5 a 13 dias de incubação).

Diagnóstico Histopatológico

Realizado em formas extrapulmonares ou formas pulmonares com complicações. A presença de granuloma com necrose caseosa é compatível com TB, porém é importante lembrar que há outras doenças com formação de lesões granulomatosas[4].

Técnicas Moleculares

Reação em cadeia da polimerase para *Mycobacterium tuberculosis*

Pode ser realizado em sangue, medula óssea, liquor, escarro, lavado gástrico, lavado broncoalveolar, líquido pleural, urina e material de biópsia. Recentemente, tornou-se disponível no Brasil o teste Xpert® MTB/RIF, que detecta o *M. tuberculosis* (sensibilidade: 90%; especificidade: 97,9%)[7] e sua resistência à rifampicina (sensibilidade: 96,1%; especificidade: 98,6%)[7].

Atividade da Adenosina Deaminase (ADA)

A ADA é uma enzima produzida por linfócitos T e monócitos ativados. Quando se encontra elevada em liquor (> 9 U/L) e em líquido pleural e peritoneal (> 40 U/L), pode ajudar no diagnóstico de TB[4,7].

Interferon Releases Assays (IGRA)

Detecta o interferon-gama produzido pelas células T em resposta a antígenos específicos do *M. tuberculosis*. Atualmente, há dois *kits* disponíveis: Quantiferon TB GOLD e Elispot-TB. O resultado pode ser obtido em 24 horas e é mais específico para pacientes vacinados recentemente com BCG ou com exposição prévia a outras micobactérias não *tuberculosis*[9]. Não distingue TB latente de TB doença. A especificidade e a sensibilidade variam de acordo com o *kit* utilizado. O Elispot apresenta especificidade de 92% e sensibilidade de 62 a 93%. Já o Quantiferon tem especificidade de 97% e sensibilidade de 58 a 80%[4].

Apesar de ser um exame promissor e com boas vantagens, ainda não há dados que demonstrem sua superioridade em relação ao PPD.

Diagnóstico de Tuberculose Pulmonar em Crianças Menores de 10 Anos

Por conta das dificuldades no diagnóstico da TB pulmonar em crianças, o Ministério da Saúde orienta o uso de um sistema de pontuação desenvolvido por Sant'Anna et al.[6]. Este escore também pode ser utilizado em adolescentes com baciloscopia negativa (Tabela 18.2)[5].

TRATAMENTO

O tratamento para crianças de até 10 anos de idade é realizado com rifampicina, isoniazida e pirazinamida. Para maiores de 10 anos, o etambutol é acrescentado ao esquema tríplice. Os efeitos colaterais mais comuns são: alteração na coloração da urina (por causa da rifampicina) e intolerância gástrica (40%). Efeitos mais graves, como icterícia e aumento significativo das enzimas hepáticas, também podem ocorrer[7,9]. Nesses casos, as medicações devem ser suspensas até melhora do quadro clínico e reintroduzidas uma a uma na seguinte sequência: pirazinamida, isoniazida e rifampicina[7].

Nas Tabelas 18.3 a 18.6, são apresentados os esquemas de tratamento de TB segundo a recomendação do Ministério da Saúde.

Tabela 18.2 Sistema de pontuação para auxílio no diagnóstico de tuberculose (TB) pulmonar em adolescentes com baciloscopia negativa e crianças com idade inferior a 10 anos[6]

Quadro clínico-radiológico		Contato com adulto com TB	Teste tuberculínico	Estado nutricional
Febre ou sintomas como tosse, adinamia, expectoração, emagrecimento e sudorese > 2 semanas: + 15 pontos	Adenomegalia ou padrão miliar Condensação ou infiltrado (com ou sem escavação) inalterado por > 2 semanas, evoluindo com piora ou sem melhora com antibióticos comuns: + 15 pontos	Próximo, nos últimos 2 anos: + 10 pontos	Um dos casos a seguir: + 15 pontos ≥ 10 mm em vacinados com BCG há < 2 anos ≥ 5 mm em vacinados há > 2 anos ou não vacinados	Desnutrição grave: + 5 pontos
Assintomático ou com sintomas < 2 semanas: 0 ponto	Condensação ou infiltrado de qualquer tipo < 2 semanas: + 5 pontos			
Infecção respiratória com melhora após uso de antibióticos para germes comuns ou sem antibióticos: – 10 pontos	Radiografia normal: – 5 pontos		< 5 mm: 0 ponto	Eutrofia ou desnutrição não grave: 0 ponto

≥ 40 pontos: diagnóstico muito provável; 30-35 pontos: diagnóstico possível; ≤ 25 pontos: diagnóstico pouco provável.

Tabela 18.3 Esquema básico de tratamento de tuberculose pulmonar e extrapulmonar para pacientes com idade inferior a 10 anos[7]

Fases do tratamento	Fármacos	Peso do paciente			
		≤ 20 kg (mg/kg/dia)	21 a 35 kg (mg/dia)	36 a 45 kg (mg/dia)	> 45 kg (mg/dia)
2 meses RHZ: fase de ataque	R	10	300	450	600
	H	10	200	300	400
	Z	35	1.000	1.500	2.000
4 meses RH: fase de manutenção	R	10	300	450	600
	H	10	200	300	400

H: isoniazida; R: rifampicina; Z: pirazinamida.

Tabela 18.4 Esquema básico de tratamento de tuberculose pulmonar e extrapulmonar para adolescentes e adultos[7]

Regime	Fármacos	Faixa de peso	Unidade/dose	Meses
2 meses RHZE: fase intensiva	RHZE 150/75/400/275 mg comprimido em dose fixa combinada	20 a 35 kg	2 comprimidos	2
		36 a 50 kg	3 comprimidos	
		> 50 kg	4 comprimidos	
4 meses RH: fase de manutenção	RH comprimido ou cápsula 300/200 mg ou 150/100 mg	20 a 35 kg	1 comprimido ou cápsula 300/200 mg	4
		36 a 50 kg	1 comprimido ou cápsula 300/200 mg + 1 comprimido ou cápsula 150/100 mg	
		> 50 kg	2 comprimidos ou cápsulas 300/200 mg	

E: etambutol; H: isoniazida; R: rifampicina; Z: pirazinamida.

Tabela 18.5 Esquema de tratamento para tuberculose meningoencefálica em crianças com idade inferior a 10 anos[7]

Fases do tratamento	Fármacos	Doses para todas as idades (mg/kg/dia)	Peso do paciente			Dose máxima (mg/dia)
			20 a 35 kg (mg/dia)	35 a 45 kg (mg/dia)	> 45 kg (mg/dia)	
2 meses RHZ: fase de ataque	R	10-20	300	450	600	600
	H	10-20	200	300	400	400
	Z	35	1.000	1.500	2.000	2.000
7 meses RH: fase de manutenção	R	10-20	300	450	600	600
	H	10-20	200	300	400	400

H: isoniazida; R: rifampicina; Z: pirazinamida.

Tabela 18.6 Esquema de tratamento para tuberculose meningoencefálica em adultos e adolescentes[7]

Regime	Fármacos	Faixa de peso	Unidade/dose	Meses
2 meses RHZE: fase intensiva	RHZE 150/75/400/275 mg comprimido em dose fixa combinada	35 kg	2 comprimidos	2
		36 a 50 kg	3 comprimidos	
		> 50 kg	4 comprimidos	
7 meses RH: fase de manutenção	RH: comprimido ou cápsula 300/200 mg ou 150/100 mg	35 kg	1 comprimido ou cápsula 300/200 mg	7
		36 a 50 kg	1 comprimido ou cápsula 300/200 mg + 1 comprimido ou cápsula 150/100 mg	
		> 50 kg	2 comprimidos ou cápsulas 300/200 mg	

E: etambutol; H: isoniazida; R: rifampicina; Z: pirazinamida.

CONCLUSÕES

A TB é uma doença que permanece endêmica no Brasil. Na faixa etária pediátrica, muitas vezes o diagnóstico é difícil em razão da inespecificidade dos sintomas e da baixa positividade dos exames laboratoriais. Diante disso, a realização de uma boa anamnese (incluindo dados epidemiológicos) é essencial em todos os casos com suspeita de TB.

REFERÊNCIAS BIBLIOGRÁFICAS

1. Feja K, Saiman L. Tuberculosis in children. Clin Chest Med. 2005;26(2):295-312.
2. WHO. Global tuberculosis report. 20. ed. 2015. p. 1-192.
3. Brasil. Ministério da Saúde. Secretaria de Vigilância em Saúde. Boletim Epidemiológico. Perspectivas Brasileiras para o fim da tuberculose como problema de saúde pública. 2016;47(13):1-15.
4. Sant'Anna CC, Loboguerrero MA. Tuberculose em crianças e jovens. São Paulo: Atheneu; 2015.
5. Marques HHS, Sakane PT, Baldacci ER (coords.). Infectologia. Barueri: Manole; 2011. (Coleção Pediatria; 18/editores Benita G. Soares Schvartsman, Paulo Taufi Maluf Jr.)
6. Sant'Anna CC. Tuberculose na infância e na adolescência. São Paulo: Atheneu; 2002.
7. Brasil. Ministério da Saúde. Secretaria de Vigilância em Saúde. Programa Nacional de Controle da Tuberculose 2011. Manual de recomendações para o controle da tuberculose no Brasil. Brasília: Ministério da Saúde; 2011.
8. Marais BJ, Schaaf S. Tuberculosis in children. Cold Spring Harb Perspect Med. 2014;4(9):a017855.
9. Pollock L, Roy RB, Kampmann B. How to use: interferon release assays for tuberculosis. Arch Dis Child Educ Pract Ed. 2013;98:99-105.

19 Coqueluche

Giuliana Stravinskas Durigon
Thaluama Saccochi Cardin

Após ler este capítulo, você estará apto a:

1. Descrever a etiologia, a epidemiologia e as manifestações clínicas da coqueluche.
2. Indicar o diagnóstico e o manejo terapêutico da doença.
3. Orientar os pacientes sobre transmissibilidade e quimioprofilaxia.

INTRODUÇÃO

A coqueluche é uma doença infecciosa aguda do trato respiratório, de alta transmissibilidade, causada pela bactéria *Bordetella pertussis*[1]. A *Bordetella* é um bacilo Gram-negativo, aeróbio obrigatório, não fermentador e pleomórfico. A síndrome coqueluchoide pode ser causada pelas bactérias *Bordetella parapertussis, Mycoplasma pneumoniae, Chlamydia trachomatis, Chlamydophila pneumoniae, Bordetella bronchiseptica, Bordetella holmesii* e também por alguns vírus respiratórios, particularmente o adenovírus e o vírus sincicial respiratório (VSR)[2,3].

Essa doença é considerada um problema de saúde pública em razão das elevadas morbidade e mortalidade infantis, principalmente nos menores de 1 ano de idade. A Organização Mundial da Saúde (OMS) estima a ocorrência de 50 milhões de casos e 300 mil óbitos anualmente, na população mundial, com letalidade em torno de 4%[4].

EPIDEMIOLOGIA

O homem é o único reservatório natural da coqueluche. Sua transmissão ocorre pelo contato direto entre pessoas, uma doente e outra suscetível, por meio de gotículas de secreção de orofaringe eliminadas por tosse, espirro ou ao falar, bem como por meio de objetos contaminados, apesar de esta forma de transmissão ser pouco frequente, por conta da dificuldade de o agente sobreviver fora do hospedeiro[5].

O período de incubação da coqueluche varia entre 5 e 21 dias (média 7 a 10 dias)[3,6]. Casos ocorrem durante todo o ano, tipicamente com um pico entre o verão e o outono[3,7].

A imunidade à coqueluche é considerada duradoura, mas não permanente, mesmo em indivíduos que adquiriram a doença. Nas crianças menores de 10 anos, são consideradas totalmente imunizadas aquelas que receberam quatro doses da vacina. Após um período de 5 a 10 anos da data da última dose da vacina, a proteção pode ser pouca ou inexistente, tornando os indivíduos novamente suscetíveis[1].

Houve um aumento significativo na incidência de coqueluche no Brasil, especialmente desde 2012. Um pouco mais da metade dos casos ocorreram em crianças menores de 7 meses de idade. As razões para tal aumento não são facilmente identificáveis, porém alguns fatores podem ser atribuídos, como[8]:

- A proteção conferida pela infecção natural não é permanente e se reduz ainda mais quando existe uma diminuição da circulação da bactéria na comunidade (redução do *booster* natural).
- A eficácia das vacinas contra a coqueluche é de aproximadamente 80% e o acúmulo de suscetíveis predispõe a epidemias.
- A introdução de métodos diagnósticos mais sensíveis e específicos, como cultura de material coletado de nasofaringe ou pela técnica de reação em cadeia da polimerase (PCR) em tempo real, permite identificar maior número de casos, principalmente em adolescentes e adultos.
- O aumento da sensibilidade da vigilância epidemiológica e da rede assistencial na detecção e no diagnóstico dos casos.

Após a implementação da vacina dTpa para gestantes, em 2014 já foi possível observar em alguns estados, como São Paulo, uma redução da incidência de casos e do número de óbitos nos menores de 1 ano, especialmente nos menores de 6 meses. Ressalta-se que os anticorpos produzidos pela mãe após vacinação com a dTpa e transmitidos passivamente para os lactentes conferem imunidade protetora até a criança receber a primeira dose de vacina, aos 2 meses de idade[1,2,9].

MANIFESTAÇÕES CLÍNICAS

A coqueluche tem duração de aproximadamente 6 a 12 semanas e apresenta três estágios clínicos[3,7]:

- Fase catarral, com duração de 7 a 14 dias: cursa com rinorreia, lacrimejamento e febre baixa; no final desta fase inicia-se a tosse seca.
- Fase paroxística, com duração de 1 a 4 semanas: cursa com 5 a 10 episódios de tosse durante uma expiração, guincho na inspiração forçada, vômitos pós-tosse, paroxismos em torno de 30 episódios a cada 24 horas (espontâneos ou por estímulo). Durante o paroxismo, podem ocorrer cianose, olhos salientes, salivação, lacrimejamento e distensão das veias do pescoço. Normalmente a criança fica assintomática entre os episódios de tosse.
- Fase de convalescença, com duração de 1 a 2 semanas: cursa com diminuição da frequência e gravidade da tosse. Neste período, o epitélio respiratório do paciente fica suscetível e podem ocorrer paroxismos novamente se o paciente apresentar uma infecção respiratória concomitante.

Complicações entre adolescentes e adultos incluem síncope, perda de peso, distúrbios do sono, incontinência urinária, fraturas de costelas e pneumonia. A coqueluche é mais grave quando ocorre durante os primeiros 6 meses de vida, particularmente em crianças prematuras e não imunizadas. Nas crianças dessa faixa etária, a doença pode ser atípica, com um estágio catarral curto seguido por engasgos, respiração ofegante, bradicardia ou apneia (67%) como manifestações precoces proeminentes; ausência de guincho e período de convalescença prolongado podem ocorrer. Morte súbita pode ser causada pela tosse paroxística. Complicações entre crianças incluem pneumonia (23%) e hipertensão pulmonar, bem como complicações relacionadas aos acessos de tosse graves, como hemorragia subdural ou conjuntival e hérnia; os acessos de tosse grave podem levar a hipóxia e complicações, como convulsões (2%), encefalopatia (menos de 0,5%), apneia e morte[3,7,9].

Na Figura 19.1, estão apresentadas as várias fases da doença, os exames diagnósticos e as complicações da coqueluche.

TESTES DIAGNÓSTICOS

O exame de cultura é considerado o padrão-ouro para o diagnóstico laboratorial da coqueluche e exige a coleta de uma amostra de nasofaringe apropriada. Embora tenha 100% de especificidade, é pouco sensível, já que a *B. pertussis* é um organismo fastidioso. A sensibilidade diminui se houver o início de antibiótico antes

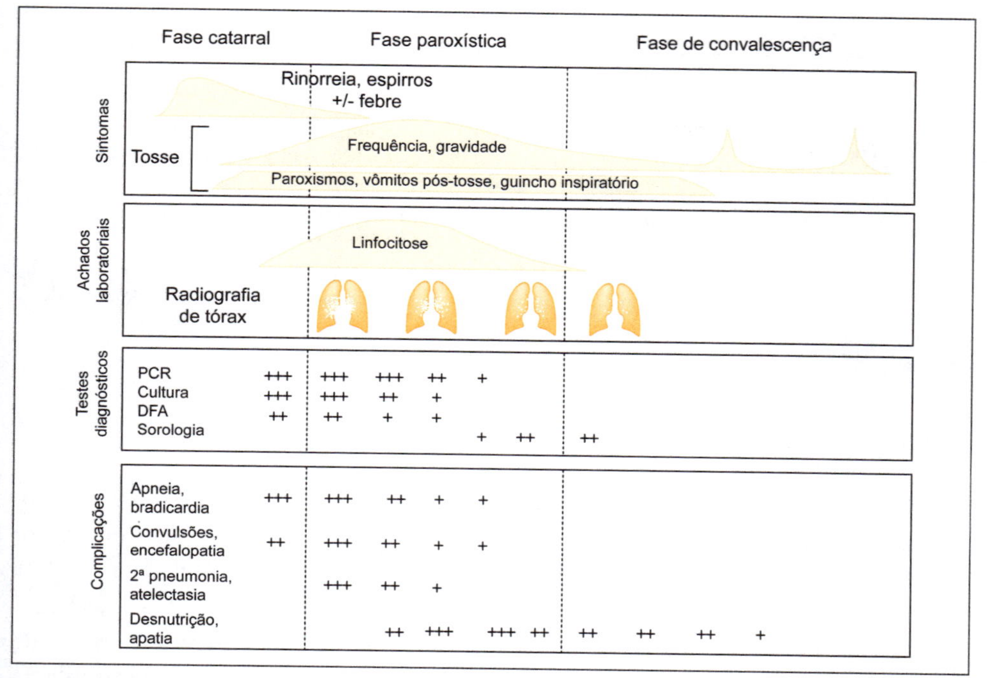

Figura 19.1 Manifestações e complicações da coqueluche[10].
+++: frequentemente positivo ou presente; ++: pode ser positivo ou pode ocorrer; +: ocasionalmente positivo. DFA/IFD: imunofluorescência direta; PCR: reação em cadeia da polimerase[10].

da coleta, em indivíduos imunizados para coqueluche, se houver mais de 2 semanas do início da tosse ou se a amostra foi manuseada inadequadamente. Seu uso tem grande importância epidemiológica para a vigilância da sensibilidade da bactéria aos macrolídeos[3,9,11].

O teste PCR requer a coleta de uma amostra de nasofaringe adequada usando um cotonete de Dacron ou de lavagem nasofaríngea ou de aspiração. A aplicação dessa metodologia na rotina de diagnóstico no Brasil triplicou a confirmação laboratorial, além de propiciar a liberação mais rápida dos resultados de exames, de 15 dias para 24 a 48 horas. É o meio mais fácil e sensível (principalmente nas primeiras três semanas de tosse) para o diagnóstico, porém sua sensibilidade também diminui com o uso de antibiótico e em indivíduos previamente vacinados. Este método detecta bactérias mortas e vivas e deve ser indicado somente quando a sintomatologia for condizente com coqueluche, para evitar resultados falso-positivos[7,12,13].

A sorologia só tem benefício em pacientes vacinados há mais de 2 anos e deve ser coletada em duas etapas, sendo a primeira amostra preferencialmente coletada na fase catarral[3,7]. Os principais métodos diagnósticos estão elencados na Tabela 19.1.

Tabela 19.1 Métodos diagnósticos para coqueluche[3]

Métodos	Vantagens	Desvantagens
Sorologia (IgM/IgG)	Boa especificidade	Diagnóstico tardio Necessita de amostras pareadas Só indicada em caso de imunização há mais de 2 anos
Cultura	Alta especificidade (100%)	Baixa sensibilidade (30 a 60%) Resultado entre 7 e 15 dias
PCR	Sensibilidade superior à da cultura Alta especificidade (> 95%) Resultado rápido (24 a 48 horas)	Resultados falso-positivos Sensibilidade diminui em vacinados e uso de antibiótico por mais de 5 dias

PCR: reação em cadeia da polimerase.

TRATAMENTO

O uso preferencial de azitromicina e claritromicina para tratamento e quimioprofilxia da coqueluche é recomendado pelos guias de vigilância do Centers for Diseases Control and Prevention (CDC), dos Estados Unidos, e da agência inglesa Health Public Protection (2011). Tendo em vista as evidências científicas dos benefícios e a disponibilidade dessas drogas, o Ministério da Saúde preconiza o uso da azitromicina como droga de primeira escolha no tratamento e na quimioprofilaxia da coqueluche (Tabela 19.2) e, como segunda opção, a claritromicina. Nos casos de contraindicação ao uso desses macrolídeos, recomenda-se o sulfametoxazol associado ao trimetoprim. A eritromicina pode ser usada, no entanto, está contraindicada para crianças menores de 1 mês de idade e nas situações de intolerância ou dificuldade de adesão. Os antibióticos indicados e suas respectivas posologias são os mesmos, tanto para tratamento como para quimioprofilaxia[3,9,13].

ISOLAMENTO

Indivíduos com pertússis são considerados possíveis transmissores até que tenham completado 5 dias de tratamento antibiótico adequado ou até 3 semanas

Tabela 19.2 Doses recomendadas para tratamento e quimioprofilaxia* da coqueluche de acordo com a faixa etária[3]

Antibiótico	Idade	Dose
Azitromicina	0 a 5 meses	10 mg/kg/dia durante 5 dias
	> 6 meses	10 mg/kg/dia no primeiro dia e 5 mg/kg/dia nos dias 2 a 5
	Adolescentes e adultos	500 mg/dose única no dia 1 250 mg dose única do dia 2 ao 5

* Doses de quimioprofilaxia são as mesmas para o tratamento.

depois do início da tosse, devendo permanecer em isolamento com precaução para gotículas e precauções-padrão[3].

QUIMIOPROFILAXIA

Indicada para todos os comunicantes com exposição face a face de um caso suspeito ou confirmado, na distância de até cerca de um metro[13].

Indicações

1. Menores de 1 ano, independentemente da situação vacinal e do período de tosse.
2. Idade de 1 a 7 anos, não vacinados, com situação vacinal desconhecida ou que tenham recebido menos de quatro doses da vacina DTP + Hib (tetravalente), DTP + Hib + Hep (pentavalente) e DTP.
3. Maiores de 7 anos, que tiveram contato com um caso suspeito de coqueluche, se uma das opções a seguir:
   A. Tiveram contato com o caso índice no período de 21 dias que precederam o início dos sintomas do caso até 3 semanas após o início da fase paroxística.
   B. Tiverem contato com um comunicante vulnerável no mesmo domicílio.
4. Pessoas que trabalham em serviços de saúde ou diretamente com crianças.

CONCLUSÕES

A coqueluche é uma doença infecciosa aguda do trato respiratório, de alta transmissibilidade, causada pela bactéria *Bordetella pertussis*, sendo considerado um problema de saúde pública por conta da elevada morbimortalidade infantil. É importante reconhecer as manifestações clínicas da doença e definir tratamento e quimioprofilaxia de acordo com as recomendações do Ministério da Saúde.

REFERÊNCIAS BIBLIOGRÁFICAS

1. Brasil. Ministério da Saúde. Boletim Epidemiológico Secretaria de Vigilância em Saúde – Ministério da Saúde – Brasil- Volume 46 N. 39 – 2015. Disponível em: http://portalsaude.saude.gov.br/images/pdf/2015/dezembro/08/2015-012---Coqueluche-08.12.15.pdf.
2. Guimarães LM, Carneiro EL, Carvalho-Costa FA. Increasing incidence of pertussis in Brazil: a retrospective study using surveillance data. BMC Infect Dis. 2015;15:442.
3. Committee on Infectious Diseases; American Academy of Pediatrics; Kimberlin DW, Brady MT, Jackson MA, Long SS. Red Book: 2015 Report of the Committee on Infectious Diseases. 30. ed. Elk Groove Village: American Academy of Pediatrics; 2015.
4. World Health Organization. WHO recommended standards for surveillance of selected vaccine--preventable diseases [Internet]. Geneva: World Health Organization; 2003. Disponível em: http://apps.who.int/iris/bitstream/10665/68334/1/ WHO_V-B_03.01_eng.pdf. Acesso em: 23 fev. 2015.

5. Brasil. Ministério da Saúde. Coqueluche. In: Guia de Vigilância em Saúde. 2014. Brasília-DF: Ministério da Saúde; 2014. Disponível em: http://portalsaude.saude.gov.br/ images/pdf/2015/fevereiro/06/ guia-vigilanciasaude-atualizado-05-02-15.pdf.
6. Mattoo S, Cherry JD. Molecular pathogenesis, epidemiology, and clinical manifestations of respiratory infections due to Bordetella pertussis and other Bordetella subspecies. Clin Microbiol Rev. 2005;18(2):326-82.
7. Cherry J, Demmler-Harrison GJ, Kaplan SL, Steinbach WJ, Hotez P. Feigin and Cherrys's: textbook of pediatric infectious diseases. 6. ed. 2009.
8. Bricks LF. Pertussis: novas estratégias de vacinação para prevenção de uma antiga doença. J Health Biol Sci. 2013;1(2):73-83.
9. Motta F, Cunha J. Coqueluche: revisão atual de uma antiga doença. Boletim Científico. 2012;1(2):42.
10. Sarah S, Long SS, Edwards KM. Bordetella pertussis (pertussis) and other species. In: Long SS, Pickering LK, Prober CG. Principles and practice of pediatrics infectious diseases. Part III. 3. ed. Philadelphia: Churchill Livingstone; 2008. p.301-14.
11. Soares JLMF, Rosa DD, Leite VRS, Pasqualotto AC (coords.). Métodos diagnósticos: consulta rápida. 2. ed. Porto Alegre: Artmed; 2012.
12. Tizolova A, Brun D, Guiso N, Guillot S. Development of real-time PCR assay for differential detection of Bordetella bronchiseptica and Bordetella parapertussis. Diagn Microbiol Infect Dis. 2014;78(4):347-51.
13. Brasil. Ministério da Saúde. Novas Recomendações para Vigilância Epidemiológica da Coqueluche 2014. Disponível em: http://portalsaude.saude.gov.br/images/pdf/2014/julho/15/Coq-NI-Novas--Recomenda----es-02-06-2014-FINAL.pdf.

Difteria e tétano 20

Anne Layze Galastri
Vera Lucia Moyses Borrelli

Após ler este capítulo, você estará apto a:

1. Identificar um caso suspeito de tétano e de difteria.
2. Descrever as medidas a serem adotadas.
3. Orientar os comunicantes e indicar a utilização de medicamentos ou imunobiológicos profiláticos.

DIFTERIA

A difteria é uma doença aguda causada pela infecção com a bactéria Gram-positiva *Corynebacterium diphtheriae*. A virulência decorre da produção de uma potente exotoxina que causa necrose tecidual. Os locais mais acometidos são a mucosa respiratória (difteria respiratória) e a pele (difteria cutânea). Raramente, mucosas não respiratórias podem ser atingidas, como olhos, ouvidos e genitália. A formação de pseudomembranas obstrutivas é uma característica da infecção do trato respiratório superior, causando a chamada crupe[1-4].

Epidemiologia

O homem é o único reservatório do *C. diphtheriae*, e a doença é transmitida de pessoa para pessoa por gotículas ou contato direto com secreções respiratórias ou lesões cutâneas secretantes e, raramente, por fômites (objetos contaminados com secreções). Também pode haver transmissão por contato com portadores assintomáticos[2,5].

Pacientes não tratados podem manter o bacilo em secreções de nariz, garganta, olhos e lesões cutâneas por 2 a 6 semanas após a infecção[4,5]. Com o uso de antibioticoterapia adequada, não ocorre mais transmissão após 48 horas de tratamento.

A difteria ocorre durante todos os períodos do ano, embora tenha maior incidência nos meses frios e secos[6], e pode afetar pessoas não imunizadas, de qualquer idade, raça ou sexo[2,5]. Nos meados de 1880 ocorreu uma epidemia na Europa e nos Estados Unidos, com taxas de letalidade próximas a 50%. Após 40 anos, com o uso da antitoxina diftérica, esse índice caiu para 15%. Em 1943 foram descritos um milhão de casos, com 5% de mortalidade[2]. Nas últimas décadas, o número de casos notificados no Brasil vem decrescendo progressivamente. Em 1990, foram confirmados 640 casos da doença, com incidência de 0,45/100 mil habitantes. Essa magnitude foi sendo reduzida progressivamente, até atingir 58 casos em 1999 (0,03/100 mil habitantes) e zero em 2012. Em 2015, foram notificados 101 casos suspeitos, com 14 casos confirmados[6]. A cobertura vacinal com a vacina tríplice-DTP vem se elevando, passando de 66%, em 1990, para mais de 93,84%, em 2012[3,4].

Na maioria dos países com alta cobertura vacinal, a difteria endêmica desapareceu. A ocorrência de surtos da doença em muitas partes do mundo demonstra a importância da manutenção dessa estratégia para o controle da doença entre crianças e adultos[2,7].

Patogênese

O *C. diphtheriae* é um bacilo Gram-positivo com quatro biotipos (*gravis*, *mitis*, *belfanti* e *intermedius*)[8]. Além da exotoxina, alguns componentes da parede celular, como os antígenos O e K, são importantes na patogênese da doença, mas o fator de virulência mais importante é a exotoxina, que causa destruição celular local e sistêmica[2].

Raramente outras espécies de *Corynebacterium* (*C. ulcerans e C. pseudotuberculosis*) podem produzir a toxina diftérica. A *C. ulcerans* toxigênica pode causar doença respiratória muito semelhante à difteria clássica, e ambas podem causar doença em animais[1,2].

Manifestações Clínicas

Os sintomas começam de maneira insidiosa, após período de incubação de 2 a 5 dias, podendo envolver praticamente qualquer membrana mucosa. A difteria pode ser classificada por critérios clínicos, dependendo da localização anatômica envolvida[8].

Difteria nasal anterior

Manifesta-se inicialmente como um resfriado comum, com secreção nasal mucopurulenta, que pode evoluir para sanguinolenta. O septo nasal pode ser recoberto por uma membrana esbranquiçada. É uma doença branda, com pouca absorção sistêmica da toxina. Responde rapidamente ao tratamento.

Difteria faríngea e amigdaliana

A faringe e as amígdalas são os locais mais comumente envolvidos, e estes casos geralmente são associados com importante absorção sistêmica da toxina. O início da faringite é insidioso, com sintomas de mal-estar, dor de garganta, anorexia e febre baixa. Em 2 a 3 dias ocorre a característica formação de exsudato, que evolui para pseudomembrana branco-acinzentada intensamente aderente ao tecido subjacentes sendo que a tentativa de removê-la pode levar a sangramento. Pode ocorrer extensão para acometimento dos tecidos adjacentes afetando úvula, palato mole, hipofaringe e área glótica, levando à obstrução da via aérea, com asfixia mecânica aguda. Ocorre edema dos tecidos adjacentes e adenomegalia, levando ao aspecto conhecido como pescoço taurino[1,2,8].

A depender da quantidade de toxina absorvida podem ocorrer prostração intensa, palidez, pulso rápido, coma e até morte.

Difteria laríngea

Pode ser uma extensão da forma faríngea ou atingir exclusivamente a laringe, com febre, rouquidão e tosse de "cachorro". A membrana pode levar à obstrução da via aérea, coma e morte.

Difteria cutânea

É uma forma comum em regiões tropicais e responsável pela imunidade natural encontrada nessas populações. Apresenta-se sob a forma de úlcera arredondada, com exsudato fibrinopurulento e bordas bem demarcadas, não atingindo o tecido celular subcutâneo. Por causa da pouca absorção da toxina pela pele, a lesão ulcerada de difteria pode se tornar subaguda ou crônica, sem haver manifestações sistêmicas. Seu portador constitui-se em reservatório e disseminador do bacilo diftérico, daí sua importância na cadeia epidemiológica da doença[2,4].

Raramente outros locais podem ser acometidos, como conjuntiva, região vulvovaginal e conduto auditivo externo.

Complicações

Podem ocorrer complicações decorrentes da quantidade de toxina absorvida, do estado imunitário do paciente e da extensão da doença local, assim como da demora para o início do tratamento. As mais comuns são[7,8]:

- Miocardite: por ação direta da toxina no miocárdio, com alterações de frequência, ritmo cardíaco e sinais de insuficiência cardíaca. Pode estar presente no início da doença ou semanas mais tarde. Se a evolução é mais precoce, é maior o risco de morte[4,7,8].

- Neurite: geralmente com acometimento de nervos motores, costuma ter resolução completa. As manifestações geralmente são tardias, entre a segunda e a sexta semanas de evolução. A paralisia do palato mole é mais frequente na terceira semana de doença, levando a uma voz anasalada e dificuldade de deglutição com risco de aspiração[7].
- Renais: pode-se detectar albuminúria e sinais de nefropatia tóxica com importantes alterações metabólicas e, mais raramente, insuficiência renal aguda[4].

Em geral, a difteria é uma doença grave, que necessita de assistência médico-hospitalar imediata e isolamento. O risco de morte é de 5 a 10%, sendo mais importante em menores de 5 anos ou em maiores de 40 anos[4].

Diagnóstico

É realizado pelo isolamento e identificação do *C. diphtheriae* por meio de cultura de amostras biológicas, coletadas adequadamente das lesões existentes (ulcerações, criptas das amígdalas), exsudatos de orofaringe e de nasofaringe, que são as localizações mais comuns, ou de outras lesões cutâneas, conjuntivas, genitália externa, entre outras, mesmo que não se possa realizar as provas de toxigenicidade. Essa técnica é considerada o padrão para o diagnóstico da difteria[4].

O gene da toxina diftérica pode ser detectado diretamente nas amostras clínicas usando técnicas de reação em cadeia da polimerase (PCR)[2,3,4,7].

Durante surtos, o diagnóstico clínico baseado na presença de faringite pseudomembranosa típica é bastante confiável, e o tratamento não deve ser adiado pela falta dos resultados de laboratório.

O diagnóstico diferencial é feito de acordo com a forma clínica[4]:

- Difteria cutânea: com impetigo, ectima, eczema, úlceras.
- Difteria nasal: com rinite estreptocócica, rinite sifilítica, corpo estranho nasal.
- Difteria amigdaliana ou faríngea: com amigdalite estreptocócica, angina monocítica, angina de Plaut-Vincent, agranulocitose.
- Difteria laríngea: com crupe viral, laringite de outras etiologias, aspiração de corpo estranho.

Tratamento

A medida terapêutica mais importante na difteria é a administração do soro antidiftérico (SAD), que deve ser feita em unidade hospitalar, para inativar a toxina circulante o mais rápido possível, permitindo a circulação de anticorpos em quan tidade suficiente para neutralizar a toxina produzida pelos bacilos. Não tem ação sobre a toxina já impregnada nos tecidos[4,5].

O soro antidiftérico é um soro heterólogo de cavalo cada vez mais purificado, sendo rara a possibilidade de choque anafilático e doença do soro. Mesmo assim, sua administração só deve ser feita em serviços de saúde preparados para o tratamento de complicações e com a presença do médico[3,4].

A dose do SAD depende da gravidade e do tempo de doença. Nas formas leves da doença (nasal, cutânea, amigdaliana) são indicadas 40.000 UI. Já na forma laringoamigdaliana ou mista, 60 mil a 80 mil UI, e, nas formas graves ou tardias (4 dias de doença), 80 mil a 120 mil UI. O soro antitoxina deve ser diluído em 100 mL SF e aplicado endovenosamente[3,4,7].

Antibioticoterapia

É utilizada como medida auxiliar para interromper a contínua produção de toxina, tratar a infecção localizada e impedir a transmissão para os contatos, mas não é um substituto para a terapia com antitoxina. Pode-se utilizar eritromicina (40 a 50 mg/kg/d VO durante 14 dias) ou penicilina G cristalina (100 mil a 150 mil UI/kg/dia, 6/6 h EV) ou penicilina G procaína (50 mil UI/kg/d, IM,12/12 h). A clindamicina (30 a 40 mg/kg/dia, 8/8 h, EV) constitui boa alternativa à eritromicina e às penicilinas[1,2,4,5,7].

Deve-se documentar a eliminação da bactéria com a realização de duas culturas colhidas 24 horas após o término do tratamento e com 24 horas de intervalo entre elas. A doença não necessariamente confere imunidade. Os pacientes devem ser vacinados na fase de convalescença com esquema de três doses, se não são vacinados previamente ou com dose de reforço[2,4,8].

Nos casos leves e moderados de laringite, quando houver comprometimento respiratório alto, pode-se administrar dexametasona na dose inicial de 0,6 mg/kg, seguida por 0,4 mg/kg/dia, endovenosa, a cada 6 horas. Contudo, caso o paciente continue com sinais progressivos de obstrução alta ou se apresenta ao médico com quadro de insuficiência respiratória alta estabelecida, a traqueostomia não deve ser postergada, evitando-se que o paciente apresente hipóxia grave[4].

No Brasil, a notificação imediata (em até 24 h) de casos suspeitos ou confirmados é obrigatória por todos os estabelecimentos de saúde, conforme Portaria Ministerial n. 204, de 17 de fevereiro de 2016[3].

Profilaxia de contactantes

Deve-se realizar a investigação dos comunicantes domiciliares e em ambiente de trabalho/escola. Todos os casos considerados suspeitos devem ter a carteira vacinal checada e, se incompleta ou não confirmada, realizar vacinação. Além disso, a equipe de saúde da área do paciente deve realizar busca ativa de outros casos na área de residência, escola, creche, trabalho[3]. Considera-se caso suspeito qualquer indivíduo, independentemente da idade e estado vacinal, que apresente quadro agudo de infecção da orofaringe, com presença de placas aderentes ocupando amígdalas, com ou sem invasão de outras áreas da faringe (palato e úvula) ou outras localizações (ocular, nasal, vaginal, pele etc.), com comprometimento do estado geral e febre moderada[3]. Recomenda-se a coleta de material de pessoas que tiveram contato com o caso (suspeito ou confirmado) nos últimos 10 a 14 dias[4].

Para comunicantes que trabalhem em profissões que envolvam a manipulação de alimentos ou em contato frequente com grande número de crianças nos grupos de maior risco ou com pessoas imunodeprimidas, recomenda-se o afastamento de seu local de trabalho até que se tenha o resultado da cultura. Se positivo, o afastamento deverá ser por 48 horas após a administração do antibiótico[3].

Os comunicantes domiciliares e escolares, adultos e crianças, não vacinados, inadequadamente vacinados ou com situação vacinal desconhecida deverão receber uma dose da vacina DTP (em crianças menores de 7 anos) ou de vacina dT (em crianças com 7 anos ou mais e adultos) e orientados sobre como proceder para completar o esquema de vacinação. Já os que receberam há mais de cinco anos o esquema básico ou dose de reforço, deverão receber uma dose de reforço da vacina[3,4,7]. Mais detalhes sobre a formulação e o uso de vacinas são encontrados no Capítulo 27, "Imunização".

Todos os comunicantes suscetíveis deverão ser mantidos em observação durante sete dias, contados do momento da exposição. O soro antidiftérico não deve ser administrado com finalidade profilática[3,4].

Além disso, comunicantes em que seja isolado o *C. diphtheriae* são considerados portadores e deverão receber quimioprofilaxia com eritromicina por sete dias. Também está indicada a penicilina G benzatina, em dose única, intramuscular, 600.000 UI, para menores de 30 kg, e 1.200.000 UI para maiores de 30 kg e adultos[3,5,8].

Para todos os pacientes tratados, nova coleta de secreção de orofaringe deve ser realizada após duas semanas do término da antibioticoterapia. Se o resultado for positivo, deverá ser feito tratamento adicional com eritromicina durante 10 dias. Se não houver resposta, outros antimicrobianos ativos contra o bacilo diftérico (clindamicina, rifampicina, quinolonas) deverão ser utilizados, supondo-se resistência à eritromicina, embora muito rara[3,4].

TÉTANO

O tétano é uma doença aguda causada por cepas toxigênicas do bacilo Gram-positivo *Clostridium tetani*. É doença frequentemente fatal e ainda um problema de saúde pública mundial, principalmente em países em desenvolvimento[9,10]. Caracteriza-se por rigidez muscular e espasmos generalizados.

Epidemiologia

A doença está distribuída universalmente, sendo mais encontrada em regiões de maior densidade demográfica, com clima úmido e quente e solo rico em material orgânico. O agente é encontrado principalmente no solo e no trato intestinal (fezes) de animais e humanos[5,10].

É uma doença infecciosa, não contagiosa, que pode afetar homens, mulheres e crianças de qualquer faixa etária. É mais comum em países em desenvolvimento e subdesenvolvidos. A letalidade da doença é alta: de cada 100 pessoas que adoecem, cerca de 30% morrem. No Brasil, tem-se observado redução contínua do tétano acidental. Na década de 1990, foram registrados, em média, mais de mil casos por ano, caindo em média para 460 casos por ano na década de 2000. A maior proporção ocorre na região Nordeste e atinge com maior frequência a faixa etária entre 40 e 59 anos, seguida pela faixa acima de 60 anos. Na década de 2000, foram registrados em média 141 óbitos por ano com letalidade média anual de 31%, considerada elevada quando comparada com a verificada nos países desenvolvidos (10 a 17%)[4]. A maioria dos casos de tétano acidental ocorre nas categorias dos aposentados/pensionistas e trabalhador agropecuário, seguidas pelos grupos de trabalhador da construção civil (pedreiro) e donas de casa[4]. É mais frequente no sexo masculino em virtude da maior exposição do homem aos traumas no desempenho das atividades ocupacionais[10]. O tétano em crianças e adultos está relacionado a baixas taxas de imunização[8,9].

O tétano neonatal é um problema de saúde pública no mundo, e sua incidência tem sido reduzida sensivelmente, principalmente nas Américas, por meio da implementação de uma política de eliminação da doença. A meta estabelecida pela Organização Mundial da Saúde (OMS) é de menos de um caso novo por mil nascidos vivos por distrito ou município, em cada país. A doença continua existindo como problema de saúde pública apenas em países de menor desenvolvimento econômico e social, principalmente no continente africano e no Sudeste Asiático. Em 2002, o total de óbitos por tétano no mundo, segundo a OMS, foi estimado em 213 mil, sendo 180 mil de tétano neonatal e 15 mil a 30 mil de doença materna[9].

No Brasil, entre 2003 e 2012, ocorreram 85 casos de tétano neonatal, com maior registro nas regiões Norte e Nordeste. Neste período verificou-se tendência decrescente no aparecimento da doença, com redução de 88% no número de casos. A taxa de incidência no país está abaixo do preconizado pela OMS, mas sua meta ainda não foi alcançada. Os fatores de risco para o tétano neonatal decorrem de baixas coberturas da vacina antitetânica em mulheres em idade fértil[4,9], oferta inadequada de pré-natal, partos domiciliares com cuidados de higiene precários e uso de instrumentos inadequados, entre outros[4].

Patogênese

A infecção ocorre pela introdução de esporos em solução de continuidade da pele e mucosas. Feridas, principalmente com tecido desvitalizado, contaminadas ou causadas por trauma perfurante profundo, representam o maior risco. Em condições favoráveis de anaerobiose, os esporos se transformam em formas vegetativas, que são responsáveis pela produção de toxinas – tetanolisina e tetanospasmina[11,12].

Através da corrente sanguínea ou linfática, a tetanospasmina atinge diferentes locais do sistema nervoso, incluindo vias periféricas motoras, medula, cérebro e sistema nervoso simpático. As manifestações clínicas mais características decorrem da interferência da toxina tetânica na liberação de neurotransmissores, bloqueando os impulsos inibitórios. Isto leva a contrações musculares ou espasmos[7,8]. Podem ocorrer convulsões e acometimento do sistema nervoso autônomo, com irritabilidade, sudorese e taquicardia[8].

O período de incubação do tétano varia, geralmente, entre 3 e 21 dias, podendo chegar a 60 dias[9]. Já os casos de tétano neonatal iniciam-se de 3 a 14 dias após o nascimento, com média de sete dias[9].

Quadro Clínico

São descritas três formas, de acordo com as manifestações[1]:

- Tétano localizado: forma pouco comum, em que o paciente apresenta contração persistente dos músculos na área anatômica da ferida inicial. Pode durar várias semanas até gradualmente melhorar ou pode preceder o tétano generalizado[7]. A mortalidade é menor que 1%.
- Tétano cefálico: trata-se de apresentação rara em que está afetada a transmissão neuromuscular de nervos cranianos após ferimentos na região da cabeça ou pescoço. As manifestações têm início de 1 a 2 dias após a lesão, podendo incluir paralisia facial, disfagia e paresia dos músculos extraoculares. Tem prognóstico sombrio. Também pode preceder o tétano generalizado[4,7,8].
- Tétano generalizado: forma mais comum, representa cerca de 80% dos casos. Apresenta-se em padrão descendente, craniocaudal[7]. O primeiro sinal é o trismo (contração dos músculos mandibulares) e riso sardônico, seguidos de enrijecimento do pescoço, dificuldade de deglutição, espasmos da musculatura dorsal,

caracterizando o opistótono, rigidez de nuca e rigidez dos músculos abdominais. Podem ocorrer elevação de temperatura e da pressão arterial, sudorese e taquicardia. Os espasmos são desencadeados por estímulos diversos, como barulho e luzes. Podem durar vários minutos e estender-se por 3 a 4 semanas[8]. O paciente mantém a lucidez durante todo o curso da doença. A recuperação completa pode levar meses[4].

O tétano neonatal é uma forma de tétano generalizado que ocorre no recém-nascido. O coto umbilical pode apresentar-se normal ou com aspecto de infecção, entre 2 e 5 dias de vida. O RN apresenta choro constante, irritabilidade, dificuldade para mamar e abrir a boca, decorrente da contratura dolorosa dos músculos da mandíbula (trismo), seguida de rigidez de nuca, tronco e abdome. Evolui com hipertonia generalizada, hiperextensão dos membros inferiores e hiperflexão dos membros superiores, com as mãos fechadas, flexão dos punhos (atitude de boxeador), paroxismos de contraturas, rigidez da musculatura dorsal (opistótono) e intercostal, causando dificuldade respiratória. A contração da musculatura da mímica facial leva ao cerramento dos olhos, fronte pregueada e contratura da musculatura dos lábios. As contraturas da musculatura abdominal podem ser confundidas com cólica intestinal. Quando há presença de febre, ela é baixa, exceto se houver infecção secundária[7,9,10].

As principais complicações são: parada respiratória, fraturas vertebrais, hemorragias do trato gastrointestinal, edema cerebral[4].

Diagnóstico

Não há exames laboratoriais característicos. O diagnóstico é essencialmente clínico e não depende de confirmação bacteriológica[9]. Um dos únicos marcadores de atividade de doença é a creatinofosfoquinase (CPK), que permanece elevada enquanto há espasmos, em decorrência da intensa atividade muscular[10]. Em relação às formas generalizadas do tétano, incluem-se os seguintes diagnósticos diferenciais: intoxicação pela estricnina, meningites, hipocalcemia com tetania, raiva, histeria, intoxicação exógena e processos inflamatórios da boca e faringe que cursem com trismo[4].

Tratamento

Medidas gerais

O paciente deve ser internado em acomodação com o menor nível de ruídos e luminosidade possível. Nos casos mais graves, deve-se encaminhá-lo para unidade de terapia intensiva[9,10]. O tratamento inclui cuidados de feridas, que devem ser limpas e debridadas corretamente para retirada de áreas necróticas, uso do soro antitetânico, erradicação do *Clostridium*, sedação, controle de sintomas e suas complicações[9,10]. Para controle dos espasmos, deve-se realizar sedação do paciente, principalmente antes de qualquer procedimento. De modo geral, os benzodiazepínicos são as drogas mais indicadas[1,5,7]. Cuidados de hidratação e analgesia são de extrema importância. Em muitos casos, em decorrência do riso sardônico, e principalmente pelos espasmos de glote, faz-se necessária a realização de traqueostomia. O uso de imunoglobulina antitetânica e de antibioticoterapia adequada pode impedir a progressão da doença, ainda que com pequena probabilidade[9].

No período de convalescença do tétano, deve-se indicar a imunização ativa com toxoide tetânico, pois a doença pode não resultar em imunidade[1].

Debridamento do foco

Em todos os ferimentos, realizar limpeza e desinfecção: lavar com soro fisiológico ou água e sabão, retirando todo o tecido desvitalizado e corpos estranhos, limpar com substâncias oxidantes ou antissépticas e debridar o foco de infecção[11]. Não há comprovação de eficácia do uso de penicilina benzatina, na profilaxia do tétano acidental, nas infecções cutâneas[11]. No tétano neonatal, a excisão ampla do coto umbilical não é indicada[5]. Se houver infecção secundária no local, deve-se realizar tratamento antimicrobiano específico, de acordo com a flora local e o tipo de infecção.

Neutralização da toxina tetânica

Utiliza-se a imunoglobulina humana antitetânica (IGHAT) ou, na indisponibilidade, o soro antitetânico (SAT). O SAT ainda é utilizado no Brasil para imunização passiva contra o tétano, apesar de estar sendo progressivamente substituído pela IGHAT na rede de saúde. O soro antitetânico, que é uma antitoxina equina, determina risco de aproximadamente 1:40 mil de reações anafiláticas graves, sendo contraindicado para pessoas com história de alergia a soros heterólogos ou a equídeos[12]. Pode ser utilizado, na ausência de outra opção terapêutica, via IM, distribuído em duas massas musculares diferentes, ou via endovenosa, após teste de sensibilidade e dessensibilização, se necessário[4,5,7]. A IGHAT só está disponível no Brasil para uso intramuscular (IM), devendo ser administrada em massas musculares diferentes. A dose terapêutica recomendada depende do quadro clínico e do critério médico.

Sua utilização deve ser a mais precoce possível[5]. A IGHAT é constituída por imunoglobulinas da classe IgG que neutralizam a toxina produzida pelo *C. tetani*, sendo obtida do plasma de doadores selecionados (pessoas submetidas recentemente à imunização ativa) com altos títulos de anticorpos específicos (antitoxinas).

É apresentada sob a forma líquida ou liofilizada, em frasco-ampola de 1 mL ou 2 mL, contendo 250 UI[12].

As recomendações para uso do soro antitetânico são[5,7,11]:

- IGHAT: 1.000-6.000 UI – somente IM, por conter conservante. Administrar em duas massas musculares diferentes. Alguns especialistas recomendam uma aplicação de 500 U, para crianças e adultos, que parece ter a mesma eficácia de doses maiores, causando menor desconforto. Parte da dose pode ser injetada ao redor do ferimento, se este puder ser identificado.
- SAT: 10.000 a 20.000 UI – IM ou IV. Se IM, administrar em duas massas musculares diferentes. Se IV, diluir em soro glicosado 5%, com gotejamento lento.
- Imunoglobulina humana intravenosa (IGIV): dose única de 200 a 400 mg/kg IV – pode ser considerada, se não houver disponibilidade de IGHAT.

Erradicação do *C. tetani*

Faz-se ainda necessário erradicar o *Clostridium*. A droga de escolha é o metronidazol, sendo a penicilina cristalina usada como droga alternativa[5,9,11]. O esquema de uso está na Tabela 20.1.

Tabela 20.1 Recomendação para uso de antibiótico

Antibiótico	Doses
Metronidazol	30 mg/kg/dia (máx. de 4 g/dia) de 6/6 h VO ou IV por 10 a 14 dias
Penicilina G cristalina	50.000 a 100.000 UI/kg/dia IV a cada 4 a 6 h (máx. 12.000.000 UI/dia por 7 a 10 dias)

Fonte: adaptada do guia de bolso do Ministério da Saúde[5,11].

Profilaxia

A prevenção primária consiste na imunização com toxoide tetânico, e alcançam-se níveis protetores de anticorpos em 91 a 96% dos indivíduos por um período de 10 anos, após a série inicial de três doses. Pacientes imunodeprimidos podem não atingir resposta adequada e requerem imunização passiva[9]. A imunização da gestante permite alta taxa de passagem de antitoxinas tetânicas maternas para o feto, levando a uma imunização transitória eficaz para o recém-nascido, o que gera redução drástica na incidência do tétano neonatal[9].

Toda gestante deve receber uma dose de reforço ou duas doses de um esquema inicial até, pelo menos, duas semanas antes do parto, para proteção do tétano materno e neonatal. Se a dose for realizada com menos de 14 dias do nascimento, os níveis de anticorpos podem ser insuficientes[9].

Profilaxia pós-exposição

Sempre que houver exposição a material potencialmente infectado, o paciente deve ser avaliado e receber medidas profiláticas e acompanhamento médico, se necessário[9-11], de acordo com a Tabela 20.2.

Tabela 20.2 Condutas profiláticas de acordo com o tipo de ferimento e a situação vacinal

História de vacinação contra tétano	Ferimentos com risco mínimo de tétano		Ferimentos com alto risco de tétano	
	Vacina	SAT/IGHAT	Vacina	SAT/IGHAT
Incerta ou menos de 3 doses	Sim	Não	Sim	Não
3 doses ou mais, sendo a última dose < 5 anos	Não	Não	Não	Não
3 ou mais doses, sendo a última dose > 5 anos e < 10 anos	Não	Não	Sim (1 reforço)	Não
3 ou mais doses, sendo a última dose ≥ 10 anos	Sim	Não	Sim (1 reforço)	Não*
3 ou mais doses, sendo a última dose ≥ 10 anos	Sim	Não	Sim (1 reforço)	Sim

* São considerados ferimentos com risco mínimo de infecção os superficiais, limpos, sem corpos estranhos ou tecidos desvitalizados. Com alto risco de infecção são aqueles profundos ou superficiais sujos, com corpos estranhos ou tecidos desvitalizados, queimaduras, feridas puntiformes ou por armas brancas e de fogo, mordeduras, politraumatismos e fraturas expostas[10].
Para paciente imunodeprimido, desnutrido grave ou idoso, além do reforço com a vacina, está também indicada IGHAT ou SAT.
Fonte: adaptada de Ministério da Saúde, 2010[11].

Recomendação para Uso da IGHAT ou do Soro Antitetânico

- IGHAT: 250 UI IM, em dose única[12], tanto para adultos quanto para crianças. Deve ser aplicada em duas regiões musculares diferentes se for aplicada também a vacina do toxoide tetânico.
- SAT: na indisponibilidade da IGHAT, administrar a antitoxina tetânica, 5.000 UI, IM, em dose única, em duas regiões musculares diferentes[11].

O acompanhamento do paciente deve ser garantido em todas as situações.

CONCLUSÕES

Apesar da evolução do conhecimento científico e de recursos terapêuticos avançados para suporte de vida em casos de doenças graves, como as descritas, a mortalidade da difteria e do tétano em nosso meio ainda é muito elevada. Diante dessa realidade, é fundamental a vigilância rigorosa da situação vacinal de crianças e adultos. Nós, pediatras, podemos exercer importante papel se, em cada consulta, reforçarmos a orientação para o cumprimento do calendário oficial de vacinação e chamarmos a atenção para que todos os membros da família, especialmente os mais idosos, procurem orientação nos postos de saúde para sua adequada imunização.

REFERÊNCIAS BIBLIOGRÁFICAS

1. CDC. Manual for the surveillance of vaccine – preventable diseases. Surveillance manual home, Chapter 1 and Chapter 16.
2. WHO. Weekly epidemiological record DIPHTHERIA Vaccine. WHO Position Paper Diphtheria Vaccine. 2006;3(81):21-32.
3. Governo do Estado da Bahia. Secretaria da Saúde do Estado da Bahia. Diretoria de Vigilância Epidemiológica. Protocolo de vigilância epidemiológica da difteria, atual. março de 2012.
4. Ministério da Saúde. Secretaria de Vigilância em Saúde. Guia de vigilância em saúde. Brasília: Ministério da Saúde; 2014.
5. Kimberlin DW, Brady MT, Jackson MA, Long SS (eds.). Diphtheria and tetanus; Red Book: 2015. Report of the Committee on Infectious Diseases. 30. ed. Elk Grove Village, IL: American Academy of Pediatrics; 2015. p.367-71, 773-7.
6. Secretaria de Vigilância em Saúde. Ministério da Saúde do Brasil, julho de 2016. Informe epidemiológico de difteria. Guia de vigilância em saúde. Brasília-DF: Ministério da Saúde; 2014. Disponível em: <http://portalsaude.saude.gov.br/images/pdf/2015/fevereiro/06/guia>. Acesso em: 13 fev. 2015.
7. Long S, Pickering L, Prober C. Principles and practice of pediatric infectious diseases. 4. ed. Philadelphia: Elsevier; 2012. p.754-9, 966-70.
8. Centers for Disease Control and Prevention (CDC). Diphtheria. In: Pinkbook: Epidemiology and Prevention of Vacaccine-Preventable Diseases. Atlanta: CDC; 2015.
9. WHO. Weekly epidemiological record. WHO Position Paper, Tetanus Vaccine, 2006;20(81):197-208.
10. Governo do Estado da Bahia. Secretaria da Saúde do Estado da Bahia. Superintendência de Vigilância e Proteção da Saúde. Diretoria de Vigilância Epidemiológica. Informe técnico, tétano acidental e neonatal, 2010.
11. Brasil. Ministério da Saúde. Guia de vigilância epidemiológica. 8. ed. 2010. Disponível em: <bvsms.saude.gov.br>.
12. Brasil. Ministério da Saúde. Secretaria de Vigilância em Saúde. Departamento de Vigilância das Doenças Transmissíveis. Manual dos centros de referência para imunobiológicos especiais. 4. ed. Brasília: Ministério da Saúde; 2014. 160p.

21 Infecção por HIV/aids em crianças e adolescentes

Giuliana Stravinskas Durigon
Constance Dell Santo Vieira Schuwartz

Após ler este capítulo, você estará apto a:

1. Entender o diagnóstico e o manejo terapêutico da infecção pelo HIV em crianças e adolescentes.
2. Identificar pacientes de risco com base em classificação clínica e imunológica.

INTRODUÇÃO

Aproximadamente 2,5 milhões de crianças vivem com o vírus da imunodeficiência humana (HIV) no mundo, a maioria na África Subsaariana (2,3 milhões), segundo estimativas da Organização Mundial da Saúde (OMS)[1]. Grande parte dessas crianças adquire a infecção de suas mães, portadoras do vírus, durante gestação, parto ou amamentação.

O início precoce de terapia antirretroviral na gestante com HIV e o uso de antirretroviral no recém-nascido reduziram drasticamente as taxas de transmissão vertical. Em alguns países da África Subsaariana a taxa de transmissão vertical superava 30% no ano 2000, e hoje se sabe que, com as intervenções adequadas, o risco de transmissão vertical do HIV pode ser reduzido a 2%. Programas de prevenção de transmissão mãe-filho evitaram que 1,4 milhão de crianças se infectassem pelo HIV nos últimos 15 anos[1].

No Brasil, foram notificados 798.366 casos de aids de 1980 até junho de 2015, e 15.900 casos são de crianças com até 13 anos de idade. Houve uma redução significativa da transmissão vertical na última década (queda de 33,3%). Atualmente, a taxa de transmissão vertical no Brasil é de 2,8/100.000 habitantes[2].

A história natural da doença em crianças foi descrita de acordo com três padrões distintos de evolução. O primeiro é denominado progressão rápida, que ocorre em 20 a 30% das crianças não tratadas, que evoluem com quadros graves no primeiro ano de vida e podem morrer antes de completarem 4 anos. O segundo, chamado de progressão normal, é mais lento e abrange a maioria (70 a 80%) dos casos. Nesses pacientes, o desenvolvimento dos sintomas pode se iniciar na idade escolar ou mesmo na adolescência, com tempo médio de sobrevida de 9 a 10 anos se não forem tratados[3]. O terceiro padrão da doença ocorre em uma percentagem pequena (< 5%) das crianças infectadas no período perinatal e é chamado de progressão lenta. São crianças que apresentam progressão mínima ou nula da doença, com contagem normal de linfócitos T CD4+.

DIAGNÓSTICO

O diagnóstico preciso possibilitará manejo adequado das crianças com infecção pelo HIV, resultando em melhora do tempo e da qualidade da sobrevida pela redução da morbidade relacionada à doença por meio de indicação da terapêutica antirretroviral, intervenções profiláticas e orientação nutricional.

O diagnóstico da infecção pelo HIV em crianças é orientado de acordo com a faixa etária, como mostrado a seguir[4,5].

Crianças com Idade Inferior ou Igual a 18 Meses

A carga viral (RNA viral) é um teste quantitativo que permite a quantificação de partículas virais dos subtipos do HIV circulantes no país.

A primeira carga viral deve ser coletada com 4 a 6 semanas de vida. Se houver vírus detectável, deve-se coletar nova amostra imediatamente. Se a primeira amostra for negativa, deve-se repetir a coleta após os 4 meses de idade. Cargas virais positivas indicam infecção pelo HIV e devem sempre ser confirmadas por nova coleta. A criança com duas cargas virais negativas (a segunda após o quarto mês de vida) é considerada não infectada.

Recomenda-se documentar a não infecção com sorologia anti-HIV após os 12 meses de vida. Deve-se ter cautela na interpretação de resultados positivos até os 24 meses, por possibilidade de persistência de anticorpos maternos circulantes[4,5].

Crianças com Idade Superior a 18 Meses

As crianças maiores de 18 meses são consideradas não infectadas quando houver uma amostra não reagente ao se utilizar uma das metodologias que detectam anticorpos anti-HIV 1, incluindo o tipo O, e anticorpos anti-HIV 2, no geral teste ELISA, denominado etapa I. Persistindo a suspeita de infecção, uma nova amostra deve ser coletada após 30 dias.

O diagnóstico de criança infectada será realizado obtendo-se uma amostra reagente em um teste da etapa I, seguida de um teste confirmatório positivo, em geral *Western blot*, denominado etapa II. Também é considerada positiva amostra reagente em dois testes rápidos, desde que realizados por metodologias ou fabricantes diferentes. No caso de resultado reagente nas duas etapas, uma segunda amostra deverá ser coletada e submetida apenas à etapa I, para comprovação do diagnóstico laboratorial[5,6].

Classificação Clínica e Imunológica

A classificação da infecção pelo HIV adotada no Brasil é a elaborada pelo Centers for Diseases Control and Prevention (CDC) desde 1994[7].

As categorias imunológicas são definidas pela contagem dos linfócitos T CD4+, tanto em número absoluto como percentualmente (Tabela 21.1).

A apresentação clínica dessas crianças depende da oportunidade de expressão das diversas complicações, infecciosas ou não, divididas em quatro categorias, apresentadas no Quadro 21.1.

Tabela 21.1 Categorias imunológicas baseadas em contagem absoluta ou percentual de linfócitos T CD4+

Categoria imunológica	Idade					
	< 12 meses		1 a 5 anos		6 a 12 anos	
	Céls./µL	%	Céls./µL	%	Céls./µL	%
Ausência de imunodepressão (classe 1)	≥ 1.500	≥ 34	≥ 1.000	≥ 30	≥ 500	≥ 26
Imunodepressão moderada (classe 2)	750 a 1.499	26 a 33	500 a 999	22-29	200 a 499	14 a 25
Imunodepressão grave (classe 3)	< 750	< 26	< 500	< 22	< 200	< 14

Fonte: adaptada de Centers for Disease Control and Prevention, 2014[7].

Quadro 21.1 Categorias clínicas da infecção pelo HIV em crianças

Categoria N
Não sintomáticas ou apenas uma das condições da categoria A
Categoria A
Sintomas leves, com presença de duas ou mais das seguintes condições: linfonodomegalia, hepatomegalia, esplenomegalia, dermatite, parotidite crônica e infecções persistentes ou recorrentes de vias aéreas superiores

(continua)

Quadro 21.1 Categorias clínicas da infecção pelo HIV em crianças *(continuação)*
Categoria B
Sintomatologia moderada, com a presença de: alterações hematológicas, com destaque para plaquetopenia; infecção bacteriana invasiva; candidíase oral persistente, cardiomiopatia, diarreia crônica, hepatite, citomegalovirose (início há menos de 1 mês), estomatite por herpes-vírus (mais de dois episódios em 1 ano); herpes-zóster (dois episódios ou mais do que 1 dermátomo), pneumonia intersticial linfocítica, febre persistente; varicela disseminada ou complicada
Categoria C
Sintomas graves, como: infecções bacterianas graves, múltiplas ou recorrentes; candidíase esofágica ou pulmonar; criptosporidiose ou isosporíase com diarreia com início há mais de 1 mês, encefalopatia pelo HIV, *wasting syndrome* (síndrome da emaciação), infecções oportunistas (neurocriptococose, neurotoxoplasmose, citomegalovirose disseminada, micobacterioses, pneumonia por *Pneumocystis jirovecii*); tumores, sendo que na criança os mais frequentes são os linfomas

TRATAMENTO

O cuidado das crianças com infecção confirmada pelo HIV pode ser subdividido em três tópicos:

- Terapêutica antirretroviral.
- Intervenções profiláticas.
- Calendário de vacinações.

Esses tópicos podem ser encontrados na última versão do *Protocolo clínico e diretrizes terapêuticas para manejo da infecção pelo HIV em crianças e adolescentes*, no endereço eletrônico www.aids.gov.br[4].

Tratamento Antirretroviral

O tratamento deve ser introduzido levando-se em conta as condições clínicas, laboratoriais e os contextos familiar e social em que a criança está inserida.

A terapia é, na maioria das vezes, composta por pelo menos três drogas antirretrovirais, em geral duas drogas da classe de inibidores da transcriptase reversa análogo de nucleosídeo (ITRN) e uma droga da classe dos inibidores da transcriptase reversa não análogo de nucleosídeo (ITRNN) ou inibidores de protease (IP).

Intervenções Profiláticas: Pneumonia por *Pneumocystis jirovecii*

A pneumonia por *P. jirovecii* é a mais frequente infecção oportunista em crianças com aids, sendo a faixa etária de maior risco aquela compreendida entre os 3 e os 6 meses de idade. A doença pode se manifestar de uma maneira rápida, levando ao óbito por insuficiência respiratória aguda, o que justifica uma profilaxia primária. A recomendação atual é de que todas as crianças a partir de 6 semanas de idade recebam profilaxia até completar um ano, exceto quando a infecção pelo HIV possa ser afastada. A partir de 1 ano de idade, ela será indicada segundo a contagem de células CD4+, sendo a droga de escolha a combinação sulfametoxazol-trimetoprim.

Calendário de Vacinação

Este calendário foi atualizado recentemente e deve ser adaptado às circunstâncias operacionais e epidemiológicas, quando necessário.

Deve ser aplicado em sua totalidade às crianças comprovadamente infectadas pelo HIV, as quais devem receber todos os imunobiológicos, com exceção das vacinas de vírus vivos atenuados (p. ex., sarampo e varicela), quando sintomáticas e/ou com imunodepressão estabelecida[4].

CONCLUSÕES

Passadas mais de três décadas desde o início da epidemia de aids, são inquestionáveis os avanços obtidos com o uso da terapia antirretroviral. Pode-se observar melhoria de morbidade, mortalidade e qualidade de vida das pessoas infectadas pelo HIV e a redução da transmissão vertical do HIV para as crianças nascidas de mães soropositivas.

O uso disseminado de tratamento antirretroviral, associado a um diagnóstico precoce da infecção, foi determinante para a melhora na sobrevida e na morbidade dessas crianças.

REFERÊNCIAS BIBLIOGRÁFICAS

1. World Health Organization. Global health sector response to HIV, 2000-2015: focus on innovations in Africa: progress report. 2015.
2. Brasil. Ministério da Saúde. Secretaria de Vigilância em Saúde. Departamento de DST, AIDS e Hepatites Virais. Boletim epidemiológico aids. Brasília: Ministério da Saúde; 2015.
3. Barnhat HX, Cadwell MB, Thomas P, Mascola L, Ortiz I, Hsu HW, et al. Natural history of human immunodeficiency virus disease in perinatally infected children: an analysis from the Pediatric Spectrum on Disease Project. Pediatrics. 1998;102:1064-86.
4. Brasil. Ministério da Saúde. Secretaria de Vigilância em Saúde. Departamento de DST, Aids e Hepatites Virais. Protocolo clínico e diretrizes terapêuticas para manejo da infecção pelo HIV em crianças e adolescentes. Brasília: Ministério da Saúde; 2014. Disponível em: www.aids.gov.br.
5. Marques HHS, Litvinov N. Manejo do HIV perinatal. In: Sociedade Brasileira de Pediatria; Procianoy RS, Leone CR (orgs.). PRORN: programa de atualização em neonatologia: ciclo 11. Porto Alegre: Artmed/Panamericana; 2014. (Sistema de Educação Médica Continuada a Distância, v. 3.)

6. Brasil. Ministério da Saúde. Secretaria de Vigilância em Saúde. Departamento de DST, AIDS e Hepatites Virais. Manual técnico para o diagnóstico da infecção pelo HIV. Brasília: Ministério da Saúde; 2014.
7. Centers for Disease Control and Prevention. Revised surveillance case definition for HIV infection. United States, 2014. MMWR. 2014;63(No. RR-3):1-10.

Seção IV

Situações clínicas especiais

22

Conduta em comunicantes de doenças infectocontagiosas

Heloisa Helena de Sousa Marques
Helena Keico Sato

Após ler este capítulo, você estará apto a:

1. Orientar os comunicantes de doenças infectocontagiosas.
2. Descrever as medidas a serem adotadas.
3. Indicar a utilização de medicamentos ou imunobiológicos profiláticos.

INTRODUÇÃO

As crianças têm, potencialmente, maior capacidade de transmissão e maior suscetibilidade após exposição a microrganismos transmissíveis.

Aos pediatras e aos cuidadores cabe o papel de orientar tanto no sentido de diminuir a exposição aos riscos como na redução da disseminação de doenças por meio de medidas de controle. Elas devem ser aplicadas nos níveis individual e coletivo (creche, escola, local de trabalho etc.).

A abordagem do comunicante pressupõe o conhecimento, por parte do pediatra, da suscetibilidade ou da imunidade (adquirida por meio de imunização ou de infecção natural) em relação a cada agente infeccioso com o qual seu paciente tenha contato. Identificada a suscetibilidade, pode-se fazer a prevenção ou atenuação da doença infectocontagiosa por meio de imunização ou quimioprofilaxia. Também o conhecimento do período de incubação (intervalo entre a exposição efetiva do hospedeiro suscetível a um agente biológico e o início dos sinais e sintomas clínicos da doença), do modo de transmissão e do período de transmissibilidade (intervalo de tempo durante o qual o agente infeccioso pode ser transferido, direta ou indiretamente, de uma pessoa infectada a outra, de um animal infectado ao homem, ou de um homem infectado a um animal, inclusive artrópodes) de cada infecção específica. Esses dados nortearão a necessidade ou não de manter o paciente em afastamento na sua casa (impedindo o contato com familiares suscetíveis, o que, na prática, é de difícil execução), de excluí-lo das atividades escolares ou de mantê-lo em ambiente isolado em ambiente hospitalar, determinando a duração dessas restrições.

Neste capítulo, foram selecionados dois grupos de doenças, virais e bacterianas, de importância no cotidiano do pediatra e/ou no contexto de saúde pública. Em cada grupo, as doenças são apresentadas em ordem alfabética, segundo seu modo de transmissão, os períodos de incubação e de transmissibilidade, com a apresentação das medidas de controle do paciente e dos seus comunicantes. As doenças de notificação compulsória estão assinaladas com um asterisco (*).

DOENÇAS VIRAIS

Síndrome da Imunodeficiência Adquirida*

A síndrome da imunodeficiência adquirida (aids) é causada pelo vírus da imunodeficiência humana (HIV), que é encontrado no sangue, no sêmen, em secreções vaginais e em outros líquidos corpóreos.

Modo de transmissão

Contato sexual íntimo; compartilhamento de agulhas e seringas contaminadas entre usuários de drogas injetáveis; transfusão de sangue, de seus componentes ou de concentrados de fatores de coagulação; transmissão vertical (da mãe para a criança durante a gestação, no momento do parto ou por meio do aleitamento); e, raramente, exposição acidental do profissional de saúde[1,2].

Período de incubação

Variável conforme o tipo de exposição.

A maioria das crianças infectadas por transmissão vertical apresenta sintomatologia até os 2 anos de idade; no entanto, algumas adoecem com idade superior a 5 anos e poucas persistem assintomáticas até cerca de 12 anos de idade. Nas outras formas de transmissão, o aparecimento de sintomas da fase aguda da doença (inespecíficos) varia entre 5 e 30 dias, e o aparecimento de sinais e sintomas mais específicos, entre 3 e 10 anos[2].

Período de transmissibilidade

O paciente infectado persiste contagiante por tempo indeterminado, em grau proporcional à magnitude de sua viremia.

Medidas de controle do paciente e dos comunicantes

1. São recomendadas precauções com sangue e fluidos corpóreos, denominadas precauções-padrão, e são indicadas precauções especiais quando da presença de outras doenças infectocontagiosas associadas.
2. Quarentena do comunicante: nenhuma.
3. Medidas de proteção do comunicante:
   A. Transmissão perinatal: desde 1996, o Ministério da Saúde recomenda para redução da transmissão vertical o uso de antirretrovirais na gestante infectada pelo HIV e no seu concepto, que consiste no uso de esquema para a gestante, geralmente composto por três drogas, a administração de AZT (zidovudina) injetável no parto e AZT xarope nas primeiras 8 horas de vida do recém-nascido, na dose de 4 mg/kg/dose, por via oral, a cada 12 horas, durante as primeiras 6 semanas de vida. Outras medidas adotadas são a escolha do tipo de parto, dependendo das condições maternas, e a substituição do aleitamento materno pela fórmula láctea[1-3].
   B. Exposição pós-violência sexual: o risco de aquisição do HIV em uma relação sexual com parceiro infectado é estimado em 0,1 a 0,3%, e pode ser agravado pela presença de traumatismo e/ou doenças sexualmente transmissíveis (DST). A administração do esquema antirretroviral deve ser iniciada em 72 horas e mantida por 28 dias. Deve-se solicitar sorologia anti-HIV no primeiro atendimento, 6 semanas depois e uma terceira após 6 meses da segunda sorologia. Recomenda-se indicar profilaxia para DST não virais, hepatites virais e tétano (ver Capítulo 23, "Abuso sexual e infecções sexualmente transmissíveis em crianças e adolescentes").

Caxumba ou Parotidite Epidêmica

É causada pelo vírus da caxumba, um paramixovírus.

Modo de transmissão

Contato direto com gotículas de saliva expelidas pelo indivíduo infectado.

Período de incubação

Geralmente, de 16 a 18 dias (variação: 12 a 25 dias).

Período de transmissibilidade

É maior cerca de 2 dias antes até 2 dias depois do início da tumefação da parótida (variação: desde 6 a 7 dias antes até 9 dias após o acometimento das glândulas salivares)[2,3].

Medidas de controle do paciente e dos comunicantes

1. Afastamento do paciente: afastamento da creche, da escola ou do local de trabalho durante 5 dias, a partir do início da tumefação parotídea. Crianças hospitalizadas devem ser mantidas sob precauções com gotículas.
2. Quarentena do comunicante: nenhuma.
3. Medidas de proteção do comunicante:
   A. A imunoglobulina humana não tem valor profilático.
   B. A vacina contra a caxumba não tem eficácia para evitar o aparecimento da doença quando administrada logo após a exposição. No entanto, não havendo contraindicação, sua aplicação poderá proporcionar proteção para as pessoas que não foram imunizadas anteriormente e também não foram infectadas pelo caso-índice. Em situações de surtos em escolas, recomenda-se:
      - Para as crianças e os adolescentes sem nenhuma dose da vacina tríplice viral (vacina contra sarampo, caxumba e rubéola): aplicar uma dose da vacina e recomendar a segunda dose para 30 dias após a primeira.
      - Para as crianças e os adolescentes com apenas uma dose da vacina tríplice viral: aplicar a segunda dose.
      - Para as crianças e os adolescentes com duas doses: não há necessidade de vacinação.

Embora não seja uma doença de notificação compulsória, recomenda-se a notificação de surtos[2-4].

Hepatite A*

A doença é causada pelo vírus da hepatite A, pertencente à família *Picornaviridae*.

Modo de transmissão

Pelo contato de indivíduo a indivíduo, por meio da via fecal-oral. Em surtos, água e alimentos contaminados podem constituir um veículo comum[2,3,5].

Período de incubação

Geralmente, de 15 a 50 dias (média: 28 dias).

Período de transmissibilidade

Incerto, podendo estender-se desde 2 semanas antes até 1 semana após o aparecimento da icterícia.

Medidas de controle do paciente e dos comunicantes

1. Afastamento do paciente: precauções entéricas durante as 2 primeiras semanas da doença até 1 semana após o início da icterícia. Nesse período, o paciente deve ser afastado da creche, da escola ou do local de trabalho.
2. Quarentena do comunicante: nenhuma.
3. Medidas de proteção do comunicante: pode-se recomendar a utilização da imunoglobulina normal nas seguintes situações:
   A. Comunicantes domiciliares, com a ressalva de que, em nosso meio, os adultos têm grande probabilidade de já serem imunes.
   B. Comunicantes (crianças e adultos) em instituições fechadas e em berçários ou creches que atendam crianças com idade inferior a 2 anos de idade e/ou sem controle esfincteriano.
   C. Comunicantes de qualquer idade que tenham doença hepática crônica ou contraindicação para vacina.

Não é indicada para comunicantes casuais de escolas, consultórios e locais de trabalho como escritórios e indústrias.

A dose recomendada é de 0,02 mL/kg da solução a 16% por via intramuscular profunda, em dose única, até 2 semanas após a exposição. Em crianças com mais de 1 ano de idade, a profilaxia pós-exposição pode ser feita com a vacina contra hepatite A, nas doses habituais para a faixa etária[3].

Hepatite B*

A doença é causada pelo vírus da hepatite B (VHB), que pertence à família *Hepadnaviridae*.

Modo de transmissão

Geralmente, por inoculação percutânea (intravenosa, intramuscular, subcutânea ou intradérmica) de sangue humano ou de seus derivados contaminados pelo vírus. Outros modos: contaminação de feridas ou lacerações, exposição de mucosas ao sangue infectante, transmissão perinatal e contato domiciliar íntimo e prolongado com uma pessoa portadora crônica do VHB[3].

Período de incubação

Geralmente, de 60 a 90 dias (variação: 50 a 180 dias).

Período de transmissibilidade

Desde algumas semanas antes do aparecimento dos primeiros sintomas até a fase aguda da doença. Em alguns casos, o estado de portador e, consequentemente o período de transmissibilidade, persistem por vários meses ou anos[3,5,6].

Medidas de controle do paciente e dos comunicantes

1. No hospital: são indicadas precauções-padrão para os pacientes com infecção aguda ou crônica pelo VHB.
2. Quarentena do comunicante: nenhuma.
3. Medidas de proteção ao comunicante:
   A. Para a imunoprofilaxia da hepatite B são disponíveis dois produtos: a imunoglobulina humana anti-hepatite B (IGHAHB) e a vacina contra hepatite B.
   B. As indicações da IGHAHB são dirigidas para os indivíduos suscetíveis, listadas a seguir:
      - Prevenção da infecção perinatal pelo vírus da hepatite B.
      - Vítimas de acidentes com material biológico positivo ou fortemente suspeito de infecção por VHB.
      - Comunicantes sexuais de casos agudos de hepatite B.
      - Vítimas de violência sexual.
      - Imunodeprimidos após exposição de risco, mesmo que previamente vacinados[5,6].

A Tabela 22.1 apresenta um resumo das principais indicações.

Tabela 22.1 Recomendações para comunicantes de hepatite B

Exposição	Ig HAHB		Vacina	
	Dose	Época	Doses	Época
Perinatal	0,5 mL	Até 12 horas, no máximo até 7 dias	3	De preferência, nas primeiras 12 horas; repetir após 1 e 6 meses
Sexual[b]	0,06 mL/kg, máximo: 5 mL	Até 14 dias após o contato sexual	3	Primeira dose simultaneamente com a IGHB; repetir após 1 e 6 meses[b]
Comunicantes domiciliares ou profissionais de saúde[c]	0,06 mL/kg, máximo: 5 mL[c]	Até 7 dias após o contato percutâneo ou em mucosas	3	Primeira dose simultaneamente com a IGHB; repetir após 1 e 6 meses[b]
Pessoas com imunodepressão[d]	0,06 mL/kg, máximo: 5 mL[d]	Após exposição de risco		Avaliar oportunamente

[a] A HBIG (imunoglobulina humana específica anti-hepatite B) e a vacina são ministradas por via intramuscular. Se aplicadas simultaneamente, deve-se fazê-lo em locais diferentes e com seringas separadas.

[b] Imunoglobulina humana contra a hepatite B (IGHAHB) e vacina hepatite B recombinante (HB) são indicadas para pessoas presumidamente suscetíveis (não vacinadas) após exposição sexual consensual e também após agressão sexual por portadores conhecidos ou potenciais do vírus da hepatite B (VHB), o mais precocemente possível, no máximo até 14 dias apos a exposição.

[c] Comunicantes domiciliares de portadores de VHB e profissionais de saúde suscetíveis devem ser vacinados. Quando houver evidência de exposição percutânea relevante (mordida, picada de agulha com alguma quantidade de sangue, contato do sangue potencialmente infectado e em pele não íntegra) ou de mucosas por sangue e fluidos contaminados, a HBIG está indicada. Para aqueles previamente vacinados, em futuras exposições, avaliar a resposta à vacina: se adequada não há indicação de HBIG; entretanto, se inadequada (título de anti-HBs < 10 UI/mL), indica-se HBIG e faz-se a revisão do esquema vacinal, com indicação de doses adicionais da vacina contra VHB.

[d] Imunodeprimidos devem receber HBIG após exposição de risco, mesmo que previamente vacinados, porque sua resposta à vacinação pode ser inadequada.

Influenza*

Os vírus da influenza são ortomixovírus de três tipos antigênicos: A, B e C. As cepas são subclassificadas de acordo com dois antígenos nucleoproteicos solúveis: hemaglutininas (H1, H2 e H3) e neuraminidases (N1 e N2). Uma característica desse grupo de vírus é sua tendência de causar surtos epidêmicos ou pandemias, por conta da capacidade de desenvolver alterações antigênicas *major* (*antigenic shift*) e *minor (antigenic drift)*. A atual cepa pandêmica circulante é a do vírus da influenza A (H1N1), pandêmica em 2009.

Modo de transmissão

O vírus é altamente contagioso, transmitido de pessoa a pessoa por meio de gotículas ou contato direto com objetos recém-contaminados por secreções nasofaríngeas.

Período de incubação

Em geral, de 1 a 4 dias.

Período de transmissibilidade

O paciente é mais infectante durante as 24 horas anteriores ao início dos sintomas e durante o período mais sintomático, com o pico da disseminação viral ocorrendo 3 dias após o início dos sintomas e terminando no 7º dia, podendo ser mais prolongado em imunodeprimidos e em crianças, por 10 dias ou mais.

Medidas de controle do paciente e dos comunicantes

1. Afastamento do paciente: deve-se adotar precauções universais e precauções para gotículas no caso de crianças internadas com influenza durante a duração da doença. As secreções do trato respiratório são infectantes e deve-se adotar rigoroso programa de lavagem de mãos.
2. Quimioprofilaxia: os medicamentos antivirais apresentam de 70 a 90% de efetividade na prevenção da influenza e devem ser considerados ferramenta adjuvante da vacinação. Deve ser indicada o mais precocemente possível após a exposição. Segundo a recomendação do Ministério da Saúde, está indicada para as pessoas com risco elevado de complicações, não vacinadas ou vacinadas há menos de 2 semanas, após exposição a caso suspeito ou confirmado. Deve-se lembrar que os pacientes com imunodepressão grave podem não apresentar boa resposta à vacina e, desse modo, devem receber quimioprofilaxia diante da exposição. Além disso, também se indica a pessoas que vivem em instituições fechadas e hospitais de longa permanência, durante surtos nas instituições, e a profissionais de saúde não adequadamente imunizados após exposição ao vírus da influenza (manipu-

lação de amostras de pacientes ou de procedimentos que envolvam aerossóis sem a devida proteção)[3,5]. Na Tabela 22.2, estão descritos os medicamentos e as doses indicadas.

Tabela 22.2 Quimioprofilaxia antiviral[5]

Droga	Faixa etária		Quimioprofilaxia
Fosfato de oseltamivir	Adulto		75 mg/dia, VO, por 10 dias
	Criança > 1 ano de idade	< 15 kg	30 mg/dia, VO, por 10 dias
		15 a 23 kg	45 mg/dia, VO, por 10 dias
		23 a 40 kg	60 mg/dia, VO, por 10 dias
		> 40 kg	75 mg/dia, VO, por 10 dias
	Criança < 1 ano de idade	0 a 8 meses	3 mg/kg ao dia, por 10 dias
		9 a 11 meses	3,5 mg/kg ao dia, por 10 dias
Zanamivir	Adulto		10 mg: 2 inalações de 5 mg, 1 x/dia, por 10 dias
	Criança	> 5 anos	10 mg: 2 inalações de 5 mg, 1 x/dia, por 10 dias

VO: via oral.

Raiva*

O vírus rábico pertence à família *Rhabdoviridae* e ao gênero *Lyssavirus*; este último apresenta oito genótipos, e o genótipo 1 – *Rabies virus* (RABV) – pode ser expresso, de acordo com o perfil, em doze variantes antigênicas, conforme seus respectivos hospedeiros naturais (terrestres ou aéreos). No Brasil, foram encontradas cinco variantes antigênicas:

- Variantes 1 e 2, isoladas dos cães.
- Variante 3, de morcego hematófago *Desmodus rotundus*.
- Variantes 4 e 6, de morcegos insetívoros *Tadarida brasiliensis* e *Lasiurus cinereus*.

Outras duas variantes encontradas em *Cerdocyon thous* (cachorro-do-mato) e *Callithrix jacchus* (sagui de tufos brancos) não são compatíveis com o painel estabelecido pelo Centers for Disease Control and Prevention (CDC) para estudos do vírus rábico nas Américas.

Modo de transmissão

Ocorre pela penetração do vírus contido na saliva do animal infectado, principalmente pela mordedura e, mais raramente, por arranhadura e lambedura de mucosas. O vírus multiplica-se no ponto de inoculação, atinge o sistema nervoso periférico e, posteriormente, o sistema nervoso central e a seguir vários órgãos, incluindo as glândulas salivares, em que também se replica, e é eliminado pela saliva das pessoas ou animais enfermos.

Período de incubação

É extremamente variável, desde dias até anos, com média de 45 dias no homem.

Em crianças, o período de incubação tende a ser menor que no indivíduo adulto.

Está relacionado com localização, extensão e profundidade da mordedura, arranhadura etc. e com a distância entre o local do ferimento e cérebro e troncos nervosos.

Período de transmissibilidade

Nos cães e gatos, a eliminação de vírus pela saliva ocorre de 2 a 5 dias antes do aparecimento dos sinais clínicos e persiste durante toda a evolução da doença. A morte do animal acontece, em média, entre 5 e 7 dias após a apresentação dos sintomas.

Ainda não se sabe ao certo sobre o período de transmissibilidade de animais silvestres; os quirópteros podem albergar o vírus por longo período sem apresentar sintomatologia aparente.

Medidas de controle do paciente e dos comunicantes

1. Afastamento do paciente: o paciente com raiva furiosa e/ou paralítica deve ser isolado e a equipe médica do hospital deve usar equipamentos de proteção individual (EPI).
2. Medidas de proteção do comunicante: a Tabela 22.3 apresenta um resumo da orientação adotada pelo Ministério da Saúde para a profilaxia pós-exposição a acidente potencialmente transmissor de raiva, que é de notificação compulsória.

É importante destacar que, após o acidente, deve-se lavar bem as lesões com água e sabão. Não é recomendada, sempre que possível, a sutura do ferimento. Deve-se realizar a profilaxia contra tétano (ver Capítulo 20, "Difteria e tétano"). A seguir, classificar o acidente segundo sua intensidade.

Outras recomendações e detalhes podem ser encontrados na última edição do *Guia de vigilância epidemiológica* do Ministério da Saúde[5].

Acidentes leves

- Ferimentos superficiais, pouco extensos, geralmente únicos, em tronco e membros (exceto mãos, polpas digitais e plantas dos pés); podem acontecer em decorrência de mordeduras ou arranhaduras causadas por unha ou dente.
- Lambedura de pele com lesões superficiais.

Tabela 22.3 Profilaxia pós-exposição a acidente transmissor de raiva, Ministério da Saúde[5]

Tipo de exposição	Cão ou gato sem suspeita de raiva no momento da agressão	Cão ou gato clinicamente suspeito de raiva no momento da agressão	Cão ou gato raivoso, desaparecido ou morto; animais silvestres (inclusive os domiciliados); animais domésticos de interesse econômico ou de produção
Contato indireto	Lavar com água e sabão Não fazer esquema pós-exposição		
Indivíduos com esquema de pré-exposição, com comprovação sorológica (título ≥ 0,5 UI/mL)	Duas doses de vacina, uma no dia 0 e outra no dia 3 Não indicar soro		
Acidentes leves	Lavar com água e sabão Observar o animal durante 10 dias após a exposição: se o animal morrer, desaparecer ou se tornar raivoso, administrar 5 doses de vacina (dias 0, 3, 7, 14 e 28)	Lavar com água e sabão Iniciar esquema profilático com 2 doses, nos dias 0 e 3 Observar animal durante 10 dias após a exposição Se a suspeita de raiva for descartada após o 10º dia de observação, suspender o esquema profilático e encerrar o caso Se o animal morrer, desaparecer ou se tornar raivoso, completar o esquema até 5 doses. Aplicar uma dose entre o 7º e o 10º dia e uma nos dias 14 e 28	Lavar com água e sabão Iniciar imediatamente o esquema profilático com 5 doses de vacina, administradas nos dias 0, 3, 7, 14 e 28
Acidentes graves	Lavar com água e sabão Observar o animal durante 10 dias após a exposição Iniciar esquema profilático com 2 doses, uma no dia 0 e outra no dia 3 Se o animal permanecer sadio no período de observação, encerrar o caso Se o animal morrer, desaparecer ou se tornar raivoso, dar continuidade ao esquema profilático, administrando o soro e completando o esquema até 5 doses: aplicar uma dose entre o 7º e o 10º dia e uma dose nos dias 14 e 28	Lavar com água e sabão Iniciar o esquema profilático com soro e 5 doses de vacina nos dias 0, 3, 7, 14 e 28 Observar o animal durante 10 dias após a exposição Se a suspeita de raiva for descartada após o 10º dia de observação, suspender o esquema profilático e encerrar o caso	Lavar com água e sabão Iniciar imediatamente o esquema profilático com soro em 5 doses de vacina, administradas nos dias 0, 3, 7, 14 e 28

Acidentes graves

- Ferimentos em cabeça, face, pescoço, mão, polpa digital e/ou planta do pé.
- Ferimentos profundos, múltiplos ou extensos, em qualquer região do corpo.
- Lambeduras de mucosas.
- Lambeduras de pele onde já existe lesão grave.
- Ferimentos profundos causados por unhas de animais.
- Qualquer ferimento provocado por morcego.

Rubéola

Causada pelo vírus da rubéola, da família *Togaviridae.*

Modo de transmissão

Pelo contato direto com as secreções nasofaríngeas de indivíduos infectados. Outros modos: via transplacentária, contato indireto com objetos recém-contaminados e transmissão pelo ar. As crianças portadoras de síndrome da rubéola congênita também podem eliminar o vírus pela urina[2,3,8].

Período de incubação

Geralmente, de 16 a 18 dias (variação: 14 a 21 dias).

Período de transmissibilidade

Cerca de 5 dias antes e até 5 a 7 dias depois do início da erupção cutânea. As crianças com síndrome da rubéola congênita podem eliminar o vírus durante meses (1 ano ou mais) após o nascimento.

Medidas de controle do paciente e dos comunicantes

1. Afastamento do paciente: pouco valor em condições domiciliares, sendo efetuado (até 7 dias após o início do exantema) apenas quando existe a necessidade de proteger mulheres suscetíveis durante a gestação. Afastamento da creche, da escola ou do local de trabalho por até 7 dias após o início do exantema. Crianças com síndrome da rubéola congênita podem frequentar creches ou instituições similares, desde que sejam obtidos resultados negativos em cultura do vírus em duas amostras de urina e/ou secreção nasofaríngea depois de a criança ter completado 3 meses de idade[3].
2. Quarentena do comunicante: recomenda-se a vigilância em creche, escola ou local de trabalho por 21 dias, visando à detecção da ocorrência de novos casos.
3. Medidas de proteção do comunicante:

A. Imunoglobulina humana: as gestantes vacinadas anteriormente devem ser consideradas imunes. As gestantes não vacinadas ou incompletamente vacinadas com até 19 anos, 11 meses e 29 dias, independentemente da idade gestacional, não devem ser vacinadas, podendo ser indicado o uso de imunoglobulina humana normal a 16% na dose de 0,55 mL/kg. Ressalta-se que essa conduta pode atenuar as manifestações clínicas da rubéola, mas não evita a viremia e tampouco a embriopatia[3,7].

B. Vacina de vírus vivos atenuados contra a rubéola: não existe evidência de que a vacina aplicada após a exposição ao doente proteja contra a infecção (teoricamente deve ser eficaz, desde que administrada até 3 dias após a exposição). No entanto, desde que não haja contraindicação (imunodeficiência, gestação), sua aplicação poderá proporcionar proteção contra exposições subsequentes e contribuir para o bloqueio da disseminação da doença[3,5,7].

Sarampo*

Causado pelo vírus do sarampo, da família dos paramixovírus.

Modo de transmissão

Ocorre através das gotículas de muco ou saliva expelidas pelo paciente ou pelo contato direto com as secreções do nariz e da garganta das pessoas infectadas. Modos menos frequentes: por meio de objetos recém-contaminados por secreções, ou por via aérea. O sarampo é, dentre as doenças infecciosas, uma das de maior contagiosidade, e pode ser necessária uma imunidade coletiva de 95% ou mais para interromper o ciclo da transmissão na comunidade[2,3,7].

Período de incubação

Geralmente, 10 dias (variação: 8 a 13 dias) antes do aparecimento da febre até cerca de 14 dias antes do início da erupção cutânea.

Período de transmissibilidade

De 1 a 2 dias antes do período prodrômico até 4 dias depois do aparecimento do exantema.

Medidas de controle do paciente e dos comunicantes

1. Afastamento do paciente: afastamento da creche, da escola ou do local de trabalho, com permanência no domicílio durante o período de transmissibilidade.
2. Quarentena do comunicante: geralmente impraticável, podendo ser recomendada para instituições que recebem crianças pequenas, sobretudo lac-

tentes. A vigilância dos comunicantes deve ser mantida por 14 dias (duração máxima do período de incubação).

3. Medidas de proteção do comunicante:
   A. Imunoglobulina humana normal: boa eficácia, quando ministrada dentro de 6 dias após a exposição, a comunicantes suscetíveis, domiciliares e de instituições, com idade inferior a 6 meses; comunicantes suscetíveis, domiciliares e de instituições, com idade superior a 6 meses, nos quais a exposição tenha ocorrido há mais de 3 dias; pacientes imunodeprimidos, independentemente do estado vacinal prévio; e gestantes suscetíveis. Dose recomendada: 0,25 mL/kg para gestantes e crianças normais, e 0,5 mL/kg (máximo: 15 mL) para as crianças imunodeficientes, por via intramuscular profunda, em única aplicação. Desde que inexista contraindicação, esses comunicantes deverão receber a vacina contra o sarampo na idade prevista no calendário de vacinação, observando-se um intervalo mínimo de 5 meses se a dose utilizada da imunoglobulina foi de 0,25 mL/kg de peso e de 6 meses se utilizado 0,5 mL/kg de peso[2,3].
   B. Vacina de vírus vivos atenuados contra o sarampo: boa eficácia, desde que ministrada até 72 horas após a exposição. Indicada para comunicantes suscetíveis, domiciliares e de instituições, com idade igual ou superior a 6 meses. Obviamente, devem ser respeitadas as contraindicações ao uso dessa vacina[2,7].

Varicela

Causada pelo vírus varicela-zóster, da família dos herpes-vírus.

Modo de transmissão

Pessoa a pessoa, por contato direto ou por intermédio de gotículas de muco ou saliva eliminadas pelo indivíduo infectado. Outros modos: transmissão pelo ar, pelo líquido das vesículas de pacientes com herpes-zóster e pelo contato indireto com objetos recém-contaminados. As crostas não são infectantes. A varicela é uma das doenças infecciosas que se transmitem com maior facilidade, especialmente nas primeiras etapas da erupção. O herpes-zóster tem uma taxa de transmissão muito menor[2,3].

Período de incubação

Geralmente, de 14 a 16 dias (variação: 10 a 20 dias). Após o uso de imunoglobulina e em indivíduos imunodeficientes, pode ser mais curto. O período de incubação nos recém-nascidos de mães que tiveram a doença no final da gestação varia de 2 a 16 dias.

Período de transmissibilidade

De 1 a 2 dias antes até que todas as lesões estejam em fase de crosta. Os pacientes imunodeficientes, com varicela progressiva, provavelmente persistem contagiantes durante todo o período em que ocorrem lesões novas.

Medidas de controle do paciente e dos comunicantes

1. Afastamento do paciente: afastamento da creche, da escola ou do local de trabalho por 7 dias a partir do início do exantema e até que todas as lesões tenham evoluído para crosta.
2. Quarentena do comunicante: nenhuma, na comunidade.
3. Medidas de proteção do comunicante:
   A. Imunoglobulinas humanas (normal e específica): a administração de imunoglobulina humana específica antivaricela-zóster (disponível nos Centros de Referência de Imunobiológicos Especiais), dentro de 3 a 4 dias após a exposição, pode evitar ou modificar a doença em comunicantes íntimos do paciente. A imunoglobulina humana normal, utilizada como alternativa na falta da específica, tem eficácia profilática duvidosa, podendo, no máximo, modificar a doença. Na falta da imunoglobulina humana específica antivaricela-zóster, pode-se indicar a imunoglobulina humana endovenosa (IGEV), em dose única de 300 a 400 mg/kg. Indicações: comunicantes suscetíveis com leucemia, linfoma, imunodeficiência e/ou terapêutica imunossupressora; grávidas; recém-nascidos de mãe suscetível, particularmente quando esta apresentar varicela próximo ao trabalho de parto (5 dias antes e até 48 horas depois do parto); recém-nascidos prematuros com 28 semanas ou mais de gestação, hospitalizados, cuja mãe não tenha tido varicela; e recém-nascidos prematuros com menos de 28 semanas de gestação (ou com menos de 1.000 g ao nascimento), hospitalizados, independentemente de haver ou não relato de antecedente materno de varicela. Dose: 125 U/10 kg (mínimo de 125 U e máximo de 625 U) de imunoglobulina específica, por via intramuscular profunda, em uma única aplicação[3,5,6].
   B. Não havendo disponibilidade de imunoglobulina específica ou se a exposição ocorreu há mais de 96 horas, alguns autores recomendam, para crianças e pacientes com imunodepressão, o uso de aciclovir, a partir do 7º ao 10º dia após a exposição. A dose é de 20 mg/kg, por via oral, a cada 6 horas (máximo: 800 mg/dose), durante 7 dias. Outra opção é valaciclovir na dose de 20 mg/kg a cada 8 horas, com a mesma duração[3,8].
   C. Vacina de vírus vivos atenuados contra a varicela: à semelhança do que ocorre com a vacina contra o sarampo, pode evitar ou modificar a doença quando

aplicada nos comunicantes suscetíveis até 72 horas e possivelmente até 5 dias após a exposição, desde que não haja contraindicação para seu uso[3].

D. Quadros de varicela, quando graves e/ou internados, bem como óbitos por varicela, são de notificação compulsória.

DOENÇAS BACTERIANAS

Coqueluche*

A coqueluche é causada pela *Bordetella pertussis.*

Modo de transmissão

Contato direto com as secreções respiratórias de pessoas infectadas.

Período de incubação

Geralmente, de 7 a 10 dias (variação: 7 a 21 dias).

Período de transmissibilidade

Desde 7 dias depois da exposição até 3 semanas após o aparecimento de acessos típicos em pacientes não tratados com antibiótico. No paciente que recebe eritromicina, esse período se reduz para 5 dias.

Definição de caso

Suspeito

- Menor de 6 meses de idade: todo indivíduo, independentemente do estado vacinal, que apresentar tosse de qualquer tipo por 10 dias ou mais, associada a um ou mais dos seguintes sinais e sintomas: tosse paroxística (tosse súbita incontrolável, com tossidas rápidas e curtas, ou seja, 5 a 10, em uma única expiração), guincho inspiratório, vômitos pós-tosse, cianose, apneia e engasgo.
- Maior ou igual a 6 meses de idade: todo indivíduo, independentemente do estado vacinal, que apresentar tosse de qualquer tipo por 14 dias ou mais, associada a um ou mais dos seguintes sinais e sintomas: tosse paroxística, guincho inspiratório e vômitos pós-tosse.

Além disso, acrescenta-se à condição de caso suspeito todo indivíduo que apresentar tosse, em qualquer período, com história de contato próximo com caso confirmado de coqueluche pelo critério laboratorial[5].

Confirmado

- Critério laboratorial: todo caso suspeito de coqueluche com isolamento de *B. pertussis* por cultura ou identificação por PCR em tempo real.
- Critério clínico-epidemiológico: todo indivíduo que atender à definição de caso suspeito e que teve contato com caso confirmado de coqueluche pelo critério laboratorial, no período de transmissibilidade.
- Critério clínico: os mesmos descritos anteriormente para caso suspeito[5].

Medidas de controle do paciente e dos comunicantes

1. Afastamento do paciente: afastamento da creche, da escola ou do local de trabalho por 5 dias, contados do início do tratamento com antimicrobianos ou se não tiver recebido antimicrobianos adequados por até 21 dias a partir do início do quadro de tosse. Pacientes hospitalizados devem ser mantidos em precauções com gotículas, enquanto houver transmissibilidade.
2. Medidas de proteção do comunicante:
   A. Imunoglobulinas humanas (normal e específica): são destituídas de qualquer atividade profilática.
   B. Vacina contra a coqueluche: indicada para todos os comunicantes com idade inferior a 7 anos, domiciliares ou de creches e escolas, com exceção das crianças adequadamente vacinadas (com um mínimo de 4 doses de vacina DPT, sendo a última há menos de 3 anos). As crianças que estiverem com o esquema de vacinação em dia deverão receber uma dose, como antecipação do reforço, se tiverem tomado a terceira dose há mais de 6 meses ou o primeiro reforço há mais de 3 anos. Para as crianças maiores de 7 anos e adultos que não tenham vacinação adequada, recomenda-se ajustar o esquema com o uso de tríplice acelular tipo adulto (dTpa).
   C. Antibioticoprofilaxia: a recomendação atual do Ministério da Saúde é a azitromicina como primeira escolha tanto para tratamento como para a quimioprofilaxia; a claritromicina é a segunda escolha e a eritromicina pode ser usada, mas não é recomendada em menores de 1 mês de idade, em razão da associação com a síndrome da hipertrofia do piloro.
   D. Doses de azitromicina: para os menores de 6 meses, 10 mg/kg/dia em uma dose diária durante 5 dias; para maiores de 6 meses, 10 mg/kg em uma dose no primeiro dia e 5 mg/kg em uma dose diária do 2º ao 5º dia; em adultos, 500 mg no 1º dia e 250 mg do 2º ao 5º dia, em dose única diária.
   E. Doses de claritromicina: não recomendadas para menores de 1 mês de idade; a partir dessa idade, a dose é de 15 mg/kg/dia, dividida em 2 doses diárias por 7 dias.

Como opção nos casos de contraindicação dos macrolídeos, recomenda-se sulfametoxazol-trimetoprima, 40 e 8 mg/kg por dia, respectivamente, divididos em duas doses, por via oral, durante 14 dias[3,5].

Difteria*

O agente etiológico da difteria é a *Corynebacterium diphtheriae.*

Modo de transmissão

Contato íntimo com secreções de nariz, garganta, pele e olho do doente ou do portador. Raramente por meio de objetos contaminados com essas secreções.

Período de incubação

Geralmente, de 2 a 5 dias.

Período de transmissibilidade

Em média, até 2 semanas após o início dos sintomas. A antibioticoterapia adequada erradica o bacilo diftérico da orofaringe, de 24 a 48 horas após sua introdução, na maioria dos casos. O portador crônico não tratado pode transmitir a infecção por 6 meses ou mais e é extremamente importante na disseminação da doença.

Definição de caso

Suspeito

Toda pessoa que, independentemente da idade e do estado vacinal, apresentar quadro agudo de infecção da orofaringe, com presença de placas aderentes ocupando as amígdalas, com ou sem invasão de outras áreas da faringe (palato e úvula) ou outras localizações (ocular, nasal, vaginal, pele etc.), com comprometimento do estado geral e febre moderada.

Confirmado

- Critério laboratorial: todo caso suspeito com isolamento do *C. diphtheriae*, com ou sem provas de toxicidade positiva.
- Critério epidemiológico: todo caso suspeito de difteria com resultado de cultura negativo ou exame não realizado, mas que seja comunicante de um outro caso confirmado laboratorial ou clinicamente; ou com resultado de cultura negativo ou exame não realizado, mas que seja comunicante íntimo de indivíduo no qual se isolou *C. diphtheriae* (portador sadio).
- Critério clínico: quando forem observadas placas comprometendo pilares ou úvula, além das amígdalas; placas suspeitas na traqueia ou laringe; simultanea-

mente, placas em amígdalas, toxemia importante, febre baixa desde o início do quadro e evolução, em geral, arrastada; miocardite ou paralisia de nervos periféricos, que pode aparecer desde o início dos sintomas sugestivos de difteria ou até semanas depois.

- Critério anatomopatológico (necrópsia): quando a necrópsia comprovar placas comprometendo pilares ou úvula, além das amígdalas; placas na traqueia e/ou laringe[2,3,5].

Medidas de controle do paciente e dos comunicantes

1. Afastamento do paciente: em face da gravidade da doença, o paciente deve ser hospitalizado e permanecer isolado com precauções para gotículas até que duas culturas de material de orofaringe e de nariz (ou de lesões da pele na difteria cutânea) – obtidas com intervalo mínimo de 24 horas entre si e 24 horas após a suspensão da antibioticoterapia – estejam negativas. Depois de 48 horas de tratamento antimicrobiano adequado, a transmissibilidade geralmente não mais ocorre. Saliente-se que, logo após a alta, o paciente deve ser vacinado contra a difteria, pois a doença nem sempre confere imunidade duradoura.
2. Medidas de proteção do comunicante: para os comunicantes íntimos, independentemente da história vacinal, deve-se adotar as seguinte medidas:
   - A. Acompanhamento clínico por 7 dias para a identificação de casos secundários.
   - B. Colher cultura de orofaringe.
   - C. Profilaxia com antibióticos: penicilina G benzatina (600.000 U para os que pesam menos de 30 kg e 1.200.000 U para os demais, por via intramuscular profunda, em uma única aplicação) ou eritromicina (40-50 mg/kg/dia, máximo: 2 g/dia, por via oral, durante 7 a 10 dias).
3. Vacina contra a difteria (toxoide diftérico): indicada sob a forma de vacina tríplice, contra difteria, coqueluche e tétano (DPT) nos indivíduos com idade inferior a 7 anos, ou de vacina dupla contra a difteria e o tétano (dT,) para os demais comunicantes íntimos, domiciliares ou de creches e escolas, com exceção das pessoas adequadamente imunizadas (com um mínimo de 3 doses, sendo a última há pelo menos 5 anos).

Estreptococcias

A infecção pelo estreptococo do grupo A (EGA) pode apresentar-se de variadas formas clínicas, como: amigdalite e faringite, impetigo, escarlatina e erisipela. Quando a bactéria infectante é capaz de produzir uma ou mais exotoxinas eritrogênicas, associa-se ao quadro uma capilarite generalizada e manifesta-se um exantema micropapular típico, a escarlatina.

Modo de transmissão

Por contágio direto, pelo contato com secreções respiratórias ou de lesões de pele do doente ou do portador. Raramente por contato indireto, por meio de objetos ou mãos contaminadas.

Período de incubação

Geralmente, de 2 a 5 dias na faringite estreptocócica. Pode ser de até 10 dias no quadro de impetigo.

Período de transmissibilidade

Na faringite estreptocócica, a transmissibilidade é máxima durante a infecção aguda, diminuindo gradativamente, em algumas semanas, nos casos não tratados. Com antibioticoterapia eficaz (penicilina), elimina-se a transmissão em 24 horas. A ocorrência de transmissão durante o período de incubação não está esclarecida[3].

Medidas de controle do paciente e dos comunicantes

- Afastamento do paciente: afastamento da creche, da escola ou do local de trabalho durante pelo menos 24 horas após o início da antibioticoterapia adequada e até que a criança esteja afebril.
- Quarentena do comunicante: nenhuma.
- Medidas de proteção do comunicante: são restritas à antibioticoprofilaxia. Esta pode ser indicada para comunicantes domiciliares de pacientes com doença invasiva causada pelo EGA considerados de alto risco de morte diante da doença invasiva, como as pessoas com infecção pelo HIV, maiores de 65 anos de idade e portadores de diabete mellito. Em razão da raridade de surgimento de casos secundários e do baixo risco de doença invasiva causada pelos *Streptococcus* A em crianças, a quimioprofilaxia não é recomendada em escolas e creches[3]. Drogas e doses: penicilina G benzatina (50.000 U/kg, por via intramuscular profunda, em uma única aplicação) ou eritromicina (40 mg/kg/dia, divididos em quatro doses, VO, durante 10 dias)[3].

Meningite por *Haemophilus influenzae* Tipo B*

Modo de transmissão

Pelo contato direto (pessoa a pessoa) com o doente ou o portador, ou pela inalação de gotículas respiratórias contendo o microrganismo.

Período de incubação

Provavelmente curto, menor que 10 dias.

Período de transmissibilidade

Incerto, podendo perdurar enquanto o microrganismo estiver presente no trato respiratório superior. O uso de antibioticoterapia eficaz elimina a transmissibilidade em 24 horas[2,3].

Medidas de controle do paciente e dos comunicantes

1. Afastamento do paciente: afastamento respiratório, no hospital, até 24 horas após o início da antibioticoterapia adequada.
2. Quarentena do comunicante: nenhuma.
3. Medidas de proteção do comunicante: é essencial observar cuidadosamente os comunicantes domiciliares e de creches, com pronta avaliação médica de todas as crianças expostas que apresentem doença febril, sobretudo naquelas com idade inferior a 4 anos. A antibioticoprofilaxia com rifampicina, na dose de 10 mg/kg/dia, para os menores de 1 mês de idade, e de 20 mg/kg/dia (máximo: 600 mg/dia), para os demais, em uma única tomada diária, durante quatro dias, deve ser iniciada o mais precocemente possível (de preferência nas primeiras 24 horas, ou até o 30º dia pós-contato), em:
   A. Todos os comunicantes domiciliares (adultos e crianças) de uma residência onde exista pelo menos uma outra criança, que não o caso-índice, com idade inferior a 4 anos, não vacinada ou com imunização incompleta.
   B. Todos os comunicantes domiciliares de uma residência onde more uma criança menor de 12 meses que não tenha completado a série primária de vacinação.
   C. O mesmo está indicado para domicílios onde resida uma criança com infecção pelo HIV, independentemente da idade ou situação vacinal.
   D. Todos os comunicantes íntimos (adultos e crianças) de creche ou pré-escola em que tenham ocorrido dois ou mais casos e nos quais existam comunicantes com idade inferior a 2 anos não vacinados ou com imunização incompleta[3].
   E. Caso-índice: o tratamento com cefotaxima ou cetriaxona erradica o hemófilo da orofaringe. Se o tratamento tiver sido realizado com antimicrobiano que não erradica e a criança tiver menos de 2 anos de idade, deve-se prescrever profilaxia com rifampicina ao final do tratamento do quadro de meningite ou doença invasiva por hemófilo.

Meningite Meningocócica*

A doença meningocócica é uma infecção bacteriana aguda que se caracteriza por uma ou mais síndromes clínicas, sendo a meningite meningocócica a mais frequente delas e a meningococcemia, a forma mais grave. É causada pela *Neisseria meningitidis* (meningococo), que possui 12 diferentes sorogrupos: A, B, C, E, H, I,

K, L, W, X, Y e Z. Os sorogrupos A, B, C, Y, W e X são os principais responsáveis pela ocorrência da doença invasiva e, portanto, de epidemias.

Modo de transmissão

Contato direto com secreções de nariz e garganta de pessoas infectadas (doentes ou, mais comumente, portadores).

Período de incubação

Geralmente, de 3 a 4 dias (variação: 2 a 10 dias).

Período de transmissibilidade

Até 24 horas depois da instituição da terapêutica adequada[2,3].

Medidas de controle do paciente e dos comunicantes

1. Afastamento do paciente: afastamento respiratório no hospital até 24 horas depois do início da antibioticoterapia efetiva.
2. Quarentena do comunicante: nenhuma.
3. Medidas de proteção do comunicante: deve-se proceder à vigilância rigorosa dos comunicantes domiciliares e de outros comunicantes íntimos, com relação a sinais precoces da doença, especialmente febre.

A antibioticoprofilaxia está indicada para os contatos próximos, que são os moradores do mesmo domicílio, indivíduos que compartilham o mesmo dormitório (p. ex., alojamentos, quartéis), comunicantes de creches e escolas, e pessoas diretamente expostas às secreções do paciente. A droga de escolha é a rifampicina e deve ser administrada preferencialmente até 48 horas do contato. O caso-índice também deve receber a quimioprofilaxia com rifampicina antes da alta hospitalar caso o tratamento não tenha sido feito com ceftriaxona ou cefotaxima.

As outras opções terapêuticas são ceftriaxona e ciprofloxacina. Doses, intervalo e duração estão listados na Tabela 22.4[3,5].

Tabela 22.4 Profilaxia indicada para doença meningocócica, doses e duração[3,5]

Droga	Idade	Dose	Intervalo	Duração
Rifampicina	< 1 mês	5 mg/kg/dose	A cada 12 horas	2 dias
	Crianças > 1 mês e adultos	10 mg/kg/dose (máximo: 600 mg)	A cada12 horas	
Ceftriaxona	< 12 anos	125 mg: intramuscular	Dose única	
	> 12 anos	250 mg: intramuscular		
Ciprofloxacina	> 18 anos		Dose única	

Sífilis*

Modo de transmissão

Contato direto, geralmente sexual (raramente pelo beijo ou carícias a crianças com sífilis congênita precoce), com exsudatos de lesões recentes de pele ou mucosas de pessoas infectadas. Outros modos: por via transplacentária, por transfusão de sangue contaminado e, raramente, por meio de objetos contaminados.

Período de incubação

Geralmente, 3 semanas (variação: 10 a 90 dias).

Período de transmissibilidade

Variável, sendo o potencial de transmissão maior na presença de lesões abertas e úmidas dos estágios primário e secundário. As lesões infectantes raramente ocorrem mais de 1 ano após a infecção inicial. As diversas apresentações cutâneas da sífilis secundária, quando secas e sem solução de continuidade, não são contagiantes. A transmissão congênita é mais provável durante a sífilis materna precoce (primeiro ano após a aquisição). A antibioticoterapia adequada elimina a transmissão em 24 horas[2,3].

Medidas de controle do paciente e dos comunicantes

1. Afastamento do paciente: precauções com secreções e com sangue, até que se completem 24 horas de antibioticoterapia.
2. Quarentena do comunicante: nenhuma.
3. Medidas de proteção do comunicante: todos os comunicantes recentes (em um período de 3 meses) de um indivíduo com sífilis adquirida devem ser identificados e examinados, clínica e sorologicamente, e aqueles que tenham risco alto de aquisição (p. ex., exposição sexual, profissional ou hospitalar com criança com sífilis congênita precoce e sem proteção adequada nas primeiras 24 horas do tratamento) devem receber tratamento[3,5].

É importante salientar que a sífilis congênita é doença de notificação compulsória.

Tuberculose*

A tuberculose pode ser causada por qualquer uma das sete espécies que integram o complexo *Mycobacterium tuberculosis*: *M. tuberculosis*, *M. bovis*, *M. africanum*, *M. canetti*, *M. microti*, *M. pinnipedi* e *M. caprae*. Entretanto, do ponto de vista sanitário, a espécie mais importante é a *M. tuberculosis*.

Modo de transmissão

A tuberculose é uma doença de transmissão aérea: ocorre a partir da inalação de aerossóis produzidos por tosse, espirro ou fala de doentes com tuberculose de vias aéreas (tuberculose pulmonar ou laríngea). Somente pessoas com tuberculose ativa transmitem a doença.

Período de incubação

O período da infecção até a positividade do teste tuberculínico é de 2 a 10 semanas. O risco de desenvolver tuberculose é maior durante os primeiros 6 meses após a infecção, persistindo alto por 2 anos – em alguns casos, o indivíduo manifesta a doença anos depois da infecção[3].

Período de transmissibilidade

A transmissão ocorre enquanto o indivíduo estiver eliminando bacilos no escarro, principalmente quando tiver baciloscopia de escarro positiva. Com o início do esquema terapêutico adequado, a transmissão tende a diminuir gradativamente. Em geral, após 15 dias de tratamento e se o paciente não estiver mais tossindo, pode-se considerar o risco de transmissão mínimo. A rigor, para afirmar que não estaria mais com baciloscopia positiva, seria necessário apresentar três escarros negativos sucessivos[3,5]. Crianças com tuberculose pulmonar geralmente são negativas à baciloscopia e, por isso, costumam ter pouca participação na transmissão da doença[3].

Medida de controle do paciente e dos comunicantes

Afastamento do paciente

Se hospitalizado, deve ser internado sob precauções para aerossóis, de acordo com o tempo mencionado no item sobre período de transmissibilidade.

Medida de proteção dos comunicantes

A investigação de crianças e adolescentes que convivam com adultos com tuberculose é muito importante para detectar novos casos ou identificar pessoas infectadas pelo *M. tuberculosis* e que poderão ser protegidas pela quimioprofilaxia. A quimioprofilaxia primária é o tratamento preventivo da criança ainda não infectada com o *M. tuberculosis,* como é indicada para recém-nascido que convive com adultos com tuberculose. Os indivíduos já infectados pela tuberculose também podem ser protegidos do adoecimento e, neste caso, está indicada a quimioprofilaxia secundária, ou tratamento da infecção latente por tuberculose (ILTB). O tratamento da ILTB (quimioprofilaxia) com isoniazida pode reduzir em 60 a 90% o risco de adoecimento. A abordagem dos contatos deve ser feita sempre que for diagnosticado um caso-índice. Todas as pessoas em convívio próximo com este indivíduo devem ser submetidas a exame clínico, radiológico e ao teste tuberculínico, especialmente para crianças pequenas, menores de 5 anos. A prova tuberculínica permite identificar os infectados pela tuberculose, isto é, se a reação for superior a 10 mm (caso tenham sido vacinados com BCG há menos de 2 anos) ou superior a 5 mm, se vacinados com BCG há mais de 2 anos ou não vacinados. O exame seguinte seria a radiografia de tórax, para procurar possíveis lesões radiológicas compatíveis com tuberculose. Se a criança estiver assintomática, a radiografia normal e o teste tuberculínico mostrar que a criança está infectada, deve-se iniciar a quimioprofilaxia. A dose da isoniazida é de 5 a 10 mg/kg de peso, até a dose máxima, de 300 mg/dia, 270 doses que deverão ser tomadas por 9 a 12 meses[5].

Por outro lado, se a radiografia for sugestiva de tuberculose, está indicado o início de tratamento de tuberculose doença.

CONCLUSÕES

A evolução do entendimento científico a respeito da melhor forma de abordar os comunicantes de doenças infectocontagiosas tem permitido definir normas de conduta progressivamente mais confiáveis e precisas.

Essas normas, que incluem precauções, isolamentos e uso de imunobiológicos profiláticos, fornecem as diretrizes para evitar os afastamentos desnecessários (e para que não deixem de ocorrer quando bem fundamentados), para que não se deixe de utilizar os recursos medicamentosos disponíveis e eficazes e para a boa administração da saúde coletiva.

Os pediatras devem se manter atualizados em relação a essas normas de conduta, especialmente por meio das informações oficiais publicadas pelo Ministério da Saúde, não incorrendo em erros do passado, que geram transtornos e custos desnecessários.

REFERÊNCIAS BIBLIOGRÁFICAS

1. Brasil. Ministério da Saúde. Secretaria de Vigilância em Saúde. Protocolo clínico e diretrizes terapêuticas para manejo da infecção pelo HIV em crianças e adolescentes. Departamento de DST, Aids e Hepatites Virais. Brasília: Ministério da Saúde; 2014. 244p.
2. Brasil. Ministério da Saúde. Secretaria de Vigilância em Saúde. Departamento de Vigilância Epidemiológica. Doenças infecciosas e parasitárias: guia de bolso. 8. ed. rev. Brasília: Ministério da Saúde; 2010.
3. American Academy of Pediatrics. Report of the Committee on Infectious Diseases. 30. ed. Elk Grove Village: American Academy of Pediatrics; 2015.
4. Secretaria de Estado da Saúde de São Paulo. Coordenadoria de Controle de Doenças. Centro de Vigilância Epidemiológica. Informe técnico: surtos de caxumba. São Paulo: Secretaria de Estado da Saúde de São Paulo; abril de 2016.

5. Brasil. Ministério da Saúde. Secretaria de Vigilância em Saúde. Guia de vigilância em saúde. Brasília: Ministério da Saúde; 2014. 812p.
6. Brasil. Ministério da Saúde. Secretaria de Vigilância em Saúde. Departamento de Vigilância Epidemiológica. Manual dos centros de refêrencia para imunobiológicos especiais. Brasília: Ministério da Saúde; 2015.
7. Secretaria de Estado da Saúde de São Paulo. Coordenadoria de Controle de Doenças. Centro de Vigilância Epidemiológica. Divisão de Doenças de Transmissão Respiratória. Divisão de Imunização. Atualização das medidas de controle sarampo/rubéola. São Paulo, Secretaria de Estado da Saúde de São Paulo; 2014. Disponível em: <http://www.cve.saude.sp.gov.br/htm/resp/pdf/Sarampo14_medida_controle.pdf>.
8. Asano Y, Yoshikawa T, Suga S, Kobayashi I, Nakashima T, Yazaki T, et al. Postexposure prophylaxis of varicella in family contact by oral acyclovir. Pediatrics. 1993;92(2):219-22.

Abuso sexual e infecções sexualmente transmissíveis em crianças e adolescentes

23

Vera Lucia Moyses Borrelli
Anne Layze Galastri

Após ler este capítulo, você estará apto a:

1. Identificar os sinais de alerta de abuso sexual na infância e na adolescência.
2. Identificar as principais formas de transmissão das doenças sexualmente transmissíveis (DST) na infância e na adolescência.
3. Utilizar os principais métodos diagnósticos das DST na infância e na adolescência.
4. Realizar a prevenção e o tratamento das DST.

INTRODUÇÃO

Estimativas indicam que 12 milhões de pessoas por ano sofrem algum tipo de violência sexual. Relatórios de organizações internacionais apontam que uma em cada quatro mulheres no mundo é vítima de violência de gênero. No Brasil, 23% das mulheres estão sujeitas a violência doméstica, a qual, em 70% dos casos, é praticada pelo próprio marido. Crianças e adolescentes também são vítimas, havendo predominância do sexo feminino. O sexo masculino também é atingido, mas sua prevalência conhecida é muito menor. As medidas a serem tomadas para todos são semelhantes[1].

O atendimento à vítima de violência sexual é complexo e deve ser feito por equipe multiprofissional, que é responsável pelo acolhimento, reparo de injúrias, se houver, coleta de materiais para pesquisa forense, prevenção de gravidez indesejada, profilaxia, diagnóstico e tratamento de doenças sexualmente transmissíveis

(DST), e proteção contra abusos posteriores, além do acompanhamento de longo prazo para minimizar os traumas sofridos[1-3]. Assim, o atendimento psicológico e a restauração social devem ser iniciados o mais brevemente possível. Distúrbios psicológicos pós-estresse ocorrem em 80% dos casos[2,3].

Neste capítulo, objetivamos identificar e orientar a profilaxia e o tratamento das DST mais comuns, que podem ser resultantes de abuso.

DEFINIÇÕES

Violência, segundo a Organização Mundial da Saúde (OMS), é o uso intencional de força física ou poder, real ou em ameaça, contra si próprio, contra outra pessoa ou contra um grupo ou comunidade que resulte ou tenha possibilidade de resultar em lesão, morte, dano psicológico, déficit de desenvolvimento ou privação. Na violência sexual, nem sempre há agressão física, no entanto, a moral e a simbólica estão sempre presentes. Abuso sexual é quando uma criança ou um adolescente é utilizado para gratificação sexual de alguém que possua poder sobre ela. Todas as formas (vídeos, carícias, ato sexual etc.) produzem traumas perenes na vítima[1]. O abuso pode ser agudo ou crônico. O abuso agudo está associado à violência, com evidente ameaça à vida, ocorrendo geralmente no espaço público. Acomete adolescentes e mulheres adultas, e o agressor é desconhecido. Já o abuso crônico acontece geralmente no espaço privado, de forma repetida, em um espaço de tempo. Não se associa, em geral, com violência física, uma vez que as ameaças são veladas; atinge principalmente crianças, e o agressor é conhecido[4].

As DST compõem o grupo de doenças adquiridas principalmente pela relação sexual e são causadas por diversos agentes: bactérias, vírus, fungos ou parasitas.

Vale lembrar que o abuso sexual é um agravo de notificação obrigatória (Lei n. 8.069/1990, Portaria do Ministério da Saúde n. 1968/2001)[1].

DOENÇAS SEXUALMENTE TRANSMISSÍVEIS E RELAÇÃO COM ABUSO SEXUAL

De modo geral, as infecções sexualmente transmissíveis, quando diagnosticadas em criança, devem alertar para a possibilidade de abuso sexual[5,6]. No entanto, existem considerações a serem feitas:

- A identificação de infecção por *T. vaginalis*[7] ou *C. trachomatis* entre crianças pequenas pode ser resultado de infecção perinatal adquirida. Alguns casos de infecção perinatal por clamídia podem ter manifestação tardia, em até 3 anos[8].
- Vaginose bacteriana é um diagnóstico comum em crianças que foram abusadas, mas sua presença, por si só, não prova abuso sexual[3].

Tabela 23.1 Doenças sexualmente transmissíveis na criança: modos de transmissão e possibilidade de abuso sexual

Agente infeccioso	Transmissão sexual	Possibilidade de abuso sexual	Transmissão não sexual	Transmissão perinatal	Observação
Vaginose bacteriana (*Gardnerella vaginalis*)[10,11]	Sim	Inconclusivo	Sim	Não confirmado	A *G. vaginalis* faz parte da flora normal do trato genital feminino, porém o contato com esperma (pH elevado) contribui para o desequilíbrio da microbiota vaginal
Sífilis (*Treponema pallidum*)[10]	Sim	Diagnóstico	Sim	Sim	Afastada doença congênita e por via endovenosa, a aquisição por via sexual é a mais comum
Neisseria gonorrhoeae[10,11]	Sim	Diagnóstico	Não	Sim	Transmissão vertical comum, via parto vaginal. Principal sintoma é a conjuntivite
Chlamydia trachomatis[5,11]	Sim	Diagnóstico (se descartada transmissão perinatal)	Não	Sim, até 36 meses	Transmissão durante parto vaginal. Quadro clínico: conjuntivite, pneumonia
Herpes simples anogenital[10,11]	Sim	Altamente suspeito, exceto se há história clara de autoinoculação	Sim	Sim	O sorotipo 1 é principalmente oral. O contato não sexual pode ocorrer por autoinoculação (troca de fraldas, p. ex.)
HIV[9]	Sim	Diagnóstico	Sim	Sim	Sugere abuso sexual se descartados infecção perinatal e uso de drogas injetáveis
Condiloma acuminado (HPV)[5,10]	Sim	Suspeito	Sim (raro)	Sim	Partos vaginais ou pode ocorrer autoinoculação (raro)
Hepatite B[10-12]	Sim	Possibilidade de abuso se descartada contaminação perinatal ou por outra via não sexual (rara)	Sim	Sim	Baixíssimas taxas atuais de transmissão vertical
Tricomoníase (*Trichomonas vaginalis*)[5,7]	Sim	Altamente suspeito	Sim (raro)	Sim	Parto vaginal é possível, no entanto muito raro

Fonte: Ministério da Saúde, 2012[1], Kaufman, 2008[2] e Workowski et al., 2015[11].

- A maioria das infecções por vírus da hepatite B (HBV) em crianças resulta da exposição do agregado familiar às pessoas que estão infectadas com hepatite B crônica em vez de abuso sexual[3].

Primeiros Cuidados

A primeira medida para uma vítima de abuso sexual que procura atendimento médico deve ser o acolhimento. Deve-se tentar deixar o paciente em ambiente tranquilizador, ouvir o que ele tem a dizer, sem fazer julgamentos. Coletar informações que auxiliem na avaliação quanto ao risco de aquisição de DST. A Tabela 23.2 apresenta as principais síndromes em DST, seus sinais, sintomas e agentes etiológicos mais comuns.

O exame físico deve ser completo, incluindo cavidade oral e regiões anal e genital. Aconselha-se a presença de outro profissional da área de saúde durante a consulta e detalhado registro dos dados obtidos em prontuário, por causa das implicações legais.

Investigação Laboratorial para Doenças Sexualmente Transmissíveis

Estima-se que 1 a 5% das crianças vítimas de abuso sexual poderão adquirir DST e, em vista desse baixo risco e desconforto potencial de repetição de exames, discute-se se todas as crianças vítimas de abuso sexual devem ser testadas para todas as DST. Para os adolescentes, não há dúvida quanto a essa necessidade, por ser uma oportunidade para identificar ou prevenir uma DST. Cada paciente deve ser individualizado[2,11].

No evento agudo, deve-se coletar sorologias para excluir infecção prévia. Posteriormente, de acordo com o período de incubação de cada doença, coletar exames de controle. De modo geral, coleta-se sorologia para sífilis, HIV e hepatite C no momento zero e após 6, 12 e 24 semanas do abuso. A coleta de sorologia de hepatite B

Tabela 23.2 Principais síndromes sugestivas de doenças sexualmente transmissíveis

Síndrome/sintomas	Hipótese diagnóstica
Úlcera genital associada a linfonodomegalia inguinal	Sífilis primária, cancro mole, herpes genital ou donovanose
Corrimento uretral associado a prurido, polaciúria, odor fétido	Gonorreia, infecção por clamídia, tricomoníase, micoplasma e ureaplasma
Corrimento vaginal e/ou cervical associado a hiperemia, edema de vulva, prurido vulvar, dor à micção e à relação sexual, odor fétido	Vulvovaginites (tricomoníase, vaginose bacteriana e candidíase) e cervicites (gonorreia e clamídia)
Verruga anogenital	HPV
Rash cutâneo, lesões nas palmas das mãos e plantas dos pés	Sífilis secundária

Fonte: Workowski et al., 2015[11]

deve ser realizada no momento zero. Em caso de paciente sem cicatriz sorológica, vacinar e coletar sorologias de controle[2,11].

A Tabela 23.3 ilustra os testes laboratoriais mais adequados para avaliação das DST mais comuns entre as vítimas de abuso sexual[1-11].

Prevenção das Doenças Sexualmente Transmissíveis nas Vítimas de Abuso Sexual

As medidas imediatas de profilaxia contra DST não devem ser retardadas. Mesmo que não tenha havido coleta de exames ou realização de exame físico, a prioridade é a prevenção de doenças[11]. Para crianças (pré-púberes), por conta da baixa incidência de infecção e do baixo risco de acometimento do trato genital superior após um abuso, não se recomenda profilaxia para infecção presumida, apenas se confirmada[4]. Em um primeiro momento, sempre que possível, inicia-se o acompanhamento psicológico. Vários centros de referência fazem o atendimento global. Mesmo que este não possa ser realizado no local de entrada do paciente no serviço de saúde, o encaminhamento é de extrema importância para garantir um acompanhamento adequado para o caso[4].

DIAGNÓSTICO E TRATAMENTO

Existem medidas eficazes para a profilaxia da maioria das DST. Para HPV e herpes simples, não há profilaxia. Não se deve retardar as medidas profiláticas diante da coleta de materiais para diagnóstico e investigação do caso[1,10,11]. Não há um tempo correto predeterminado, mas de modo geral já se indica no primeiro atendimento porque, quanto antes, menor a possibilidade de doença instalada[1]. Quando há abu-

Tabela 23.3 Testes laboratoriais auxiliares no diagnóstico de doenças sexualmente transmissíveis

Agente	Teste laboratorial
Neisseria gonorrhoeae	Cultura retal, orofaringe, uretral (homem) e/ou vaginal (ou PCR)
Chlamydia trachomatis	Cultura retal, uretral (homem) e/ou vaginal (ou PCR)
Sífilis	Teste de campo escuro de secreção do cancro, se presente; testes sorológicos no momento do abuso e 6, 12 e 24 semanas mais tarde
HIV	Testes sorológicos do agressor, se possível. Testes sorológicos da vítima no momento do abuso e 6, 12 e 24 semanas mais tarde
Hepatite B	Sorologia do agressor e da vítima. Se paciente com resposta vacinal adequada, a chance de adquirir é quase inexistente
Herpes simples 1 e 2	Cultura ou PCR de lesões vesiculares ou ulcerativas, se existirem
Vaginose bacteriana	pH e teste com KOH (hidróxido de potássio) da secreção vaginal ou Gram
HPV	Avaliação clínica de lesões e biópsia se houver dúvida diagnóstica
Trichomonas vaginalis	Exame a fresco ou cultura de secreção vaginal

Fonte: Ministério da Saúde, 2012[1]; Kaufman, 2008[2]; Workowski et al., 2015[11].

so crônico ou recorrente, isto é, se a vítima sofre repetidos intercursos sexuais, não há indicação de profilaxia para DST.

Vale lembrar que, sempre que houver diagnóstico de uma DST, deve-se procurar por outras[1,6,11].

Doenças Sexualmente Transmissíveis Bacterianas

Chlamydia trachomatis e *Neisseria gonorrhoeae* são, em mulheres, de particular preocupação por causa da possibilidade de infecção ascendente no trato genital[1,11]. O uso de metronidazol é opcional para tratamento de tricomoníase[1]. Vale lembrar que a tricomoníase tem baixo impacto na saúde: 70 a 85% das pessoas infectadas têm sintomas mínimos ou inexistentes. Na mulher, pode causar corrimento e doença inflamatória pélvica (DIP). No sexo masculino leva a sintomas de uretrite, epididimite ou prostatite. Faltam dados estatísticos que evidenciem benefício com o tratamento de pessoas assintomáticas[1,6,10,11].

Os exames a serem coletados para diagnóstico de doenças bacterianas sexualmente transmitidas são:

- Cultura para *N. gonorrhoeae*: a partir de amostras colhidas da faringe e do ânus em meninos e meninas, da vagina nas meninas e da uretra nos meninos. Amostras cervicais não são recomendadas para meninas pré-púberes. A coloração de Gram é inadequada para avaliação de crianças na pré-puberdade para a gonorreia e não deve ser utilizada para diagnosticar ou excluir a gonorreia[1,6,11].
- Cultura para *C. trachomatis*: a partir de amostras coletadas do ânus, em ambos os sexos, e da vagina nas meninas. Uma amostra do meato uretral masculino deve ser obtida se houver corrimento[1].
- Cultura para *T. vaginalis:* coletar sempre que possível, mesmo sem sintomatologia[6,11].
- Vaginose bacteriana: coleta de esfregaço vaginal, com teste de Whiff (teste das aminas) e visualização de *clue cells*[11].
- *Treponema pallidum*: coletar VDRL no momento inicial, com 6 semanas, 3 e 6 meses. Em caso de cancro ao exame físico, realizar exame microscópico de campo escuro com secreção da lesão[10].

O esquema terapêutico recomendado para mulheres adultas e adolescentes é composto por penicilina benzatina, ceftriaxona e azitromicina, em doses únicas, conforme posologia indicada na Tabela 23.4[1,4,6]. Tal esquema também pode ser utilizado em caso de gravidez, em qualquer idade gestacional.

A penicilina ainda é a medicação de escolha para sífilis e deve ser dispensada e administrada nas unidades básicas de saúde[1,11].

Tabela 23.4 Antimicrobianos de profilaxia pós-abuso sexual

Medicação	Penicilina G benzatina	Ceftriaxona	Azitromicina
≥ 45 kg	2,4 milhões UI, IM (1,2 milhão em cada nádega)	250 mg, IM	1.000 mg, VO
< 45 kg	50 mil UI/kg, IM (máximo 2,4 milhõ UI)	125 mg, IM	20 mg/kg, VO (máximo 1 g)

Se houver hipersensibilidade comprovada à penicilina, deve-se usar estearato de eritromicina (50 mg/kg/dia, VO, a cada 6 h – máximo 2 g/dia, por 15 dias) ou ciprofloxacina (30 mg/kg/dia, VO – máximo 500 mg, dose única). Se paciente com vaginose bacteriana ou tricomoníase, associar metronidazol 15 mg/kg/dia, VO, a cada 8 h, máximo 2 g por 7 dias) ou secnidazol (10 mg/kg, dose única, máximo 2 g)[6,11].
Fonte: Ministério da Saúde, 2012[1]; American Academy of Pediatrics, 2015[6].

Doenças Sexualmente Transmissíveis Virais

Hepatite B

Se a vítima for suscetível, isto é, sem soroconversão pós-vacinal ou sem imunização prévia ou sem resposta vacinal conhecida, deve-se realizar a profilaxia com imunoglobulina e imunização, que pode ser indicada até 14 dias após o evento. No entanto, possui melhor eficácia nas primeiras 24 horas[1,6,11]. Os exames a serem coletados para investigação e acompanhamento de hepatite B, quando não se sabe a sorologia do agressor, estão na Tabela 23.5[1,12].

Se a sorologia da vítima vier com sinais de infecção por hepatite B, encaminhar a um centro de referência para tratamento.[1]

Hepatite C

Nos casos de agressor com infecção por hepatite C ou desconhecido, a vítima deve realizar acompanhamento com os exames indicados na Tabela 23.6.

O período de incubação é, em média, de 7 semanas, com mais de 75% de infecção aguda sem manifestação clínica[1].

Tabela 23.5 Resultados de sorologia para hepatite B, interpretação e conduta

HBsAg	Anti-HBc IgM	Diagnóstico	Conduta
+	+	Hepatite B aguda (> 15 dias de doença)	Repetir em 6 meses
+	–	Hepatite B aguda (< 15 dias) ou hepatite crônica	Realizar em 15 dias anti-HBc IgM Se positivo → hepatite B aguda Se negativo → fazer anti-HBc total, se negativo → hepatite B crônica → avaliar anti-HBs; se positivo: cura; se negativo: doença crônica
–	+	Infecção aguda	Repetir em 6 meses
–	–	Sem contato ou sem resposta vacinal	Vacina 0,5 mL, 0, 1 e 6 meses; realizar imunoglobulina humana anti-hepatite B 0,06 mL/kg (máximo 5 mL), em dose única

Fonte: Ministério da Saúde, 2012[1] e 2015[12].

Tabela 23.6 Exames de acompanhamento de hepatite C após exposição a risco

Exame	Na exposição	45 dias após evento	90 dias após evento	180 dias após evento
TGO	+	+	+	+
Sorologia (anti-HCV)	+	Não realizar	+	+
PCR qualitativa (HCV-RNA)			+	

Fonte: Ministério da Saúde, 2012[1] e 2015[12].

HIV

Estudos mostram que o risco de transmissão após violência sexual é de 0,8 a 2,7%. No entanto, não existem dados confirmatórios, uma vez que não se sabe a real taxa de violência sexual e, além disso, inúmeros fatores contribuem para a aquisição da doença. Alguns deles são: tipo de exposição sexual (anal, vaginal, oral); número de agressores; rotura himenal; exposição a secreções sexuais e/ou sangue; presença de outra DST ou úlcera genital; carga viral do agressor; início precoce da profilaxia antirretroviais (ARV), quando indicada[1,3,10,13-16]. No sexo consensual, o risco de transmissão do HIV por ato é de 0,1 a 0,2% em relações vaginais e, para o intercurso retal receptivo, de 0,5 a 3%[16].

A profilaxia pós-exposição (PEP) com curso de 28 dias de zidovudina foi associada com redução de 81% no risco de contrair o HIV em um estudo com profissionais de saúde que tiveram exposição percutânea a sangue infectado com HIV[17], sendo utilizado como referência para casos de violência sexual. A possibilidade de exposição ao HIV no caso de violência deve ser avaliada no exame inicial. Quanto mais rápida for a profilaxia pós-exposição, maior a probabilidade de benefício[1,11]. O ideal é iniciar nas primeiras 24 horas, mas está indicada até 72 horas depois. Nos casos de violência crônica, não tem benefício[1,11,14].

Antes de introduzir a profilaxia anti-HIV, é ideal considerar as indicações e os riscos potenciais da terapia antirretroviral (TARV): efeitos colaterais, toxicidade e seleção de resistência viral, que devem ser inferiores aos benefícios da profilaxia. A quimioprofilaxia antirretroviral está recomendada em todos os casos de penetração vaginal e/ou anal nas primeiras 72 horas após a violência, inclusive se o *status* sorológico do agressor for desconhecido[1,2,6,9,11,14]. A Tabela 23.7 mostra a indicação de profilaxia ARV.

Quando o agressor é conhecido, realizar teste rápido de HIV. Se for desconhecido ou se negar a realizar o exame, considerar como positivo. O teste negativo não exclui que o agressor esteja na janela imunológica, no entanto os testes estão cada vez mais sensíveis. O paciente deverá repetir o teste em 6 semanas, 3 e 6 meses. No período de investigação, orienta-se o uso de preservativo em todas as relações sexuais[1,6,9].

A profilaxia ARV do HIV deve ser considerada uma emergência e iniciada de preferência imediatamente após a violência, nas primeiras 24 horas, e deve ser

Tabela 23.7 Indicação de profilaxia antirretroviral após exposição sexual

Profilaxia antirretroviral	Situações
Recomendada	Violência sexual com penetração vaginal e/ou anal desprotegida, com ejaculação, sofrida há menos de 72 h
Individualizada	Penetração oral com ejaculação
Não recomendada	Penetração oral sem ejaculação Uso de preservativo durante toda a agressão Agressor sabidamente HIV-negativo Violência sofrida há mais de 72 h Abuso crônico pelo mesmo agressor

Fonte: Ministério da Saúde, 2012[1] e 2015[12] e Kaufman, 2008[2].

mantida por 4 semanas. O esquema de primeira escolha deve ser composto por três ARV, dois inibidores da transcriptase reversa análogos de nucleosídeos (ITRN), combinados com um inibidor da protease (IP) adicionado de ritonavir (r), porque essas medicações têm alta potência na redução da carga viral plasmática[1,9,11].

As drogas de primeira linha são zidovudina (AZT), lamivudina (3TC) e lopinavir + ritonavir (LPV/r). As de segunda escolha são tenofovir (TDF), lamivudina (3TC) e lopinavir + ritonavir (LPV/r)[1]. Drogas ARV utilizadas nesses casos e suas doses encontram-se na Tabela 23.8.

Nos casos em que o agressor é sabidamente HIV positivo e está em tratamento ARV, a estruturação do esquema para profilaxia deverá ser individualizada: caso o agressor esteja com carga viral abaixo dos limites de detecção, o esquema ARV indicado para a vítima poderá ser o mesmo do agressor, podendo ser modificado, se o mesmo estiver replicando, para uma TARV que melhor combata o vírus[1,2,10].

Papilomavírus humano

Não existe medicação efetiva no combate à infecção por esse vírus, mas para as vítimas de abuso o esquema vacinal deve ser iniciado para todas, a partir de 9 anos de idade, sendo uma dose no momento inicial, outra após 6 meses e um *booster* possível após 60 meses da primeira dose (mais detalhes sobre a vacina encontram-se no Capítulo 27, "Imunização")[6,11].

CONTRACEPÇÃO DE EMERGÊNCIA

Segundo estudos, o risco de gravidez após abuso sexual varia de 0,5 a 5%, porque depende da aleatoriedade da violência em relação ao período do ciclo menstrual, bem como se a violência foi um caso isolado ou se é uma violência continuada[1]. Por isso, é indicada a anticoncepção de emergência em todos os casos agudos que apresentaram contato certo ou duvidoso com sêmen, independentemente do

Tabela 23.8 Drogas antirretrovirais para uso em crianças e adolescentes, doses, apresentações e principais efeitos adversos

Droga	Dosagem recomendada	Apresentações	Efeitos adversos/comentários
Zidovudina (AZT)	Criança:180 a 240 mg/m^2 dose, 12/12 h (dose máx. 300 mg, 12/12 h > 12 anos: 300 mg, 12/12 h	Cápsula: 100 mg Solução oral: 10 mg/mL Frasco-ampola: 10 mg/mL	Neutropenia e/ou anemia, náusea, cefaleia, miopatia, pigmentação das unhas, neuropatia
Lamivudina (3TC)	Criança: 4 mg/kg, 12/12 h (dose máx. 150 mg, 12/12 h) > 12 anos: 150 mg, 12/12 h ou 300 mg dose única	Comp.: 150 mg Solução oral: 10 mg/mL	Náusea, diarreia, cefaleia, fadiga, exacerbação de hepatite B se interrompido
AZT + 3TC	Criança: doses individuais de AZT e 3TC, 12/12 h (até máx. de adulto) Adulto: 300 mg AZT/150 mg 3TC (1 comp.), 12/12 h	Comp.: 300/150 mg	
Lopinavir/ritonavir (LPV/r)	Criança (> 14 d e < 1 ano): 300/75 mg/m^2, 12/12 h Criança (> 1 ano): 230/57,5 mg/m^2, 12/12 h Adolescente > 35 kg, 400/100 mg, 12/12 h	Comp.: 200/50 mg e 100/25 mg LPV/R solução oral: 80/20 mg LPV/R (refrigerar)	Diarreia, cefaleia, náusea, vômitos Cuidado na insuficiência hepática
Tenofovir (TDF)	Criança 2 a 12 anos: 8 mg/kg/dose 1x/dia (ainda sem registro no Brasil) Adolescentes > 12 anos e > 35 kg: 300 mg 1 x/dia (registro no Brasil apenas para adultos) > 18 anos: 300 mg, dose única diária	Comp.: 300 mg	Cefaleia, náuseas, vômitos, disfunção tubular renal, desmineralização óssea, exacerbação de hepatite B se interrompido

A dose adulta é o máximo permitido para dose pediátrica[9].
Fonte: adaptada de Ministério da Saúde, 2015[9].

Tabela 23.9 Principais doenças sexualmente transmissíveis, quadro clínico, diagnóstico e tratamento

Doença	Quadro clínico	Diagnóstico	Tratamento
Tricomoníase (*T. vaginalis*)[10]	Corrimento abundante, amarelado bolhoso; prurido vulvar; dor pélvica; colpite com aspecto de framboesa	Bacterioscópico a fresco ou Gram de secreção vaginal com protozoários móveis	Metronidazol 15 mg/kg/d, 8/8 h, por 7 dias em < 45 kg e 2 g, dose única em ≥ 45 kg, ou tinidazol 50 mg/kg (máximo 2 g), dose única[6,10]
C. trachomatis[2,10]	A maioria das pessoas é assintomática. Pode apresentar-se como linfogranuloma venéreo, tracoma, DIP, cervicite, uretrite, síndrome de Fitz-Hugh-Curtis, conjuntivite neonatal	Teste de amplificação de ácidos nucleicos (NASC): secreção vaginal. PCR – alto custo. Citologia tem baixas sensibilidade e especificidade[2]	Azitromicina 20 mg/kg (máximo 1 g), dose única em adolescentes, ou doxiciclina 100 mg, 12/12 h, por 7 dias[6]
Gonorreia (*N. gonorrhoae*)	60% dos portadores são assintomáticos. Apresenta-se com quadro de cervicite, leucorreia purulenta, DIP, uretrite, conjuntivite neonatal e faringite[1,10]. Existem raros casos de artrite e quadros disseminados	Coloração por Gram, cultura do gonococo em meio seletivo (Thayer-Martin modificado) de secreção endocervical ou NASC e captura híbrida (os últimos dois com alto custo)	Infecção anogenital: ceftriaxona 25 a 50 mg/kg (máximo 500 mg) + eritromicina 50 mg/kg/d, 6/6 h (máximo 2 g), por 7 dias, ou azitromicina 1 g, dose única Faringite: ceftriaxona + azitromicina semelhante a doença anogenital Infecção disseminada: ceftriaxona 1 g/dia até melhora clínica, depois continuar com ciprofloxacina 500 mg, 12/12 h, por 7 dias Conjuntivite: ceftriaxona 25 a 50 mg/kg (máximo 125 mg), dose única[6,10]
Herpes genital (herpes simples 2)[1,10]	Primoinfecção: importante quadro com lesões eritematopapulosas (1-3 mm), que se transformam em vesículas dolorosas em região genital. Pode ter quadro sistêmico associado Linfadenomegalia inguinal dolorosa bilateral está presente em 50% dos casos Recorrência: quadro mais leve, com pródromos característicos (prurido, queimação)[1,10]	Cultura celular e PCR são bons métodos. A diferenciação de sorotipo[1,2] deve ser realizada Alterações citológicas são inespecíficas[10,11]	Primeiro episódio: aciclovir 20 mg/kg/dose (máximo 400 mg), 8/8 h ou 200 mg, 1 comprimido, VO, 5 x/dia, por 7 dias Recorrente: aciclovir 20 mg/kg/dose (máximo 400 mg), 8/8 h, ou 200 mg, 5 x/dia por 5 dias
Condiloma acuminado (HPV – 90%)[6,11]	Assintomáticos em sua grande maioria, verrugas anogenitais, nasais, orais e laríngeas. São geralmente planas, papulares ou crescimentos pedunculados na mucosa genital[10]	Colpocitologia oncótica de colo uterino; citologia oncótica anal; colposcopia; anuscopia. Histopatologia é indicada em situações especiais[11]	Podofilina 9-10%, 25%, ácido tricloroacético (ATA) a 80-90%, eletrocauterização, crioterapia e exérese cirúrgica[6,10]

(continua)

Tabela 23.9 Principais doenças sexualmente transmissíveis, quadro clínico, diagnóstico e tratamento *(continuação)*

Doença	Quadro clínico	Diagnóstico	Tratamento
Sífilis (*T. pallidum*)[1,10]	Cancro duro (sífilis primária): úlcera única e indolor, com base endurecida e fundo liso, adenopatia regional não supurativa, indolor e móvel, 2-4 semanas após contágio Sífilis secundária: lesões cutaneomucosas não ulcerativas (roséolas, sifílides papulosas, condiloma plano), micropoliadenopatia generalizada, artralgia, febrícula e cefaleia Sífilis tardia: assintomática na grande maioria das vezes, pode ter quadro neurológico grave associado[3,10]	Pesquisa de treponema em campo escuro VDRL, FTA-Abs, TPHA VDRL, FTA-Abs, TPHA	Penicilina benzatina 50 mil UI/kg, dose única (máximo 2,4 milhões UI) Penicilina benzatina 50 mil UI/kg, dose única (máximo 2,4 milhões UI) Repetir em 7 dias Penicilina benzatina 50 mil UI/kg, dose única (máximo 2,4 milhões UI) Repetir em 7 e 14 dias

DIP: doença inflamatória pélvica.

Fonte: adaptada de Ministério da Saúde, 2012[1]; American Academy of Pediatrics, 2015[6].

período do ciclo menstrual em que se encontrem, desde que tenham tido a primeira menstruação e que não estejam na menopausa[1]. A medicação de escolha é o levonorgestrel, 1,5 mg, por via oral, em dose única (Tabela 23.10). Nos casos crônicos indica-se coleta de beta-hCG prévio à sua administração[4].

CONCLUSÕES

O abuso sexual é uma das formas de violência a que estão sujeitas crianças e adolescentes. O profissional de saúde deve estar atento aos sinais e sintomas que sugerem abuso sexual, principalmente nos casos em que ele é crônico e não associado a violência física, quando o diagnóstico baseia-se em sinais indiretos psicossociais ou físicos, ou na presença de DST ou gravidez. Assim, diante de crianças ou adolescentes vítimas de abuso sexual, o pediatra deve estar capacitado a fazer a profilaxia (quando indicada) e diagnosticar e tratar as DST adequadamente.

Tabela 23.10 Medicação para contracepção de emergência e posologia

Método	Dose da medicação	Observação
Levonorgestrel (primeira escolha)	0,75 mg de levonorgestrel por comprimido ou 1,5 mg de levonorgestrel por comprimido	Via oral, dose única
Método de Yuzpe (segunda escolha)	Anticoncepcional hormonal oral com 0,05 mg de etinilestradiol e 0,25 mg de levonorgestrel por comprimido	2 comprimidos a cada 12 h; total de 4 comprimidos
	Anticoncepcional hormonal oral com 0,03 mg de etinilestradiol e 0,15 mg de levonorgestrel por comprimido	4 comprimidos a cada 12 h; total de 8 comprimidos

Fonte: Ministério da Saúde, 2012[1].

REFERÊNCIAS BIBLIOGRÁFICAS

1. Brasil. Ministério da Saúde. Secretaria de Atenção à Saúde. Departamento de Ações Programáticas Estratégicas. Prevenção e tratamento dos agravos resultantes da violência sexual contra mulheres e adolescentes: norma técnica. 3. ed. Brasília: Ministério da Saúde; 2012.
2. Kaufman M. Care of the adolescent sexual assault victim. American Academy of Pediatrics. Pediatrics. 2008;122(2).
3. Friedman MS, Marshal MP, Guadamuz TE, Wei C, Wong CF, Saewyc E, Stall R. A meta-analysis of disparities in childhood sexual abuse, parental physical abuse, and peer victimization among sexual minority and sexual nonminority individuals. Am J Public Health. 2011;101(8):1481-94. doi:10.2105/AJPH.2009.190009.
4. Waksman RD, Hirschheimer MR (coords.). Sociedade de Pediatria de São Paulo. Manual de atendimento às crianças e adolescentes vítimas de violência. Núcleo de Estudos da Violência Doméstica contra a Criança e o Adolescente. Brasília: Conselho Federal de Medicina; 2011. 172p.
5. Brasil. Ministério da Saúde. Secretaria de Atenção à Saúde. Secretaria de Ciência, Tecnologia e Insumos Estratégicos. Protocolo clínico e diretrizes terapêuticas para atenção integral às pessoas com infecções sexualmente transmissíveis. Brasília: Ministério da Saúde; 2015.

6. American Academy of Pediatrics. Sexually transmitted infections in adolescents and children. In: Kimberlin DW, Brady MT, Jackson MA, Long SS (eds.). Red Book: 2015. Report of the Committee on Infectious Diseases. 30. ed. Elk Grove Village: American Academy of Pediatrics; 2015. p. 177-85.
7. Schwandt A, Williams C, Beigi RH. Perinatal transmission of Trichomonas vaginalis: a case report. J Reprod Med. 2008; 53:59-61.
8. Chojnacka K, Szczapa J, Kedzia W. Perinatal transmission of Chlamydia trachomatis and its complication in preterm infants. Ginekol Pol. 2012 Feb;83(2):116-21.
9. Brasil. Ministério da Saúde. Secretaria de Vigilância em Saúde. Departamento de DST, Aids e Hepatites Virais. Protocolo clínico e diretrizes terapêuticas para profilaxia antirretroviral pós-exposição de risco à infecção pelo HIV. Brasília: Ministério da Saúde; 2015.
10. Brasil. Ministério da Saúde. Secretaria de Vigilância em Saúde. Departamento de DST, Aids e Hepatites Virais. Protocolo clínico e diretrizes terapêuticas para atenção integral às pessoas com infecções sexualmente transmissíveis. Brasília: Ministério da Saúde; 2015.
11. Workowski KA, Bolan GA. Sexually transmitted diseases treatment guidelines. Department of Health and Human Services Centers for Disease Control and Prevention. MMWR Recomm Rep. 2015;64.
12. Brasil. Ministério da Saúde. Secretaria de Vigilância em Saúde. Departamento de DST, Aids e Hepatites Virais. Manual técnico para o diagnóstico das hepatites virais. Brasília: Ministério da Saúde; 2015. p. 19.
13. Draughon JE. Sexual assault injuries and increased risk of HIV transmission. Adv Emerg Nurs J. 2012;34(1):82-7. doi: 10.1097/TME.0b013e3182439e1a.
14. Fisher M, Benn P, Evans B, Pozniak A, Jones M, Maclean S, et al. UK Guideline for the use of postexposure prophylaxis for HIV following sexual exposure. Int J STD AIDS. 2006;17(2):81-92.
15. DeGruttola V, Seage GR, Mayer KH, Horburgh CRJ. Infectiousness of HIV between male homosexual partners. J Clin Epidemiol. 1989;42:849-856. [PubMed: 2789269.]
16. Varghese B, Maher JE, Peterman TA, Branson BM, Steketee RW. Reducing the risk of sexual HIV transmission: quantifying the per-act risk for HIV on the basis of choice of partner, sex act, and condom use. Sex Transm Dis. 2002;29:38-43.
17. Cardo DM, Culver DH, Ciesielski CA, Srivastava PU, Marcus R, Abiteboul D, et al. A case-control study of HIV seroconversion in health care workers after percutaneous exposure. N Engl J Med. 1997;337:1485-90.

Doenças humanas causadas por atividades de lazer e animais domésticos 24

Heloisa Helena de Sousa Marques
Pedro Takanori Sakane

Após ler este capítulo, você estará apto a:

1. Diagnosticar doenças relacionadas a atividades de lazer e orientar a família sobre seus riscos.
2. Reconhecer as principais doenças transmitidas por animais de estimação.
3. Realizar o diagnóstico e estabelecer a conduta terapêutica.
4. Orientar quanto às principais medidas de prevenção.

INTRODUÇÃO

Atividades de lazer são importantes para a melhoria da qualidade de vida, mas acompanham riscos de aquisição de doenças. Serão discutidos, neste capítulo, alguns riscos infecciosos decorrentes de viagens, acampamentos e caminhadas, jardinagem, natação, praia, ingestão de alimentos contaminados e contato com animais, analisando resumidamente o quadro clínico, o diagnóstico e o tratamento de algumas das doenças.

VIAGENS

Outrora, as viagens, principalmente ao exterior, eram demoradas e as pessoas adoeciam durante elas. Entretanto, hoje em dia, a rapidez na locomoção permite que uma doença adquirida em uma comunidade cumpra seu período de incubação e desenvolva a doença em outra[1,2].

A análise da sintomatologia, aliada ao conhecimento das regiões visitadas, observando-se o período de incubação, pode levar muitas vezes ao diagnóstico correto.

Sintomas Gastrointestinais

Alterações no trato gastrointestinal como vômitos, diarreia, disenteria e dor abdominal podem ser ocasionadas por bactérias (*Salmonella, Shigella, Campylobacter, Aeromonas, Yersinia, Vibrio*), toxinas (produzidas por *Escherichia coli, Clostridium difficile*, peixes e crustáceos), vírus (rotavírus, norovírus) e parasitas (*Entamoeba, Giardia, Dientamoeba, Cryptosporidium, Isospora, Microsporidia* ou *Cyclospora*). Nas intoxicações, o tempo de incubação é de algumas horas, e, nas infecções bacterianas e virais, os sintomas aparecem após alguns dias e, nas parasitárias, após semanas.

A cólera, talvez a doença gastrointestinal mais grave que pode ser adquirida durante uma viagem, é causada pelo *Vibrio cholerae*, evolui com diarreia profusa e, nos casos mais graves, desidratação e óbito[3].

O diagnóstico é feito pela cultura de fezes e o principal tratamento é manter agressivamente uma boa hidratação. Deve-se prescrever antibioticoterapia como indicado na Tabela 24.1[4,5].

As doenças intestinais causadas por outros patógenos entéricos têm apresentação clínica muito semelhante entre si (diarreia e vômitos, dor abdominal, febre), apesar de existirem pequenas diferenças, como quadro disenteriforme na shiguelose e surtos em navios em caso de norovírus. É necessário exame complementar para o diagnóstico etiológico, como cultura ou pesquisa do agente nas fezes, e a conduta terapêutica difere conforme a causa. Como regra, apenas a hidratação oral e o uso

Tabela 24.1 Antibioticoterapia para cólera[4,6]

Classe	Antibiótico	Dose pediátrica	Dose adulta	Comentários
Tetraciclinas	Doxiciclina	4-6 mg/kg, dose única	300 mg, dose única	Resistência é comum Não indicada em menores de 8 anos e em grávidas
	Tetraciclina	50 mg/kg/dia em 4 tomadas, por 3 dias	500 mg, 4 vezes ao dia, por 3 dias	
Macrolídeos	Azitromicina	20 mg/kg, dose única	1 g, dose única	
	Eritromicina	40 mg/kg/dia em 4 tomadas, por 3 dias	500 mg, 4 vezes ao dia, por 3 dias	
Fluorquinolona	Ciprofloxacina	20 mg/kg, dose única	1 g, dose única	Não indicada em menores de 8 anos e em grávidas
Sulfametoxazol*-trimetoprim (SMX-TMP)	SMX-TMP	50 mg/kg/dia + 10 mg/kg/dia a cada 12 h, por 3 dias	800/160 mg a cada 12 h, por 3 dias	
Gestantes e nutrizes[6]	Ampicilina		500 mg a cada 6 h, por 3 dias	

criterioso de sintomáticos são capazes de controlar o quadro, sendo os antibióticos reservados para determinados pacientes, como crianças pequenas, idosos e pacientes imunodeprimidos.

A prevenção das infecções gastrointestinais é feita tomando-se cuidado com a comida e a água. O tratamento da água a ser utilizada como bebida ou no preparo de alimentos pode ser feito com hipoclorito de sódio a 2,5%. Para a cólera, existe uma vacina oral, porém apresenta baixa eficácia (50%) e curta duração de imunidade (3 a 6 meses)[6].

Diarreia dos Viajantes

Acomete pessoas que viajam para localidades com grandes diferenças climáticas, sociais ou sanitárias, nos 2 a 10 dias iniciais, sendo a diarreia o principal sintoma. Afeta de 10 a 50% dos viajantes, e os agentes etiológicos podem variar muito, desde bactérias até vírus e protozoários, e a *E. coli* está implicada em mais de 80% dos casos. É resultante da ingestão de água e alimentos contaminados e dura de 2 a 3 dias, como regra, sendo benigna e autolimitada.

Alteração do Trato Gastrointestinal Relacionada com Sintomas Neurológicos

Em alguns casos, os sintomas gastrointestinais são acompanhados por alterações neurológicas. Em geral, há participação de neurotoxinas, como:

- Toxina shiga: produzida por várias espécies de *Shigella*, é uma neurotoxina que provoca convulsões, principalmente em crianças, com disenteria[7].
- Ciguatera: peixes que se nutrem de algas contendo ictiosarcotoxina, como barracudas, mero, vermelho e garoupa, concentram essa toxina principalmente no fígado. Os sintomas gastrointestinais começam 3 a 5 horas após a ingestão e os neurológicos, 12 a 18 horas depois, e caracterizam-se por dor abdominal, diarreia, vômito, reversão sensorial entre frio e calor, parestesias, câibras nos dedos, mialgias, fraqueza muscular, ataxia, depressão respiratória, bradicardia e até morte. O diagnóstico é clínico, e o tratamento é feito com manitol a 20%, 1 g/kg, em 30 minutos, amitriptilina e analgésicos[8].
- Escombroide: peixes como atum, bonito e cavala transformam, sob ação de algumas bactérias, a histidina em histamina e taurina. Cerca de 1 hora após a ingestão desses peixes, aparecem sintomas de liberação maciça de histamina, como dor de cabeça, vertigem, náusea, vômito, diarreia, dor abdominal, rubor, urticária e dificuldade respiratória. O diagnóstico é clínico, e o tratamento consiste em suporte ventilatório e administração de anti-histamínicos[9].

- Saxitoxina: produz o evento conhecido como "paralisia por frutos do mar", provocado pela ingestão de mexilhões e outras espécies bivalves que se alimentam de plânctons contaminados por essa toxina, que é termoestável. Os sintomas aparecem de 15 minutos a 10 horas (normalmente ao fim de 2 horas) após a ingestão de alimentos contaminados. Inicialmente são principalmente neurológicos, como parestesia dos lábios, da língua, dos dedos, dos braços e das pernas, paralisia facial, cefaleia, vertigens, náuseas, falta de coordenação motora e sonolência, seguindo-se diarreia, insuficiência respiratória, hipotensão, choque e óbito, que ocorre em cerca de 3% dos casos. Não há sequelas nos sobreviventes. O tratamento é apenas sintomático, com suporte ventilatório e hemodinâmico[10].
- Tetrodotoxina (toxina do baiacu): envenenamento causado pela ingestão de toxina produzida nas gônadas e em outros tecidos viscerais de alguns peixes da classe tetraodontiformes (dose letal mínima, no camundongo, de 8 mcg/kg). É termoestável e, portanto, a cocção não a destrói. Os sintomas iniciam-se de 20 minutos a 3 horas após a ingestão, como dormência/paralisia dos lábios e da língua, parestesia de face e de extremidades, acompanhada de sensação de leveza ou flutuação, cefaleia, rubor facial, dor epigástrica, náusea, diarreia e vômito. Evolui para dificuldade de deambulação, dispneia, cianose e hipotensão, convulsões, contração muscular, pupilas dilatadas, bradicardia e insuficiência respiratória. Nos casos fatais, o óbito ocorre dentro de 4 a 6 horas, variando de 20 minutos a 8 horas. O tratamento é sintomático, com suporte ventilatório e hemodinâmico. Ocasionalmente, o uso de neostigmina pode ajudar na evolução[11].

Febre sem Sinais Localizatórios

A presença dessa manifestação constitui uma preocupação a mais, pois pode significar desde um simples pródromo de resfriado até doenças sistêmicas potencialmente graves e pouco conhecidas. É necessária uma anamnese completa, com ênfase nos locais visitados, na exposição a vetores e nas atividades. A rotina para a investigação está detalhada no Capítulo 2. Quando sem icterícia e riquetsioses, deve-se lembrar da possibilidade de hepatite A, abscesso amebiano hepático, tifo, malária, salmonelose septicêmica prolongada, brucelose, tuberculose, vírus da imunodeficiência humana (HIV), leishmaniose, tripanossomíase, dengue e febre amarela.

O padrão da febre pode sugerir o agente etiológico: febre recorrente, brucelose e borreliose; febre contínua, febre tifoide; e febre periódica, malária. A presença de eosinofilia no hemograma sugere doenças parasitárias na fase larvária, como esquistossomose e filariose. Deve-se também lembrar que viagens longas de avião são fator de risco para aquisição de tuberculose.

Sintomas Respiratórios

As pneumonias agudas em geral não apresentam dificuldade terapêutica, uma vez que os agentes infecciosos não costumam ser exóticos. Entretanto, nos casos de evolução não esperada, há que se considerar, por exemplo, malária, síndrome de Loeffer, histoplasmose, paracoccidioidomicose, criptococose, peste, melioidose e tuberculose.

Mais recentemente, em 2012, foi descrita uma doença respiratória grave causada por um coronavírus (MERS-Cov), conhecida como síndrome respiratória do Oriente, acometendo habitantes da Arábia Saudita e de outros países do Oriente Médio[12].

CONTATO COM A NATUREZA – ACAMPAMENTOS E CAMINHADAS

Caminhadas e acampamentos são atividades praticadas por muitas pessoas, de várias idades. Mas essas atividades expõem a toda sorte de artrópodes que causam reações alérgicas, "envenenamento" e transmissão de infecções. As doenças transmitidas por artrópodes guardam características regionais e de acordo com o tipo de inseto.

Infecções Transmitidas por Carrapatos

São infecções transmitidas por carrapatos. Destacam-se as encefalites (*flavivirus*), febres hemorrágicas (*nairovirus*), febre maculosa, erliquiose (*Eherlichia* spp.), doença de Lyme (*Borrelia burgdorferi*), tularemia (*Francisella tularensis*) e babesiose (*Babesia microti*). Destas, são descritas no Brasil febre maculosa e doença de Lyme.

Febre maculosa brasileira

Doença causada pela *Rickettsia rickettsii*, nos humanos, a febre maculosa é adquirida pela picada do carrapato infectado, e a transmissão geralmente ocorre quando o artrópode permanece aderido ao hospedeiro por um período de 4 a 6 horas.

É uma doença exantemática, cujas lesões se iniciam, caracteristicamente, após um tempo de incubação de 2 a 14 dias, na região dos punhos e dos tornozelos, com disseminação para a palma da mão, a planta dos pés e o tronco, acompanhadas de intensa cefaleia, mialgia e febre. As lesões podem variar de máculas, pápulas e petéquias até sufusões hemorrágicas, porquanto se trata de uma vasculite generalizada. O acometimento de outros órgãos aparece na forma de complicações como insuficiência respiratória, insuficiência renal, hepatite, coma, convulsões, choque e óbito. Os reservatórios são os animais silvestres, como a capivara. A prevenção se faz:

Evitando-se o contato com os carrapatos.

- Retirando-se com cuidado os insetos, com uma pinça, e nunca os esmagando. Como entre o início da sucção e a deposição de fezes (onde as riquétsias se encontram em grande número) existe um intervalo de 6 horas ou mais, a inspeção do corpo a cada 3 horas é recomendada pelo Ministério da Saúde do Brasil.
- Usando-se corretamente os repelentes de insetos.

O diagnóstico é feito pela sorologia, que é positiva apenas 1 semana após o início dos sintomas, ou por reação em cadeia da polimerase (PCR). O tratamento, além do suporte vital, deve ser feito com doxiciclina, a droga de escolha, na dose de 3 a 4 mg/kg/dia em duas tomadas ou cloranfenicol, 50 a 100 mg/kg/dia, a cada 6 horas, até 3 dias após o término da febre. O início deve ser precoce, antes do 5º dia da doença[13,14].

Doença de Lyme

Tem como etiologia uma espiroqueta, *Borrelia burgdorferi*. O tempo de incubação em geral é de 7 a 14 dias, variando de 3 a 31 dias. A evolução se faz em três estágios. Na fase inicial, localizada, o paciente apresenta febre, mal-estar, cefaleia, mialgia, artralgia e eritema *migrans*, lesão caracterizada por uma pápula-mácula no local da picada que vai aumentado lentamente, com clareamento na região central, de modo que, quando completa, é uma lesão circinada, presente em 70 a 80% dos pacientes e que dura cerca de 2 a 3 semanas. Metade das pessoas infectadas e não tratadas evolui, após semanas a meses, para a outra fase. Nessa fase, a disseminada, os sintomas incluem múltiplos eritema *migrans*, paralisia de nervos cranianos, principalmente do facial, meningite e cardite (bloqueio atrioventricular), febre, fadiga, cefaleia e artralgia. A fase crônica inicia-se após meses, quando o acometimento articular é o mais frequente. Em geral é mono ou oligoarticular, afetando grandes articulações, particularmente o joelho. Outras manifestações crônicas são neuropatia e meningoencefalite[15-17]. O diagnóstico da doença de Lyme é feito por sorologia, que tem o inconveniente de demorar semanas para se positivar, e pela PCR. Para o tratamento, as seguintes drogas são sugeridas:

- Doxiciclina: 100 mg/dose, 2 vezes ao dia, ou 2 mg/kg (máximo 100 mg), 2 vezes ao dia.
- Amoxicilina: 500 mg, 3 vezes ao dia, ou 50 mg/kg (máximo 500 mg), 3 vezes ao dia.
- Axetilcefuroxima: 500 mg, 2 vezes ao dia, ou 30 mg/kg (máximo 500 mg), 2 vezes ao dia, com duração de 10 a 21 dias.
- Cloranfenicol: 50 a 100 mg/kg/dia, divididos em 4 doses diárias[18].

Doenças Transmitidas por Picadas de Mosquitos

Os mosquitos servem de vetores para várias doenças, como malária, febre amarela, dengue, febre por vírus zika, febre chikungunya, febres hemorrágicas (flavivírus), encefalite (vírus do Oeste do Nilo), vírus oropouche e filarioses (ver capítulos correspondentes). Pacientes oriundos da África podem apresentar doença do sono (*Trypanosoma brucei*, transmitida pela mosca tsé-tsé).

Lonomíase

Apesar de não ser exatamente uma doença infecciosa, acidentes com lagartas são frequentes para quem convive com a natureza. Na maioria das vezes, as consequências não passam de dor e prurido local. Entretanto, a *Lonomia obliqua* pode provocar sintomas locais, como dor em queimação, hiperemia, prurido e raramente bolhas (sintomas benignos e de regressão espontânea em poucas horas) e sintomas gerais, como cefaleia, mal-estar geral, náuseas, vômitos, dores abdominais e mialgia. Alterações nos parâmetros de coagulação decorrentes de alterações da coagulação podem ser observadas já nas primeiras horas após o acidente (TC, TP/AP, TTPA prolongados ou incoaguláveis), com níveis baixos de fibrinogênio. As manifestações clínicas de sangramento são mais tardias: equimose, hematúria, sangramento em feridas recentes, hemorragias de mucosas (gengivorragia, epistaxe, hematêmese, enterorragia), hemorragias intra-articulares, abdominais, pulmonares, glandulares e intraparenquimatosa cerebral ou subaracnóidea. O diagnóstico é feito pela história de contato com a lagarta e alterações no coagulograma. O tratamento é feito com soro específico antilonomia[19].

CONTATO COM ÁGUA – PRAIA, PISCINA, RIOS E LAGOS

A natação, tanto no mar como em rios e lagos, pode acarretar algumas infecções, além de acidentes por contato com animais marinhos, como medusas, anêmonas e arraias. As lesões abertas pelo contato podem se infectar com germes comuns, como estafilococos ou estreptococos, ou menos habituais, como *Vibrio* (*vulnificus*, *parahaemolyticus*), *Mycobacterium marinum*, *Aeromonas* ou *Erysipelothrix rhusiopathiae*[20].

Vibriose (*V. parahaemolyticus, vulnificus e alginolyticus*)

Seu reservatório são peixes e crustáceos marinhos. A transmissão ocorre com a ingestão de animais infectados.

O *V. vulnificus* é uma bactéria Gram-negativa que vive em águas salgadas ou salobras com temperaturas acima de 20°C e se concentra mais em moluscos que filtram a água do mar. Causa infecções de pele e septicemias. As feridas de pele são causadas por contato com água contaminada, ostras e peixes. Em geral, evoluem como uma celulite em pacientes normocompetentes, mas, eventualmente, a evolução pode ser rápida para miosite, fascite, bolhas hemorrágicas, gangrena e septicemia. A septicemia primária ocorre pela ingestão de alimentos consumidos crus ou malcozidos (cerca de 90% dos afetados relatam ter ingerido ostras cruas), e acomete principalmente pacientes com doenças de base, recebendo terapia imunossupressora, nos quais a taxa de mortalidade é muito alta[21,22]. O diagnóstico é feito pela cultura de sangue ou da lesão, mas, em virtude do potencial da evolução rápida para septicemia e choque, o início do tratamento não deve esperar o resultado dos exames. O tratamento preconizado para os casos graves é a associação de doxiciclina e ceftriaxona ou fluorquinolonas (ciprofloxacina, levofloxacina)[15]. Em casos de miosite ou fascite, a intervenção cirúrgica se faz crucial. Infecções de pele sem gravidade podem ser tratadas com medidas tópicas ou antibiótico por via oral.

Mycobacterium marinum

Micobactéria "atípica" encontrada em águas doces ou salgadas, frias ou quentes. As infecções ocorrem quando a pele ou o tecido mole com solução de continuidade entram em contato com água ou animais marinhos contaminados.

Aeromonas

São bactérias Gram-negativas cujos *habitat* são água fresca, águas estuarinas e marítimas, sendo *A. hydrophila, A. veronii* e *A. schubertii* os agentes mais frequentemente isolados. No ser humano, as apresentações mais comuns são quadros de diarreia e infecção cutânea decorrente de trauma em ambiente aquoso. A infecção cutânea mais comum é uma celulite localizada, mas eventualmente complicada com mionecrose, rabdomiólise e lesões semelhantes a ectima gangrenoso, com potencial para evoluir com bacteriemia. O diagnóstico é feito pela cultura de sangue e feridas. O tratamento da doença diarreica se restringe a tratar os sintomas e manter a hidratação, e é importante destacar que a doença é autolimitada. Antibióticos eventualmente são prescritos a pacientes de risco – crianças, idosos, imunocomprometidos ou em casos muito graves. Na bacteriemia e em infecções graves de feridas, o tratamento é feito com cefalosporinas de segunda e terceira gerações, aminoglicosídeos cloranfenicol, tetraciclinas, SMX-TMP ou fluoroquinolonas[16].

Infecções por Amebas de Vida Livre

Mergulhos em locais de água doce representam riscos para aquisição de amebas de vida livre (*Naegleria fowleri, Balamuthia mandrillaris, Acanthamoeba* spp.)[17]

A *Naegleria fowleri* causa rapidamente meningoencefalite fatal, cuja porta de entrada é o trato olfatório, após um tempo de incubação de 2 a 15 dias. Inicia-se subitamente com cefaleia bitemporal, febre, náusea, vômitos e rigidez de nuca, evoluindo rapidamente para letargia, confusão mental e coma, com óbito em 48 a 72 horas. O diagnóstico é feito pelo exame a fresco do líquido cefalorraquidiano (LCR), e a tomografia computadorizada (TC) de crânio revela obliteração da cisterna do mesencéfalo e do espaço subaracnóideo dos hemisférios cerebrais. Não há um tratamento muito eficaz, mas as opções terapêuticas são anfotericina B em altas doses, miconazol, fluconazol, azitromicina e rifampicina[23].

Já as *Acanthamoeba* spp. e as *Balamuthia* spp. podem causar quadro de encefalite crônica granulomatosa. Os agentes chegam ao sistema nervoso central (SNC) por meio de uma ceratoconjuntivite ou por via hematogênica. As queixas mais frequentes são febre baixa e sinais focais neurológicos, como paralisia de nervos cranianos, hemiplegia, ataxia, afasia, diplopia e convulsões, alterações de comportamento e sinais de hipertensão intracraniana. O diagnóstico é sugerido pela TC do cérebro e confirmado pelo encontro da ameba no material de biópsia. O tratamento ainda não está padronizado, mas sugerem-se pentamidina, fluconazol, flucitosina, sulfadiazina ou macrolídeo, sendo a associação de drogas recomendada (p. ex., pentamidina em associação a fluconazol ou itraconazol)[24].

Outras Afecções Causadas por Contato com Água

Algumas delas são: prurido pós-contato com água doce com eosinofilia causada pela penetração do *S. mansoni*: esquistossomose aguda e crônica; dermatite papular por *Pseudomonas* quando da imersão em piscina, águas termais e *spas*; lesões nos olhos causadas por *M. marinum* e *Prototheca*, levando a casos de granuloma e úlceras indolentes; conjuntivite de piscina, em geral causada por adenovírus. O prurido de nadador é uma doença exantemática e pruriginosa que ocorre após contato com água salgada ou doce e é causada pela penetração de cercárias, que comumente infectam aves aquáticas, na pele de humanos.

CONTATO COM A TERRA

As doenças descritas a seguir podem ser adquiridas por contato direto com solo contaminado.

Esporotricose

O *Sporothrix schenckii* é um fungo comumente encontrado em regiões tropicais e subtropicais da América Latina. É isolado em plantas e flores, especialmente rosas. A doença cutânea geralmente ocorre de maneira secundária à inoculação, em pequenos ferimentos, mas também por contato direto, e pode ser transmitida para o homem pelo contato direto com lesões dos animais, com o solo e pela inalação de esporos. A esporotricose em geral não se resolve sem tratamento. A droga de escolha para as formas linfocutâneas e cutâneas localizadas é o itraconazol, na dose de 5 mg/kg, duas vezes ao dia, com dose máxima diária de 200 mg. A duração deve ser de até 2 a 4 semanas após a resolução das lesões, tempo médio de 3 a 6 meses. Para os quadros disseminados, descritos em geral em imunodeprimidos, a terapia inicial deve ser feita com anfotericina B, seguida por itraconazol[25].

Histoplasmose

O *Histoplasma capsulatum* é um fungo amplamente disseminado no meio ambiental e normalmente adquirido pela inalação de esporos existentes na terra contaminada por dejetos de aves e morcegos[26]. A evolução do quadro pode variar desde formas assintomáticas até fatais; estas, em geral, ocorrem em pacientes imunodeprimidos. O tratamento é feito com antifúngicos, como itraconazol, fluconazol, voriconazol e anfotericina B[27,28].

Paracoccidioidomicose

Causada pelo fungo *Paracoccidioides brasiliensis*, sua aquisição tem sido atribuída à exposição do ser humano ao solo contaminado. Assim como na histoplasmose, sua apresentação clínica vai desde assintomática até formas disseminadas, mas a pulmonar é a mais frequente. O fungo é sensível a anfotericina B, cetoconazol, fluconazol, itraconazol, voriconazol, posoconal, azóis e sulfas, sendo o itraconazol a droga de escolha, e a anfotericina B, reservada para os casos graves[29,30].

Verminoses Intestinais e Toxocaríase

Visitar locais com saneamento básico deficitário e brincar em solo contaminado pelas fezes de pessoas e animais são atividades que expõem ao risco para adquirir larvas de *Ascaris*, *Ancylostoma*, *Strongyloides* e *Trichuris*. A ingestão de ovos embrionados de *Toxocara canis* e *Toxocara. catis* provoca a toxocaríase. Sobre o tratamento, ver Capítulos 16 e 17.

Tétano

Doença causada por uma neurotoxina (tetanospasmina) produzida por *Clostridium tetanii*, bactéria anaeróbica, normalmente encontrada no solo e nas fezes de animais. A infecção se dá pela entrada de esporos (forma de resistência do bacilo) por ferimentos na pele. O período de incubação varia de 3 a 21 dias (em média, 8). O bacilo produz uma toxina, a tetânica, que ocasiona espasmos musculares dolorosos e que são desencadeados por estímulos diversos, como barulhos e luzes. Inicia-se com trismo (contração dos músculos mandibulares), seguido por rigidez do pescoço, dificuldade de deglutição, rigidez de músculos de abdome, opistótono e dificuldade respiratória com períodos de apneia, em decorrência da contração dos músculos torácicos e/ou dos glóticos ou faringeanos. Os espasmos duram de 3 a 6 semanas, e a recuperação completa pode levar meses. O diagnóstico é essencialmente clínico, sendo necessário excluir reação a drogas (p. ex., uso de fenotiazínico, intoxicação por estricnina), trismo por problemas dentários e doenças neurológicas. O tratamento consiste em:

1. Diminuir a produção de toxina, pelo desbridamento da ferida e pelo uso de penicilina ou metronidazol.
2. Neutralizar a toxina ainda livre, com imunoglobulinas (humana ou heteróloga).
3. Sedação em geral feita com benzodiazepínicos.
4. Bloqueio neuromuscular com drogas como pancurônio, vecurônio e outras.
5. Tratamento de suporte, visando a assegurar a respiração (intubação orotraqueal, traqueostomia, ventilação mecânica), correção dos distúrbios hidreletrolíticos, nutrição e fisioterapia[31,32].

ANIMAIS DOMÉSTICOS

Ter um animal de estimação é muito comum no mundo inteiro; entretanto, caso ele não seja bem cuidado, pode ser fonte de infecções para seus donos. Os pacientes com imunodepressão, incluindo crianças pequenas e idosos, constituem um grupo sujeito a adoecimento com formas mais graves[26,33].

Principais Patógenos Transmitidos por Animais

Os cães e os gatos são os animais mais frequentemente adotados. Pela saliva, os cães transmitem vários patógenos, como vírus da raiva, *Capnocytophaga, Pasteurella, Brucella*; e pelas fezes, *Salmonella, Campylobacter, Giardia, Toxocara, Ancylostoma caninum, Echinococcus, Dipylidium caninum*. A transmissão também pode ser intermediada por vetores, como nos casos da doença de Lyme, febre maculosa brasileira, erliquiose, babesiose, tularemia, peste, difilariose e leishmaniose, ou por contato (*Staphylococcus* spp., *Streptococcus* spp. e ectoparasitas como pulgas e fungos)[34].

Os gatos transmitem pela saliva contaminada: *Bartonella henselae, Pasteurella multocida, Capnocytophaga, Francisella tularensis*; pelas fezes: *Salmonella, Campylobacter, Cryptosporidium, Giardia, Toxocara, Echinococcus, Toxoplasma, Ancylostoma braziliense, Dypilidium caninum*; pelo ar: *Bordetella bronchiseptica, Coxiella burnet;* por vetores: *Borrelia burgdorferi, Ehrlichia, Babesia, Yersinia pestis;* pela urina contaminada: leptospirose e ectoparasitas[6,35].

Crianças também são expostas a vários outros animais domesticados, como roedores, pássaros, peixes e répteis, os quais podem ser fonte de infecção[36]:

- Coelhos, *hamsters* e outros roedores transmitem, pelas fezes, *Salmonella, Yersinia pseudotuberculosis, Cryptosporidium, Giardia;* pela via respiratória, *Pasteurella, Bordetella bronchiseptica,* tularemia e babesiose; por mordidas, doença de mordida de rato, tularemia e raiva; e por aerossol, vírus da coriomeningite linfocitária e hantavírus no caso de roedores silvestres.
- Os pássaros podem determinar psitacose, pelas fezes e pela saliva, e somente pelas fezes, a criptococose e a histoplasmose.
- Peixes e outros animais aquáticos podem ser causadores de infecções por: *Aeromonas hydrophila, Edwarsiella tarda, Erysipelothrix rhusiopathiae, Mycobacterium marinum* e *Vibrio vulnificus.*
- Os répteis, como lagartos, tartarugas, cobras e iguana, são fontes de infecção por *Giardia, Salmonella, Yersinia, Campylobacter* e *Aeromonas*[37,38].

As principais doenças transmitidas por animais de estimação serão descritas a seguir. Nas Tabelas 24.2 a 24.4 estão resumidas as principais doenças, os modos de contágio, as manifestações clínicas e as orientações terapêuticas.

Tópicos a Serem Considerados

Mordidas de animais

Dos acidentes que podem acontecer com o contato com os animais, provavelmente a mordida é o que mais preocupa a família e o paciente, não só pela lesão em si, mas também pelas infecções que podem ser acompanhadas e, sem dúvida, a raiva é a doença mais lembrada.

A raiva é uma doença causada por um vírus – o vírus da raiva (*Rhabdovirus*), com ciclo urbano, onde cães e gatos são os transmissores e o ciclo silvestre, no qual o morcego cumpre um papel importante. Ainda é endêmica na África e em alguns países da Ásia, mas muito rara no Brasil. Em 2015, foi notificado apenas um caso. Em caso de acidente, os cuidados pós-exposição são determinantes para o prognóstico.

Tabela 24.2 Zoonoses: animais envolvidos, modo de aquisição, manifestações clínicas e indicação terapêutica – doenças bacterianas

Doença/patógeno	Animais	Meios de disseminação	Clínica	Tratamento
Campylobacter	Aves, cães, gatos, *hamsters*	Ingestão de alimentos contaminados, contato direto (animais com diarreia)	Gastroenterocolite, em geral autolimitada Pode evoluir para sepse	▪ Azitromicina ou eritromicina ▪ Casos graves: AG, meropenem, cefalosporinas EA
Capnocytophaga canimorsus	Cães, raramente gatos	Mordidas, arranhaduras, contato com secreções	CIVD com quadro purpúrico-petequial, hipotensão, insuficiência renal etc.	▪ Amoxicilina em associação com ácido clavulânico ▪ Casos mais graves Cef III ou SMX-TMP + clindamicina
Doença da arranhadura do gato (*Bartonella henselae*)	Gatos, raramente outros animais	Arranhaduras, mordidas, contato	Pápula de inoculação, adenopatia regional dolorosa, febre, mal-estar	Casos mais intensos: azitromicina, eritromicina, rifampicina, AG, SMX-TMP, ciprofloxacina
Leptospirose	Ratos, cães, gado	Contato com urina de animais e água contaminada	Desde quadros leves com febre, mal-estar e mialgias até envolvimento de SNC ou quadro sistêmico grave	Casos mais graves: penicilina cristalina
Pasteurella multocida	Gatos, coelhos, raramente cães	Mordidas, arranhaduras	Celulite, artrite, osteomielite, quadros pulmonares ou sistêmicos (endocardite, meningite)	▪ Amoxicilina em associação ao ácido clavulânico até identificação ▪ Nos casos graves, Cef III ou ciprofloxacino
Psitacose	Aves (arara, cacatua, papagaio, periquitos)	Via respiratória, inalação de poeira contaminada por dejetos dos animais	Febre, mal-estar, pneumonia atípica, exantema, esplenomegalia	Eritromicina para crianças e doxiciclina para adultos
Salmonelose	Aves, répteis, cães, roedores, tartarugas, iguanas etc.	Ingestão de água e alimentos contaminados e contato direto	Gastroenterocolite, em geral autolimitada Quadro mais grave em crianças pequenas, pacientes imunodeprimidos etc.	Somente recomendado em casos selecionados e conforme padrão de antibiograma

AG: aminoglicosídeos; Cef III: cefotaxima ou ceftriaxona; CIVD: coagulação intravascular disseminada; EA: espectro ampliado; SMX-TMP: sulfametoxazol-trimetoprim; SNC: sistema nervoso central.

Tabela 24.3 Zoonoses: animais envolvidos, modo de aquisição, manifestações clínicas e indicação terapêutica – doenças fúngicas

Doença/ patógeno	Animais	Meios de disseminação	Clínica	Tratamento
Criptococose	Aves, especialmente pombos	Inalação de aerossóis acumulados em fezes de pombos	Causa doença sistêmica incluindo meningoencefalite e pneumonia, sobretudo em pacientes com ID	Em geral, pacientes com ID; anfotericina B e fluocitosina ou fluconazol
Histoplasmose	Morcegos, pássaros	Inalação de aerossóis acumulados em fezes	Em geral autolimitada, sintomas "gripais" com tosse e dor torácica. Quadros graves: pacientes com ID	Em geral, pacientes com ID: anfotericina B/fluconazol, itraconazol
Esporotricose	Cães, gatos, cavalos e roedores	Contato direto com lesões dos animais e com o solo Inalação de esporos	Forma linfocutânea, osteoarticular, pneumonia, doença invasiva. Quadros graves: ID	Itraconazol. Quadros graves: anfotericina B convencional ou lipossomal
Dermatofitoses (*Trichophyton, Microsporum*)	Gatos, cães, roedores, coelhos	Contato direto	*Tinea capitis, Tinea corporis, Tinea versicolor*	Tópico, exceto para *T. capitis*, que requer uso por VO: itraconazol, terbinafina ou cetoconazol

ID: imunodepressão; VO: via oral.

Tabela 24.4 Zoonoses: animais envolvidos, modo de aquisição, manifestações clínicas e indicação terapêutica –doenças causadas por parasitas

Doença/ patógeno	Animais	Meios de disseminação	Clínica	Tratamento
Cryptosporidium	Animais domésticos, gado	Ingestão de alimentos contaminados, contato direto (animais com diarreia)	Diarreia crônica em pacientes com ID e autolimitada em crianças sadias	Pacientes com ID: nitazoxanida com algum grau de eficácia. Paromomicina ou paromomicina associada a azitromicina com algum benefício
Larva *migrans* cutânea (bicho geográfico)	Cães, gatos	Penetração na pele pelas larvas que se desenvolvem no solo, fezes de animais	Lesão característica, circinada, em geral, linhas do caminho larvário	Tópico com pomada de tiabendazol Albendazol ou ivermectina
Giardíase	Animais domésticos e selvagens, incluindo cães e gatos	Ingestão de cistos pela via fecal-oral ou água ou alimentos contaminados	Dores abdominais, evacuações amolecidas ou diarreia prolongada	Metronidazol, tinidazol, nitazoxanida
Toxoplasmose	Gatos e gado	Ingestão de oocistos de fezes de gatos, consumo de carne malcozida	Linfadenopatia, síndrome mono-símile, coriorretinite, doença mais grave no paciente com ID	Sulfadiazina em associação com pirimetamina. Na gravidez: espiramicina
Toxocaríase Larva *migrans* visceral	Cães e gatos (filhotes)	Ingestão de ovos do solo contaminado por fezes de animal	Febre, pneumonite, lesões oculares	Albendazol Mebendazol ou ivermectina

ID: imunodepressão.

O Ministério da Saúde do Brasil normatiza os cuidados referentes à profilaxia antirrábica após exposição, os quais estão sintetizados no Capítulo 22.

Uma questão bastante controversa é se deve ser feita a sutura pós-limpeza local. Os dados atuais mostram que é possível realizá-la[39,40].

A antibioticoterapia profilática deve contemplar os germes mais prevalentes[41]: germes Gram-negativos (*Pasteurella* spp., *Capnocytophaga canimorsus* e outros; estafilococos, estreptococos, anaeróbios). Recomenda-se amoxicilina e ácido clavulânico; associação de cefalosporinas de terceira geração ou ciprofloxacina e metronidazol, sulfametoxazol-trimetoprim (SMX-TMP) mais clindamicina, meropenem ou ertapenem.

As mordidas de gato, por conta dos dentes serem mais afiados, penetram mais profundamente e devem ser acompanhadas de mais perto pelo risco maior de bacteriemias e infecções ósseas. Não se deve esquecer também a prevenção do tétano.

Doença de arranhadura de gato (DAG)

É causada pela *Bartonella henselae*, um bacilo Gram-negativo, pequeno e curvo. A transmissão se dá por meio de arranhaduras, lambeduras de gatos ou por picadas de pulgas. Os animais em geral transmitem nos primeiros 12 meses de vida. Tanto gatos sadios como doentes podem hospedar a *Bartonella*. Cães estão menos envolvidos[42].

Modo de contato

Em cerca de 90% dos casos há relatos de exposição a gatos, e, em 75% desses casos, há ocorrência de arranhaduras ou mordidas.

Clínica e diagnóstico

A doença ocorre com maior frequência em crianças e adolescentes. As manifestações clínicas compreendem febre, aumento dos gânglios e pápulas na face. Uma lesão primária, mais comumente na cabeça, no pescoço ou nas extremidades superiores, aparece em 50 a 70% dos casos, em geral entre o 4º e o 10º dia depois da mordida ou arranhadura. Inicialmente, é uma mácula que progride para pápula e pústula persistindo por 1 a 2 semanas. Cerca de três semanas depois da inoculação aparece a adenopatia regional. O linfonodo é doloroso em 80% dos casos e aproximadamente 15 a 30% podem supurar. Sinais de envolvimento sistêmico, como febre e mal-estar, estão presentes em 2/3 dos casos. A doença é benigna, e a maioria dos pacientes evolui com resolução espontânea (Figuras 24.1 e 24.2).

Quadro de DAG denominado atípico ocorre em 10% dos pacientes, podendo ser extremamente variado, incluindo manifestações como a síndrome oculoglandular de Parinaud (conjuntivite granulomatosa com adenopatia pré-auricular), en-

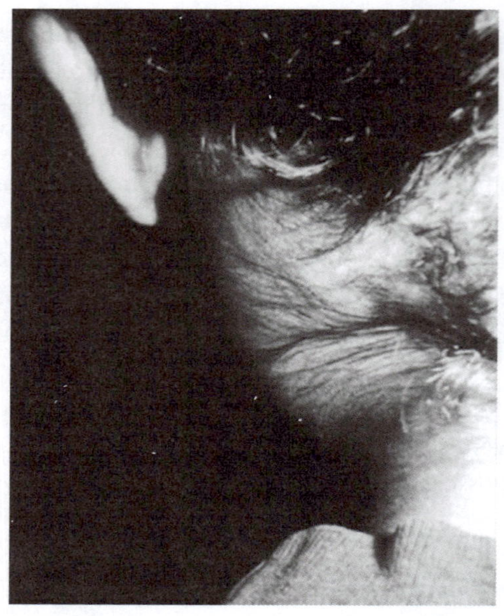

Figura 24.1 Doença da arranhadura do gato. Adenomegalia cervical. (Veja imagem colorida no encarte.)

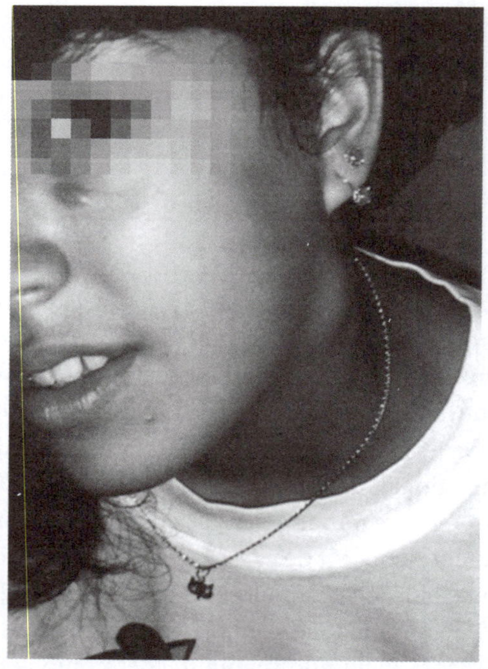

Figura 24.2 Doença da arranhadura do gato. Pápula de inoculação e adenomegalia cervical. (Veja imagem colorida no encarte.)

cefalite, arterite cerebral, mielite transversa, pneumonia atípica, eritema nodoso e púrpura trombocitopênica.

O diagnóstico é feito com testes sorológicos como imunofluorescência indireta (IFI), imunoglobulina G (IgG) e imunoglobulina M (IgM) e pela PCR.

Medidas higiênicas de prevenção

A seguir, está listado um resumo de recomendações. Para mais informações, há um compêndio no qual essas medidas podem ser consultadas[43]:

- A medida preventiva mais importante é a lavagem das mãos depois de qualquer contato com animais, suas secreções ou com alimentos e água potencialmente contaminados.
- Evitar a ingestão de carne malcozida.
- Os ovos devem ser adequadamente cozidos antes de serem utilizados no preparo culinário.
- Evitar contato com animais doentes, especialmente com diarreia e lesões de pele. Procurar o veterinário para orientar o tratamento do animal.
- Não adotar ou cuidar de animais de rua ou de procedência desconhecida.
- Evitar contato com fezes de animais, água contaminada e recipientes sujos.
- Recolher rapidamente as fezes de cães e gatos, não transformar as ruas e calçadas ou as praias em sanitários dos animais.
- A limpeza dos dejetos, recipientes ou acomodações dos animais deve ser diária, lembrando sempre de lavar bem as mãos após realizá-la.
- Não beijar os animais.
- Não se devem fazer as refeições ou lanches em ambientes em que os animais eliminam seus dejetos.
- As crianças devem ser orientadas a lavar as mãos após brincadeiras com os animais, especialmente antes das refeições.
- As caixas de areia em áreas de recreação infantil merecem cuidadosa atenção: como as crianças pequenas levam a mão à boca com frequência, deve-se buscar manter a areia o mais limpa possível. Orienta-se troca periódica da areia; a limpeza deve ser diária com a retirada de detritos e deve-se providenciar cobertura durante o período em que não estiver sendo utilizada para evitar que animais errantes, especialmente gatos e cães, possam contaminar as caixas de areia com suas fezes e potenciais patógenos.
- Evitar contato com animais menores de 6 meses de idade e, caso se queira adquirir um novo animal, cão ou gato, lembrar que os filhotes requerem cuidados especiais que incluem vacinação e uso de anti-helmínticos, ou seja, visitas periódicas ao veterinário.

- A limpeza dos aquários deve ser sempre feita com luvas.
- Deve-se evitar contato com répteis (cobras, lagartos, iguanas e tartarugas) para reduzir o risco de salmonelose e doença diarreica.
- O contato íntimo com outros animais selvagens ou exóticos não é recomendado, sobretudo quando sua procedência não é conhecida.
- Evitar a exploração de cavernas habitadas por morcegos ou áreas onde estejam havendo escavações ou demolições, especialmente em áreas rurais (galinheiros) e áreas infestadas por fezes de pássaros.
- Pessoas com risco elevado, como aqueles com imunodeficiência, devem tomar cuidado maior.

REFERÊNCIAS BIBLIOGRÁFICAS

1. Neilson AA, Mayer CA. Cholera – recommendations for prevention in travellers. Aust Fam Physician. 2010;39(4):220-6.
2. Freedman DO, Weld LH, Kozarsky PE, Fisk T, Robins R, von Sonnenburg F, et al. Spectrum of disease and relation to place of exposure among ill returned travelers. N Engl J Med. 2006;354(2):119-30.
3. Swerdlow DL, Ries AA. Cholera in the Americas. JAMA. 1992;267(11):1495.
4. LaRocque R, Harris, JB. Overview of cholera. UptoDate®, 2016.
5. Kabir I, Khan WA, Haider R, Mitra AK, Alam AN. Erythromycin and trimethoprim-sulphamethoxazole in the treatment of cholera in children. J Diarrhoeal Dis Res. 1996;14(4):243-7.
6. Brasil. Ministério da Saúde. Doenças infecciosas e parasitárias. Guia de bolso. 8. ed. revista. Brasília: Ministério da Saúde; 2010.
7. Pedra AC. Diarréia causada por *Shigella*. Aspectos clínicos e terapêuticos. Pediatria (São Paulo). 1995;17(2):86-90.
8. Williams RK, Palafox NA. Treatment of pediatric ciguatera fish poisoning. Am J Dis Child. 1990;144(2):747-8
9. Cruickshank JG, Williams HR. Scombrotoxic fish poisoning. Br Med J. 1978;2(6139):739-40.
10. Fleming L, Stinn J. Shellfish poisonings. Shoreland's Travel Medicine Monthly. 1999;3:1.
11. Benzer TI. Tetrotoxin toxicity. Medscape, 2015. Disponível em: http://emedicine.medscape.com/article/818763-overview. Acesso em: 4 abr 2017.
12. World Health Organization. Middle East respiratory syndrome coronavirus (MERS-CoV). WHO, 2015.
13. Buckingham SC, Marshall GS, Schutze GE, Woods CR, Jackson MA, Patterson LE, et al. Clinical and laboratory features, hospital course, and outcome of Rocky Mountain spotted fever in children. J Pediatr. 2007;150(2):180-4.
14. Brasil. Ministério da Saúde. Secretaria de Vigilância em Saúde. Guia de vigilância em saúde. Brasília: Ministério da Saúde; 2014.
15. Chen SC, Lee YT, Tsai SJ, Chan KS, Chao WN, Wang PH, et al. Antibiotic therapy for necrotizing fasciitis caused by Vibrio vulnificus: retrospective analysis of an 8 year period. J Antimicrob Chemother. 2012;67(2):488-93.
16. Figueras MJ. Clinical relevance of Aeromonas. Rev Med Microbiol. 2005;16:145.
17. Schuster FL, Visvesvara GS. Free-living amoebae as opportunistic and non-opportunistic pathogens of humans and animals. Int J Parasitol. 2004;34(9):1001-27.
18. Meyerhoff JO. Lyme disease. Emedicine. Updated: Jul 24, 2009.

19. Malaque CMS, Andrade L, Madalosso G, Tomy S, Tavares FL, Seguro AC. A case of hemolysis resulting from contact with a Lonomia caterpillar in Southern Brazil. Am J Trop Med Hyg. 2006;74(5):807-9.
20. Haddad Jr V. Animais aquáticos de importância médica no Brasil. Sociedade de Medicina Tropical. 2003;36(5):591-7.
21. Jones MK, Oliver JD. Vibrio vulnificus: disease and pathogenesis. Infect Immun. 2009;77(5): 1723-33.
22. Liu JW, Lee IK, Tang HJ, Ko WC, Lee HC, Liu YC, et al. Prognostic factors and antibiotics in Vibrio vulnificus septicemia. Arch Intern Med. 2006;166(19):2117-23.
23. Schuster FL, Visvesvara GS. Opportunistic amoebae: challenges in prophylaxis and treatment. Drug Resist Updat. 2004;7(1):41-51.
24. Crum-Cianflone N. Acanthomoeba treatment and management. Disponível em: medscape.com/article/211214-treatment. Acesso em: 4 abr 2017.
25. Dixon DM, Salkin IF, Duncan RA, Hurd NJ, Haines JH, Kemna ME, et al. Isolation and characterization of Sporothrix schenckii from clinical and environmental sources associated with the largest U.S. epidemic of sporotrichosis. J Clin Microbiol. 1991;29(6):1106-13.
26. Rabinowitz PM, Gordon Z, Odofin L. Pet-related infections. Am Fam Physician. 2007;76(9): 1314-22.
27. Wheat LJ, Freifeld AG, Kleiman MB, Baddley JW, McKinsey DS, Loyd JE, et al. Clinical practice guidelines for the management of patients with histoplasmosis: 2007 update by the Infectious Diseases Society of America. Clin Infect Dis. 2007;45(7):807-25.
28. Wheat LJ, Conces D, Allen SD, Blue-Hnidy D, Loyd J. Pulmonary histoplasmosis syndromes: recognition, diagnosis, and management. Semin Respir Crit Care Med. 2004;25(2):129-44.
29. Travassos LR, Taborda CP, Colombo AL. Treatment options for paracoccidioidomycosis and new strategies investigated. Expert Rev Anti Infect Ther. 2008;6(2):251-62.
30. Shikanai-Yasuda MA, Telles Filho FQ, Mendes RP, Colombo AL, Moretti ML. Consenso em paracoccidioidomicose. Guidelines for paracoccidioidomycosis. Rev Soc Bras Med Trop. 2006;39:297-310
31. Rushdy AA, White JM, Ramsay ME, Crowcroft NS. Tetanus in England and Wales, 1984-2000. Epidemiol Infect. 2003;130(1):71-7.
32. Miranda-Filho DB, Ximenes RA, Barone AA, Vaz VL, Vieira AG, Albuquerque VM. Randomised controlled trial of tetanus treatment with antitetanus immunoglobulin by the intrathecal or intramuscular route. BMJ. 2004;328(7440):615.
33. Revejo RT, Barr MC, Robinson RA. Important emerging bacterial zoonotic infections affecting the immunocompromised. Vet Res. 2005;36(3):493-506.
34. Kotton, NC. Zoonoses from dogs UptoDate®, 2016.
35. Kotton, NC. Zoonoses from cats. UptoDate®, 2016
36. Kotton NC. Zoonoses from pets other than dogs and cats. UptoDate®, 2016
37. Pickering LK, Marano N, Bocchini JA, Angulo FJ, the Committee on Infectious Diseases. Exposure to nontraditional pets at home and to animals in public settings: risks to children. Pediatrics. 2008;122(4):876-86.
38. Cutler SJ, Fooks AR, van der Poel WHM. Public health threat of new, reemerging, and neglected zoonoses in the industrialized world. Emerg Infect Dis. 2010;16(1):1-7.
39. Wu PS, Beres A, Tashjian DB, Moriarty K. Primary repair of facial dog bite injuries in children. Pediat Emerg Care. 2011;27(9):801-3.
40. Baddour LM, Endom EE. Patient information: animal bites (beyond the basics). UptoDate®, 2016
41. Garth AP, Alcock J. Animal bites in emergency medicine medication. MedScape, 2016.
42. Nervi SJ, Bronze MS. Catscratch disease. MedScape, 2015.
43. Centers for Disease Control and Prevention. Compendium of measures to prevent disease associated with animals in public settings, 2005. MMWR. 2005;54(RR-4):1-13.

25 Infecções em crianças submetidas a transplantes de órgãos sólidos e de células-tronco hematopoiéticas

Nadia Litvinov
Giuliana Stravinskas Durigon
Heloisa Helena de Sousa Marques

Após ler este capítulo, você estará apto a:

1. Identificar quais são as principais doenças infecciosas em crianças transplantadas.
2. Descrever os riscos infecciosos relacionados a cada fase pós-transplante.
3. Descrever a profilaxia antimicrobiana após o transplante.

INTRODUÇÃO

Os avanços alcançados com a disponibilidade de novas drogas imunossupressoras e o aprimoramento das técnicas cirúrgicas vêm contribuindo para o aumento das taxas de sobrevida de crianças submetidas a transplantes de órgãos sólidos (TOS) e de células-tronco hematopoiéticas (TCTH). Contudo, a despeito dos progressos quanto à preservação do enxerto e ao tratamento da doença do enxerto contra hospedeiro (DECH), aumentando de forma expressiva a sobrevida dos pacientes, as complicações infecciosas permanecem como as principais causas de morbidade e mortalidade, particularmente em pacientes pediátricos e sobretudo no primeiro ano após o transplante, e 40 a 80% dos pacientes submetidos a TOS têm pelo menos um episódio de infecção[1]. Neste capítulo, serão destacados os aspectos epidemiológicos das doenças infecciosas, os riscos envolvidos e como minimizá-los por meio da adequada avaliação pré-transplante e da prevenção possível por imunização e profilaxia antimicrobiana. Respeitando-se os diferentes mecanismos de imunossupressão e os fatores de risco envolvidos nas duas principais modalidades de transplantes, o capítulo será subdividido em TOS e TCTH, destacando-se as particularidades de cada modalidade.

INFECÇÕES EM TRANSPLANTADOS DE ÓRGÃOS SÓLIDOS

Epidemiologia

O risco de infecção em crianças submetidas a TOS está principalmente relacionado a:

- Condições do doador e do receptor.
- Procedimentos e técnicas cirúrgicas complexas.
- Necessidade de intensa imunossupressão com a combinação de agentes.

De modo geral, os agentes podem ser identificados segundo o intervalo pós-transplante, na ausência de intervenção antimicrobiana, e são agrupados em três períodos: precoce, intermediário e tardio. Essa sistematização tem se demonstrado útil para o diagnóstico diferencial de pacientes com possível quadro infeccioso e para o manejo de quadros febris[2].

No período precoce (0 a 30 dias), as infecções estão diretamente relacionadas com o procedimento cirúrgico (infecção de ferida cirúrgica), predominando as causadas por bactérias e/ou *Candida*, havendo risco de ocorrência de pneumonia, infecção urinária, bacteriemia e sepse. Também podem ocorrer quadros determinados por alguns patógenos presentes no receptor previamente ao transplante, como a infecção pelos vírus herpes simples e as infecções nosocomiais causadas por vírus respiratórios como influenza, parainfluenza, vírus sincicial respiratório e as infecções relacionadas a cateteres, que são mais graves no período precoce pós-transplante.[3-5]

No período intermediário (1 a 6 meses) podem ocorrer doenças causadas pela reativação de microrganismos latentes no receptor ou doador (enxerto), em razão da necessidade de níveis elevados de imunossupressão. Dentre elas se destacam:

- Infecções classicamente associadas com transplantes: sepse por citomegalovírus (CMV), pneumonia por *Pneumocystis jirovecii*, aspergilose, toxoplasmose, nocardiose.
- Reativação de infecções latentes: tuberculose, doença ativa causada pelo vírus Epstein-Barr (EBV), nefropatia intersticial causada pelo vírus BK.

No período tardio, depois do sexto mês, o risco de infecção depende da condição do enxerto e do grau de imunossupressão, e a etiologia varia desde os patógenos prevalentes na comunidade até aqueles associados com disfunção grave do enxerto. Nas crianças que apresentam boa função do enxerto e mínima imunossupressão, o risco de infecção assemelha-se ao da população geral. Entretanto, aquelas com má função do enxerto, episódios repetidos de rejeição e necessidade do uso intensivo de drogas imunossupressoras evoluem com risco aumentado de infecção por germes oportunistas como *P. jirovecii*, *Candida* etc.[2,6-8].

Deve-se destacar que algumas infecções podem ocorrer a qualquer momento e estão relacionadas ao estado clínico do paciente e ao grau de imunossupressão. Por exemplo, na criança com acesso venoso central continuado, o risco de infecção relacionada ao cateter persiste, e a internação sempre impõe risco associado de infecção hospitalar. Também há risco de aquisição de infecções dos órgãos dos doadores e das transfusões sanguíneas. Os agentes mais envolvidos são aqueles que têm a capacidade de permanecer em latência no tecido transplantado ou nas células hematopoiéticas, como CMV, EBV ou toxoplasmose e tuberculose[9-14]. A doença tende a ser mais grave quando o receptor é suscetível ao patógeno do doador. A Tabela 25.1 apresenta uma síntese das principais infecções.

Os serviços de transplante, envolvendo a equipe de saúde responsável, os familiares e os próprios pacientes, devem atuar seguindo protocolos de atenção com

Tabela 25.1 Infecções em pacientes receptores de órgãos sólidos, de acordo com o período decorrido após o transplante[15]

Período	Precoce (0-30 dias)	Intermediário (1-6 meses)	Tardio (depois do sexto mês)
Riscos	Técnica cirúrgica Hospitalização Doador/receptor	Ativação de infecções latentes, residuais e infecções oportunistas	Infecções adquiridas na comunidade e/ou relacionadas às condições do enxerto
Doenças e patógenos	Microrganismos resistentes: *S. aureus* (MRSA) Enterococo (VRE) *Candida* não *albicans* Infecção da ferida Infecção em cateter Aspiração Sepse, bacteriemia, pneumonia Colite por *C. difficile*	No receptor sob profilaxia contra pneumocistose e antiviral (CMV, HBV) Colite por *C. difficile* Nefropatia (vírus BK) Hepatite (HCV) Adenovírus, influenza Criptococose Tuberculose	Pneumonia Infecção urinária Aspergilose, fungos atípicos, espécies de *Mucor* *Nocardia, Rhodococcus* Virais tardias CMV (colite, retinite) Hepatites (HBV, HCV) HSV (encefalite) Vírus JC (LEMP) Linfoma (doença linfoproliferativa)
	Oriundas do receptor (colonização): *Aspergillus* *Pseudomonas*	Complicações com as anastomoses	
	Oriundas do doador (incomum): HSV, LCMV, raiva	No receptor sem profilaxia, adicionar: Pneumocistose Hepatite (HBV) Infecções por herpes-vírus (HSV, VVZ, CMV, EBV) *Listeria, Nocardia, Toxoplasma*, estrongiloides, *Leishmania, Trypanosoma cruzi*	

CMV: citomegalovírus; EBV: vírus Epstein-Barr; HBV: vírus da hepatite B; HCV: vírus da hepatite C; HSV: herpes-vírus simples; LCMV: vírus da coriomeningite; LEMP: leucoencefalopatia multifocal progressiva; MRSA: *S. aureus* resistente à meticilina; VRE: enterococo resistente à vancomicina; VVZ: vírus da varicela-zóster.

objetividade, pois o número e a gravidade dos episódios podem ser reduzidos com a realização de avaliação pré-transplante, adequado programa de imunização, profilaxia antimicrobiana e controle de infecção, os quais serão descritos a seguir.

Avaliação Pré-transplante

A avaliação pré-transplante de potenciais receptores e doadores é um componente muito importante do processo. Inclui a identificação de condições que podem excluir tanto o doador como o receptor e também o reconhecimento de infecções latentes ou ativas que requeiram tratamento ou profilaxia antes e após a realização do procedimento. Essa avaliação deve incluir[3,6,15,16]:

- História e exame físico completo.
- Dados epidemiológicos que podem se relacionar à exposição a determinados agentes infecciosos: local de moradia, viagens recentes, contato com animais de estimação etc.
- Infecções e doenças pregressas.
- Histórico de alergia a medicamentos.
- Histórico de vacinação.
- Avaliação sorológica pré-transplante: sorologias anti-HIV-1/2; vírus linfotrópicos de células T humanas (HTLVI/II); hepatites A, B e C; HSV; CMV; EBV; VVZ; sífilis; toxoplasmose. Solicitar reação de Mantoux. Alguns serviços pediátricos recomendam a realização de sorologia antissarampo ou anticaxumba com o objetivo de avaliar a resposta vacinal.
- Radiografia de tórax.

Imunização Pré/Pós-transplante de Órgãos Sólidos

Em crianças, a vacinação é uma estratégia muito importante para a prevenção de infecções bacterianas e virais, incluindo aquelas com imunodepressão, como as receptoras de órgãos sólidos. Um estudo realizado em nosso meio avaliou o calendário de crianças submetidas a transplante renal, tendo observado que, após o transplante, somente 52% das crianças haviam cumprido o calendário básico de vacinação, porém não haviam recebido nenhum dos imunobiológicos especiais, indicados pela sua condição de imunossupressão e disponíveis nos Centros de Referência para Imunobiológicos Especiais (Cries)[17-19].

Para mais detalhes sobre vacinação, ver Capítulo 28, "Vacinação na criança imunodeprimida".

Profilaxia Antimicrobiana

O período pós-transplante é um momento crítico, e a vigilância acerca dos riscos decorrentes dos agravos infecciosos deve ser constante, porém o mais importante é preparar para cada paciente uma programação detalhada e individualizada quanto às indicações de profilaxia antimicrobiana, a qual, em linhas gerais, está definida na Tabela 25.2.

Tabela 25.2 Profilaxia antimicrobiana para receptores de transplante de órgãos sólidos[3,20-22]

Infecção	Transplante	Indicação	Profilaxia	Comentários
Bacteriana pós-transplante	Todos	Todos	Antimicrobiano de largo espectro	Duração de 48 a 72 h
Aspergilose	Coração ou coração-pulmão	Todos	Voriconazol, itraconazol ou formulações de anfotericina B	Duração variável, 6 a 12 meses
Candidíase	Todos	Todos	Fluconazol ou anfotericina	Duração de cerca de 4 semanas
Citomegalovirose	Todos	CMV D-/R-	Não indicada	Considerar a monitoração por PCR ou antigenemia pp65 e tratamento preemptivo se positiva[a]
		CMV D+/R-	Ganciclovir (EV) Alternativas: valganciclovir, ganciclovir (VO)	Profilaxia durante 3 a 6 meses para rim, pâncreas, coração e intestino 6 meses para fígado 12 meses, para pulmão Também indicar se houver tratamento para rejeição inclui ALG e OKT3
			Abordagem preemptiva é possível, exceto para pulmão e intestino	PCR ou pp65 por 12 semanas Se CMV +, tratamento com valganciclovir ou ganciclovir
		CMV D+/ R+ ou CMV D-/R+	Ganciclovir (EV) Alternativas: valganciclovir, ganciclovir (VO)	Profilaxia durante 3 meses 3 a 6 meses para intestino 6 a 12 meses para pulmão Também indicar se tratamento para rejeição inclui ALG e OKT3
			Abordagem preemptiva é possível, exceto para pulmão e intestino	PCR ou antigenemia pp65 por 12 semanas Se CMV+, tratamento com valganciclovir ou ganciclovir
EBV (vírus Epstein-Barr)	Todos	Alto risco: pac EBV– e EBV+ < 18 meses de vida	Conduta variável Ganciclovir (EV) Abordagem preemptiva é possível	Reduzir imunossupressão em caso de elevação da viremia
Infecção do trato urinário	Renal	Todos	SMX-TMP Alternativa: ciprofloxacina	Duração da terapia não estabelecida. Em geral, 6 a 12 meses

(continua)

Tabela 25.2 Profilaxia antimicrobiana para receptores de transplante de órgãos sólidos[3,20-22] *(continuação)*

Infecção	Transplante	Indicação	Profilaxia	Comentários
Pneumocystis jirovecii	Todos	Todos	SMX-TMP Alternativas: dapsona, atovaquona ou pentamidina aerossol	Duração da terapia não estabelecida – em geral, 6 a 12 meses. Também recomendada quando necessário o tratamento da rejeição
Toxoplasmose	Receptores de transplantes de coração ou coração--pulmões	Toxo D+/R- Risco de doença também em R+	SMX-TMP Alternativa: dapsona + pirimetamina + leucovorina ou pirimetamina[b]	Ocorrência mais relatada em transplantes cardíacos Duração de 6 meses
Tuberculose	Todos	Reação de Mantoux: ≥ 5 mm	Isoniazida	Duração de 9 meses Recomenda-se que a reação de Mantoux seja feita, sempre que possível, previamente ao transplante

ALG: globulina antilinfocitária; D: doador; EV: endovenoso; PCR: reação em cadeia da polimerase; R: receptor; SMX-TMP: sulfametoxazol-trimetoprim; VO: via oral.

[a] Os receptores CMV negativos devem receber sangue e seus produtos a partir de doadores CMV negativos ou leucócitos "depletados".

[b] Indicado para adultos submetidos a transplante cardíaco. Em crianças não se recomenda a profilaxia com droga única. Nas recomendações recentemente publicadas para prevenção e tratamento das infecções oportunistas em crianças infectadas pelo HIV, o esquema de escolha é SMX-TMP e, caso não tolerem, indica-se dapsona + pirimetamina.

INFECÇÃO DE RECEPTOR DE CÉLULAS-TRONCO HEMATOPOIÉTICAS

Introdução

As infecções são a principal complicação no TCTH e causa de grande morbidade e mortalidade. Elas estão relacionadas a aplasia e mucosite provocadas pelo regime de condicionamento e à imunodepressão prolongada que decorre da demora na reconstituição imunológica e do uso de medicamentos imunossupressores para profilaxia e tratamento da DECH aguda ou crônica.

A reconstituição do sistema imune após a infusão do enxerto é progressiva. Inicia-se com a recuperação dos neutrófilos (ou pega neutrofílica), que pode variar de 2 a 4 semanas, a depender da fonte do transplante seguida imediatamente pela reconstituição de células *natural killer* (NK) e plaquetas. A reconstituição de linfócitos B e T ocorre mais tardiamente, podendo demorar meses a anos (Figura 25.1)[25-27].

Os principais fatores que determinam o risco de infecções no transplante estão resumidos na Tabela 25.3.

Para efeito didático, pode-se dividir a reconstituição do sistema imune do paciente e, consequentemente, o risco de adquirir infecção, em três fases[26,28-30].

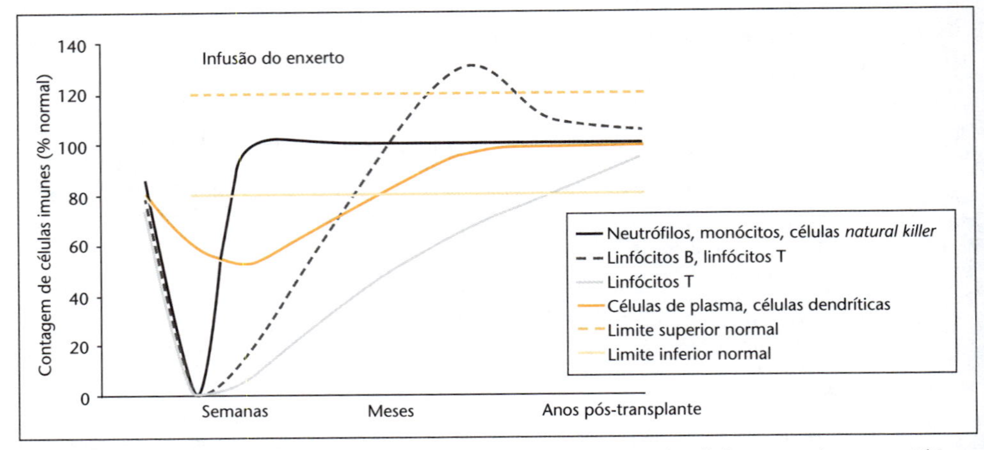

Figura 25.1 Evolução da reconstituição celular depois do transplante de células-tronco hematopoiéticas.
Fonte: Tomblyn et al., 2009[27].

Tabela 25.3 Fatores relacionados com risco de infecção pós-transplante

Parâmetro avaliado	Efeito nas barreiras do hospedeiro ou imunidade	Consequências infecciosas
Tipo de transplante (autólogo x alogênico)	Alogênico: a reconstituição de linfócitos B e T é mais tardia	Maior risco para todos os agentes infecciosos e principalmente fungos e herpes-vírus
Doador (aparentado x não aparentado)	Doador não aparentado ou com *mismatch*: reconstituição de linfócitos B e T mais tardia	Maior risco para todos os agentes infecciosos, mas principalmente fungos e herpes-vírus
Tipo de enxerto (sangue periférico, medula ou cordão)	Sangue periférico: "pega" mais rápida, porém mais risco de DECH crônica Cordão: "pega" mais tardia e menos risco de DECH, reconstituição de linfócitos B e T mais tardia	Riscos infecciosos diferentes relacionados a tempo de neutropenia e DECH
Regime de condicionamento	Mucosite Tempo de neutropenia	Infecções bacterianas, tiflite
Regime de imunossupressão (profilaxia e tratamento para DECH)	ATG: deficiência grave de linfócitos T Metotrexato: mais mucosite, maior tempo de neutropenia	Infecções fúngicas e por herpes-vírus Infecções bacterianas
Cateter venoso central	Quebra de barreiras	Infecções bacterianas e fúngicas (*Candida*)

DECH: doença do enxerto contra hospedeiro.
Fonte: Wingard et al., 2010[26].

Primeira fase (fase I) – anterior à "pega"

Inicia-se em D0, dia da infusão do enxerto, até a "pega" neutrofílica (primeiros 20 a 30 dias) e é a fase com maior risco de mortalidade por infecção. Os fatores de risco para infecção são a neutropenia prolongada e profunda e a quebra de barreiras mucocutâneas, provocada por mucosite e acesso venoso central.

Principais agentes infecciosos relacionados:

- Translocação de floras oral, gastrointestinal (bacilos Gram-negativos, *Streptococcus* sp., *Candida*) e cutânea (estafilococos coagulase-negativa e estreptococos do grupo *viridans*).
- Reativação de doença por herpes simples, que ocorre em mais de 80% dos casos[28].
- Infecções por fungos filamentosos (raras).

Fase II – imediatamente após a "pega"

Inicia-se no momento da "pega" até, aproximadamente, 100 dias após o TCTH. Nessa fase intermediária, os principais fatores de risco para infecção estão relacionados à deficiência da imunidade celular (que ainda não foi recuperada). A ocorrência de DECH aguda ou crônica e o uso de imunossupressores para seu tratamento aumentam o risco para infecções graves e mortalidade.

Principais agentes infecciosos relacionados:

- Reativações de vírus como CMV, EBV, vírus herpes simples (HSV).
- *Pneumocystis jirovecii* e as diferentes espécies de *Candida*; fungos filamentosos mais raramente.

Fase III – fase tardia

A fase tardia começa aproximadamente em D+100 após a infusão do enxerto. Nesse momento, o paciente permanecerá ainda com imunidade celular comprometida, que pode demorar de 6 meses a 2 anos para se restabelecer completamente.

Assim como na segunda fase, a ocorrência de DECH crônico aumenta o risco para infecções graves e mortalidade.

Principais agentes infecciosos relacionados:

- Reativação de vírus como CMV, varicela-zóster (VVZ), EBV (doença linfoproliferativa).
- Vírus respiratórios.
- Bactérias encapsuladas (*Haemophilus influenzae*, *Streptococcus pneumoniae*).
- Infecções fúngicas quando há DECH.

Na Figura 25.2, estão descritas resumidamente as principais infecções em função do tempo após a infusão de células[30].

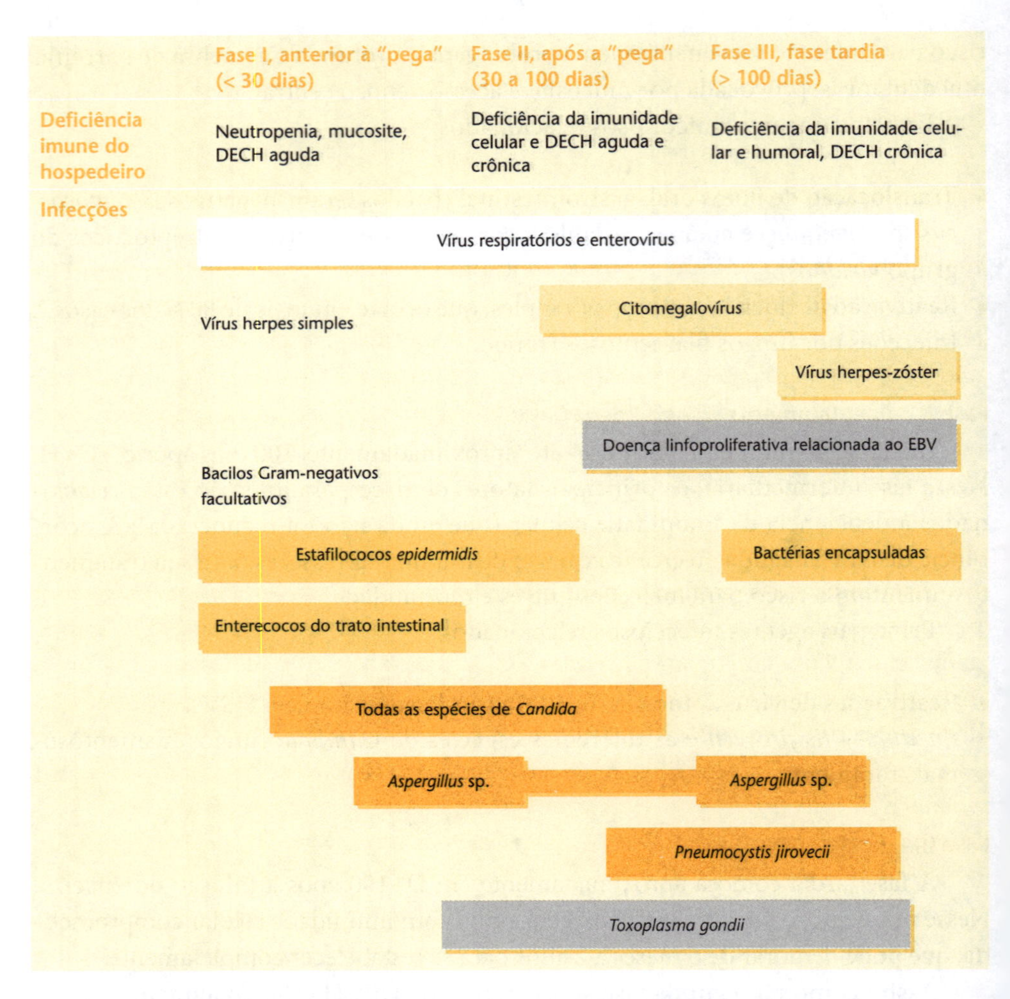

Figura 25.2 Principais infecções em pacientes submetidos a transplantes de células-tronco.
DECH: doença do enxerto contra hospedeiro; EBV: vírus Epstein-Barr.

Profilaxia Pós-transplante

Recomenda-se que todos os pacientes submetidos a transplante alogênico sejam internados em quartos com "ambiente protegido" (quarto individual com pressão positiva, troca de ar mais de 12 vezes por hora e filtro HEPA) até a "pega". O objetivo é prevenir especialmente as infecções por fungos filamentosos como *Aspergillus* sp. A lavagem sistemática das mãos e a limpeza minuciosa do ambiente poderão prevenir infecções por bactérias intra-hospitalares. A restrição de contato com profissionais de saúde e familiares tem importância na prevenção de infecções virais (principalmente vírus respiratórios e vírus do grupo herpes).

Com o objetivo de prevenir infecções virais como o CMV, devem ser utilizadas transfusões de hemoderivados filtrados, leucodepletados ou de doadores com sorologia negativa para CMV[30].

Profilaxia antimicrobiana na primeira fase

Com base na etiologia das infecções mais frequentes nessa fase e no alto risco de mortalidade, é preconizada a profilaxia antimicrobiana empírica para herpes simples, *Candida* e bacilos Gram-negativos. As infecções por bactérias Gram-positivas têm importantes morbidade e mortalidade nessa fase, no entanto, sua profilaxia não é recomendada, já que os estudos feitos com penicilinas orais não mostraram nenhum benefício, e o uso de glicopeptídeos como profilaxia traz enormes riscos na emergência de cepas de enterococos e estafilococos resistentes[28-32]. Os principais agentes etiológicos e antimicrobianos são apresentados na Tabela 25.4.

Profilaxia antimicrobiana nas outras fases

Está indicada a profilaxia para infecções por *Pneumocystis jirovecii* em todo paciente transplantado a partir da "pega" neutrofílica até a normalização da imunidade celular, com contagem de células TCD4 maior que 200 células/mm^3. A droga de escolha é sulfametoxazol-trimetoprim, diariamente ou três vezes na semana, na dose de 5 a 10 mg/kg/dia de trimetoprim a cada 12 horas[28-30,32].

Após a "pega", a profilaxia antimicrobiana para germes encapsulados (*S. pneuminiae* e *H. influenzae*) está indicada principalmente para os pacientes com DECH crônica. Para pacientes sem DECH, a duração dessa profilaxia não está bem estabelecida na literatura[27,32].

A reativação do vírus herpes-zóster pode ocorrer em cerca de 20 a 30% dos pacientes submetidos a transplante autólogo e em até 50% dos alogênicos. Essa manifestação incide tipicamente no terceiro ao quarto mês após o transplante ou em pacientes com imunossupressão prolongada. A profilaxia com aciclovir ou valaci-

Tabela 25.4 Profilaxia recomendada em crianças submetidas a transplante de células-tronco hematopoiéticas na fase I[27,30-32]

	Agente	Antimicrobiano
Viral	Herpes simples Citomegalovírus	Aciclovir (250 mg/m^2/dose, a cada 8 h) Aciclovir (500 mg/m^2/dose, a cada 8 h)
Bacteriana	Bacilos Gram-negativos (*Pseudomonas aeruginosa*)	Quinolonas: ciprofloxacina (20 mg/kg/dia, IV, a cada 12 h ou 30 mg/kg/dia, VO, a cada 12 h)
Fúngica	*Candida* sp.	Fluconazol (10 mg/kg/dia), eventualmente itraconazol (5 a 10 mg/kg/dia), anfotericina lipossomal, micafungina e voriconazol são alternativas

clovir está recomendada em todo paciente até um 1 após o transplante ou enquanto estiver em uso de imunossupressores[27,32].

A profilaxia antifúngica para *Candida* deve permanecer pelo menos até o 100º dia após o transplante. Em pacientes com DECH crônica em uso de altas doses de imunossupressores, além de manter todas as profilaxias supracitadas, também está recomendado o uso de profilaxia primária para IFI por *Aspergillus* com posacozanol em maiores de 13 anos, voriconazol ou itraconazol[31,32].

Aspectos Clínicos e Tratamento das Principais Doenças Infecciosas em Receptores de Células-tronco Hematopoiéticas

Febre e neutropenia

O protocolo de terapia antimicrobiana empírica é idêntico ao descrito para pacientes imunodeprimidos oncológicos. Apesar de não haver nenhuma comprovação científica, a terapêutica antibiótica pode ser suspensa em pacientes que permanecem afebris por 5 a 7 dias e estejam clinicamente estáveis. Entretanto, pode-se considerar a manutenção do tratamento até a resolução da neutropenia em pacientes com contagem de neutrófilos inferior a 100 células/mm^3, mucosite, diarreia e/ou instabilidade hemodinâmica[28,30,33].

Pneumonia

É uma complicação comum, podendo evoluir rapidamente para insuficiência respiratória e associada com elevada taxa de mortalidade, de 30 a 90%. Apesar das causas não infecciosas (quimioterapia, radiação, uso de sirolimo, hemorragia alveolar difusa, embolia pulmonar, pneumonite idiopática etc.) não serem incomuns, as causas infecciosas devem ser as primeiras a ser cogitadas e para as quais se deve dirigir a investigação etiológica inicial e o tratamento empírico.

As complicações pulmonares vistas em crianças submetidas a transplantes alogênicos variam com o tempo decorrido após o transplante (Tabela 25.5). É importante ressaltar que as bactérias mais envolvidas nos quadros pulmonares logo após o transplante estão relacionadas com o fator de risco neutropenia, com destaque para *P. aeruginosa* e *S. aureus*. No período mais tardio, germes encapsulados como *H. influenzae* e *S. pneumoniae* são mais frequentes e associados com déficit imune persistente[34,35].

Manifestações gastrointestinais

O trato GI é frequente porta de entrada para as infecções em pacientes neutropênicos e receptores de TCTH. Através da mucosa há contato com o ambiente externo e, apesar de ser barreira mecânica, nesses pacientes pode estar lesada por conta da própria doença de base ou por resultado de quimio/radioterapia.

Tabela 25.5 Complicações pulmonares após transplante de células-tronco hematopoiéticas[36]

Tempo após transplante	Associações	Infecciosas	Não infecciosas
Precoce (< 30 dias)	Neutropenia, mucosite, uso de antibióticos, radiação	Bacterianas, HSV, RSV, *Candida*	Edema pulmonar, SRAG
Intermediário (30-120 dias)	DECH aguda, falha do enxerto	CMV, adenovírus, *P. jirovecii*, *Aspergillus*, *Mucor*, herpes-vírus 6, EBV	Pneumonia intersticial, síndrome linfoproliferativa
Tardio (> 120 dias)	DECH crônico, precária resposta a antígenos	VVZ, bactérias encapsuladas, *P. jirovecii*	Bronquiolite obliterans, BOOP

BOOP: bronquiolite com pneumonia; DECH: doença do enxerto contra hospedeiro; SRAG: síndrome respiratória aguda grave.

Nos primeiros 15 dias após o TCTH predominam manifestações como náuseas e vômitos, relacionadas com os efeitos adversos da quimioterapia.

A presença de náuseas e vômitos em fases mais tardias pode estar relacionada com outras possíveis etiologias, como DECH aguda do trato GI superior e infecções com HSV, VZV, CMV, adenovírus, fungos e *Helicobacter pylori*. Quadros persistentes ou recorrentes de náuseas não responsivas a tratamento antiemético devem ser investigados para DECH com realização de endoscopia para biópsia e avaliação microbiológica extensa para bactérias, fungos e vírus[26,37].

Infecções fúngicas invasivas

O principal fungo envolvido nas IFI é a *Candida* spp., porém IFI por fungos filamentosos podem ocorrer com alguma frequência, principalmente na fase tardia, por conta da persistência de linfopenia e da exposição ambiental. Destes, o *Aspergillus* spp. é o mais comum. Os sintomas de candidemia no imunodeprimido são inespecíficos, e o único sintoma pode ser a persistência de febre, apesar de antibioticoterapia. A infecção de órgão-alvo pode ocorrer por disseminação de êmbolos, sendo os órgãos afetados mais comuns o fígado, o baço e os rins. A forma mais comum de aspergilose invasiva é a pulmonar. Outros fungos de importância clínica são os *Fusarium* e zigomicetos (mucormicose).

Com base nesses dados, recomenda-se a profilaxia primária para *Candida* com fluconazol ou uma equinocandina até o fim da imunossupressão. A profilaxia primária para *Aspergillus* e outros fungos filamentosos com voriconazol está indicada apenas em pacientes com DECH crônica. A dosagem de galactomanana sérica de forma seriada (2 a 3 vezes por semana) está indicada para todos os pacientes submetidos a TCTH. Esse exame permite abordagem preemptiva das IFI, e o tratamento antifúngico para aspergilose deverá ser iniciado empiricamente quando dois testes consecutivos forem positivos.

A terapia antifúngica empírica pode ser feita com anfotericina B deoxicolato ou em suas formulações lipídicas, equinocandinas ou voriconazol. Não há critérios seguros de suspensão do tratamento antifúngico. Em geral, deve-se tratar até o desaparecimento completo de sinais e sintomas atribuídos à infecção fúngica (com controles radiológicos quando for pertinente) e por pelo menos 2 semanas após a negativação de culturas previamente positivas[28,31,38-40].

Infecções virais

As infecções virais são frequentes em pacientes submetidos a transplante de medula óssea e podem originar-se tanto da exposição ambiental, como ocorre com as viroses respiratórias (vírus da influenza, parainfluenza, adenovírus e vírus sincicial respiratório), como por reativação endógena (herpes simples, varicela-zóster, CMV, adenovírus e EBV) ou, ainda, por transmissão pelo enxerto do doador ou por transfusões de sangue (CMV).

Citomegalovírus

A infecção pelo CMV pode ocorrer por reativação do vírus latente, pela transmissão através da medula do doador ou hemoderivados ou, ainda, por infecção primária (paciente e doador com sorologia negativa). Ela ocorre em até 30% dos pacientes e incide, principalmente, a partir da terceira semana até o terceiro ou quarto mês após a infusão das células.

A doença por CMV é um quadro grave e com alta mortalidade. As formas mais comuns da doença são a pneumonite, a doença intestinal e a coriorretinite. Também pode ocorrer como causa de febre de origem indeterminada, hepatite e falha na enxertia.

Muitos estudos correlacionam a infecção por CMV com aumento de ocorrência da DECH, de infecções bacterianas e fúngicas, e aumento da mortalidade final do paciente[41-43].

Em razão da gravidade do quadro, tanto na doença quanto na infecção por CMV, o uso de profilaxia (com ganciclovir ou altas doses de aciclovir) e/ou da terapia preemptiva é recomendado. A terapia preemptiva consiste no tratamento precoce com o objetivo de controlar a replicação viral antes mesmo que ocorra sintomatologia. Para isso, a vigilância da replicação viral pode ser feita pela quantificação da antigenemia ou pela quantificação molecular da carga viral do CMV por meio da reação em cadeia da polimerase (PCR), e o tratamento com ganciclovir deve ser iniciado tão logo se obtenha um resultado positivo. O tratamento será mantido por 1 semana após a negativação do PCR ou da antigenemia, tendo no mínimo 2 semanas de duração. No caso de falha terapêutica ou efeitos colaterais graves, o foscarnet pode ser utilizado com igual eficácia[41-43].

- Vírus Epstein-Barr: a doença linfoproliferativa pós-transplante (PTLD) causada pela reativação do EBV incide, principalmente, dentro do primeiro ao quinto mês após o transplante e varia de 0,5 a 22% em diferentes estudos. Os principais fatores de risco são os transplantes com depleção de células T, com doador não aparentado e DECH. Não há consenso sobre o tratamento, mas as principais alternativas terapêuticas são a redução da imunossupressão, o uso de anticorpos específicos de células B monoclonais anti-CD20 (rituximabe) e a imunoterapia celular (interferon-alfa)[44,45].
- Vírus respiratórios: as infecções por vírus respiratórios em pacientes transplantados têm alta mortalidade. Elas acompanham a epidemiologia e a sazonalidade dos vírus na comunidade. Deve-se dar ênfase à prevenção da infecção, restringindo o contato com familiares e profissionais de saúde que apresentem qualquer sinal ou sintoma de infecções de vias aéreas superiores (IVAS). O quadro clínico é variável, podendo apresentar-se na forma de pneumonias com ou sem coinfecção bacteriana e, nos casos mais graves, pode evoluir com insuficiência respiratória aguda (vírus sincicial respiratório) e/ou instabilidade hemodinâmica e choque (mais comumente associado ao adenovírus). O advento dos métodos laboratoriais moleculares tem permitido o diagnóstico dessas infecções, no entanto as opções terapêuticas ainda permanecem aquém das necessidades[46,47].

Outras infecções

Apesar de a prevalência de tuberculose ser baixa em pacientes submetidos a TCTH, estudos mostraram que ela pode ser 10 vezes superior à prevalência na população adulta. A infecção por toxoplasmose é rara e apresenta-se nas formas pulmonares, oftálmica e no sistema nervoso central (SNC). O uso profilático do sulfametoxazol-trimetoprim diminui, mas não exclui o risco de reativação. Outras infecções raras são a nocardiose e as infecções por parasitas[27,28].

Imunização pré/pós-transplante de células hematopoiéticas

No período pré-transplante, em que o paciente encontra-se em regime de terapias imunossupressoras, idealmente as vacinas não devem ser administradas, uma vez que a resposta imunológica está comprometida. As vacinas que contêm agentes vivos ou atenuados estão contraindicadas nessa fase.

Tem sido demonstrado que, após o TCTH, ocorre perda da imunidade protetora pré-transplante, sendo recomendada a revacinação nesses indivíduos. Em pacientes não complicados e que não desenvolveram a DECH, pode-se reiniciar a vacinação após 4 a 12 meses do transplante, quando ocorre a reconstituição imunológica. Para mais detalhes, ver o Capítulo 28, "Vacinação na criança imunodeprimida".[48]

CONCLUSÕES

Nos últimos 20 anos, número crescente de crianças tem sido submetido a TOS e TCTH, e sua sobrevida tem sido maior com o aprimoramento de seu manejo. As infecções, todavia, permanecem como a principal causa de morbidade e mortalidade. O reconhecimento de sua epidemiologia e dos riscos envolvidos, segundo diferentes períodos após o transplante, são elementos-chave para a programação de adequadas estratégias de prevenção.

REFERÊNCIAS BIBLIOGRÁFICAS

1. Dharnidharka VR, Stablein DM, Harmon WE. Post-transplant infections now exceed acute rejection as cause for hospitalization a report of the NAPRTCS. Am J Transplant. 2004;4(3):384-9.
2. Fishman JA, Rubin RH. Infection in organ-transplant recipients. N Engl J Med. 1998;338(24):1741-51.
3. Allen U, Green M. Prevention and treatment of infectious complications after solid organ transplantation in children. Pediatr Clin North Am. 2010;57(2):459-79.
4. Michaels MG, Green M. Infections in pediatric transplant recipients: not just small adults. Infect Dis Clin N Am. 2010;24(2):307-18.
5. Green M. Introduction: infections in solid organ transplantation. Am J Transplant. 2013;13:3-8.
6. Fishman JA. Infection in solid organ transplant recipients. N Engl J Med. 2007;357:2601-14.
7. Green M, Michaels MG. Infections in solid organ transplant recipients. In: Long SS, Prober CG, Pickering LK (eds.). Principles & practice of pediatric infectious diseases. 3. ed. Philadelphia: Churchill Livingstone; 2008. p. 551-7.
8. Keough WL, Michaels MG. Infectious complications in pediatric solid organ transplantation. Pediatr Clin N Am. 2003;50(6):1451-69.
9. Green M, Wald ER, Fricker FJ, Griffith BP, Trento A. Infections in pediatric orthotopic heart transplant recipients. Pediatr Infect Dis J. 1989;8(2):87-93.
10. Billings JL, Hertz MI, Wendt CH. Community respiratory virus infections following lung transplantation. Transpl Infect Dis. 2001;3(3):138-48.
11. Cacciarelli TV, Reyes J, Mazariegos GV, Sigurdsson L, Rowe DT, Fung LL, et al. Natural history of Epstein-Barr viral load in peripheral blood of pediatric liver transplant recipients during treatment for post-transplant lymphoproliferative disorder. Transplant Proc. 1999;31(1-2):488-9.
12. Reyes J, Abu-Elmagd K, Tzakis A, Nour B, Casavilla A, Kusne S, et al. Infectious complications after human small bowel transplantation. Transplant Proc. 1992;24(3):1249-50.
13. Bueno J, Green M, Reyes J, Jabbour N, Kocoshis S, Yunis E, et al. Improved survival with cytomegalovirus infection after intestinal transplantation in children. Transplant Proc. 1996;28(5):2770-1.
14. Ram R, Swarnalatha G, Prasad N, Dakshinamurty KV. Tuberculosis in renal transplant recipients. Transpl Infect Dis. 2007;9(2):97-101.
15. Fishman JA; AST Infectious Diseases Community of Practice. Introduction: infection in solid organ transplant recipients. Am J Transplant. 2009;9(Suppl 4):S3-6.
16. Fischera SA, Lub K; AST Infectious Diseases Community of Practice. Screening of donor and recipient in solid organ transplantation. Am J Transplant. 2013;13:9-21.
17. Chaves TS, Pereira LM, Santos SDS, David-Neto E, Lopes MH. Evaluation of the vaccination status in pediatric renal transplant recipients. Pediatr Transplantation. 2008;12(4):432-5.
18. Brasil. Ministério da Saúde. Secretaria de Vigilância em Saúde. Departamento de Vigilância das Doenças Transmissíveis. Manual dos centros de referência para imunobiológicos especiais. Brasília: Ministério da Saúde; 2014.

19. Lopez MJ, Thomas S. Immunization of children after solid organ transplantation. Pediatr Clin North Am. 2003;50(6):1435-49.
20. Parasuraman R, Yee J, Karthikeyan V, Busto R. Infectious complications in renal transplant recipients. Adv Chronic Kidney Dis. 2006;13(3):280-94.
21. Fonseca-Aten M, Michaels MG. Infections in pediatric solid organ transplant recipients. Semin Pediatr Surg. 2006;15:153-61.
22. EPG Expert Group on Renal Transplantation. European best practice guidelines for renal transplantation. Section IV: long-term management of the transplant recipient. Tuberculosis. Nephrol Dial Transplant. 2002;17(Suppl. 4):39-43.
23. Razonablea RR, Humarb A, AST Infectious Diseases Community of Practice. Cytomegalovirus in solid organ transplantation. Am J Transplant. 2013;13:93-106.
24. Allena UD, Preiksaitisd JK, AST Infectious Diseases Community of Practice. Epstein-Barr virus and posttransplant lymphoproliferative disorder in solid organ transplantation. Am J Transplant. 2013;13:107-20.
25. Williams KM, Gress RE. Immune reconstitution and implications for immunotherapy following haematopoietic stem cell transplantation. Best Pract Res Clin Haematol. 2008;21(3):579-96.
26. Wingard JR, Hsu J, MD, Hiemenz JW. Hematopoietic stem cell transplantation: an overview of infection risks and epidemiology. Infect Dis Clin N Am. 2010;24:257-72.
27. Tomblyn M, Chiller T, Einsele H, Gress R, Sepkowitz K, Storek J et al. Guidelines for preventing infectious complications among hematopoietic cell transplantation recipients: a global perspective. Blood Marrow Transplant. 2009;(15):1143-238.
28. Nucci M, Maiolino A. Infecções em transplante de medula óssea. Medicina (Ribeirão Preto). 2000;33(3):278-93.
29. Voltarelli JC, Stracieri ABPL. Aspectos imunológicos dos transplantes de células-tronco hematopoéticas. Medicina (Ribeirão Preto). 2000;33(4):443-62.
30. Centers for Disease Control and Prevention. Guidelines for preventing opportunistic infections among hematopoietic stem cell transplant recipients: recommendations of CDC, the Infectious Disease Society of America, and the American Society of Blood and Marrow Transplantation. MMWR Recomm Rep. 2000;49:(RR-10):1-125.
31. Groll AH, Castagnola E, Cesaro S, Dalle JH, Engelhard D, Hope W, et al. Fourth European Conference on Infections in Leukaemia (ECIL-4): guidelines for diagnosis, prevention, and treatment of invasive fungal diseases in paediatric patients with cancer or allogeneic haemopoietic stem-cell transplantation. Lancet Oncol. 2014;15:327-40.
32. Ullmann AJ, Schmidt-Hieber M, Bertz H, Heinz WJ, Kiehl M, Krüger W, et al. On behalf of the Infectious DiseasesWorking Party of the German Society for Hematology and Medical Oncology (AGIHO/DGHO) and the DAG-KBT (German Working Group for Blood and Marrow Transplantation). Infectious diseases in allogeneic haematopoietic stem cell transplantation: prevention and prophylaxis strategy guidelines 2016. Ann Hematol. 2016;95:1435-55.
33. Freifeld AG, Bow EJ, Sepkowitz KA, Boeckh MJ, Ito JI, Mullen CA, et al. Clinical practice guideline for the use of antimicrobial agents in neutropenic patients with cancer: 2010. Update by the Infectious Diseases Society of America. Clin Infect Dis. 2011;52(4):e56-e93.
34. Shorr AF, Sulsa GM, O'Grady NP. Pulmonary infiltrates in the non-HIV infected immunocompromised patient. Etiologies, diagnostic strategies and outcomes. Chest. 2004;125:260-71.
35. Kotloff RM, Ahya VN, Crawford SW. Pulmonary complications of solid organ and hematopoietic stem cell transplantation. Am J Respir Crit Care Med 2004;170:22-48.
36. Stokes DC. Pulmonary infections in the immunocompromised pediatric host. Kendig's disorders of the respiratory tract in children. Philadelphia: Saunders Elsevier; 2006. p. 453-62.
37. Weisdorf DJ, Snover DC, Haake R, Miller WJ, McGlave PB, Blazar B, et al. Acute upper gastrointestinal graft-versus-host disease: clinical significance and response to immunosuppressive therapy. Blood. 1990;76:624-9.

38. De Pauw B, Walsh TJ, Donnelly JP, Stevens DA, Edwards JE, Calandra T, et al. Revised definitions of invasive fungal disease from the European Organization for Research and Treatment of Cancer/ Invasive Fungal Infections Cooperative Group and the National Institute of Allergy and Infectious Diseases Mycoses Study Group (EORTC/MSG) Consensus Group. Clinical Infectious Diseases. 2008;46(12):1813-21.
39. Harrison N, Mitterbauer M, Tobudic S, Kalhs P, Rabitsch W, Greinix H et al. Incidence and characteristics of invasive fungal diseases in allogeneic hematopoietic stem cell transplant recipients: a retrospective cohort study. BMC Infect Dis. 2015;15:584.
40. Staber P, Langner S, Dornbusch HJ, Wien PN. Antifungal management in cancer patients. Wien Med Wochenschr. 2007;157(19-20):503-10.
41. Paris C, Kopp K, King A, Santolaya ME, Zepeda AJ, Palma J. Cytomegalovirus infection in children undergoing hematopoietic stem cell transplantation in Chile. Pediatr Blood Cancer. 2009;53(3):453-8.
42. Boeckh M, Ljungman P. How I treat cytomegalovirus in hematopoietic cell transplant recipients. Blood. 2009;113(23):5711-9.
43. Bay JO, Peffault de Latour R, Bruno B, Coiteux V, Guillaume T, Hicheri Y, et al. Diagnosis and treatment of CMV and EBV reactivation as well as post transplant lymphoproliferative disorders following allogeneic stem cell transplantation: an SFGM-TC report. Pathol Biol. 2013;61(4):152-4.
44. Holmes RD, Sokol RJ. Epstein-Barr virus and post-transplant lymphoproliferative disease. Pediatr Transplant. 2002;6(6):456-64.
45. Heslop HE. How I treat EBV lymphoproliferation. Blood. 2009;114(19):4002-8.
46. Hirsch HH, Martino R, Ward KN, Boeckh N,Einsele H, Ljungman P. Fourth European Conference on Infections in Leukaemia (ECIL-4): guidelines for diagnosis and treatment of human respiratory syncytial virus, parainfluenza virus, metapneumovirus, rhinovirus, and coronavirus. Clin Infect Dis. 2013;56(2):258-66.
47. Boeckh M, Englund J, Li Y, Miller C, Cross A, Fernandez H. NIAID Collaborative Antiviral Study Group. Randomized controlled multicenter trial of aerosolized ribavirin for respiratory syncytial virus upper respiratory tract infection in hematopoietic cell transplant recipients. Clin Infect Dis. 2007;44(2):245-9.
48. Rubin LG, Levin MJ, Ljungman P, Davies EG, Avery R, Tomblyn M. 2013 IDSA clinical practice guideline for vaccination of the immunocompromised host. Clin Infect Dis. 2014;58(3):309-18.

Febre e neutropenia em crianças com doenças neoplásicas

26

Nadia Litvinov
Anna Carlota Mott Barrientos
Maria Zilda de Aquino

Após ler este capítulo, você estará apto a:

1. Compreender os mecanismos fisiopatológicos envolvidos na febre e na neutropenia.
2. Entender os aspectos clínicos e a urgência do tratamento.
3. Compreender as dificuldades no diagnóstico das infecções e a necessidade da conduta terapêutica empírica inicial.

INTRODUÇÃO

As infecções continuam sendo os principais fatores de risco de morte entre crianças e adultos com câncer submetidos à quimioterapia[1]. Embora esse risco tenha se reduzido muito nos últimos 40 anos, a morbidade e a mortalidade por infecção em crianças com doenças neoplásicas que desenvolvem febre e neutropenia continua sendo alta e um dos tópicos desafiadores em infectologia pediátrica.

A granulocitopenia, sua gravidade e duração se relacionam diretamente com o risco de infecções e sepse, contudo as manifestações no paciente neutropênico com infecção grave são praticamente indistinguíveis do não infectado. A febre ocorre em aproximadamente um terço dos episódios de neutropenia e é, frequentemente, o único sintoma existente. Por isso deve ser considerada um alerta para a intervenção de emergência[2,3].

A marcada redução de morbidade e mortalidade relativas à infecção em neutropênicos após o uso empírico de antibioticoterapia de amplo espectro foi um dos grandes avanços da onco-hematologia nas décadas de 1970 e 1980[2,3]. Houve uma queda de cerca de 75% dos óbitos em sepse por Gram-negativos em neutropênicos. Essa redução ocorreu em todos os centros de tratamento do câncer nos últimos 40 anos e se deve à implantação dos protocolos de antibioticoterapia empírica inicial. Desde essa padronização, qualquer paciente que apresente febre durante um período de neutropenia deve ser considerado de alto risco para infecção potencialmente fatal e, portanto, necessita ser internado para receber antibioticoterapia endovenosa de ampla cobertura antibacteriana e investigação diagnóstica do episódio febril[1,2].

Apesar desses avanços, o desafio permanece. Se, por um lado, o desenvolvimento de recursos clínicos, laboratoriais e de pesquisa conduziu a maiores opções diagnósticas e terapêuticas, por outro, o número de pacientes imunodeprimidos por indução quimioterápica cresceu muito, novos fatores de risco infeccioso vêm sendo identificados, a epidemiologia das infecções está constantemente mudando e a resistência antimicrobiana vem crescendo.

RESPOSTA IMUNOLÓGICA À INFECÇÃO

Crianças submetidas a tratamentos oncológicos estão sujeitas a risco maior de infecções pelo impacto que essas terapias causam nos mecanismos de defesa do organismo como um todo, incluindo alterações na imunidade inata e adaptativa, e na resposta fisiológica aos processos infecciosos.

A primeira linha de defesa contra doenças invasivas é a barreira mucocutânea, que inclui a pele, as células parietais do trato gastrointestinal produtoras de ácido e secretoras de IgA, as células ciliares e produtoras de muco do trato respiratório, bem como as produtoras de surfactante que auxiliam na opsonização de bactérias, vírus e fungos[3].

A ruptura dessa barreira pode ocorrer de várias maneiras, desde infiltrações tumorais, cirurgias, radioterapia e intensa mucosite com destruição epitelial em vários sítios, que acompanha os diversos protocolos quimioterápicos. Além disso, o uso de cateteres centrais, punções e outros cateteres facilita a penetração de microrganismos diretamente na corrente sanguínea. Mesmo medidas de suporte, como o uso de antiácidos e a nutrição parenteral, podem comprometer a barreira gástrica fisiológica e se tornar fatores de risco importante para a translocação de patógenos[3,4].

A próxima linha de defesa na imunidade inata são as células fagocíticas, especialmente os neutrófilos. Essas células destroem patógenos por meio de mecanismos oxidativos e não oxidativos, e ajudam na regulação do sistema imune pela liberação de citocinas. Os quimioterápicos têm efeito quantitativo e qualitativo nessas células.

O risco infeccioso cresce diretamente com a redução do número de neutrófilos. Desde os anos 1960 se reconhece que fagócitos abaixo de 500 células/mm^3 acarretam grave risco infeccioso, que aumenta mais ainda abaixo de 100 células/mm³. A velocidade do declínio e a duração da neutropenia também contribuem para esse risco[1-3]. Além disso, a terapêutica antineoplásica também produz alterações na funcionalidade dos fagócitos, alterando a quimiotaxia e a capacidade bactericida.

O tratamento e a doença neoplásica também alteram a resposta imune adaptativa. Ocorre a diminuição das células B produtoras de anticorpos e, consequentemente, a síntese de imunoglobulinas. Alguns esquemas terapêuticos ainda atingem as células T, com impacto na resposta imune celular.

Os mecanismos de defesa contra as infecções estão alterados, também, pelo impacto que a doença neoplásica e seu tratamento acarretam na função de órgãos e sistemas. A toxicidade pulmonar e cardíaca da quimio/radioterapia é relevante em razão das disfunções que acarreta, facilitando e induzindo a sepse e o choque. Uma síntese dessas ocorrências é descrita na Figura 26.1.

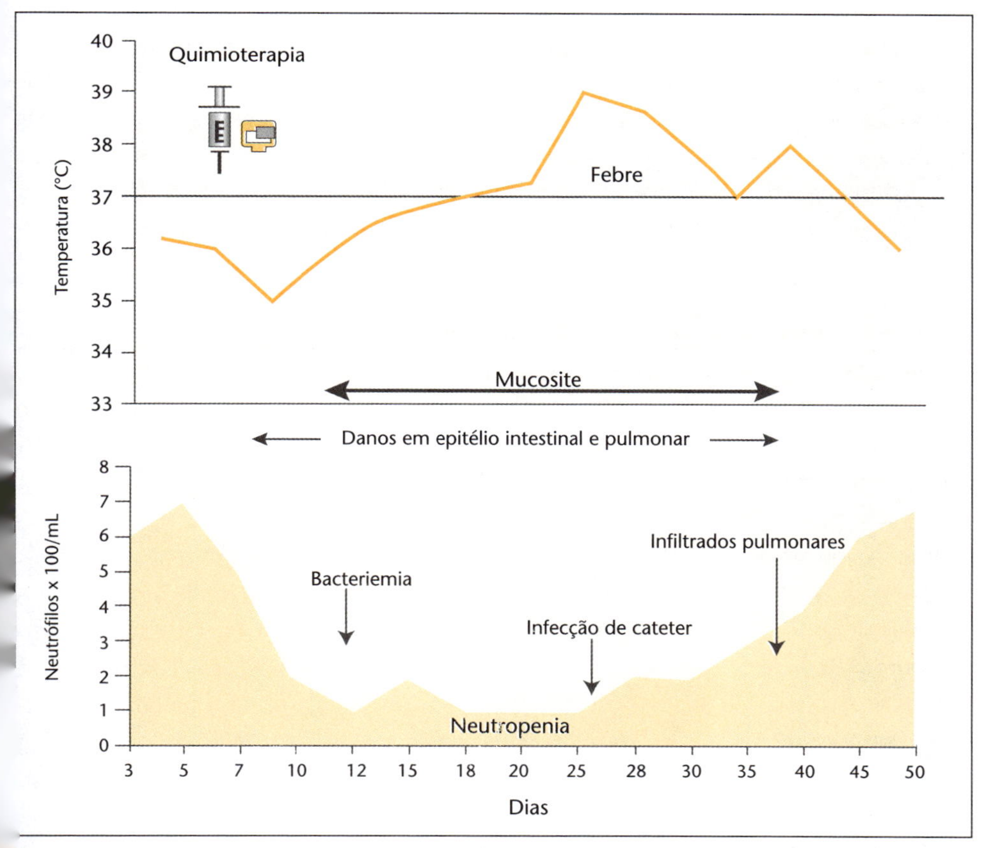

Figura 26.1 Sequência de eventos infecciosos após quimioterapia.
Fonte: adaptada de Mandell et al.[5].

PRINCIPAIS ORGANISMOS CAUSADORES DE INFECÇÃO EM PACIENTES NEUTROPÊNICOS

As infecções bacterianas clinicamente documentadas ocorrem em 20 a 30% dos episódios febris nos pacientes oncológicos; os sítios mais comuns que originam a infecção incluem trato intestinal, pulmão e pele. A bacteriemia ocorre em 10 a 25% de todos os pacientes, e a maioria dos episódios ocorre no cenário da neutropenia prolongada e/ou profunda (ANC, 100 neutrófilos/mm^3)[6]. O Quadro 26.1 mostra as principais bactérias relacionadas com infecção.

Durante a década de 1950, a principal causa de sepse a ser considerada em pacientes neutropênicos febris era o *Staphylococcus aureus*. Nas duas décadas seguintes, os Gram-negativos surgiram como o grupo prioritário, sendo a *Pseudomonas aeruginosa* particularmente comum e associada a altas taxas de mortalidade. A partir dos anos 1990, no entanto, os Gram-positivos reemergiram como os principais agentes causais de sepse na neutropenia febril. Atualmente, o estafilococo coagulase-negativa é o agente mais comum isolado em corrente sanguínea na maioria dos centros oncológicos; as enterobactérias, como espécies de *Enterobacter*, *Escherichia coli* e *Klebsiella*, e os bacilos Gram-negativos não fermentadores, como *Pseudomonas aeruginosa* e *Stenotrophomonas* sp., são isolados menos frequentemente[6].

As espécies de bactérias multirresistentes às drogas estão causando crescente número de infecções em doentes com neutropenia febril. Alguns centros apresen-

Quadro 26.1 Bactérias frequentes em pacientes neutropênicos
Gram-positivos
Staphylococcus coagulase-negativa
Staphylococcus aureus, incluindo as cepas meticilinorresistentes
Espécies de *Enterococcus*, incluindo as cepas vancomicinarresistentes
Estreptococos do grupo *viridans*
Streptococcus pneumoniae
Streptococcus pyogenes
Gram-negativos
Escherichia coli
Klebsiella sp.
Psedomonas aeruginosa
Citrobacter sp.
Acinetobacter sp.
Stenotrophomonas malthophilia

tam elevada tendência epidemiológica para predominância de patógenos Gram-negativos na população neutropênica. Os genes das betalactamases de espectro expandido (ESBL), sobretudo das espécies *Klebsiella* e cepas de *E. coli*, podem conferir uma gama de resistência aos antibióticos betalactâmicos e são, na maioria das vezes, apenas suscetíveis aos carbapenêmicos. As espécies conhecidas com CRE (enterobactérias produtoras de carbapenemases), entre elas a *Klebsiella* (KPC) e a *P. aeruginosa*, têm sido relatadas como causa de infecções resistentes aos carbapenêmicos[7]. O reconhecimento dessas espécies resistentes requer a intepretação cuidadosa de antibiograma organismo-específico.

Além disso, patógenos Gram-positivos resistentes, como MRSA e VRE, são cada vez mais comuns e isolados com certa prevalência em alguns centros, respondendo por 20 e 0,5% dos episódios, respectivamente[8,9]. As cepas resistentes à penicilina dos *S. pneumoniae* e dos *S. viridans* são menos comuns, mas também podem causar infecções graves. Dessa forma, o conhecimento dos principais microrganismos isolados, assim como do perfil de resistência de cada centro de referência, muitas vezes se faz necessário para a escolha da antibioticoterapia empírica inicial.

As infecções virais também vêm sendo identificadas em vários serviços, em diferentes proporções (variando entre 5 e 30% de isolamento viral), como etiologia provável desses quadros; no entanto, a taxa de diagnóstico depende fundamentalmente dos recursos laboratoriais utilizados, especialmente dos testes moleculares, como a PCR[3,10].

As infecções fúngicas são raramente identificadas como causa da febre no início do curso da neutropenia; geralmente são encontradas após a primeira semana de neutropenia prolongada e antibioticoterapia empírica. As leveduras, principalmente as espécies de *Candida*, podem causar infecções superficiais de mucosas (p. ex., aftas); a mucosite induzida por quimioterapia, por sua vez, pode perturbar a barreira da mucosa, permitindo a entrada de *Candida* na corrente sanguínea. A candidíase em órgãos profundos, como fígado e baço, esofagite ou endocardite, é menos comum, porém, diante do isolamento de *Candida* na corrente sanguínea, focos profundos devem ser investigados. Os fungos filamentosos, como *Aspergillus*, apresentam altas morbidade e mortalidade e, na maiora das vezes, acometem seios paranasais e pulmões, geralmente após 2 semanas de neutropenia[6].

DEFINIÇÕES

Dentro dos parâmetros referendados na literatura para a adoção de antibioticoterapia empírica, as definições de febre e neutropenia utilizadas no Instituto de Tratamento de Câncer Infantil do Instituto da Criança (Itaci-ICr) são as seguintes:

Neutropenia: número de neutrófilos < 500/mL ou < 1.000/mL com declínio previsto para < 500/mL nas próximas 48 horas.

Febre: uma única temperatura axilar > 38,5°C ou duas ou mais temperaturas axilares > 38°C, registradas com intervalo de mais de 1 hora.

AVALIAÇÃO INICIAL

A avaliação inicial deve ser extremamente cuidadosa no que tange aos dados de história, exame físico e coleta laboratorial. A história deve incluir informações relativas a um possível foco de infecção, grau e duração da febre, sintomas clínicos pulmonares, gastrointestinais, urinários e cardiovasculares. São de particular interesse os sinais e sintomas de mucosite, as lesões de pele e as alterações no acesso de cateteres centrais. Da mesma forma devem ser registradas todas as medicações em uso, especialmente drogas profiláticas e os dados referentes ao protocolo de quimioterapia em curso.

O exame físico deve ser detalhado com o registro dos sinais vitais cuja alteração pode muitas vezes constituir o único parâmetro de sepse grave nessa população. Em seguida, deve ser feito exame físico detalhado de sistemas e aparelhos.

A avaliação laboratorial deve conter inicialmente hemograma completo, hemocultura, urocultura, radiografia de tórax, provas de função hepática e renal, eletrólitos, glicemia e quaisquer outros testes sugeridos pela anamnese e avaliação física inicial, como outros exames de imagem, pesquisas de vírus respiratórios, culturas e *swab* de orofaringe, pele e região perianal, entre outros. Em nosso serviço, a coleta das provas de fase rápida, especificamente a proteína C-reativa, é rotina, embora ainda não haja consenso na literatura sobre o valor preditivo desse teste em neutropênicos febris[11].

ANTIBIOTICOTERAPIA EMPÍRICA INICIAL

A escolha da antibioticoterapia empírica inicial deve ser guiada pela microbiologia e pelo padrão de sensibilidade dos microrganismos específicos de cada instituição, no entanto, qualquer que seja a escolha a cobertura deve ser ampla, contemplando bactérias Gram-positivas e Gram-negativas.

A associação de antibióticos betalactâmicos com aminoglicosídeos foi a mais utilizada em vários centros por muitos anos[1-3]. Atualmente, o emprego da monoterapia, usando betalactâmicos com cobertura para *Pseudomonas* sp. (cefepima, piperacilina-tazobactam ou carbapenêmico), vem sendo mais frequente.

Apesar do alto grau de resistência dos principais microrganismos Gram-positivos (estafilococos resistentes à oxacilina e enterococos), o glicopeptídeo (vancomicina ou teicoplanina) não deve ser associado ao esquema inicial empiricamente. Estudos não encontraram diferença no desfecho de pacientes que foram tratados inicialmente apenas com betalactâmicos em relação aos que usaram a associação com glicopeptídeo. Por isso, o uso dessa classe de antimicrobianos no esquema de tratamento inicial está indicado nas seguintes situações: 1) evidência de infecção por estafilococos como infecção de cateter central, de pele ou pneumonias; 2) instabilidade hemodinâmica; 3) suspeita de infecção por agente resistente. Essa medida vai de encontro à tentativa de racionalização do uso de vancomicina para minimizar a seleção de microrganismos resistentes. A vigilância e a monitoração desses pacientes devem ser constantes[6,12].

As infecções fúngicas estão entre as mais graves complicações infecciosas em neutropênicos. As infecções por *Candida* e *Aspergillus* são as mais frequentes nesses pacientes, entretanto há aumento de casos de infecção por fungos emergentes, como *Fusarium* sp., *Trichosporon beigelii*, *Scedosporium apiospermum*, entre outros. Esses fungos têm em comum o envolvimento sistêmico de vários órgãos, a resistência à maioria dos antifúngicos e a alta mortalidade.

Os principais fatores de risco para infecções fúngicas em pacientes oncológicos são a neutropenia prolongada (mais de 7 dias), o uso de corticosteroide, mucosite e uso de cateteres centrais. Pacientes com leucemias, transplantes de células hematopoiéticas e doença refratária ao tratamento constituem o principal grupo de risco. O tratamento empírico com antifúngico pode ser iniciado sempre que houver evidência de infecção fúngica ou, em pacientes de alto risco, quando a febre e a neutropenia se prolongarem por mais de 5 a 7 dias, apesar de antibioticoterapia endovenosa de amplo espectro. As drogas de escolha para o tratamento empírico são as equinocandinas (caspofungina, micafungina) ou a anfotericina B desoxicolato ou em uma das formulações lipídicas[13]. Para os pacientes que já estiverem em uso de profilaxia antifúngica, é recomendável a mudança de classe de antifúngico. A terapia poderá ser direcionada caso haja identificação do fungo por cultura ou métodos indiretos (galactomanana).

Estudos recentes demonstram que as viroses respiratórias são um achado comum durante episódios de febre e neutropenia em crianças com câncer. A detecção dessas viroses com os novos métodos moleculares pode ajudar a explicar a falência de alguns tratamentos antimicrobianos e minimiza a proporção de episódios febris sem agentes etiológicos isolados nessa população[3,11]. O uso empírico de oseltamivir em quadros respiratórios está recomendado durante a estação de alta prevalência de infecções por influenza[6].

Embora mais raras, as infestações parasitárias podem acometer crianças neutropênicas, especialmente as causadas por *Toxoplasma gondii*, *Cryptosporidium* sp. e *Strongyloides stercoralis*.

ACOMPANHAMENTO APÓS A ESCOLHA EMPÍRICA INICIAL

Para determinar a eficácia de um esquema antimicrobiano, é necessário administrá-lo por pelo menos 3 a 5 dias. Modificações antes desse prazo estão indicadas apenas se houver piora clínica ou caso haja informação microbiológica de resultado de culturas positivas.

Se o paciente se tornar afebril nos primeiros 3 a 5 dias e não houver culturas positivas após 24 a 48 horas sem febre, ele poderá ter alta hospitalar com antibioticoterapia oral (fluoroquinolona associada ou não a amoxicilina-clavulanato), desde que esteja em bom estado geral e seja assegurado seu retorno ao hospital para acompanhamento ambulatorial ou a qualquer momento se houver febre ou piora clínica.

Nos outros casos, o tratamento hospitalar deve ser seguido por 5 a 7 dias. Caso se identifique o microrganismo causador da infecção, a terapêutica deve ser adequada a cada caso, mantendo-se a cobertura ampla para agentes Gram-negativos enquanto não houver recuperação medular.

Caso a febre e a neutropenia persistam por mais de três dias após o início dos antibióticos, deve ser feita reavaliação clínica e laboratorial do paciente, a fim de se identificar possíveis focos infecciosos. Caso essa avaliação resulte negativa, deve-se considerar a mudança no esquema terapêutico com o intuito de ampliar ou reforçar a cobertura, incluindo drogas para atingir microrganismos Gram-positivos e/ou Gram-negativos resistentes ao esquema inicial (glicopeptídeos, carbapenêmicos, polimixina etc.).

Caso não haja melhora da febre, nova reavaliação clínica e laboratorial deve ser feita, ampliando a investigação com exames de imagem – tomografia – para detecção de infecções fúngicas. Nesse momento, pode ser iniciado o tratamento antifúngico empírico.

A recuperação medular é o fator mais importante para decidir a duração da terapêutica. Quando uma infecção for identificada, a terapêutica deve ser mantida até que haja sinais de recuperação medular, o paciente esteja afebril por pelo menos 3 dias e existam evidências clínicas, radiológicas e microbiológicas de resolução da infecção. Pacientes com infecção documentada que permaneçam neutropênicos devem ser tratados por 10 a 14 dias[1].

O uso de fatores de estimulação de medula óssea – GCSF e GMCSF –, bem como a transfusão de granulócitos, não é recomendado de rotina e deve ser discutido conjuntamente com o onco-hematologista que trata da criança[1,3,6].

Os últimos protocolos de manejo de neutropenia febril em pacientes oncológicos sugerem que, além da profilaxia antibacteriana universal para *Pneumocystis jirovecii*[1,3] com sulfametoxazol-trimetoprim, seja feita também a profilaxia para agentes Gram-negativos e fungos em pacientes de alto risco com neutropenias prolongadas[6,12].

Na Figura 26.2, o fluxograma sintetiza o manejo da neutropenia febril em crianças em tratamento para doenças oncológicas.

CONCLUSÕES

Essas recomendações se baseiam na revisão das melhores evidências disponíveis até o momento, mas não são mandatórias ou absolutas. Cada caso necessita de reflexão e, muitas vezes, pode ser conduzido de forma diferente das aqui especificadas.

Além disso, o avanço de toda a tecnologia médica vem trazendo novas ferramentas no manejo da neutropenia febril em crianças com câncer. Dentre elas são especialmente promissoras as técnicas moleculares de diagnóstico das infecções, o uso de marcadores biológicos na sepse e as novas abordagens de alterações imunológicas geneticamente determinadas ligadas à neutropenia e à infecção[14].

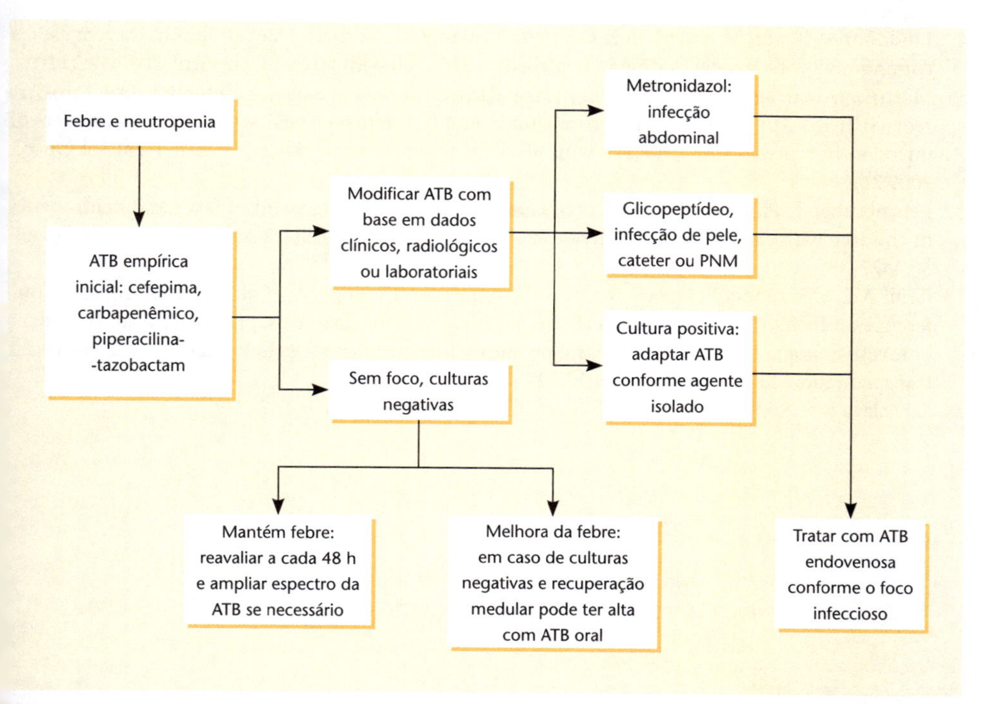

Figura 26.2 Algoritmo de conduta terapêutica em crianças neutropênicas nas primeiras 48 a 72 horas de febre.
ATB: antibioticoterapia.

REFERÊNCIAS BIBLIOGRÁFICAS

1. Hughes WT, Armstrong D, Bodey GP, Bow EJ, Brown AE, Calandra T, et al. Guidelines for the use of antimicrobial agents in neutropenic patients with cancer. CID. 2002;34(6):730-51.
2. Bodey GP, Buckley M, Sathe YS, Freireich EJ. Quantitative relationships between circulating leukocytes and infection in patients with acute leukemia. Ann Intern Med. 1966;64:328-40.
3. Meckler G, Lindemulder S. Fever and neutropenia in pediatric patients with cancer. Emerg Med Clin North Am. 2009;27:525-44.
4. Poele EM, Tissing WJ, Kamps WA, Bont ES. Risk assessment in fever and neutropenia in children with cancer: what did we learn? Crit Rev Oncol Hematol. 2009;72:45-55.
5. Mandell, Douglas, Bennett's. Principles and practice of infectious diseases. 7. ed. Philadelphia: Churchill Livingstone; 2009.
6. Freifeld AG, Bow EJ, Sepkowitz KA, Boekh MJ, Ito JI, Mullen CA, et al. Clinical practice guideline for the use of antimicrobial agents in neutropenic patients with cancer: 2010 update by the Infectious Diseases Society of America. Clin Infect Dis. 2011;52(4):e56-e93.
7. Van Duin D, Paterson DL. Multidrug resistant bacteria in the community. Infect Dis Cli N Am. 2016;30:377-90.
8. Morris PG, Hassan T, McNamara M, Hassan A, Wiig R, Grogan A, et al. Emergence of MRSA in positive blood cultures from patients with febrile neutropenia-a cause for concern. Support Care Cancer. 2008;16:1085-8.
9. Weinstock DM, Conlon M, Iovino C, Aubrey T, Gudiol C, Riedel E, et al. Colonization, bloodstream infection, and mortality caused by vancomycin-resistant enterococcus early after allogeneic hematopoietic stem cell transplant. Biol Blood Marrow Transplant. 2007;13:615-21.
10. Lindbom A, Bhadri V, Soderhall S, Orlmalm L, Wong M, Norbeck O, et al. Respiratory viruses, a common microbiological finding in neutropenic children with fever. J Clin Virol. 2010;47:234-7.
11. Martinez-Albarran M, Perez-Molina JA, Gallegos-Castorena S, Sanchez-Zubieta F, Del Toro-Arreola S, Troyo-Sanroman R, et al. Procalcitonin and C-reactive protein serum levels as markers of infection in a pediatric population with febrile neutropenia and cancer. Pediatr Hematol Oncol. 2009;26:414-25.
12. Lehrnbecher T, Phillips R, Alexander S. Guideline for the management of fever and neutropenia in children with cancer and/or undergoing hematopoietic stem-cell transplantation. J Clin Oncol. 30:4427-38.
13. Groll AH, Castagnola E, Cesaro S, Dalle JH, Engelhard D, Hope W, et al. Fourth European Conference on Infections in Leukaemia (ECIL-4): guidelines for diagnosis, prevention, and treatment of invasive fungal diseases in paediatric patients with cancer or allogeneic haemopoietic stem-cell transplantation. Lancet Oncol. 2014;15:327-40.
14. Santolaya ME. Supportive care in children. Curr Opin Oncol. 2010;22:323-9.

Seção V

Imunizações

27 Imunização

Anne Layze Galastri
Maria Fernanda Bádue Pereira
Helena Keico Sato

Após ler este capítulo, você estará apto a:

1. Compreender os principais mecanismos de imunização.
2. Conhecer as principais vacinas e imunobiológicos disponíveis no Brasil.
3. Utilizar o calendário do Programa Nacional de Imunização.

CONTEXTO HISTÓRICO

Uma das principais medidas de intervenção para o controle e a prevenção de doenças é a imunização. O Brasil foi um dos pioneiros no uso de vacinas em larga escala. Em 1904, o país realizou a primeira campanha de vacinação visando ao controle da varíola, tendo sido organizada pelo sanitarista Oswaldo Cruz[1]. Após várias décadas, em 1973 foi instituído o Programa Nacional de Imunizações (PNI). Uma das grandes inovações foi a instituição de um Dia Nacional de Imunização, para o combate à poliomielite e atualização da caderneta de vacinação[1].

Atualmente, o calendário da criança do PNI disponibiliza 14 vacinas contra 18 doenças: tuberculose, hepatite B, difteria, coqueluche, tétano, paralisia infantil, rotavírus, doenças invasivas causadas pelo *Haemophilus influenzae* tipo b (Hib), pneumococo e meningococo tipo C, sarampo, caxumba, rubéola, varicela, febre amarela, hepatite A, papiloma vírus humano (HPV) e vírus influenza[2].

Há também o calendário sugerido pela Sociedade Brasileira de Imunizações (SBIm). No decorrer do texto serão abordadas sucintamente as recomendações para cada doença[3].

TIPOS DE IMUNIZAÇÃO

A vacinação tem como objetivo a imunização, isto é, conferir imunidade ao indivíduo vacinado contra uma ou mais doenças, cujo imunobiológico administrado propiciará a proteção. A imunização pode ser ativa ou passiva[4,5].

A imunização passiva é transitória e acontece pela administração de anticorpos específicos. No entanto, tem efeito quase imediato após a infusão. Pode ser natural ou artificial. A natural é conferida ao recém-nascido (RN) por meio da passagem transplacentária de anticorpos da classe IgG específicos contra algumas doenças. A imunização passiva artificial pode ser: heteróloga, na qual os soros são obtidos do plasma de animais previamente vacinados, geralmente equinos; ou homóloga, na qual as imunoglobulinas são adquiridas por transfusão de anticorpos obtidos do plasma de seres humanos, tendo menor reatogenicidade que a heteróloga[4,5]. As imunoglobulinas humanas são policlonais, isto é, contêm anticorpos contra muitos antígenos. Os anticorpos monoclonais são produzidos a partir de um único clone de célula B. Além de prevenir infecções, podem servir como tratamento de câncer ou doenças autoimunes. O palivizumabe é um exemplo de anticorpo monoclonal, específico para a prevenção de infecção por vírus sincicial respiratório (VSR)[6].

A imunidade ativa é aquela em que o próprio sistema imune da pessoa, ao entrar em contato com um antígeno, responde produzindo anticorpos e linfócitos T de memória, o que demora, no mínimo, 14 dias para ser completado. Existem dois modos de adquirir esse tipo de imunidade: contraindo uma doença infecciosa ou pela vacinação. Esse tipo de imunidade dura vários anos para a maioria das doenças[5].

A resposta vacinal é influenciada por características da vacina (tipo de antígeno, via de administração, presença de adjuvante) e do hospedeiro (estado nutricional, idade, doenças, genética)[5].

As vacinas podem ser derivadas de patógenos vivos ou inativados. As vacinas vivas são constituídas de microrganismos atenuados, obtidos pela seleção de cepas selvagens e atenuados por meios de cultura especiais. Essas vacinas provocam imunidade em longo prazo, e as doses utilizadas são menores que as vacinas inativadas. A desvantagem é o risco de multiplicação do microrganismo no indivíduo vacinado, seja por fatores do hospedeiro, seja por alteração genética da amostra vacinal. Novas técnicas para o desenvolvimento de vacinas vivas surgem com o avanço da biologia molecular, como deleções, inserções e quimeras virais[4,6].

As vacinas inativadas são compostas por microrganismos inteiros inativados por meios físicos ou químicos, os quais perdem sua capacidade infecciosa, mas mantêm propriedades imunogênicas, ou por frações de microrganismos (subunidades de microrganismos e toxoides). As subunidades de antígenos podem ser polissacarídeos puros ou polissacarídeos conjugados a uma proteína ou obtidos por engenharia genética[4,6].

A resposta imune das vacinas conjugadas é melhor que nas polissacarídeas puras, pois com a conjugação proteica a resposta imune passa a ser célula T-dependente e tem aumento na produção de anticorpos (efeito de *booster*) após múltiplas doses da vacina, conferindo proteção de longa duração[4-6].

As vacinas combinadas são outra classe de imunobiológico, pois são associações de antígenos independentes em uma mesma composição farmacológica, como sarampo, caxumba e rubéola (SRC), difteria, coqueluche e tétano (DTP). Elas visam, basicamente, reduzir o número de aplicações, sem prejudicar a resposta imune, proporcionando maior tolerabilidade da população[4,6].

PRINCIPAIS VACINAS E IMUNOGLOBULINAS DISPONÍVEIS NO BRASIL

BCG Intradérmica (ID)

É uma vacina viva atenuada que contém bacilos Calmette-Guérin, uma estirpe atenuada de *Mycobacterium bovis*. Estudos sugerem que a vacina é eficaz, particularmente para a prevenção de complicações da tuberculose disseminada. O uso é único, e deve ser aplicada ao nascimento. Os recém-nascidos com baixo peso devem adiar a vacinação até que atinjam 2 kg. Na rotina dos serviços, a vacina é disponibilizada para crianças até 4 anos, 11 meses e 29 dias ainda não vacinadas. No estado de São Paulo, está disponível até os 15 anos de idade. Crianças vacinadas na faixa etária preconizada que não apresentam cicatriz vacinal após 6 meses da administração da vacina podem ser revacinadas apenas uma vez[2,7].

Nódulo no local de aplicação, seguido de úlcera, que pode drenar secreção purulenta, formação de crosta e cicatriz, ocorre habitualmente entre 6 e 12 semanas após aplicação da BCG[7].

Os principais efeitos adversos conhecidos incluem adenite regional, abcessos frios ou quentes, BCGeíte, infecção BCG disseminada e osteíte causada pelo organismo BCG[5].

Em crianças cujas mães são HIV+, recomenda-se a aplicação da vacina BCG ao nascimento, desde que assintomáticas e sem sinais de imunodeficiência. Crianças de qualquer idade com comprovação de infecção pelo HIV não devem ser vacinadas[7].

Hepatite B

A vacina contra hepatite B é composta por partículas de HBsAg purificadas inativadas, obtidas tanto a partir de plasma de portadores crônicos como a partir de levedura por meio de tecnologia de ácido desoxirribonucleico (ADN) recombinante[4,6]. A vacinação primária consiste em três doses. A primeira dose deve ser dada ao nascer, o mais precocemente possível, nas primeiras 12 horas de vida, ainda na maternidade. A segunda pode ser aplicada entre 30 e 60 dias, com intervalo mínimo de 4 semanas após a primeira dose. A terceira dose pode ser aplicada entre 6 e 18 meses de vida, com intervalo mínimo de 16 semanas após a primeira e 8 semanas após a segunda. No calendário do PNI, a partir da segunda dose a vacina contra hepatite B é combinada sob a forma pentavalente (vacina adsorvida, difteria, tétano, pertússis, hepatite B e *Haemophilus influenzae* B conjugada) e aplicada aos 2, 4 e 6 meses de idade[2].

Em recém-nascido cuja mãe é portadora de hepatite B, deve-se administrar a vacina e imunoglobulina humana anti-hepatite B, preferencialmente nas primeiras 12 horas, podendo ser administrada, no máximo, até 7 dias de vida. Administra-se a imunoglobulina humana anti-hepatite B em grupo muscular diferente de onde foi administrada a vacina[2,4,6].

Em virtude da menor resposta imunológica em prematuros com menos de 2 kg, a SBIm recomenda esquema com quatro doses da vacina (0, 1, 2, 6 meses)[3]. A American Academy of Pediatrics recomenda que a primeira dose seja aplicada com 1 mês de idade gestacional, corrigida se pré-termo ou filho de mãe HBsAg negativo[6]. No Brasil, atualmente, por conta das formulações combinadas das vacinas, todos os recém-nascidos recebem quatro doses de hepatite B[2].

A incidência estimada de anafilaxia foi de um caso para 1,1 milhão de doses aplicadas. Estudos populacionais observaram alopecia como evento adverso raro, porém não houve significância estatística[5,6].

Hepatite A

Vacina de vírus inteiro inativado. O PNI oferece uma dose da vacina para crianças de 12 meses até menores de 2 anos de idade[2,7,8]. Os Centros de Referência de Imunobiológicos Especiais (Cries) orientam que, caso não imunizadas, as crianças com as seguintes doenças devem ser vacinadas após os 2 anos: hepatopatias crônicas, portadores crônicos do vírus da hepatite B, coagulopatias, aids, imunossuprimidos, doenças de depósito, fibrose cística, hemoglobinopatias e trissomias[4].

A SBIm recomenda a vacina para crianças a partir de 12 meses, em esquema de duas doses, com intervalo de 6 meses entre elas[3].

A vacina não é licenciada para uso em crianças menores de 12 meses. Nenhum evento adverso grave tem sido atribuído a essa vacina. Os efeitos secundários mais frequentes são reações locais. A única contraindicação é para pessoas sensíveis aos componentes da vacina[5,6,8].

Difteria

O toxoide diftérico é uma preparação purificada da toxina diftérica; é altamente eficaz na indução de anticorpos que prevenirão a doença, embora não previna o estado de portador são. Há duas formulações de dosagem disponíveis: uma para até 6 anos e outra para maiores de 6 anos. Esta última tem concentração menor de toxoide, para reduzir a reatogenicidade local da vacina. Não há vacina isolada de difteria, podendo ser combinada com tétano (DT ou dT) ou com tétano, coqueluche, Hib, hepatite B e poliomielite[6].

Os eventos adversos relatados são raros e englobam reações locais e anafilaxia. Casos de neurite braquial são descritos, no entanto, estão mais relacionados à porção tetânica da vacina combinada[5,6].

As únicas contraindicações são em indivíduos que já tiveram reações de hipersensibilidade graves ou neurológicas após vacina prévia[2,6].

A descrição das apresentações da vacina tríplice bacteriana está elencada no Quadro 27.1.

Tétano

Preparação purificada da toxina tetânica. Esse toxoide é sempre utilizado de modo combinado com o diftérico, além das outras combinações descritas no componente diftérico[5,6].

Os eventos adversos comuns incluem reações locais e febre em algumas pessoas que receberam doses múltiplas do toxoide de tétano, como a reação de Arthus. A única contraindicação é para indivíduos que já tiveram reações neurológicas ou de hipersensibilidade grave após imunização[5,6].

Quadro 27.1 Principais apresentações da vacina tríplice bacteriana[2,4]
DTP: é componente da pentavalente do PNI. Deve-se administrar três doses, aos 2, 4 e 6 meses de idade, com intervalo máximo de 60 dias e intervalo mínimo de 30 dias entre as doses. Essa vacina é contraindicada para crianças a partir de 7 anos de idade.
DTPa: liberada para < 7 anos, em decorrência do componente acelular da pertússis. Indicada para pacientes que tiveram reação grave ao componente pertússis de células inteiras, como convulsões nas primeiras 72 h após a aplicação da vacina, episódio hipotônico-hiporresponsivo nas primeiras 48 h e encefalopatia 7 dias após ou em situações clínicas especiais, como doença convulsiva crônica, cardiopatias ou pneumopatias crônicas com risco de descompensação em vigência de febre, doenças neurológicas crônicas incapacitantes, crianças com neoplasias e/ou que necessitem de quimio/rádio/corticoterapia, RN que permaneça internado na unidade neonatal por ocasião da idade de vacinação e RN prematuro extremo (< 1.000 g ou 31 semanas).
dTpa: liberada para idade > 10 anos, por causa do componente acelular da pertússis. É a vacina utilizada para gestantes e indicada a profissionais da área de saúde inclusive a equipe neonatal.
dT: possui o toxoide diftérico em menor concentração por sua reatogenicidade, associado ao diftérico.

PNI: Programa Nacional de Imunização; RN: recém-nascido.

O soro antitetânico (SAT), heterólogo, está sendo substituído gradualmente pela imunoglobulina hiperimune antitetânica (IGHAT), que é composta por anticorpos IgG humanos que neutralizam a toxina do *Clostridium tetani* a partir de doadores de plasma com altos títulos de anticorpos antitetânicos (recém-vacinados). Pode ser administrado em qualquer idade, por via intramuscular e em grupo muscular diferente daquele onde for aplicada a vacina que contenha o toxoide tetânico. A dose do SAT é de 5 mil unidades, aplicada por via intramuscular, e a dose da IGHAT é de 250 UI, tanto para adultos quanto para crianças. As indicações da IGHAT são: reação de hipersensibilidade a qualquer soro heterólogo; imunodeprimidos que necessitem de profilaxia para tétano, mesmo que vacinados; recém-nascido em situação de risco para tétano, cuja mãe não foi vacinada ou com histórico de vacinação desconhecido ou recém-nascido com lesões potencialmente tetanogênicas, independentemente do histórico vacinal materno[4].

Coqueluche

As vacinas pertússis de células inteiras, ou vacinas celulares, foram desenvolvidas no início da década de 1940, sendo utilizadas de forma combinada com outros antígenos vacinais[4]. As vacinas acelulares são constituídas de componentes purificados dos antígenos da *Bordetella pertussis:* toxina pertússis (PT), hemaglutinina filamentosa (FHA), pertactina (PRN) e fímbrias (FIM) tipos 1, 2 e 3[4].

Na vacina de células inteiras, o componente pertússis é o principal responsável por eventos adversos indesejáveis (febre, choro e irritabilidade), além de outros potencialmente mais graves, como convulsões e síndrome hipotônico-hiporresponsiva. Embora reatogênica, hoje é considerada segura e eficaz. Muitos eventos adversos graves não mostraram relação de causalidade e efeito, como demonstram alguns estudos epidemiológicos na investigação desses episódios[4]. A vacina não é responsável por morte súbita ou encefalopatias com lesões permanentes em crianças que a receberam.

Estudos demonstraram que as vacinas acelulares (DTPa) são eficazes e menos reatogênicas que as celulares[6].

A proteção das vacinas contra coqueluche reduz com o tempo: após 5 a 10 anos do esquema inicial, resta pouca ou nenhuma proteção[6,9]. Em 2005 foram licenciadas vacinas contra coqueluche para uso no adulto (dTPa): são acelulares, com quantidade reduzida de toxina pertússis e combinadas com tétano e difteria (formulação para adulto)[6].

Desde 2014, o Sistema Único de Saúde (SUS) disponibilizou a vacina dTPa para gestantes como profilaxia da doença na mãe e em lactentes jovens, pois, além de reduzir a transmissão da mãe para o bebê, há imunização passiva (passagem transplacentária de anticorpos), desde que a imunização ocorra até 20 dias antes do parto[2,7].

Haemophilus influenzae Tipo b (Hib)

Vacina conjugada que induz resposta imune contra cápsula polissacáridea da bactéria. Crianças a partir dos 2 meses de idade respondem à vacina de maneira eficaz, com estímulo da memória imunológica[5,6]. A resposta de anticorpos é quantitativamente maior, especialmente em crianças de baixa idade. Doses de reforço provocam respostas anamnésticas, e a resposta imunológica é predominantemente de imunoglobulinas da classe IgG[4]. A eficácia vacinal é de aproximadamente 100%[6]. O esquema vacinal está descrito na Tabela 27.1.

A vacina contra doenças invasivas por Hib está contida na vacina pentavalente no PNI ou de forma isolada para reforço ou em esquemas nos maiores de 5 anos de vida[2,4].

Os eventos adversos são incomuns e de pequena intensidade, sendo os mais frequentes dor local, eritema, induração, febre, irritabilidade ou sonolência. Anafilaxia é rara e, quando ocorre, contraindica-se o prosseguimento do esquema vacinal[4,6].

Tríplice Viral

Possui vírus vivos atenuados de sarampo, caxumba e rubéola; as cepas vacinais do sarampo e da caxumba são cultivadas em fibroblastos de embrião de galinha, e o de rubéola, em cepas diploides humanas. Não há contraindicação para uso em pessoas com alergia ao ovo, pois a quantidade de proteína do ovo é mínima. Por precaução, essas pessoas podem ser imunizadas em ambiente com suporte médico avançado[6].

O esquema vacinal é composto por duas doses da vacina, com intervalo mínimo de 30 dias entre elas. Como há interação entre as vacinas de vírus vivos, a vacina SCR deve ser aplicada simultaneamente ou com intervalo mínimo de 30 dias da vacina da varicela. Na primeira dose, caso aplicada no mesmo dia, usar injeções separadas para evitar o risco de convulsão febril. Em menores de 2 anos, não ad-

Tabela 27.1 Esquema de vacinação contra *Haemophilus influenzae* tipo b[2-4]

Idade	Esquema primário	Reforço*
2-6 meses	3 doses (intervalo máximo de 60 dias e mínimo de 30 dias entre as doses)	12-15 meses
7-11 meses	2 doses (4-8 semanas de intervalo)	12-15 meses
12-15 meses	2 doses (4-8 semanas de intervalo) se imunossuprimido Dose única, se imunocompetente	
5-19 anos	2 doses (4-8 semanas de intervalo) se imunossuprimido Dose única, se imunocompetente	

* O Programa Nacional de Imunização só aplica reforço para imunodeprimidos (HIV/aids, imunossupressão por drogas e câncer, imunodeficiência congênita com deficiência isolada de tipo humoral ou deficiência de complemento, transplantados, asplenia anatômica ou funcional). A Sociedade Brasileira de Imunizações recomenda reforço para todas as crianças[2-4].

ministrar simultaneamente com a vacina de febre amarela, respeitando o intervalo mínimo de 30 dias entre as doses[2,6,7].

Em caso de surtos administrar uma dose entre 6 e 12 meses de idade, mas não considerar essa dose no esquema vacinal de rotina[4].

A eficácia com uma dose da vacina para o componente da rubéola é de aproximadamente 95%. Para o sarampo, após duas doses da vacina, a eficácia é de 99%, já para a caxumba é de 88% (66-95%)[6].

As manifestações sistêmicas após a vacina são raras e ocorrem após 7 a 10 dias da vacinação. É evento raro em crianças, mas em até 1/4 das mulheres vacinadas ocorre artralgia de dedos, joelhos, pulsos e cotovelos após 21 dias de vacinação. Parotidite e meningoencefalite são eventos muito raros[9].

As contraindicações são gestantes e imunossuprimidos graves (tanto o paciente quanto contatos domiciliares)[4,6].

Varicela

É composta por vírus vivos atenuados da cepa OKA. Essa vacina tem a apresentação combinada com a tríplice viral ou isolada[5,6]. A chamada tetraviral é uma associação por maior conforto para o paciente no momento da aplicação. Se a tetraviral for utilizada como primeira dose, existe chance de convulsão febril em um para cada 2.000 a 2.500 vacinados[6]. A vacina tetraviral está licenciada para crianças entre 1 e 12 anos de idade[10].

O SUS oferece uma dose da vacina contra sarampo, caxumba e rubéola aos 12 meses de vida, e a tetraviral aos 15 meses. A eficácia com uma dose da vacina é de 70 a 90% para infecção e 95% para doença grave[4,6].

A vacina contra a varicela pode ser aplicada simultaneamente às outras vacinas do calendário. Como tem interação com vacinas de vírus vivo, seguem-se as mesmas orientações de intervalo descritas para a vacina SCR[2,4,6].

Os eventos adversos mais comuns são os locais, no entanto até 5% dos pacientes hígidos podem ter um exantema semelhante ao da varicela, do 5º ao 26º dia pós-vacinal[8].

A vacina está contraindicada para gestantes e imunossuprimidos graves (tanto o paciente quanto os contatos domiciliares). O uso de corticosteroide via oral em baixas doses (menos de 2 mg/kg/dia, por no máximo 20 dias), inalatório, tópico ou intra-articular, não contraindica a imunização[4]. Uma vez que se teve a doença, não é necessário imunizar[4].

A imunoglobulina humana antivaricela-zóster (IGHAVZ) é obtida de plasma humano contendo títulos altos de IgG contra o vírus da varicela; contém 10 a 18% de globulina e timerosal como conservante. A IGHAVZ é utilizada como profilaxia para a varicela em indivíduos suscetíveis, de risco para varicela grave e que tenham tido contato com pessoa com varicela. Dessa forma, quando houver situações de contato com vírus varicela-zóster (VVZ) – contato domiciliar contínuo (permanência com o doente durante pelo menos 1 hora em ambiente fechado) ou contato hospitalar (pessoas internadas no mesmo quarto do doente ou que tenham mantido com ele contato direto prolongado, de pelo menos 1 hora) –, as indicações para IGHAVZ são as seguintes:

- Imunodeprimidos sem história da doença e de vacinação anterior ou pessoas com imunodepressão celular grave, independentemente de história anterior de varicela, que tenham tido contato significativo com o VVZ.
- Suscetíveis com risco para varicela grave:
  - Menores de 1 ano em contato hospitalar com VVZ.
  - Gestantes.
  - Recém-nascido de mãe cujo início da varicela ocorreu nos 5 últimos dias de gestação ou até 48 horas depois do parto.
  - Recém-nascido prematuro, com 28 ou mais semanas de gestação, cuja mãe nunca teve varicela.
  - Recém-nascido prematuro, com menos de 28 semanas de gestação ou com menos de 1.000 g ao nascimento, independentemente de história materna de varicela[4].

Deve ser aplicada por via intramuscular, em dose única de 125 UI para cada 10 kg de peso (a dose mínima é de 125 UI, e a dose máxima é de 625 UI), administrada nas primeiras 96 horas depois de ter ocorrido o contato[4].

Febre Amarela

Composta de vírus vivos atenuados da febre amarela derivados da linhagem 17 DD[5].

O PNI recomenda para os residentes ou viajantes de áreas endêmicas: uma dose da vacina aos 9 meses de idade e um reforço aos 4 anos de idade. Para crianças com menos de 5 anos de idade com uma dose, realizar o reforço, com intervalo mínimo de 30 dias. Para os maiores de 5 anos de idade não vacinados, aplicar duas doses com intervalo de 10 anos. Quando a criança ou adulto já tiver tomado duas doses, não se recomendam doses adicionais[2,7].

A Organização Mundial da Saúde (OMS) recomenda apenas uma dose da vacina na vida, a partir de 9 meses de idade[12].

Para os viajantes com deslocamento para áreas endêmicas, a vacina deve ser administrada com antecedência mínima de 10 dias da data da viagem[7,11].

Febre, cefaleia e mialgia têm sido os eventos mais frequentemente relatados após a vacinação, principalmente em primovacinados nos 3 primeiros dias pós-vacinais[9]. Os eventos mais graves incluem anafilaxia, doença neurológica aguda e doença viscerotrópica aguda (infecção multissistêmica generalizada, semelhante às formas graves da doença) e são raros[8].

É contraindicada para crianças menores de 6 meses de idade, em pessoas que apresentem urticária generalizada após a ingestão de ovo, grávidas, nutrizes que estão amamentando lactentes de até 6 meses de vida, imunodeprimidos. Em pessoas com 60 anos ou mais, que nunca foram vacinadas, o médico deverá avaliar o risco/benefício da vacinação, levando em conta os riscos da doença, comorbidades e eventos adversos nessa faixa etária[2,4,7].

Poliomielite

Dois tipos de vacina contra poliomielite estão disponíveis no PNI. A vacina com vírus inativados (VIP) contempla os três tipos vacinais (P1, P2 e P3), é de uso intramuscular, eficaz, segura, não provoca a poliomielite vacinal e é aplicada aos 2, 4 e 6 meses de vida no SUS. A de vírus vivo atenuado (VOP), de aplicação oral, tem alta eficácia, induz forte imunidade intestinal e promove imunização coletiva. No Brasil, até o início de 2016, a VOP possuía os três tipos de vírus. Como, desde 1999, não há casos de poliomielite relacionada ao sorotipo selvagem P2 e cresce o número de poliomielite associada ao sorotipo vacinal 2, em 2016 retirou-se o vírus P2 da VOP. A VOP bivalente, com P1 e P3 (bVOP), é aplicada nos reforços aos 15 meses de vida, aos 4 anos de idade e nas campanhas anuais de vacinação na faixa etária entre 1 e 4 anos de idade[2,12].

Ficou preconizada, pela OMS, a introdução de VIP em todo o mundo, em pelo menos uma dose no esquema vacinal inicial. A manutenção do uso da VOP é para manter a imunidade de mucosa intestinal, em países com taxa moderada de cobertura vacinal. Em países com alta taxa de imunização sustentada, o esquema pode ser administrado somente com VIP[12].

A vacina contra a poliomielite oral é contraindicada em pacientes imunocomprometidos, que tenham contato domiciliar com imunocomprometido, que tiveram paralisia flácida em doses anteriores ou que foram internadas na ocasião da aplicação da vacina[8].

Rotavírus

Vacina de vírus vivo atenuada, de estirpes de origem humana ou animal. Duas vacinas são comercializadas: a monovalente (RV1) Rotarix® (GlaxoSmithKline Biologicals, Rixensart, Bélgica) e a pentavalente (RV5) RotaTeq® (Merck & Co., Inc.,

West Point, PA, EUA). As duas vacinas são de aplicação oral e têm eficácia semelhante. Estudos populacionais fase III observaram redução de 96% nas hospitalizações por rotavírus com ambas as vacinas[6].

O PNI oferece a RV1 em esquema de duas doses. A primeira dose pode ser administrada a partir de 6 semanas até 14 semanas e 6 dias. A segunda, a partir de 3 meses e 15 dias até 7 meses e 29 dias. Mantém-se intervalo mínimo de 30 dias entre as doses. A vacina RV5 está disponível na rede privada, em esquema de três doses. Os limites de idade e intervalo mínimo entre as doses são os mesmos para a RV5. Nenhuma das duas vacinas deve ser aplicada após os 8 meses de vida. Se o paciente cuspir ou vomitar, considerar a dose realizada e não repeti-la[4,6].

Crianças que tiveram doença documentada por rotavírus antes de completar o esquema vacinal devem seguir o calendário vacinal para a idade, já que a infecção primária imuniza parcialmente. O principal evento adverso é a intussuscepção intestinal, em 1 a 3 casos/100 mil crianças vacinadas. Esse número é muito menor que o risco de hospitalização e morte por rotavírus. Os casos ocorrem até 30 dias após a vacina, por isso é considerada uma vacina segura[6,8].

As contraindicações são: reação anafilática aos componentes da vacina (RV1 contém látex), imunodepressão severa, incluindo imunodeficiência combinada grave, quimioterápicos, histórico de invaginação intestinal ou malformação congênita não corrigida do trato gastrointestinal[6,8].

Neisseria meningitidis

Há três principais vacinas contra esse agente no Brasil: contra o sorogrupo C, o sorogrupo B e a conjugada contra os sorogrupos A, C, Y, W135[3,6].

A vacina contra o meningococo C é constituída por polissacarídeos capsulares do meningococo C conjugados com uma proteína (toxoide tetânico ou CRM 197); induz boa resposta imunológica, tem efeito *booster*, com eficácia de aproximadamente 95% e é de aplicação intramuscular[6].

Como, desde meados da década de 2000, o sorogrupo C tem predominado no Brasil, a partir de 2010 o PNI disponibiliza a vacina conjugada contra o meningococo C para os lactentes em esquema de duas doses, aos 3 e 5 meses (intervalo mínimo de 30 dias entre essas doses) e reforço aos 12 meses de idade[2-4,13]. Para as crianças maiores de 4 anos e adultos não vacinados, o PNI disponibiliza essa vacina somente nas seguintes situações: asplenia anatômica ou funcional; imunodeficiências congênitas e adquiridas; deficiência de complemento e frações; pessoas com HIV/aids; microbiologista rotineiramente exposto ao isolamento de *N. meningitidis*; implante de cóclea; fístula liquórica e derivação ventriculoperitoneal; trissomias; doenças de depósito; hepatopatia crônica; doença neurológica crônica incapacitante; transplante de células-tronco; e transplante de órgãos sólidos. Para os maiores de 12 meses de idade, a dose é única. Os maiores de 12 meses que se encontram nas primeiras quatro indicações listadas aqui devem receber duas doses da vacina, com intervalo mínimo de 30 dias, e as pessoas que se encontram nas primeiras cinco indicações listadas devem ser revacinadas após 5 anos do esquema inicial[4].

A vacina quadrivalente (A, C, Y, W135) é conjugada a partir de oligossacarídeos específicos de cada sorogrupo associada a um conjugado proteico CRM197 de *Corynebacterium diphtheriae* ou toxoide tetânico[6]. No Brasil, para crianças a partir dos 2 meses de idade, está licenciada a vacina MenACWY-CRM. A MenACWY-TT está licenciada a partir de 1 ano de idade. O esquema de doses varia com a vacina utilizada. MenACWYCRM: três doses aos 3, 5 e 7 meses de idade, com reforço entre 12 e 15 meses. Iniciando entre 7 e 23 meses de idade: duas doses, com a segunda dose obrigatoriamente aplicada após a idade de 1 ano (mínimo: 2 meses de intervalo). Iniciando-se após os 24 meses de idade, recomenda-se dose única. A vacina MenACWY-TT é administrada em dose única a partir dos 12 meses de idade[3].

A redução nos títulos de anticorpos com o decorrer do tempo fez com que a SBIm recomendasse reforço da vacina quadrivalente (MenACWY-CRM ou MenACWY-TT) aos 5 anos de vida e na adolescência. Para adolescentes que nunca receberam a vacina meningocócica conjugada quadrivalente (ACYW135), aplicar duas doses com intervalo de 5 anos. Para adultos, recomenda-se dose única[3].

Os eventos adversos das vacinas conjugadas contra meningococo C ou quadrivalente são raros, normalmente limitados ao local da aplicação[6,8].

A vacina meningocócica B é produzida a partir de vacinologia reversa, técnica que resultou na produção de proteínas subcapsulares, comuns à grande maioria dos meningococos B e que desencadeiam resposta imunológica protetora efetiva[3,14]. Essa vacina foi licenciada no Brasil em maio de 2015; no momento está disponível apenas na rede privada. O esquema vacinal varia de acordo com a idade em que se inicia a imunização[3] (Tabela 27.2).

Os eventos adversos da vacina meningocócica B observados até o momento são febre alta por 24 a 48 horas. Quando realizada em associação com a vacina pentavalente, ocorre em quase 70% dos casos[3,14].

Streptococcus pneumoniae

Mais de 90 sorotipos de *S. pneumoniae* são conhecidos. Estima-se que os 10 sorotipos mais comuns sejam responsáveis por aproximadamente 62% das doenças invasivas no mundo[6].

Existem dois tipos de vacinas contra o pneumococo: conjugada e polissacarídea. As vacinas pneumocócicas conjugadas (VPC) oferecem proteção de longa

Tabela 27.2 Esquema de doses da meningocócica B de acordo com faixa etária de início da imunização[3]

Faixa etária de início da vacinação	N. de doses	Intervalo entre doses (meses)	Reforço
2-5 meses	3	2	1 dose entre 12-15 meses
6-11 meses	2	2	1 dose no segundo ano de vida, com intervalo ≥ 2 meses
12 meses a 10 anos	2	2	Sem reforço até o momento
> 11 anos	2	2	Sem reforço até o momento

duração, têm efeito *booster* e boa memória imunológica. As VPC têm efeito de vacinação coletiva, ou seja, quando a cobertura vacinal é alta, há redução de doença na faixa etária não vacinada (efeito rebanho). A pneumocócica 10-valente (VPC10) e a pneumocócica 13-valente (VPC13) são as vacinas conjugadas usadas no Brasil atualmente. A primeira é oferecida pelo PNI e possui 10 sorotipos pneumocócicos (1, 4, 5, 6B, 7F, 9V, 14, 18C, 19F e 23F), sendo oito sorotipos conjugados à proteína D de *Haemophilus influenzae* não tipável, um sorotipo ao toxoide diftérico e um sorotipo ao toxoide tetânico, englobando os principais sorotipos causadores de doença invasiva pneumocócica no Brasil[2,4,15]. A VPC13, disponível na rede privada, contém três sorotipos (3, 6A e 19A) a mais e é conjugada à proteína CRM-197 (variante não toxinogênica da toxina diftérica)[3,6].

De acordo com dados do Sinan e do Instituto Adolf Lutz, publicados em estudo de análise de série temporal, os sorotipos contidos na VPC10 diminuíram em 41,3% no período após vacinação em nosso país, principalmente em crianças entre 2 e 23 meses, e houve redução de 44,2% (IC 95%: 15,8-72,5) em doença pneumocócica invasiva nessa faixa etária[15].

As duas vacinas conjugadas devem ser administradas por via intramuscular aos 2, 4 e 6 meses de idade, com intervalo de 60 dias entre as doses e mínimo de 30 dias, em crianças menores de 1 ano de idade; se iniciar o esquema após os 6 meses de vida, serão duas doses, com o mesmo intervalo. O reforço deve ser feito em 12 a 15 meses. Administrar o reforço com intervalo mínimo de 60 dias após a última dose em crianças que iniciam o esquema básico após os 6 meses de idade. Em crianças entre 12 e 23 meses de idade sem comprovação vacinal ou com esquema incompleto, administrar uma dose[2,4,6]. A partir de 2016, o PNI dispensou a terceira dose do esquema primário da vacina 10-valente por conta do estudo que demonstrou efetividade vacinal de 92% (IC 95%: 58-100) com duas doses e reforço comparado a 100% (IC 95%: 83-100) com esquema de três doses e reforço[16,17]. As vacinas VPC10 e VPC13 são licenciadas para crianças menores de 6 anos de idade[3,6].

A vacina polissacarídea (pneumocócica 23) é constituída por uma suspensão de antígenos polissacarídicos purificados, não conjugados, com 23 sorotipos de pneumococo: 1, 2, 3, 4, 5, 6B, 7F, 8, 9N, 9V, 10A, 11A, 12F, 14, 15B, 17F, 18C, 19A, 19F, 20, 22F, 23F, 33F. A resposta a antígenos é célula T-independente, de curta duração e não induz memória imunológica. Não é indicada para toda a população, somente para os pacientes com risco aumentado para doença pneumocócica invasiva, como idosos ou maiores de 2 anos em uma das seguintes condições: indígenas, aids, asplênicos, pneumopatias/cardiopatias/nefropatias/hepatopatias crônicas, transplantados de órgãos sólidos ou de células-tronco hematopoiéticas, imunodeficiências, diabete melito, fístula liquórica, doenças neurológicas crônicas incapacitantes, implantes cocleares, trissomias e doença de depósito. Pode ser aplicada a partir de 2 anos de idade e em crianças após esquema inicial com vacina conjugada. A via de administração recomendada é a intramuscular. Uma dose inicial, com reforço em 5 anos. Essa vacina, por ser composta por polissacáride, tem menor ativação de sistema imune vias células T, por isso sua efetividade não dura por toda a vida. Além disso, o aumento no nível de anticorpos após a revacinação é menor que na primeira dose, não se recomendando revacinação com intervalos curtos[4].

As vacinas pneumocócicas são contraindicadas em pessoas que tiveram reação anafilática a algum componente vacinal. Eventos adversos em todas as vacinas pneumocócicas são raros e com maior taxa de reação local, como dor, edema e induração no local da injeção; as VPC podem causar irritabilidade e febre[4,6,8].

Influenza

As vacinas utilizadas no Brasil são de vírus inativados, contendo diferentes cepas fragmentadas do vírus influenza. A sua composição é atualizada anualmente, segundo as recomendações da OMS, e as atuais são: A/California/7/2009 (H1N1), A/Hong Kong/4801/2014 (H3N2) e B/Brisbane/60/2008-like virus[5]. Na rede privada, a quadrivalente está disponível, contendo também a cepa B/Phuket/3073/2013. Essas cepas são propagadas em ovos embrionados de galinha[2,3,6]. O esquema vacinal é apresentado na Tabela 27.3.

É indicada anualmente em campanha nacional pelo Ministério da Saúde para redução de morbidade e mortalidade por complicações da síndrome gripal pelo influenza para as faixas de maior risco, sendo elas:

- Crianças de 6 meses até 5 anos de idade.
- Gestantes e puérperas.
- Trabalhadores da saúde dos serviços públicos e privados.
- Povos indígenas.

Tabela 27.3 Esquema vacinal da influenza de acordo com a faixa etária[2]

Idade	N. de doses	Volume por dose	Intervalo mínimo entre doses
6 meses a 2 anos*	2 doses	0,25 mL	3 semanas
3 a 8 anos*	2 doses	0,5 mL	3 semanas
> 9 anos	Única	0,5 mL	

* Recebem uma dose somente se já utilizaram a vacina previamente.

- Indivíduos com 60 anos ou mais.
- População privada de liberdade e funcionários do sistema prisional.
- Pessoas portadoras de doenças crônicas não transmissíveis e outras condições clínicas especiais: trissomias, obesos, diabéticos, doença hepática/renal/cardíaca/pulmonar crônica, transplantados e imunodeficientes[4].

Os eventos adversos são, em grande maioria, locais. A síndrome de Guillain--Barré pode ocorrer até 6 semanas após a vacinação, no entanto é rara. Quadro gripal não está associado com a vacinação, já que a vacina é composta de vírus inativado[6,8].

Está contraindicada para menores de 6 meses de idade e indivíduos que apresentaram anafilaxia prévia ou síndrome de Guillain-Barré até 6 semanas após dose anterior[6,8]. Não é contraindicada para pessoas alérgicas ao ovo, no entanto deve ser aplicada em ambiente com suporte de saúde[6,8].

Papilomavírus Humano (HPV)

Existem duas vacinas de vírus inativados e recombinantes disponíveis no Brasil: a bivalente e a quadrivalente. A quadrivalente é constituída por proteínas L1 do HPV tipos 6, 11, 16 e 18[6], enquanto a bivalente contempla os dois últimos sorotipos. Estes são responsáveis por 70% dos cânceres de colo de útero no Brasil e no mundo. Os sorotipos 6 e 11 estão associados a verruga genital[6].

O PNI adotou a tetravalente para meninas de 9 a 13 anos, em esquema de duas doses (0 e 6 meses)[2,7]. O esquema vacinal recomendado em bula para ambas as vacinas é de 0, 1 e 2 meses após a primeira dose e 6 meses após a primeira dose. O esquema de duas doses para meninas na faixa etária de 9 a 13 anos adotado pelo PNI mostrou-se não inferior ao esquema de três doses na faixa etária de 15 a 25 anos[16,18]. A via de administração é intramuscular. A vacina tetravalente é liberada para ambos os sexos até os 45 anos de idade. A vacina bivalente está licenciada apenas para meninas[3,6].

Os eventos adversos são raros e mais locais; contudo, efeitos sistêmicos podem ocorrer raramente. A vigilância pós-comercialização relata que ocorreram episódios de síncope pós-vacinação, os quais podem ser minimizados com a aplicação em ambiente tranquilo e orientações aos pacientes[2,7]. A contraindicação para doses posteriores é anafilaxia prévia a componente vacinal[6,8].

Vírus Sincicial Respiratório (VSR)

O SUS disponibiliza aplicação de palivizumabe (anticorpo monoclonal específico para o VSR) como profilaxia em prematuros menores de 1 ano de idade (nascidos com idade gestacional menor ou igual a 28 semanas), crianças menores de 2 anos com doença pulmonar crônica da prematuridade ou crianças menores de 2 anos com doença cardíaca congênita, com repercussão hemodinâmica demonstrada[18].

O palivizumabe deve ser aplicado por via intramuscular. A posologia recomendada é de 15 mg/kg de peso, uma dose por mês, com no máximo cinco aplicações consecutivas no ano. No período de maior prevalência do VSR, a primeira dose deve ser aplicada 1 mês antes da sazonalidade[6]. O período de sazonalidade é variável nas diversas regiões do país. A proteção não é duradoura, mas temporária[18,19].

Não foram observados eventos adversos significativos com o uso de palivizumabe. Anafilaxia é evento muito raro, mas reações alérgicas podem ocorrer; é contraindicado em crianças com reação grave em aplicações anteriores[18].

O Ministério da Saúde também disponibiliza calendário do adolescente, do adulto, do idoso e da gestante[2,8]. A SBIm, por sua vez, tem os calendários de vacinação de prematuro, adolescente, mulher, homem e idoso[3].

As doses de vacinas administradas até quatro dias antes do intervalo mínimo ou da idade mínima indicada para a vacinação são consideradas válidas. Vacinas virais atenuadas parenterais (tríplice viral, varicela, febre amarela) podem ser aplicadas simultaneamente, no mesmo dia, com exceção da primeira dose da vacina tríplice viral ou tetraviral em crianças menores de 2 anos de idade. Caso isso não ocorra, o intervalo mínimo entre elas deve ser de 30 dias[2,4,6].

A contraindicação é entendida como uma condição do usuário a ser vacinado que aumenta muito o risco de um evento adverso grave ou faz com que o risco de complicações da vacina seja maior que o risco da doença contra a qual se deseja proteger. Para todo imunobiológico, consideram-se como contraindicações: hipersensibilidade (reação anafilática) confirmada após o recebimento de dose anterior e história de hipersensibilidade a qualquer componente dos imunobiológicos[8]. As vacinas de vírus vivos atenuados são contraindicadas em grávidas. Os imunobiológicos de aplicação intramuscular devem ser usados com cautela em pacientes com trombocitopenia ou distúrbios da coagulação[8].

CONCLUSÕES

O Brasil possui alta cobertura vacinal, com calendário básico abrangente sobre as principais doenças infectocontagiosas que possuem imunização efetiva. Na Tabela 27.4, está descrito o calendário vacinal brasileiro completo. As vacinas são seguras e com raros efeitos adversos graves. Como resultado das ações de vacinação observam-se a erradicação da poliomielite no país, a interrupção da circulação do vírus do sarampo e o controle das doenças imunopreveníveis.

Tabela 27.4 Calendário vacinal brasileiro (PNI, 2016)

Idade	Vacina	Dose	Proteção	Aplicação
Ao nascer	BCG	1 dose	Formas graves de tuberculose	ID
	Hepatite B	1ª dose	Hepatite B	IM
2 meses	Vacina pentavalente (DTP + hepatite B + Hib)	1ª dose	Difteria, tétano, coqueluche, hepatite B e infecções invasivas por *Haemophilus influenzae* tipo b	IM
	VIP (vacina inativada contra poliomielite)	1ª dose	Poliomielite	IM
	VORH (vacina oral de rotavírus humano)	1ª dose	Diarreia por rotavírus	VO
	Vacina pneumocócica 10-valente	1ª dose	Doenças invasivas por *Streptococcus pneumoniae* sorotipos 1, 4, 5, 6B, 7F, 9V, 14, 18C, 19F e 23F	IM
3 meses	Vacina meningocócica C (conjugada)	1ª dose	Doenças invasivas causadas por *Neisseria meningitidis* do sorogrupo C	IM
4 meses	Vacina pentavalente (DTP + hepatite B + Hib)	2ª dose	Difteria, tétano, coqueluche, hepatite B e infecções invasivas por *Haemophilus influenzae* tipo b	IM
	VIP (vacina inativada contra poliomielite)	2ª dose	Poliomielite	IM
	VORH (vacina oral de rotavírus humano)	2ª dose	Diarreia por rotavírus	VO
	Vacina pneumocócica 10-valente	2ª dose	Doenças invasivas por *Streptococcus pneumoniae* sorotipos 1, 4, 5, 6B, 7F, 9V, 14, 18C, 19F e 23F	IM
5 meses	Vacina meningocócica C (conjugada)	2ª dose	Doenças invasivas causadas por *Neisseria meningitidis* do sorogrupo C	IM
6 meses	Vacina pentavalente (DTP + hepatite B + Hib)	3ª dose	Difteria, tétano, coqueluche, hepatite B, meningite e infecções invasivas por *Haemophilus influenzae* tipo b	IM
	VIP (vacina inativada contra poliomielite)	3ª dose	Poliomielite	IM
9 meses	Febre amarela*	Dose inicial	Febre amarela	SC

(continua)

Tabela 27.4 Calendário vacinal brasileiro (PNI, 2016) *(continuação)*

Idade	Vacina	Dose	Proteção	Aplicação
12 meses	Tríplice viral (SCR)	1ª dose	Sarampo, caxumba e rubéola	SC
	Vacina meningocócica C (conjugada)	Reforço	Doenças invasivas causadas por *Neisseria meningitidis* do sorogrupo C	IM
	Vacina pneumocócica 10-valente	Reforço	Doenças invasivas por *Streptococcus pneumoniae* sorotipos 1, 4, 5, 6B, 7F, 9V, 14, 18C, 19F e 23F	IM
15 meses	VOP (vacina oral contra poliomielite)	1º reforço	Poliomielite	VO
	Hepatite A	Dose única	Hepatite A	IM
	DTP (tríplice bacteriana)	1º reforço	Difteria, tétano e coqueluche	IM
	SCRV (tetraviral)	Dose única	Sarampo, caxumba, rubéola e varicela	SC
4 anos	DTP (tríplice bacteriana)	2º reforço	Difteria, tétano e coqueluche	IM
	VOP (vacina oral contra poliomielite)	2º reforço	Poliomielite	VO
	Febre amarela	Reforço	Febre amarela	SC
9-13 anos	HPV quadrivalente	2 doses	Infecções pelo papilomavírus humano 6, 11, 16 e 18	SC
Variável	Influenza	1 ou 2 doses	Infecções pelos vírus influenza Uso anual	IM

* Residentes ou viajantes de áreas endêmicas.
Fonte: SBIm, 2016; Ministério da Saúde, 2014; Mandell et al., 2015; Medini et al., 2015; Andrade et al., 2016[3-5,15,16].

REFERÊNCIAS BIBLIOGRÁFICAS

1. Brasil. Ministério da Saúde. Programa Nacional de Imunização – 30 anos. Brasília: Ministério da Saúde; 2003.
2. Brasil. Ministério da Saúde. Secretaria de Vigilância em Saúde. Calendário Nacional de Vacinação da Criança (PNI). Brasília: Ministério da Saúde; 2016. Disponível em: <http://portalsaude.saude.gov.br/images/pdf/2016/agosto/17/Informe-T--cnico-Campanha-Multivacina----o-2016.pdf>. Acesso em: 31 ago. 2016.
3. Sociedade Brasileira de Imunizações. Calendário de vacinação da criança. Recomendações da Sociedade Brasileira de Imunizações (SBIm), 2015/2016. Disponível em: <http://sbim.org.br/calendarios-de-vacinacao>. Acesso em: 31 ago. 2016.
4. Brasil. Ministério da Saúde. Secretaria de Vigilância em Saúde. Departamento de Vigilância das Doenças Transmissíveis. Manual dos Centros de Referência para Imunobiológicos Especiais. 4. ed. Brasília: Ministério da Saúde; 2014.
5. Mandell, Douglas, Bennett's. Immunization. In: Principles and practice of infectious diseases. 8. ed. Philadelphia: Saunders; 2015. p. 3516-53.
6. Hamborsky J, Kroger A, Wolfe S (eds.) Centers for Disease Control and Prevention. Epidemiology and prevention of vaccine-preventable diseases: pink book. 13. ed. Washington: Public Health Foundation; 2015.

7. São Paulo. Secretaria de Estado da Saúde. Norma técnica do programa de imunização. São Paulo: Secretaria de Estado da Saúde; 2016. Disponível em: <http://portal.saude.sp.gov.br/resources/cve-centro-de-vigilancia-epidemiologica/areas-de-vigilancia/imunizacao/doc/calendario_2016_completo.pdf>. Acesso em: 31 ago. 2016.
8. Brasil. Ministério da Saúde. Secretaria de Vigilância em Saúde. Departamento de Vigilância das Doenças Transmissíveis. Manual de vigilância epidemiológica de eventos adversos pós-vacinação. 3. ed. Brasília: Ministério da Saúde; 2014. 250p.
9. Witt MA, Arias L, Katz PH, Ttuong AT. Reduced risk of pertussis among persons ever vaccinated with whole cell pertussis vaccine compared to recipients of acellular pertussis vaccines in a large US cohort. Clin Infect Dis. 2013;56(9):1248-54.
10. Brasil. Ministério da Saúde. Secretaria de Vigilância em Saúde. Departamento de Vigilância das Doenças Transmissíveis. Manual de normas e procedimentos para vacinação. Brasília: Ministério da Saúde; 2014.
11. World Health Organization. Vaccines and vaccination against yellow fever: WHO position paper. Weekly Epidemiological Record. 2013;N27(88):269-84.
12. World Health Organization. Polio vaccines: WHO position paper. Weekly Epidemiological Record. 2016; N12(91):145-68.
13. Ibarz-Pavón AB, Lemos AP, Gorla MC, Regueira M, SIREVA II Working Group. Laboratory-based surveillance of *Neisseria meningitidis* isolates from disease cases in Latin American and Caribbean Countries, SIREVA II 2006-2010. PLoS ONE. 2012;7(8):e44102.
14. Medini D, Stella M, Wassil J. MATS: global coverage estimates for 4CMenB, a novel multicomponent meningococcal B vaccine. Vaccine. 2015; 33:2629-36.
15. Andrade AL, Minamisava R, Policena G, Cristo EB, Domingues CM, de Cunto Bradileone MC, et al. Evaluating the impact of PCV-10 on invasive pneumococcal disease in Brazil: a time-series analysis. Human Vaccines & Immunotherapeutics. 2016;12(2):285-92.
16. Brasil. Ministério da Saúde. Secretaria de Vigilância em Saúde. Departamento de Vigilância de Doenças Transmissíveis. Nota informativa n. 149 informa as mudanças no Calendário Nacional de Vacinação para o ano de 2016. Diário Oficial da União, caderno 1, p. 47, 15 de janeiro de 2016. Disponível em: <http://www.aids.gov.br/legislacao/2015/58563>. Acesso em: 1 set. 2016.
17. Palmu AA, Jokinen J, Borys D, Nielminen H, Ruokokoski E, Siira L, et al. Effectiveness of the ten-valent pneumococcal *Haemophilus influenzae* protein D conjugate vaccine (PHiD-CV10) against invasive pneumococcal disease: a cluster randomised trial. Lancet. 2013;V381(9862):214-222.
18. World Health Organization. Human papillomavirus vaccines: WHO Position Paper. Weekly Epidemiological Record. 2014;N43(89):465-492.
19. Brasil. Ministério da Saúde. Secretaria de Atenção à Saúde. Portaria n. 522, de 13 de maio de 2013. Aprova o protocolo de uso do palivizumabe. Diário Oficial da União, p. 43, seção 13, 15 de maio de 2013. Disponível em: <http://bvsms.saude.gov.br/bvs/saudelegis/sas/2013/prt0522_13_05_2013.html>. Acesso em: 1 set. 2016.

Vacinação na criança imunodeprimida

28

Maria Fernanda Bádue Pereira
Anna Carlota Mott Barrientos
Vera Lucia Moyses Borrelli

Após ler este capítulo, você estará apto a:

1. Compreender as dificuldades na imunização de crianças imunodeprimidas.
2. Indicar vacinação para crianças com diferentes tipos de imunodepressão.
3. Indicar vacinação para os comunicantes de crianças com imunodepressão.

INTRODUÇÃO

Crianças com imunodepressão, de origem primária ou adquirida, apresentam risco aumentado para muitas infecções e podem ter menor resposta às vacinas, em virtude da capacidade reduzida de reconhecimento antigênico ou de produção de anticorpos. Além disso, a criança imunodeprimida pode apresentar reações adversas mais graves, principalmente quando a vacina é composta por partículas vivas[1,2].

As imunodeficiências primárias são doenças genéticas raras que podem causar diversos quadros de imunodeficiência com expressão variável, como deficiência isolada na produção de anticorpos, sem maiores repercussões clínicas, até quadros de graves comprometimentos, como a imunodeficiência combinada grave (*severe combined immunodeficiency* – SCID)[2].

A síndrome da imunodeficiência adquirida (aids) causa principalmente imunodepressão celular. Ainda que o vírus da imunodeficiência humana (HIV) esteja sob controle, a resposta humoral pode estar alterada em diferentes graus e a resposta vacinal pode não ser satisfatória nas crianças infectadas[2,3].

O uso de drogas imunossupressoras em situações como transplante de medula óssea (TMO), transplante de órgãos sólidos (TOS) ou doenças crônicas (p. ex.,reumatológicas, hematológicas) também altera a resposta vacinal. O grau de imunodeficiência secundária é dependente da droga e da dose (Tabela 28.1)[1].

Algumas doenças crônicas aumentam o risco para determinadas infecções. A criança com esplenectomia (anatômica ou funcional) apresenta risco maior de infecção por bactérias encapsuladas. Aquelas com doença renal crônica têm maior risco de infecção por pneumococo e hepatite B. As crianças com doença hepática crônica devem ser imunizadas especialmente contra as hepatites A e B[2].

O calendário vacinal no imunodeprimido deve ser individualizado de acordo com o tipo e/ou grau de imunodeficiência. Diferentes esquemas de vacinação podem ser necessários para diferentes tipos de imunodepressão, com variações na dose e na apresentação do imunobiológico, na via de administração e na necessidade de maior número de reforços[1,2].

As vacinas não vivas são seguras para os imunodeprimidos. As vacinas vivas atenuadas podem ser consideradas para a vacinação de uma pessoa imunodeprimida tendo como referência a experiência na literatura e quando a situação epidemiológica indicar que o risco da doença natural e de suas complicações excede os riscos das complicações vacinais para aquele tipo de imunodepressão[1,2,4,5].

Os comunicantes (domiciliar e hospitalar, inclusive trabalhadores de saúde) de pacientes imunodeprimidos devem estar com o calendário vacinal atualizado, como forma de prevenir doenças nos imunodeprimidos. Eles devem receber todas

Tabela 28.1 Resumo de medicações imunossupressoras e doses que provocam imunodeficiência secundária

Classe de medicamentos	Medicação	Dose imunossupressora
Glicocorticoide	Altas doses	≥ 2 mg/kg/dia ou ≥ 20 mg/dia por mais de 2 semanas
Imunossupressores não biológicos	Metotrexato	> 15 mg/m²/semana
	Ciclosporina	> 2,5 mg/kg/dia
	Azatioprina	1 a 3 mg/kg/dia
	Ciclofosfamida	0,5 a 2,0 mg/kg/dia
	Leflunomida	0,25 a 0,5 mg/kg/dia
	6-mercaptopurina	1,5 mg/kg/dia
Imunossupressores biológicos	Infliximabe (anti-TNF-alfa)	Qualquer dose é considerada imunossupressora
	Rituximabe (atividade anticélula B)	
	Abatacepte (reduz ativação de célula T)	
	Tocilizumabe (anti IL-6)	

Fonte: adaptada de Pinto et al., 2016[1].

as vacinas inativadas do calendário de saúde, inclusive a vacina inativada contra vírus influenza anualmente. As vacinas contra sarampo, caxumba, rubéola e varicela podem ser aplicadas nos comunicantes de imunodeprimido (inclusive os domiciliares); caso o comunicante apresente lesões na pele após vacina contra varicela, deve-se evitar contato com o imunodeprimido[1,2,4,5]. A vacina contra febre amarela também pode ser administrada com segurança em comunicantes. A vacina contra poliomielite oral não deve ser administrada em comunicantes e deve ser substituída pela vacina inativada contra poliomielite (VIP), quando necessário. A vacina contra rotavírus pode ser aplicada em lactente comunicante de imunodeprimido; em casos de imunodepressão grave, evitar que o imunodeprimido troque fraldas nas 4 semanas após a aplicação da vacina[5].

VACINAÇÃO EM CRIANÇAS COM IMUNODEFICIÊNCIA PRIMÁRIA

As vacinas não vivas são seguras para crianças com imunodeficiência primária (IDP) e estão indicadas[1]. As crianças com SCID ou com deficiência de células B que estão em uso regular de imunoglobulina humana endovenosa têm a eficácia vacinal comprometida e devem receber as vacinas inativadas preferencialmente antes do início da terapia com imunoglobulina[1,5].

A vacina BCG não deve ser aplicada em crianças com diagnóstico de SCID, ou com defeito no eixo IL-12 ou com defeito na liberação de interferon-gama, por conta do risco de doença disseminada pela BCG[1,5,6].

As vacinas contra sarampo, caxumba e rubéola (SCR) e varicela, por serem compostas por vírus vivo atenuado, estão contraindicadas em crianças com SCID e deficiência de células B. Essas vacinas também não devem ser aplicadas em crianças com defeito na produção de interferon (alfa ou gama) e síndrome de Chediak-Higashi. Nas crianças com síndrome de DiGeorge com mais de 12 meses de idade a vacina pode ser aplicada se apresentarem contagem de células CD4 > 15% em relação aos linfócitos totais e resposta mitogênica normal. As crianças com deficiência de complemento ou com neutropenia cíclica (congênita) podem receber essas vacinas[1,5].

A vacina contra rotavírus está contraindicada em crianças com SCID. Há relatos de caso de crianças com SCID que receberam a vacina contra rotavírus e desenvolveram sintomas de doença após imunização, além de excreção viral prolongada do vírus vacinal nas fezes[7]. Apesar de existirem poucos dados de imunogenicidade e eficácia da vacina contra rotavírus em imunodeprimidos, as crianças com as demais IDP podem receber vacina de rotavírus para evitar desfechos potencialmente graves causados pela doença[1].

As crianças com IDP não devem receber vacina da poliomielite oral (VOP). A vacina inativada contra poliomielite (VIP) deve ser aplicada aos 2, 4 e 6 meses de idade e reforço aos 15 meses. Crianças maiores de 1 ano de idade, adolescentes e adultos não vacinados devem tomar três doses com intervalo de 2 meses[2,4].

As vacinas contra difteria, coqueluche, tétano e *Haemophilus influenzae* tipo b devem ser aplicadas em seus esquemas habituais nas crianças com IDP, com necessidade de quatro doses dos quatro componentes aos 2, 4 e 6 meses e reforço aos 15 meses de idade. Caso a criança inicie esquema de vacinação após 12 meses, seguir a recomendação habitual para a vacina contra difteria, coqueluche e tétano e aplicar duas doses de vacina contra *H. influenzae* tipo b, com intervalo de 2 meses entre elas[1,2].

Estudo com vacina meningocócica conjugada em pacientes com deficiência de complemento mostra eficácia vacinal reduzida nessa população, por isso reforços adicionais são recomendáveis em crianças com IDP[1,8]. Para as crianças com menos de 12 meses de idade, seguir esquema habitual adicionado de uma dose de reforço a cada 5 anos. Para crianças a partir de 1 ano, adolescentes e adultos: duas doses com intervalo de 2 meses e uma dose de reforço a cada 5 anos. Sempre que possível, preferir a vacina meningocócica ACWY (MenACWY). No Brasil, para crianças a partir dos 2 meses de idade, estão licenciadas as vacinas conjugadas: MenC e MenACWY-CRM. A vacina MenACWY-TT está licenciada a partir de 1 ano de idade[4].

A vacina meningocócica B pode ser aplicada no seu esquema habitual[1,4].

Estudo de revisão mostra presença de imunogenicidade da vacina pneumocócica conjugada em crianças imunodeprimidas, porém em algumas situações a imunogenicidade pode ser mais baixa[9]. Nos menores de 5 anos deve-se utilizar o esquema padrão de vacinação por faixa etária. Crianças com IDP entre 2 e 5 anos, não vacinadas anteriormente, devem receber duas doses de vacina pneumocócica conjugada com intervalo de dois meses entre elas. Crianças a partir de 6 anos, adolescentes e adultos com IDP devem receber uma dose de vacina pneumocócica conjugada[2,5].

A vacina pneumocócica polissacarídea 23 (Pn23) induz anticorpos que aumentam a opsonização, a fagocitose e a destruição dos pneumococos. Contudo, a indução de resposta por mecanismos T-independentes não induz boa proteção em menores de 2 anos de idade. A resposta aos vários sorotipos é heterogênea. Os níveis de anticorpos diminuem após 5 a 10 anos da vacinação e essa queda é mais rápida em alguns grupos que em outros, não havendo relato de proteção quanto aos títulos de anticorpos. A duração dos anticorpos pode ser mais curta (de 3 a 5 anos) nos imunodeprimidos. O aumento no nível dos anticorpos após a revacinação é menor que na primovacinação, não havendo evidência definitiva de tolerância imunológica. A revacinação, quando indicada, deve ser realizada apenas uma vez após 5 anos da primeira dose. A revacinação com intervalos curtos não é benéfica. A resposta imune de uma dose de vacina Pn23 após uso de vacina pneumococócica conjugada é variável com idade e tipo de IDP[2,5,9].

A recomendação da vacina Pn23 em crianças com IDP é de uma dose a partir de 2 anos de idade (primeira dose administrada pelo menos 6 a 8 semanas após a última dose da vacina pneumocócica conjugada e segunda dose somente 5 anos após a primeira dose de Pn23). A revacinação é indicada uma única vez[2,4,5].

A criança com IDP deve receber quatro doses da vacina contra hepatite B em dose dobrada. Após 30 a 60 dias da quarta dose, solicitar sorologia anti-HbS e, se o título for menor ou igual a 10 UI/mL, repetir o esquema vacinal[4].

Todas as crianças com IDP devem receber vacina inativada contra vírus influenza anualmente. Na primovacinação de crianças entre 6 e 35 meses de idade: duas doses de 0,25 mL com intervalo de quatro semanas; entre 3 e 8 anos de idade: 0,5 mL com intervalo de quatro semanas. Nos anos subsequentes, uma dose anual. A partir de 9 anos, mesmo na primovacinação: uma dose anual de 0,5 mL[4].

RECOMENDAÇÃO DE VACINAÇÃO EM CRIANÇAS E ADOLESCENTES COM TRANSPLANTE DE CÉLULAS-TRONCO HEMATOPOIÉTICAS

Os pacientes submetidos ao transplante de células-tronco hematopoiéticas (TCTH) perdem a imunidade protetora no pós-transplante. O esquema vacinal deve ser refeito após a reconstituição do sistema imunológico, que geralmente se inicia entre 4 e 12 meses após o transplante, desde que não haja doença enxerto contra hospedeiro (DECH) ou uso de imunossupressores. A eficácia vacinal em vigência de imunossupressores pode estar diminuída. As vacinas não vivas podem ser aplicadas a partir de 6 a 12 meses do TCTH, podendo considerar vacinação a partir do quarto mês após o TCTH, dependendo do risco epidemiológico e individual da doença. As vacinas vivas só devem ser aplicadas após 18 a 24 meses do transplante e desde que o paciente não esteja com DECH ou em uso de imunossupressores (Tabela 28.2)[1,5].

- Imunização do doador: o doador deve estar com o calendário vacinal atualizado de acordo com as recomendações de sua faixa etária. Estudos mostram que a atualização do esquema vacinal do doador melhora a imunidade do paciente após o transplante[10,11]. Porém, não há recomendação para vacinação em doadores em benefício do receptor, por causa das dificuldades práticas e éticas em torno desta questão. Vacinas de vírus vivos devem ser evitadas no doador nas 4 semanas anteriores ao transplante[5].
- Imunização dos contatos domiciliares: a vacinação das pessoas que convivem com o paciente transplantado, seja no domicílio, seja no hospital, é necessária para que não sejam fonte de transmissão de doenças imunopreveníveis para esses pacientes (Tabela 28.3).

Tabela 28.2 Esquema vacinal para pacientes submetidos ao TCTH, esquema privado e disponibilidade nos Centros de Referência de Imunobiológicos Especiais (Cries)

Vacina	Faixa etária de início	Esquema de doses	Disponibilidade dos Cries
DTP DTPa (acelular infantil)	A partir dos 2 meses de idade até 7 anos	Início 6 a 12 meses pós-transplante 3 doses com intervalo de 2 meses Reforço a cada 10 anos com dT	DTP – Sim DTPa – Não
dT dTpa (acelular adulto)	A partir dos 7 anos de idade	Início 6 a 12 meses pós-transplante 3 doses com intervalo de 2 meses 1 dose de reforço a cada 10 anos	dT – Sim dTpa – Não, só para gestantes
Poliomielite inativada (VIP)	A partir dos 2 meses de idade	Início 6 a 12 meses pós-transplante Menores de 1 ano: seguir calendário básico de vacinação da criança Maiores de 1 ano e adultos: três doses (intervalo de 2 meses ou mínimo de 30 dias entre elas)	Sim
Hepatite A	A partir dos 12 meses de idade	Início 6 a 12 meses pós-transplante Duas doses: 0 e 6 meses	Sim
Hepatite B	A partir do nascimento	Início 6 a 12 meses pós-transplante 3 doses: 0, 1 e 6 meses, se sem uso de imunossupressor 4 doses dobradas: 0, 1, 6 e 12 meses, se uso de imunossupressor	Sim Avaliar resposta vacinal após 1 mês da última dose
Haemophilus influenzae b	A partir dos 2 meses de idade	Início 6 a 12 meses pós-transplante 2 doses com intervalo de 1 mês cada dose	Sim
Influenza vírus	A partir dos 6 meses de idade	Início 4 a 12 meses pós-transplante Primovacinação de crianças ≤ 9 anos: 2 doses com intervalo de 1 mês, seguidas de dose anual Para maiores de 9 anos: dose única anual	Sim
Pneumocócica conjugada (VPC) (VPC10-valente ou VPC13-valente)	A partir dos 2 meses de idade	Início 4 a 12 meses pós-transplante Menores de 2 anos: de acordo com o calendário básico de vacinação Crianças entre 12 e 59 meses, não vacinadas anteriormente: duas doses de VPC com intervalo de 2 meses Crianças de 59 a 71 meses, não vacinadas anteriormente: duas doses de VPC com intervalo de 2 meses entre elas Maiores de 71 meses, adolescentes e adultos: dose única de VPC	VPC10 – Sim até 59 meses VPC13 – Não

(continua)

Tabela 28.2 Esquema vacinal para pacientes submetidos ao TCTH, esquema privado e disponibilidades nos Centro de Referência de Imunobiológicos Especiais (Cries) *(continuação)*

Vacina	Faixa etária de início	Esquema de doses	Disponibilidade dos Cries
Pneumocócica 23V	A partir dos 2 anos de idade	Início 6 a 12 meses pós-transplante Duas doses com intervalo de 5 anos entre elas Primeira dose, pelo menos 6 a 8 semanas após a última dose da VCP10	Sim, para maiores de 2 anos
Meningocócica conjugada (MenC ou MenACWY)	Meningocócica conjugada C: a partir dos 3 meses de idade Sempre que possível, preferir a vacina meningocócica ACWY (a partir dos 2 meses de idade: MenACWY-CRM. A partir de 1 ano de idade: MenACWY-TT)	Início 6 a 12 meses pós-transplante Menores de 1 ano: de acordo com calendário básico de vacinação da criança Maiores de 1 ano e menores de 5 anos: dose única Adolescentes e adultos: dose única	MenC – sim MenACWY – não
Meningocócica B	A partir dos 2 meses de idade	Início 6 a 12 meses pós-transplante Menores de 1 ano: 3 doses com intervalo de 2 meses Maiores de 1 ano: 2 doses com intervalo de 2 meses	Não
Tríplice viral (SCR)*	A partir dos 12 meses de idade	Início 18 a 24 meses pós-transplante, sem DECH ou uso de imunossupressor 2 doses com intervalo de 30 a 60 dias	Sim
Varicela	A partir dos 12 meses de idade	Início 24 meses pós-transplante, sem DECH ou uso de imunossupressor 2 doses com intervalo de 30 a 60 dias	Sim
HPV	A partir dos 9 anos de idade	3 doses: 0, 1 e 6 meses	Sim, para meninas entre 9 e 13 anos

Fonte: adaptada de Sociedade Brasileira de Imunização, 2016[4].

Tabela 28.3 Imunização para família, contatos íntimos e profissionais de saúde em convívio com pacientes submetidos a transplante de células-tronco hematopoiéticas

Vacina	Recomendação
Hepatite A	Contatos > 12 meses de idade e pessoas com risco para hepatite A
Influenza	Contatos > 6 meses de idade no período sazonal
Poliomielite inativada (VIP)	Contatos em idade vacinal Não participar de campanhas com poliomielite oral
Rotavírus	Não contraindicado em contatos domiciliares
Tríplice viral (SCR)	Não contraindicado em contatos domiciliares
Pertussis	DTaP para crianças < 7 anos de idade dTpa para adolescentes e adultos
Varicela	Não contraindicado em contatos domiciliares

Fonte: adaptada de Boeckh MJ et al.[14]

VACINAÇÃO EM CRIANÇAS E ADOLESCENTES PARA TRANSPLANTE DE ÓRGÃOS SÓLIDOS

Os candidatos a receber TOS e seus doadores devem atualizar o calendário vacinal para evitar infecções no período de imunossupressão após o transplante, ocasião em que a resposta vacinal fica comprometida. O esquema vacinal deve ser atualizado com antecedência para que possa ocorrer resposta imune efetiva. Em algumas circunstâncias, o esquema vacinal deve ser encurtado, utilizando-se intervalo mínimo entre as vacinas para completar o calendário, se possível, até 14 dias antes do transplante[2].

As vacinas de vírus vivo, como SCR, varicela e febre amarela, não devem ser aplicadas se o candidato ao transplante estiver em uso de imunossupressor e nas 4 semanas anteriores ao transplante. No pós-transplante essas vacinas devem ser evitadas pelo risco de doença, com exceção da vacina contra varicela em crianças suscetíveis, após transplante de rim ou fígado e com esquema de imunossupressão mínimo e sem evidência de DECH[2,5].

A vacina contra rotavírus pode ser aplicada em lactentes em programação de TOS, dentro da faixa etária recomendada (início com 8 semanas de vida e término do esquema no máximo aos 8 meses de vida)[5].

A imunogenicidade e a eficácia da vacina da hepatite B em imunodeprimidos, assim como nos pacientes renais crônicos, são menores que nos indivíduos saudáveis. Por esse motivo, são recomendadas quatro doses de vacina anti-hepatite B (0, 1, 2 e 6 meses); pacientes renais crônicos devem receber o dobro da dose habitual. A imunoglobulina humana anti-hepatite B (IGHAB) deve ser administrada em transplantados de fígado que sejam portadores de AgHBs. A Tabela 28.4 apresenta um resumo das vacinas indicadas para candidatos e receptores de TOS e aqueles que convivem com esses pacientes, bem como doadores de órgãos cadastrados em programas de transplantes[2].

Os candidatos a TOS cujo órgão a ser transplantado estiver em falência devem receber vacina pneumocócica como aqueles com IDP, conforme descrito no item correspondente[5].

As vacinas meningocócicas B, C ou ACWY podem ser administradas em candidatos a TOS. No período após o TOS, essas vacinas podem ser administradas com segurança, porém a eficácia pode estar comprometida[4].

Tabela 28.4 Resumo das vacinas para candidatos e receptores de transplantes de órgãos sólidos (TOS), pessoas que convivem com transplantados e doadores cadastrados em programa de transplante[a]

Vacinas	Paciente antes do TOS (candidato ao TOS)	Paciente após TOS	Comunicante domiciliar[f]	Doador[f]
BCG	Não	Não	Não	Não
DPT, DT, dT ou DTPa	Sim[c]	Sim[c]		Sim[b]
VOP	Não	Não	Não	Não
VIP[b]	Sim[b]	Sim[b]	Sim[b]	Sim[b]
Hepatite B	Sim	Sim	Sim	Sim
SCR	Sim[d]	Não	Sim[b]	Sim[b]
Varicela	Sim[d]	Não[g]	Sim, se suscetível	Sim, se suscetível
Haemophilus influenzae tipo b	Sim[b], se < 19 anos	Sim[b], se < 19 anos		Sim[b], se < 19 anos
Influenza	Sim	Sim	Sim	Sim
Hepatite A	Sim	Sim		Sim
Pneumocócica (de acordo com idade)[e]	Sim	Sim		Não

[a] Seguir, sempre que possível, os intervalos do calendário vacinal de rotina do Programa Nacional de Imunização (PNI). Pessoas com vacinação anterior comprovada, ou história clínica, ou de imunidade, quando disponível, não necessitam ser vacinadas.
[b] De acordo com as normas de vacinação de rotina do PNI. Em imunodepressão, aplicar 3 doses + 1 reforço no esquema primário ou 2 doses com intervalo de 60 dias se o início do esquema ocorreu com mais de 1 ano de vida.
[c] Fazer preferencialmente DTPa.
[d] Se não houver doença que contraindique o uso de vacinas vivas.
[e] Ver Capítulo 27, "Imunização".
[f] Além das vacinas aqui indicadas, aqueles que convivem com esses pacientes deverão receber as vacinas do calendário normal de vacinações do PNI conforme sua idade. A vacinação contra rotavírus e tuberculose não está contraindicada para os conviventes domiciliares de pacientes transplantados.
[g] Vacina contra varicela poderá ser administrada em crianças após transplante de rim ou fígado suscetíveis à varicela e com esquema de imunossupressão mínimo e sem evidência de DECH.
Fonte: Ministério da Saúde, 2014[2].

VACINAÇÃO EM CRIANÇAS EM USO DE DROGAS IMUNOSSUPRESSORAS OU COM CÂNCER

A imunização em crianças submetidas à terapia imunodepressora possui poucas evidências científicas e é sujeita a controvérsias. As recomendações de vacinação desses pacientes devem ser consideradas em diferentes perspectivas, levando-se em conta o grau de imunodepressão e o risco epidemiológico das doenças imunopreveníveis (Tabela 28.5)[1,2].

O grau de imunodepressão varia com a dose da medicação utilizada (Tabela 28.1). O uso de corticosteroides por via inalatória, uso tópico, em doses de substituição fisiológica ou em esquemas de altas doses em curta duração (menor que 14 dias) não constitui contraindicação para vacinação. O uso de corticosteroides em

Tabela 28.5 Resumo das vacinas recomendadas para pacientes com neoplasias e/ou que necessitem de quimioterapia, radioterapia e corticoterapia e pessoas que convivem com esses pacientes[a]

Vacinas	Vacinação em pacientes antes da terapia imunossupressora	Vacinação em pacientes durante terapia imunossupressora	Comunicante domiciliar[e]
BCG	Não	Não	Não
DPT, DT, dT ou DTP[a]	Sim[c]	Sim[c]	Sim
VOP	Não	Não	Não
VIP[b]	Sim[b]	Sim[b]	Sim[b]
Hepatite B	Sim	Sim	
Tríplice viral (SCR)	Sim[d]	Não	Sim[b]
Varicela	Sim[d]	Não	Sim, se suscetível
Febre amarela[f]	Sim[d,f]	Não	
Haemophilus influenzae tipo b	Sim[b], se < 19 anos	Sim[b], se < 19 anos	
Influenza	Sim	Sim	Sim
Hepatite A	Sim	Sim	
Pneumocócica (de acordo com a idade)[e]	Sim	Sim	

[a] Seguir, sempre que possível, os intervalos do calendário vacinal de rotina do Programa Nacional de Imunização (PNI).
[b] De acordo com as normas de vacinação de rotina do PNI.
[c] Fazer preferencialmente DTPa.
[d] Se não houver doença que contraindique o uso de vacinas vivas. As vacinas vivas deverão ser aplicadas antes de 4 semanas do início da terapêutica imunodepressora.
[e] Além das vacinas aqui recomendadas, aqueles que convivem com esses pacientes deverão receber as vacinas do calendário normal de vacinações do PNI conforme sua idade. A vacinação contra rotavírus e tuberculose não está contraindicada para os conviventes domiciliares de pacientes imunodeprimidos.
[f] Em indivíduos residentes em áreas endêmicas ou que viajarão para estas, de acordo com as normas do PNI.
Fonte: Ministério da Saúde, 2014[2].

dias alternados, com doses inferiores a 2 mg/kg/dia de prednisona ou equivalente, não é considerado imunodepressor[2].

O esquema vacinal deverá ser atualizado, sempre que possível, até 14 dias antes do início da terapia imunodepressora. As vacinas vivas deverão ser aplicadas antes de 4 semanas do início da terapêutica imunodepressora para evitar o risco de doença vacinal[2].

Como já salientado, outro aspecto importante é a vacinação das pessoas que convivem com o paciente imunodeprimido[1,2].

A imunização passiva com imunoglobulinas deve ser considerada para situações de pós-exposição nos indivíduos suscetíveis, seguindo as orientações descritas no Capítulo 27[2].

Na imunodepressão secundária a quimioterapia, radioterapia, corticoterapia, terapia com imunobiológicos ou imunossupressores ou câncer, a duração da condição de imunodepressão e o histórico vacinal são importantes para decisão de vacinação. Preferencialmente, a vacinação não deve ocorrer durante o pico da imunodepressão, para que se obtenha melhor resposta imunológica e se evite o risco de doença pela vacina. As vacinas vivas não devem ser administradas durante esse período. Se houver necessidade, ditada por condições epidemiológicas, as vacinas inativadas podem ser utilizadas durante o período da imunodepressão, devendo-se repeti-las após o procedimento, para assegurar resposta imune adequada. Nessa situação, o esquema vacinal também pode ser encurtado, se mais conveniente[2].

Após 3 meses de cessada a condição de imunodepressão, o paciente pode utilizar vacinas vivas, bacterianas ou virais, na dependência da situação clínica[2].

VACINAÇÃO EM CRIANÇAS E ADOLESCENTES INFECTADOS PELO VÍRUS DA IMUNODEFICIÊNCIA HUMANA

Crianças e adolescentes infectados pelo HIV, sem alterações imunológicas e sem sinais ou sintomas clínicos indicativos de imunodeficiência, devem receber vacinas o mais precocemente possível. À medida que aumenta a imunodepressão, aumenta o risco da aplicação de vacinas de agentes vivos atenuados, bem como a possibilidade de resposta imunológica inadequada. Sempre que possível, deve-se adiar a administração de vacinas em pacientes sintomáticos ou com indicadores laboratoriais de imunodeficiência grave (categoria imunológica 3 – ver Tabela 28.6), até que um grau satisfatório de reconstrução imune seja obtido com o uso de terapia antirretroviral, no intuito de melhorar a resposta vacinal e reduzir o risco de complicações pós-vacinais[2].

A administração de vacinas vivas em pacientes com comprometimento do sistema imune deve ser condicionada à análise individual de risco-benefício e não deve ser realizada em casos de imunodepressão grave (categoria imunológica 3 – ver Tabela 28.6)[2,5].

As crianças nascidas de mãe HIV-positivo (crianças expostas ao HIV) devem receber o mesmo esquema vacinal da criança infectada pelo HIV até definição do diagnóstico[2,13]. O calendário vacinal completo na criança exposta ou infectada pelo HIV está disponível no *Protocolo clínico e diretrizes terapêuticas para manejo da infecção pelo HIV em crianças e adolescentes*, do Ministério da Saúde[13].

Crianças infectadas pelo HIV ou que convivem com pessoa infectada pelo HIV não devem receber VOP. Nesses casos, as crianças devem receber vacina poliomielite 1, 2 e 3 inativada (VIP). As vacinas contra varicela, sarampo, caxumba e rubéola podem ser aplicadas quando indicadas nos comunicantes de pessoas com aids. A vacina influenza inativada pode ser aplicada com segurança nos comunicantes de aids. Essa orientação também se aplica ao profissional de saúde e outros profissionais que cuidam de pessoas infectadas pelo HIV[2,5,13].

Tabela 28.6 Categorias imunológicas da infecção pelo HIV em crianças e adolescentes menores de 13 anos

Classificação imunológica	Idade na data do teste de CD4					
	< 1 ano		1 a < 6 anos		≥ 6 anos	
	Céls./µL	%	Céls./µL	%	Céls./µL	%
1	≥ 1.500	≥ 34	≥ 1.000	≥ 30	≥ 500	≥ 26
2	750 a 1.490	26 a 33	500 a 999	22 a 29	200 a 499	14 a 25
3	< 750	< 26	< 500	< 22	< 200	< 14

Fonte: adaptada de Centers for Disease Control and Prevention 2016[15].

REFERÊNCIAS BIBLIOGRÁFICAS

1. Pinto MV, Biharia S, Snape MD. Immunisation of the immunocompromised chid. J Infect. 2016;72:S13-S22.
2. Brasil. Ministério da Saúde. Secretaria de Vigilância em Saúde. Departamento de Vigilância das Doenças Transmissíveis. Manual dos Centros de Referência para Imunobiológicos Especiais. 4. ed. Brasília: Ministério da Saúde; 2014.
3. Aldrovandi GM, Cerini C. Immunopathogenesis of HIV-1 infection. In: Long SS. Principles and practice of pediatric infectious diseases. New York: Elsevier; 2012. p. 648.
4. Sociedade Brasileira de Imunizações. Calendário de vacinação: pacientes especiais. Recomendações da Sociedade Brasileira de Imunizações. 2015/2016. Disponível em: http://sbim.org.br/images/calendarios/calend-pacientes-especiais-sbim-161028-web.pdf. Acesso em: 9 nov. 2016.
5. Rubin LG, Levi MJ, Ljungman P, Davies EG, Avery R, Tomblyn M, et al. 2013 IDSA clinical practice guideline for vaccination of the immunocompromised host. Disponível em: http://cid.oxfordjournals.org/doi/10.1093/cid/cit684. Acesso em: 1 nov 2016.

6. Marciano BE, Huang CY, Joshi G, Rezaei N, Carvalho BC, Albwood Z, et al. BCG vaccination in patients with severe combined immunodeficiency: complications, risks, and vaccination policies. J Allergy Clin Immunol. 2014;133(4):1134-141.
7. Patel NC, Hertel PM, Estes MK, de La Morena M, Petru AM, Noroski LM, et al. Vaccine-acquired rotavirus in infants with severe combined immunodeficiency. N Eng J Med. 2010;362(4):314-9.
8. Balmer P, Falconer M, McDonald P, Adrews N, Fuller E, Riley C, et al. Immune response to meningococcal serogroup C conjugate vaccine in asplenic individuals. Infect Immun. 2004;72(1):332-7
9. Fletcher MA, Balmer P, Bonnet E, Dartois N. PCVs in individuals at increased risk of pneumococcal disease: a literature rewiew. Expert Ver Vaccines. 2015;14(7):975-1030.
10. Lum LG, Seigneuret MC, Storb R. The transfer of antigen-specific humoral immunity from marrow donors to marrow recipients. J Clin Immunol. 1986;6:389-96.
11. Saxon A, Mitsuyasu R, Stevens R, Champlin RE, Kimata H, Gale RP. Designed transfer of specific immune responses with bone marrow transplantation. J Clin Invest. 1986;78:959-67.
12. Tomblyn M, Chiller T, Einsele H, Gress R, Sepkowitz K, Storek J, et al. Guidelines for preventing infectious complications among hematopoietic cell transplantation recipients: a global perspective. Biol Blood Marrow Transplant. 2009; 15(10):1143-238.
13. Brasil. Ministério da Saúde. Secretaria de Vigilância em Saúde. Departamento de DST, Aids e Hepatites Virais. Protocolo clínico e diretrizes terapêuticas para manejo da infecção pelo HIV em crianças e adolescentes. Brasília: Ministério da Saúde; 2014. Disponível em: http://www.aids.gov.br/sites/default/files/anexos/publicacao/2014/55939/19_06_2015_protocolo_pediatrico_pdf_25296.pdf. Acesso em: 9 nov. 2016.
14. Tomblyn M, Chiller T, Einsele H, Gress R, Boeckh MJ, et al.; Center for International Blood and Marrow Research; National Marrow Donor Program; European Blood and Marrow Transplant Group; American Society of Blood and Marrow Transplantation; Canadian Blood and Marrow Transplant Group; Infectious Diseases Society of America; Society for Healthcare Epidemiology of America; Association of Medical Microbiology and Infectious Disease Canada; Centers for Disease Control and Prevention. Guidelines for preventing infectious complications among hematopoietic cell transplantation recipients: a global perspective. Biol Blood Marrow Transplant. 2009;15(10):1143-238.
15. Centers for Disease Control and Prevention. Terms, definitions, and calculations used in CDC HIV surveillance publications. Disponível em: https://www.cdc.gov/hiv/statistics/surveillance/terms.html Acesso em: 15 mai 2017 .

Índice remissivo

Z

RR DONNELLEY

IMPRESSÃO E ACABAMENTO
Av Tucunaré 299 - Tamboré
Cep. 06460.020 - Barueri - SP - Brasil
Tel.: (55-11) 2148 3500 (55-21) 3906 2300
Fax: (55-11) 2148 3701 (55-21) 3906 2324

IMPRESSO EM SISTEMA CTP

Encarte – imagens coloridas

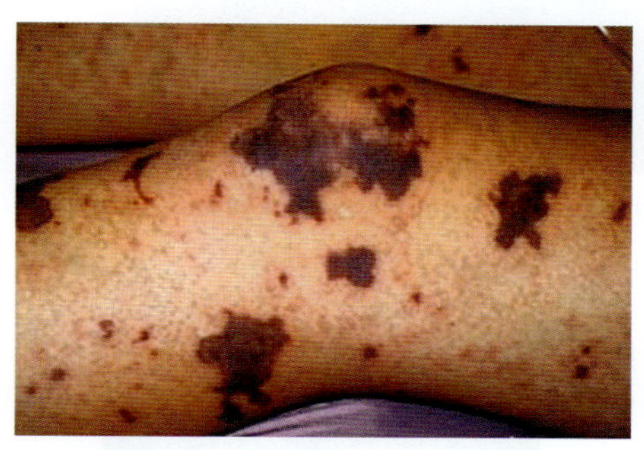

Figura 7.1 Sepse grave por meningococemia.

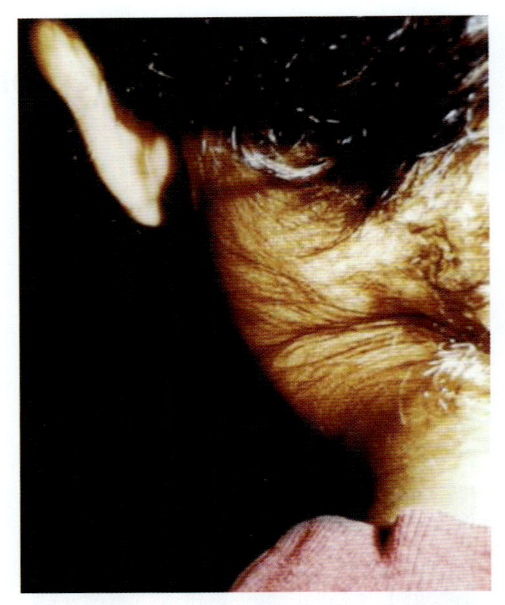

Figura 24.1 Doença da arranhadura do gato. Adenomegalia cervical.

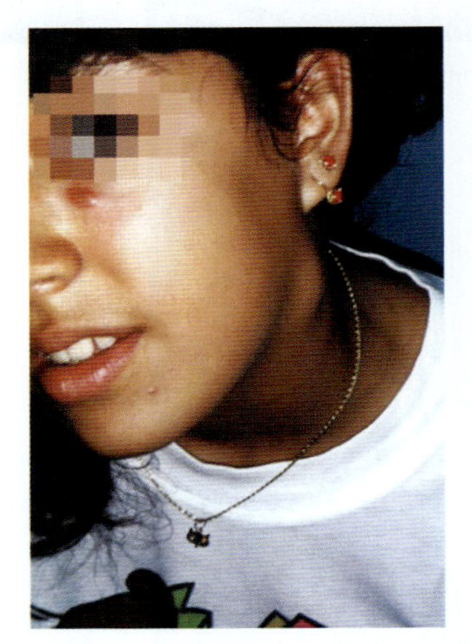

Figura 24.2 Doença da arranhadura do gato. Pápula de inoculação e adenomegalia cervical.